African Yearbook of International Law
Annuaire Africain de droit international

A C.I.P. Catalogue record for this book is available from the Library of Congress.

ISBN 90-411-1941-8

Published by Kluwer Law International,
P.O. Box 17, 3300 AA Dordrecht, The Netherlands.

Sold and distributed in North, Central and South America
by Kluwer Academic Publishers,
101 Philip Drive, Norwell, MA 02061, U.S.A.

In all other countries, sold and distributed
by Kluwer Academic Publishers,
P.O. Box 322, 3300 AH Dordrecht, The Netherlands.

Printed on acid-free paper

All Rights Reserved
© 2002 African Association of International Law
No part of this work may be reproduced, stored in a retrieval system, or transmitted
in any form or by any means, electronic, mechanical, photocopying, microfilming, recording
or otherwise, without written permission from the Publisher, with the exception
of any material supplied specifically for the purpose of being entered
and executed on a computer system, for exclusive use by the purchaser of the work.

Printed and bound in the Netherlands.

AFRICAN YEARBOOK OF INTERNATIONAL LAW ANNUAIRE AFRICAIN DE DROIT INTERNATIONAL

Volume 9
2001

Published under the auspices of
the African Association of International Law

Publié sous les auspices de
l'Association Africaine de Droit International

Edited by / Dirigé par

ABDULQAWI A. YUSUF

KLUWER LAW INTERNATIONAL
THE HAGUE / LONDON / NEW YORK

AFRICAN ASSOCIATION OF INTERNATIONAL LAW
ASSOCIATION AFRICAINE DE DROIT INTERNATIONAL

First Vice President and Acting President

    Mr. Kéba MBAYE (Senegal)

Vice Presidents

    Mr. Kader ASMAL (South Africa)
    Prof. Mikuin LELIEL BALANDA (Democratic Rep. of Congo)
    Prof. Madjid BENCHIKH (Algeria)
    Prof. Blondin BEYE (Mali)
    Mr. Teshome G. M. BOKAN (Ethiopia)
    Mr. M. D. BOMANI (Tanzania)
    Judge A. G. KOROMA (Sierra Leone)
    Mr. Muna NDULO (Zambia)

Secretary General

    Dr. Tunguru HUARAKA (Namibia)

Assistant Secretary General

    Dr. B. A. GODANA (Kenya)

Patron

    His Excellency Dr. K. D. KAUNDA,
    Former President of the Republic of Zambia

Honorary Life Member

    His Excellency Mr. Nelson MANDELA,
    Former President of the Republic of South Africa

GENERAL EDITOR – DIRECTEUR DE L'ANNUAIRE

Dr. Abdulqawi A. YUSUF (Somalia)

ASSOCIATE EDITORS – DIRECTEURS ADJOINTS

Dr. Mpazi SINJELA (Zambia)　　　　Dr. Fatsah OUGUERGOUZ (Algeria)

EDITORIAL ADVISORY BOARD – COMITÉ CONSULTATIF DE RÉDACTION

Prof. Georges ABI-SAAB (Egypt)　　　　Prof. Yilma MAKONNEN (Ethiopia)
Dr. Andronico O. ADEDE (Kenya)　　　　Prof. N. MAKOUNDZI-WOLO (Congo)
Prof. G. K. A. AFOSU-AMAAH (Ghana)　　Prof. E. I. NWOGUGU (Nigeria)
Prof. R. H. E. AUSTIN (Zimbabwe)　　　Prof. Ebere OSIEKE (Nigeria)
Judge Mohammed BEDJAOUI (Algeria)　　Prof. Nasila REMBE (Tanzania)
Prof. J.-M. BIPOUN WOUM (Cameroon)　　Prof. Albie SACHS (South Africa)
Mr. R. M. A. CHONGWE (Zambia)　　　　Prof. Akolda MAN TIER (Sudan)
Prof. Robert DOSSOU (Benin)　　　　　 Prof. Francis V. WODIE (Côte d'Ivoire)
Prof. Aziz HASBI (Morocco)

The Editor and the African Association of International Law are not in any way responsible for the views expressed by contributors, whether the contributions are signed or unsigned.

Les opinions émises par les auteurs ayant contribué au présent annuaire, qu'il s'agisse d'articles signés ou non signés, ne sauraient en aucune façon engager la responsabilité du rédacteur ou de l'Association Africaine de Droit International.

All communications and contributions to the Yearbook should be addressed to :

Prière d'adresser toute communication ou contribution destinée à l'Annuaire à :

The Editor, African Yearbook of International Law
c/o Kluwer Law International
P.O. Box 85889, 2508 CN The Hague
The Netherlands

TABLE OF CONTENTS
TABLE DES MATIÈRES

Special Theme: THE AFRICAN UNION
Thème Spécial : L'UNION AFRICAINE

Reimagining African Unity : Preliminary Reflections On the
Constitutive Act of The African Union
    Tiyanjana Maluwa   3

Les fondements de l'Union Africaine
    Suleyman Bula-Bula   39

Cooperation versus Dissonance: the UN Security Council and the
Evolving African Union (AU)?
    Njunga-Michael Mulikita   75

GENERAL ARTICLES / ARTICLES GÉNÉRAUX

La sécurité juridique en droit international : aspects théoriques
    Robert Kolb   103

Les préoccupations environnementales dans les expériences
d'intégration économique régionale en Afrique:
la nécessité d'une politique communautaire
    Amidou Garane   143

WTO Doha Ministerial Declaration and Intellectual Property:
African Perspectives
    Tshimanga Kongolo   185

NOTES AND COMMENTS / NOTES ET COMMENTAIRES

The 53rd Session of the UN International Law Commission
    James Kateka   215

Chronique des activités de la Cour internationale de Justice en 2000
    Ludivine Tamiotti   267

Note commentée de l'affaire de la délimitation maritime et des
questions territoriales entre Qatar et Bahreïn (fond) :
Arrêt de la Cour internationale de Justice du 16 mars 2001
    Robert Kolb   301

Note sur la sentence arbitrale du 17 décembre 1999 relative á la
délimitation des frontières maritimes entre l'Érythrée et le Yémen
    Djacoba Liva Tehindrazanarivelo   365

The United Nations and Internal/International Conflicts in Africa
    Mpazi Sinjela   391

BOOK REVIEW / NOTES DE LECTURE

Constitutional Comparison – Japan, Germany, Canada
& South Africa as Constitutional States (François Venter),
    reviewed by *Robert Dufresne*   437

International Law in Post-Colonial Africa (Tiyanjana Maluwa),
    reviewed by *James J. Busuttil*   443

BASIC DOCUMENTS / DOCUMENTS

OAU: Declarations and Decisions adopted by the Thirty-Seventh
Assembly of Heads of State and Government   451
OUA: Déclarations et décisions adoptées par la trente-septième session
ordinaire de la Conférence des Chefs d'État et de Gouvernement   473
Eritrea – Ethiopia Boundary Commission, Decision Regarding
Delimitation of the Border between the State of Eritrea and
the Federal Democratic Republic of Ethiopia, April 13, 2002   497

ANALYTICAL INDEX   691

INDEX ANALYTIQUE   711

SPECIAL THEME: THE AFRICAN UNION

THÈME SPÉCIAL : L'UNION AFRICAINE

REIMAGINING AFRICAN UNITY: SOME PRELIMINARY REFLECTIONS ON THE CONSTITUTIVE ACT OF THE AFRICAN UNION

Tiyanjana Maluwa[*]

1. INTRODUCTION

On 12 July 2000, twenty-five African heads of state and government and two foreign ministers signed, on behalf of their countries, the Constitutive Act of the African Union ("the Constitutive Act"), during a ceremony held to mark the closure of the Thirty-sixth Ordinary Session of the Assembly of Heads of State and Government of the Organization of African Unity (OAU) in the Palais des Congrès in Lomé, Togo. The Constitutive Act had earlier been adopted by acclamation by the Assembly on the previous day, 11 July 2000. It has since been signed by all the Member States of the OAU and has, to date, been ratified by all but two of them. It entered into force on 26 May 2001, in accordance with the ratification requirements provided for in its Article 28.[1]

---

[*] Ph.D. (Cantab.). Legal Adviser, Office of the United Nations High Commissioner for Human Rights, Geneva, Switzerland; formerly Legal Counsel, Organization of African Unity, Addis Ababa, Ethiopia.
The views expressed herein are personal and do not reflect or represent those of the Organization of African Unity.

[1] The following countries signed the Constitutive Act during the formal signing ceremony on 12 July 2000: Algeria, Benin, Burkina Faso, Burundi, Cape Verde, Central African Republic, Chad, Djibouti, Equatorial Guinea, Ethiopia, Gabon, Gambia, Ghana, Guinea Bissau, Lesotho, Liberia, Libya, Madagascar, Malawi, Mali, Niger, Sahrawi Arab Democratic Republic, Senegal, Sierra Leone, Sudan, Togo and Zambia. By 3 March 2001, the Act had been signed by all the fifty-three Member States of the OAU. Article 28 provides: "This

But what does the entry into force of the Constitutive Act mean for the African continent? Indeed, what does it signify for the African States that conceived, elaborated and adopted it within the fairly short space of time spanning the period from September 1999 to July 2000?

The adoption of the Constitutive Act marked a significant milestone in the history of the OAU. In the first place, it represented the first occasion on which the OAU Member States have adopted a treaty intended to supersede the OAU Charter, adopted on 25 May 1963, and replace the OAU itself with a new successor organization, the African Union. It also marked the culmination of the review process which the OAU Member States first embarked upon just over two decades ago when the OAU Charter Review Committee, established by the Assembly of Heads of State and Government in 1979, first met in Mogadishu, Somalia, in 1980.[2] Furthermore, the adoption of the Constitutive Act represented a critical moment in the long process of reconstructing and consolidating African unity and the historic quest for a politically integrated and unified Africa.

In brief, the adoption of the Constitutive Act is the latest manifestation of the search for the realization of the long-cherished idea of a politically and economically integrated and united Africa. This idea has been articulated explicitly and repeatedly in the various debates that have been joined by African political leaders, decision-makers and, to a very limited extent, the general public, through official pronouncements as well as in the various national

---

Act shall enter into force thirty (30) days after the deposit of instruments of ratification by two-thirds of the Member States of the OAU", i.e. thirty-six signatories. On 26 April 2001 Nigeria became the thirty-sixth signatory to deposit the instrument of ratification with the OAU Secretary General. The Constitutive Act accordingly entered into force on 26 May 2001. As at 30 September 2001, all the OAU Member States, except the Democratic Republic of Congo and Madagascar, have ratified the Constitutive Act.

[2] The Charter Review Committee was established by the Assembly by decision AHG/Dec.111 (XVI) at its Sixteenth Ordinary Session held in Monrovia, Liberia, from 17 to 20 July 1979. The committee held its first session in Mogadishu, Somalia, from 7 to 12 April 1980. It met six times between 1980 and 1996, when it held its last session in Addis Ababa, Ethiopia, from 9 to 15 May 1996.

and international news media.[3] This was also the underlying theme in the speeches delivered by various heads of state during the deliberations that led to the adoption of the Sirte Declaration, to which I shall return shortly, by the Fourth Extraordinary Session of the Assembly of Heads of State and Government on 9 September 1999 in Sirte, Libya.

This paper aims at examining the extent to which the adoption of the Constitutive Act represents a real advance in the historic quest referred to above and providing some preliminary reflections on the most essential elements of this legal instrument. The Sirte Declaration is generally regarded as manifesting a collective commitment by African leaders for reinvigorating the search for the attainment of the vision espoused by the "founding fathers" or, to employ a more appropriate anti-patriarchal term, the "founders" of the OAU, namely to forge closer unity among African peoples and nations. But an immediate question that may be posed is: in what respect(s) will the African Union offer a substantive and qualitative difference from the current institutional framework provided by the OAU? This question is particularly pertinent in view of the criticism which has been advanced by some observers, that beyond a slight expansion of the current objectives and principles of the OAU, and the establishment of new organs and a re-naming of existing OAU organs, the Constitutive Act really does not, in substance, offer much of a difference from the OAU Charter; indeed, that the envisaged African Union is in essence merely the OAU by another name. In other words, it is claimed that Sirte and Lomé are but the most recent stops on the long road already travelled by African leaders and countless advocates of Pan-Africanism in their imagining of a united Africa. If this is so, are the Sirte Declaration and the Constitutive Act thus to be regarded merely as part of the long on-going process of constructing African

---

[3] In the absence of any scientifically verifiable opinion polls on this matter, it is difficult to assess or quantify the level of support for, or opposition to, the proposed African Union in the various countries. However, in addition to general discussions conducted in various national news media in some African countries, there has been a fair amount of debate conducted through the pages of such international news magazines as *African Events, Jeune Afrique, New African* and *West Africa*, to name only a few examples.

unity, and not especially unique developments in themselves? To answer these questions, one needs to recall the political motivation and context behind the elaboration and adoption of the Sirte Declaration. Part of this context can best be explained in terms of the reaction of African countries to the challenge of globalization and to the new approach to regional bloc-formation, referred to in some of the recent literature as the "new regionalism".[4] It will be shown that while no *a priori* logic might have anticipated or predicted the outcome of the "Sirte process", there were identifiable subterranean political trends and contextual dynamics which may help explain this outcome. But, first, a brief account of the background to the adoption of the Constitutive Act would be in order.

2. BACKGROUND

As has been indicated above, the genesis of the Constitutive Act of the African Union lies in the Sirte Declaration. The Fourth Extraordinary Session of the OAU Assembly of Heads of State and Government was convened at the request of Libya, in accordance with Rule 5 of the Rules of Procedure of the Assembly of Heads of State and Government. The initial request by Libya to convene an extraordinary summit in early September 1999 "to amend the OAU Charter to achieve a [*sic*] stronger African unity" had been made in September 1998.[5] Subsequently, Libya modified the proposed agenda. The extraordinary summit was "[to] discuss the question of strengthening the OAU to enable it to meet the new challenges facing it on the eve of the new century". The new request was

---

[4] For discussions of the different perspectives of this approach, see the various contributions in B. HETTNE, A. INOTAI and O. SUNKEL (eds.), *Globalism and the New Regionalism*, (London: Macmillan, 1999).

[5] Letter from Secretary of the General People's Committee for Foreign Liaison and International Cooperation of the Great Socialist People's Libyan Arab Jamahiriya to the Secretary General of the OAU, 28 September 1998; copy on file with the author.

formally sent to all OAU Member States in a communication dated 15 April 1999.[6]

The proposal to convene an extraordinary summit was subsequently reiterated by the Libyan leader, Colonel Muammar Ghaddafi, in the course of his address to the Thirty-fifth Ordinary Session of the Assembly held in Algiers, Algeria, from 12 to 14 July 1999. The speech was something of a *tour d'horizon*, in which Colonel Ghaddafi recalled the historic struggles of the early Pan-Africanists and the relevance of those struggles in the context of the contemporary problems and challenges confronting the African continent in the political, social and economic fields. He also articulated, with characteristic drama and hyperbole, the risk of marginalization which Africa stood to suffer as a result of the on-going globalization process, unless the continent undertook a collective exercise of re-appraising its position in the world today.

Thus, the subsequent decision adopted by the Assembly of Heads of State and Government on 14 July 1999, accepting the Libyan invitation to convene an extraordinary summit from 8 to 9 September 1999, stated the objective of the proposed meeting as:[7]

> "[To] discuss ways and means of making the OAU effective so as to keep pace with the political and economic developments taking place in the world and the preparation required of Africa within the context of globalization so as to preserve its social, economic and political potentials."

In fact, the above-stated objective must be understood within the context of two factors. First, the fact that the efforts to review the OAU Charter had not moved with the anticipated speed and effectiveness. Thus, between 1980 and 1996, when it was last convened, the OAU Charter Review Committee, referred to at the outset of this discussion, had met only six times. Inertia and an apparent lack of a sense of urgency on the part of the committee had driven some Member States into scepticism about any chance of

---

[6] The Libyan request was communicated by *Note Verbale* No. 53/99, dated 15 April 1999. Only four countries formally reacted to the proposal for the convening of the extraordinary summit: Liberia, Niger and Sudan supported it, while South Africa was not in favour of the proposal.

[7] Decision AHG/Dec.140 (XXXV).

achieving a meaningful review of the Charter. Second, the phenomenon of globalization, which gained currency in the immediate post-Cold War years, had begun to concentrate the collective minds of OAU Member States on the need to reposition the organization in the international scheme of things. In other words, there was an acceptance of the need to review the work of the OAU and to put in its place a new mechanism or institutional structure, and to reorient its objectives in order to reinvigorate the project of African integration.[8]

As can be seen, the idea of reviewing and reforming the political, legal and institutional bases of the OAU has a long history and is certainly not the brain-child of Libya alone, even if Colonel Ghaddafi has, in recent times, been its most vocal and passionate advocate. Nevertheless, a number of explanations have been advanced in an attempt to understand Libya's newly self-ascribed role as the accelerator of the engine for the transformation and reconstruction of African unity and as the "laboratory of the African Union".[9] These have included, for instance, attempts to locate these developments in the context of what is perceived as Ghaddafi's hidden agenda for personal aggrandizement on the African continent. In pointedly dismissive terms, these narratives have recounted past examples of Libya's failed experiments with the establishment of political unions with other African or Arab countries, with the apparent aim of proving that any Libyan-led initiative at constructing pan-African unity is doomed to failure.[10]

---

[8] The first collective response by African countries to the changes taking place in the world following the collapse of the Berlin Wall in 1989 is encapsulated in the Declaration on the Political and Socio-Economic Situation in Africa and the Fundamental Changes Taking Place in the World, adopted by the OAU Assembly of Heads of State and Government in July 1990 at its Twenty-sixth Ordinary Session in Addis Ababa, Ethiopia. The project for the continental economic integration of Africa was given a formal legal basis with the adoption of the Treaty establishing the African Economic Community in 1991. The focal points for regional integration in Africa are the various Regional Economic Communities (RECs), some of which were established prior to the adoption of the treaty, which are perceived by the Treaty establishing the African Economic Community as its "building blocks" (Article 6).

[9] See *Jeune Afrique Economie* 314 (7 August – 3 September 2000), p. 59.

[10] Thus, two months after the adoption of the Constitutive Act of the African Union, *The Economist* could still insist that "Libya's ruler dreams of a United

Other explanations have focused on the apparent gratitude which Libya, or at least the Libyan political leadership, now feels towards the rest of Africa over the OAU's collective support for its position in the long-running dispute with the United States and the United Kingdom over the Lockerbie affair. In this respect, it is apt to recall that at its Thirty-fourth Ordinary Session held in Ouagadougou, Burkina Faso, in July 1998, the OAU Assembly of Heads of State and Government had adopted a decision which unambiguously reaffirmed its backing for Libya and, somewhat controversially, gave notice of the unwillingness of OAU Member States to continue to abide by the UN Security Council resolutions imposing sanctions against Libya if the Lockerbie issue remained unresolved beyond a certain date.[11] This bold position by the OAU contrasted sharply with the low-key approach adopted over the matter by other regional organizations of which Libya is a member, in particular the League

---

States of Africa, with himself as leader", despite the fact that the Constitutive Act does not provide for the establishment of a United States of Africa anywhere in its provisions. See *The Economist* (16 – 22 September 2000), p. 51.

[11] See decision AHG/Dec.127 (XXXIV): The Crisis Between the Great Socialist People's Libyan Arab Jamahiriya and the United States of America and the United Kingdom. In the pertinent part of the decision, the Assembly:
"1. [CALLS UPON] the Security Council to adopt a resolution suspending the sanctions imposed on Libya under Resolutions 748 (1992) and 883 (1993) until the International Court of Justice pronounces its verdict on the issue;
2. DECIDES not to comply any longer with Security Council Resolutions 748 (1992) and 883 (1993) on sanctions, with effect from September 1998, if the United States of America and the United Kingdom refuse that the two suspects be tried in a third neutral country pursuant to the verdict of the International Court of Justice by July 1998, [the] date on which the sanctions will be due for review, owing to the fact that the said resolutions violate Article 27 paragraph 3, Article 33 and Article 36 paragraph 3 of the United Nations Charter, and the considerable human and economic losses suffered by Libya and a number of other African peoples as a result of the sanctions;
3. DECIDES on moral and religious grounds and with immediate effect that the OAU and its members will not comply from now on with the sanctions imposed against Libya related to religious obligations, providing humanitarian emergencies or fulfilling OAU statutory obligations."

of Arab States. And the timing of Libya's initial proposal to amend the OAU Charter so as to strengthen African unity may not have been entirely coincidental: Libya's request came shortly after the Ouagadougou summit.[12]

Neither of these explanations should, of course, necessarily enjoin us to doubt Ghaddafi's sincerity and genuine commitment to the idea of African unity and the imperative of strengthening solidarity and cohesion among African States and peoples. A more serious, and less cynical, reading of the addresses delivered by the Libyan leader at the Algiers, Sirte and Lomé summits reveals a clear and well-articulated commitment to the need to reinvigorate the quest for a more united and cohesive Africa. One of the common themes running through these speeches has been his critique of the post-colonial African State as an illegitimate product of the balkanization policy of European colonialism. He has questioned the viability of these States and their ability – indeed capacity – to survive and provide for the welfare of their people in a world dominated, both politically and economically, by Western hegemony and scrupulous, all-powerful multinationals. In advancing his case for the idea of a unified political entity encompassing the entire continent – a United States of Africa? – one of Ghaddafi's preoccupations has been to challenge the legitimacy of the inherited colonial boundaries and territorial divisions which have, in many cases, split peoples and communities that in previous times belonged to the same polities.[13]

The argument that the intersection of colonialism, international law and European expansionism reversed centuries of organic political development in Africa, as the international legal order became the normative order within which African States were to be rebuilt afresh, is one that has been advanced quite eloquently by

---

[12] It is not coincidence, either, that the purpose-built ultra-modern conference facility in Sirte, where the extraordinary summit was held, is called the "Ouagadougou Halls Complex". This is thought to be in appreciation and commemoration of the Ouagadougou summit decision.

[13] This critique was also articulated in Colonel Ghaddafi's speech delivered on 31 May 2000 to the OAU Ministerial Conference on the Establishment of the African Union and the Pan-African Parliament held in Tripoli, Libya, 31 May – 2 June 2000.

some of the more critical African legal and historical scholarship. Thus, for example, in a recent study, Okafor has argued that the construction of the post-colonial African State with European statecraft invariably led to the mutual fear and animosities of post-colonial Africa, since the rules of colonial international law protect boundaries that defy any consistency with the reality on the ground.[14] The protection of colonial boundaries in Africa has been based on the international law principle of *uti possidetis*, which was given sanctity in the well-known resolution adopted by the First Ordinary Session of the Assembly of Heads of State and Government in Cairo, Egypt, in July, 1964.[15] The idea of a politically and territorially united and unified Africa, first advocated in the early 1960s by Ghana's first president, Dr. Kwame Nkrumah, necessarily challenges Africa to re-think the whole question of the

---

[14] See O. OKAFOR, "After Martyrdom: International Law, Sub-State Groups, and the Construction of Legitimate Statehood in Africa", 41 *Harvard International Law Journal* 503 (2000). Wole Soyinka has also strongly attacked the arbitrary colonial partition of Africa and the deprivation of organic identities and its costly consequences. In an apparent reference to the 1964 OAU Resolution on Border Disputes Among African States, he goes on to charge that "the OAU [formally] consecrated this act of arrogant aggression, reinforced by civil wars on varied scales of mutual destruction in defence of the imperial mandate"; see W. SOYINKA, *The Burden of Memory, The Muse of Forgiveness*, (Oxford/New York: OUP, 1999), pp. 40-41. But for a different perspective, see A. MBEMBE, "At the Edge of the World: Boundaries, Territoriality, and Sovereignty in Africa", *CODESRIA Bulletin* 3 & 4 (1999), p. 4, at p. 6 where he states, *inter alia*:

"[It] is clear that the boundaries inherited from colonization were not defined by Africans themselves. But contrary to a common assumption, this does not necessarily mean that they were arbitrary. [Moreover], to state that current African boundaries are merely a product of colonial arbitrariness is to ignore their multiple geneses. In fact, their establishment ante-dated the Congress of Berlin, whose objective was to distribute sovereignty among the different powers engaged in dividing up the Continent".

For other views on this subject, see P. NUGENT and A. J. ASIWADU (eds.), *African Boundaries: Barriers, Conduits and Opportunities*, (London: Pinter, 1996), *passim*.

[15] Resolution on Border Disputes Among African States: AHG/Res.16 (I), adopted on 21 July, 1964. The principle of *uti possidetis* was effectively characterized as a principle of regional international law in Africa by the International Court of Justice in the *Frontier Dispute (Burkina Faso v Mali)* Case; see *ICJ Reports* 1986, p.554.

inviolability of the boundaries inherited at independence by the post-colonial African State. In part, this has been the sub-text of Muammar Ghaddafi's argument.

In this sense, therefore, the adoption of the Sirte Declaration and, subsequently, the Constitutive Act of the African Union is but an aspect of the historic quest for a united Africa, whose origins can be traced back to the pioneers of the Pan-Africanist movement in the pre-independence era: Marcus Garvey, George Padmore, Kwame Nkrumah, Nnamdi Azikiwe and Julius Nyerere, among others. Indeed, to insist, as some commentators have done, on characterizing this project as one individual country's sole initiative, or one particular leader's obsession with personal aggrandizement, is to deny the other African leaders who supported the adoption of both the Sirte Declaration and the Constitutive Act, after considerable debate, any agency or the capacity for calculated decision-making or rational choice. In fact, it may be argued that Libya's prominent role in this initiative is largely a happy accident of post-Lockerbie dynamics and timing. This is not to deny the likely existence of a specific Libyan policy agenda relating to its self-image and leadership role in Africa, but rather to recognize that the tales of Colonel Ghaddafi leading, as it were, fifty-two other reluctant African heads of state or government in a kind of *Gleichschaltung* into an imaginary promised land – the presumed United States of Africa – are grossly exaggerated. Leaders of other major regional powers in Africa, ranging from Nigeria in West Africa to South Africa in Southern Africa, have been equally emphatic in expressing their shared vision of a more united and cohesive Africa, and for the establishment of the African Union.[16]

---

[16] Both Presidents Olusegun Obasanjo of Nigeria and Thabo Mbeki of South Africa played critical roles in the debates and consultations which produced the compromise that formed the basis for the Sirte Declaration. Their respective support for the proposed Constitutive Act of the African Union in the Lomé summit was equally critical to securing its adoption after initial expressions of reservations by a number of delegations both at the ministerial and summit levels. However, Ghaddafi's self-image as "*the* leader of Africa" cannot be ignored. Any recent visitor to Tripoli will testify to the adornment of various major points and buildings in the city with murals and slogans displaying or proclaiming Ghaddafi's various poses and roles as the "leader", "guide" or "liberator" of the African continent and its people.

3. REGIONALISM AND INTEGRATION IN AFRICA

It was pointed out above that part of the political context within which the adoption of the Sirte Declaration should be located and understood is the challenge posed by the phenomenon of globalization, and Africa's response to it. It has been observed that in the debate on the still nebulous "new world order", two seemingly incompatible concepts have gained a certain pre-eminence: *globalization* and *regionalization* (or, to use loosely interchangeable terms, *globalism* and *regionalism*).[17] As has been argued by various scholars, both globalization and regionalization are ambiguous concepts, which elicit different interpretations from different commentators, depending on what empirical phenomena are singled out for scrutiny, and what kind of theoretical framework is employed to interpret them. This is not the place to undertake a proper examination of these debates, save to observe that the two processes may be regarded as both antagonistic and complementary. Thus, regionalization may be conceived as a subsystem submitted to the rationale of globalization, or as a substitute to it, or as a building block for the reconstruction of a different global system.[18] It is argued here that the project of establishing the African Union is predicated on the last view: the thesis that the construction of a large integrated regional bloc is the only efficient response to the challenge of globalization. This theme resonated in all the speeches made by several African leaders both at the Algiers and Sirte summits. The Sirte Declaration was thus an expression of Africa's response to the challenge of globalization. This response manifests itself, in part, in the decision to embrace a new, reinvigorated regionalism as the basis for coordination and cooperation among African States. It is also evident in the call for the acceleration of the economic integration of the African continent.

---

[17] See B. HETTNE, "Globalization and the New Regionalism: The Second Great Transformation" in HETTNE, INOTAI and SUNKEL, *op. cit.*, note 4 *supra*, p. 1.

[18] See S. AMIN, "Regionalization in Response to Polarizing Globalization", in HETTNE, INOTAI and SUNKEL, *ibid.* p. 54.

The last two decades, and especially the period following the collapse of the Soviet Union, have witnessed something of a revival in regionalism not only in Europe and North America, but in Africa, Asia and Latin America as well. This period has seen an increase in African economic integration schemes, referred to as Regional Economic Communities (RECs), which are regarded as the "building blocks" of the African Economic Community (AEC), whose constitutive treaty, the Treaty Establishing the African Economic Community (the "Abuja Treaty"), was adopted under the auspices of the OAU in Abuja, Nigeria, in 1991.[19] Thus, in addition to the older RECs, such as the Economic Community of West African States (ECOWAS), the Southern African Development Community (SADC) and the Common Market for Eastern and Southern Africa (COMESA), the last couple of years alone have seen the emergence of two new such regional organizations: the East African Community (EAC) and the Community of Sahel-Saharan States (more commonly known by the acronym, CEN-SAD). In fact, the latter was granted the status of an OAU-recognized Regional Economic Community by the same summit which adopted the Constitutive Act in Lomé, Togo.[20]

---

[19] The Treaty establishing the African Economic Community was signed by African heads of state and government in Abuja, Nigeria, on 3 June 1991 and entered into force on 12 May 1994; it is more commonly referred to as the Abuja Treaty.

[20] There are seven OAU-recognized Regional Economic Communities: Arab Maghreb Union (AMU), Common Market for Eastern and Southern Africa (COMESA), Community of Sahel-Saharan States (CEN-SAD), Economic Community of Central African States (ECCAS), Economic Community of West African States (ECOWAS), Intergovernmental Authority on Development (IGAD) and Southern African Development Community (SADC). It should be noted that the membership of these RECs does not necessarily and completely coincide with membership of the geographical regions into which OAU Member States are divided: Central Africa, East Africa, North Africa, Southern Africa and West Africa. Furthermore, there is also a considerable degree of overlapping membership between the different organizations, with some countries belonging to as many as three different RECs, and some RECs drawing their membership from at least three different OAU geographical regions. Among other sub-regional groupings which have not yet sought or acquired the status of OAU-recognized RECs are: Economic and Monetary Community of Central Africa (CEMAC), Economic and Monetary Union of West Africa (UEMOA), Economic Community of Great

Under Article 6 of the Abuja Treaty, the ultimate goal of continent-wide integration is supposed to be achieved in stages, over a period not exceeding thirty-four years. The very first stage was supposed to involve the strengthening of the existing RECs and the establishment of new ones in regions of Africa where they do not already exist. According to the proposed time-table, the RECs are expected to develop gradually and progressively into free-trade areas, customs unions and, through horizontal co-ordination and harmonization, eventually evolve into a common market embracing the whole continent. But, as Mulat has aptly observed, "in practice, the path towards the African Economic Community is neither clear nor predictable, nor devoid of twists and turns."[21] Moreover, these RECs are neither progressing towards the goal of creating the AEC at the same pace, nor with the same procedures, processes or determination. Indeed, the candid observation made by the AEC's Economic and Social Commission a few years ago, regarding the progress being achieved by the RECs, remains valid today:[22]

> "[There is] no clear evidence that they have long-term continental integration in view, [although] trade liberalization is in the forefront [and] there seems to be an acceptance of the need for rationalization and programme harmonization [in most places]".

Mulat concludes that "regionalization in Africa has followed a rather complicated route, and trade issues and economic considerations alone do not appear to be the basis for it in every case"; but he also demonstrates that "regionalism can complement and further facilitate the drive toward multilateralism and economic globalization" and that "perhaps the strongest justification yet for Africa's RECs is to be found in the long-term possibilities they create for sustained growth and improved welfare".[23]

Lakes Countries (ECGLC), East African Community (EAC) and Southern African Customs Union (SACU).

[21] Teshome MULAT, "Multilateralism and Africa's Regional Economic Communities", 32 *J.W.T.* 115 (1998), p. 119.

[22] AEC Economic and Social Commission, First Session, 11 – 12 June 1996: *Strategy and Approach to the Implementation of the Treaty establishing the African Economic Community*, (AEC/ECOSOC 3(I) Rev. 1).

[23] *Ibid.*, p. 138.

The need for the harmonization and strengthening of the RECs, as well as the acceleration of the implementation of the Abuja Treaty, is well articulated in the Sirte Declaration. And some of the arguments advanced by the African leaders in both Sirte and Lomé in favour of the consolidation of the integration of the continent through the strengthening of the RECs and the creation of the African Union turned precisely on the question of how to enhance Africa's performance in the new global economy so as to ensure sustained growth and the welfare of its peoples.

A number of factors and elements have been identified as forming the architecture of the "new regionalism" approach. Most important among these are the defining characteristics that mark out the fundamental differences between the "new" regionalism and the "old" regionalism. There are two major differences that bear pointing out here. First, while the old regionalism was shaped in and by a bi-polar Cold War context, the new regionalism is taking place in a multi-polar world, where centres of power are now diffused between different "powers blocs": the United States, Japan and, as a regional bloc, the European Union. Second, the old regionalism was predicated on inward-looking and protectionist approaches that placed exclusive focus on economic integration objectives, while the new regionalism is more outward-looking and multi-dimensional in its objectives: these include economic integration, trade, environmental and social policy, security, gender, human rights and democratization, and so on. As will be shown in this study, this multi-dimensional perspective significantly informed the elaboration of the Constitutive Act.

4. THE SIRTE DECLARATION

Although, as was indicated above, Libya had proposed the convening of the Sirte extraordinary summit to discuss ways and means of strengthening the OAU to enable it to face the challenges of the twenty-first century, it did not circulate to other Member States any working document for consideration by the forthcoming summit. In the event, it was left to the OAU General Secretariat to prepare the working document (a "draft declaration") which was going to be submitted for consideration by the Member States. The draft declaration was in essence a review of the achievements of the organization since its inception and an exploration of the problems which it had faced, as well as an outline of specific proposals for dealing with the challenges confronting the African continent.

In fact, as it turned out, the draft declaration prepared by the General Secretariat did not even form the basis of the summit deliberations in Sirte. In a dramatic eleventh-hour development, Libya sprung a surprise upon the summit by circulating its own draft document. Although called a draft "Sirte Declaration", the Libyan document was actually a draft "founding treaty" for the establishment of a new continental organization to be known as the "African Union", with the following principal organs: the African Congress; the Summit Council; the Executive Council; the General Secretariat; the Specialized Executive Committees; the Supreme African Court; and the African Monetary Fund. The Libyan draft was quite at variance with the one which had been prepared by the General Secretariat, and it quickly became obvious that no consensus was going to be reached on which of the two documents should form the basis of the deliberations. Indeed, the manner in which the Libyan document had been presented to the meeting, and especially the fact that the Libyan authorities had not previously disclosed the existence of such a document, elicited both suspicion and concern on the part of some Member States, thus adding fuel to the rumours of a hidden agenda.[24]

In the result, following intense consultations among some of the key players at the summit, including Egypt, Mali, Nigeria, South Africa and Libya itself, a compromise solution was agreed upon: to set aside the two drafts, and to convene a small consultative group at

---

[24] The Libyan authorities had actually earlier circulated two draft documents to a number of selected OAU Member States. These drafts were entitled, respectively: Draft of the Establishment of the Union of African States, and Draft of the Establishment of a State of the United States of Africa. The existence of these draft texts was never officially admitted by Libya, at least to the OAU General Secretariat. In any event, the draft "Sirte Declaration" which Libya subsequently submitted to the summit was significantly different from either of these two earlier drafts.

ministerial level to prepare a new draft declaration which would synthesize and reflect the various views that had been expressed in the deliberations by the heads of state and government. The compromise document that emerged from this consultative process was submitted to the summit for further consideration. Following an engaging debate and exchange of views, the draft document was adopted close to midnight on 9 September 1999, as the "Sirte Declaration".

The operative (and, for this discussion, the most pertinent and relevant) part of the Sirte Declaration provides as follows:

"[8.] Having discussed frankly and extensively on how to proceed with the strengthening of the unity of our continent and its peoples, in the light of those proposals, and bearing in mind the current situation on the continent, we DECIDE TO:

(i) Establish an African Union, in conformity with the ultimate objectives of the Charter of our continental Organization and the provisions of the Treaty Establishing the African Economic Community.

(ii) Accelerate the process of implementing the Treaty Establishing the African Economic Community, in particular:

(a) Shorten the implementation periods of the Abuja Treaty.

(b) Ensure the speedy establishment of all the institutions provided for in the Abuja Treaty, such as the African Central Bank, the African Monetary Union, the African Court of Justice and, in particular, the Pan-African Parliament. We aim to establish that Parliament by the year 2000, to provide a common platform for our peoples and their grass-root organizations to be more involved in discussions and decision-making on the problems and challenges facing our continent.

(c) Strengthening and consolidating the Regional Economic Communities as the pillars for achieving the objectives of the African Economic Community and realizing the envisaged Union.

(iii) Mandate the Council of Ministers to take the necessary measures to ensure the implementation of the above decisions and, in particular, to prepare the constitutive legal text of the Union, taking into account the Charter of the OAU and the Treaty Establishing the African Economic [Community]."

The Sirte Declaration set out a time-frame for its implementation. Most importantly, it enjoined Member States to

"work towards finalizing the process of ratification, where appropriate, by December 2000, in order for a constitutive Act [of the Union] to be solemnly adopted in the year 2001, at an Extraordinary Summit to be convened in Sirte."

It will be noticed that, in calling upon Member States to finalize the process of ratification of the constitutive legal text of the African Union by December 2000 in order for it to be "solemnly adopted" in the year 2001, the Sirte Declaration somewhat reversed the logic and process of treaty-adoption and ratification. A treaty must first be adopted and signed by the parties before they can ratify it. To talk of finalizing the ratification in order solemnly to adopt the Constitutive Act of the African Union subsequently was, therefore, a clear inversion of the process. What was no doubt intended here was the formal "launching" of the African Union itself (once it had secured the requisite number of ratifications), rather than the "solemn adoption" of the Constitutive Act. Indeed, unsurprisingly, in his address at the closing ceremony of the Lomé summit, following the signing of the Constitutive Act, Colonel Ghaddafi promptly invited the Assembly to hold an extraordinary session in Libya in March 2001 to launch the African Union.[25] This summit was duly convened in Sirte, as the Fifth Extraordinary Session of the OAU Assembly of Heads of State and Government, from 1 to 2 March 2001. I shall return to this.

As indicated earlier, the Sirte Declaration represents a significant step in the long march towards the renewal, consolidation and repositioning of the OAU. It was born out of the perceived need to strengthen the continental organization and to rekindle the aspirations of the African people for further unity, solidarity and

---

[25] The invitation by Libya turned out to be somewhat premature. By the time the Fifth Extraordinary Summit was convened in Sirte on 1 March 2001, the Constitutive Act had not yet secured the necessary number of ratifications in accordance with Article 28 of the Act. For current state of ratifications, see note 1 *supra*.

cohesion in a larger community transcending linguistic, ideological, ethnic and national differences. In adopting this declaration, African leaders apparently recognized that the continent would be stronger, and the collective voice of the African nations more effective, if all Africans were involved in the establishment of a "community of peoples". This holds out the promise of a role for civil society and popular participation in the construction of the new continental organization and in advancing the project of Africa's economic and political integration.

In terms of the Sirte Declaration, the Constitutive Act was to be in conformity with the ultimate objectives of the OAU Charter and the provisions of the Abuja Treaty. However, the declaration did not specify the model or form the African Union was to assume. So, a number of preliminary questions immediately presented themselves. What was intended by this declaration: the creation of a new institution to exist alongside the OAU and AEC? The fusion of the two with the new organization? Or the replacement of the OAU only, while keeping the AEC intact? And, what was implied in the very choice of the designation "African Union"? Was it to be the equivalent of the European Union, for example, with its institutions and organs modelled on those of the latter?

These questions lay at the heart of the extensive debates that were conducted during the two meetings of legal experts and parliamentarians held to examine a Draft Treaty Establishing the African Union and a Draft Protocol to the Treaty Establishing the African Economic Community relating to the Pan-African Parliament, which had been prepared by the General Secretariat, in Addis Ababa, Ethiopia (17 to 20 April 2000), and Tripoli, Libya (28 to 30 May 2000).[26]

The draft legal text relating to the establishment of the proposed African Union adopted by the second experts' meeting was submitted to a ministerial meeting, which was convened

---

[26] The General Secretariat had initially engaged a group of consultants to assist it in formulating the draft legal texts for both the African Union and the Pan-African Parliament. The original draft texts elaborated by the consultants and the General Secretariat were amended considerably and drastically in the course of the subsequent deliberations of both the experts' meetings and the ministerial meeting.

immediately thereafter, also in Tripoli, from 31 May to 2 June 2000. The ministerial meeting adopted a draft Constitutive Act of the African Union which was subsequently submitted to the Council of Ministers and the Assembly in Lomé for further consideration and eventual adoption. Although there was some debate on the nature and general idea of the proposed organization at the level of the summit, most of the critical issues relating to its institutional structure, principles and objectives, powers and functions, and so on, had largely been settled in the ministerial deliberations in Tripoli and Lomé itself. Unsurprisingly, the Constitutive Act was subsequently adopted by the Assembly on 11 July 2000 more speedily than even the most optimistic advocates of the project of the African Union had anticipated. Moreover, the hesitation and scepticism which had been voiced by some of the leaders in Sirte was altogether absent in Lomé.

Indeed, there can be no doubt that, between 9 September 1999 and 1 March 2001, when the fourth and fifth extraordinary summits were convened, the continent had witnessed a sea change in the disposition of the entire membership of the OAU to the proposed African Union. By the close of fifth extraordinary summit, on 2 March 2001, all the fifty-three Member States had signed the Constitutive Act. In fact, the last few countries to do so, namely Angola, Botswana, Cameroon, Congo, Democratic Republic of Congo, Eritrea, Guinea, Kenya, Mauritania, Swaziland and Uganda, signed it in the course of the summit itself. In so doing, even those countries that had earlier been opposed to the idea of establishing the African Union, such as Kenya, or had at any rate expressed grave reservations and caution, for example Botswana and Uganda, had now come on board.

As was stated above, the fifth extraordinary summit was convened with a view to formally launching the African Union. Of course, the African leaders were not unaware of the fact that the formal entry into force of the Constitutive Act required the deposit of instruments of ratification by two-thirds of the OAU Member States (that is, thirty-six countries), in terms of Article 28 of the Act. By the time the summit was opened, only twenty-two instruments of ratification had been deposited with the General Secretariat.

However, this did not prevent the Assembly, following a highly spirited debate, from deciding to "proudly declare the establishment of the African Union", whilst recognizing that the actual entry into force of the Constitutive Act, and thus the legal birth of the new organization, would only be achieved subsequently once the necessary ratifications had been secured.[27] In adopting this decision, the African leaders intended to do two things: first, to send out a political message, that the establishment of the African Union was an irreversible fact which was unanimously supported by all the members of the OAU; second, to reiterate the need to respect the legal requirements for the entry into force of the Constitutive Act, and thus the formal legal birth of the African Union, as enshrined in its Article 28.

The apparent distinction implied in the decision adopted on 2 March 2001 between the "political" birth of the African Union and its "legal" birth, to follow only subsequently, is problematic. An analogy has been made with the creation of the OAU itself back in 1963. For it may be recalled that although the OAU Charter was adopted on 25 May 1963, it only entered into force on 13 September 1963, after the required number of ratifications had been achieved, in accordance with Article XXV of the Charter. Yet, it was assumed by the founding members, and it has always been accepted, that 25 May 1963 marked the birth of the OAU, and the date is celebrated as such. Indeed, the OAU started operating as an organization, with an interim secretariat, immediately after the adoption of the Charter, and before its entry into force some four

---

[27] Decision EAHG/Dec.1 (V), adopted by the Fifth Extraordinary Session of the Assembly of Heads of State and Government on 2 March 2001, states, *inter alia*, that:
"[The Assembly decides]:
1. To proudly declare the establishment of the African Union by the unanimous will of the Member States;
2. That the legal requirements for the Union will have been completed upon the deposit of the 36th instrument of ratification of the Constitutive Act of the African Union;
3. That the Constitutive Act of the African Union shall enter into force thirty (30) days after the deposit of the instruments of ratification by two-thirds of the Member States of the OAU, as provided for in Article 28 of the Constitutive [Act]."

months later. The political context in which the OAU was created in 1963 was different from that of 2001. It may be argued that there was an imperative need to ensure the immediate operationalization of the new organization, whose creation was, in large measure, motivated by the on-going struggle for the decolonization of the African continent. The political exigencies of the day may have allowed for the deliberate oversight of the legal strictures relating to the formal entry into force of the Charter; and, hence, some of the organs of the nascent organization, most importantly the Council of Ministers, began to function before the Charter had entered into force. In the absence of any pre-existing continental political body, the case for the immediate political proclamation of the OAU ahead of the entry into force of its constitutive legal instrument can be understood.

The analogy does not seem to be appropriate in the case of the Sirte decision. In any case, even if it is argued that the political birth of the African Union needed to be located at a particular juncture, the analogous date should have been 11 July 2000, when the Constitutive Act was adopted in Lomé. It is clear that the decision to proclaim the political establishment of the African Union on 2 March 2001 was dictated by the desire on the part of the heads of state and government gathered in Sirte to honour, and pay homage to, Libya's singular efforts in pursuing the objective of consolidating the continent's unity through the creation of the African Union.[28]

---

[28] The association of the African Union with Libya and, in particular, Colonel Ghaddafi has been reiterated in the international media's eye following the decision by the Fifth Extraordinary Session of the Assembly of the Heads of State and Government to declare the establishment of the African Union in Sirte. Thus, following the adoption of the decision, a London-based newspaper remarked: "African leaders ended a two-day summit in Libya by endorsing a plan by Muammar Ghaddafi [for] an African Union. Libya's plan will not be put in place until it is ratified by two-thirds of the 53 members of the Organization of African Unity". See *The Observer*, London (4 March 2001), p. 22. It is remarkable that some commentators, both within and outside Africa, still insist on characterizing the project of establishing the African Union as "Ghaddafi's or Libya's plan", and not that of the entire membership of the OAU.

5. THE CONSTITUTIVE ACT

The Constitutive Act consists of a preambular section and thirty-three articles. The preamble recalls the ideals which guided the founders of the OAU, the principles and objectives enshrined in the OAU Charter, and the struggles waged by African people for political independence, human dignity and economic emancipation. It also recognizes the multifaceted challenges that continue to confront the continent – the issues of socio-economic development, unity, conflict prevention and resolution, the promotion and protection of human and peoples' rights, democratization, good governance and the rule of law, and the need to strengthen Africa's common institutions and to provide them with the necessary powers and resources to enable them to discharge their mandates effectively.

The first two provisions are standard formulations dealing with the definition of terms and the establishment of the African Union. Arguably the most important provisions of the Constitutive Act are those to be found in Articles 3 and 4. These articles deal with the objectives and principles on which the African Union is founded and thus encapsulate the new orientation for the African continent. These objectives and principles are fairly expansive, and need not be recounted individually here. But it is important to note that the objectives of the African Union go beyond the rather limited objectives that are to be found in Article II of the OAU Charter. The objectives, or purposes, stipulated in the OAU Charter relate to the following: the promotion and achievement of the unity and solidarity of African States; the coordination and intensification of cooperation and efforts to achieve a better life for African peoples; the defence of the sovereignty, territorial integrity and independence of African States; the eradication of colonialism; and the promotion of international cooperation within the context of the UN Charter and the Universal Declaration of Human Rights. To these, the Constitutive Act adds new ones for the new organization, for example: the acceleration of the political and socio-economic integration of the continent; the promotion and defence of African common positions on issues of common interest; the promotion of peace, security and stability of the continent; the promotion of democratic principles and institutions, popular participation and good governance; the promotion and protection of human and peoples' rights in accordance with the African Charter on Human and Peoples' Rights and other relevant instruments; the promotion of sustainable development at the economic, social and cultural levels; and the advancement of research in all fields, in particular science and technology, and the eradication of preventable diseases and the promotion of good health on the continent. Also included among the new objectives are the establishment of the necessary conditions for the continent to play its rightful role in the global economy and in international negotiations, and the coordination and harmonization of policies between the various African RECs. The last-mentioned objective is viewed as a necessary condition for the "gradual attainment of the objectives of the Union".

Similarly, the principles outlined in the Constitutive Act go well beyond those in Article III of the OAU Charter. It is notable that Article 4 of the Constitutive Act only re-affirms four of the seven principles enumerated in the OAU Charter: the principles of sovereign equality; non-interference in the internal affairs of Member States; peaceful settlement of disputes; and condemnation of political assassination and subversive acts (now expanded to include respect for the sanctity of human life, rejection of impunity and acts of terrorism).

It is equally significant to note the principles which have not been replicated from the OAU Charter. First, the principle of respect for the sovereignty and territorial integrity of each State and for its inalienable right to independent existence, enunciated in the Charter, has now been subsumed into the principle relating to the respect of borders existing on achievement of independence (Article 4(b) of the Constitutive Act). This is the *uti possidetis* principle, already referred to above. The principle has been praised as a manifestation of a pragmatic approach to the problem of the arbitrary colonial balkanization of Africa and of the general denial of the legitimacy of intra-African post-colonial boundary claims and wars. On the other hand, it has also been criticized as a principle that legitimizes, so to speak, the structural illegitimacy of the African State. As has already been noted, some commentators have argued that the sanctification of the inherited colonial boundaries in Africa is partly to blame for the failure of the post-colonial African States to reconfigure themselves in order to attract the widespread adherence of their constituent sub-State groups, and hence for the emergence of ethnic conflicts within some of these States between antagonistic ethnic communities forcibly bunched together due to the exigencies of colonial boundary-making, or attempts by some dissatisfied ethnic groups to secede from the post-colonial State.[29] The fact that African countries have re-affirmed this principle in the Constitutive Act is itself an indication that, whatever may be the ultimate dream of a politically united continent, for the present the African Union is viewed as an organization of *independent* and *sovereign* States which will continue to exist within their respective inherited colonial boundaries. There is no provision in the Constitutive Act which suggests any cession or surrender of sovereignty to the African Union by its members. This is far removed from the notion of a federal, or even a confederal, State which the proponents of the United States of Africa might have wished for. Second, the principle provided for in Article III(6) of the OAU Charter, relating to the absolute dedication to the total emancipation of the African territories which are still dependent, makes no appearance in the Constitutive Act. When the OAU was first established, only thirty-two African countries enjoyed independent statehood, and the struggle against colonialism was regarded as one of the fundamental objectives of the newly established organization. Indeed, this struggle lay at the root of the Pan-Africanist project which led to the establishment of the OAU. Today, the political lexicon of the OAU does not include the notion of dependent territories in the classical colonial sense, although, interestingly enough, the Lomé summit in fact adopted a decision which recognizes and supports Mauritius's claim of sovereignty over the Chagos Archipelago (or Diego Garcia) in the Indian Ocean, currently occupied by the United Kingdom and

---

[29] See OKAFOR, *op. cit.*, p. 511. See also same author's, *Re-Defining Legitimate Statehood: International Law and State Fragmentation in Africa*, (The Hague: Kluwer Law International, 2000), *passim*.

used as a military base by the United States.³⁰ Finally, the seventh principle in Article III of the OAU Charter, which relates to the policy of non-alignment with regard to all blocs, also reflects the political realities of the Cold War era in which the organization was born. In today's world, in which the old divisions into two opposing power blocs between the communist East and the capitalist West have largely disappeared, or become politically irrelevant, the policy of non-alignment no longer carries any resonance. Its inclusion in the Constitutive Act would have been an historical anachronism.

Article 4 of the Constitutive Act goes on to incorporate new, radically expanded and potentially far-reaching principles. These may be roughly classified into two categories. The first category consists of principles which, though not previously provided for in the OAU Charter, are now more or less generally recognized in international law. These principles relate to: the prohibition of the use of force among Member States; peaceful co-existence among Member States and their right to live in peace and security; and respect for democratic principles, human rights, the rule of law and good governance. The second category of principles reflects the new thinking and approach among African States on how to coordinate common responses to present-day political and socio-economic challenges. These principles also reflect an attempt by African States

---

30 See AHG/Dec.159 (XXXVI) Decision on Chagos Archipelago. In terms of this decision, the Assembly:

"[Expresses] concern that the Chagos Archipelago was unilaterally and illegally excised by the colonial power from Mauritius prior to its independence in violation of UN Resolution 1514",

and

"[urges] the UK Government to immediately enter into direct and constructive dialogue with Mauritius so as to enable the early return of the sovereignty of Mauritius."

Before its dissolution, the OAU Coordinating Committee for the Liberation of Africa, on a number of occasions, included on its agenda items relating to the territorial status of the Canary Islands and Reunion Island, which remain under Spanish and French sovereignty, respectively. However, these no longer feature on the political agenda of the OAU. Recent attempts by the *Frente Popular por la Independencia de Canarias* (FREPIC-AWANAK), a Canary Islands group campaigning for the independence of the islands from Spain, to be recognized as an African national liberation movement and to involve the OAU in this campaign, have never been formally presented to or taken up by the policy organs of the OAU.

to create an organization that addresses itself to the contemporary demands and aspirations of the ordinary people of the African continent: the principles of participation by African peoples in the activities of the organization; the establishment of a common defence policy for the African continent; the right of the African Union to intervene in Member States under certain conditions where war crimes, genocide and crimes against humanity have been committed; the right of Member States to request intervention from the African Union in order to restore peace and security; the promotion of self-reliance; the promotion of gender equality; the promotion of social justice so as to ensure balanced economic development; and the condemnation and rejection of unconstitutional changes of government. The question of intervention by the African Union in its Member States occasioned some spirited debate in the ministerial deliberations in both Tripoli and Lomé. The implications of these provisions for the requirement of prior authorization by the UN Security Council of enforcement action by regional organizations or arrangements under Article 53 of the UN Charter were not addressed in these debates. In practice, debate on the legality of regional action has centred on the compatibility of the use of force with the UN Charter and with general international law.[31] This debate may well arise in the context of enforcement action to be undertaken by the African Union within the context of these provisions.

The major point of departure on which the creation of the African Union is predicated is that it should represent a qualitatively higher form of unity and integration for the African continent and an organization whose objectives properly address the continent's contemporary political and socio-economic agenda. The issues of gender equality, good governance, democratization, humanitarian intervention, war crimes and crimes against humanity, social justice, rejection of unconstitutional changes of government, and so on, would have been unthinkable or unacceptable for inclusion as principles in a constitutive legal text of this nature a decade or two ago. Yet, in an era in which post-independence Africa has witnessed

---

[31] See C. GRAY, *International Law and the Use of Force*, (Oxford: O.U.P., 2000), p. 215 *et seq.*

the horrors of genocide and ethnic cleansing perpetrated on its own soil and against her own kind, it would have been absolutely amiss for the Constitutive Act to remain silent on the question of the right to intervene in respect of such grave circumstances as war crimes, genocide and crimes against humanity. Similarly, the declared commitment to the promotion and protection of human rights would remain meaningless without particular attention being paid to the promotion of gender equality; and appeals to democratization, good governance and the rule of law have to be buttressed by the unequivocal condemnation and rejection of unconstitutional changes of government. All these were taboo subjects among the African political leadership until recently.

The Constitutive Act also departs radically from the OAU Charter by providing for suspension from participation in the activities of the organization where the government of a Member State has come to power through unconstitutional means (Article 30). The inclusion of this provision in the Constitutive Act strengthens and codifies the relevant resolutions adopted recently by the OAU policy organs on the need to impose sanctions on governments that violate democratically established constitutional authority and to require such regimes to restore constitutional order speedily.[32] This should be viewed within the context of the current engagement by the OAU with the issues of democratization, human rights and good governance.

Similarly, the inclusion of a provision relating to the imposition of sanctions on Member States which fail to comply with the decisions and policies of the African Union, unprecedented under either the OAU Charter or the Abuja Treaty, must be understood as an aspect of the new determination by African States to create a

---

[32] See decisions AHG/Dec.141 (XXXV) and AHG/Dec.142 (XXXV) adopted by the Thirty-fifth Ordinary Session of the Assembly of Heads of State and Government held in Algiers, Algeria, from 12 to 14 July 1999 on unconstitutional changes of government; see also the Declaration on the Framework for an OAU Response to Unconstitutional Changes of Government, adopted by the Thirty-sixth Ordinary Session of the Assembly of heads of State and Government held in Lomé, Togo, from 10 to 12 July 2000: AHG/Decl.5 (XXXVI).

framework which provides a credible foundation for a stronger and more cohesive continental body.

As regards the internal institutional structure of the African Union, the Constitutive Act establishes new organs not previously provided for under the OAU Charter (but provided for in the Abuja Treaty): these are the Pan-African Parliament, the Court of Justice, the Financial Institutions (the African Central Bank, the African Monetary Fund, and the African Investment Bank) and the Specialized Technical Committees. Furthermore, the Constitutive Act provides for the establishment of other organs not envisaged under the OAU Charter or the Abuja Treaty: the Commission, the Permanent Representatives' Committee and the Economic, Social and Cultural Council. In addition, it may also be observed that there are some differences in terms of the designation of the organs envisaged under the Constitutive Act, although in reality they may perform more or less the same functions as are being performed by corresponding organs under the OAU Charter. Thus, for example, the Assembly of Heads of State and Government will continue to be known by the same designation, while the equivalent organs to the Council of Ministers and the General Secretariat, under the Constitutive Act, are the Executive Council and the Commission, respectively. Yet, will these organs enjoy more or less the same powers as before and perform similar functions? The Constitutive Act does not define, in any detail, the procedures and operational modalities of these organs. As would be expected, these were to be set out in the rules of procedure to be elaborated and adopted later by these organs, once the African Union becomes operational. The functional attributes, institutional powers and inter-relationships between the different organs would also have to be determined prior to the operationalization of the African Union.

The preparation of the relevant rules of procedure and regulations relating to the functioning of the organs of the African Union (the Assembly, the Executive Council, the Commission, the Permanent Representatives' Committee, the Economic, Social and Cultural Council, etc) was only one aspect of the practical processes that needed to be initiated to facilitate the actualization of the African Union. This task fell upon the OAU General Secretariat (which, under Article 33(4) of the Constitutive Act, had been designated the interim secretariat of the African Union, pending the establishment of the Commission), working in consultation and collaboration with the Member States. Other preparatory tasks which the General Secretariat was expected to carry out included: the preparation of the draft work programme and the draft budget of the African Union; the preparation of the necessary draft decisions to formalize the relationship between the African Union and the RECs, as the pillars of the African Economic Community; the preparation of the necessary draft decisions formalizing the relationships between the African Union and other institutions not specifically provided for in the Constitutive Act, or relating to the possibility of incorporating such institutions as organs of the African Union, in accordance with Article 5(2) of the Constitutive Act; and making appropriate recommendations relating to the OAU/AEC institutions and structures during the transitional period, including the devolution of its assets and liabilities, as provided for in Article 33(1) of the Constitutive Act. The Constitutive Act is clearly not a comprehensive programmatic instrument. Rather, it merely provides a broad operational and political framework within which the detailed substance and programmes of the new organization are to be constructed. At the time of finalizing this discussion, the draft rules of procedure of the various organs and the regulations of the Commission had already been provisionally approved by the OAU Council of Ministers, during its March 2002 session held in Addis Ababa, Ethiopia. These were due to be submitted for final consideration and approval by the Council and the Assembly at its forthcoming summit in July 2002 in Durban, South Africa, prior to the formal operationalization of the African Union.

6. SOME CONCLUDING OBSERVATIONS

As has been shown in this discussion, the Constitutive Act of the African Union departs from the OAU Charter to a recognizable degree. The significance of these differences does not only lie in the designation of the new organs and institutional structures created under the Constitutive Act, but also in the fundamental objectives which the new organization sets out to achieve, and the principles which will inform and underlie the execution of these objectives. The change from the OAU to the African Union does not, therefore, represent a mere change of name. Rather, it signifies a new approach to the coordination of inter-African cooperation, and a determination to forge ahead with the creation of a new institutional framework that will permit better integration of the continent. But the change is far from radical.

In terms of Article 33(1), the Constitutive Act replaced the OAU Charter following its entry into force. However, the same article also made provision for the continued application of the Charter (and thereby the continued existence of the OAU) for a transitional period of one year, or such further period as may be determined by the Assembly.[33] The Constitutive Act does not, however, state *expressis verbis* that the AEC is also to be replaced. But this is a matter for logical inference. The AEC was established under the Abuja Treaty as an *integral* part of the OAU, with the same secretariat (Article 98), and the Treaty and the Protocols adopted thereunder form an *integral* part of the OAU Charter. It would, therefore, follow that the demise of the OAU must necessarily entail the abrogation of the AEC. Indeed, as has just been observed above, it is instructive that Article 33(1) of the Constitutive Act provides that the OAU Charter shall remain operative for a transitional period of one year or such further period as may be determined by the Assembly, following the entry into force of the Constitutive Act,

---

[33] The Thirty-seventh Ordinary Session of the Assembly of Heads of State and Government meeting in Lusaka, Zambia, from 9 to 11 July 2001 decided on a one year transitional period, effective from the date of the adoption of the decision, i.e. 11 July 2001; see Decision AHG/Dec. 160 (XXXVII), § 15.

> *"for the purpose of enabling the OAU/AEC to undertake the necessary measures regarding the devolution of its assets and liabilities to the African Union and all matters relating thereto".*[34]

This suggests that the framers of the Constitutive Act envisage that the demise of the OAU entails the abrogation of the AEC as well.

In reality, the AEC has never existed and functioned as a *separate* organization from the OAU. Even the more recent procedural practice of requiring the policy organs of the OAU (the Council of Ministers and the Assembly of Heads of State and Government) to "transform" themselves into the policy organs of the AEC before adopting decisions relating to the AEC represented nothing more than a flawed legal fiction. For the fact of the matter is that, on such occasions, even an OAU Member State which has never signed nor acceded to the AEC Treaty and is, therefore, indisputably not a member of the AEC (Eritrea), or those that have signed the AEC Treaty but have not ratified it, such as Djibouti, Equatorial Guinea, Gabon, Madagascar, Mauritania and Swaziland, were allowed to participate in those decision-making processes without any regard being paid to the procedural and legal irregularity of their position. It would seem that the status of these countries as members of the OAU is what really mattered both to them and to the other Member States. In any event, even if an argument were to be made for the separate and continued existence of the AEC, it may be argued that the logical inference would be that it will continue life only as an *integral* part of the new organization, under the same secretariat (the Commission). In this respect, it should be noted that Article 33(2) of the Constitutive Act provides that the Act shall take precedence over and supersede any inconsistent or contrary provisions of the AEC Treaty.

There are, to be sure, some lacunae in the Constitutive Act, particularly on the aspect concerning the political unification or integration of the continent. For one thing, none of the provisions of the Constitutive Act specifically addresses this issue, beyond the

---

[34] Emphasis mine.

stated objectives in Article 3(a) and (c), namely to "achieve greater unity and solidarity between African countries and the peoples of Africa", and "accelerate the political and socio-economic integration of the continent".

As it stands, the Constitutive Act of the African Union is hardly the charter for the politically integrated Africa that some commentators have made it out to be, or some African leaders may have wished for. Indeed, advocates of a United States of Africa will look in vain in the provisions of the Constitutive Act for illumination of an integrated federal or confederal political entity to which the Member States have ceded certain sovereign powers or competencies. The Constitutive Act is not a programme of action, in the sense that the Abuja Treaty is, but simply an organizational framework which is intended to provide the parameters for the *future* political integration of the continent. On the other hand, a comprehensive reading of the text, especially the provisions dealing with the powers and functions, as well as the areas of competence, of the Executive Council and the Specialized Technical Committees (Articles 13, 14 and 15) shows that the emphasis in the Constitutive Act is on economic integration and coordination of the socio-economic agenda of the continent. This is not at all surprising, in view of the fact that the provisions relating to the Specialized Technical Committees, for example, have been transplanted almost *verbatim* from Articles 25 and 26 of the Abuja Treaty.

At the institutional level, I would also argue that the process of elaborating the Constitutive Act missed the opportunity to incorporate, as one of its organs, a structure which has now become central to the OAU: the Central Organ of the Mechanism for Conflict Prevention, Management and Resolution, created by the Declaration on the Establishment, within the OAU, of a Mechanism for Conflict Prevention, Management and Resolution, adopted by the Twenty-ninth Ordinary Session of the Assembly of Heads of State and Government in Cairo, Egypt, on 30 June 1993. In adopting the Cairo Declaration, African leaders underscored the need for a radical shift in their approach to the problems of conflicts in Africa, and reiterated their commitment to identify ways and means of resolving conflicts among themselves. The previous arrangement provided for in the OAU Charter for dealing with conflicts was the Commission for Mediation, Conciliation and Arbitration (CMCA), established by a Protocol to the OAU Charter, adopted in Cairo in July 1964 and declared to be an integral part of the Charter. The Commission was intended to manage and resolve conflicts between the Member States but was never invested with a preventive mandate. In any case, it remained moribund, partly because of its restrictive mandate and its fundamentally flawed judicial approach to conflict resolution. The 1993 Mechanism, which operates through a sixteen-member Central Organ, was, in a sense, a way of obviating the problems encountered by the organization in the area of conflict management due to its failure to establish, in practical terms, the envisaged Commission. By establishing the Mechanism through a declaration, the Assembly avoided the need to amend the OAU Charter formally. The Mechanism is thus an institutional organ of the OAU which, however, is not formally provided for under the Charter, as are the other organs, such as the Assembly of Heads of State and Government and the Council of Ministers, the General Secretariat and, indeed, the Commission of Mediation, Conciliation and Arbitration itself.

In my view, the occasion of elaborating a new constitutive legal text for a new body to replace the OAU presented an opening to institutionalize the Central Organ of the Mechanism by integrating it as one of the organs of the African Union. The opportunity to enhance the political profile of one of the most important structures that the OAU has established in its thirty-seven year history - sometimes rightly referred to as the OAU's own Security Council - has been missed, at least for the time being. Happily, one of the powers and functions of the Assembly of the African Union stipulated under Article 9 of the Constitutive Act is to "establish any organ of the Union". It should, therefore, be possible to incorporate the Central Organ of the Mechanism into the institutional structure of the African Union at a later stage.

Furthermore, beyond the institutional and structural shortcomings noted in these preliminary reflections, some basic questions remain. For example, is the African Union, as envisaged in the Constitutive Act, likely to be more viable than the OAU? Indeed, are

African countries more disposed to support the African Union, both politically and financially, than they have been towards the OAU? Secondly, there is the more substantive question of the "meaning and content" of the African Union: what kind of "union" is it going to be? Is this entity to be understood in terms of the economically, but not yet politically, integrated entity which Europe is in the process of constructing? Can African countries replicate the incremental process through which the European Union has evolved, over a period of nearly half a century, without following the logic suggested by integration theory? The vision of constructing the AEC was predicated on the assumption that Africa would go through the progressive stages of establishing, first, a preferential or free trade area to be followed by the creation of a customs union, an economic common market, an economic community and, as the ultimate stage, a political union. The decision to establish the African Union immediately was a deliberate attempt to circumvent the slow, incremental process envisaged in Article 6 of the Abuja Treaty, which was scheduled to cover a transitional period not exceeding thirty-four years! But, in the result, the "union" that emerges from the Constitutive Act is clearly not the kind anticipated under the Abuja Treaty. The African Union, as presently envisaged, is not the logical outcome of the process that had been envisaged in the Abuja Treaty, which is predicated on the stage-by-stage implementation process of classical or conventional integration theory. In terms of concept, substance and structure, the African Union is certainly neither equivalent nor comparable to the European Union, whose evolution has followed quite a different path.

And, finally, in what substantive sense can the African Union be said to represent a "community of peoples", allowing for grass-roots and democratic participation in its activities by the common citizenry of the continent? The last question is particularly pertinent, considering that the process of conceptualizing, debating and elaborating the Constitutive Act did not fully live up to the promise of popular participation that some political leaders in Africa have been advocating. My own view is that their optimism may be misplaced.[35]

As commentators, we can only speculate, in advance of the event, on these and other related questions. Nevertheless, I would hazard to conclude on the cautiously optimistic note that, a century after the first stirrings of the vision and rhetoric of Pan-Africanism, it is not too soon to hope that, in the *longue durée*, the idea of a united Africa will not forever continue to be a mere rhetorical phenomenon in African political discourse. Of course, one must admit that the reality of the African condition today does not bode well for the construction of an entity uniting the continent's fifty-odd independent sovereign countries into a single State, whether as a federation or a confederation. Besides, the experience of other regions elsewhere has not been lost on the African political leadership. The problems and resistance that continue to stand in the way of the attempts to build a political union out of the current institutional structure of the European Union are a clear enough sign that more than four and half decades of gradual, incremental integration in Europe have not secured easy acceptance of the idea of a "United States of Europe" in that continent. It is doubtful that a project for such deep and radical political unification would be more readily acceptable and easily realizable on the African continent, with its multiple sovereignties and more complex and widely heterogeneous ethnic and national identities. However, I believe that the gradualist approach of consolidating economic integration, as a way of firming up the foundation for subsequent political integration, is both the most rational and realistic.

---

[35] It is an undeniable fact that the debate about the African Union has almost exclusively been undertaken by African political leaders within the formal discussion chambers of the OAU and, to a very limited extent, in some sections of the international and national media. However, there does not seem to have been a full engagement of this issue by ordinary people representing the larger sections of civil society in any of the OAU Member States. The limited dialogue on this, such as there has been, has largely been confined to national parliaments in those few countries which have so far ratified the Constitutive Act, as part of the ensuing debates in the course of the ratification process.

In this sense, therefore, it can be concluded that the project of reconstructing and consolidating African unity has not yet resulted in the *El Dorado* of the political union of the continent. Africa still has some way to go before its peoples and nations can achieve that ultimate objective and, thereby, translate the idea of a politically united Africa from the realm of imagination into a living reality. It is, perhaps, apt to conclude these preliminary reflections with an observation made by the late Julius Nyerere, one of the founders of the OAU and a former president of Tanzania. In his keynote address to a ceremony held to mark the winding up of the OAU Liberation Committee a few years ago, he observed, with his characteristic lucidity and candidness, that:[36]

> "As far as unity is concerned, the OAU is still more of an aspiration than a fact. We united on liberation, and Africa is now liberated. On other issues of common concern, we do not unite."

Nyerere went on to urge the new generation of African leaders not simply to assume or *imagine* the existence of African unity, but rather to work relentlessly towards the actual realization of this unity. Unless today's African leaders heed Nyerere's call and follow up the establishment of the African Union with real commitment and concrete action, it will amount to nothing more than a *reimagining* of African unity.

---

[36] Speech delivered on 15 August 1994 in Dar es Salaam, Tanzania; copy on file with the author.

LES FONDEMENTS DE L'UNION AFRICAINE

Suleyman Bula-Bula[*]

> "L'Afrique doit s'unir"
> Kwamé Nkrumah[1]

INTRODUCTION

Ainsi s'exprimait, par la parole et par l'écrit, le Ghanéen Kwamé Nkrumah, le premier chef d'État d'un pays africain décolonisé. L'homme comptait aussi parmi les leaders africains les plus visionnaires de son époque. Il y a déjà plus d'un demi-siècle ! Jerry Rawlings a récemment rappelé de manière opportune que Nkrumah considérait que "l'indépendance du Ghana perdrait toute sa signification si elle n'était liée à la libération totale du continent".[2]

Hélas, le digne fils d'Afrique n'a guère pu réaliser le projet qui l'absorbait obstinément. Mais il n'était pas seul à caresser l'idée grandiose d'une Afrique unie, de la Méditerranée à l'océan Antarctique, de l'océan Atlantique à l'océan Indien. Des conducteurs d'hommes remarquables qui animaient alors l'Afrique de la décennie glorieuse des années soixante, partageaient également

---

[*] Professeur à l'Université de Kinshasa (République Démocratique du Congo).

[1] Kwamé NKRUMAH, *L'Afrique doit s'unir*, Paris, Présence Africaine, 1994, 256p. A noter que le verbe "doit" y est souligné au rouge.

[2] Soixante-douzième session ordinaire / Septième session ordinaire de l'AEC, *Rapport de la conférence ministérielle sur la création de l'Union africaine et du parlement africain*, Lomé (Togo), 4-8 juillet 2000, doc. CM/2162 (LXXII), p. 11.

le noble dessein. Du fougueux Sékou Touré (Guinée) au prestigieux Modibo Keita (Mali), en passant par Patrice Lumumba (Congo-Léopoldville), "un fils exceptionnel de l'Afrique"[3], du majestueux Mohammed V (Maroc) à l'impétueux Ben Bella (Algérie), du colosse Gamal Abdel Nasser (Égypte), au mwalimu Julius Nyerere (Tanzanie), du sphinx Hailé Sélassié (Éthiopie) au Mzee Jomo Kenyatta..., nombre d'Africains partageaient le projet. Longue serait la liste à laquelle doit être intégrés des dirigeants des mouvements de libération nationale de l'époque, notamment le célèbre Amilcar Cabral, l'éphémère Edwardo Mondlane et le tenace Augustino Neto. Plus tard, Robert Mugabe émergera de la Rhodésie du Sud (Zimbabwe) surclassant les Josua Nkomo, Muzorewa et Sitole.

C'est à juste titre que le préambule de l'acte constitutif de l'Union africaine s'inspire des

> "nobles idéaux qui ont guidé... des générations de panafricanistes dans leur détermination à promouvoir l'unité..."[4]

Comme il fait revivre légitimement à la mémoire collective africaine les inoubliables

> "luttes héroïques menées par nos peuples... pour l'indépendance politique, la dignité humaine et l'émancipation économique".[5]

Des idéaux qui conservent encore largement leur actualité.

A l'opposé, d'autres chefs d'État africains généralement issus des "urnes des comptoirs étrangers" établis en Afrique envisageaient avec beaucoup d'appréhension un mouvement unificateur qui emporterait les oripeaux de la souveraineté de leur cher État. Sans prétendre ici également dresser une liste exhaustive, Félix Houphouët-Boigny (Côte d'Ivoire), Fulbert Tsiranana (Madagascar), Habib Bourguiba (Tunisie), William Tubman (Libéria), Léopold Sedar Senghor (Sénégal), correspondent aux figures de proue de l'Afrique des États-Nations.

---

[3] Selon l'hommage d'un des géants d'alors de la diplomatie mondiale, Andréi GROMYKO, *Mémoire*, Paris, Belfond, 1989, p. 257.

[4] V. le paragraphe premier du préambule de l'acte constitutif de l'Union africaine.

[5] V. le paragraphe troisième dudit préambule, *ibid.*

Mais à l'issue d'un compromis historique entre partisans et adversaires d'une organisation panafricaniste naquit à Addis-Abeba, le 15 mai 1963, l'Organisation de l'Unité Africaine. Il va sans dire que l'éclosion des cendres du colonialisme d'un regroupement d'États africains à vocation continentale par son ouverture et à prétention globale par la généralité des matières rentrant dans ses objectifs ne pouvait qu'irriter certaines capitales non africaines. Adossée au vieux projet euro-africain, la Communauté économique européenne d'alors craignait qu'une telle organisation des États plébéiens ne réduise le train de vie des États patriciens.[6] D'autre part, l'anticolonialisme de façade des États-Unis d'Amérique dissimulait mal le grand besoin d'ouverture du marché qui dévorait l'âme de l'empire messianique du capitalisme. D'autre part encore, l'écroulement des pans entiers du camp capitaliste formé par des territoires coloniaux et leur orientation vers d'autres destins ne pouvaient que rencontrer les desseins de l'empire messianique du socialisme, l'ancienne Union soviétique.

Durant des décennies, l'O.U.A. résista tant bien que mal aux influences contradictoires des superpuissances déterminées, chacune pour soi, à l'apprivoiser. Quel que soit l'oracle des milieux franchement hostiles à l'institution annonçant périodiquement sa disparition imminente au profit des structures eurafricaines (Commonwealth, Conférence franco-africaine...), l'O.U.A. a eu, dans un environnement international hostile, l'insigne mérite de naître, de résister et de se transformer en Union africaine. A ce titre, ses pères fondateurs accèdent au Panthéon des dieux et des héros.

Ils n'étaient pourtant pas les premiers à fixer cet objectif légitime à atteindre par les capitaines des peuples. Plusieurs décennies avant eux, des penseurs d'origine africaine avaient propagé *urbi et orbi* des idées en vue de la renaissance de l'Afrique meurtrie par le colonialisme associé au racisme. Parmi eux s'imposent particulièrement le Jamaïcain Marcus Mosiah Aurelius Garvey, dit Marcus Garvey et l'Américain William Edward Burghardt Du Bois.

---

[6] *Contra*, V. la thèse de Ntumba Luaba LUMU, *La Communauté économique européenne et les intégrations régionales des pays en développement*, Bruxelles, Bruylant, 1990, pp. 30 et 495.

Là remontent les racines profondes du panafricanisme éclos sous le feu des oppressions nombreuses et diverses.

Depuis cette époque, l'abolition formelle du racisme a cependant eu lieu. De même que sous la pression déterminante de l'O.U.A., le colonialisme a été quasi-universellement éradiqué. Le recul du temps permet d'apprécier correctement le bilan de l'O.U.A. Parmi les points hautement positifs apparaît incontestablement la libération politique de l'Afrique du colonialisme et des phénomènes apparentés. A telle enseigne que le groupement d'États peut être qualifié d'Organisation de Libération de l'Afrique (OLA). C'est le programme essentiel du panafricanisme original qui a été réalisé. Pourtant l'Afrique continue de ployer sous le joug d'une domination étrangère insidieuse, le néocolonialisme qui, à lui seul, justifie la continuité des idées panafricanistes. Par ailleurs, la mondialisation, sous sa nouvelle forme, accentue davantage l'intérêt du projet panafricaniste.

La gestation de l'U.A. a suivi cinq phases à Syrte I, Tripoli, Syrte II, Lomé et Lusaka. La déclaration de Syrte (6-9 septembre 1999) a pris l'option d'"accélérer la mise en œuvre traité d'Abuja" du 3 juin 1991 relatif à la C.E.A. par l'établissement de l'U.A. en trois ans. Le sommet de l'O.U.A. à Tripoli (1-6 juin 2000) a énoncé les principes généraux devant guider cette entreprise. Auparavant, des réunions d'experts juridiques et parlementaires, organisées à Addis-Abeba (17-21 avril 2000) et à Tripoli (27-30 mai 2000) ont examiné le projet. C'est à l'issue de la XXXVIIème session ordinaire de la Conférence des chefs d'État et de gouvernement de l'O.U.A. à Lomé (10-12 juillet 2000) que le texte a été adopté. La session extraordinaire à Syrte (1-2 mars 2001) a proclamé l'établissement de l'Union ; tandis que le dernier sommet de l'O.U.A. à Lusaka (5-8 juillet 2001) a constaté la succession de l'O.U.A. et de la C.E.A. par l'U.A.

Il est possible de scruter la germination de l'U.A. sous plusieurs angles variés. L'option levée consiste à examiner ses fondements afin d'apprécier sa légitimité et de jauger la solidité éventuelle de l'entreprise projetée. Il va de soi que les facteurs à étudier ne présentent pas une importance égale. En conséquence, les développements consacrés aux uns et aux autres ont une ampleur différente. Quelles sont les bases objectives et subjectives qui fondent l'Union africaine aux plans géographique et historique, idéologique, économique et juridique ? Telle est la question fondamentale qui rythme la cadence du propos.

I. FONDEMENTS GEOGRAPHIQUES ET HISTORIQUES

L'unité géographique du continent africain tombe sous les sens. Quiconque jette un coup d'œil, fût-ce furtivement sur une carte, s'en rend compte. La plaque africaine s'est, au cours de l'évolution de la planète terre et sous l'action de l'homme, détachée de l'ensemble unique. Jusqu'aux prochaines cassures, elle se présente, comme un espace autonome circonscrit par la mer Méditerranée, la mer Rouge, l'océan Atlantique, l'océan Indien et l'Antarctique.

Il découle de cette configuration physique le sentiment, tantôt diffus, tantôt net, chez les peuples d'appartenance à un milieu physique commun. L'histoire africaine a aussi été scandée par cette contexture géographique.

Il serait certainement stérile d'entreprendre intellectuellement des fouilles archéologiques afin de se reposer sur le lit du passé. Mais il peut paraître impératif, pour la mémoire collective des Africains, de connaître le passé qui explique en partie le présent et influe sur le futur afin d'embrasser ce dernier en pleine connaissance de cause.[7] On mesure ainsi le poids du patrimoine historique légué par les aïeux que les phases successives de l'agression permanente, de la traite négrière au néocolonialisme, en passant par le colonialisme ont désagrégé. On se rend compte de l'ampleur du défi à relever par les générations présentes et futures d'Africains. On réalise l'insigne mérite des leaders africains visionnaires qui, hier comme

---

[7] S. BULA-BULA, "L'agression permanente en tant que mode de domination du Congo. Rapport introductif", *La guerre d'agression contre la République démocratique du Congo et l'interpellation du droit international*, Actes des journées de réflexion des 5 et 6 octobre 1998, Département de droit international et des relations internationales, Faculté de droit, Université de Kinshasa, [s.d.], Presses de l'Université de Kinshasa, p. 16.

aujourd'hui, ont caressé et caressent toujours un projet jugé utopique comme tous les grands desseins que se fixent les peuples dominés.[8]

Fausse serait la prétention de situer la racine de l'Union africaine aux origines de l'humanité. Nul ne le prétend. Néanmoins, il est capital d'avoir à l'esprit l'importance du continent dans l'histoire de l'humanité. N'est-ce pas que des paléontologues ont retrouvé successivement à Hagar (Éthiopie), en 1974, des fragments d'os d'un *Australopithecus afarensis*, dans le désert du Tchad, en 1995, des restes d'un autre australopithèque contemporain du premier qui auraient existé 3,5 millions d'années passées? L'Afrique orientale et l'Afrique australe ont également permis d'identifier de nombreux types d'australopithèque.

> "C'est dans la partie méridionale de ce continent [Afrique] et au Kenya que les ethnologues ont découvert les restes des premiers hominiens."[9]

Semblables données archéologiques alimentent l'un des premiers mythes créateurs du panafricanisme: l'Afrique berceau de l'humanité. Car

> "l'Afrique avait sa propre civilisation longtemps avant l'arrivée du colonialisme. C'est en Afrique, en effet, la science nous l'apprend, que l'homme fit ses premiers pas. Mais les anciens États africains furent incapables de résister à la pression des Européens qui arrivèrent armés d'une Bible et d'un fusil... C'est ainsi que les armées 'civilisatrices' foncèrent jusqu'au cœur du continent. Fatalement affaibli par la traite des nègres, le développement du continent fut encore plus retardé à l'époque du colonialisme".[10]

---

[8] Pourquoi le projet colonial d'un Cecil Rhodes, par exemple, de création d'un empire allant du Cap au Soudan a pu paraître légitime à certains au XIXème siècle alors qu'une Union entre peuples africains envisagés pour les leaders par de ces derniers serait illégitime ou irréaliste ? Au nom de quel principe éthique, politique, juridique, les peuples africains seraient légitimement rassemblés dans des groupements d'inspiration (néo)coloniale nés de la domination étrangère.

[9] V. Ammoun, opinion individuelle jointe à l'avis consultatif du 16 octobre 1975 sur le *Sahara occidental*, CIJ, Recueil 1975, p. 86.

[10] Andréi GROMYKO, *Mémoires, op. cit*, p. 256.

D'après Cheikh Anta Diop,

"si l'on ne s'en tient" qu'à l'archéologie, "on est amené à reconnaître en toute objectivité que le premier *Homo sapiens* était un 'négroïde' et que les autres races, le blanc et le jaune, apparurent plus tard à la suite des différenciations dont les causes physiques échappent encore à la science."[11]

A peine de paraître comme juge et partie, il est mieux indiqué de laisser s'exprimer des personnalités non africaines sur le sujet. Ainsi le vice-président de la CIJ, Ammoun, a naguère opportunément rappelé :

"On ne devrait pas... ignorer ce qu'était l'Afrique avant que ne se soient abattus les deux plus grands fléaux que l'histoire de l'humanité ait jamais rapportés : la traite des noirs qui a sévi pendant des siècles, à une échelle jamais connue, et le colonialisme, exploitant à outrance hommes et biens. Avant que ces terribles fléaux n'aient déferlé sur le continent noir, les peuples africains avaient constitué des États, voire des empires de grande civilisation... Il est aussi juste et utile de les évoquer un à un. Dès les premiers siècles de l'ère chrétienne, l'empire du Ghana, dont la puissance et la richesse n'avaient pas d'égale en Europe occidentale après la chute de l'empire romain. L'empire du Mali, qui s'étendait sur des territoires plus vastes que l'Europe, alors qu'une notable partie de celle-ci était divisée en fiefs souvent en lutte les uns contre les autres ; au centre de cet empire brillait une université plus ancienne que toutes celles de l'Europe: l'université de Tombouctou, à propos de laquelle on disait, pour en marquer la splendeur, que le profit qui y était tiré de la vente des manuscrits dépassait celui de toute activité économique. L'État de Bornou, dont la prospérité était encore telle qu'au XIXème siècle, à la veille de la conquête, lorsqu'un voyageur anglais s'y rendit, la condition des plus humbles lui parut douce et heureuse. Les civilisations des Grands Lacs, où l'on retrouve des vestiges de routes, de canaux d'irrigation, des digues, des aqueducs d'une technique admirable. Passant sans nous y arrêter par les civilisations d'Axoum, de Kivu, du Royaume du Bénin, nous arrivons à celles d'Afrique australe. Sur les rives du Zambèze, sur ces mêmes lieux

---

[11] Cheikh Anta DIOP, *Antériorité des civilisations nègres: mythe ou vérité historique ?*, Paris, Présence africaine, 1967, p. 15. Selon Nelson MANDELA, *Long Walk to Freedom*, Little, Brown and Company, p. 353, "Egypt, the cradle of African civilization".

que domine la République Sud-africaine, les Portugais trouvèrent, au dire de Barboza, 'un commerce plus riche qu'en toute autre partie du monde'. La comparaison est flatteuse, car c'était au temps de la splendeur des républiques italiennes. Au Zimbabwe..., des ruines gigantesques rappelant les bastions nouragiques ou mycéniens, en attestent l'ancienne grandeur. Son empire s'étendait dans l'actuelle République Sud-africaine, sur les deux rives du Limpopo, englobant l'actuel Transvaal et les sites de Pretoria et Johannesburg. Pour résumer, rappelons ce qu'en disait Raimondo Luraghi :

> 'Ainsi au moment de l'arrivée des Portugais, une histoire variée se déroulait depuis des siècles et des millénaires, du désert du Sahara à l'Afrique du Sud; histoire des peuples civilisés, comparable à celle des grands empires de l'Amérique latine, ou d'Europe aux jours les plus brillants de l'Antiquité et du Moyen-Âge'."[12]

C'est avec beaucoup de désinvolture que les puissances coloniales vont alors procéder au découpage de l'Afrique en possessions coloniales. Ainsi, lord Salisbury déclare :

> "nous avons... tiré des traits sur des cartes représentant des territoires où aucun homme blanc n'a jamais pénétré; nous nous distribuions montagnes, rivières et lacs, freinés par le seul petit handicap de ne pas connaître l'emplacement desdits montagnes, rivières et lacs."[13]

Pour être "le continent le plus morcelé du monde",[14] au moment où le mouvement de regroupement d'États apparaît comme une donnée quasi-universelle, l'Afrique a des titres pour s'unifier.

Mais pourquoi l'Afrique se situe-t-elle au premier rang des régions les plus arriérées de la planète ? Cette question si fondamentale trouve largement sa raison dans l'histoire. De façon générale, les trois gigantesques vagues de déstabilisation de

---

[12] V. Ammoun, opinion individuelle jointe à l'avis consultatif du 21 juin 1971 sur les *conséquences, pour les États de la présence continue de l'Afrique du Sud en Namibie (Sud-Ouest Africain) nonobstant la résolution 276 (1970) Conseil de sécurité*, CIJ, Recueil 1971, pp. 86-87.
[13] Déclaration de lord Salusbury reprise par le juge Bola Ajibola dans son opinion individuelle jointe à l'arrêt du 3 février 1994 en l'affaire du *différend territorial (Jamahiriya arabe libyenne / Tchad)* CIJ, Recueil 1994, p. 53, § 2.
[14] V. Bola Ajibola, opinion individuelle, *ibid*, p. 87.

l'Afrique ont contribué de manière décisive, à tout le moins déterminante, à cette situation. Quatre siècles (1485-1885) de commerce de l'homme africain déchu de la dignité humaine pour être ravalé au rang de bien marchand, le négrocide, ont désagrégé le fondement des civilisations africaines florissantes et, simultanément provoqué l'hémorragie que le genre humain n'ait jamais connue, a-t-on écrit. L'invasion et de l'occupation coloniales (1885-1960) qui s'y sont substituées ont cimenté la domination européenne de manière que la colonisation masque mal le néocolonialisme (1960-) ambiant. On se rend compte de l'ampleur du défi à relever par les générations présentes et futures d'Africains. Il s'ensuit que la tâche primordiale qui s'impose présentement à l'U.A. consiste à rompre les liens néocoloniaux tissés à partir des cendres du colonialisme. Il ne s'agit point d'une rhétorique purement académique. L'analyse s'appuie sur le comportement effectif des États importants appelés à servir de piliers à l'Union. En règle générale ceux-ci tendent à revitaliser les relations verticales au lendemain de l'entrée en vigueur de l'acte fondateur de l'U.A. !

Pour avoir été successivement victimes de la traite négrière, du colonialisme et du néocolonialisme, les États africains ont historiquement des motifs solides en vue de mettre en commun leurs ressources humaines et leurs ressources naturelles afin de construire un futur meilleur. C'est à partir d'un passé, tantôt glorieux tantôt tragique, qu'a émergé l'idéologie panafricaniste.

II. FONDEMENTS IDEOLOGIQUES

Évoquer le soubassement idéologique de l'U.A. pourrait jeter de l'émoi sinon de l'effroi dans certains esprits apeurés par l'extinction du conflit idéologique entre le capitalisme et le communisme. Il n y'a point de raison de ressentir quelque frayeur.[15]

---

[15] Naguère, George PADMORE, *Panafricanisme ou Communisme ?*, Paris, Présence africaine, 1960, pp. 386-387 concluait :
"Si jamais les Africains se tournent vers le communisme, ce sera à cause de la sottise des colons blancs... Dans notre lutte pour la liberté nationale, la dignité humaine..., le panafricanisme offre une alternative idéologique par

L'Union Africaine ne surgit guère du néant. Elle voit le jour à partir de certaines bases relevant de l'idéologie. On entend par là

"une pensée théorique qui croit se développer abstraitement sur ses propres données, mais qui est en réalité l'expression des faits sociaux, particulièrement des faits économiques..."[16]

C'est, en l'occurrence, le panafricanisme. Kwame Nkrumah attribue la paternité d'un néologisme apparu au début du XXème siècle à Henry Sylvester-Williams (Trinité) et à William Edward Burghardt Du Bois (États-Unis d'Amérique), deux descendants d'Africains.[17] Marcus Garvey (Jamaïque) apporta à travers son mouvement de "retour à l'Afrique" soutenu par l'"Association Universelle pour le Progrès des Noirs", une contribution importante. Sans qu'il soit possible d'assimiler le garveyisme[18] et le panafricanisme. A la faveur de plusieurs congrès,[19] le panafricanisme connut progressivement une large diffusion. Il importe de noter que l'idée d'union elle-même procède directement du panafricanisme.

La filiation certaine de l'Union africaine avec l'idéologie panafricaniste réside fondamentalement dans l'objectif d'autodétermination des peuples africains qui emprunte des formes

---

rapport au communisme d'une part, et par rapport à l'organisation par tribus, de l'autre".

[16] V. André LALANDE, Vocabulaire technique et critique de la philosophie, Paris, P.U.F., 1968, p. 459.

[17] Kwame NKRUMAH, *op. cit.*, p. 160.

[18] Scandant le slogan "l'Afrique aux Africains", le garveyisme se concevait comme un mouvement de retour au bercail, l'Afrique.

[19] Signalons le congrès de Chicago sur l'Afrique en 1893 qui confère à l'Amérique le titre de berceau du mouvement ; la conférence africaine de Londres de 1900 qui réunit une trentaine de délégués des États-Unis, d'Angleterre et des Antilles ; le congrès de Paris de 1919 qui connut la participation d'une soixantaine de délégués d'Afrique, d'Amérique du Nord et des Antilles ; les congrès de Londres et de Bruxelles de 1921 avec plus d'une centaine de délégués dont une quarantaine d'Africains ; le congrès de Londres et de Lisbonne de 1923 qui posa plus rigoureusement la question de la justice sociale en Afrique ; le congrès de New York de 1927 qui rassembla deux cent huit délégués. Mais après une longue période d'hibernation, le congrès de Manchester de 1945 donna un vigoureux coup de fouet à la libération nationale en Afrique. A partir de 1958 (Accra) le mouvement s'implanta en Afrique où il donna naissance en 1963 à l'O.U.A.

historiques et des degrés différents à travers les âges. Certes, il ne s'agit plus de mettre sur pied des organisations de libération nationale. Le colonialisme est généralement éradiqué sur le continent. Pour autant, l'Afrique est-elle libérée ? Les peuples africains s'autodéterminent-ils librement aux plans politique, économique, culturel et social ? Il n'est pas absolument certain. En tout état de cause, l'heure est à l'autodétermination collective des peuples. La sonnette d'alarme tirée quatre décennies passées conserve son actualité :

> "Le plus grand danger que court actuellement l'Afrique est le néocolonialisme et son principal instrument est la balkanisation."[20]

Seule préoccupation d'écriture serait de nuancer : "tentative de balkanisation". Là résident des faits sociaux qui légitiment la pérennisation du panafricanisme. C'est le lieu de souligner la mainmise étrangère sur le continent ordinairement occultée. Naguère, des juristes africains ont eu à échanger leurs vues là-dessus :

> "... si l'Afrique souffre d'une chose, ce n'est pas de l'isolement mais de l'ingérence, et que de ce point de vue on dénote... un grand intérêt des puissances extra–africaines pour l'Afrique..."[21]

Comme en écho à Mohammed Bedjaoui qui, réagissant à l'exposé de Boutros Boutros-Ghali, soutenait que

> "si l'Afrique souffre de quelque chose, ce n'est pas tout à fait de son isolement, mais de la manière dont beaucoup d'ensembles d'étrangers s'intéressent à elle."[22]

A l'opposé, Boutros Boutros-Ghali estimait qu'

> "en dernière analyse le système régional africain est fort indépendant du système mondial."[23]

---

[20] Kwame Nkrumah, *op. cit.*, p. 160.
[21] V. l'intervention d'Ibrahima FALL au colloque de Bordeaux de la Société française pour le droit international (1976), SFDI, *Régionalisme et Universalisme dans le droit international contemporain*, Paris, Pedone, 1977, p. 131.
[22] V. l'opinion de Mohammed Bedjaoui citée par Ibrahima FALL, *ibid*.
[23] V. Boutros Boutros-Ghali, *Le système africain, ibid.*, p. 67.

Mais plus tard, au sortir de sa charge de Secrétaire général de l'ONU, ce dernier écrira au sujet de l'Afrique que

"l'absence de développement était interprété comme un legs du colonialisme et de son successeur, le néocolonialisme."[24]

Autant reconnaître le défaut d'indépendance du régionalisme africain dès le lendemain de la décolonisation. L'auteur rejoint ainsi, quatre décennies plus tard, Kwame Nkrumah.

C'est l'ingérence structurelle,[25] que nous n'avons de cesse de mettre à nu, aggravée par la mondialisation. Qu'on envisage cette dernière comme le "substitut du mot impérialisme"[26] ou "monothéisme du marché"[27] ou encore qu'on lui intente un procès.[28] Là s'observent également des phénomènes économiques qui donnent des titres de noblesse à la résistance par le panafricanisme.

Paradoxalement, le projet du panafricanisme qui, par conception initiale, se voulait sinon anti-impérialiste, à tout le moins étranger aux concepts forgés et expérimentés par les puissances colonialistes, s'alimente désormais aux sources idéologiques des anciennes puissances coloniales européennes. La dénomination Union africaine et le sigle correspondant U.A. ne renvoient-ils pas nettement à l'Union européenne et à l'acronyme U.E. ? Faut-il dès lors conclure que l'U.A. ne constitue que la copie certifiée confirme de l'U.E. ? En conséquence, l'Afrique rejoindrait–elle désormais le vieux projet eurafricain qui survit quelque peu en sourdine dans la structure lâche U.E.-A.C.P. ? A mon avis, il serait trop présomptueux sinon inexact de le prétendre.

---

[24] Boutros BOUTROS-GHALI, *Mes années à la maison de verre*, Paris, Fayard, 1999, p. 235.
[25] Sur son expression prétendue juridique, lire S. BULA-BULA, "L'idée d'ingérence à la lumière du Nouvel Ordre Mondial", *Revue africaine de droit international et comparé*, 4 (1994) 1, pp. 14-44 ; "La doctrine d'ingérence humanitaire revisitée", *Revue africaine de droit international et comparé* 9 (1997) 3, pp. 600-638.
[26] Samir AMIN, "Capitalisme, impérialisme, mondialisation", *Recherches internationales* 48 (1997), p. 33.
[27] Roger GARAUDY, *Les mythes fondateurs* (?), p. 7.
[28] Edward GOLDSMITH et Jerry MANDER, *Le procès de la mondialisation*, Paris, Fayard, 2001, 488p.

Il convient de souligner d'abord que la conduite rationnelle de la destinée des peuples, au sens propre du terme, interdit d'agir par impulsion sentimentale. D'où les concepts forgés ailleurs par d'autres milieux peuvent être adoptés sur le continent dès lors que les données objectives les imposent. L'État-Nation issu de la Renaissance européenne ne s'est-il pas universalisé sur la totalité du globe à la fin du XXème siècle ? Nul à travers les cinq régions du monde ne l'a répudié. Regardé comme institution, il forme désormais l'un des éléments du patrimoine culturel commun de l'humanité. Il pourrait en être de même pour le processus d'intégration que l'Europe a, pour le moment, réussi à porter à un degré qu'aucune région du monde n'est parvenue à atteindre. N'en déplaise aux opinions pessimistes pour des raisons par ailleurs compréhensibles.[29]

Néanmoins, il importe de faire le *distinguo* entre le contenant et le contenu. Si l'armature institutionnelle de l'U.E. séduit les États africains ; il n'est pas certain que la substance de la structure recueille pleinement leurs aspirations. D'où l'hypothèse vraisemblable que la sève idéologique panafricaniste ne devrait pas manquer de nourrir les structures de l'U.A. de haut en bas et de bas en haut. L'économie générale de l'acte constitutif accrédite cette thèse. Non seulement que les linéaments idéologiques se lisent dans le préambule et les objectifs de l'Union ; mais aussi ils affleurent dans les principes de cette institution. Réalisant un saut qualitatif que sa devancière d'Addis-Abeba, l'O.U.A., n'a jamais envisagé, l'U.A. adopte pour principe la "participation des peuples africains" à ses activités.[30] Encore importe-t-il de cerner correctement le concept de "peuple" qui pourrait rimer avec un mythe. Si la pratique de l'O.U.A. y entend la population d'un État souverain, la Charte des

---

[29] Entre autres opinions analogues, signalons Henry KISSINGER, *Diplomatie*, Paris, Fayard, 1996, p. 15, qui estime que même si les États européens
"devaient réussir, ils ne disposeraient par pour autant d'un principe directeur susceptible de régler le comportement d'une Europe unifiée sur la scène mondiale, pour la bonne raison qu'une telle entité politique, on l'a dit, n'a encore jamais existé".
Relevons que l'argument n'est pas convaincant. A la naissance de l'organisation internationale, certains auraient pu soutenir semblable vue.

[30] V. l'article 14 du Traité d'Abuja.

droits de l'homme et des peuples adoptés par l'organisation ne semble pas, à priori, s'arrêter à cette acception exclusive. Mais plus d'une décennie de fonctionnement difficile de la Commission africaine des droits humains n'a guère (encore) permis de donner tout autre contenu au vocable.

Il demeure que l'U.A. semble ainsi promouvoir l'idée d'une authentique légitimité démocratique. D'autres dispositions de l'acte de Lomé étayent cette analyse.[31] Il resterait à s'accorder sur le contenu indiscutable du terme démocratie. Abraham Lincoln l'a entendu dans son message de Gettysburg de la manière suivante : "the government of the people, by the people, for the people".[32] C'est une gageure de la découvrir au sens d'Archimède, sur cette terre des hommes.

Relève également des fondements idéologiques, l'humanisme africain issu du statut de berceau de l'humanité du continent que les rédacteurs de la charte unioniste ne semblent pas avoir clairement rendu compte.

Au total, le soubassement idéologique de l'Union africaine a été forgé par une longue histoire commune. Celle-ci est marquée par des faits heureux, comme la décolonisation, mais généralement des événements malheureux, du négrocide[33] (dit traite négrière) au néocolonialisme actuel en passant par le colonialisme. Ils ont permis à plusieurs générations d'hommes et de femmes d'Afrique, du Nord au Sud, de l'Est à l'Ouest, de se reconnaître une identité commune.[34]

---

[31] D'autre part, l'article 14 du Traité d'Abuja sur la Communauté économique africaine a bel et bien prévu le Parlement africain. Mais la disposition est demeurée lettre morte.

[32] V. Abraham LINCOLN, "Adress Delivered at the Dedication of Cemetry at Gettysburg, November 19, 1863", in John GRAFTON, *Great Speeches Abraham Lincoln with Historical Notes*, New York, Dover Publications, inc., 1991, p. 104.

[33] Le négrocide se réfère à la déchéance des Africains du genre humain... et leur réduction en biens marchands. V. S. BULA-BULA, *L'ambiguïté de l'humanité en droit international*, Kinshasa / Bruxelles, P.U.K. / Bruylant, 1999, p. 14.
A en croire C. COQUERY-VIDROVITCH, *Afrique noire. Permanences et ruptures*, Paris, Payot, 1985, p. 33, entre 1450 et 1900 environ 11,7 millions d'Africains ont été exportés vers l'Amérique ; tandis que pour R. GARAUDY, *op. cit.*, p. 10, "100 millions de Noirs (10 tués pour un captif)".

[34] Le quatrième paragraphe du préambule de l'acte de l'U.A. ne se réfère-t-il pas à cette identité commune ?

Nombre d'élites africaines partagent une vision commune d'une Afrique unie et forte[35] que les représentations collectives projettent en manière de mythe dans l'acception de Georges Sorel.[36] Qu'importe la pluralité des races, des cultures, des langues, des religions en partie imposée par la domination étrangère, l'opinion suivante se vérifie souvent : "

> Quand je rencontre d'autres Africains, je suis toujours impressionné par tout ce que nous avons en commun."[37]

Le dénominateur commun que partagent entre eux tous les Africains repose aussi sur l'économie.

III. LES FONDEMENTS ECONOMIQUES

Il est de notoriété publique que l'Afrique constitue un réservoir de matières premières agricoles, minérales, énergétiques, etc. Jusqu'à nouvel ordre, le vivier en question est accaparé en fait, de manière générale, par des tiers, personnes physiques et morales non africaines. Il n'y a qu'à avoir à l'esprit l'emprise des sociétés transnationales sur les hydrocarbures chez les Ogonis (Nigeria), le coltan chez les Nande (R. D. du Congo), l'or et le diamant chez les Zulu (République sud-africaine).Très peu de choses ont changé par rapport au XIXème siècle où le caoutchouc de l'"État indépendant du Congo" a donné un véritable coup de fouet à l'industrie automobile européenne sans que les Congolais qui le cueillaient en aient tiré réellement profit. Puisque hier comme aujourd'hui l'automobile autant que le téléphone portable ne sont pas à la portée de la majeure de ceux-ci. N'est-il pas anachronique que le coltan congolais, par ailleurs exploité de façon illicite, réalise la croissance vertigineuse du secteur électronique (ordinateurs, télévisions, téléphones portables...) et, en chiffre d'affaires des sociétés

---

[35] V. le quatrième paragraphe dudit préambule.
[36] Georges Sorel désigne par ce mot "les sentiments d'une collectivité portée par l'image d'un avenir fictif qui sert à entraîner l'action". Cons. André LALANDE, *op. cit.*, p. 665.
[37] Kwame NKRUMAH, *op. cit.*, p. 159.

transnationales,[38] alors que les populations sous le sol desquelles est extrait cette ressource vivent à l'ère préindustrielle ? L'interrogation conserve sa pertinence au sujet du pétrole gabonais ou nigérian, des ressources halieutiques mauritaniennes et sénégalaises, du cacao ivoirien, etc.

Le principe de la souveraineté permanente sur les ressources naturelles et les activités économiques, apparaît ainsi ordinairement comme une mesure purement formelle difficile à appliquer. Les potentialités africaines en matière économique expliquent sans aucunement la justifier l'ingérence structurelle dont les États de la région font l'objet. Elles éclairent d'un jour vrai les guerres par procuration des produits primaires fomentées çà et là sur le continent par États sous-traitants interposés provoquant une nouvelle shoah que la division internationale injuste du travail avait déjà instituée dès le commencement de l'occupation coloniale.

Plutôt que d'égrener le catalogue des ressources naturelles prouvées dont recèle le continent, il paraît indiqué de renvoyer aux études nombreuses et variées publiées par des groupements étatiques, des firmes transnationales ainsi que des milieux scientifiques. Il va sans dire que c'est aux économistes d'examiner la substance de l'U.A. sous l'angle de la production et de la distribution des richesses en vue de la satisfaction des besoins des peuples africains. Le juriste se bornera à effleurer des indications générales dans la perspective de l'autodétermination collective décrétée par l'acte loméen. L'une des ambitions de l'U.A. n'est-elle pas de restituer effectivement aux peuples africains leurs droits sur les ressources naturelles afin de promouvoir le droit au développement consacré notamment par la charte de Banjul de 1981 ? Organiser en commun le développement durable des peuples habitant des territoires riches en hydrocarbures, diamant, en cobalt, en uranium, en eau, qui rythment la vie des ménages, du commerce et de l'industrie ainsi que des administrations des pays développés constitue un objectif légitime.

Le test de faisabilité du projet de l'U.A. repose essentiellement sur des bases économiques. En d'autres mots, les mécanismes

---

[38] V. "Embargo sur le coltan ?", *Le soir* (Bruxelles) (15 janvier 2002).

normatifs et institutionnels adoptés doivent être aptes à servir de levier au développement de l'Afrique. Cependant, il conviendrait d'envisager les choses distinctement. La solidité de l'U.A. dans l'optique de la maîtrise des ressources naturelles à proprement parler d'une part et, la viabilité du projet dans la perspective des activités économiques, notamment les entreprises, d'autre part. Si dans la première hypothèse, les États africains ont, de manière générale, la maîtrise desdites ressources, sauf exception pour la question foncière (*infra*), il n'en est plus ordinairement ainsi dans la seconde hypothèse.

La généralité des objectifs que s'est fixés la nouvelle organisation internationale permet-elle de focaliser les efforts sur ce point ? Le doute paraît permis à la lecture de la grille des buts définis pour l'Union.[39] Il est aussi confirmé à la lumière de l'économie générale du traité. Il serait même tentant d'y déceler les pesanteurs historiques héritées de la charte de l'O.U.A. du 25 mai 1963 et du traité d'Abuja du 3 juin 1991 sur la Communauté économique africaine. Texte de compromis entre thèses opposées, l'acte de Lomé ménage beaucoup la souveraineté des États invités tour à tour à

"créer les conditions appropriées permettant au continent de jouer le rôle qui est le sien dans l'économie mondiale",[40] à "promouvoir le développement durable... ainsi que l'intégration des économies africaines",[41] à "coordonner, et harmoniser les politiques entre les Communautés économiques régionales... en vue de la réalisation graduelle des objectifs de l'Union."[42]

A priori, rien de révolutionnaire au plan économique sinon la volonté exprimée de donner un coup de fouet à l'intégration africaine et à serrer les rangs devant l'avancée de la mondialisation. A l'appui de cette opinion, il est permis de mettre en parallèle l'article 28 paragraphe 2 du traité d'Abuja du 3 juin 1991 avec l'article 3 alinéa *l* de l'acte de Lomé du 11 juillet 2001. Il y a dix ans, les États membres de la Communauté s'engageaient à

---

[39] Voir l'article 3 de l'acte constitutif de l'Union africaine.
[40] Voir l'article 3 (*i*), ibid.
[41] Voir l'article 3 (*j*), ibid.
[42] Voir l'article 3 (*l*), ibid.

"prendre toutes les mesures nécessaires en vue de promouvoir progressivement une coopération de plus en plus étroites entre lesdites Communautés, notamment en coordonnant et en harmonisant leurs activités dans tous les secteurs ou domaines en vue de réaliser les objectifs de la Communauté."[43]

Aujourd'hui, les États membres de l'Union se fixent, entre autres objectifs, de

"coordonner et harmoniser les politiques entre les Communautés économiques régionales existantes et futures en vue de la réalisation graduelle des objectifs de l'Union".[44]

Plus d'une décade passée (1991-2002), cette mise en ordre entre Communautés régionales n'a-t-elle pas eu lieu ? A tort ou à raison, l'impression d'un gaspillage de temps se dégagerait de la lecture parallèle de ces dispositions conventionnelles.

Si une interprétation correcte de l'article 3 alinéa *l* ci-dessus autorise à avancer que les organisations régionales africaines constituent aussi des fondations de l'U.A. ; il faut craindre que ces dernières ne soient pas très valides. Car lesdites organisations, de manière générale, vacillent. Rien de particulièrement étonnant dès lors que les composantes (États), des composées (OI) ploient sous le poids des dettes extérieures colossales, de la dépréciation des termes de l'échange, de l'explosion démographique, des programmes d'assujettissement (officiellement ajustement) structurel, de la mégestion de chose publique... On revient à la case départ de l'État néocolonial évoqué plus haut. Il urge de briser l'extraversion de l'économie, de casser la monoculture néocoloniale, la juxtaposition d'États producteurs de matières premières et consommateurs de produits finis d'ailleurs. Comme si les maigres ressources disponibles n'étaient pas assez dissuasives, l'Afrique déjà fort peuplée d'États, a démultiplié le nombre de ses organisations régionales légitimées par l'U.A. Il en résulte un gaspillage certain tant des ressources humaines que matérielles qui peut affecter l'efficience de l'U.A.

---

[43] Voir l'article 28, § 2 du Traité d'Abuja du 3 juin 1991.
[44] Voir l'article 3 (*l*) de l'acte de Lomé du 11 juillet 2000.

A l'opposé, il faut déceler une innovation révolutionnaire, sans préjudice de sa mise en œuvre effective. Par la prévision d'une Banque centrale africaine, d'un Fonds monétaire africain et d'une Banque africaine d'investissement,[45] l'Union africaine tire de plein fouet sur la mondialisation capitaliste. Naguère, la Communauté économique africaine avait envisagé, prudemment mais aussi timidement, l'adoption de politiques monétaires financières susceptibles de permettre l'utilisation des devises africaines comme moyens de paiement dans les transactions commerciales et financières.[46] La prévision d'un Fonds et d'une Banque, analogues aux institutions de Bretton Woods, le FMI et la BIRD, ainsi que d'une Banque centrale, similaire à l'organisme de l'Union européenne, longtemps débattus dans des cercles scientifiques africains, constitue un saut qualitativement supérieur. Là repose le cœur de l'Union africaine.

Face à l'économie financière transnationale qui apparaît de plus en plus comme le moteur du processus mondial en cours, les fondateurs de l'U.A. ont anticipé par l'adoption des institutions financières de nature à contribuer à l'émergence d'une autre mondialisation authentique en lieu et place de l'unilatéralisme actuel multilatéralisé. Le projet a ses insignes mérites pourvu qu'il soit effectivement mis en œuvre en droit et en fait.

Autant dire qu'il faut se garder de succomber aux sirènes unionistes ; car pareilles prévisions formelles exigent des bouleversements structurels d'une ampleur sans précédent, tant au niveau national, régional qu'international, au moment où triomphe apparemment la mondialisation. A titre illustratif, l'existence de la zone monétaire CFA, qui traduit la survivance des liens coloniaux,[47] constitue objectivement un handicap à la création d'une Banque centrale africaine. De même que l'établissement d'un Fonds monétaire africain, pour légitime qu'il soit, n'irait pas sans entraver l'action du Fonds monétaire international, agent efficient de la mondialisation capitaliste. On imagine la réaction cordialement

---

[45] Voir l'article 19, ibid.
[46] Voir l'article 41 § 2 du Traité d'Abuja.
[47] V. l'autopsie cinglante de Guy MARTIN, "Les fondements de la politique africaine de la France", *Genève – Afrique*, XXI (1983) 2, pp. 39-68.

hostile des sociétés transnationales au profit desquelles l'institution monétaire de Bretton Woods joue le rôle de gendarme international. Pour ne rien dire de la mise en place d'une Banque africaine d'investissement qui présuppose sainement l'instauration générale de la démocratie, au sens de l'énoncé théorique d'Abraham Lincoln à Gettysburg (*supra*). Il demeure vrai que

> "malgré toutes ses vertus, le modèle démocratique n'a pu s'accomplir ni dans les sociétés qui l'ont conçu, ni ailleurs..."[48]

Car, il faut compter avec les générations des prédateurs africains qui se relaient au pouvoir et se ressemblent gratifiés périodiquement du titre de "bon élève" en prime à la gestion apatride des économies nationales déjà fragiles. Il serait cependant contraire à la vérité et injuste moralement d'accuser l'universalité des gouvernements africains de pillage du patrimoine national.

Quoi qu'il en soit, la légitimité de l'entreprise envisagée de briser les liens de dépendance économique séculaires afin de développer l'Afrique est tout à fait hors de cause. Seule la méthode globale de sa réalisation et le rythme éclair de la mise en œuvre du projet ne paraissent pas à l'abri de toute discussion. Mais à la décharge des rédacteurs du projet d'Union, est-il évident que plusieurs décades de construction progressive de l'U.A. comme prévu pour la C.E.A., en 1991, auraient mieux conduit au décollage de l'Union ? On est sceptique. En tout état de cause, il a été admis la réalisation graduelle, par étapes successives, d'une entreprise de longue haleine.

Il importe à tout prix d'éviter que l'U.A. devienne, pour emprunter une formule de l'empire du Milieu, un tigre en papier. Non pas que les ressources humaines et naturelles font défaut à une ambition aussi légitime partagée quasi-universellement. Mais plutôt la rationalité dans l'organisation des sociétés nationales et l'utilisation de ces ressources ne tombent pas toujours sous les sens. Encore qu'il faille toujours nuancer le propos. Il est des États africains qui impressionnent réellement. Des esquisses de la mise en commun de l'exploitation de l'énergie électrique, par exemple,

---

[48] Marie-Françoise RIGAUX, "Démocratie relative et relativité du modèle démocratique", *Nouveaux itinéraires en droit. Hommage à François Rigaux*, Bruxelles, Bruylant, 1993, p. 423.

s'observent en Afrique centrale et australe rappelant grossièrement les débuts de la C.E.C.A. en Europe. Des ébauches sur papier de l'utilisation commune de l'eau, notamment du fleuve Congo, désormais formellement internationalisé par des États riverains,[49] émergent. Mais il faut bien reconnaître qu'il ne s'agit encore que d'embryons en gestation. A tout le moins ont-ils le mérite de conforter l'approche sectorielle, matière par matière, du simple au complexe. Il faut savoir tirer les enseignements de l'expérience des autres. Sans infrastructures de communications, routières, fluviales, lacustres, aériennes, maritimes... la mise en commun des ressources naturelles serait-elle réalisable ?

Il est temps d'observer l'armature juridique posée afin d'ériger l'Union des peuples d'Afrique.

IV. LES FONDEMENTS JURIDIQUES

Il va de soi que l'acte de Lomé forme la constitution de l'U.A. A ce titre, ses dispositions normatives et institutionnelles se révèlent intéressantes à étudier. On leur réservera la place qu'elles méritent. Au-delà d'elles, il est possible de déceler d'autres éléments qui forment les bases juridiques de l'Union en vertu de la pratique coutumière régionale. Ils ne devraient pas échapper à l'esprit.

Le principe de création de l'U.A. a, en lui-même, l'avantage d'enclencher le processus d'abolition de l'ingérence structurelle concrétisée par les groupements anglophone, francophone et lusophone. Puisque ces derniers perpétuent des liens coloniaux rénovés. Sous ce rapport, la réhabilitation des langues africaines, si elle devenait effective aurait des implications avantageuses tant pour la sauvegarde de l'identité africaine que la construction de l'Union elle-même (*infra*). N'a-t-on pas regretté que

---

[49] V. l'accord de Brazzaville du 6 novembre 1996 portant régime uniforme du fleuve Congo et de l'Oubangui ainsi qu'institution de la Commission y relative.

"trop de sociétés humaines sont aujourd'hui privées d'un droit fondamental, sans l'exercice duquel le pire délitement social intervient, le droit de produire et de maintenir l'ordre symbolique de sa propre représentation" ?[50]

Plusieurs normes novatrices caractérisent le texte de Lomé. Au nombre desquelles, il importe de relever l'émergence d'un principe de l'interdépendance des États de l'Union parallèlement à l'égalité souveraine des États,[51] la participation des peuples aux activités de l'Union, le respect des principes démocratiques, la promotion de la justice sociale, le respect du caractère sacro-saint de la vie humaine, la condamnation des changements anticonstitutionnels de gouvernement, le droit d'intervention, etc.

Il suffit de s'arrêter sur quelques innovations particulièrement pertinentes dans la perspective de l'établissement de l'Union. Que l'égalité souveraine rime désormais avec l'interdépendance constitue un pas dans la bonne direction. Puisque l'Union envisagée constitue un état où les États membres ne feront qu'un seul tout. Mais, c'est une entreprise de longue haleine. Sa réussite est subordonnée à la participation effective des peuples (*infra*). Encore faut-il cerner ce concept, au delà de son identification à la population d'un État, comme le suggère la charte africaine de Banjul, sans pour autant que la Commission africaine des droits de l'homme et des peuples y ait encore réussi. (*supra*). De toute manière, on ne voit pas comment des peuples exclus en amont des activités de l'État seraient associés en aval à celles de l'Union. Il faut absolument éviter l'imposture des oligarchies complices ou otages des intérêts extra-africains qui ont parfois les rennes du pouvoir.

Le principe de justice sociale est fondamental dans la culture africaine. Au demeurant, il est revendiqué par les États africains dans les relations économiques internationales. Si, comme dit plus haut, ces États ont généralement la maîtrise de leurs ressources naturelles, il est des exceptions qui confirment la règle. Tel est le cas de la question foncière de brûlante actualité. Le juriste congolais Bayona-ba-Meya a pu revisiter la notion de *terra nullius* à première

---

[50] Monique CHEMILLIER-GENDREAU, *Humanité et souveraineté. Essai sur la fonction du droit international,* Paris, La découverte, 1985, p. 340.
[51] L'article 4 (*a*) de l'acte constitutif de l'Union.

vue apparentée à la conception primitive de *terra incognita* appliquée à Afrique. Il est parvenu à

> "rejeter la notion matérialiste de la terra nullius, notion qui a abouti, à la suite de la Conférence de Berlin de 1885, au dépeçage de l'Afrique. M. Bayona-ba-Meya y substitue un concept spiritualiste : le lien ancestral entre la terre, ou la 'mère nature', et l'homme qui en est issu, qui y reste attaché, et qui doit y retourner un jour pour s'unir à ses ascendants. Ce lien fonde la propriété du sol, mieux la souveraineté. Ce qui revient à nier la notion même de *terra nullius* au sens d'une terre susceptible d'appropriation par quelqu'un qui n'en est pas issu."[52]

Pour sa part Antoine Sohier a écrit que la propriété foncière

> "n'appartient pas aux seuls membres actuels de la tribu, mais à l'ensemble des générations."[53]

C'est donc un patrimoine commun du groupe social.

A notre sens, les litiges fonciers séquelles de la colonisation, qui continuent par exemple à opposer les fermiers d'origine européenne aux populations paysannes d'Afrique australe, particulièrement au Zimbabwe, s'expliquent par cette divergence fondamentale des conceptions juridiques africaines et européennes. Pour les Africains, il n'y a point de *terra nullius* qui reviendrait au premier occupant quand bien même si le groupement humain propriétaire ne l'a pas délimité à la manière occidentale. Au reste, la Cour internationale de Justice a rappelé :

> "Quelles qu'aient pu être les divergences d'opinions entre juristes, il ressort de la pratique étatique de la période considérée que les territoires habités par des tribus ou des peuples ayant une organisation sociale et politique n'étaient pas considérés comme *terra nullius*. On estimait plutôt en général que la souveraineté à leur égard ne pouvait s'acquérir unilatéralement par l'occupation de la *terra nullius* en tant titre originaire, mais au moyen d'accords conclus avec des chefs locaux."[54]

---

[52] V. Ammoun, opinion individuelle jointe à l'avis consultatif du 16 octobre 1975 sur le *Sahara occidental*, CIJ, *Recueil* 1975, pp. 85-86.
[53] Antoine SOHIER, *Traité élémentaire de droit coutumier du Congo belge*, Bruxelles, F. Larcier, 2ème édition, 1954, p. 145.
[54] V. Affaire du *Sahara occidental*, avis consultatif du 16 octobre 1975, CIJ, *Recueil* 1975, p. 39, § 80.

Il faut préciser, à notre avis, que ces accords ressortissent de la catégorie de traités inégaux imposés par exemple au roi Makoko au Congo-Brazzaville actuel.

A la Conférence ministérielle de Lomé (4-8 juillet 2000) relative à la création de l'Union,

"certaines délégations ont proposé que la réunion publie une déclaration appuyant la demande du Zimbabwe que le Gouvernement britannique honore ses obligations découlant de l'accord de Lancaster House... Certaines délégations ont fait observer que c'est la question foncière qui avait été au centre de toute la lutte armée et qu'il était donc impensable que vingt ans après l'indépendance, quelques 4500 exploitants agricoles, en majorité d'origine britannique, soient propriétaires de plus de 70% des meilleures terres arables du pays."[55]

Sous ce rapport, l'Afrique australe, y compris la République sud-africaine, semble constituer une poudrière susceptible d'exploser un jour, fragilisant l'Union. L'impératif de la mise en oeuvre effective du principe de la justice sociale urge. Il ne dédouane pas pour autant les autres pays africains du mépris à l'égard de la justice sociale qui y règne dans la répartition des richesses.

D'une grande importance apparaît la mise hors-la-loi des changements anticonstitutionnels[56] trop fréquents en Afrique depuis la décolonisation. La proscription a l'avantage d'être assortie d'une sanction minimale :

"Les gouvernements qui accèdent au pouvoir par des moyens anticonstitutionnels ne sont pas admis à participer aux activités de l'Union."[57]

C'est la doctrine de légitimité constitutionnelle[58] qui peut garantir la stabilité des pouvoirs en place et en définitive de l'Union. On

---

[55] V. *Rapport de la conférence ministérielle sur la création de l'Union africaine et du Parlement africain*, Soixante-douzième session ordinaire / Septième session ordinaire de l'A.E.C., 4-8 juillet 2000, Lomé, Togo, doc. CM/2162 (LXXII), p. 11.
[56] V. l'article 4 (*p*) de l'acte constitutif de l'Union.
[57] V. l'article 30, *ibid*. C'est l'unique sanction prévue directement par le traité.

s'orienterait ainsi vers l'émergence d'un principe de "légitimité démocratique".[59] Bien que cette notion apparemment la banale soit plutôt malaisée à saisir avec exactitude.[60] Soit. Mais il est des gouvernements constitutionnels à l'origine qui, au fil du temps, se révèlent parfaitement anticonstitutionnels. Il n'y a qu'à avoir à l'esprit les controverses auxquelles donnent lieu les scrutins électoraux. Semblables gouvernements issus de fraudes électorales doivent-il continuer à bénéficier d'une espèce de rente de situation politique pour demeurer en place ? On connaît le phénomène de coup de force permanent. L'acte de Lomé a ainsi été adopté dans l'une des capitales qui excelle dans cette pratique. Il a été par une majorité de chefs d'État issus des changements non constitutionnels sinon inconstitutionnels. La convention a été aussi soumise à l'épreuve des réalités. Le gouvernement militaire ivoirien du général Gueï ne s'est pas empêché de faire remarquer que les sommets de l'O.U.A. se rapprocheraient des réunions des Hauts Commandements des armées nationales n'eût été la tenue civile des participants. Il pourrait y avoir quelque indécence dans le bannissement du coup d'État (ou de la révolution) de la part des champions de la prise de pouvoir par effraction et par effusion de sang. A la décharge des signataires du traité d'Union, l'acte régit des situations postérieures à son entrée en vigueur. Il n'a pas la prétention de rétroagir.

---

[58] V. Pour des illustrations anciennes à ce sujet dans la pratique des États du continent américain, V. Charles Rousseau, *Droit international public. Les compétences*, Tome II, Paris, Sirey, 1977, pp. 557-567.

[59] Lire le débat doctrinal : Marie-Françoise RIGAUX, "Démocratie relative et relativité du modèle démocratique", *op. cit.*, pp. 413-425 ; Oscar SCHACHTER, "Is there a right to overthrow an illegitimate regime?", *Mélanges Michel Virally*, Paris, Pedone, 1991, pp. 423-430 ; Slim LAGHMANI, "Vers une légitimité démocratique ?", *Les nouveaux aspects du droit international*, Actes du colloque des 14, 15 et 16 avril 1994 des Rencontres internationales de la Faculté des sciences juridiques, politiques et sociales de Tunis, Paris, Pedone, 1994, pp. 249-278 ; James CRAWFORD, *Democracy in International Law*, Cambridge, Cambridge University Press, 1994, 43p.

[60] V. Sayeman BULA-BULA, "L'ordre juridique à l'épreuve des réalités", *Revue africaine de droit international et comparé* 5 (1993) 1 :
"... le régime démocratique authentique constitue un trésor dissimulé dans les abysses d'un océan de régimes soi-disant démocratiques".

D'autre part, la succession des gouvernements constitutionnels ne constitue pas nécessairement une garantie de démocratie. Il existe des parodies électorales jouées, entre autres, par des régimes sans parti crédités "bons élèves" par des bailleurs de fonds concurrençant les citoyens électeurs. Il y a aussi par exemple la mansuétude subite d'une communauté internationale introuvable[61] à l'égard d'un gouvernement s'alimentant au fond de commerce du génocide et menant paradoxalement une politique aux allures de génocide à rebours. Il y a enfin cette légitimité électorale contestée conférée par un pourcentage infime des électeurs[62] dont la majorité écrasante éprouve de la répugnance pour les urnes.

En tout état de cause il est vrai que nulle charte ne pourrait empêcher en dernier recours un peuple laminé par une tyrannie de relever l'échine et de redresser le front pour assumer son destin. La Charte africaine des droits ne reconnaît-elle pas aux

> "peuples colonisés ou opprimés, le droit de se libérer de leur état de domination en recourant à tous les moyens reconnus par la communauté internationale" ?[63]

Au plan doctrinal on s'est interrogé sur la légitimité d'une "guerre de libération de seconde génération" pour l'instauration de la démocratie dans des situations extrêmes de despotisme absolu.[64] Il n'est pas du tout certain que la décolonisation ait épuisé les guerres de libération nationale dès lors que le phénomène insidieux du néocolonialisme, consolidé par la mondialisation, pourrait s'abriter derrière la mise hors-la-loi de tout changement anticonstitutionnel.

---

[61] V. Boutros BOUTROS-GHALI, *Mes années à la maison de verre*, Paris, Fayard, 1999, p. 393, qui évoque "la fiction idéalisée qu'est la communauté internationale". V. aussi Alain PELLET, "conclusions générales", *La codification du droit international*, Paris, Pedone, 1999, p. 332 :
  "... il n'existe pas, à proprement parler, de 'législation internationale', cela vaut aussi pour la société internationale".

[62] V. S. YONABA, "Les élections législatives du 24 mai 1992 et la polémique autour de la 'fraude électorale'", *Revue burkinabé de droit*, 23 (Janvier 1993), p. 14 : "L'abstentionnisme a atteint des chiffres véritablement records... 75% à l'élection présidentielle" au Burkina-Faso.

[63] V. l'article 20 § 2 de la charte africaine des droits de l'homme et des peuples.

[64] V. Sayeman BULA-BULA, *L'idée d'ingérence...*, *op. cit.*, p. 39.

Mais c'est aussi là une matière très délicate. Il ne manquerait pas de leader politique rusé et organisé qui emboucherait la trompette de l'anti-néocolonialisme pour pratiquer exactement son contraire. On connaît les épigones de la "renaissance africaine" qui

> "jouissent d'une indépendance formelle, mais, en fait sont empêtrés dans le filet de la dépendance financière et diplomatique".[65]

Il est un élément essentiel de la culture coulée en forme de normes juridiques qui peut jouer le double rôle d'instrument de réaffirmation de l'identité africaine et de vecteur de l'intégration africaine : la langue. L'article 25 de la charte de l'U.A. stipule

> "les langues de travail de l'Union et de toutes ses institutions sont, si possibles, les langues africaines ainsi que l'arabe, l'anglais, le français et le portugais".

La disposition, inédite dans la pratique continentale, constitue un progrès dans le long processus de réhabilitation des cultures africaines et de libération du continent. La clause ci-dessus, telle que libellée, semble dénier aux langues héritées de la colonisation leur statut de "langue africaine" lors même qu'elles auraient été consacrées par la constitution de plusieurs États africains. Il n'en reste pas moins vrai que dans cette hypothèse le pourcentage des locuteurs réels demeure très faible. En revanche, le pourcentage des auditeurs des médias dominants n'est pas aussi insignifiant.

Il y a déjà longtemps que maints pays africains ont adopté entre autres langues officielles, usitées par les cours et tribunaux, le législateur, des langues africaines telles que le swahili, le malagasy, le kirundi, le kinyarwanda, etc.

D'aucuns pourraient croire que cette remise en honneur timide des langues africaines ne constituent qu'une curiosité "exotique", tout au plus une clause de style. Il convient de ne pas se livrer si vite à l'hilarité. On a déjà signalé que cet "exotisme" n'avait pas cours dans la vie interne de certains États africains.

---

[65] V. Kwame NKRUMAH, *op. cit.*, p. 213 caractérisant le néocolonialisme.

Si les membres de l'Union entendent véritablement

"assurer la pleine participation des peuples africains au développement et à l'intégration économique du continent",[66]

il n'est pas douteux que des élus de niveaux d'instruction divers, y compris les paysans sans culture non africaine, accéderont au Parlement panafricain. Ainsi, les langues africaines feront irruption dans l'hémicycle. On imagine la compréhension mutuelle entre délégués des peuples s'exprimant en haoussa, wolof, peul, swahili, lingala, kikongo... qui pourrait en résulter. Conscient du rôle de la langue dans la conquête de l'opinion, certains médias étrangers n'ont-ils pas, dès le lendemain des indépendances, créé des émissions en langues africaines ?

La langue constitue une arme à double tranchant.[67] Occidentale, elle a servi d'instrument d'aliénation de manière qu'une fraction d'Africains a pu déclamer "Nos Ancêtres, les Gaulois" ! Elle peut aujourd'hui servir d'outil de libération contre le néocolonialisme. D'où son importance primordiale en tant que fondement de l'Union africaine. Point n'est besoin de montrer combien les langues anglaise, espagnole, française et portugaise ont aliéné les "élites" africaines avant de les compartimenter à l'intérieur de leur propre continent. A juste titre, un historien a pu affirmer que "la dépendance commence par le verbe".[68]

La réhabilitation des langues africaines permet d'abord de consolider l'unité nationale au sein de chaque État africain. Elle conduit ensuite à rendre poreuses les frontières héritées de la colonisation. De la sorte, la voie à l'intégration subrégionale, régionale et continentale, se trouve balisée. C'est "un important

---

[66] V. l'article 17 de l'acte constitutif de l'Union.
[67] Josué NDAMBA, "La langue comme facteur d'aliénation ou de libération", *Problèmes politiques*, Centre mondial d'études et de recherche sur le Livre vert, Tripoli, 1984, pp. 180-189.
[68] Joseph KI-ZERBO, "De l'Afrique ustensile à l'Afrique partenaire", *Acte du IVe Congrès international des études africaines*, Kinshasa, 12-16 décembre 1978, Paris, ACCT, cité par Josué NDAMBA.

facteur d'unité".⁶⁹ D'autre part, la promotion desdites langues contribue à la formation de l'identité africaine. Elle rend plus aisée l'expression et l'appréhension des positions communes traduisant les intérêts communs. L'objectif de réaliser "la participation populaire et la bonne gouvernance"⁷⁰ au sein de l'Union pourrait être garanti grâce à l'usage des langues africaines. Celles-ci pourraient servir de vecteur des connaissances scientifiques et technologiques aux fins du "développement durable", sinon de l'universalité des peuples africains, à tout le moins du plus grand nombre de ces derniers.

Semblable vue optimiste ne devrait pas occulter la multiplicité de ces langues. Encore qu'il soit possible aux linguistes de dégager un fond commun à des dialectes parlés dans une aire culturelle donnée. A l'instar du phénomène observé au sein des États, il est des dialectes tout à fait apparentés qui ne se différencient que par les préfixes des mots.

De toute manière, la consécration conventionnelle des langues africaines, si elle devenait effective, constitue une manifestation tangible du régionalisme africain. Sans préjudice des difficultés d'interprétation des textes rédigés en plusieurs langues qui en résulterait pour les organes de l'Union, notamment la Cour de justice.

La hardiesse qui a caractérisé les rédacteurs de la charte unioniste se lit également dans les organes à mettre en place suivant "une approche transitoire". Le Parlement panafricain, la Cour de Justice et les institutions financières⁷¹ paraissent ainsi des innovations marquantes au plan théorique. Cependant, la création des institutions financières en question a été vite abandonnée à des protocoles spécifiques.⁷² Il faut souhaiter que ces dernières ne seront pas renvoyées aux calendes grecques. Ne constituent-elles pas des instruments efficients de la mise en oeuvre effective du projet d'Union. Néanmoins, il paraît extrêmement difficile dans les circonstances présentes, où les activités économiques relèvent du

---

⁶⁹ V. la déclaration du président Konaré qui a jugé "nécessaire de créer une Académie des langues". V. Rapport de la Conférence ministérielle sur la création de l'Union africaine, *op. cit.*, p. 12.
⁷⁰ V. l'article 3 (*g*) de l'acte constitutif de l'Union.
⁷¹ V. l'article 5 de l'acte de Lomé.
⁷² V. les articles 17 à 19, ibid.

quasi monopole des firmes étrangères contrôlées par des milieux extra-africains, de mettre en place des institutions financières et monétaires panafricaines. D'autant plus que le service de la dette extérieure ruine la plupart des économies nationales. Les institutions financières administreraient pourtant le test majeur de la faisabilité du projet de l'U.A. au lendemain de l'échec de la C.E.A. dans le domaine. Elles réaliseraient un heurt frontal avec la nouvelle mondialisation toute débridée par l'économie financière internationale. Pour l'heure, on se contentera de noter la mention des projets dans le Projet d'Union. Il est des actions prioritaires en amont afin de recouvrer la souveraineté permanente sur les ressources naturelles et les activités économiques qui restent à poursuivre dans un contexte nouveau des plus difficiles.

Mais il est d'autres actions importantes à la portée des mains des fondateurs de l'Union. La création d'une Cour de Justice et celle d'un Parlement[73] figurent parmi celles-là. De bonne heure on s'est hasardé à plaider pour la création d'une Cour africaine de Justice (CAJ).[74] L'institution fut envisagée dans la foulée de la création d'un mécanisme de prévention, de gestion et de règlement des conflits (1993). On sait que ce dernier a pris acte de la faillite de la Commission de médiation, de conciliation et d'arbitrage également instituée par l'O.U.A. (1964). La proposition de *lege ferenda* d'une CAJ partait d'un constant : "le défaut d'un organe juridictionnel africain, arbitral ou judiciaire" au niveau continental.[75] Elle reconnaissait

> "l'établissement de bases solides du particularisme africain représenté notamment par la charte de l'O.U.A., la charte africaine des droits de l'homme et des peuples, le traité relatif à la Communauté économique africaine ainsi que divers autres instruments...",[76]

---

[73] Sayeman BULA-BULA, "Faut-il instituer un mécanisme juridictionnel africain de règlement des différends ?", *L'O.U.A. et l'Afrique en l'an 2000. Règlement des conflits et protections des personnes déplacées*, Actes de la Société africaine de droit international et comparé, Kampala, 5-8 septembre 1994, Londres, SADIC, 1995, pp. 21-55

[74] V. les articles 5 (*d*) et 18 alinéas 1 et 2 de l'acte constitutif de l'Union.

[75] V. les articles 5 (*c*) et 17, alinéas 1 et 2, *ibid.*

[76] Sayeman BULA-BULA, *ibid.*, pp. 7-54.

sans compter les règles coutumières sécrétées par et dans le cadre de l'O.U.A. et, éventuellement de la C.E.A. ainsi que des communautés économiques régionales.

L'idée générale était qu'

> "à côté des organes politiques, un organe judiciaire dénommé Cour africaine de Justice, dotée d'une compétence générale *ratione materiae*"

consoliderait le régionalisme africain tout en développant des rapports de complémentarité avec l'universalisme.[77]

Le principe de création d'une Cour de Justice continentale à compétence restreinte dans le domaine économique a été posé par le traité d'Abuja de 1991.[78] Il n'a pu malheureusement être mis en oeuvre nonobstant l'entrée en vigueur de cette convention. Une autre Cour de Justice africaine à compétence restreinte dans le domaine des droits de l'homme et des peuples a été prévue plus tard.[79] L'acte additionnel à la charte africaine des droits humains souffre encore du défaut de ratifications suffisantes de la part des États. En revanche, certaines cours ont été instituées et semblent effectivement fonctionner au sein de quelques organisations régionales, telle que la COMESA. L'impression générale qui se dégage est que les États africains donnent l'air d'être réticents à mettre sur pied une Cour continentale, à compétence générale ou restreinte. Paradoxalement, ils manifestent de l'engouement à l'égard de la Cour internationale de Justice, y compris pour la soumission des litiges interafricains. Il y a là un comportement difficile à justifier.

Au total, l'établissement effectif de la Cour de Justice ne paraît pas assuré pour l'heure. Aussi, les fondateurs de l'Union ont-ils d'ores et déjà prévu que jusqu'à sa mise en place, tout différend relatif à l'interprétation ou à l'application de l'acte constitutif sera tranché par la Conférence de l'Union à la majorité des deux tiers.[80] Il n'y a pas d'avancée sur le point dans la perspective de la création effective de celle-ci sinon la réaffirmation de l'interétatisme

---

[77] Sayeman BULA-BULA, *ibid*, pp. 54-55.
[78] V. les articles 18 à 20.
[79] V. le protocole additionnel à la charte africaine des droits de l'homme et des peuples adopté à Ouagadougou le 10 juin 1998.
[80] V. l'article 26 de l'acte constitutif de l'Union.

classique. D'autant plus que l'organisation, le fonctionnement et la compétence de la Cour seront définis par un protocole spécifique. Pourtant, les autres organes tels que la Conférence, le Conseil exécutif et les Comités techniques voient ces matières définies par le traité constitutif. La Cour ne constitue-t-elle pas une pièce maîtresse dans l'architecture juridique de l'organisation qui ne devrait pas être négligée ?

Sans constituer tout à fait un organe original dans le régionalisme africain, le Parlement africain fut prévu par le traité d'Abuja.[81] Il est énoncé dans des termes identiques dans l'acte d'Union :

> "En vue d'assurer la pleine participation des peuples africains au développement et à l'intégration économique du continent, il est créé un Parlement panafricain."[82]

Seulement, la disposition est restée lettre morte dans le cadre de la C.E.A. Il faut souhaiter que la technique de renvoi à un protocole spécifique ne puisse de nouveau rendre sa création incertaine.

Il convient de marquer ses faveurs pour une assemblée qui traduirait la représentation authentique des peuples africains et la pleine participation de ces derniers à la conduite de leur destin. Si l'on tient réellement à établir l'Union des peuples sous la forme d'une confédération ou d'une fédération d'États, le parlement panafricain se révèle indispensable. Il a été envisagé par le président Konaré (Mali) dans sa phase initiale, comme

> "un forum permettant de tenir des discussions et des échanges de vue..., et de garantir la participation des partis politiques et de la société civile au projet."[83]

Il a exclu, pour l'heure, "la création d'une entité supranationale".

Si on se réfère aux travaux préparatoires, les "délibérations" relativement à cette assemblée parlementaire ont soulevé des discussions sur plusieurs questions résolues de la manière suivante. Le Parlement panafricain ne constituerait qu'un organe consultatif

---

[81] V. les articles 7 et 14 du Traité d'Abuja.
[82] Comparez les articles 14 du Traité d'Abuja et 17 du Traité de Lomé.
[83] V. Rapport de la Conférence ministérielle sur la création de l'Union africaine et du parlement panafricain, *op. cit.*, p. 12 § 46.

durant la période de transition à déterminer. Sa composition et le mode d'élection de ses membres s'inspireraient des expériences vécues aux niveaux national et régional. Ses membres seraient sélectionnés au sein des parlements nationaux et régionaux jusqu'à l'instauration du suffrage universel.[84]

En fin de compte, il paraît indiqué d'établir, pour le moment, un organe parlementaire consultatif. Pourvu qu'il soit mis en place effectivement de manière démocratique et qu'il ne s'identifie pas en réalité en une coquille vide. D'autre part, les avis obligatoires ou conformes qui seraient formellement émis par le Parlement ne devraient pas dissimuler des décisions prises hors d'Afrique par et pour des intérêts non africains, tels que des groupes de pression transnationaux en prolifération. Il serait désirable que la structure de l'assemblée soit bicamérale afin de ménager la représentation des peuples et celle des États.

CONCLUSION

C'est au pas de charge, de Syrte à Lomé, en passant par Tripoli, Addis-Abeba et Syrte encore que l'Union africaine semble avoir été juridiquement créée aux yeux de l'observateur. Mais d'après des figures historiques africaines,[85] le président libyen El Khaddafi mûrissait discrètement le projet en compagnie d'autres anciens chefs d'État africains depuis quelques années. Des personnalités scientifiques non africaines[86] rencontrées affirment aussi avoir joué le rôle de consultant pour le projet auprès du leader libyen. Selon les mots du Secrétaire général de l'O.U.A., le chef de l'État libyen a apporté une "contribution inestimable", notamment par "ses initiatives

---

[84] V. *Ibid*, p. 18.
[85] Selon un entretien que l'auteur a eu avec l'ancien président Ben Bella (Algérie), à la fin du mois de novembre 1999, le président Khaddafi avait réuni autour de lui quelques anciens chefs d'États africains dont Julius Nyerere, Nelson Mandela, Ahmed Ben Bella, etc.; M. Ben Bella a aussi indiqué que M. Mouhammar El Khaddafi fréquentait les maquis du FLN algérien du Sud alors qu'il n'avait environ que quinze ans. Il lisait alors la littérature de propagande du FLN contre la domination étrangère (coloniale).
[86] Il s'agit d'universitaires européens de diverses disciplines.

audacieuses et novatrices" ayant abouti à l'adoption de la Déclaration historique de Syrte le 9/9/1999.[87]

Kwame Nkrumah a eu le mérite de ramener la flamme du panafricanisme de l'Angleterre en Afrique après que d'autres l'eut transportée des Antilles en Amérique et de cette dernière en Europe. Mouhammar El Khaddafi tente de raviver cette flamme menacée d'extinction par des successeurs oublieux de l'idéal des pères fondateurs de l'Afrique moderne. Par là, le Libyen a réussi à entrer vivant dans le panthéon des dieux et des héros du panafricanisme aux côtés de William Edward Burghardt Du Bois, Henry Silvester William, Marcus Aurelius Garvey, Booker T. Washington, Nnamdi Azikiwe, Georges Padmore, Peter Abrahams, Jomo Kenyatta, Wallace Johnson, T. R. Makonnen, Obafemu Awolowo, Hastings Banda, Ahmed Ben Bella, Hailé Sélassié, Modibo Keita, Sékou Touré, Patrice Lumumba, etc. C'est un immense réconfort pour ce visionnaire qui avait, jusque là avait maintes fois échoué à promouvoir le panarabisme dans plusieurs directions.

Autant dire que l'initiative libyenne s'inscrit dans la droite ligne des faits et idées historiques accomplis et développés par des générations d'Africains et d'hommes d'origine africaine.

On a rappelé plus haut que le panafricanisme puise sa racine dans le passé des Africains et des Africains-Américains caractérisé par les doctrines et les pratiques de la domination, à savoir le racisme et le colonialisme. On sait aussi que le néocolonialisme a pris le relais de ce dernier depuis la décolonisation formelle. Il tendrait désormais à connaître une grande extension à la faveur de la mondialisation du capitalisme.

Il paraît ainsi légitime aux États africains d'organiser une résistance collective en appliquant simplement la maxime "l'union fait la force". Pareille comportement n'est pas seulement imposé par l'histoire. La pratique internationale contemporaine aussi le commande. Le phénomène de formation de grands ensembles économiques s'observe au niveau quasi universel. Il constitue véritablement un impératif pour l'Afrique morcelée en une

---

[87] V. la déclaration de Salim Ahmed Salim, Rapport de la conférence ministérielle sur la création de l'union africaine, *op. cit.*, p. 6.

constellation d'États à la veille de la décolonisation : *divide ut imperet*.

D'autre part, il ne manque pas de matières économiques en vue de l'établissement de l'Union africaine. Réservoir de matières premières pour des États tiers et exutoire des produits manufacturés de ces derniers, le continent de 700 millions d'habitants a des motifs légitimes pour rechercher collectivement la mise en valeur des ressources naturelles aussi abondantes que variées. Tel est le prix à payer afin de garantir aux peuples africains le développement durable menacé par la mondialisation. D'où la charte signée à Lomé le 11 juillet 2000 et entrée en vigueur le 26 mai 2001.

Si le principe de fonder l'Union africaine qui frayerait plus tard la voie sinon à une fédération d'États, à tout le moins à une confédération d'États, ne peut à mon sens être contesté; il demeure que sa mise en oeuvre effective au jour d'aujourd'hui[88] peut se heurter à des obstacles majeurs. L'option politique levée définitivement dès le sommet de Syrte du 9 septembre 1999, contre vents et marées agités ultérieurement par des réunions d'experts, ne suffit pas à garantir la réussite du projet. La volonté politique de réaliser un saut qualitatif vers l'Union doit se manifester de manière continue au fil des ans. Or, l'incurie dans la gestion de la chose publique, l'aventurisme politico-militaire transfrontière au bénéfice des tiers, l'extraversion continue des économies de cueillette, le flux frauduleux des capitaux sud-nord, la fuite des cerveaux et de main d'œuvre... rendent malaisé l'établissement du groupement africain.

Plutôt que de servir de marche vers une union continentale, les Communautés économiques régionales, pour la plupart, donnent l'air d'être essoufflées si elles ne sont pas perturbées dans leur fonctionnement par des tares congénitales. D'autre part, l'expérience européenne montre que le mouvement unioniste doit être porté par des États locomotives économiquement indépendants. Ces derniers font encore cruellement défaut en Afrique. Certes, la manne pétrolière libyenne (et donc précaire), qui fait figure d'exception, n'est pas

---

[88] A en croire les travaux préparatoires, le chef de l'État libyen a plaidé pour "la réalisation immédiate de l'Union africaine", V. *Rapport de la Conférence ministérielle sur la création de l'Union africaine*, doc. CM/2162 (LXXII), *op. cit.*, p. 2.

négligeable. Mais elle paraît insuffisante pour servir de levier à l'intégration au niveau continental.

Tout comme la "foi en la cause africaine... de citoyen africain et de patriote"[89] mise en avant par le Mali. L'ambition africaine d'intégrer la dimension politique et la dimension économique du panafricanisme au sein d'une entité unique, l'Union africaine[90] est appréciable. Mais il s'agit d'une tâche ardue.

A tout bien peser, l'observation attentive des dispositions de l'acte de Lomé ne permet pas de conclure qu'un transfert de souveraineté ait été réalisé au profit d'un organe. Il a été envisagé une période intérimaire "en vue d'assurer un transfert harmonieux et progressif".[91]

S'il est admis que l'Union doit être "différente de l'O.U.A. sur le plan de ses pouvoirs, de son autorité et de la nature de ses décisions";[92] il n'en reste pas moins vrai qu'on est encore à l'étude de ces matières. L'un des tests décisifs qui montrerait que la nouvelle organisation constitue "un véritable instrument de transformation politique et socio-économique du continent et non un simple changement de nom"[93] est "l'octroi d'une certaine souveraineté à l'Union de manière progressive".[94] Mais auparavant, il s'avère "important de clarifier le degré de souveraineté à transférer par les États membres à l'Union."[95]

En définitive l'Union apparaît encore comme un projet en voie de réalisation.

---

[89] V. l'allocution du Président Alpha Oumar Konaré (Mali), *ibid*, p. 11.
[90] *Ibid*, et l'allocution du Secrétaire général de l'O.U.A., *ibid*, p. 7.
[91] Commençant le 26 mai 2001, date de l'entrée en vigueur de l'acte constitutif, cette période devrait prendre fin avec la convocation de la session ordinaire de la Conférence de 2002 selon le rapport du Secrétaire général de l'O.U.A. V. Conseil des ministres de l'O.U.A. Soixante-quatorzième session ordinaire / Neuvième session ordinaire de l'AEC 5-8 juillet 2001 – Lusaka (Zambie), *Rapport de la 74ème session ordinaire du conseil des ministres* doc. CM/Rpt (LXXIV), p. 19.
[92] *Ibid*, pp. 16, 18 et 20.
[93] *Ibid*, p. 16.
[94] *Ibid*, pp. 17 et 20.
[95] *Ibid*, p. 19.

COOPERATION VERSUS DISSONANCE: THE UN SECURITY COUNCIL AND THE EVOLVING AFRICAN UNION (AU)?

Njunga-Michael Mulikita[*]

INTRODUCTION

It is now widely recognized that the United Nations must increase its cooperation with regional organizations/arrangements in the maintenance of international peace and security. Acute resource constraints which the UN has to grapple with on an annual basis and the perceived reluctance of the five Permanent Powers (P5) of the UN Security Council to get directly involved in conflicts in far flung areas whose strategic significance has diminished after the cold war have compelled successive Secretaries-General to call upon regional arrangements to complement the world body in peacekeeping and peacemaking.[1] It is against this background that this paper seeks to assess the evolving cooperative relationship between the United Nations and the Organization of African Unity (OAU).[2]

---

[*] The author is a Lecturer in the Department of Political & Administrative Studies, University of Zambia. From November 1999 to October 2001, Dr. Mulikita was on special leave from the University and served as a staff member of the UN Office for Project Services (UNOPS) attached to the UNDP Capacity Building Project, Conflict Management Center, Organization of African Unity (OAU) Headquarters, Addis-Ababa, Ethiopia.

[1] See Kofi A. ANNAN, *Preventing War and Disaster: A Growing Global Challenge*, 1999, Annual Report on the Work of the Organization, (New York, UN Department of Public Information, 1999), pp. 36-37.

[2] The OAU is in the process of being transformed into the new African Union (AU) as provided for in the Constitutive Act of the African Union. The 36th Ordinary Session of the Assembly of Heads of State and Government

It is argued in this paper that whilst, the nature of collaboration between the UNSC and the OAU is satisfactory, certain points of friction are visible. Among the major points of friction between the two bodies are Africa's quest to attain increased representation on an enlarged and reformed UNSC and the lack of cohesiveness of OAU Member States in enforcing UNSC authorized sanctions. This "uncooperative stance" appears in part to be fuelled by the perception in the OAU that in the 21st Century, the UN Security Council has become an instrument to further the hegemonic/strategic foreign policy interests of the globe's sole remaining super power, the United States of America (USA). Needless to state that the non cooperation of OAU Member States in the application of UN Sanctions against certain State and Non State actors not only undermines the moral authority of the UNSC, but tends to complicate the OAU's relationships with the United States and Great Britain, the two leading powers on the Council.

THE UN CHARTER *VIS-À-VIS* COLLABORATION BETWEEN THE UN AND REGIONAL ORGANIZATIONS

Article 1 of the Charter of the United Nations clearly outlines the purposes of the world's only truly universal organization. These purposes are:

"1. To maintain international peace and security, and to that end: to take effective collective measures for the prevention and removal of threats to the peace, and for the suppression of acts of aggression or other breaches of the peace, and to bring about by peaceful means, and in conformity with the principles of justice and international law, adjustment or settlement of international disputes or situations which might lead to a breach of the peace;

2. To develop friendly relations among nations based on respect for the principle of equal rights and self determination of peoples and to take appropriate measure to strengthen universal peace;

---

in Lomé, Togo, 10 – 12 July 2000 provided the occasion for the signing of the Act. See Njunga-Michael MULIKITA, "Enhancing African Integration: The African Union Treaty", *ECA News* III (August – October 2000) 3, p. 17.

3. To achieve international cooperation in solving international problems of an economic, social, cultural or humanitarian character, and in promoting and encouraging respect for human rights and for the fundamental freedoms for all without distinction as to race, sex, language, or religion; and
4. To be a center for harmonizing the actions of nations in the attainment of these common ends."[3]

The paramount role or *"raison d'être"* of the United Nations in international relations is therefore to maintain international peace and security as outlined in Article 1 of the Charter. On the basis of this reality, it can therefore be logically deduced that the United Nations Security Council is the preeminent organ in the United Nations System on account of Article 24 of the Charter.

Article 24 accordingly states that

"In order to ensure prompt and effective action by the United Nations, its Members confer on the Security Council primary responsibility for the maintenance of international peace and security, and agree that in carrying out its duties under this responsibility the Security Council acts on their behalf."[4]

Article 52 of the UN Charter allows states to form regional organizations for dealing with such matters of peace and security "as are appropriate for regional action".[5] Although not defined in the Charter, such regional organizations presumably involve treaties of cooperation entered into by geographically proximate States. Although often misperceived as a regional organization, the North Atlantic Treaty Organization (NATO) is a multinational alliance for

---

[3] See United Nations, *Charter of the United Nations and Statute of the International Court of Justice*, UN Department of Public Information, New York, 1997), p. 36.

[4] United Nations, *Charter of the United Nations and Statute of the International Court of Justice*, op. cit., p. 20.

[5] See Jackie CILLIERS, "Strengthening Sub-Regional Organizations in Africa", *Report of the International Symposium on The Roles of Sub-Regional and Non-Governmental Organizations in Conflict Prevention and Peace Initiatives in Sub-Saharan Africa*, Ministry of Foreign Affairs / Institute of International Policy Studies, 28-29 March 2000, p. 126.

collective self-defense, as was the Warsaw Treaty Organization. This distinction is important, for it has fundamental implications for the legality of enforcement actions. A defensive alliance, according to article 51 of the UN Charter, may use force to in self-defense, without waiting for the UNSC to take action (only in response to an armed attack). On the other hand, article 53(1) allows a regional organization to take enforcement action; even if there was no prior armed attack – but such action requires UNSC authorization. Article 54 also requires that the UNSC

> "shall at all times be kept informed of activities undertaken or in contemplation under regional arrangements or by regional agencies for the maintenance of international peace and security".[6]

In respect of the imposition of sanctions against States parties and non State entities whose behaviour may be deemed by the Council as endangering international peace and security, Article 41 of the Charter states that,

> "The Security Council may decide what measures not involving the use of armed force are to be employed to give effect to its decisions and may call upon the Members of the United Nations to apply such measures. These may include complete or partial interruption of economic relations and of rail, sea air, postal telegraphic, radio and other means of communication, and the severance of diplomatic relations."[7]

It can thus be extrapolated that since regional organizations are in fact composed of Member States of the United Nations, they (regional organizations such as the OAS, OAU, etc.) are obliged to cooperate with the UN Security Council in enforcing measures against either State or non State entities as outlined in Article 41 of the UN Charter.

---

[6] See United Nations, *Charter of the United Nations and Statute of the International Court of Justice*, UN Department of Public Information, New York, 1997), p. 36.
[7] *Ibid.*, p. 28.

THE CHARTER OF THE ORGANIZATION OF AFRICAN UNITY (OAU) / CONSTITUTIVE ACT OF THE AFRICAN UNION: POINTS OF CONVERGENCE WITH THE UN CHARTER

The Organization of African Unity was formed on the 25th of May 1963 in the Ethiopian capital of Addis Ababa, when the leaders of 32 independent African States signed its Charter. In its preamble, the OAU Charter refers to the United Nations by in the following terms:

> "Persuaded that the Charter of the United Nations and the Universal Declaration of Human Rights, to the principles of which we reaffirm our adherence, provide a solid foundation for peaceful and positive co-operation among African States."[8]

The OAU Charter outlines the following purposes for the regional organization:

(i) To promote the unity and solidarity of African States;
(ii) To coordinate and intensify their cooperation and efforts to achieve a better life for the peoples of Africa;
(iii) To defend their sovereignty, their territorial integrity and independence;
(iv) To eradicate all forms of colonialism from Africa; and
(v) To promote international cooperation, having due regard to the Charter of the United Nations and the Universal Declaration of Human Rights.[9]

It can thus be inferred that the OAU Charter drew heavily on the Charter of the United Nations as African States sought to define a meaningful role for the regional organization in international relations in the early 1960s.

---

[8] See Organization of African Unity, *Compendium of OAU Instruments and Texts on Refugees, Returnees and Displaced Persons in Africa*, (OAU/UNHCR, Addis-Ababa, March 2000), p. 3.

[9] OAU, *OAU Charter and Rules of Procedure*, Press and Information Service of the OAU General Secretariat, August 1992, Addis-Ababa, Ethiopia, p. 4.

The Constitutive Act of the African Union is the end product of the Declaration adopted by the 4th Extraordinary Summit of the OAU held in Sirte, Libya in September, 1999. The process of establishing the African Union as provided for in the Constitutive Act must therefore be seen as Libyan driven initiative intended to enable the North African State break out of its prolonged diplomatic isolation brought about by its poor relations with the USA, Great Britain, and most of the Arab world. Since the Libyan State possesses vast petroleum reserves, it consistently uses the huge financial resources at its disposal to bankroll the poorer OAU Member States south of the Sahara by paying their unpaid bills to the continental organization.[10] By so doing, Libya has been able to attain the diplomatic support of these States in its African Union Project.

The Constitutive Act of the African Union essentially envisages the establishment of a supranational type of executive body that can energize integration and sustainable human development in Africa in a more effective manner than the OAU performed. The Act spells out the following bodies as being the principal organs of the Union, namely;

(a) The Assembly of the Union,
(b) The Executive Council,
(c) The Pan-African Parliament,
(d) The Court of Justice,
(e) The Commission,
(f) The Permanent Representatives Committee,
(g) The Specialized Technical Committees,
(h) The Economic, Social and Cultural Council (ECOSOCC), and the Financial Institutions.[11]

---

[10] The Governments of Togo and Zambia reportedly received generous subsidies from President Muhammar Ghaddafi of Libya to enable them meet the huge costs of hosting the OAU Summits of 2000 and 2001 respectively. President Robert Mugabe of Zimbabwe has turned to Colonel Ghaddafi for moral and material support as he faces growing criticism from Western countries over his controversial land reform program. See, "Mugabe, Gaddafi discuss oil deal", *Times of Zambia*, 20 December 2001, p. 7.

[11] See Njunga-Michael MULIKITA, "Enhancing African Integration: The African Union Treaty", *ECA News* III (August – October 2000) 3, p. 17.

The physical location of these institutions will be governed by the principle of equitable geographical and linguistic distribution. Earlier indications suggested that South Africa had offered to host ECOSOCC, while Libya had offered to seat the Pan-African Parliament. More recent indications are that African countries will adopt a more cautious approach to the location of the emergent Union's key structures.[12]

Among the major objectives of the emergent African Union as enunciated in Article 3 of the Act are:

(i) Achieve greater unity and solidarity between the African countries and the peoples of Africa;

(ii) Accelerate the political and socio-economic integration of the continent; and

(iii) Encourage international cooperation, taking due account of the Charter of the United Nations and the Universal Declaration of Human rights.[13]

The Constitutive Act in Article 4(h) articulates the
"right of the Union to intervene in a Member State pursuant to a decision of the Assembly of the Union in respect of grave circumstances, namely war crimes, genocide and crimes against humanity".

It is worth observing that the Act makes no reference to the UN Security Council, which is the primary instrument for dealing with the emergencies referred to in Article 4(h).

However, Article 4(g) effectively "torpedoes" 4(h) by affirming, "non interference by any Member State in the internal affairs of another".[14] Hence under the non-interference clause a regime guilty of the type of gross human rights violations outlined at 4(h) can legally obstruct Union intervention.

---

[12] See Jakkie CILLIERS, "From Acronyms to Action: The Seminal Assembly of the African Union", *African Security Review* 11 (2002) 2, p. 98.
[13] OAU, *Constitutive Act of the African Union*, Addis-Ababa, Ethiopia, July 2000, p. 5.
[14] *Ibid.*, p. 7.

This apparent contradiction in the Act provides an example of the ambivalent attitude of African countries towards the sensitive issue of national sovereignty and may affirm the impression that the African Union amounts to largely giving the OAU a "fresh coat of paint" whilst the inner structures will remain inert and ineffective owing to perennial resource and other constraints faced by the continental organization.[15] Apart from the lack of consensus among OAU member states in respect of what shape the African Union will take up, it should be pointed out that the establishment of a union such as envisaged in the Act, presupposes a high degree of social and political integration among member states. It therefore remains unclear as to how a union modelled along the example of European integration can be successfully set up when intra-African trade, notwithstanding the existence of the sub-regional economic arrangements (ECOWAS, COMESA, SADC, etc.) as a fraction of the continent's total external trade has persistently remained below the 5 percent mark.[16]

Notwithstanding the daunting legal, institutional, logistical and financial challenges inherent in the African Union project, it should nonetheless be concede that both the Charter of the OAU and Act of the African Union converge with the UN Charter to the extent that both regional organizations and the United Nations agree on the imperative need to promote international cooperation. However this point of convergence has not always ensured that relations between the OAU and the UN are harmonious.

The schema below broadly indicates where there are points of convergence in the Charters of the United Nations and the OAU. It also seeks to identify potential areas of conflict between the two bodies.

---

[15] The Act entered into force on 26 May 2001 following its signing by two thirds of OAU Member States. The OAU has now entered a transition period of one year in which it will evolve into the new African Union; See Cherif OUAZANI, "Quel Successeur pour Salim?", *Jeune Afrique* 2110 (19 – 25 June 2001, pp. 28-29.

[16] See Njunga-Michael MULIKITA, "TICAD: A New Framework For African Development?", *Sub-Regional Development Center for Southern Africa Bulletin* 5 (June 1999), UN Economic Commission for Africa, (SA-SRDC), Lusaka, Zambia, pp. 8-11.

Points of Possible Convergence	UN Charter	OAU Charter / Constitutive Act
1	Article 1: Maintenance of International Peace and Security	Article III (4): Peaceful Settlement of Disputes by negotiation, mediation
2	Article 1: (2) To Achieve international cooperation in solving international problems of an economic, social, cultural or humanitarian character	Article II (e): To international cooperation, having due regard to the Charter of the UN and the Universal Declaration of Human Rights (UDHR)
Points of Potential Conflict	**UN Charter**	**OAU Charter / Constitutive Act**
1	Article 41: Enforcement of Sanctions, i.e. demonstrations, blockade, and other cooperation etc.	Not Mentioned: OAU Member States have violated UN Security Council authorized sanctions against Libya (Lockerbie) and UNITA rebel movement.

EVALUATION OF OAU / UN SECURITY COUNCIL COLLABORATION

UN Security Council Indifference to Peace and Security challenges in Africa?

Cooperation between the OAU and the UN Security Council/UN System has been most visible in the realm of peace support/peace keeping operations. This cooperation has arisen on account of the rather rigid interpretation of OAU Member States of Article 24 of the UN Charter, which confers,

> "on the Security Council primary responsibility for the maintenance of international peace and security".

However, there is a perception often aired at various OAU meetings held at Headquarters in Addis-Ababa and other stations that the UN upholds a double standard when it deals with peace and security challenges in Africa in comparison to other crisis points in the world. Hence in her key note address to an International Symposium on Conflict Prevention organized by the Government of

Japan in Tokyo in March, 2000, South Africa's External Affairs Minister Dr. Dlamini-Zuma cautioned that,

> "responsibility that has been taken by regional organizations (in conflict resolution) should not mean that the United Nations particularly the Security Council, should abdicate its responsibility as the primary organization for maintaining international peace and stability. And we have observed over the years that sometimes when the UN is called upon to act in Africa, it approaches that responsibility with the speed of an elephant whereas when it is asked to act in other situations it approaches at the speed of a cheetah."[17]

This point regarding the relative indifference of the UN Security Council towards humanitarian and security catastrophes in Africa when compared with the concern the Council has mobilized elsewhere was also highlighted by the former UN Secretary-General Boutros Boutros-Ghali in his explanation of why the UN Security Council incomprehensibly scaled down its token observer mission in the Central African nation of Rwanda (UNAMIR) as it slid into anarchy and genocide in the spring of 1994.

> "The behaviour of the Security Council was shocking; it meekly followed the United States' lead in denying the reality of the genocide. Although it was a clear case of genocide, U.S. spokesmen were obviously under instructions to avoid the term in order to avoid having to fulfill their treaty obligations under the 1949 Genocide Convention."[18]

---

[17] N. DLAMINI-ZUMA (Dr.), *Speech by Her Excellency the Minister for External Affairs of the Republic of South Africa at the International Symposium on the Roles of Sub-regional and Nongovernmental Organizations in Conflict Prevention and Peace Initiatives in Sub-Saharan Africa*, 28 March 2000, Tokyo, Japan.

[18] See Boutros BOUTROS-GHALI, *Unvanquished: A US-UN Saga*, (I. B. Tauris Publishers, London-New York, 1999), pp. 135-136; An independent United Nations enquiry into the Rwanda Genocide concluded that,
> "the failure of the United Nations to prevent, and subsequently, to stop the genocide in Rwanda was a failure by the United Nations System as a whole. There was a persistent lack of political will by member states to act, or to act with enough assertiveness".

See IPEP, *Rwanda: The Preventable Genocide*, (OAU, Addis-Ababa, 2000), p. 103.

UN Security Council/OAU Collaboration in Peacekeeping and Peace Building

This need for the OAU to rethink its approach to peace keeping/building on the continent was made absolutely imperative in the context of a background of an increasing number of interstate conflicts in Africa as opposed to the Cold war period during which wars were mainly fought between States and significant changes in these wars. Although their origins and the contexts in which they developed differed, most conflicts that emerged at the end of the eighties and the beginning of the nineties featured certain common characteristics: fragmentation of the warring factions; massive violations of international humanitarian law, as, in many cases, the parties involved relied on tactics that deliberately targeted the civilian population and committed untold (boundless) atrocities; exploitation of local resources to sustain the war efforts; and , in some instances, collapse of statehood (State implosion). As a result, not only had the OAU to bring to the processes of dealing with conflicts a new institutional dynamism, but was also compelled to innovatively rethink its approach.[19]

In this regard, the Declaration adopted in Addis Ababa, Ethiopia, in July 1990, by the 26th Ordinary Session of the Assembly of Heads of State and Government on "the Political and Socio-economic Situation in Africa and the Fundamental Changes Taking Place in the World" marked a turning point, as it clearly expressed a renewed determination by the highest decision-making body of the OAU to address the scourge of conflicts. The relevant paragraph of the Declaration reads as follows:

> "We realize that the possibilities of achieving the objectives we have set (socio-economic transformation and integration) will be constrained as long as an atmosphere of lasting peace and stability does not prevail in Africa. We therefore renew our determination to work together towards the peaceful and speedy resolution of all the conflicts on our Continent. The

---

[19] See OAU, "The OAU And Conflict Management – An Overview", *Position Paper Prepared for the Fourth High-Level Meeting Between the United Nations and Regional Organizations: Cooperation for Peace-Building*, New York, 6-7 February 2001, p. 1.

resolution of conflicts will be conducive to the creation of peace and stability in the Continent and will also have the effect of reducing expenditures on defense and security, thus releasing additional resources for socio-economic development. We are equally determined to make renewed efforts to eradicate the root causes of the refugee problem. It is only through the creation of stable conditions that Africa can fully harness its human and material resources and direct them to development."[20]

It was in fulfillment of this commitment, and pursuant to the decision taken in Dakar, Senegal, in 1992 on the occasion of its Twenty-eighth Ordinary Session, that the Assembly adopted, in June 1993, the Cairo Declaration on the establishment, within the OAU, of a Mechanism for Conflict Prevention, Management and Resolution. In the Declaration, the Heads of State and Government recognized that

"no single internal factor has contributed more to the... socio-economic problems on the Continent than the scourge of conflicts within and between... countries."

In particular,

"they noted that conflicts have brought about death and human suffering, engendered hate and divided nations and families; forced millions of people into a drifting life as refugees and internally displaced persons; gobbled-up scarce resources, and undermined the ability of African countries to address the many compelling needs of their people."[21]

At the twenty-ninth Ordinary Session of the Assembly in Cairo, Egypt, African leaders declared that they,

"saw in the establishment of such a Mechanism, the opportunity to bring to the processes of dealing with conflicts on our continent a new institutional dynamism, enabling speedy action to prevent or manage and ultimately conflicts when they occur."[22]

---

[20] *Ibid.*, p. 2.
[21] OAU, *Declaration of the Assembly of Heads of State and Government on the Establishment, within the OAU of a Mechanism for Conflict Prevention, Management and Resolution*, Cairo, Egypt, June 1993, p. 6.
[22] *Ibid.*, p. 7.

The Mechanism is built around a Central Organ with the Secretary-General and the Secretariat as its operational arm. The Mechanism meets at Ambassadorial, Ministerial and when circumstances dictate at the level of Heads of State and Government.[23]

The Mechanism's primary objective is the anticipation and prevention of conflicts. In circumstances where conflicts have occurred, it is the responsibility of the Mechanism to undertake peace-making and peace-building functions in order to facilitate the resolution of conflicts. In this respect, civilian and military missions of observation and monitoring of limited scope may be mounted and deployed.[24]

The Declaration however is clear in stressing the importance of UN involvement in the work of the OAU Mechanism by stating that,

> "in the event that conflicts degenerate to the extent of requiring collective international intervention and policing, the assistance or where appropriate the services of the United Nations will be sought under the general terms of the Charter. In this instance, our respective countries will examine ways and modalities through which they can make practical contribution to such United Nations undertakings and participate effectively in peacekeeping operations in Africa."[25]

Increasingly, it is the OAU Mechanism and sub-regional organizations such as the Economic Community of West African States (ECOWAS) and Southern African Development Community (SADC) that have provided the lead in brokering peace agreements with the United Nations playing a low key supporting role.[26] In

---

[23] Meetings of the Mechanism at Ambassadorial level are held at least once a month at OAU Headquarters. The UN Secretary-General is represented at these meetings by the Director of the UN Liaison Office with the OAU, whose office is housed in the premises of the UN Economic Commission for Africa (ECA), Addis-Ababa.

[24] The OAU maintains Observer Missions in the Comoros (OMIC), Burundi (OMIB) and in Ethiopia and Eritrea (OLMEE).

[25] *Ibid.*, p. 9.

[26] See Michael FLESHMAN, "Sharing Africa's Peacekeeping Burden: UN Secretary-General Report Stirs Debate on Double standards", *Africa Recovery* (December 1999), UN Department of Public Information, p. 4.

Sierra Leone, it was ECOWAS that brokered a peace agreement between the Government and the rebels of the Revolutionary United Front (RUF) in 1999. It will be recalled that the rebels aroused the horror and indignation of the entire international community on account of their campaign of indiscriminately chopping off the limbs of the civilian population. A central component of the Agreement called upon the United Nations Security Council to mount a peacekeeping operation, UNAMSIL to replace the regional peacekeeping force ECOMOG, which had fought the RUF and consequently created the military conditions for the Peace Agreement.

Likewise, when the warring parties in the Democratic Republic of Congo gathered in the Zambian capital of Lusaka in July 1999 to sign a cease-fire pact, they endorsed an agreement initiated and mediated by the Southern African Development Community. The Lusaka Agreement provided for the establishment of an OAU Monitoring Mechanism, the Joint Military Commission (JMC) to be complemented by a UN Security Council authorized peacekeeping deployment known by the French acronym of MONUC.[27]

Another example of the OAU taking the lead in addressing conflicts in Africa is provided in the lengthy and complex negotiations that culminated in the Agreement on the Cessation of Hostilities signed between Ethiopia and Eritrea in Algiers, Algeria on the 18th of June, 2000. The Agreement provided for the establishment of a UN Peacekeeping mission to deploy under the auspices of the OAU. Hence under Resolution 1312 (2000) of 31 July 2000, the UN Security Council authorized the UN Secretary-General, "under the auspices of the OAU", a United Nations Mission in Ethiopia and Eritrea known as UNMEE.[28] The central role of UNMEE is to monitor the cessation of hostilities and to coordinate the process of re-demarcating the frontier between the two adversaries.

---

[27] *Ibid.*
[28] OAU, *Seventy-First Session of the Central Organ of the OAU Mechanism for Conflict Prevention, Management and Resolution: Report of the Secretary-General on Developments in the Peace Process Between Ethiopia and Eritrea*, Addis-Ababa, 23 November 2000, p. 3.

In a parallel development, the 68th Ordinary Session of the Central Organ held on 28 July 2000 at Ambassadorial level, the OAU Secretary-General was authorized to

> "deploy the necessary military and civilian personnel to enable the OAU to effectively discharge its role in the implementation of the Agreement on Cessation of Hostilities."[29]

Following that decision, the OAU Secretary-General set up an OAU Liaison Office in Ethiopia and Eritrea known as OLMEE, whose mandate,

> "consists in assisting the UN Mission in Ethiopia and Eritrea (UNMEE) and cooperating closely with it in the implementation of the Agreement on Cessation of Hostilities."[30]

In seeking to prove that the UN is not indifferent to Africa's security and humanitarian challenges, the Secretary-General, Mr. Kofi Annan has taken specific follow-up actions to the recommendations contained in his 1998 report to the Security Council, entitled "The Causes of Conflict and the Promotion of Durable Peace and Sustainable Development in Africa". Specific actions include:

(i) adoption of Security Council resolutions to strengthen the enforcement and monitoring of regional arms embargoes; to improve security for African refugees and increase aid to countries hosting refugees and to expand security cooperation with the Organization of African Unity (OAU) and sub regional bodies,[31]

(ii) the appointment of special representatives and envoys to assist African mediation efforts in Sierra Leone, the Democratic Republic of Congo, the Horn of Africa and the Great Lakes Region, and

---

[29] *Ibid.*, p.1.
[30] *Ibid.*
[31] For a more detailed breakdown of the framework governing OAU/UN System cooperation, see *Joint OAU/UN Report on Cooperation between the United Nations System and the Organization of African Unity.* UN/OAU/MTG/011/2000/Rev.2, 11 April 2000.

(iii) an increase from 12 to 23 African countries participating in the UN peacekeeping Stand-by Arrangement, in which member States maintain personnel or material in readiness for rapid deployment.[32]

UN Security Council/OAU Collaboration in Enforcement of Sanctions

The relationship between the UN Security Council and the OAU in the sphere of enforcing international sanctions against parties whose conduct is deemed prejudicial to the maintenance of international peace and security has been sorely tested over the last few years. It should be recalled that sanctions have been used by the Security Council 12 times since 1990 and 12 before 1990.

> "They allowed the Council to demonstrate the enforcement of its decisions without having to resort to the use of force."[33]

Two specific instances of the application of sanctions that have generated tensions between the Security Council and the OAU are in respect of the sanctions regime against Libya and Angola's National Union for the Total Independence of Angola (UNITA).

Hence, the Delegate of the People's Republic of China observed during the Security Council's Debate on General Issues Relating to Sanctions, New York, held in April 2000, that,

> "it was regrettable that more often than not the Council was quick in imposing sanctions but slow in lifting them when the conditions that had prompted the sanctions were no longer existent. Sanctions on Libya (on account of the long drawn out saga over the 1988 Lockerbie bombing of a Pan-Am Jet liner), which were only suspended and not lifted are a case in point."[34]

---

[32] See Michael FLESHMAN, "Sharing Africa's Peacekeeping Burden: UN Secretary-General Report Stirs Debate on Double standards", *Africa Recovery* (December 1999), UN Department of Public Information, p. 4.

[33] OAU Permanent Observer Mission to the United Nations, *Report of the Security Council Debate on General Issues Relating to Sanctions*, New York, 17 April 2000, p. 4.

[34] *Ibid.*, p. 6.

The position of the OAU in regard to the application of the UN Security Council sanctions regime against Libya has been that both the United States and Great Britain have been using the UN to extract financial compensation from Libya, because the majority of those who perished in that dreadful Lockerbie tragedy were of Anglo-Saxon stock. A wider strategic consideration that both Great powers appear to have pursued under the cloak of UN Security Council authorized sanctions is the political and economic emasculation of the Libyan regime, because of its steadfast opposition to a Middle-East peace process that is perceived by the Libyan leadership to favour Israel at the expense of the Palestinians and the rest of the Arab world. This background therefore explains why the OAU, in the teeth of the anger of both the United States and Great Britain, decided in 1998 to cease complying with United Nations sanctions directed against that country.[35]

In contrast, the great powers on the UN Security Council, namely the US and the UK appear not to have displayed similarly strong zeal in applying the sanctions regime intended to choke the capacity of the Angolan rebel movement, UNITA in its prolonged civil war against the Government and people of Angola. Hence notwithstanding the passing of UN Security Council Resolutions 864 (1993) of 15 September 1993, and all subsequent resolutions, in particular resolutions 1127 (1997) of 28 August 1997, 1173 (1998) of 12 June 1998 and 1237 of 7 May 1999, UNITA's capacity to continue the war has not been totally dismantled.

Indeed, a number of OAU Member States have taken advantage of the relatively lax approach of the Security Council *vis-à-vis* the sanctions regime to breach the sanctions in violation of the OAU's own exhortations to its Member States to comply with the UN's Sanctions against UNITA.

Indeed, it was only in the aftermath of the publication of the Fowler Report in 2000, on the widespread and systematic violations

---

[35] OAU, *Declaration and Decisions Adopted by the Thirty-Fourth Ordinary Session of the Assembly of Heads of State and Government. AHG/Dec.127 (XXXIV) The Crisis Between the Great Socialist Peoples Libyan Arab Jamahiriya and the United States and the United Kingdom*, 8-10 June 1998, Ouagadougou, Burkina Faso.

of the Anti-UNITA sanctions regime, which specifically named the Heads of State of Burkina Faso and Togo, among others, as being complicit in busting the sanctions, that the OAU with some embarrassment decided to be more visible in curbing the activities of UNITA.[36]

Hence, the 36th Ordinary Session of the OAU Assembly, meeting in Lomé, Togo from 10 to 12 July 2000, not only expressed its concern, "at the fact that the UN sanctions against UNITA are not implemented effectively", but authorized the establishment of a five nation *Ad-hoc* Committee to augment the work of the UN's Committee on Sanctions against UNITA.[37]

The OAU/AU and UN Security Council Reform

The official position of the OAU in respect of reforming the UN Security Council is that the present Council is not numerically proportionate to the General assembly Membership, and is in danger of losing the trust and faith of the overall membership unless it achieves a more balanced representation. Additionally the emergence of Japan and Germany as economic superpowers and the relative decline of the UK and France from global to middle ranking powers have prompted loud and understandable calls for their inclusion as Permanent Members entitled to the much coveted veto prerogative.[38]

---

[36] United Nations, *Notes For An Address by Ambassador Robert Fowler, Chairman of the Security Council Committee Established Pursuant to Resolution 864(1993) Concerning Angola to the UN Security Council on the Report of the Panel of Experts Established by Security Council Resolution 1237 (1999)*.

[37] OAU, *Declarations and Decisions Adopted by the Thirty-Sixth Ordinary Session of the Assembly of Heads of State and Government*. AHG/Dec.148 (XXXIVI) Decision on Angola, 10-12 July, Lomé, Togo. See also OAU, *Progress Report of the OAU Ad-Hoc Committee to Evaluate the Implementation of The UN Security Council Sanctions Against UNITA*, Addis-Ababa, 2000, pp. 1-2.

[38] Njunga-Michael MULIKITA, "Reforming the UN Security Council: What Role for the OAU?", *Southern African Political and Economic Monthly* 11 (September – October 1998) 11, p. 14.

Secretary-General Kofi Annan appears to back the position of those who advocate enlarging the Council to make it more representative. He explains his stance in the following manner:

"I have always maintained that the Security Council is in need of reform and that we should bring it in line with today's realities. So what I have said in the report is consistent with my long held view, and I hope Member States will move forward and reform the Security Council. The argument that the Council should remain small in order to be effective is one group's position but the position of the others that the Council should be expanded to be made more democratic and, therefore, gain greater legitimacy is also important. I believe it ought to be possible to reform the Council and give it greater representation while keeping its effectiveness."[39]

The OAU has articulated the position that Africa should be accorded two permanent and five non-permanent seats on a reformed UN Security Council.[40] Though the OAU has not publicly endorsed the candidature of any particular Member State, it is widely believed that the Governments of Nigeria and South Africa are running intense diplomatic campaigns to secure the endorsement of the continental organization.[41] It should nonetheless

---

[39] United Nations, *Secretary-General's Press Release: Transcript of Press Conference by Secretary-General Kofi Annan*, at Headquarters, 3 April 2000, p. 2.

[40] At the Millennium Summit of the UN, held from the 6 to 8 September 2000, "Angolan Foreign Affairs Minister Joao Bernardo de Miranda spoke for numerous African leaders when he underscored Angola's strong support for Africa's demand for two permanent and five non permanent seats on an expanded Security Council" (Africa currently has three non-permanent seats): See Michael FLESHMAN, "Reform Plans Dominate Security Council Debate on Peacekeeping in Africa", *Africa Recovery* (October 2000), UN Department of Public Information, p. 10.

[41] Early in 2000, the Presidents of Nigeria and South Africa, Olusegun Obasanjo and Thabo Mbeki respectively, announced their initiative known as the Millennium Partnership for the African Recovery Program, essentially intended to galvanize international support for Africa's Development efforts. In a rival initiative intended to indicate that French-speaking Africa would not agree to subscribe to an "Abuja-Pretoria leadership Axis", President Abdoulaye Wade of Senegal announced his OMEGA Plan for Africa which the UN Economic Commission for Africa (ECA) has described as having the, "same vision for Africa" as the Nigeria/South Africa initiative. The two

be stressed that official positions adopted at OAU Meetings do not constrain Member States from taking differing stances within the wider global forums offered by the UN system.[42] There is therefore no guarantee that diplomatic support declared for Abuja and Pretoria by African countries within the continental framework of the OAU would automatically translate into votes for their campaigns within the larger forum offered by the United Nations General Assembly.

Hence, some smaller OAU Member States, fearful and resentful of the nascent "Abuja-Pretoria Axis" and its implications for UN Security Council reform, have 'unofficially' expressed their preference for the two "permanent" African seats to be filled on a rotational basis to be determined by the OAU Assembly of Heads of State and Government.[43] How such a formula could be translated in practical terms in view of the parallel demand for five 'non-permanent' seats for Africa appears extremely difficult to envisage at this point.

One complicating factor in the drive to mobilize consensus for OAU candidates arises out of the fear of successive French Governments that inclusion of "Anglophone" powers such as Nigeria and South Africa will further diminish the usage of French

---

competing blueprints were subsequently merged to form the New Partnership for African Development (NEPAD). See, UN Economic Commission for Africa (ECA), *Compact for African Recovery*, Addis-Ababa, Ethiopia, June 2001.

[42] A classic example of how easily OAU Member States break their diplomatic solidarity occurred in 2000. Whereas the 71st Ordinary Session of the OAU Council of Ministers endorsed Sudan's candidature for a two-year period of Membership on the UN Security Council, Mauritius broke ranks and forwarded its candidature during the UN General Assembly in September 2000. In the electoral contest, Mauritius roundly defeated the "officially endorsed candidate of the OAU", Sudan, and secured one of the three non-permanent seats reserved for Africa on the Council.

[43] Addis-Ababa based Diplomats of Southern African Development Community (SADC) Member States privately complain of what they see as South Africa's domineering tendency to make unilateral foreign policy decisions, which adversely impact on their countries. A case in point relates to the Free Trade Agreement Pretoria concluded with the European Union in 2000 without consulting its SADC partners. They are hence wary of South Africa attaining a permanent seat on the UN Security Council.

in the UN system.⁴⁴ It is therefore not improbable that Paris will use forums such as the annual Franco-African Summits and the wider *Organisation Internationale de la Francophonie* to build a bloc of French speaking OAU Member States to thwart Abuja and Pretoria's great power ambitions. It would be appropriate to point out that linguistic and regional considerations appear to have played a very decisive "behind the scenes" role in the election of the former Foreign Affairs Minister of the Ivory Coast, Mr. Amara Essy as the OAU's new Secretary-General to replace the long serving Tanzanian diplomat Salim Ahmed Salim on the occasion of the Thirty-seventh Ordinary Session of the OAU Assembly held last July in the Zambian capital of Lusaka.⁴⁵ The Ivorian diplomat defeated Namibia's Foreign Affairs Minister, Theo Ben Gurirab largely on account of the unified support for his candidature provided by the French speaking countries of Central and West Africa, whilst the Namibian candidate was mainly backed by the countries belonging to the largely English speaking Southern African Development Community (SADC).⁴⁶

---

⁴⁴ Boutros Boutros-Ghali recalls that whilst representing President Hosni Mubarak at the 1991 OAU Summit in Abuja, Nigeria, the post of UN Secretary General was raised in a closed meeting of leaders for it was Africa's turn to select someone for the job. Boutros-Ghali further recalls that in reacting to the initial list of OAU short listed candidates, President Omar Bongo of Gabon said, "There is not a single French speaker on this list". See Boutros BOUTROS-GHALI, *Unvanquished: A US-UN Saga*, (I.B. Tauris Publishers, London-New York, 1999), p. 7.

⁴⁵ The Ivorian candidate ran a high profile campaign, inclusive of a glossy home page on the Internet. The influential French News Weekly Magazine, *Jeune Afrique*, gave his profile considerably high visibility; Hence see Cherif OUAZANI, "Quel Successeur pour Salim?", *Jeune Afrique* 2110 (19-25 June 2001), pp. 28-29, in a sub-article entitled, "Amara Essy: Un CV Impressionant", the author established a strong case for the highly experienced Ivorian envoy to become Africa's "top diplomat". In another sub-article on the candidature of the SADC backed Namibian Foreign Minister Theo Ben Gurirab, entitled, "Theo Ben Gurirab: A la Demande de Mbeki", the same author described the Namibian diplomat as having a "distant and somewhat arrogant" appearance.

⁴⁶ Prior to the Lusaka Summit, speculation was high that the Southern African region would supply the next OAU Secretary-General in view of the fact that previous Secretaries-General had come from the other regions of the continent. However, the Francophone States felt that English speakers had disproportionately gained in influence in the General Secretariat on account of

There is general consensus on the part of both Nigeria and South Africa that while both Germany and Japan are deserving of the status of Permanent Members of the Council, it is important that Bonn/Berlin and Tokyo likewise publicly demonstrate support for the bids of Africa' leading candidates to acquire the same coveted positions that both Japan and Germany currently seek.

There is apprehension on the part of both Nigeria and South Africa, that the current P-5 may quietly sanction enlargement of the Council on condition that it will offer a two-tier type of membership with some new permanent members granted the veto prerogative whilst other new entrants are relegated to a more marginal role. There is therefore real potential for conflict between Germany and Japan on the one hand, and the OAU on the other, if African countries determine that Bonn/Berlin and Tokyo are willing to cut a "Gentleman's Agreement" with the current Permanent Five to facilitate their acquiring permanent Membership at the expense of Africa's demands for increased and more effective representation on the UN's preeminent body.[47]

---

the twelve-year "reign" of the monolingual Salim A. Salim of Tanzania from Eastern Africa. Thus, Senegal presented the candidature of UN Assistant Secretary-General Ibrahim Fall; Guinea proposed Lansana Kouyate, the outgoing Executive Secretary of ECOWAS whilst Ivory Coast floated Amara Essy, whom it will be recalled was the candidate France strongly favored to succeed Boutros Boutros-Ghali as UN Secretary-General in 1996. In the end Kouyate and Fall withdrew in favour of Essy.

[47] I elicited this perspective during my discussions with Addis-Ababa based diplomats of the Federal Republic of Nigeria and the Republic of South Africa.

CONCLUSION

It cannot be denied that the Organization of African Unity appreciates the supportive contributions of the United Nations in the interconnected areas of peacekeeping and peace building in Africa. However, there is the persistent suspicion in the structures and mechanisms of the OAU that the United Nations, currently in the grip of the two Anglo-Saxon powers, the US and UK, pays only "lip service" to peace and security challenges in Africa as compared to other crisis points elsewhere. This suspicion has from time to time given rise to frictions between the UN Security Council and the OAU. Another view emanating from Addis-Ababa that reinforces this suspicion on the part of OAU Member States, relates to the manner in which UN authorized sanctions appear to be selectively applied by the Council.

For example, with Libya in compliance with all UN Security Council demands regarding the 1988 bombing of the Pan-AM airliner over Lockerbie, the Council has inexplicably declined to lift the sanctions regime. Hence in mid-September 2000, the representatives of a five Member OAU Committee (Cameroon, Ghana, Tunisia, Uganda and Zimbabwe) noted that it was 18 months since the two Libyan suspects first appeared before a Scottish Court in the Netherlands. It also was 5 months since the trial actually began. The Committee concluded:

> "Despite the Security Council's own provision for lifting sanctions once the suspects had appeared in court and despite a report by Secretary-General Kofi Annan indicating that Libya had complied with all its commitments, the sanctions remain in place."[48]

The UN Security Council is therefore in urgent need of reform if it is to assert its moral authority in situations concerning global peace, sustainable human development and security, as well as good governance. Unless it strives to redress an imbalance that has historically favoured the industrialized countries, it will continue to

---

[48] See "Lockerbie: OAU Calls for End to Sanctions on Libya", *Africa Recovery* (October 2000), p. 32.

suffer a gradual erosion of its moral authority. Indeed, the Security Council is seen by most OAU Member States as a pliable instrument of US foreign policy in the post –cold war world. The US is perceived to use the Council as an instrument in its hegemonic/strategic objective of neutralizing countries such as Iraq and Libya, which strive to pursue a militant policy of non-alignment, sharply at variance with the paradigm of global governance envisaged by the United States. Hence in OAU circles, the fact that the US has consistently opposed the lifting of sanctions against Iraq and Libya is regarded as being more than a mere coincidence. The refusal to ease sanctions against these states is perceived to be part of a wider strategy to ensure that the UN Security Council projects the foreign policy priorities of the sole remaining super power in a uni-polaire post-cold war world.

The terrorist attacks on the US carried out on the 11th of September; last year could trigger new frictions between the UN Security Council and the OAU as the US asserts its preeminent position on the Council to build and consolidate its global coalition against international terrorism.[49] Indeed, it is worth pointing out that whereas, the major Western powers have tended to avoid committing their military forces to peacekeeping operations in Africa, they have responded with overwhelming enthusiasm to participating in the International Security Assistance Force (ISAF) tasked with providing security for the Post Taliban Interim Government in Afghanistan. Already hawkish voices in the American administration have hinted that the US led coalition should extend its anti terrorist campaign to include Iraq, on the presumption that the Iraqi regime of Saddam Hussein is not only developing Weapons of Mass Destruction (WMD), but abets international terrorism. The majority of OAU Member States,

---

[49] In 1999, the OAU adopted its own Anti-Terrorism Convention. It will therefore be interesting to investigate the extent to which the US led coalition views the Convention as a viable regional instrument with which to combat terrorism. See, "OAU Convention on the Prevention & Combating of Terrorism" (Algiers, Algeria, 10 July 1999) *Compendium of OAU Instruments & Texts on Refugees, Returnees & Displaced Persons in Africa: 1963-1999*, OAU/UNHCR Joint Publication, Addis-Ababa, Ethiopia, March 2000, p. 102-112.

especially those with predominantly Muslim populations will be suspicious that under US pressure, the UN Security Council may authorize military strikes against Iraq, ostensibly to coerce Iraq to allow UN arms inspectors back into the country, when the real motivation would be to ensure that Israel maintains its strategic-military hegemony in the Middle-East/North Africa region.

The major challenge that ought to preoccupy the collective Membership of the United Nations in the first decade of the 21st Century should therefore be to devise a formula to reform the Council in order give it greater representation bearing in mind the importance of ensuring that member states, particularly from the Third World perceive it to be impartial and even handed in addressing humanitarian and security challenges all over the world. To this double-pronged emphasis on equitable representation of all the world's regions and impartiality in addressing global emergencies must be added the critical importance of ensuring that the Council's operational effectiveness is not seriously impaired. This will undoubtedly be no easy task.

GENERAL ARTICLES

ARTICLES GÉNÉRAUX

LA SÉCURITÉ JURIDIQUE EN DROIT INTERNATIONAL : ASPECTS THÉORIQUES

Robert Kolb[*]

I. INTRODUCTION

La nature des choses fait que le droit adresse certains *problèmes* typiques, propres à toute société et à toute coexistence, et des *situations* infiniment diverses dans le détail à travers les temps.[1] Cette nature des choses, matrice de la permanence en droit, s'est révélée à travers l'expérience juridique séculaire qui a dégagé certains principes comme consubstantiels à l'idée même du droit. Voici huit de ces grands vassaux de tout ordre juridique: (1) le *bien commun* ; (2) la *justice* ; (3) la *sécurité juridique* ; (4) la *réciprocité, l'égalité,* la *proportionnalité* ; (5) la *liberté* ; (6) la *morale* et la

---

[*] Chargé d'enseignement à l'Institut Universitaire de Hautes Études Internationales (Genève) et *Privatdozent* à l'Université de Berne.

[1] Les intérêts réciproques et contrastants entre vendeur et acheteur sont un problème typique et récurrent de la réglementation juridique; le besoin de pouvoir se fier à la parole donnée est un autre de ces problèmes; la réciprocité des prestations encore un autre; etc. Chaque époque y donne des réponses jusqu'à un certain point variées, car celles-ci dépendent du cadre constitutionnel et situationnel toujours unique dans l'histoire. Le problème qui est à la base de ces réponses est cependant le même et sert dès lors comme unité de mesure de ce qui est commun, voire analogue. Le facteur d'identité ou de similitude réside donc dans le but ou la fonction d'une institution ou d'une norme, et non pas dans le vêtement extérieur dont une époque la revêt.

morale sociale ; (7) la *volonté* et la *raison* ; (8) la *sanction* (coercition).[2]

Il est proposé à cette place de serrer de plus près l'une d'entre ces notions, la sécurité juridique. C'est peu dire qu'elle a été jusqu'ici négligée par la doctrine. En effet, aucune étude générale sur le sujet pour ce qui est du droit international ne nous est connue. En premier lieu, il faudra tenter de dégager les contenus spécifiques de la sécurité juridique tels qu'ils se sont manifestés dans l'expérience juridique et tels qu'ils ont été systématisés par la doctrine. Dans un second temps, il s'agira de voir comment cette notion s'applique au droit international, dans quelle mesure elle y adresse des problèmes analogues et y opère similairement, dans quelle mesure aussi elle y subit des modifications, voire des altérations. Des réponses données dépendent dans une large mesure une compréhension profonde du caractère propre du droit international et du lien profond qui le relie au phénomène juridique universel.

II. L'EXPÉRIENCE JURIDIQUE GÉNÉRALE[3]

---

[2] Pour une analyse de toutes ces notions selon le modèle suivi dans cet article (y compris la sécurité juridique), on pourra consulter mon ouvrage *Réflexions de philosophie du droit international*, à paraître chez Bruylant.

[3] Sur la sécurité juridique en général, cf.: L. BENDIX, *Das Problem der Rechtssicherheit*, Berlin, 1914. E. BODENHEIMER, *Jurisprudence*, Cambridge (Mass.), 2ème édition, 1974, pp. 171ss, 236ss, 253ss. S. BRASSLOFF, *Die Rechtssicherheit: Eine Studie aus dem Gebiete der allgemeinen Rechtslehre*, Vienne, 1928. F. BYDLINSKI, *Juristische Methodenlehre und Rechtsbegriff*, Vienne / New York, 1982, pp. 325ss. E. DAVID, "Rechtssicherheit in der postmodernen Individualistengesellschaft", *Mélanges A. Koller*, Bern / Stuttgart, 1993, pp. 25ss. C. A. EMGE, *Sicherheit und Gerechtigkeit*, Berlin, 1940. J. ESSER, "Realität und Ideologie der Rechtssicherheit in positiven Systemen", *Mélanges T. Rittler*, Innsbruck, 1957, pp. 13ss. T. GEIGER, *Vorstudien zu einer Soziologie des Rechts*, Copenhague, 1947, pp. 366ss (Berlin, 4ème édition, 1987). O. A. GERMANN, "Rechtssicherheit", in O. A. GERMANN, *Methodische Grundfragen*, Bâle, 1946, pp. 54ss. W. HERSCHEL, "Rechtssicherheit und Rechtsklarheit", *Juristenzeitung* 22 (1967), pp. 727ss. H. JAHRREIS, *Berechenbarkeit und Recht*, Leipzig, 1927. M. LESAGE, *L'État de droit et la sécurité juridique*, Paris, 1996. A. MENENDEZ, *Seguridad jurídica y codificación*, Madrid, 1999. P. METZ, "Gewährleistung der Rechtssicherheit", *Mélanges P. Liver*, Coire, 1982, pp. 136ss.

A. L'importance de la sécurité

La sécurité, la certitude et la prévisibilité, sont des besoins fondamentaux de tout individu et de tout groupement social. Il y a d'abord le niveau individuel : l'action qu'un individu envisage et entreprend repose sur l'attente de certains comportements d'autrui qui, normaux ou exigibles dans un certain contexte, lui permettent d'ajuster ses propres actes en conséquence. L'orientation humaine repose sur l'internalisation de signes externes dont la compréhension permet de projeter une action propre et de participer avec efficacité à l'interaction sociale. Ainsi en vient-on au niveau social : toute société n'existe qu'à travers un faisceau de régularités susceptibles de dégager de l'ordre. La vie en commun, avec ses multiples réactions réciproques qui la caractérisent, n'est possible que moyennant cette régularité. De même que l'univers ne pourrait porter la vie s'il n'était pas régi par des lois physiques, la société ne pourrait exister si elle était livrée au chaos. Comme la justice, la sécurité est donc toujours aussi tournée vers l'extérieur, vers l'autre.

M. RÜMELIN, *Rechtssicherheit*, Francfort-sur-le-Main, 1970, réimpression de l'ouvrage de 1924 édité à Tübingen. W. SAUER, *Juristische Methodenlehre*, Stuttgart, 1940, pp. 246ss (réimprimé à Aalen, 1970). F. SCHOLZ, *Die Rechtssicherheit*, Berlin, 1955. R. J. SCHWEIZER, *Über die Rechtssicherheit und ihre Bedeutung für die Gesetzgebung*, thèse, Bâle, 1974. H. WIEDEMANN, "Rechtssicherheit -- ein absoluter Wert?", *Mélanges K. Larenz*, Munich, 1973, pp. 199ss.
Voir aussi dans les livres de philosophie et de théorie du droit, par exemple: H. HENKEL, *Einführung in die Rechtsphilosophie*, Munich, 2ème édition, 1977, pp. 436ss. A. KAUFMANN, *Rechtsphilosophie*, Munich, 2ème édition, 1997, pp. 191ss. G. RADBRUCH, *Rechtsphilosophie*, Stuttgart, 8ème édition, 1973, pp. 164ss. H. RYFFEL, *Rechts- und Staatsphilosophie*, Neuwied / Berlin, 1969, pp. 228ss. R. ZIPPELIUS, *Rechtsphilosophie*, Munich, 1982, pp. 157ss.
Pour le droit anglo-saxon où le concept se fond dans celui de la *stare decisis*, cf. H. W. R. WADE, "The Concept of Legal Certainty. A Preliminary Skirmish", *Modern Law Review* 4 (1940) 1, pp. 183ss. G. W. PATON, *A Text-Book of Jurisprudence*, Oxford, 1946, pp. 169ss. Voir aussi les quelques remarques de W. FIKENTSCHER, *Methoden des Rechts*, vol. II, Tübingen, 1975, pp. 69-71 et 465-467. Sur l'expérience du droit romain: M. SARGENTI, *La certezza del diritto nell'esperienza giuridica romana : atti del Convegno di Pavia 26 - 27 aprile 1985*, Padoue, 1987.

C'est une notion sociale : *securitas est ad alterum*. De par ces caractéristiques, elle intéresse au premier chef le droit. Il était normal qu'une valeur aussi fondamentale de la vie en commun trouvât des prolongements proprement juridiques dans le concept de la "sécurité juridique". Elle s'affirme cependant dans tous les domaines marqués par une interaction entre sujets, sur le plan moral, anthropologique, économique, sociologique, et même dans le monde animal.

> **a)** La *sociologie* (et notamment la sociologie du droit) définit les normes comme une réalité à mi-chemin entre le fait empirique et le devoir idéal. Pour le sociologue, une norme (juridique) consiste en des attentes généralisées de comportement, pourvues de sanctions. L'*attente* devient le pivot central de la sociologie comportementale : elle constitue en premier lieu un fait qui correspond à un mécanisme psychologique réel chez l'individu ; en même temps l'attente se distingue de la seule effectivité de ce qui se produit réellement, maintenant un irréductible élément d'idéalité. La généralisation de l'attente sociale comme critère du comportement exigé permet de stabiliser la société. Elle y introduit un élément de régularité et donc de règle. En même temps elle réduit la complexité : elle permet de ne pas envisager à chaque fois toutes les actions possibles, qui sont innombrables, mais de partir de l'idée que l'autre se comportera de la manière légitimement attendue de lui eu égard à son rôle social. La définition sociologique de la norme est construite, comme on le voit, entièrement en fonction de l'idée de la sécurité des interactions interindividuelles.[4] On peut ajouter que l'activité économique repose très largement sur une telle interaction dirigée par des attentes comportementales. Le droit économique en porte la trace. S'il existe d'un côté une série de vecteurs de flexibilité (clauses de sauvegarde, adaptation aux fluctuations, etc.), les matières juridiques qui en sont imprégnés cherchent à réaliser

---

[4] Cf. *Encyclopedy of Social Sciences*, vol. 11, New York, 1968, pp. 204ss, 208ss. N. LUHMANN, *Rechtssoziologie*, vol. I, Reinbeck, 1973, pp. 53ss.

le plus possible la prévisibilité et la sécurité des transactions sans lesquelles l'échange de biens est entravé. Le droit commercial – spécialement quand il forme une branche spéciale *ratione personae* en tant que droit des commerçants – fournit d'éloquents exemples.

b) La sécurité joue un rôle primordial aussi sur le *plan anthropologique* et *psychologique*. La prévisibilité des comportements d'autrui et la possibilité de mettre en phase ses actes et aspirations avec le monde externe sont un facteur important de stabilité psychique et d'épanouissement dans les cercles micro-sociaux (famille, travail, associations, etc.). La sécurité réduit l'angoisse, l'incertitude et la pression de décisions trop fréquentes, en allégeant l'individu du poids de devoir sans cesse peser toutes les alternatives d'action possibles. La sécurité réduit cette complexité et rassure. L'équilibre psychologique de l'individu en est servi tout autant que ses relations avec d'autres, qui profitent du mieux-être individuel.[5] Ce besoin de stabilité est particulièrement prononcé chez l'homme. Contrairement à l'animal, il est beaucoup moins déterminé par l'impulsion de l'instinct. Dès lors, l'homme souffre d'un déficit de sécurité. Les institutions de la culture (y compris le droit) doivent compenser les lacunes laissées par la nature.[6] Les bouleversements sociaux trop rapides et trop brutaux apportent une preuve par le contraire : l'insécurité qu'ils propagent précipite le désordre et les tensions sociales et contamine souvent jusqu'à l'os les interactions les plus ordinaires (par exemple l'échange de vivres avec des marchés noirs, les équilibres monétaires par une circulation d'argent excessive fondée sur la méfiance, etc.). D'un autre côté, la psychologie individuelle tend à

---

[5] Cf. U. BEER, *Optimisten leben länger*, Genève, 1985 ; M. KOLLER, *Sozialpsychologie des Vertrauens*, Bielefeld, 1990 ; K. SALMELAARO / J. NURMI, "Uncertainty and Confidence in Interpersonal Projects", *Journal of Social and Personal Relationships* 13 (1996), pp. 109ss.

[6] Cf. A. GEHLEN, *Moral und Hypermoral*, Francfort-sur-le-Main / Bonn, 1969, pp. 95ss.

l'anxiété et à la crainte, génératrices de haines et d'agressions. On observe dans l'histoire que les périodes de remise en cause des normes et de l'ordre traditionnels sont aussi des périodes de recrudescence de la violence. L'absence de sécurité est un phénomène affectif profond qui dégénère rapidement en des troubles comportementaux et en des commotions sociales.

Ce qui vient d'être dit est vrai dans une certaine mesure aussi pour le monde animal. L'étude des animaux vivants en groupe a montré qu'ils se soumettent à un ordre social précis, souvent hiérarchisé, dont l'une des règles fondamentales est l'interdiction de tout comportement trompeur. C'est l'intérêt de survie et l'avantage de sélection du groupe qui aurait produit cette règle visant à maintenir la sécurité. Cette sécurité faite de crédibilité est vitale en cas de menace, si fréquente dans la vie animale. Il est à ce moment essentiel de pouvoir se fier aux informations et à l'alarme donnée. La tromperie soumet l'interaction à de sérieux troubles parce qu'elle détruit précisément cette sécurité. De plus, dans un sens plus général, la sécurité permet un raffinement de la vie sociale par voie de division des tâches. Or la répartition des rôles entre les individus du groupe repose très largement sur la confiance en l'exécution adéquate des rôles impartis. Ainsi, l'articulation des fonctions sociales – dont découle la prospérité du groupe – suppose la sécurité, la prévisibilité et la confiance entre ses membres.

c) La sécurité est aussi un phénomène du monde *moral*. La sécurité est d'abord une donnée objective et générale ; mais elle peut toujours se traduire en une confiance ou en des attentes individualisées auxquelles elle donne lieu. La *securitas* est alors le fondement de la *fides*, et la *fides* requiert de respecter les attentes légitimes qu'on a créées chez autrui. "*Fides est credulitas*" disait déjà St. Isidore de Séville.[7] Le devoir d'honorer cette foi est indispensable à la justice (d'où

---

[7] *De Differentiis*, I, 486.

pacta sunt servanda).[8] Or l'idée d'un tel devoir est intrinsèquement liée à l'idée du bien et du juste qui est une idée morale. La sécurité participe des valeurs morales aussi parce qu'elle permet à l'autre de s'épanouir dans sa vie psychique et sociale (voir *supra*, b). Sur le plan moral, la sécurité se transforme en une série de devoirs, ceux de respecter sa parole, de ne pas décevoir la confiance légitime, de soupeser les conséquences de ses actes eu égard à leur potentiel de déstabilisation, etc. La sécurité n'est plus ici un simple objet ou une nécessité. Elle devient un objectif et un chemin.

B. La notion de sécurité juridique

Cette exigence existentielle de sécurité, stabilité et prévisibilité se traduit en droit par le concept de la *sécurité juridique*. La sécurité juridique comporte plusieurs aspects. Le besoin de sécurité est d'abord assuré par l'existence même d'un système juridique. Sa fonction première est de faire régner l'ordre dans le milieu social en y introduisant une régularité garantie par ses normes. Il s'agit ici d'une *sécurité par le droit*. Mais il y a aussi des aspects de *sécurité dans le droit*. C'est ceux-ci que l'on vise d'ordinaire quand on parle de sécurité juridique. Cette sécurité juridique au sens étroit se manifeste dans deux domaines : (1) *la sécurité juridique objective* (*erga omnes*) qui concerne l'ordre juridique dans sa généralité ; (2) *la sécurité juridique subjective* (*inter partes*) qui concerne des rapports juridiques précis entre certaines parties. Il y a d'abord la sécurité qui concerne le fonctionnement de l'ordre juridique dans son intégralité, par exemple l'exigence d'accessibilité, de clarté, de précision du droit, ou l'exigence de prévisibilité de la décision fondée sur le droit. La sécurité juridique se présente ici comme donnée objective, avec effet *erga omnes*. Mais il y a aussi la sécurité qui concerne des rapports interpersonnels précis et qui n'a d'effet qu'*inter partes*. Elle exige le respect de la confiance, des attentes et des apparences librement créées par un sujet, et sur lesquels un autre

---

[8] Voir par exemple CICÉRON, *De officiis*, lib. I, cap. VII.

pouvait légitimement se fonder. La sécurité requiert ici une certaine cohérence dans les comportements propres eu égard au fait qu'ils affectent des tiers et suscitent de légitimes intérêts en la constance et la continuité de ces comportements ou des promesses tenus. C'est à ce type de sécurité localisée que se rattachent les obligations de bonne foi, la protection de la confiance, la responsabilité pour apparence, l'estoppel, la prescription pour inaction prolongée, la doctrine du silence qualifié (*qui tacet consentire videtur, si loqui potuisset ac debuisset*), etc.

La sécurité juridique objective comporte deux grands domaines : (a) la sécurité sur le plan des normes du droit (*certitudo*) ; (b) la sécurité sur le plan de l'exécution du droit (*securitas*). En ajoutant la sécurité juridique *inter partes* on complète le tryptique de la sécurité juridique.

1. La sécurité normative : *certitudo*

La sécurité du droit comme certitude se présente autant comme ensemble d'exigences opérant à l'intérieur d'un ordre juridique donnée (certitude synchronique), que comme ensemble d'exigences concernant la transformation des contenus d'un ordre juridique (certitude diachronique).

a. La sécurité normative synchronique

Sur le plan synchronique, la certitude signifie avant tout le besoin de *clarté*, de *simplicité* et d'*ordre* au sein de l'ordonnancement normatif. Il faut que l'opérateur visé – et idéalement aussi le citoyen – puisse s'y retrouver sans se perdre dans les dédales d'une réglementation vague, alambiquée et désordonnée.

Ce type de certitude est mis en danger par un trop grand nombre de normes vagues, qui découlent souvent du fait que l'accord au sein du législateur n'a pas dépassé le seuil des formules dilatoires. Il en va de même quand un nombre excessif de normes confèrent aux opérateurs juridiques des discrétions, que ce soit des discrétions sur des éléments de la norme[9] (termes vagues, standards, clauses générales) ou des discrétions sur l'opportunité de prendre une mesure, comme sur la nature et l'ampleur de celle-ci.[10] Il faut mentionner aussi des réglementations truffées de clauses de sauvegarde, de suspension ou d'équité, notamment quand celles-ci s'ouvrent à une qualification unilatérale. La tendance à l'individualisation des normes pour les rapprocher des circonstances d'espèce ou pour les différencier selon les besoins des parties a le même effet. D'autres facteurs influent sur cette certitude-clarté : elle souffre, par exemple, quand des normes sont mal formulées ou ont recours à un langage ampoulé, excessivement compliqué ou mal articulé. Des fleurons de ce type se trouvent notamment dans le droit administratif. L'incertitude peut découler aussi d'une mauvaise systématisation des normes qui contribue à obscurcir leur sens. Des régimes d'exception trop nombreux ont le même effet. Ils peuvent aboutir à vider de leur contenu une grande partie des règles tenues généralement pour applicables. Il y a incertitude aussi quand un ordre juridique est composé d'une pluralité de sources mal coordonnées entre elles et ne connaît guère de règles précises sur leur priorité (c'est le cas du droit international). Il faut enfin mentionner une dernière cause d'incertitude dont la gravité s'accuse dans les sociétés modernes : l'inflation des normes. Comme partout, l'inflation conduit à la dévaluation. Un ordre juridique boursouflé par une jungle de normes conduit à l'irrespect du droit et à l'ignorance de celui-ci. L'arbitraire qu'il cherchait à écarter par la porte revient par la fenêtre. Au-delà de l'insécurité à laquelle elle ouvre la porte, une législation trop prolixe est un signe de maladie et de décadence de la société et du droit : *plurimae leges, pessima civitas*.

Les exigences de clarté dont il a été question peuvent aussi être perçues à travers l'optique de l'individu soumis à l'ordre juridique. Dans la perspective subjective de cet individu, ce qui compte c'est de pouvoir s'orienter de manière à savoir ce que le droit demande de lui dans les divers contextes.[11] Cela signifie surtout que le droit doit

---

[9] "*Tatbestandsermessen*".
[10] "*Entschliessungsermessen ; Rechtsfolgeermessen*".
[11] "*Orientierungsgewissheit*".

être accessible, que ses contenus doivent être reconnaissables et que les interprétations et décisions futures fondées sur ses dispositions doivent être raisonnablement prévisibles. Ce besoin de clarté subjective varie selon les personnes et les branches. Il est particulièrement accusé quand il s'agit de commerce et de commerçants ou en matière de droit pénal ou tributaire. Il l'est moins au niveau du droit constitutionnel qui concerne les grandes orientations politiques d'une collectivité et les rapports entre les organes publics suprêmes.

b. La sécurité normative diachronique

Sur le plan diachronique, la certitude marque surtout un besoin de *stabilité* et de *continuité* du droit dans le temps. Il s'agit ici d'une assurance vers l'avenir qui seule permet de projeter ses actions et de prendre des dispositions destinées à durer. Il n'y a pas de sécurité quand tout acquis peut être remis en cause à tout moment. Cette certitude-stabilité comporte plusieurs aspects. Sur le plan législatif, elle commande d'éviter à la fois des transformations du droit trop fréquentes et des transformations trop rapides. Ainsi, la réforme globale et réfléchie d'une branche du droit vaudra mieux que des retouches multiples et non-coordonnées. De même, des mesures législatives transitoires peuvent se recommander pour adoucir la rapidité du changement. En second lieu, toujours sur le plan législatif, la certitude-stabilité s'oppose à des dispositions rétroactives, auxquelles le sujet de droit ne pouvait s'orienter au temps où il a agi (en droit public la non-rétroactivité ne s'applique pas en cas de nouvelles dispositions plus favorables à l'individu). Enfin, tant sur le plan législatif qu'exécutif, la certitude-stabilité protège l'intérêt de continuité des situations juridiques acquises. Dans la mesure du possible (compatibilité avec l'ordre public, etc.), les pouvoirs, droits ou possessions régulièrement acquis doivent être respectés, quitte à devoir être harmonisés dans certaines de leurs expressions avec les exigences du droit nouveau. Nous aboutissons ainsi aux problèmes de droit intertemporel qui s'éclairent en grande partie à la lumière des postulats de la certitude comme stabilité juridique dans le temps. Que le droit doive être modifié au fil des évolutions sociales et du changement des conceptions de justice ne fait pas de doute. Ce qui importe est de comprendre que ces besoins de transformation entrent en un conflit réel avec les intérêts opposés de stabilité de l'ordre normatif. Ces derniers ne sont pas qu'une abstraction sans poids effectif, mais un fondement essentiel au bon fonctionnement de la société.

2. La sécurité exécutive : *securitas*

Cette sécurité au sens strict touche à l'exécution des normes.

a. La sécurité des actes juridiques (jugements)

La sécurité juridique comporte un aspect de "certitude" quand elle se réfère aux *actes juridiques individuels*, par exemple aux jugements. Dans ce contexte, elle exige que l'acte soit prévisible, ce qui à son tour dépend de la clarté de la norme. En même temps, d'autres institutions juridiques reposent sur cet aspect : il en est ainsi de la force de la chose jugée (*res judicata*) qui met un terme définitif au litige et créé une certitude ; des conditions très strictes dans lesquelles il est possible de rouvrir un procès en demandant la révision du jugement ; du postulat de l'unité et de la continuité de la jurisprudence, notamment à travers la doctrine des précédents.

L'exigence de sécurité se manifeste aussi de manière plus ponctuelle, comme par exemple dans la doctrine du *prospective overruling* qui dans les systèmes issus du droit romain, notamment dans la sphère germanique, fait partie du principe de la bonne foi en droit public. Le problème est le suivant : si un tribunal envisage de changer sa jurisprudence au détriment d'une des parties à l'instance, peut-il le faire sans autre, ou doit-il annoncer son intention, sans l'appliquer à l'espèce en question, aux fins de litiges futurs ? Les solutions données à ces problèmes diffèrent selon les ordres juridiques et les matières.[12] Le Tribunal fédéral suisse a admis qu'une modification de jurisprudence qui a pour effet de réduire

---

[12] Cf. B. WEBER-DÜRLER, *Vertrauensschutz im öffentlichen Recht*, Bâle / Francfort-sur-le-Main, 1953, pp. 234ss.

l'admissibilité de certains moyens de droit ne peut pas être appliquée à l'espèce sous considération, mais devant être annoncée d'avance, ne peut être retenue que pour l'avenir.[13]

b. La sécurité de l'exécution du droit

L'aspect essentiel de la *securitas* consiste toutefois dans l'efficacité réelle du droit, dans la possibilité de réaliser sa mise en œuvre, de l'exécuter éventuellement au moyen de la coercition (*"Realisierungssicherheit"*). Cette efficacité du droit dépend essentiellement de la probabilité ou de la faculté sociologiques d'actualiser une règle juridique applicable dans les espèces qui appellent sa mise en œuvre. Tandis que la *certitudo* est donc avant tout une technique normative, la *securitas* relève des catégories de l'effectivité sociologique.[14] Toutefois cette effectivité est servie aussi par des réglementations purement normatives. Il en est ainsi des règles répartissant et conférant des compétences aux organes chargés de veiller à la réalisation du droit ou des règles régissant leur procédure. C'est le cas aussi des droits de dénoncer des violations du droit, de porter plainte ou de demander l'exécution forcée. L'aspect essentiel de cette *securitas* réside cependant bien dans la mesure dans laquelle les normes juridiques sont respectées ou exécutées en fait. Non seulement l'efficacité (voire l'existence) du droit, mais en particulier aussi la sécurité juridique sont gravement mises en danger quand on ne peut pas compter sur leur réalisation, par exemple quand on ne peut pas sortir de nuit dans certains quartiers sans courir un risque important de se faire agresser et déposséder de ses biens. Il faut mettre en garde contre l'idée que la réalisation du droit dont il est ici question dépend uniquement de l'organisation d'une coercition publique. Les facteurs qui poussent au respect de la norme juridique sont multiples et nuancés. L'intérêt propre y tient la première place.

---

[13] Cf. *ATF* (Arrêts du Tribunal fédéral suisse, Recueil officiel) 106 Ia, p. 92 ; *ATF* 109 II, p. 176 ; *ATF* 116 II, p. 496 ; *ATF* 120 Ia, p. 26.
[14] Cf. T. GEIGER, *Vorstudien zu einer Soziologie des Rechts*, Aarhus, 1947, p. 64.

Sous tous les aspects, la *securitas* se présente donc comme une condition ou comme un corollaire indispensable de la *certitudo*. La sécurité que peuvent ressentir le sujet ou l'opérateur juridique dépendent autant de la qualité des normes en tant que telles que de leur vie et de leur réalisation concrète.

3. La sécurité *inter partes* : *fides*

Comme il a déjà été dit, les ordres juridiques modernes font naître sous certaines conditions des droits ou obligations d'une interaction sociale afin de protéger la confiance légitime qu'un sujet de droit a provoqué chez un autre par ses actes, omissions, déclarations ou comportements. Est protégé le sujet qui s'est de bonne foi fié à une certaine régularité de comportements extérieurs d'autrui. Il n'est plus permis à l'auteur de ces attitudes d'opposer au sujet légitimement confiant les aléas de sa volonté réelle, restée cachée, ou les titres juridiques formels, contredits par sa conduite effective. Le droit vise ici à une sécurité *inter partes*, commettant un sujet à l'apparence qu'il a librement créée et de laquelle il doit désormais répondre envers les sujets qui s'y sont fiés. Un sujet de droit n'est jamais seul. Il vit dans un espace social. Ses attitudes affectent les autres. La règle de droit qui régit la vie en commun doit donc prendre en compte les intérêts de stabilité et de confiance qu'un comportement suscite vers l'extérieur. Tout sujet porte, dans certaines limites définies par le droit, une responsabilité pour l'apparence créée quand il se commet à une attitude qui visiblement touche aux intérêts légitimes d'autrui, comme tout sujet peut aussi, dans les mêmes limites, tabler sur une certaine constance et continuité des comportements d'autrui, là où sa propre sphère d'intérêts est affectée. Cette protection de la confiance légitime[15] pivote autour du principe de la bonne foi et a trouvé toute une série d'applications dans les divers ordres juridiques.

---

[15] Dans les ordres juridiques anglo-saxons il s'agit de la *legitimate expectations-theory*. En Italie on parle d'*affidamento* et dans les ordres juridiques germaniques de *Vertrauensschutz*.

Voici quelques exemples.

(1) Tout d'abord, l'interdiction de se mettre en contradiction avec ses propres actes antérieurs (doctrine du *venire contra factum proprium non valet*, de l'*estoppel* ou "*de los actos propios*") repose sur cette bonne foi-confiance. Ainsi, un débiteur qui conduit un créancier à ne pas interrompre la prescription par les actes auxquels le droit reconnaît cet effet, ne pourra pas par la suite se fonder sur cette prescription pour refuser d'honorer son dû.

(2) Il en va de même pour la doctrine du silence qualifié (*qui tacet consentire videtur si loqui potuisset ac debuisset*). Un silence ou une passivité prolongés face à des attitudes d'autrui qui affectent les propres intérêts ou droits, si bien qu'une réaction pouvait être exigée, auront pour conséquence que le sujet resté passif ne pourra plus par la suite s'y opposer. C'est le cas notamment quand il y a un non-exercice prolongé de certains droits – par exemple si le conjoint ne tire aucune conséquence de l'adultère de l'autre, mais prétend se prévaloir de ce fait des années après.

(3) La même idée de sécurité domine le domaine de la *prescription acquisitive* où l'ayant-titre demeure passif pendant une période prolongée, créant ainsi une situation de confiance, une apparence.

(4) Il y a ensuite le domaine de la *responsabilité pour apparence* (*Rechtsscheinshaftung*). Ainsi, en droit allemand, l'individu qui créé l'apparence d'être un commerçant par des affirmations et attitudes diverses sera soumis au régime de responsabilité plus strict des commerçants afin de protéger la confiance créée.

(5) À côté de l'élément de la volonté, la *conclusion de contrats* est dominée par le principe de confiance. Ce qui compte n'est pas tellement de saisir la volonté réelle mais inintelligible du déclarant, mais plutôt de se demander ce que le receveur de la déclaration pouvait et devait raisonnablement tenir pour dit eu égard aux circonstances. Ce principe est important aussi dans l'interprétation du contenu des contrats.

(6) Le droit protège aussi la "foi publique" (*öffentlicher Glaube*). L'individu est protégé dans la confiance qu'il accorde aux

contenus de certains registres publics dont la mission est précisément de garantir la sécurité juridique. On peut songer à la protection de celui qui confie en l'information donnée par le registre foncier.

(7) Il faut enfin signaler que le *droit public* n'est pas en reste en matière de protection de la confiance. Le Tribunal fédéral suisse lui a accordé le statut d'un droit constitutionnel justiciable que l'individu peut invoquer. La question se pose par exemple dans le contexte d'informations erronées données par l'administration, notamment quand à des moyens de recours. La bonne foi requiert que sous certaines conditions (par exemple que l'erreur n'ait pas été reconnaissable pour l'intéressé), la confiance en cette information soit protégée, c'est-à-dire que l'intéressé ne subisse aucun dommage eu égard au fait qu'il s'en soit remis aux explications officielles objectivement inexactes.[16]

III. LA SECURITE JURIDIQUE EN DROIT INTERNATIONAL

A. Prépondérance de la sécurité subjective sur la sécurité objective

Le droit international se caractérise par une faiblesse notable de la sécurité juridique *erga omnes*, avec ses deux aspects de la certitude et de la sécurité au sens strict, et de l'autre côté, par une force certaine de la sécurité juridique *inter partes*, fondée sur la protection de la confiance et de l'apparence. Cet état des choses reflète la structure de la société internationale. Celle-ci est marquée par la décentralisation des pouvoirs sur une série de centres autonomes formellement égaux. Cette structure se prolonge en droit international par la relativité et la bilatéralité des situations juridiques. De telles situations relatives exigent une bonne dose de sécurité relative, *inter partes*, permettant de consolider les positions respectives et de tabler sur l'acquis pour se projeter vers l'avenir. En même temps, ces situations relatives, par leur éclatement même, s'accommodent mal d'une sécurité juridique globale et unitaire,

---

[16] Cf. *ATF* 115 Ia, pp. 12ss. ; *ATF* 117 Ia, pp. 421ss.

détachée de la relativité ou bilatéralité des rapports réels. Toute sécurité juridique globale suppose en dernière analyse une gestion unitaire des faits de la vie sociale par le droit, ce qui n'est possible que dans le cadre d'un ordre social et juridique intégré, fondé sur la hiérarchie des organes et des sources. Il s'y ajoute qu'en tant que droit touchant essentiellement aux relations politiques entre collectivités, la sécurité juridique générale tend à s'effacer au profit de considérations d'utilité. C'est le cas aussi en droit interne, où la branche du droit constitutionnel compte parmi celles qui sont le moins informés aux exigences de la sécurité et du formalisme.

B. Les faiblesses de la sécurité juridique objective

Les faiblesses de la sécurité juridique générale s'accusent à trois niveaux : (1) d'abord et surtout sur le plan *normatif*, qui concerne la *certitudo* ; (2) ensuite sur le plan *structurel* avec la poussée des effectivités ; (3) enfin sur le plan *organique*, qui touche à la *securitas* au sens strict.

1. L'insécurité normative

La sécurité juridique concerne en premier lieu l'agencement, le contenu et la précision des dispositions d'un ordre juridique. Elle est donc avant tout un problème normatif. Or, les sources et les normes du droit international présentent une série de faiblesses et d'incertitudes qui influent profondément sur la sécurité que cet ordre juridique peut garantir aux sujets qu'il oblige. La caractéristique maîtresse de son système de sources est la confusion au sein de laquelle ses expressions ponctuelles et fréquemment non-coordonnées viennent se placer. C'est vrai à plusieurs niveaux.

a. L'absence de systématicité de la normativité internationale

Le droit international est un droit largement non-écrit, qui repose sur la croissance coutumière. La coutume est une consolidation progressive de certaines pratiques adhérentes aux faits qui les supportent. Elles naissent d'une multiplication amorphe de faits, entrepris pour suffire à des intérêts contingents, et qui produisent la croissance parallèle d'une conscience juridique. C'est à un processus existentiel auquel on assiste, dans lequel l'existence précède l'essence et lui impose ses éparpillements et anfractuosités. Alors que le droit posé est le produit d'une projection volontaire concentrée, précise et globale, réalisée instantanément, le droit coutumier n'est traditionnellement qu'une somme disparate issue de l'accumulation de faits et d'attitudes, silencieux hors des chanceuses convergences des comportements effectifs. Tant par son caractère non-écrit que par la difficulté d'en circonscrire les exactes limites, que, enfin, par son rôle croissant dans la vie internationale, la prédominance relative d'un droit issu de "comportements" affaiblit l'ordre et la clarté au sein du système juridique.

Les nombreuses obligations n'existant qu'entre certaines parties liées par des accords spéciaux, des acquiescements, des reconnaissances, des droits historiques ou des estoppels, contribue de surcroît à fragmenter le droit international en un grand nombre de normes très ponctuelles, étroites tant *ratione materiae* que *personae*. Ce fait contribue à obscurcir davantage encore les possibilités de systématiser l'ordre normatif et de savoir avec précision les droits et devoirs juridiques de chacun. Il s'en ensuit aussi une mauvaise coordination entre les normes ou les positions subjectives. Cela s'explique par la superposition de plusieurs couches normatives sur un même objet, superposition qui aboutit à une différenciation excessive des régimes. Il suffit de rappeler toutes les incertitudes qu'a suscité la Cour internationale avec son arrêt relatif aux *activités militaires et paramilitaires au Nicaragua et contre celui-ci* (1986) quand une réserve dans la déclaration des États-Unis lui conférant compétence l'obligea à dédoubler la considération du droit de la Charte et du droit coutumier sur l'utilisation de la force. En un mot, on peut dire que le droit international est moins un système que tout autre ordre juridique. C'est une série de grappes de normes qui fleurissent çà et là et se superposent de façon empirique. La sécurité juridique en pâtit manifestement. A l'absence de clarté se joint l'absence de prévisibilité.

b. L'absence de hiérarchisation de la normativité internationale

En droit interne, la hiérarchie des organes étatiques qui correspond aux différences de légitimité démocratique (constituante, législateur, exécutif, etc.), se rattache à une autre hiérarchie, celle des sources juridiques qui en émanent. La hiérarchie des sources signifie qu'il existe une série de règles de priorité entre les normes d'échelons normatifs différents. Cet élément d'orientation et d'ordre fait défaut au droit international général. Il y prévaut l'équivalence des sources, allant du plan le plus général vers le plan le plus particulier. Principes, coutume et traités possèdent en principe la même valeur. Il faut s'en remettre à des règles de collision empiriques, celles de *lex posterior* ou de la *lex specialis* pour trouver des solutions aux conflits. Dans bien des cas, les solutions s'inspirent d'accommodations *ad hoc* et d'accords spéciaux, toute réponse générale ne trouvant guère d'appuis stables. On peut songer par exemple aux traités successifs incompatibles ou aux modifications successives d'accords entre diverses parties – deux questions où de nombreuses incertitudes demeurent.

Les difficultés dépassent cette égalité formelle des sources qui s'étend à toutes les sources en droit international alors qu'elle ne concerne que les sources d'un même niveau hiérarchique en droit interne. Elle tient surtout au fait qu'une source générale et volontaire fait défaut en droit international. En droit interne, le législateur peut facilement organiser les priorités. Il spécifiera avec effet *erga omnes* quel texte doit l'emporter, et précisera les dates d'entrée en vigueur et d'abrogation d'un texte. En droit international, la fragmentation des sources entre des cercles de parties toujours changeants interdit un tel procédé. Le principe de l'effet relatif des actes juridiques issus de la souveraineté des parties cimente l'autonomie parfaite de chaque nouvelle expression normative, multipliant ainsi sur un objet donné les sources toujours en vigueur, chacune dans un cercle déterminé. Parfois, cette pluralité de régimes non hiérarchisés peut mener à de sérieux conflits. Ainsi, la Grande-Bretagne et la France ont refusé de signer la Convention de Belgrade sur le Danube (1948) qui portait modification du Traité de Paris de 1856 en excluant les États non-riverains de la Commission du Danube. Ces deux États ont estimé que l'ancienne Convention de 1856 restait applicable à leur égard, ce que d'autres n'ont pas reconnu. Or, comment constituer différemment une Commission selon les vues divergentes de deux groupes d'États ? Les sièges à attribuer sont un fait objectif, indivisible. Cette situation confuse a été définitivement amendée avec le Traité de Sofia de 1994. Pendant longtemps, elle était restée incertaine.

c. L'indétermination de la normativité internationale

Droit des relations politiques, le droit international remet souvent à des techniques de flexibilisation des normes afin de leur faire épouser de plus près les contours d'exigences fluctuantes dans le temps. Les États se prémunissent ainsi contre une pénétration excessive de la règle de droit avec son cortège de généralité, réciprocité et d'égalité. C'est le cas surtout dans des matières où leurs fins politiques marquent un besoin d'adaptation à des intérêts situés, rapidement changeants dans un monde soumis aux accélérations et aux imprévus. Cette exigence de flexibilité est d'abord visée par la prolifération de *standards*. Les standards internationaux sont particulièrement dangereux pour la sécurité juridique parce que leur indétermination relative s'accompagne de l'absence d'un contrôle judiciaire de leur utilisation. Dès lors, à l'indétermination objective s'ajoute l'auto-interprétation subjective – et l'insécurité passe à la deuxième puissance. La flexibilité passe ensuite par l'empire étendu du *soft law*, allant de Résolutions d'organes internationaux à des accords politiques ou des actes concertés non conventionnels. La mollesse normative est le prix à payer pour assurer une certaine évolution du droit dans une société inorganisée et politiquement divisée. Le *soft law* se présente surtout comme source progressiste, tendant à faire évoluer le droit international vers de nouvelles plages, par exemple en matière d'environnement. A cette fin, il tisse une mousse assez capillaire de normativité de rechange autour des normes dures afin de les ouvrir aux transformations désirées. Le *soft law* tend le plus souvent à brouiller le seuil de l'obligatoire et du non-obligatoire, car telle est bien la condition nécessaire pour pouvoir pousser la *lex lata* vers la *lex ferenda.* De plus, ce *soft law* a essaimé aussi vers les normes issues de sources dures en accusant leur tendance vers des formules vagues et flexibles. Le *soft law* est devenu de cette manière une modalité intrinsèque à chaque source du droit international, un peu comme un aliment qui, une fois consommé, se propage dans tout l'organisme à travers la circulation sanguine.

L'une des raisons de formules dilatoires insérées dans un traité repose sur l'absence de réel accord politique. C'est relativement fréquent dans un monde idéologiquement divisé. La pression de conclure quand même un accord qui marque vers l'extérieur un acquis, conduit ici à en ramollir le contenu par des formules très générales (voire fourre-tout). Elles renvoient les problèmes au stade postérieur de l'application dans des contextes concrets.[17] Mais la flexibilité du contenu normatif peut aussi s'avérer utile au regard de matières soumises à de rapides transformations et dans lesquelles les formules vagues permettent une adaptation courante du droit sans devoir constamment remettre en marche le processus législatif. Ces situations sont nombreuses en droit international, non seulement sur le plan économique. D'autres fois encore, c'est l'extraordinaire variété des phénomènes couverts par un droit à vocation mondiale qui commande de retenir des formules générales. Les complexités techniques et juridiques du droit de l'environnement en fournissent un exemple parlant. Même en matière pénale, le droit international reste en deçà des exigences normalement opposées aux normes du droit interne. C'est vrai du droit pénal au sens strict, celui qui concerne les individus. Ainsi, constitue un crime de guerre

"le fait de causer intentionnellement de grandes souffrances ou de porter gravement atteinte à l'intégrité physique ou à la santé",

ou encore

"les atteintes à la dignité de la personne, notamment les traitements humiliants et dégradants".

---

[17] C. Schmitt a forcé pour ce cas le terme de *"dilatorische Formelkompromisse"*, accord sur des formules dilatoires sans accord réel.

La recherche des éléments du crime et les analogies avec les droits de l'homme montrent toute l'ampleur des incertitudes qui s'y rattachent. Mais on peut rappeler aussi l'article 19 du Projet de la Commission du droit international relatif aux crimes de l'État, où fleurissent les qualificatifs indéterminés :

> "Le fait internationalement illicite qui résulte d'une violation par un État d'une obligation internationale si essentielle pour la sauvegarde d'intérêts fondamentaux de la communauté internationale [constitue un crime de l'État, notamment] : a) une violation grave d'une obligation internationale d'importance essentielle...".

Cet état des choses diminue la sécurité juridique.

Le besoin de flexibilité ressenti par le droit international est renforcé aussi par l'absence de mécanismes institutionnels de changement du droit. L'absence de législateur rend la transformation du droit difficile et l'éclate, quand elle a lieu, en régimes particuliers, valables entre certains sujets seulement. Le *peaceful change* est en droit international fortement déficitaire. Puisqu'il en est ainsi, les États incorporent dans les normes elles-mêmes des soupapes de flexibilité, assurant leur ultérieure adaptation. Soit la norme est relativement plus rigide, mais adaptable du dehors par des mesures législatives. Soit elle est plus flexible, afin de pallier à la rigidité des mécanismes de sa propre transformation.

Ce qui a été dit jusqu'ici sur la fragmentation des sources, sur l'importance des principes généraux en droit international, sur le rôle qu'y tient le *soft law*, sur les difficultés de changer le droit, conduit à un brouillage assez prononcé de la *lex lata* et de la *lex ferenda*. Nulle part ailleurs qu'en droit international une dichotomisation trop rigide de ces deux cercles n'apparaît moins fondée et moins praticable. M. Virally l'a rappelé magistralement en montrant comment des principes très généraux, souvent fortement idéologiques, ont été véhiculés par des enceintes politiques afin d'infléchir l'évolution du droit international – ces principes étant une sorte d'amphibie entre la *lex lata* et la *lex ferenda*.[18] On peut ici

---

[18] Cf. M. VIRALLY, "Le rôle des principes dans le développement du droit international", in M. VIRALLY, *Le droit international en devenir*, Paris, 1990, pp. 195ss.

songer au principe du droit des peuples à disposer d'eux-mêmes. Le rôle essentiel des principes est d'assurer une certaine unité dans les valeurs du système et de pousser le droit positif vers le droit idéal. En droit international ce rôle est particulièrement prononcé, car nombre de ses règles sont formulés à travers des principes alors que fait défaut cette couche médiane de normes rationnellement formulées qu'en droit interne on désigne de droit administratif. On peut aussi rappeler le nombre important de lacunes dont reste grevé le droit international. Quand il y a lacune, *lex lata* et *ferenda* coïncident automatiquement. La *lex ferenda* prend la place de la *lex lata* à travers la décision de l'opérateur juridique de placer une norme là où auparavant il n'y en avait, idéalement parlant, pas.

Il faut enfin signaler que non seulement le contenu normatif, mais aussi l'*effet* de nombreuses normes du droit international demeure indéterminé. C'est le cas pour des normes individuelles mais aussi pour des branches entières du droit. On peut songer aux règles régissant la délimitation maritime que la Cour internationale de Justice a réduites, mis à part l'accord direct entre les intéressés, à un nuage de considérations d'équité. Abstraction faite de son caractère transactionnel, toute décision de la Cour a ainsi été rendue hautement imprévisible pour les plaideurs. L'indétermination des effets normatifs caractérise aussi cette branche du droit international émergeante qu'est l'ordre public. Il est composé de *jus cogens*, d'obligations *erga omnes*, de devoirs absolus, tous prétendant à une place suprême dans la hiérarchie par ailleurs presque inexistante des normes internationales. La confusion est déjà grande quant à la configuration de ces concepts: aspects procéduraux / matériels, questions de validité / licéité, notions générales / spéciales, etc. Elle s'accroît encore quand il s'agit des effets de cette super-légalité internationale. Nullité et criminalité de toute attitude contraire, peut-être. Mais encore : s'il y a un corps de normes "absolues", corps par ailleurs croissant, qu'advient-il de la collision entre normes absolues ? Y a-t-il une hiérarchie dans la hiérarchie ? Si l'obligation est *erga omnes*, quels droit accorder aux tiers non directement lésés : un *jus standi* généralisé, le droit à réclamer réparation, le droit d'adopter des contre-mesures ? Quel rapport entre l'action individuelle et institutionnelle, par exemple à travers le Conseil de

Sécurité ? L'une est-elle subsidiaire à l'autre ? Si ce n'est pas le cas, qu'en sera-t-il en situation de conflit entre les mesures prises à titre individuel et les mesures collectives ? Jusqu'à quel point ces dernières doivent-elles l'emporter ?[19] Toujours en cas d'obligations *omnium*, l'auteur d'une violation du droit peut-il être tenu en réparation par tous les États ? Comment apprécier alors les quotes-parts ? En cas de contre-mesures, comment mesurer la proportionnalité : individuellement ou collectivement ? L'État directement lésé perd-il le droit de libérer l'auteur du fait illicite en renonçant à faire valoir sa responsabilité ? Faut-il une renonciation de tous les États pour arriver à ce résultat, ce qui signifierait prolonger considérablement un état d'incertitude juridique ? Si un État est satisfait avec les réparations offertes *pro toto*, quel est le statut juridique des autres États ? Comment contrer le danger de cumul de mesures punitives ou quasi-punitives ? Les questions sont nombreuses. Il ne s'agit pas ici de récuser des concepts à bien des égards nécessaires, mais de montrer les déficits cinglants d'organisation positive et l'apathie d'une doctrine qui croit avoir épuisé le problème après quelques incantations rituelles des "valeurs fondamentales de la communauté internationale".

d. L'éclatement de la normativité internationale

Le droit international est à la fois polynormatif et fragmenté. L'absence de législateur rend impossible une gestion unitaire et cohérente de la normativité internationale. D'un côté, le droit international connaît une prolifération de normes sur un même objet : normes spontanées (coutume) et normes posées (traités), normes en voie de dépérissement, normes en voie de formation et normes positives, normes juridiques et quasi-juridiques, pluralité de régimes différenciés selon le cercle de parties, etc. Avec ce dernier aspect, la polynormativité aboutit à la fragmentation. Le droit international connaît relativement peu de normes universelles. La

---

[19] La question s'est déjà posée en matière de légitime défense individuelle en relation avec les prérogatives du Conseil de Sécurité : la Bosnie-Herzégovine fit valoir que l'embargo d'armes décrété par le Conseil mettait en danger sa capacité de se défendre et donc son auto-conservation.

plupart de ses normes ne s'appliquent qu'entre des sujets déterminés, soit bilatéralement ou multilatéralement, par accord, reconnaissance, coutume spéciale, engagement unilatéral, régime particulier (acquiescement, prescription, estoppel, droits historiques), etc. Même quand des normes générales existent, elles restent soumises à des modifications *inter partes* par accords dérogatoires, pratique subséquente modificative, acquiescement et estoppel, des réserves, l'objection persistante à une coutume en formation, des engagements unilatéraux, des effets permissifs issus du *soft law* que certains États peuvent faire valoir, et ainsi de suite. La normativité située, particulière ou bilatérale, est prolifique en droit international. Elle pousse spontanément et avec densité. Elle tisse en permanence un lierre de rapports spéciaux, au-dessus et au-dessous des sources du droit international général. Dès lors, une vision uniforme du droit est condamnée : en l'absence d'une instance centralisée pourvue d'attributions obligatoires, le droit international se compose de faisceaux d'actes unilatéraux, bilatéraux et multilatéraux d'États souverains qui se croisent et se rencontrent aux fins d'une kaléidoscopique production d'effets de droit. La bilatéralité structurelle des relations juridiques internationales se voit aussi dans le fait que le droit international privilégie le concept de non-opposabilité d'un acte irrégulier plutôt qu'une nullité qui opérerait *erga omnes*. Les solutions relativistes l'emportent en cette matière de loin sur celles objectivistes – le choix des conséquences est largement laissé à l'État lésé. Il peut déterminer les effets d'un acte par voie de reconnaissance ou non-reconnaissance. En cela aussi appert la structure de droit privé plutôt que de droit public propre au droit international.

La prédominance d'un droit issu de faits (coutume) sur le droit volontaire (loi, traité), la fragmentarité et les fins politiques du droit international aboutissent à une autre de ces caractéristiques : sa lacunarité. Droit accommodant les relations publiques entre souverains, son développement est toujours resté subordonné aux consonances d'intérêt entre États, à leur volonté commune de poser une règle, ou à leur conviction partagée qu'un certain type de conduite est recommandable parce qu'utile. Dans un tel contexte, il est compréhensible que de très nombreuses lacunes matérielles soient restées béantes au sein du corps du droit international. Ce peut être le cas soit par absence totale de règles (par exemple au début du XXème siècle, la question de la prescription libératoire), soit par des divergences trop fortes d'intérêts et de pratiques qui condamnent l'existence d'une règle générale claire (par exemple dans les années 1970 la question de la mesure de compensation pour expropriation), soit enfin par absence de règle commune entre les parties en cause dont la position juridique est déterminée par des sources différentes alors qu'une règle générale fait défaut (par exemple en certaines matières économiques entre les États occidentaux et ex-socialistes d'Europe orientale). La lacune ne touche donc pas exclusivement à l'absence totale de règle juridique mais couvre aussi des cas d'absence de règle applicable aux parties à un litige. A la fragmentarité s'ajoute ainsi l'incomplétude de la normativité internationale. Certains auteurs sont allés tellement loin dans la mise en exergue de cet aspect qu'ils ont préféré le terme de carence à celui de lacune :

> "La lacune est comparable à la fissure d'un mur facile à combler, tandis que l'ensemble du droit international fait figure d'un palais inachevé auquel il manquerait des éléments essentiels tels qu'une partie du toit ou un escalier pour qu'il puisse remplir normalement son rôle".[20]

Le droit international est ensuite un droit truffé de régimes d'exception et de clauses de sauvegarde utilisées aux fins d'une individualisation de la norme aux exigences politiques particulières des États. Ainsi, pour ne prendre qu'un exemple, les sept traités bilatéraux entre la Suisse et l'Union européenne contiennent une série de clauses de sauvegarde, par exemple en matière de libre circulation des personnes. La Suisse a insisté sur ces flexibilités qui lui donnent la possibilité de prendre des mesures dérogatoires unilatérales en cas de "circonstances exceptionnelles", parce que sans ces soupapes de sûreté, les traités auraient risqué de ne pas passer le seuil de l'approbation populaire.

Mentionnons encore qu'à côté de la polynormativité qui concerne la pluralité de sources sur un aspect donné, le droit international se

---

[20] E. GIRAUD, *RCADI* 110 (1963) III, p. 584.

caractérise aussi par une inflation de normes toutes catégories confondues. Le dépositaire de traités des Nations Unies ne publie plus depuis un certain temps l'avalanche d'accords techniques qui se concluent tous les jours. C'est surtout à ce niveau subordonné que la multiplication des normes est imposante. Elle concerne cependant souvent plus le droit interne que le droit international, ces normes ayant vocation à s'appliquer à l'intérieur des États. Toutefois, même sur le plan général, la multiplication normative est importante. Elle est amplifiée par la fragmentation des normes ainsi créées.

Tous les aspects mentionnés conduisent à l'insécurité juridique ou pour le moins la renforcent.

Parfois l'insécurité s'installe à travers des mécanismes à première vue anodins. P. Weil a insisté sur le fait que la tendance prononcée de la prééminence du droit coutumier sur le droit conventionnel peut conduire à réduire à néant la certitude que les parties avaient recherché en concluant la convention.[21] Il est en effet notable que les opérateurs juridiques et notamment le juge international (la Cour internationale de Justice, les arbitres, les tribunaux pénaux *ad hoc*) cherchent de manière croissante, depuis les années 1980, à contourner les limites inhérentes au droit conventionnel (surtout *ratione personae*) en postulant qu'une norme de même contenu existe aussi sur le plan du droit coutumier. Nombre de normes conventionnelles sont ainsi déclarées exprimer le droit international coutumier sans qu'une analyse réelle de la pratique internationale ne vienne étayer ce constat. Or le droit coutumier impose alors ses propres caractéristiques aux normes conventionnelles ainsi dédoublées. Il altère la signification de la ratification ou de l'entrée en vigueur, le régime des réserves, la distinction entre un projet de traité et le traité lui-même, la réciprocité telle que contenue dans l'article 60 de la Convention de Vienne sur le droit des traités (1969), l'effet relatif des normes conventionnelles, la signification des mécanismes de mise en œuvre prévus par la Convention, etc. Les incertitudes sont amplifiées si les normes conventionnelle et coutumière n'ont pas un contenu exactement identique. On peut songer ici à l'affaire du *Nicaragua* (1986) tranchée par la Cour

---

[21] Cf. P. WEIL, *RCADI* 237 (1992) VI, pp. 179ss.

internationale de Justice. Tous ces facteurs concourent à remettre en cause la sécurité relative que les parties avaient cherché à créer par le traité. Le chevauchement des sources introduit dans la matière une série d'incertitudes et d'incongruences, aboutissant à une complexité plus grande de la situation juridique. Souvent, cet état des choses est inévitable et s'identifie à la polynormativité du droit international. La sécurité juridique en tant que sécurité de l'accord commande toutefois de tenir compte de ses exigences propres quand l'opérateur est tenté de conclure au caractère coutumier de normes conventionnelles avec trop de facilité.

e. L'individualisation de la normativité internationale

En droit international, la très nette prédominance des situations particulières sur les situations générales conduit à des normes plus situées, plus proches des circonstances spécifiques des espèces. C'est des normes moins typiques, moins abstraites et moins générales qu'ailleurs. Cette caractéristique du droit international y accuse l'insécurité juridique. A mesure qu'une norme se rapproche des circonstances infiniment variables des espèces elle perd de sa force directrice. Ses applications se font moins prévisibles. Elle s'irise comme une goutte d'eau au soleil sous la lumière des particularités auxquelles elle s'ouvre.

Il y a ici un double mouvement, micro- et macroscopique.

(1) D'abord, sur le plan microscopique, toute norme juridique (ou tout complexe de normes) se situe à une place précise dans le spectre dont les pôles extrêmes, anti-juridiques dans leur pureté, sont les suivants :
   (a) abstraction complète de la règle par rapport aux circonstances particulières de l'espèce, formalisme rigoureux (normes complètement fermées) ;
   (b) individualisation de la norme aux circonstances uniques des espèces aboutissant à des considérations d'*unicum* (norme complètement ouverte).

Dans les deux cas, la norme perd de sa normativité : elle se réduit à un automatisme dans le premier cas, à une décision dans le second. En réalité les normes juridiques se situent toujours quelque part entre les deux pôles. L'écart entre la norme et les activités sociales spontanées, inhérent à la règle juridique qui vise à la simplification, à la réciprocité et à la sécurité, varie selon les matières. Le caractère typique et impersonnel des règles imprègne le droit civil tandis que le caractère circonstanciel prédomine en droit constitutionnel. La sécurité juridique qui y va de pair s'accentue dans le premier cas, alors qu'elle diminue dans le second.

(2) Sur le plan macroscopique, c'est l'ordre juridique entier qui est l'objet de l'analyse. Tout ordre juridique oscille en permanence entre valeurs au respect égal desquelles il se prépose :
(a) entre généralité, typicité, sécurité juridique, égalité, normativité d'un côté, et
(b) individualité, équité, prise en compte des différences, factualité de l'autre.

A chaque instant chaque ordre juridique les réalise de manière et à des degrés différents. Moins un ordre juridique est évolué, plus l'emprise du politique y est grande et les rapports qu'il régit irréguliers ou fortement particularisés, et plus il tendra vers le spectre de l'individualisation. Le droit international sacrifie plus que d'autres la sécurité et la certitude à des exigences d'individualisation normative.

f. L'unilatéralité de la normativité internationale

Ce qui est visé ici, c'est le pouvoir laissé aux États de déterminer unilatéralement le contenu des obligations assumées. La modalité ordinaire de la mise en œuvre du droit international est l'*auto-détermination* sans possibilité régulière de contrôle par un juge. Dès lors, à la fragmentation des règles internationales sur le plan normatif s'ajoute la fragmentation par des interprétations subjectives multiples et centrifuges. L'intérêt de bien respecter les normes convenues, qui peut exister, ainsi que les contraintes de la réciprocité tempèrent quelque peu l'exercice de ce pouvoir unilatéral. Il n'en demeure pas moins qu'il influe sur le droit comme facteur d'insécurité et d'incohérence. L'insécurité provoquée par l'auto-interprétation ne se limite pas à la multiplication des significations attachées à une norme, mais bien au-delà dans les différends auxquels elle ne manque pas de donner lieu. Ainsi, divers litiges, comme le statut territorial de Gibraltar ou des Falkland / Malouines, controversés depuis parfois des siècles, demeurent incertains à la lumière du droit international, chaque partie s'accrochant à son interprétation des faits et du droit, tout en résistant à une solution judiciaire ou arbitrale du litige.

g. Les espaces de discrétion dans la normativité internationale

Dans nombre de domaines, le droit international fait déférence à la souveraineté de l'État en ne prévoyant que des normes-cadre qui confèrent des droits discrétionnaires. Les États se voient gratifier d'un pouvoir ou d'une faculté sans être grevés d'un devoir. Les conditions de l'exercice de cette faculté sont formulées de manière assez générale, afin de laisser de l'espace aux motivations politiques des États. Tout au plus y aura-t-il certaines conditions négatives, précisant dans quels cas le pouvoir conféré ne peut *pas* être exercé. Les conditions de l'exercice de ces compétences restent largement indéterminées. Dans un droit qui contient un nombre important de normes d'habilitation de ce genre et moins de normes fixant des obligations substantielles, la sécurité juridique pâtit.

Les actes dont il s'agit peuvent avoir une grande importance juridique. Un exemple en est la *reconnaissance* de nouveaux États. Le droit de reconnaître reste largement discrétionnaire, l'ordre juridique se bornant à encadrer la politique et à limiter l'espace laissé à la libre appréciation par quelques normes négatives sur la reconnaissance prématurée, le devoir de non-reconnaissance en cas de violation de normes fondamentales du droit international, peut-être l'interdiction de l'abus de droit. Or la reconnaissance a des conséquences juridiques importantes, notamment dans certains droits internes :
(1) les tribunaux peuvent être liés par la reconnaissance ou la non-reconnaissance de l'exécutif, ce dont dépend si les actes publics de

l'État étranger s'imposeront comme tels ou pourront être pris en compte ;[22]
(2) des traités suspendus peuvent à nouveau être appliqués ;
(3) l'État reconnu acquiert le *jus standi* devant les tribunaux internes, droit qu'auparavant il pouvait ne pas posséder ;
(4) l'État reconnu acquiert l'immunité juridictionnelle qui selon le droit interne pouvait lui faire défaut auparavant.[23]

Toutes ces conséquences restent suspendues à un acte discrétionnaire, teinté de motivations politiques et qui peut se faire attendre pendant des décennies.

h. La normativité internationale en tant que normativité menacée

La menace à la normativité internationale est double : l'une vient du droit interne, l'autre existe au sein du droit international.

(a) Il a déjà été dit que le droit international est un droit essentiellement incomplet qui, comme nul autre, a besoin d'un ordre juridique complémentaire, le droit interne, pour sa mise en œuvre. Le droit international est normatif, non organique. Il établit des standards de conduite, mais doit très largement s'en remettre aux organes de l'État pour les mettre en pratique. Ce dualisme comporte des dangers pour le droit international. Le fonctionnaire et le juge internes sont des organes de l'État. Ils agissent au nom de l'État et du peuple dont ils ressortissent. Ils sont à la fois liés par la constitution ou les lois internes, souvent même quand elles s'opposent au droit international, et plus sensibles aux intérêts particuliers de la collectivité au service de

---

[22] Cf. la décision du House of Lords britannique en l'affaire *Carl Zeiss Stiftung c. Rayner and Keeler, Ltd. (no. 2)* (1966) : "It is a firmly established principle that the question whether a foreign state, ruler or government is or is not sovereign is one on which our courts accept as conclusive information that provided by Her Majesty's Government". Il peut donc s'ensuivre une non-prise en compte des actes publics de l'État non-reconnu ; cf. par exemple l'affaire *Luther c. Sagor* (1921), 1 KB, 456. Pour les États baltes et les tribunaux américains après leur annexion à l'URSS, cf. *AJIL* 37 (1943), pp. 585ss.

[23] Cf. pour le Royaume-Uni, L. OPPENHEIM, *International Law*, London, 9ème édition, 1992, p. 159.

laquelle ils opèrent. D'où une menace constante de déséquilibres au détriment du droit international.

En premier lieu, le droit international peut être subordonné au droit interne dans le système des sources étatiques. Dans les systèmes dualistes, l'exécution interne d'un traité requiert un acte formel du législateur transformant la source internationale (traité) en source interne (loi), seule applicable par le juge. Tant que le Parlement n'aura pas agi, l'application interne du traité sera mise en échec. Il y a ensuite la question du rang de la source internationale une fois incorporée dans le droit interne. Ainsi, dans nombre d'États, notamment anglo-saxons, la loi interne, voire le précédent judiciaire, l'emportent en cas de conflit évident sur la norme de droit international.[24] Dans d'autres cas, la source internationale obtient le rang d'une loi en droit interne avec la conséquence qu'elle sera dérogée par la Constitution et même, le cas échéant, par toute législation postérieure dans le temps en vertu du principe de la *lex posterior*.[25] Beaucoup peut dépendre aussi de la volonté affichée du législateur. Les tribunaux choisiront une interprétation conforme au droit international pour autant qu'une intention claire du législateur de se départir de celui-ci n'ait pas été manifestée. S'il y a une telle intention, le juge interne se pliera à la volonté du législateur au détriment du droit international, car ce juge est d'abord un organe étatique, non un organe de la société internationale.[26]

En second lieu, les organes internes tendront souvent à une interprétation "biaisée" des obligations internationales de l'État en déférence à des intérêts particuliers au service desquels ils sont tout d'abord préposés. Les exemples abondent en cette matière, que ce soit dans le droit des

---

[24] Cf. OPPENHEIM, *op. cit.*, pp. 58 et 61.
[25] Cf. pour la Suisse l'affaire *Schubert* (1973), *ASDI* 30 (1974), p. 110.
[26] Cf. *South African Airways c. Dole* (1987), US Court of Appeals, Columbia Circuit, *ILR* 82 (1990), pp. 319ss ; *National Corn Growers Association c. Canada* (1988), Federal Court of Appeals (Canada), *ILR* 90 (1992), pp. 330ss ; *Mississippi Poultry Association c. Michigan* (1993), US Court of Appeals, *ILR* 96 (1994), pp. 125ss ; etc.

étrangers, en matière d'expropriation et de compensation adéquate ou dans la régularisation de projections extraterritoriales de lois internes. L'affaire *Hartford Fire Insurance Co. v. Californie* (1993) tranchée par la Cour suprême des États-Unis d'Amérique en est un exemple.[27] La Cour suprême eut à se pencher sur la question de savoir si la législation d'*antitrust* américaine (c'est-à-dire le 'Sherman Act') pouvait s'appliquer à un marché d'assurances étranger, régulé par du droit étranger. La Cour trancha la question par l'affirmative, affirmant en même temps que cette application extraterritoriale du droit américain suffisait au critère du "lien raisonnable" car le comportement visé avait des effets sur le marché américain et les entreprises britanniques concernées pouvaient pleinement s'y conformer sans violer le droit local (anglais). Que ce lien fût cependant ténu a été reconnu par le juge de la minorité, Scalia :

> "rarely would these factors [les critères retenus pour le test du raisonnable] point more clearly against application of United States law. The activity relevant to counts at issue here took place primarily in the United Kingdom, and the defendants in these counts are British corporations and British subjects having their principal place of business or residence outside the United States. Great Britain has established a comprehensive regulatory scheme governing the London reinsurance markets, and clearly has a heavy interest in regulating the activity".[28]

Encore plus massive était l'interférence extraterritoriale en l'affaire *Marc Rich* (1984). Des tribunaux américains[29] soumirent une entreprise suisse domiciliée en Suisse (et ayant une filiale aux États-Unis) au devoir de présenter des documents contenant des secrets de fabrication, intransmissibles selon le droit suisse à tout organe étranger, sous astreinte de 50'000 dollars par jour. Le Conseil fédéral suisse se plaignit de ce qu'il s'agissait là d'une violation de la

---

[27] Cf. *ILR* 100, pp. 566ss.
[28] *Op. cit.*, p. 600.
[29] Dans le cadre d'une procédure pénale pour délits fiscaux.

souveraineté territoriale suisse. Il fit aussi valoir que les intérêts nationaux américains se voient régulièrement assigner la prépondérance sur les intérêts publics étrangers quand il s'agit de décider, aux États-Unis, du caractère raisonnable d'une application extraterritoriale de lois ou d'actes juridictionnels.[30]

Il faut ajouter que la pression sur l'organe interne de respecter certains choix politiques fondamentaux de la collectivité étatique, fût-ce au détriment du droit international, peut être massive. Ce fut le cas, en Suisse, dans le contexte de la *lex Friedrich*. Certains cercles politiques s'étaient émus du fait qu'une proportion non négligeable du territoire national, notamment dans certaines régions du pays, fût possédée par des étrangers. S'ensuivit un débat politique important aboutissant à une loi restreignant l'accès aux biens immobiliers pour des étrangers. Cette loi fut approuvée par le peuple. Toutefois, le législateur avait oublié une série d'anciens traités d'établissement, datant du siècle dernier, et conclus avec des pays voisins, dont l'Autriche. Ces traités prévoyaient le libre droit d'établissement mutuel, avec la possibilité d'acquérir sans restrictions des biens-fonds. C'est ainsi qu'un citoyen autrichien, M. Schubert, contesta le refus des autorités de lui accorder le droit d'acquisition d'un immeuble. Il porta l'affaire devant les tribunaux en se fondant sur le Traité d'établissement entre la Suisse et l'Autriche du 7 décembre 1875. La position des tribunaux était délicate. La priorité du droit international, techniquement correcte, aurait de fait abouti à faire sauter la *lex Friedrich* issue d'une volonté politique claire, sanctionnée par le peuple. En effet, vu le nombre de tels anciens traités, la substance de la loi restrictive aurait largement été privée d'emprise effective. Finalement, le Tribunal fédéral, placé devant le dilemme, hésita à annuler de fait une loi votée en se fondant sur la priorité du droit international. Par une argumentation d'ailleurs formellement défaillante[31] et par trois

---

[30] Cf. *ASDI* 40 (1984), pp. 160ss.
[31] L'aspect défaillant est l'identification des traités internationaux à la loi pour échapper au contrôle de constitutionnalité au termes de l'article 113 (3) de la

voix contre deux, le Tribunal rejeta le recours de Schubert. Il ajouta ceci :

> "Le législateur (la plus haute autorité étatique) peut toujours se départir volontairement de normes internationales afin d'adoucir des rigueurs ou de protéger des intérêts importants en pratique".[32]

(b) La deuxième menace à la normativité concerne la *continuité* du droit international sur le plan international. Les incertitudes qui accompagnent la succession d'actes juridiques sur le même objet et souvent entre parties différentes, succession qui pose le problème de conflits de normes et de priorité, ont déjà été évoquées (voir *supra*, b.). Il faut ajouter à cela les incertitudes qui naissent de la succession d'États, fréquentes ces dernières années. Pour ne parler que des traités et non des biens, dettes et archives d'État,[33] les cas de continuité automatique sont concurrencés par de très larges poches de rupture, où le choix est laissé à l'État successeur. D'autres fois encore l'accord entre les parties concernées s'avère nécessaire pour clarifier la situation juridique. Il en est ainsi tout d'abord pour déterminer s'il s'agit d'un cas de succession ou s'il y a plutôt une continuité de l'ancien État à travers l'un des États nouveaux. Dans ce domaine, les critères objectifs sont nombreux et incertains: taille de l'État "continuateur", maintien de symboles et de l'ordre juridique de l'ancien État, historique du "démembrement", etc. Dès lors, la reconnaissance par des États tiers ou des organes internationaux joue un rôle essentiel. Aussi, il peut y avoir continuité pour certains États tiers qui l'admettent, alors que pour d'autres, qui ne l'admettent pas, la situation juridique sera différente. De même,

---

Constitution de 1874. Or l'article 113 (3) ne concerne que le rapport Constitution / loi, non celui loi / traité. Il ne préjuge donc en rien la question de la priorité du traité sur la loi. Tout au plus, l'article 113 (3) aurait pu fournir une base d'analogie pour affirmer la "non-contrôlabilité" totale de la loi par les tribunaux.

[32] Cf. J. P. MÜLLER / L. WILDHABER, *Praxis des Völkerrechts*, Berne, 2ème édition, 1982, pp. 108-110 et *ASDI* 30 (1974), pp. 195ss.

[33] Où les incertitudes sont encore plus notables. Cf. à ce propos le Rapport de G. Ress à l'Institut de droit international, à paraître dans l'Annuaire de l'année 2001.

notamment dans le cas d'États nouvellement indépendants (ex-colonies) ou de sécessions, la pratique n'a pas admis la continuité automatique des engagements conventionnels. Dans ce contexte, les règles du *clean slate*, de l'accord *ad hoc*, de l'*opting in* par une déclaration unilatérale de succession ou de l'*opting out* par une déclaration de volonté après une phase d'application provisoire des traités ont trouvé application. Cette pratique signifie que pendant le laps de temps, parfois long, entre le moment de la succession et ces actes dispositifs ultérieurs, la situation juridique reste incertaine, car elle est en suspens. C'est vrai dans une certaine mesure aussi pour les cas où la succession automatique aux traités est appliquée. Cette règle n'était pas encore bien assise dans de nombreux contextes jusqu'à la décennie 1990. Dès lors, les États l'ont confirmée par des accords *ad hoc* bilatéraux comme devant être retenue entre eux pour une situation donnée. Tant que ces accords n'ont pas eu lieu, il demeure ici aussi une incertitude juridique.[34]

i. La normativité internationale en tant que normativité controversée

Nulle part ailleurs qu'en droit international autant de controverses demeurent sur la vie de ses normes. Ces incertitudes ne concernent pas des questions marginales ou purement spéculatives. Il s'agit de questions pratiques : par exemple, la manière dont un traité peut donner vie à une coutume, ce qui pose une série d'interrogations, notamment à propos de l'*opinio juris*.

On peut songer aussi aux *principes généraux de droit* qui sont produits en tant que source principale du droit international dans l'article 38, paragraphe 1, lettre c, du Statut de la Cour internationale de Justice. Les controverses les plus vives et les constructions les plus diverses ont été avancées à propos de la nature et du rôle des principes généraux. Il a déjà été impossible de se mettre d'accord sur le fait de savoir si l'article mentionné épuise les principes généraux ou si en dehors de lui, il peut y avoir d'autres types de principes

---

[34] Pour une somme sur la pratique récente en la matière, cf. A. ZIMMERMANN, *Staatennachfolge in völkerrechtliche Verträge*, Berlin, 2000.

généraux ; si les principes généraux visés par l'article 38 sont exclusivement ceux du droit interne transférés au droit international par voie d'analogie ou aussi ceux existant déjà sur le plan international (par exemple le non-recours à la force) ; si les principes généraux constituent une coutume spéciale et doivent s'incorporer dès lors à la lettre b de l'article 38 (Scelle), voire même s'ils constituent uniquement des préceptes d'équité, glissant dès lors vers le paragraphe 2 dudit article (Kopelmanas) ; si les principes généraux constituent uniquement des règles d'interprétation (Makowski), voire même uniquement des sources matérielles, susceptibles de pousser vers une évolution du droit (Weil) ; si les principes généraux doivent être entendus comme principes matériels ou uniquement comme principes de technique juridique (par exemple *lex posterior*) (Tunkin, Sereni) ; si les principes généraux sont toujours d'application subsidiaire comme semble l'impliquer l'économie de l'article 38, ou s'il y a aussi des principes généraux suprêmes, applicables prioritairement ou au même titre que des normes conventionnelles ou coutumières (Verdross) ; si les principes généraux se bornent à être des normes applicables uniquement par la Cour internationale de Justice en vertu de l'autorisation spéciale contenue dans son Statut, ou s'ils sont une source de droit plus générale (Anzilotti, Morelli) ; etc.

2. L'insécurité structurelle

L'absence d'autorité supérieure capable d'imposer la légalité internationale, la tendance à l'instabilité qui en résulte et l'action permanente du pouvoir sur le droit, accusent en droit international le poids des *effectivités*. Le droit international cherche dans la consolidation normative du fait un élément d'ordre et de repos : *quieta non movere*. Cependant, le monde des faits est chaotique. Les faits se dressent de manière désordonnée avec toutes les échancrures, anfractuosités et reliefs d'une terre tourmentée. Leur consolidation en droit signifie que, malgré tout le lissage entrepris par l'ordre juridique, on importe dans celui-ci une série non-coordonnée de reliefs assez individualisés qui nuisent à sa cohérence et à son fonctionnement. La surface plate des eaux du droit se trouve traversée de récifs sortis de l'eau et qui rendent l'espace incertain, difficile à la navigation. C'est d'ailleurs l'un des vecteurs du caractère individualisé du droit international. Ce facteur accroît l'insécurité juridique parce qu'il accuse la complexité et l'asymétrie du droit.

3. L'insécurité organique

Cet aspect concerne surtout la *securitas*, c'est-à-dire l'application et la sanction du droit. C'est le domaine de faiblesse traditionnel du droit international, parce que la mise en œuvre et la sanction du droit dépendent directement de l'existence d'organes centralisés, dotés de pouvoirs contraignants. Le droit international n'a pas d'exécutif propre, capable de veiller aux intérêts de la communauté internationale. Il doit s'en remettre aux organes internes qui, comme on l'a vu, sont d'abord les gardiens des intérêts et de la légalité étatiques. Le droit international ne possède pas non plus de juge régulier, contenant en dernier ressort l'auto-interprétation. Cet état des choses conduit à l'auto-protection et à l'auto-réaction des États, notamment par voie de contre-mesures. Elles accroissent considérablement l'insécurité juridique sous l'aspect de la *securitas*. Le droit international reste en fait assez largement tributaire d'un système de justice privée dont les graves insuffisances sur le plan du droit ont été vérifiées tout au long du moyen âge.

Les nombreux facteurs mentionnés contribuent à renforcer l'insécurité du droit international, droit faible quant à sa cohérence, à sa systématicité, à sa "visibilité", à sa prévisibilité, à sa stabilité, à sa mise en œuvre. C'est la raison pour laquelle K. Zemanek a pu dire que la sécurité juridique internationale constitue en dernière analyse une chimère.[35]

---

[35] *RCADI* 266 (1997), p. 288.

C. La sécurité juridique *inter partes*

Contrairement à la sécurité juridique générale, la sécurité de rapports bilatéraux est très prononcée en droit international. Elle correspond à des besoins particuliers d'un ordre juridique largement relativiste et interactif. La sécurité juridique s'attache ici à protéger l'attente légitime, la confiance, l'apparence, créées par un certain comportement extérieur, indépendamment d'une volonté non intelligibles pour le tiers.[36]

a) L'idée de cette protection de la sécurité relative n'est pas nouvelle. Le droit romain s'y rattachait à travers les *bonae fidei judicia* et la *publica fides*. Le concept *pacta sunt servanda*, développé à l'époque des lumières notamment par des internationalistes comme Grotius, repose sur la même idée. La nécessité de protéger la confiance légitime suscitée par l'apparence a été reconnue en droit international déjà par des anciennes sentences. Dans l'affaire du *port de Portendick* (1843) le ministre français de la marine et des colonies avait informé l'ambassadeur britannique à Paris qu'il n'existait aucune intention du Gouvernement français de fermer le port en question. Suite à des troubles survenus sur place dix mois après cette déclaration, le port fut soumis à un blocus. Le Royaume-Uni ne contesta pas la licéité de la fermeture mais se plaignit de l'absence de notification préalable. Cette notification semblait s'imposer avec davantage de force eu égard aux assurances données précédemment. Dans l'ignorance de la fermeture, plusieurs navires britanniques avaient appareillé pour Portendick et, ne pouvant mouiller le port, avaient subi des dommages. L'arbitre accorda une indemnité au Royaume-Uni pour cette absence de notification. La notification était due au regard de la confiance créée par les assurances antérieures.[37] Dans l'affaire

---

[36] Cf. R. KOLB, "La bonne foi en droit international public", *RBDI* 34 (1998), pp. 661ss, particulièrement p. 684 et R. KOLB, *La bonne foi en droit international public*, Paris, 2000, pp. 143ss.

[37] Cf. A. DE LA PRADELLE / N. POLITIS, *Recueil des arbitrages internationaux*, Tome I (1798-1855), Paris, 1905, p. 526.

Schufeldt (1930) l'arbitre n'accepta pas qu'une concession pût être retirée en raison de certains défauts lors de son octroi lorsqu'elle a été appliquée pour longtemps, suscité des investissements importants du concessionnaire et créé dès lors une confiance légitime en sa validité.[38] De même, il a été rappelé qu'une législation longtemps restée inappliquée ne peut pas soudainement être invoquée pour sanctionner un ressortissant étranger, confiant en une abrogation de fait de la loi. Il faut d'abord prévenir de l'intention de changer de conduite.[39]

b) Cette doctrine de la confiance légitime a été appliquée dans nombre de domaines. C'est le cas par exemple pour ce qui est des obligations préconventionnelles (article 18 de la Convention de Vienne sur le droit des traités) où les parties confient en une attitude loyale qui ne vise pas à vider la transaction envisagée de son objet et de son but par des mesures détournées. C'est la même idée qui demande à ce que des mesures conservatoires prises pour protéger l'utilité d'une instance judiciaire soient respectées. La doctrine a ensuite été appliquée à la ratification de traités par actes concluants[40] ou dans le domaine des ratifications imparfaites, pour protéger la compétence apparente de l'organe concluant le traité, ou pour écarter une violation du droit interne, dans le processus de ratification, non apparente pour le tiers.[41] Un traité peut être modifié de manière informelle par la pratique subséquente quand celle-ci créée des attentes légitimes.[42] C'est toujours sur le besoin de confiance mutuelle que repose l'obligatoriété des actes unilatéraux.[43] Il n'en va pas autrement

---

[38] Cf. *RSA.* II, p. 1094.
[39] Cf. l'affaire *D. J. Adams* (1921), *Annual Digest of Public International Law Cases* 1 (1919-1922), pp. 237-238, *obiter*.
[40] Par exemple en l'affaire *Textron* (1981), *Iran/U.S. Claims Tribunal Reports* 6, pp. 345-346 ; ou en l'affaire *Union of India c. Sukumar Sengupta* (1990), Cour suprême de l'Inde, *ILR* 92, p. 570.
[41] Par exemple encore l'affaire *Textron* précitée, p. 345, l'affaire *Kamiar* (1966-1968), Cour suprême d'Israël, *ILR* 44, pp. 262-263 ou l'affaire *Guinée-Bissau c. Sénégal* (1989), *RGDIP* 94 (1990), pp. 246-247.
[42] Par exemple en l'affaire de *l'interprétation de l'accord aérien franco-américain* (1963), *RGDIP* 69 (1965), pp. 249-250.
[43] Affaire des *Essais nucléaires*, CIJ, *Recueil* 1974, pp. 268 et 473.

pour les concepts très importants d'acquiescement normatif (doctrine du silence qualifié : *qui tacet consentire videtur si loqui potuisset ac debuisset*) et d'estoppel, applicables dans de nombreux contextes du droit international et notamment dans des litiges territoriaux ou à propos de titres historiques.[44]

IV. CONCLUSION

De tout ce qui précède, on peut tirer au moins la conclusion que la sécurité juridique possède en droit international une tête de Janus: faible en tant que sécurité juridique générale, elle trouve tout son poids dans les rapports spécifiques qu'elle stabilise au bénéfice de la sécurité inter-subjective. La sécurité juridique en droit international est essentiellement une sécurité des rapports bilatéraux ou pour le moins spécifiques. C'est une sécurité davantage *ratione personae* que *materiae*. En cela réside la différence la plus marquante entre le droit international et le droit interne.

---

[44] Cf. par exemple l'affaire des *pêcheries norvégiennes*, C.I.J., Recueil 1951, pp. 138-139 ou l'affaire du *Temple de Préah Vihéar*, C.I.J., Recueil 1962, pp. 23, 27-28.

LES PRÉOCCUPATIONS ENVIRONNEMENTALES DANS LES EXPÉRIENCES D'INTÉGRATION ÉCONOMIQUE RÉGIONALE EN AFRIQUE : LA NÉCESSITÉ D'UNE POLITIQUE COMMUNAUTAIRE

Amidou Garane[*]

L'émergence du concept de développement durable sur la scène internationale à la fin des années 80 a sans doute constitué une étape supplémentaire, sinon décisive, dans l'effort de réflexion internationale en faveur de la protection de l'environnement. La Conférence des Nations Unies sur l'Environnement et le Développement (CNUED) réunie en juin 1992 à Rio de Janeiro au Brésil, a été le point culminant de cet engagement pour la sauvegarde de la viabilité à long terme de la planète Terre. La protection de l'environnement humain est devenue depuis cette Conférence, l'une des préoccupations fondamentales de la communauté internationale qui s'érige progressivement en nouvelle valeur en ce début du troisième millénaire.

Il s'agissait là d'un défi non seulement pour les États mais surtout pour l'ensemble des organisations internationales tant universelles que régionales. Celles-ci tout en ayant fortement contribué à l'émergence de la nouvelle conscience écologique, ont été largement sollicitées par les États pour la mise en œuvre de l'action internationale pour la gestion de l'environnement. C'est ainsi qu'aussi bien la Déclaration que le Programme d'Action de Rio de Janeiro demandent aux organisations internationales d'appuyer à

---

[*] Maître Assistant, Département droit public, Universités de Ouagadougou et de Bobo-Dioulasso, Burkina Faso.

tous les niveaux, l'ensemble des mesures à mettre en œuvre pour atteindre l'objectif de développement durable que se sont fixés les États.

Parmi ces organisations internationales, celles chargées de l'intégration économique régionale méritent une attention particulière. Chargées de promouvoir le développement économique par la construction à terme d'un marché commun dans les diverses régions du monde, elles sont amenées jouer un rôle de plus en plus important dans les questions environnementales. En effet, elles doivent s'ajuster progressivement pour intégrer la nouvelle donne internationale du développement durable dans leurs objectifs initiaux. Ce recentrage était d'autant plus nécessaire qu'au-delà du renforcement de la prise de conscience face à l'ampleur des menaces qui pèsent sur l'humanité et l'urgence des solutions à envisager, la CNUED a eu le mérite incontestable de mettre en exergue l'interdépendance entre les questions d'environnement et de développement. Si l'être humain est au centre de la protection de l'environnement qui vise à assurer son bien-être et si les exigences de la protection de l'environnement ne peuvent s'exercer au détriment du développement, il convient aussi de souligner que la protection de l'environnement doit être au centre de toutes les politiques publiques.

A l'instar de toutes les autres organisations d'intégration économique, et suivant en cela la Communauté Économique Européenne (CEE) et l'Organisation de Coopération et de Développement Économique (OCDE) qui ont joué un rôle d'avant-garde en la matière, celles du continent africain ont pris cependant tardivement ce parti de la protection de l'environnement. Les organisations régionales africaines constituées depuis la fin des années 80 se sont efforcées de prendre en compte, à des degrés divers, les exigences environnementales dans le processus d'intégration. La plupart d'entre elles ont ainsi instauré dans leur acte constitutif, une obligation générale de protection des ressources naturelles et de l'environnement.

La prise en compte des exigences environnementales dans les actes constitutifs des organisations d'intégration ne constitue qu'une première étape de cette action de protection de l'environnement. Ces dispositions constitutives s'analysent comme le cadre d'action légale des mesures ultérieures qui seront prises par ces organisations d'intégration dans le cadre du droit dérivé pour la mise en œuvre des dispositions statutaires relatives à la lutte contre les diverses atteintes à l'environnement humain.

La présente étude s'efforcera de s'inspirer constamment de l'expérience de l'Union européenne en la matière. Cette perspective comparative s'impose pour une double raison. D'abord, la plupart des organisations d'intégration économique régionale africaine se sont fortement inspirées de cette dernière si elle n'en a pas été la principale instigatrice et conceptrice. Ensuite, en ce qui concerne spécifiquement la question de l'environnement, force est de reconnaître que l'Union européenne a joué un rôle pionnier en matière de protection communautaire de l'environnement. Dans ces conditions, il est évident que son expérience ne peut être ignorée. De surplus, elle peut être d'un secours certain pour les organisations africaines d'intégration régionale qui ne sont qu'à leurs premiers balbutiements en la matière.

Comment les organisations africaines d'intégration régionale ont-elles intégré les préoccupations environnementales dans la construction des espaces économiques régionaux ? Comment ces exigences environnementales ont-elles été appréhendées dans les actes constitutifs des différentes communautés économiques africaines ? Comment ces différentes communautés régionales conçoivent-elles le rôle et la place de la question environnementale dans la politique d'intégration ? Pourquoi doivent-elles mettre en œuvre des normes pour une véritable politique communautaire de l'environnement? Comment mettent-elles en œuvre, à travers le droit dérivé, ces préoccupations environnementales exprimées dans les actes constitutifs ?

Il s'agit là d'autant de questions auxquelles nous tenterons d'apporter des éléments de réponses dans la présente étude. Ainsi nous envisagerons d'abord, le phénomène de la généralisation, depuis le début des années 90, de la référence à la protection de l'environnement, dans la plupart des accords d'intégration économique en Afrique (I) pour ensuite examiner, comment sont mises en œuvre les dispositions environnementales contenues dans les divers actes constitutifs et ce, pour l'avènement d'une véritable politique communautaire de l'environnement (II).

I. LA GÉNÉRALISATION DE LA PRISE EN COMPTE DES PRÉOCCUPATIONS ENVIRONNEMENTALES DANS LES TRAITÉS D'INTÉGRATION ÉCONOMIQUE EN AFRIQUE

Il s'agit ici d'examiner comment sont prises en compte les préoccupations environnementales aussi bien dans les traités proprement dits que dans les protocoles additionnels qui en font partie intégrante et qui forment le droit primaire ou originaire des organisations régionales africaines. A ce propos, l'on peut noter que si les manifestations de la prise en compte de l'environnement dans les traités constitutifs sont multiples (A), les approches dans lesquelles sont abordées les questions environnementales sont par contre, peu diversifiées (B).

A. Des manifestations multiples de la prise en compte de l'environnement

Les préoccupations environnementales font l'objet depuis quelques années d'un intérêt croissant dans le processus de construction économique régionale. Pendant les premières années du mouvement timide des processus d'intégration économique en Afrique qui vont des années 60 à la fin des années 80, les questions environnementales étaient entièrement ignorées par les initiateurs de ces espaces d'intégration économique. Il n'y avait rien d'étonnant à ce silence, à une époque où les questions de protection de l'environnement étaient loin de prendre l'ampleur que nous leur connaissons aujourd'hui. L'environnement, constituait encore une question marginale au niveau régional et universel, bien qu'un mouvement timide de la nécessité de protection de l'environnement commençait à être perceptible depuis la Conférence de Stockholm de 1972 sur l'environnement humain. Les nécessités du développement économique appelaient à une course effrénée à l'industrialisation et la croissance économique quel qu'en soit le prix pour la nature.

S'agissant particulièrement des pays africains, il convient de rappeler leur méfiance, à l'instar des autres pays en développement, vis-à-vis de la protection de l'environnement aux premières heures de l'action internationale pour l'environnement. Cette réticence des pays en développement est apparue au grand jour lors de la Conférence de Stockholm de juin 1972 sur l'environnement humain. Si les raisons d'une telle attitude sont multiples, elles s'expliquent essentiellement par la crainte de ces pays de voir leur développement économique entravé, sinon hypothéqué par les exigences de lutte contre les pollutions diverses pour la préservation de l'environnement.[1]

Ce contexte conjugué avec la jeunesse du mouvement d'intégration économique régional qui était encore à ses premiers balbutiements, explique certainement que nulle trace relative aux questions d'environnement n'était perceptible ni dans les traités constitutifs ni encore moins dans les différentes politique des organisations d'intégration régionale pionnières comme l'Union Monétaire Ouest Africaine (UMOA), la Communauté Économique de l'Afrique de l'Ouest (CEAO), la Communauté Économique des États de l'Afrique Centrale (CEEAC) et la Communauté Économique des Pays des Grands Lacs (CEPGL).[2]

Il a fallu attendre la fin des années 80 et surtout le début des années 90 pour voir la protection de l'environnement faire l'objet d'une attention croissante dans les expériences d'intégration régionale en cours sur le continent. En effet, la plupart des traités

---

[1] Pour une vue d'ensemble de la réticence des pays en développement, V. A. KISS, *Droit international de l'environnement*, Paris, Pedone, 1989, pp. 36-38. Particulièrement en ce qui concerne les pays africains, V. M. KAMTO, *Droit de l'environnement en Afrique*, Paris, Edicef / Aupelf, 1996, pp. 27-33.

[2] Traité constituant l'Union Monétaire Ouest-Africaine (UMOA), Dakar (Sénégal), 14 novembre 1973. Traité instituant la Communauté Économique de l'Afrique de l'Ouest (CEAO), Abidjan (Côte d'Ivoire), 17 avril 1973. Convention portant création de la Communauté Économique des Pays des Grands Lacs (CEPGL), Gisenyi (Rwanda), 20 septembre 1976. Traité créant la Communauté Économique des États de l'Afrique Centrale (CEEAC), Libreville (Gabon), 18 octobre 1983.

d'intégration économique conclus dès lors a manifesté un souci permanent de prise en compte des préoccupations environnementales. Toutes les communautés économiques régionales des années 90 et surtout de l'ère post-Rio intègrent à des degrés divers, les préoccupations environnementales.[3]

Cet intérêt relatif en faveur de la question environnementale dans le processus d'intégration régionale n'est pas survenu de manière fortuite. Il résulte d'abord de l'évolution positive de la position des pays africains relativement aux questions de protection de l'environnement qui se sont rendus compte qu'ils n'étaient pas à l'abri des pollutions et autres catastrophes écologiques.[4] Il s'inscrit ensuite et surtout dans le vaste mouvement qui a conduit à la CNUED tenue en juin 1992. Cette dernière a mis en exergue les liens étroits entre l'environnement et le développement. Jamais auparavant, les questions environnementales n'avaient été aussi clairement posées en termes de développement économique, objectif que les organisations d'intégration régionale ont justement la mission de promouvoir. A l'instar d'autres domaines, la dynamique

---

[3] Traité portant Acte constitutif de l'Union Africaine, Lomé (Togo), 11 juillet 2000, *Annuaire Africain de Droit International* 8 (2000), pp. 503-523.
Traité instituant la Communauté Économique Africaine (CEA), Abuja (Nigeria), 3 juin 1991. Traité révisé de la Communauté Économique des États de l'Afrique de l'Ouest (CEDEAO), Cotonou (Bénin), 24 juillet 1993.
Traité de l'Union Économique et Monétaire Ouest-Africaine (UEMOA), Ouagadougou (Burkina Faso), 10 janvier 1994.
Traité instituant la Communauté Économique et Monétaire de l'Afrique Centrale (CEMAC), N'Djaména (Tchad), 16 mars 1994. Ce dernier est constitué d'un faisceau de cinq traités qui seront indiqués en sus du sigle CEMAC chaque fois que cela s'avèrera nécessaire.
Treaty of Common Market of East and Southern Africa (COMESA), Traité du Marché Commun de l'Afrique de l'Est et de l'Afrique Australe, Kampala (Ouganda), 5 novembre 1993.
Treaty of the Southern African Development Community (SADC), Traité de la Communauté de Développement du Sud de l'Afrique, Windhoek (Namibie), 17 août 1992.
Les communautés économiques régionales seront ainsi désignées par leurs sigles conventionnels.

[4] Pour les raisons et les formes de ce changement d'attitude de la part des pays africains, V. M. KAMTO, *op. cit.*, pp. 33-54.

de la Conférence de Rio n'a donc pas épargné l'intégration régionale.

Évoquant la référence systématique des accords internationaux à la sauvegarde de l'environnement humain, notamment ceux instituant des zones d'intégration économique sur les différents continents, le professeur Alexandre Kiss a ainsi parlé de la "généralisation de l'hommage rendu à l'environnement", comme une constance de la période qui a suivi la Conférence de Rio.[5]

Si cette prise en compte des exigences environnementales emprunte des modalités diverses (1), il important de noter qu'une dimension de la question environnementale à savoir, les déchets dangereux, fait l'objet d'une attention particulière de la part des États africains (2).

1. Les modalités de prise en compte de l'environnement dans les actes constitutifs des organisations africaines d'intégration économique

La prise en compte des exigences environnementales dans les accords d'intégration régionale en Afrique se manifeste à plusieurs niveaux. C'est ainsi que l'obligation de prise en compte de l'environnement mise à la charge des États membres, peut ressortir du préambule du traité constitutif de l'organisation d'intégration régionale (a). Elle peut être également évoquée aussi bien, en tant que but et objectif du traité (b) que comme un moyen de sa mise en œuvre (c).

a) La référence dans le préambule à la question environnementale

Certains accords font une référence explicite aux préoccupations environnementales dans leur préambule en affirmant la nécessité d'un développement économique durable. On peut citer à cet égard, le Traité de Kampala instituant le Marché Commun de l'Afrique de

---

[5] A. KISS, "Trois années de droit international de l'environnement", *Revue Juridique de l'Environnement* 1-2 (1996), p. 84.

l'Est et de l'Afrique Australe ci-dessous nommée la COMESA[6] qui annonce la volonté des États à promouvoir "une croissance et un développement durables". C'est le seul accord d'intégration régionale qui, dans son préambule, fait une référence explicite au concept de développement durable. Bien que contenue dans le préambule qui traditionnellement n'a pas en lui-même une valeur contraignante, cette référence explicite au développement durable dans cette partie du traité, reflète la volonté politique et morale des parties, à atteindre un objectif déterminé. La référence au développement durable dans le préambule traduit incontestablement la volonté des parties à faire siennes les nouvelles tendances internationales qui font de la question environnementale une nouvelle valeur à promouvoir durant le XXIème siècle. De ce fait, il aurait été souhaitable que la plupart des traités constitutifs d'organisation d'intégration économique fassent, outre les dispositions contenues dans le corps du traité, une référence explicite dans leur préambule à la nécessité absolue de promouvoir le développement dans le respect des grands équilibres écologiques du continent.

b) *La protection de l'environnement comme but ou objectif de la Communauté*

D'autres accords évoquent, non plus dans leur préambule, mais au titre de leurs buts et objectifs, la nécessité de la protection de l'environnement dans les espaces économiques régionaux. Au titre de ces accords, il convient de mentionner le Traité instituant l'Union Africaine du 11 juillet 2000 dont l'un des objectifs est de

"promouvoir le développement durable aux plans économique, social et culturel ainsi que l'intégration des économies africaines."[7]

De même, le traité de Windhoek instituant la Communauté de Développement du Sud de l'Afrique ci-dessous nommée la SADC[8]

---

[6] Treaty of Common Market of East and Southern Africa (COMESA), Traité du Marché Commun de l'Afrique de l'Est et de l'Afrique Australe, Kampala (Ouganda), 5 novembre 1993.
[7] Acte constitutif de l'Union Africaine, Article 3 (*j*).

se fixe entre autres pour objectifs, d'assurer une utilisation durable des ressources naturelles et une protection effective de l'environnement.⁹ Il est loisible de signaler également le traité de Kampala instituant la COMESA qui énonce comme objectif du marché commun, la

> "réalisation d'une croissance et d'un développement durables des États membres, en favorisant un développement plus équilibré et plus harmonieux de leurs structures de production et de commercialisation."¹⁰

Il s'agit là certainement de la traduction de la volonté d'accorder aux questions environnementales un haut degré de priorité dans l'objectif global communautaire.

c) *La protection de l'environnement, comme instrument de mise en œuvre de l'intégration économique régionale*

Si les préoccupations environnementales figurent rarement dans les préambules ou au titre des buts et objectifs de la plupart des organisations d'intégration comme nous venons de le constater, elles constituent toujours par contre, des instruments privilégiés de leur mise en œuvre. Tous les traités qui intègrent les préoccupations environnementales énoncent la nécessité de la coopération entre États membres en vue de l'harmonisation et de la coordination des politiques pour la promotion de l'environnement, en tant que moyen de réaliser les objectifs assignés aux différentes communautés économiques en fonction des spécificités régionales.¹¹

---

⁸ Treaty of the Southern African Development Community (SADC), Traité de la Communauté de Développement du Sud de l'Afrique, Windhoek (Namibie), 17 août 1992.
⁹ "1. The objective of SADC shall be to: [...]
g) achieve sustainable utilisation of natural resources and effective protection of the environnment) SADC, Article 5, 1, g.".
¹⁰ COMESA, Article 3, a).
¹¹ CEPA, Article 4, 2, o); CEDEAO, Article 3, b).

Au niveau continental, le traité d'Abuja instituant la Communauté Économique Africaine, ci-dessous nommée la CEA[12] met ainsi à la charge des États africains, l'obligation de promouvoir un environnement sain.[13] Il semble s'agir d'une formulation du droit à l'environnement, aussi bien en tant que droit subjectif que procédural, à la disposition du citoyen africain pour participer à la gestion de son environnement. Pour la promotion de ce droit à l'environnement, la CEA met à la charge des États africains, l'adoption au triple plan national, régional et continental, des politiques et des institutions de protection de l'environnement de même que la promotion de politiques de développement "écologiquement rationnelles, économiquement durables et socialement acceptables".[14]

Les communautés économiques sous-régionales destinées à favoriser directement ou indirectement la réalisation de la CEA[15] accordent également une certaine place aux questions environnementales en fonction des spécificités de chaque sous-région.

C'est ainsi que le Traité révisé de la Communauté Économique des États de l'Afrique de l'Ouest ci-dessous nommée la CEDEAO[16] consacre un chapitre entier à la protection de l'environnement. Au titre des dispositions du Traité, les États parties

"s'engagent à protéger, préserver et améliorer l'environnement naturel

de la Région et coopérer en cas de désastre naturel."

A cet égard, les États parties s'engagent à créer au niveau régional, les institutions nécessaires à la mise en œuvre des politiques, stratégies et programmes qui seraient adoptés au niveau de l'institution. Cette action régionale doit s'orienter plus particulièrement vers la lutte contre l'érosion, la déforestation, la

---

[12] Traité instituant la Communauté Économique Africaine (CEA), Abuja (Nigeria), 3 juin 1991.
[13] CEPA, Article 58.
[14] CEPA, Article 58.
[15] CEPA, Article 6, 1, a).
[16] Traité révisé de la Communauté Économique des États de l'Afrique de l'Ouest (CEDEAO), Cotonou (Bénin), 24 juillet 1993.

désertification et les périls acridiens, maux qui traduisent les préoccupations de la sous-région.[17]

Les préoccupations environnementales émergent également du Traité de Windhoek du 17 août 1992 qui institue la SADC. Au terme du Traité, les États s'engagent à coopérer dans le domaine des ressources naturelles et de l'environnement.[18]

Il convient de signaler également le Traité de Kampala instituant la COMESA qui instaure, à la charge des États, une obligation de coopération en matière de mise en œuvre et de gestion des ressources naturelles, de l'énergie et de l'environnement.[19]

La prédominance de la protection de l'environnement comme moyen de réalisation des buts des organisations d'intégration régionale relève d'une certaine conception de la protection de l'environnement, une conception étroite qui consiste à dissocier le développement et l'environnement et à faire du second un moyen de réalisation du premier. Il s'agit pourtant de privilégier une approche intégrée où environnement et développement se renforcent mutuellement comme moyen et objectif. C'est là certainement tout le sens de la notion de développement durable.

Si le souci de prise en compte de la protection de l'environnement est permanent dans les accords d'intégration économique, en tant qu'instrument de mise en œuvre de l'objectif communautaire, le degré d'intégration de ces considérations environnementales dans les communautés économiques régionales varie d'un traité à l'autre, au regard de la place où sont abordées les exigences environnementales dans chaque traité.

A ce niveau, les traités peuvent être classés, pour autant que cela soit possible,[20] en deux catégories en fonction de l'importance qu'ils accordent à la protection de l'environnement comme instrument de réalisation des unions économiques régionales.

---

[17] CEDEAO, Article 29, 1.
[18] SADC, Article 21, 3, e.
[19] COMESA, Article 4, 6), h).
[20] Pour certains traités, il est impossible de déterminer, le degré d'importance qu'ils accordent à la question environnementale dans le processus d'intégration économique.

La première catégorie est celle qui fait de la protection de l'environnement un instrument privilégié de l'intégration économique. Seul le traité de la CEDEAO entre dans cette catégorie. Il accorde une place prépondérante à la sauvegarde de la protection de l'environnement puisque celle-ci doit intervenir en deuxième étape. En effet, l'harmonisation et la coordination des politiques en vue de la protection de l'environnement doivent être réalisées à la seconde étape du processus d'intégration, après celle de l'harmonisation, de la coordination des politiques nationales et la promotion des programmes.[21]

La deuxième catégorie est constituée par les traités qui accordent peu d'importance à la cause environnementale. Il convient de mentionner à cet égard, le traité d'Abuja qui ne semble pas accorder une grande priorité à l'environnement puisque ce dernier est relégué au dernier rang des objectifs de la CEA.[22] C'est également le cas du Traité de Windhoek instituant la SADC qui accorde une importance moindre à l'objectif de protection de l'environnement dans les priorités de la communauté.[23]

Que les préoccupations environnementales ressortissent des préambules ou qu'elles soient appréhendées comme objectif ou

---

[21] "2. Afin de réaliser les buts énoncés au paragraphe ci-dessus, et conformément aux dispositions pertinentes du présent traité, l'action de la communauté portera par étapes sur :
(a) l'harmonisation et la coordination des politiques nationales et la promotion de programmes, de projets et d'activités, notamment dans les domaines de l'agriculture et des ressources naturelles, de l'industrie, des transports et communications, de l'énergie, du commerce, de la monnaie et des finances, de la fiscalité, des réformes économiques, des ressources humaines, de l'éducation, de l'information, de la culture, de la science, de la technologie, des services, de la santé, du tourisme, de la justice ;
(b) l'harmonisation et la coordination des politiques en vue de la protection de l'environnent ;
(c) la promotion de la création d'entreprises conjointes de production ;
(d) la création d'un marché commun à travers...", CEDEAO, Article 3, 2, b.

[22] "Les objectifs de la Communauté sont les suivants : [...]
(o) l'harmonisation et la coordination des politiques pour la protection de l'environnement", CEPA, Article 4, (o).

[23] La gestion durable des ressources naturelles et la protection effective de l'environnement interviennent en avant dernière position, juste avant l'objectif de renforcement et de consolidation des liens sociaux, historiques et culturels entre les différents peuples de la région. SADC, Article 5, 1, g et h.

moyen de réalisation de l'intégration économique, leur évocation généralisée traduit une réalité certaine qui est l'émergence d'une nouvelle volonté de ces institutions à être plus ouvertes à la cause environnementale.

Mais au-delà des méthodes ou techniques de prise en compte des préoccupations environnementales dans les traités d'intégration économiques, c'est certainement le traité de la COMESA qui organise de la manière la plus satisfaisante une protection systématique de l'environnement. En effet, outre la prise en compte des questions environnementales dans son préambule et ses objectifs, ce Traité fait un pas supplémentaire dans l'intérêt accordé aux questions environnementales dans les accords d'intégration économique sur le continent, ce qui en fait le traité qui intègre le mieux les préoccupations environnementales. Il aborde de manière complète et détaillée, la question environnementale. Il définit successivement la portée, les principes et les domaines d'action du futur marché commun COMESA dans le domaine de l'environnement.

Au titre de la portée de l'action communautaire en matière environnementale, il constitue l'un des rares traités à définir les objectifs de la Communauté dans le domaine de l'environnement. Selon le traité de Kampala instituant la COMESA, l'action de la Communauté en matière environnementale vise un triple objectif :

"a) préserver, protéger et améliorer la qualité de l'environnement ;
b) contribuer à la protection de la santé humaine ; et
c) garantir une utilisation prudente et rationnelle des ressources naturelles."[24]

Si le premier objectif est d'ordre général en ce qu'il pose simplement le postulat de la préservation de l'environnement, les deux derniers par contre, constituent des axes centraux de la problématique de la protection de l'environnement. La référence expresse à la santé humaine révèle la volonté de mettre l'homme au centre des préoccupations environnementales en en faisant le premier bénéficiaire. Quant à l'objectif d'utilisation rationnelle, il

---

[24] COMESA, Article 122, 5.

est au cœur même du concept de développement durable qui préconise une gestion rationnelle des ressources naturelles au profit des générations présentes et futures. Les ressources renouvelables doivent être utilisées de manière à ce que leur capacité de renouvellement ne soit pas compromise et les ressources non renouvelables ne doivent pas être gaspillées comme c'est le cas aujourd'hui dans notre société de consommation de masse. Ces objectifs coïncident à peu près avec ceux de l'Union européenne qui y ajoute cependant un quatrième, à savoir la promotion au plan international, de mesures destinées à faire face aux problèmes régionaux ou planétaires de l'environnement.[25]

Au niveau des principes, le Traité de la COMESA dispose que l'action du Marché commun doit être basée sur une gestion rationnelle et l'exploitation durable des ressources naturelles du Marché commun, que la protection de l'environnement est une condition préalable à une croissance économique à long terme et qu'une coopération est nécessaire pour la lutte contre les différentes pollutions. De même, il fait siens, de nombreux principes fondamentaux du droit de l'environnement comme le principe de prévention, de correction à la source et de réparation notamment à travers le principe pollueur-payeur.[26]

En ce qui concerne enfin les domaines de la coopération en matière environnementale, le Traité de la COMESA distingue la gestion des ressources naturelles, la gestion de l'environnement, la faune, la flore et les déchets dangereux.[27] Cette dernière catégorie constituant une constance dans l'intérêt particulier qui lui est accordé dans les actes constitutifs des organisations africaines d'intégration régionale.

---

[25] Traité sur l'Union européenne, 7 février 1992. Article 130 R.
[26] COMESA, Article 122.
[27] COMESA, Chapitre XVI.

2. L'attention particulière accordée à la gestion des déchets dangereux

Au-delà de l'environnement de manière générale, ce sont les déchets dangereux qui occupent une place particulière dans les accords africains d'intégration économique. Si tous les accords évoquent l'environnement de manière générique, beaucoup traitent de manière spécifique, les déchets dangereux qui se voient souvent accorder une attention aussi grande que l'environnement dans son ensemble alors que celui-là n'est qu'un secteur de celui-ci. En effet, les dispositions consacrées aux déchets dangereux sont souvent aussi abondantes que celles consacrées à l'environnement de manière générale. C'est ainsi que le Traité instituant la COMESA envisage respectivement la coopération dans la gestion des ressources naturelles, la coopération dans la gestion de l'environnement, la prévention du commerce international illicite des déchets toxiques et dangereux et enfin, la mise en valeur et la conservation de la faune et de la flore sauvages.[28] Il en de même du Traité de la CEDEAO qui traite successivement de l'environnement, des déchets toxiques et nocifs et enfin des ressources naturelles.[29] Le Traité instituant la CEA procède de la même manière.[30]

Ce traitement privilégié réservé aux déchets dangereux n'est pas le fruit d'un hasard de la part des États africains. Il s'explique par les défis auxquels a été confronté le continent africain dans un passé récent lorsqu'il a été soumis à un trafic illicite de déchets dangereux visant à terme, à transformer ce dernier en poubelle des pays du Nord.[31] C'est la réaction du continent africain contre cette nouvelle forme d'asservissement qui a conduit les États africains à rejeter au départ, la Convention de Bâle[32] pour ensuite négocier et adopter

---

[28] COMESA, Articles 123, 124, 125 et 126.
[29] CEDEAO, Articles 29, 30 et 31.
[30] CEA, Articles 58 et 59.
[31] G. PAMBOU TCHIVOUNDA, "L'interdiction de déverser des déchets toxiques dans le tiers monde : le cas de l'Afrique", *AFDI* 1988, pp. 715-716.
[32] Convention sur le contrôle des mouvements transfrontières de déchets dangereux et de leur élimination (Bâle 22 mars 1989).

celle de Bamako,[33] conçue comme une sorte de bouclier anti-déchets pour la protection du continent.[34]

Les accords d'intégration économique, en ce qui concerne la problématique des déchets dangereux, peuvent être classés en deux catégories au regard de la Convention de Bamako qui peut être considérée comme l'instrument de référence pour le continent en la matière, avec toute la prudence nécessaire en raison des nombreuses incertitudes qui l'entourent.[35]

La question des déchets dangereux est abordée par certains accords d'intégration économique dans la perspective de la Convention de Bamako. C'est pourquoi la gestion des déchets dangereux y est abordée sous le double angle de l'interdiction et de la circulation-contrôle. Si cette interdiction ne concerne pas toujours que les déchets non africains – ce qui est principalement le cas de la Convention de Bamako – seuls les déchets africains sont par contre soumis au régime de la circulation – contrôle.[36] Le traité de la CEPA n'est, au regard de ce dernier aspect, qu'une transposition de la Convention de Bamako qui prohibe de manière impérative les mouvements de déchets non africains sur le continent, tout en organisant ceux des déchets africains.[37]

---

[33] Convention sur l'interdiction d'importer en Afrique des déchets dangereux et sur le contrôle de leurs mouvements transfrontières et la gestion des déchets dangereux produits en Afrique (Bamako, 30 janvier 1991).

[34] Sur la substance de la Convention, voir F. OUGUERGOUZ, "La Convention de Bamako sur l'interdiction d'importer en Afrique des déchets dangereux et sur le contrôle de leurs mouvements transfrontières et la gestion des déchets dangereux produits en Afrique", *AFDI* 1991, pp. 871-884.

[35] Il faut cependant préciser que la Convention de Bamako n'est pas encore entrée en vigueur. Cette situation d'immobilisme de la part des États africains semble paradoxale et inquiétante si l'on sait que c'est en réaction contre la Convention de Bâle, qu'ils se sont empressés d'adopter "leur" Convention. La situation devient encore plus embarrassante lorsque l'on sait que la désaffection à l'égard de la Convention de Bamako s'accompagne parallèlement d'un intérêt croissant de la part des pays africains, pour la Convention de Bâle à laquelle ils adhèrent progressivement. En effet, de nombreux États africains, au-delà de l'intérêt pour l'instrument universel, résistent de moins en moins aux perspectives financières offertes par les mécanismes de Bâle.

[36] CEPA, Article 59.

[37] Il convient toutefois de rappeler que la CEA, de même que la Convention de Bamako, sont l'émanation directe de l'Organisation de l'Unité Africaine.

D'autres organisations d'intégration régionale abordent par contre la question des déchets dans une perspective différente de la convention de Bamako. C'est ainsi que certains traités semblent envisager le régime de l'interdiction aussi bien pour les déchets non africains que pour les déchets produits sur le territoire des États membres,[38] ce qui crée un amalgame entre les deux catégories de déchets. Cependant, une protection renforcée est expressément prévue pour les déchets non communautaires. Les États membres de la CEDEAO s'engagent à créer un système régional de surveillance pour empêcher l'importation, le transit, le dépôt ou l'enfouissement de déchets toxiques dans la région.[39]

Le Traité de la COMESA semble nettement en retrait en matière de protection contre les déchets. Il ne pose pas de manière explicite l'interdiction générale d'importation des déchets sur le territoire des États membres. Il définit seulement l'engagement des États membres à coopérer pour

> "adopter une position commune contre le déversement illégal de déchets toxiques et indésirables dans le marché commun, qu'ils proviennent d'un État membre ou d'un pays tiers."[40]

Une telle disposition est triplement insatisfaisante. Elle semble traiter de manière indifférenciée les déchets communautaires et non communautaires, alors que les derniers demeurent une plus grande menace pour le continent. De même, la position commune dont il s'agit peut consister en des mesures autres que celles d'interdiction des déchets toxiques. Enfin, cette position commune ne semble concerner que les déversements illégaux, ce qui laisse transparaître la possibilité de déversements "légaux" en provenance d'États membres et plus inquiétant, de pays tiers.

Si elle est en retrait en matière de déchets, le traité COMESA innove par contre en matière d'approche de la question

---

[38] Les États membres de la CEDEAO sont donc appelés à prendre individuellement et collectivement les mesures nécessaires pour interdire l'importation, le transit, le dépôt et l'enfouissement de déchets toxiques sur leurs territoires respectifs. CEDEAO, Article 30. CEMAC (UEAC), Article 41, *e*.
[39] CEDEAO, Article 30, 2.
[40] COMESA, Article 125, 1.

environnementale et constitue à cet égard, une exception notable dans un contexte général d'approche peu diversifiée en la matière.

B. Des approches peu diversifiées de la question environnementale

Les approches de la question environnementale dans les organisations africaines d'intégration régionale se caractérisent par la prédominance de l'approche sectorielle (1) au détriment d'une approche intégrée qui s'avère pourtant la plus appropriée (2).

1. La prédominance de l'approche sectorielle

Elle se manifeste à travers le recours à la technique thématique (a), à la pratique des protocoles (b) et au procédé des comités techniques (c).

a) La technique thématique

Comme l'on peut aisément le constater, les questions environnementales sont abordées dans la plupart des accords d'intégration économique en tant que secteur d'activité et souvent, comme les autres secteurs. L'environnement est ainsi traité au sein d'une rubrique spéciale organisée en titre ou chapitre, avec des développements plus ou moins abondants en fonction de chaque traité.

Dans cette approche sectorielle, trois situations peuvent être envisagées.

Certains accords envisagent l'environnement comme un secteur autonome, ce qui revient à lui accorder un intérêt aussi important que les autres secteurs. C'est le cas du Traité de la COMESA qui consacre un chapitre entier aux questions environnementales comme à toutes les autres dimensions majeures de l'activité humaine.[41] Il est de même du Traité instituant la Communauté Économique et Monétaire de l'Afrique Centrale ci-dessous nommée la CEMAC qui

---

[41] COMESA, Chapitre XVI.

consacre une section entière à chaque dimension jugée importante de l'intégration, dont la protection de l'environnement.[42]

D'autres accords envisagent l'environnement en association avec d'autres secteurs. C'est ainsi que l'environnement peut être envisagé en association avec les ressources naturelles. A cet égard, il convient d'être prudent car cette association peut camoufler des réalités fort disparates, voire contradictoires. Deux situations peuvent être envisagées à ce niveau selon que la notion de ressources naturelles désigne les ressources énergétiques et minières ou les ressources environnementales au sens de ressources communes partagées. En effet, les ressources naturelles, ce ne sont pas seulement l'or ou le pétrole mais aussi l'air, l'eau, les sols ou les forêts.

Dans le premier cas où la notion de ressources naturelles ne désigne que les ressources énergétiques et minières, il y a certainement une volonté de faire de l'environnement un secteur secondaire puisqu'on lui fait perdre son autonomie en tant que secteur. C'est le cas dans le Traité de la CEDEAO qui traite de la coopération en matière d'environnement et de ressources naturelles, ces dernières étant entendues au sens de ressources minières. En effet, il y est question de coordonner les politiques en matière de fixation des prix et de commercialisation des matières premières, de leur prospection et de leur exploitation, la coopération entre les industries, la formation d'une main d'œuvre qualifiée, la coordination des positions dans les négociations internationales de matières premières.[43] C'est aussi probablement le cas de la SADC bien que la notion de ressources naturelles ne soit nulle part définie.

La seconde situation est celle où les ressources naturelles désignent les ressources environnementales proprement dites tels que l'air ou les écosystèmes. Seul le Traité la COMESA répond à cette conception des ressources naturelles puisqu'il appréhende la protection des ressources naturelles à travers la préservation des

---

[42] CEMAC (UEAC), Section 5, Articles 39-41. Traité instituant la Communauté Économique et Monétaire de l'Afrique Centrale (CEMAC), N'Djaména (Tchad), 16 mars 1994.Ce dernier est constitué d'un faisceau de cinq traités qui seront indiqués en sus du sigle CEMAC chaque fois que cela s'avèrera nécessaire.

[43] CEDEAO, Article 31 consacré aux ressources naturelles.

écosystèmes, des terres, des ressources maritimes et forestières.[44] En effet, dans ce cas, l'environnement et les ressources naturelles forment une catégorie sectorielle unique, les deux notions étant alors appréhendées travers un secteur autonome.

Enfin l'environnement est traité de façon résiduelle par certains accords d'intégration qui le noient dans d'autres secteurs pour en faire en définitive, un sous-secteur. C'est le cas de la CEA qui aborde l'environnement au titre d'un chapitre hétérogène consacré à des secteurs aussi divers que l'industrie, la science, la technologie, l'énergie et les ressources naturelles.

Le choix du rattachement de l'environnement à ces secteurs semble arbitraire, puisque les questions environnementales concernent tout autant tous les autres secteurs de l'activité humaine. Mais cet amalgame, tend surtout à priver l'environnement de l'autonomie et de l'importance qui peuvent lui être accordées.

b) La pratique des protocoles

La pratique des protocoles traduit également une volonté de sectorisation des domaines du développement économique. L'institution des protocoles vise à souligner l'intérêt particulier accordé à une question donnée et méritant une attention particulière. Parmi les organisations africaines d'intégration économique qui ont prévu des protocoles additionnels concernant l'environnement, on peut citer le Traité d'Abuja relatif à la CEA qui invite en son article 60, les États membres, à adopter un protocole pour la mise en œuvre de la politique sectorielle environnementale. On peut également mentionner le Traité de l'Union Économique et Monétaire Ouest-Africaine ci-dessous dénommée l'UEMOA qui consacre au titre des politiques sectorielles,[45] un protocole additionnel au domaine exclusif de l'environnement.[46] Il s'agit du

---

[44] COMESA. Article 123 consacré à la coopération dans la gestion des ressources naturelles.

[45] Traité de l'Union Économique et Monétaire Ouest-Africaine (UEMOA), Ouagadougou (Burkina Faso), 10 janvier 1994; Article 101.

[46] Protocole additionnel n°II relatif aux politiques sectorielles de l'Union Économique et Monétaire Ouest Africaine (UEMOA). Chapitre IV consacré à l'amélioration de l'environnement.

protocole additionnel numéro II adopté en même temps que le traité et dont il fait partie intégrante et qui prévoit l'amélioration de l'environnement. Ce protocole donne compétence à la Conférence des Chefs d'État et de Gouvernement, organe suprême de l'Union, de fixer par la voie d'acte additionnel, les objectifs et les principes directeurs de la politique de l'Union en matière de préservation de l'environnement.[47] Dans le cadre de cette mission, la Conférence doit agir et privilégier les objectifs prioritaires que sont la lutte contre la désertification, la protection des ressources naturelles et de la diversité biologique, l'amélioration de l'environnement urbain et rural, l'exploitation des énergies renouvelables, dont particulièrement l'énergie solaire et la lutte contre l'érosion côtière.[48]

Le Traité de Windhoek instituant la SADC prévoie également que les États parties peuvent, dans chaque domaine d'activité dont l'environnement, conclure les protocoles nécessaires qui puissent prévoir des mécanismes institutionnels pour le renforcement de l'intégration régionale dans le domaine concerné. Ces protocoles doivent être approuvés par le Sommet des Chefs d'État sur proposition du Conseil.[49] Conformément à ces dispositions de l'article 22, les Chefs d'États et de Gouvernement de la SADC ont fait un pas important dans la gestion des ressources naturelles en adoptant en 1995, un protocole sur les cours d'eau dans ladite région.[50] Ce protocole définie les principes généraux applicables aux cours d'eau, met en place des institutions de gestion des cours d'eau et prévoie un mécanisme de règlement des conflits pouvant surgir entre les États membres. En août 2000, ce protocole a été révisé[51] pour s'adapter aux évolutions en matière de cours d'eau internationaux, en prenant notamment en compte la Convention des Nations Unies sur l'utilisation des cours d'eau internationaux.[52] Les

---

[47] Protocole additionnel N°II. Article 9.
[48] Article 10.
[49] SADC, Article 22, 1 et 2.
[50] Protocol on shared watercourse systems in the Southern African Developement Community (SADC) region, (Johannesburg, 28 August 1995).
[51] Revised Protocol on shared watercourses in the Southern African developement Community (SADC), (Windhoek, 7 August 2000).
[52] Convention sur le droit relatif aux utilisations des cours d'eau internationaux à des fins autres que la navigation, (New York, 21 mai 1997).

principes de gestion en sont plus explicités de même que les institutions de mise en œuvre qui en sont renforcées.[53]

c) *Le procédé des comités techniques*

L'institution des comités techniques traduit également une volonté de sectorisation de la question environnementale. Cette option est celle du Traité de la COMESA et du Traité d'Abuja instituant la CEA qui instituent entre autres, un comité technique des ressources naturelles et de l'environnement.[54] Quant à l'Union Africaine, elle utilise la même technique en instituant un comité technique spécialisé pour l'environnement. Cependant, ce comité est compétent pour de nombreux autres secteurs.[55] Ces structures ont pour rôle la mise en œuvre des programmes dans les différents domaines d'activité identifiés.[56]

Ces diverses techniques de sectorisation de la politique environnementale ne s'excluent pas mutuellement. Bien au contraire, elles se combinent les unes avec les autres. Un même traité peut ainsi combiner plusieurs techniques de sectorisation comme l'indique d'ailleurs l'apparition de certaines organisations dans plusieurs catégories sectorielles sus-mentionnées. Dans tous les cas, l'objectif de toutes ces approches sectorielles est d'entraver une approche plus intégrée de la question environnementale.

2. La marginalisation de l'approche intégrée ou "horizontale" de la question environnementale

L'approche sectorielle des questions environnementales telle qu'adoptée par la plupart des traités d'intégration économique, si elle a constitué à une époque donnée, un progrès dans le processus

---

[53] Protocole révisé, Article 5. Mais à la date de juillet 2001, ce dernier n'est pas encore entré en vigueur.
[54] COMESA, Article 15, i) ; CEPA, Article 25, d).
[55] Il s'agit du comité technique spécialisé chargé de l'industrie, de la science et de la technologie, de l'énergie, des ressources naturelles et de l'environnement. Article 14 (d).
[56] Acte Constitutif de l'Union Africaine, Article 15. COMESA, Article 16. CEPA, Article 26.

du développement en ce qu'elle traduisait incontestablement un intérêt particulier pour la sauvegarde de l'environnement humain, n'en demeure pas moins de nos jours, une conception étriquée, peu compatible avec la promotion d'un développement durable. En effet, contrairement à la pensée dominante de l'époque, l'environnement n'est pas un secteur comme les autres. L'environnement n'est pas une catégorie particulière de l'activité humaine mais un élément qui affecte tous les autres secteurs. Tous les autres secteurs de l'activité économique, en même temps qu'ils génèrent la pollution, sont aussi susceptibles d'être affectés par la pollution en provenance d'autres secteurs d'activités.

C'est pourquoi les questions environnementales dans la perspective du développement durable doivent être appréhendées de façon transversale. L'environnement doit sous-tendre les autres politiques sectorielles. C'est la démarche adoptée par l'Union européenne qui a intégré progressivement cette nouvelle approche dans le traitement de la question environnementale. Déjà l'Acte Unique européen énonçait que les exigences en matière d'environnement sont une composante des autres politiques de la communauté.[57] C'est la reconnaissance explicite que les mesures susceptibles d'être prises dans le cadre des autres politiques peuvent avoir un impact positif ou négatif sur l'environnement.

Ce caractère horizontal de la question environnementale a été renforcé dans le Traité de Maastricht qui dispose que

> "les exigences en matière de protection de l'environnement doivent être intégrées dans la définition et la mise en œuvre des autres politiques de la Communauté."[58]

Une telle disposition a au moins l'avantage de clarifier davantage la nécessité de cette nouvelle approche. Elle signifie que la dimension environnementale, au-delà de simple facteur commun à tous les domaines d'action, doit mériter la plus grande attention dans le processus d'exécution des autres politiques.[59]

---

[57] Acte Unique européen, Article 130, R.2.
[58] Traité de Maastricht, Article 130 R.2.
[59] J. CLOOS et al., *Le traité de Maastricht : genèse, analyse, commentaires*, Bruxelles, Bruylant, 1994, p. 321.

Cette évolution n'a pas été prise en compte dans la plupart des instruments africains d'intégration économique. Un seul accord d'intégration africain semble véritablement entrouvrir cette possibilité.[60] Il s'agit notamment du Traité de la COMESA qui dispose au titre de ses principes que

> "la nécessité de protéger l'environnement est une composante de la politique du Marché commun dans tous les domaines d'activités."[61]

De même, bien qu'ayant, à l'instar des autres, résolument opté pour l'approche sectorielle, il souligne l'accord des parties à intégrer des mesures de conservation et de gestion de l'environnement, sinon dans tous, du moins dans la grande majorité des autres secteurs.[62]

Cette approche intégrée semble se refléter dans l'une des dispositions de la COMESA. C'est ainsi qu'au titre de la politique sectorielle agricole et du développement rural, le Traité de la COMESA exige la coopération en matière de lutte contre la sécheresse et la désertification.[63] Il met à la charge des États, trois obligations essentielles dans ce domaine. A ce titre, les États doivent convenir de politiques appropriées sur l'utilisation des terres fragiles afin de prévenir leur dégradation, de mesures pour contenir la sécheresse tout en mettant en place des techniques améliorées d'arido-culture et enfin, coopérer dans l'échange d'informations et de compétences en matière de lutte contre la sécheresse.[64]

Il s'agit là certainement d'une reconnaissance explicite de la nature horizontale des exigences environnementales bien qu'il reste souhaitable que tous les autres secteurs soient couverts par une telle approche. Ces premiers pas dans cette direction peuvent laisser

---

[60] Le traité de la CEMAC semble implicitement envisager cette approche en des termes cependant confus. Il y est en effet indiqué que le Conseil des Ministres "a la faculté d'engager, par voie de règlements, des actions- pilotes communes avec effet d'entraînement dans ce domaine", c'est-à-dire le domaine de la protection de l'environnement. CEMAC (UEAC), Article 39.

[61] COMESA, Article 122, 6.

[62] "Les États membres conviennent d'inclure les mesures de conservation et de gestion de l'environnement dans les activités commerciales, de transport, agricoles, industrielles, minières et touristiques dans le marché commun". COMESA, Article 125, 4.

[63] COMESA, Article 135.

[64] COMESA, Article 135.

présager que le continent africain évoluera progressivement vers la reconnaissance de la nature multisectorielle de la question environnementale qui mérite d'être traitée comme telle.

L'étude des préoccupations environnementales à travers les actes constitutifs des organisations d'intégration régionale en Afrique révèle des disparités importantes d'un traité à l'autre et partant, d'une région à une autre. De manière schématique, au regard de ce critère et de ce critère seulement, l'on constate que c'est l'Afrique australe et de l'Est qui ont le mieux pris en compte les préoccupations environnementales dans leur effort d'intégration économique. En effet, alors que le Traité de la COMESA consacre d'importantes dispositions aux questions environnementales, la SADC a pu adopter un protocole additionnel dans un secteur majeur qui est celui des ressources en eau. Cette région est suivie de l'Afrique de l'Ouest et l'Afrique centrale qui consacrent un intérêt non négligeable à la dimension environnementale dans le processus d'intégration économique régionale. Par contre, le Maghreb à travers l'Union du Maghreb Arabe, ci dessous dénommée l'UMA[65] se situe à une place moindre, la protection communautaire de l'environnement ne semblant pas constituer une dimension essentielle de l'intégration dans cette sous-région.

L'étude des préoccupations environnementales à travers les actes constitutifs ne peut cependant qu'être relative en ce qui concerne l'efficacité de la protection de l'environnement par les communautés économiques régionales. En effet, l'intérêt que pourra accorder une communauté régionale à la dimension environnementale, n'est pas nécessairement fonction de l'ampleur des dispositions que lui consacrent les actes constitutifs. Le souci d'une meilleure protection de l'environnement ne se mesure pas toujours à l'aune des dispositions contenues dans les actes constitutifs des organisations régionales. L'exemple de l'Union européenne est à cet égard caractéristique. Tandis que les Traités de Rome ne contenaient aucune référence à la protection de l'environnement, la CEE a entrepris dès 1967 de nombreuses initiatives en matière de

---

[65] Traité portant création de l'Union du Maghreb Arabe (UMA), Marrakech (Maroc), 17 février 1989.

protection de l'environnement. Il a fallu attendre la modification du Traité de Rome par l'Acte Unique du 17 février 1986 pour que l'environnement apparaisse de manière statutaire comme domaine autonome d'intervention de la communauté. Cette situation n'avait pourtant pas constitué un obstacle à la mise en place d'actions pour la protection de l'environnement.

Les dispositions des actes constitutifs relatives à l'environnement peuvent être alors seulement un indice d'appréciation aux mains des observateurs en l'absence d'autres références explicites et crédibles. Une étude qui s'opérera essentiellement sur la base des actes constitutifs comme matériau principal ne peut toutefois qu'être partielle, d'où la nécessité de recourir aux mesures prises au niveau communautaire pour la mise en œuvre des préoccupations environnementales telles qu'elles sont exprimées dans les actes constitutifs des organisations régionales africaines.

II. AU DELÀ DE L'OBLIGATION DE PRISE EN COMPTE DES EXIGENCES ENVIRONNEMENTALES : VERS UNE POLITIQUE COMMUNAUTAIRE DE L'ENVIRONNEMENT EN AFRIQUE ?

Comme nous le montrerons par la suite, le champ environnemental africain est constitué par une quasi-absence de normes communautaires visant à mettre en œuvre l'obligation générale de prise en compte des préoccupations environnementales mise à la charge des États, par les différents traités constitutifs d'organisations d'intégration. Dans un tel contexte, l'étude doit envisager les perspectives en mettant en exergue la nécessité d'une véritable politique communautaire. Elle sera donc nécessairement en partie prospective pour éclairer sur les possibilités ultérieures en la matière, lorsque se mettront en place les esquisses d'une véritable politique communautaire au niveau régional ou sous-régional. Elle jouera donc un rôle de propositions en tenant compte des spécificités africaines, ce qui n'exclut nullement, la prise en compte des expériences positives des communautés régionales extra-africaines. Il convient de montrer pourquoi il est impérieux de mettre en place une politique communautaire en matière environnementale (A) avant d'exposer les composantes éventuelles d'une politique en la matière (B).

A. La nécessité d'une politique communautaire de l'environnement

1. L'intérêt d'une politique communautaire

Plusieurs raisons militent en faveur d'une politique communautaire de l'environnement. La première raison est d'ordre structurel. Une politique communautaire en matière environnementale est d'une nécessité impérieuse car elle contribue à la prévention et à l'élimination des distorsions de concurrence dans le commerce intra-communautaire qui pourraient être engendrées par des politiques nationales environnementales divergentes. En effet, les produits originaires d'États à normes environnementales plus sévères peuvent être moins compétitifs par rapport aux produits d'États membres plus laxistes en la matière. De même, la politique communautaire permet d'empêcher que les exigences de la protection de l'environnement ne soient utilisées comme un moyen de discrimination arbitraire ou de restrictions déguisées au commerce intra-communautaire. C'est pourquoi, contrairement aux dispositions actuelles des traités constitutifs en la matière, les clauses de sauvegarde, pour la protection de la santé et de l'environnement devraient être rigoureusement encadrées. Il s'agit notamment de renforcer particulièrement les conditions de leur mise en œuvre (déclenchement, exécution et levée). Le droit dérivé doit éviter l'écueil majeur d'en libéraliser les conditions de mise en œuvre. Sinon le risque est grand pour ces pays qui ne disposent pas encore d'une solide expérience de sauvegarde de la nature, d'y trouver un moyen de faire échec aux dispositions normales de protection de l'environnement, en y recourant systématiquement, dès lors qu'un secteur de production est confronté à la rude concurrence des produits de l'espace communautaire. La politique communautaire contribue à cet égard à la réalisation des objectifs de la communauté et constitue ainsi un puissant facteur d'intégration.[66]

La deuxième raison est que la politique communautaire permet de réduire les disparités flagrantes et les divergences excessives entre les différentes politiques nationales en matière d'environnement. En permettant aux politiques nationales d'évoluer de façon convergente aussi bien dans leur conception que dans leur mise en œuvre, la politique communautaire de l'environnement atténue et résorbe progressivement, les disparités dans la protection de l'environnement dans les différents États membres. Les efforts de protection de la part d'un État membre seront vains s'il n'y a pas une volonté identique simultanée de la part de ses autres partenaires communautaires.

Ensuite la politique communautaire est l'instrument privilégié de la protection des écosystèmes transfrontaliers qui se prêtent peu à l'action solitaire des États. En effet, en raison des problèmes délicats de souveraineté qu'ils peuvent engendrer et de l'ampleur des défis environnementaux transfrontaliers, la politique communautaire constitue ainsi le cadre politique, géographique et financier efficace de la protection de l'environnement transfrontalier. Cette dimension est d'autant plus importante dans le contexte africain que les frontières sont souvent purement artificielles et que plusieurs États se partagent les mêmes écosystèmes qui ne peuvent être que partiellement protégés par un seul État.

De même, une politique communautaire peut contribuer à renforcer la position des États membres dans les négociations internationales. Défendant une position commune, les États membres peuvent optimiser leur participation aux rencontres internationales en influant considérablement sur ces négociations dans leur intérêt, par le poids de la pression collective. Ce qui peut contribuer à renforcer la protection de l'environnement communautaire au moyen de normes conventionnelles universelles ou régionales adaptées aux contraintes écologiques sous-régionales. Aussi, cette capacité des organisations d'intégration à influer sur les

---

[66] L. KRÄMER, "Droit communautaire", *Jurisclasseur Environnement*, 1992, Fascicule 120, p. 7.

négociations et partant, sur les normes environnementales universelles, ne sera-t-elle effective, sinon efficace que dans l'hypothèse où il est reconnu à ces dernières, la compétence de contracter des engagements internationaux en matière environnementale, à l'instar de l'Union européenne.

Enfin, une politique communautaire de l'environnement peut jouer un rôle stimulateur au niveau des États. L'expérience européenne montre que la politique environnementale des États est fortement marquée du sceau communautaire, la plupart des États n'ayant pas de politique environnementale cohérente et complète à moyen et long terme. Comme le note Ludwig Krämer, les mesures communautaires constituent pour la majorité des États de l'Union européenne, " un moteur pour les mesures législatives, pour les changements dans la structure et la pratique administrative et pour les changements dans le comportement des agents économiques ".[67] Qui plus est, l'exemple européen montre que les politiques nationales d'États non-membres de l'Union européenne en matière environnementale peuvent s'en trouver inspirées, le droit communautaire ayant eu une influence considérable ces dernières années sur la législation environnementale d'États non-membres de l'Union.[68] La portée appréciable de la politique communautaire n'a pas été étrangère à cette situation.

2. La portée d'une politique communautaire environnementale

Pour mieux apprécier la nécessité de la politique communautaire au-delà des avantages immédiats précédemment mentionnés, il convient d'appréhender sa juste portée.

Dans la perspective d'une politique communautaire, il ne s'agit plus d'améliorer l'environnement dans tel ou tel État mais de sauvegarder l'écosystème communautaire, ce qui laisse supposer l'existence d'un " intérêt général communautaire ". En effet, il est important de souligner qu'une politique communautaire a pour fondement la conviction d'existence d'intérêts communautaires

---

[67] *Ibid.*, *supra* note 6. A. KISS et D. SHELTON, *Traité de Droit européen de l'environnement*, Paris, Frison Roche, 1995, p. 24.
[68] A. KISS et D. SHELTON, *op. cit.*, p. 24.

environnementaux qui transcendent les intérêts nationaux. La politique communautaire ne vise pas à protéger l'environnement de chaque État mais l'environnement communautaire qui est distincte de la somme des intérêts nationaux en matière environnementale bien que l'environnement national de chaque État en bénéficie.

La reconnaissance d'intérêts communautaires ne signifie pas cependant que les spécificités nationales ou régionales à l'intérieur de la communauté doivent être ignorées. Elles doivent, être dûment prises en compte dans la conduite de cette politique communautaire comme le montre le cas européen.[69] En effet, la diversité des situations environnementales des États membres doit être prise en compte comme élément majeur dans la lutte pour la préservation de l'environnement. Cette lutte qui ne saurait être uniforme, au risque de se révéler inefficace parce qu'inadaptée, doit être menée en fonction des particularismes locaux qui ne coïncident d'ailleurs que rarement avec les frontières étatiques.

De même l'affirmation et la défense d'intérêts communautaires ne doivent pas être exclusives des considérations extérieures à l'espace communautaire. En effet, la politique communautaire ne doit pas avoir pour seul cadre le territoire communautaire. Une politique communautaire conséquente doit intégrer l'espace extra-communautaire immédiat[70] qui peut être source de pollution pour l'espace communautaire ou au contraire, être affecté par des pollutions d'origine communautaire. Dans le premier cas, la politique communautaire devrait viser à lutter contre les pollutions extra-communautaires. Dans le second cas, elle devrait tendre à éviter que l'espace communautaire ne soit une source de pollution pour des États non-membres.

Au-delà de la nécessité de prendre en compte l'espace extra-communautaire immédiat, la politique communautaire de l'environnement doit se placer dans une perspective encore plus large en intégrant les exigences planétaires de la protection de l'environnement. Elle doit contribuer à la protection de

---

[69] Traité sur l'Union européenne, Article 130 R.2.
[70] Traité sur l'Union européenne, Article 130 R.1.

l'environnement mondial à travers la lutte contre les défis globaux[71] qui transcendent les frontières étatiques et régionales. La politique communautaire deviendra ainsi – entre les niveaux national et international - le niveau intermédiaire de mise en œuvre de l'action internationale pour la protection de la biosphère[72] qui doit s'opérer à travers un certain nombre de composantes.

B. Les composantes d'une politique communautaire de l'environnement

Il s'agit des programmes d'action communautaire (1) et des mesures d'application (2).

1. Les programmes d'action, instrument-cadres de la politique communautaire

L'efficacité de la protection de l'environnement dans les années à venir dépendra pour une grande part, de la capacité des autorités communautaires à élaborer et à appliquer une véritable politique communautaire de l'environnement. Au-delà de l'obligation générale de promotion du développement durable imposée par les actes constitutifs, une politique communautaire dans le domaine de l'environnement s'avère indispensable.

On entend par politique communautaire de l'environnement, l'ensemble des mesures prises par les États membres d'une organisation d'intégration économique pour préserver ou améliorer l'écosystème de l'espace intégré concerné qui constituera à terme le marché commun. Ces mesures, si elles peuvent viser les prescriptions relatives à la protection de l'environnement au titre des dispositions statutaires, concernent surtout les mesures de mise en œuvre édictées par les organisations régionales au titre du droit dérivé. La notion de politique communautaire nécessite ainsi donc la

---

[71] Sont notamment visés au titre des défis globaux, la détérioration de la couche d'ozone due aux gaz CFC et les changements climatiques engendrés par les gaz à effet de serre.
[72] Cette dimension est envisagée en tant que quatrième objectif de l'Union européenne. Article 130 R.1.

détermination des objectifs visés par la communauté, d'abord dans les actes constitutifs et ensuite dans les programmes d'action, mais également la définition des moyens appropriés à leur mise en œuvre. Ces moyens consistent généralement en des mesures d'application. De même, doivent être institués des mécanismes de contrôle et d'évaluation permettant d'apprécier les progrès réalisés conformément aux échéances préétablies. Dans le cas contraire, il s'agirait d'une simple action communautaire et non d'une politique, le caractère systématique et harmonisé faisant alors défaut.

Les programmes d'action communautaire demeurent un instrument privilégié de la mise en œuvre des politiques communes. Ils constituent toujours la première étape de la mise en œuvre des préoccupations identifiées dans les actes constitutifs des organisations d'intégration régionale. On peut définir les programmes d'action comme des

> "déclarations politiques qui cumulent les actions envisagées pour une période de temps spécifique, les placent dans un cadre général, fixent des priorités et introduisent ou expliquent, le cas échéant, des orientations nouvelles."[73]

En tant que déclarations politiques fixant les orientations générales pour la mise en œuvre des objectifs globaux dans un espace intégré, les programmes d'action ne constituent pas le fondement juridique de la politique communautaire en matière environnementale. Seules les dispositions contenues dans les actes constitutifs des organisations d'intégration régionale demeurent le fondement juridique de la politique communautaire environnemental. C'est pourquoi la légalité des mesures d'application en matière environnementale sera appréciée à l'aune des dispositions des actes constitutifs et non des programmes d'action, même si ces mesures d'exécution tendent généralement à mettre en œuvre directement ces programmes d'action.

Bien que juridiquement non contraignantes, les programmes d'action n'en jouent pas moins pour autant un rôle important. Ils contribuent au développement des législations nationales puisque les

---

[73] L. KRÄMER, *op. cit.*, p. 5.

actions prévues impliquent le plus souvent la préparation de normes législatives et réglementaires au niveau interne.[74]

De nos jours, toutes les communautés économiques régionales africaines semblent avoir adopté un programme communautaire en matière d'environnement.[75] L'adoption d'un tel programme constitue le premier pas vers une véritable politique en la matière. Le caractère non contraignant, l'élasticité des objectifs et la souplesse des programmes communautaires expliquent certainement aussi la facilité avec laquelle ils sont adoptés.

A titre illustratif, l'UEMOA dispose actuellement d'un programme communautaire en matière d'environnement. Le Conseil a adopté en 1997, conformément au protocole relatif aux politiques sectorielles,[76] une Recommandation relative à la gestion de l'environnement.[77] Cette recommandation détermine, au titre du programme de première génération, les composantes du programme et les mesures à entreprendre pour l'harmonisation des politiques environnementales.

Au titre des composantes, la Recommandation identifie huit sous-programmes prioritaires sur lesquels l'Union doit concentrer ses efforts durant les années à venir. Ces sous-programmes qui s'inscrivent dans les cinq objectifs prioritaires dégagés par la Conférence et avec lesquels ils se confondent souvent, concernent la lutte contre la désertification, la préservation de la biodiversité, la lutte contre l'érosion côtière, la gestion des pollutions et l'amélioration du cadre de vie, la gestion des écosystèmes transfrontaliers, la gestion des ressources en eau, la promotion des énergies de substitution et le renforcement des capacités.[78]

---

[74] A. KISS et D. SHELTON, op. cit., p. 23.
[75] Il ressort des recherches et recoupements que les organisations ont élaboré des programmes communautaires dans les différents domaines d'activités. Mais en raison des difficultés d'accès à l'information, l'auteur n'a pu disposer de l'ensemble de ces textes communautaires.
[76] Articles 9, 10, 11 et 12.
[77] Recommandation n°02/97/CM relative à la mise en œuvre d'un programme communautaire de première génération en matière de gestion de l'environnement au sein de l'UEMOA, Bulletin Officiel de l'UEMOA, 4 juin 1997, p. 11.
[78] Recommandation n°02/CM Article 2.

Au titre des mesures d'harmonisation, les États sont invités à prendre un certain nombre d'initiatives. Au niveau international, ils devront prendre les mesures pour la ratification des conventions de Bâle[79] et de Bamako[80] de même que pour renforcer le rôle de l'Union dans la mise en œuvre des conventions sur la diversité biologique et contre la désertification.[81]

Au niveau technique, les États sont invités à prendre les mesures nécessaires pour un contrôle judicieux des importations d'équipements électroménagers usagés contenant des substances appauvrissant la couche d'ozone, la réalisation d'infrastructures de destruction des déchets biomédicaux et la recherche d'un système permettant le recyclage adéquat et l'élimination des déchets plastiques au moyen de la promotion des éco-technologies et de la sensibilisation des consommateurs.

Au niveau juridique et institutionnel, ils sont invités à adopter des textes sur la gestion de l'eau. Au plan institutionnel, un mécanisme de suivi du programme communautaire est recommandé aux États.[82] Le Conseil établit par voie de règlement les procédures d'information nécessaire à la coordination et les actions communes requises pour la protection et l'amélioration de l'environnement communautaire.

Cependant en raison de leur double nature de document-cadre et à valeur recommandatoire, les programmes d'action communautaire s'avèrent d'un intérêt limité s'ils ne sont pas accompagnés de mesures concrètes de leur mise en œuvre.

---

[79] Convention de Bâle sur le contrôle des mouvements transfrontières de déchets dangereux et de leur élimination (Bâle, 22 mars 1989).
[80] Convention de Bamako sur l'interdiction d'importer en Afrique des déchets dangereux et sur le contrôle des mouvements transfrontières et la gestion des déchets dangereux produits en Afrique (Bamako, 30 janvier 1991).
[81] Recommandation n°2/97/CM Article 2.
[82] Article 2.

2. Les mesures d'exécution des politiques communautaires

Elles se composent des mesures normatives qui doivent tendre à une harmonisation progressive des législations nationales (a) et des activités opérationnelles visant à harmoniser le développement des différentes régions communautaires (b).

a) L'harmonisation des normes

La dimension normative de la politique communautaire doit viser à l'harmonisation progressive de la réglementation communautaire environnementale pour aboutir en principe à terme, à leur uniformisation dans le cadre de chaque marché commun.

S'agissant des normes techniques susceptibles d'être édictées, on distingue en général les normes de produits (techniques de fabrication minimisant la pollution à la source), les normes d'émission (déterminant un seuil maximum de rejets polluants) et les normes de qualité (déterminant le niveau moyen de pollution du milieu naturel dans une zone donnée).

L'harmonisation progressive de ces normes doit s'opérer au moyen d'actes juridiques communautaires. Il s'agit essentiellement des règlements, directives, décisions et résolutions qui sont l'expression du droit dérivé et qui au-delà de leur spécificité, constituent tous, des instruments privilégiés habituels de mise en œuvre des politiques communautaires.

Bien que l'uniformisation des normes soit l'objectif final pour favoriser une meilleure intégration économique régionale, il demeure cependant fondamental que la matière environnementale se prête mieux, du moins pour le début du processus d'intégration, au domaine de l'harmonisation que de l'uniformisation. Contrairement à la technique de l'uniformisation qui vise la production d'un droit unifié, la technique de l'harmonisation offre une plus grande souplesse. En effet, elle permet à chaque État de garder la maîtrise de l'action en la matière tout en établissant une zone de symbiose juridique extrêmement large avec ses partenaires, dans laquelle les législations se rapprochent sans aller jusqu'à leur fusion.[83]

La préférence pour la technique de l'harmonisation dans le domaine des ressources naturelles et de l'environnement s'explique par le fait que les spécificités locales y sont nombreuses et variées. L'état des ressources naturelles, les disparités des initiatives entre États, les contingences locales et l'extrême diversité des écosystèmes sont autant de facteurs qui interdisent l'élaboration et encore moins l'application de mesures standardisées à des États aux situations environnementales fort diverses. Le succès d'une politique communautaire de l'environnement dépend pour une grande part, de la prise en compte des particularismes locaux et nationaux.

Si l'harmonisation semble constituer la technique la plus appropriée pour la matière environnementale, il est nécessaire d'en avoir une exacte compréhension si l'on veut en faire une technique efficace de promotion de l'intégration économique. Il existe, en effet, un risque sérieux dans la mise en œuvre de cette technique car la tentation est grande d'en faire un instrument de régression normative par le recours systématique à l'harmonisation par "le bas" ou selon le plus petit dénominateur commun.

C'est pourquoi il est nécessaire, dans le domaine de l'environnement plus que dans tout autre, d'identifier et de fixer, et ce dans le traité constitutif, à l'instar de l'Union européenne, un niveau minimal de garanties relatif à l'harmonisation pour éviter l'écueil de l'harmonisation négative. L'union européenne a intégré de manière expresse l'exigence d'un niveau de protection élevé dans les domaines relatifs à l'environnement tels que la lutte contre la désertification ou l'érosion côtière, la protection des ressources naturelles ou de leur habitat.[84] Le silence du traité sur la nécessité d'une harmonisation positive ou sur l'exigence d'un niveau de protection élevé ne doit pas servir de prétexte à l'émergence d'une forme déguisée de déréglementation communautaire ouvrant la voie à une impasse en la matière.

---

[83] E. CEREXHE et al., *Introduction à l'Union Économique Ouest-africaine*, Bruxelles, De Boeck/C.E.E.I, p. 93.
[84] Traité sur l'Union européenne, Article 100A, § 3.

Sur le plan normatif, il est à constater que malgré l'adoption de programmes communautaires, les instruments juridiques se font désespérément attendre. Il est difficile de citer parmi les nombreuses organisations d'intégration régionale, celles qui ont à leur actif une activité législative environnementale communautaire. L'on chercherait en vain des directives, règlements ou recommandations en matière communautaire. Tout au plus, pourrait-on signaler des initiatives d'harmonisation en cours dans certaines organisations régionales. Ainsi l'UEMOA a engagé depuis le début de l'année 2000 un projet de réglementation communautaire en matière d'étude d'impact sur l'environnement. Cette initiative a été rendue possible pour un certain nombre de raisons. D'abord l'étude d'impact environnementale fait l'objet d'unanimité de la part des États en tant qu'un des principes fondamentaux majeurs de la protection de l'environnement. De plus, ou peut-être ceci expliquant cela, tous les États disposent d'instruments juridiques internes de mise en œuvre de ce principe. L'étude d'impact sur l'environnement peut être considérée comme un thème suffisamment mûr pour se prêter à une codification communautaire[85] dont le rôle sera encore plus crucial dans la perspective de la conduite des activités opérationnelles de développement.

b) Les activités opérationnelles de développement durable

La politique communautaire doit consister en des projets ou programmes de développement visant à protéger les écosystèmes fragiles nationaux, régionaux ou transfrontaliers. Souvent la coopération pour une protection efficace de l'environnement régional va même au-delà du cadre d'une organisation régionale, pour intéresser des États voisins non-membres, mais dont la collaboration est indispensable pour certaines actions régionales. En effet, il y a rarement identité entre défis environnementaux et espaces économiques régionaux créés sur le continent. D'où

---

[85] Ceci n'est pas par contre le cas pour la plupart de certains autres secteurs de l'environnement. Il suffit de songer à certains aspects de la protection de l'environnement qui sont moins consensuels. Il s'agit notamment de la mise en œuvre normative du principe pollueur-payeur ou du principe de précaution.

souvent, la nécessité absolue, pour appréhender certains problèmes environnementaux complexes, de sortir du cadre communautaire – à l'instar du cadre étatique qui peut aussi s'avérer étriqué – pour associer d'autres États non-membres de l'organisation communautaire initiatrice des programmes environnementaux.

Dans cette perspective, il convient de se féliciter de l'innovation opérée par certaines organisations d'intégration régionale qui permet l'association d'États non-membres en vue de la mise en œuvre d'une politique sectorielle communautaire. Si cette initiative est importante pour toutes les politiques sectorielles, elle le demeure encore plus en matière de protection de l'environnement pour laquelle les États voisins sont les plus concernés à des titres divers.

A cet égard, on peut mentionner la CEMAC qui offre la possibilité à tout État africain de s'associer à une ou plusieurs politiques dans le cadre d'un accord conclu avec la Communauté dont les modalités seront définies par la Conférence des chefs d'État et de gouvernement.[86] Dans le même ordre d'idées, l'UEMOA offre également une telle possibilité.[87] Elle envisage actuellement la mise en œuvre de cette forme d'association avec le Ghana dans le cadre de la lutte contre l'érosion côtière. Ce pays non-membre de l'Union, partage de nombreux écosystèmes terrestres, marins ou de transition avec trois États membres de l'UEMOA que sont le Burkina Faso, la Côte-d'Ivoire et le Togo. S'agissant particulièrement de l'objectif prioritaire de l'Union en ce qui concerne la lutte contre l'érosion côtière, on ne voit guère comment un tel objectif pourrait être efficacement atteint sans la collaboration, et donc l'association du Ghana, qui de par sa position géographique, s'interpose entre la Côte-d'Ivoire d'une part, le Bénin et le Togo d'autre part, trois pays de l'UEMOA particulièrement affectés par l'érosion côtière.

---

[86] CEMAC (Additif relatif au système institutionnel et juridique de la Communauté), Article 39.
[87] "Tout État africain peut demander à participer à une ou plusieurs politiques de l'Union en qualité de membre associé.
Les conditions d'une telle association font l'objet d'un accord entre l'État demandeur et l'Union.
L'accord est conclu par la Conférence des Chefs d'État et de Gouvernement". UEMOA, Article 104.

C'est justement au niveau du financement de ces activités opérationnelles que les mécanismes financiers institués par les organisations d'intégration régionales interviennent de manière décisive dans le financement des activités opérationnelles de développement durable. La mise en œuvre de l'action opérationnelle nécessite des ressources financières adéquates puisqu'elle implique des activités matérielles sur le terrain qui engendrent nécessairement des coûts. Conscients que la volonté politique ne suffit pas toujours et qu'il ne peut exister une véritable politique de l'environnement sans un financement adéquat, les États ont mis en place des mécanismes financiers divers pour le développement communautaire. Ces mécanismes financiers ont pour but d'améliorer, au moyen de projets et programmes de développement, le niveau de développement économique et social des États membres de l'Union tout en réduisant les disparités entre les États et les régions, contribuant ainsi à un aménagement équilibré du territoire communautaire.

Ces mécanismes financiers sont constitués d'une part des banques de développement ou d'investissements et d'autre part des fonds structurels qui s'analysent en des fonds communautaires de développement institués dans le cadre de l'intégration régionale. Pour les premières, l'on peut mentionner la Banque Africaine de Développement (BAD) pour la CEA, l'Institut de Financement du Développement (IFD) pour la CEMAC ou la Banque Ouest Africaine de Développement (BOAD) pour l'UEMOA.[88] Mais dans l'ensemble peu a été fait dans ce domaine. C'est ainsi qu'il difficile aujourd'hui de signaler des initiatives menées par les banques de développement ou d'investissement dans le domaine spécifique de l'environnement dans le cadre d'une politique communautaire. Certes, les activités opérationnelles de développement financées par ces structures peuvent comporter des volets environnementaux sans que ces derniers ne s'inscrivent dans le cadre de la protection systématique et exclusive de l'environnement.

---

[88] La BOAD qui a actuellement le statut d'institution spécialisée devra se transformer en organe de l'UEMOA dans le cadre de la fusion en perspective, des traités UMOA et UEMOA.

S'agissant des fonds, il convient de signaler les fonds structurels de l'UEMOA,[89] le Fonds de développement de la CEMAC[90], de même que le Fonds de solidarité de développement et de compensation de la CEA dont la mise en œuvre effective relève de protocoles.[91] Cependant, à l'instar des banques de développement, les fonds structurels, instruments majeurs des politiques sectorielles, tardent désespérément à se mettre en place de manière effective.

Les deux genres d'instruments de financement – banques et fonds – s'ils obéissent chacun à des philosophies qui leur sont propres, poursuivent le même objectif qui est d'accompagner le processus d'intégration par le financement, non d'une politique mais de l'ensemble des politiques sectorielles. C'est pourquoi, au-delà de ces mécanismes généraux ou communs de financement des actions communautaires, et tout en reconnaissant leur rôle fondamental en la matière, il est nécessaire de franchir une autre étape en instituant des mécanismes spécifiques de financement de la politique environnementale. Ces mécanismes, contrairement aux deux instruments ci-dessus mentionnés centrés sur l'aide au développement et partant la réalisation de projets de développement liés à la protection de l'environnement, seront axés sur la mise en œuvre et la promotion d'une stratégie environnementale communautaire.

Ces mécanismes pourraient prendre la forme d'un fonds communautaire pour l'environnement à la lumière de ce qui est en

---

[89] "En vue du financement d'un aménagement équilibré du territoire communautaire, l'Union pourra instituer des fonds structurels dont les modalités d'intervention seront précisées par voie d'acte additionnel de la Conférence des Chefs d'État et de Gouvernement", UEMOA, Article 59. Dans ce cadre, un fonds structurel dénommé "Fonds d'Aide à l'Intégration Régionale" des États membres de l'UEMOA (FAIR) a été institué par l'acte additionnel n°01/98.

[90] "En vue de promouvoir le développement harmonisé de tous les États membres, dans le cadre des acquis de l'UDEAC, et pour surmonter les handicaps à l'intégration économique et sociale régionale que constituent l'enclavement ou l'insularité, les États membres s'engagent à mettre en place un fonds de développement." CEMAC (UEAC), Article 77. Le montant, les contributions ainsi que l'utilisation du fonds sont déterminés par la Conférence des Chefs d'État.

[91] CEPA, Article 80.

cours à l'Union européenne.[92] Il peut être constitué dans le cadre du budget ordinaire des organisations d'intégration régionale ou au contraire, financé par des contributions spéciales. Mais au regard de la situation des banques et fonds généraux de développement, l'on demeure encore loin de la perspective d'instruments financiers spécifiques à la protection de l'environnement.

En réalité, l'inertie qui caractérise les mécanismes de financement des politiques sectorielles communautaires, notamment la politique environnementale, ne constitue pas un cas exceptionnel. Bien que l'on puisse constater que les politiques sectorielles demeurent encore de nos jours le maillon faible de l'intégration économique, l'inertie ambiante dans les organisations d'intégration doit être située dans le cadre plus général des nombreuses difficultés rencontrées par les États dans la construction de l'intégration régionale. Elle n'est donc que le reflet de l'absence de volonté de la part des États à relever les défis inévitables et inhérents à tout processus d'intégration.

En guise de conclusion, on observera que la prise en compte des préoccupations environnementales dans le processus d'intégration régionale en Afrique en est encore à ses premiers balbutiements. Depuis son émergence au début des années 90 dans les actes constitutifs des organisations d'intégration africaine, la protection de l'environnement n'a pas fait l'objet de l'attention qu'elle mérite. Aucun progrès significatif n'a été enregistré tant au plan normatif qu'opérationnel, tendant à faire de la question environnementale, une préoccupation majeure des États africains. Les préoccupations énoncées dans les actes constitutifs demeurent encore de nos jours théoriques en l'absence de mesures pratiques de leur mise en œuvre. Ces préoccupations semblent avoir beaucoup de peine à se concrétiser et rendent du même coup aléatoire, l'avènement, à court

---

[92] L'Union européenne a mis en place à partir de 1994 un Fond de cohésion pour l'environnement à l'instar du Fonds social ou du Fonds agricole qui ont contribué à favoriser une intervention plus harmonisée dans les domaines d'intervention respectifs.

ou moyen terme, d'une véritable politique communautaire en matière environnementale.

Toute évolution dans ce domaine demeurera étroitement dépendante du rythme général de construction des communautés régionales dans les autres domaines d'intégration. Il est peu probable que la politique communautaire environnementale puisse se promouvoir indépendamment des autres politiques sectorielles auxquelles elle est étroitement liée et dont elle est appelée à constituer le soubassement nécessaire. Ce ne sera que par une avancée du processus général d'intégration que la politique sectorielle de l'environnement trouvera son meilleur champ d'expression et d'expansion en faveur d'un développement africain plus soucieux de la protection des processus écologiques essentiels.

WTO DOHA MINISTERIAL DECLARATION AND INTELLECTUAL PROPERTY: AFRICAN PERSPECTIVES

Tshimanga Kongolo[*]

I. INTRODUCTION

The Final Act Embodying the Results of the Uruguay Round of the Multilateral Trade Negotiations was adopted on 15 April 1994 at Marrakech (Morocco). The World Trade Organization (WTO) came into existence in January 1995. Agreements embodied in the annexes to the Agreement Establishing the WTO were presented as a package that Member States were recommended to adhere.

The Agreement on Trade-Related Aspects of Intellectual Property Rights (TRIPs Agreement) has provided norms that Member States to the WTO shall implement at the national level. The question is to know whether these norms meet the interests of developing countries in general and African countries in particular. It should be pointed out from the outset that African countries face difficulties in implementing fully the requirements of the TRIPs Agreement, especially in the field of patents. Coupled with the on going debate as to the relationship between patent protection and public heath, African countries disbelieve the positive implications of TRIPs' rules if implemented as such without adequate adjustment. Moreover, the failure of the TRIPs Agreement to deal with issues such as traditional knowledge and folklore made African countries feel that their demands are not

---

[*] Ph.D. Osaka University (Japan), World Intellectual Property Organization (WIPO) Worldwide Academy, Geneva.
The views expressed in this article are personal and should not be considered as a WIPO position.

considered seriously.

From a different perspective, due to the increased pressure from civil societies, including Non Government Organization (NGO), it was time for the WTO to take certainly into consideration positions of developing and least developed countries. The balance of views in adopting more flexible tone was seen as an inescapable necessity for WTO survival.[1] The outcome of the Doha Ministerial Conference was crucial for the WTO future after the failure of the Seattle Ministerial Conference in the year 1999.

As for intellectual property, it should be mentioned that issues addressed during the Ministerial Conference covered mainly issues discussed under the auspices of the TRIPs Council. Unlike other previous Ministerial Conferences, under the Doha Ministerial Conference, the Declaration on TRIPs and Public Health was likewise adopted to deal exclusively with matters pertaining to intellectual property that are connected with public health. It is necessary to indicate that under the Doha Declaration itself some provisions refer likewise to intellectual property, such as geographical indications, relationship between the TRIPs Agreement and the Convention on Biological Diversity (CBD), and review of implementation of the TRIPs Agreement as provided under Article 71(1) of the Agreement.

Has the Doha Declaration brought hope to African countries? Would the situation of African countries improve after Doha? What are foreseeable implications of the Declaration on TRIPs and Public Health for African countries?

This study endeavours to scrutinize the Doha Ministerial Declaration with a particular focus on embodied intellectual property issues. It aims likewise at examining the Declaration on the TRIPs Agreement and Public Health from the perspectives of African countries, and to foresee the implications of this Declaration for those countries.

To pave the way for a better understanding of the debated issues, it is necessary to outline the system of protection as regards mainly

---

[1] It is no exaggeration to say that what ministers decide here in the next few days, will determine whether the World Trade Organization remains at the centre of the trade policy concerns over the next few years.
Letter of Mike Moore, WTO Director General, to journalists, 9 November 2001.

patents embodied in the TRIPs Agreement, and at the same time, to address issues relating to geographical indications as provided under TRIPs. The Doha Ministerial Conference will be outlined before examining issues relating to intellectual property dealt with under the Doha Declaration, on the one hand, and on the other hand the Declaration on TRIPs and Public Health.

Finally, implications for African countries of the Declaration on the TRIPs Agreement and Public Health will be scrutinized.

II. OVERVIEW OF THE TRIPs AGREEMENT

The TRIPs Agreement provides for the protection of seven intellectual property categories, which are copyright and related rights, trademarks, geographical indications, industrial designs, patents, layout-designs of integrated circuits, and undisclosed information.[2] It is not the aim of this study to deal with all these categories.

In Article 2 of TRIPs, WTO has requested Member States to comply with Articles 1-12 and 19 of the Paris Convention for the Protection of Industrial Property (1967).[3] The TRIPs Agreement sets out objectives and principles that Member States shall implement.[4]

---

[2] See Adrian OTTEN, "Implementation of the TRIPs Agreement and Prospects for its further Development", *Journal of International Economic Law* 1 (1998), pp. 523-536.

[3] This Convention is administered by the World Intellectual Property Organization (WIPO).

[4] Article 7 (Objectives):
The protection and enforcement of intellectual property rights should contribute to the promotion of technological innovation and to the transfer and dissemination of technology, to the mutual advantage of producers and users of technological knowledge and in a manner conducive to social and economic welfare, and a balance of rights and obligations.
Article 8 (Principles):
Members may, in formulating or amending their national laws and regulations, adopt measures necessary to protect public health and nutrition, and to promote the public interest in sectors of vital importance to their socio-economic and technological development, provided that such measures are consistent with the provisions of this Agreement.
Appropriate measures, provided that they are consistent with the provisions of this Agreement, may be needed to prevent abuse of intellectual property rights by right holders or the resort to practices which unreasonably restrain trade or adversely affect the

Articles 3 and 4 of the TRIPs Agreement provides for the national treatment and the most-favoured-nation treatment.⁵

Under this section only two categories of intellectual property will be scrutinized: patents and geographical indications.

Patents

It is needless to point out that the struggle between developed and developing countries over patents protection has a long history. Under TRIPs negotiation, developed countries advocated for a strong protection of patents, whereas developing countries preferred more flexible patent system which would take into consideration their interests. The discussion ended with the adoption of the TRIPs Agreement. As stated above, WTO Members are required to implement TRIPs at the national framework.

The TRIPs Agreement provides norms, *inter alia,* as to the patentability of an invention, exclusive rights to confer to the patentee, compulsory licensing, term of protection, and enforcement of rights.

1. Patentable Subject Matter

Article 27(1) of the TRIPs Agreement lays down criteria and the scope of patentability of inventions. To qualify for protection, an invention shall be new, involve an inventive step and be capable of industrial application.⁶ In addition, the protection shall be available for any inventions in all fields of technology, and without discrimination as to the place of invention.

In this connection, the TRIPs Agreement maintains that a developing country member is obliged to extend product patent

---

international transfer of technology.

[5] Members shall accord to the nationals of other members treatment no less favourable than that accords to its own national (Article 3). Furthermore, any advantage, favour, privilege or immunity granted to the nationals of any other country shall be accorded immediately and unconditionally to the nationals of all other members. Some exceptions have been provided (Article 4).

[6] For the definition of each criterion, see Tshimanga KONGOLO, "Prospective Reform in Zairian Patent Law after the TRIPs Agreement", *International Public Policy Studies* 1 (1997).

protection to areas of technology not so protectable in its territory on the general date of application of the Agreement, or it may delay the application of the provisions on product patents for an additional period of five years.[7]

In fact, a large number of developing countries and least developed countries did not provide protection in respect of pharmaceutical products for the reason that it (protection) involves public health and public policy of each country. However, after the adoption of TRIPs, as indicated above, Member States to the WTO are required to grant patent for inventions in this field.

Article 27(2) sets out unpatentable inventions. These relate to inventions which are contrary to *ordre public* or morality, or prejudicial to human, animal, plant life, health, or which may create prejudice to the environment. Each member has the discretionary authority to determine situations which trouble *ordre public* or morality. As a matter of fact, the concept of *ordre public* varies widely from one country to another.

According to paragraph 3 of the same Article (27), Members may also exclude from patentability:

(a) diagnostic, therapeutic and surgical methods for the treatment of humans or animals;

(b) plants and animals other than microorganisms, and essentially biological processes for the production of plants or animals other

---

[7] Article 65(4), TRIPs Agreement. Further, Article 70(8) provides that where a Member does not make available as of the date of entry into force of the Agreement Establishing the WTO patent protection for pharmaceutical and agricultural chemical products commensurate with its obligations under Article 27, that Member shall: (i) notwithstanding the provisions of Part VI above (Transitional Arrangements), provide as from the entry into force of the Agreement Establishing the WTO a means by which applications for patents for such inventions can be filed. Under the same reasoning, paragraph 9 of the same Article stipulates that where a product is the subject of a patent application in a Member in accordance with paragraph 8(i), exclusive marketing rights shall be granted for a period of five years after obtaining market approval in that Member or until a product patent is granted or rejected in that Member or until a product patent is granted or rejected in that Member, whichever period is shorter, provided that, subsequent to the entry into force of the Agreement Establishing the WTO, a patent application has been filed and a patent granted for that product in another Member and marketing approval obtained in such other Member.
This provision is called "pipeline provision".

than non- biological and microbiological processes. However, Members shall provide for the protection of plant varieties either by patents or by an effective *sui generis* system or by any combination thereof. The provisions of this sub-paragraph shall be reviewed four years after the entry into force of the Agreement Establishing the WTO.

This provision is one of the most controversial one between developed and developing countries, and has been heavily discussed under the TRIPs Council.[8] It should be noted that this sub-paragraph is still under review as provided above. Several issues have been discussed:
- the relationship between the Convention on Biological Diversity (CBD) and TRIPs;
- technical issues relating to patent protection under Article 27.3(b);
- technical issues relating to *sui generis* protection of plant varieties;
- ethical issues relating to the patentability of life forms;
- the relationship to the conservation and sustainable use of genetic material; and
- the relationship with the concepts of traditional knowledge and farmers' rights.

It should be pointed out that the Convention on Biological Diversity (CBD) has acknowledged the necessity for further protection and conservation of biological diversity and for the sustainable use of its components and the fair and equitable sharing of the benefits arising out of the utilization of genetic resources. Under the same reasoning, the CBD has reckoned the close relationship existing between traditional knowledge and modern technology.

TRIPs has required WTO Members to provide protection with respect to new variety of plants either under patent or a *sui generis* system or under a combined regime. It was debated under the TRIPs

---

[8] TRIPs Council, Review of the Provisions of Article 27.3(b), WTO-IP/C/W/206 20 September 2000.

Council whether the *sui generis* regime shall be the one provided under the UPOV Convention or could a country design its *sui generis* regime without implementing necessary the UPOV Convention. There is a need to say that TRIPs does not impose Member States to the WTO to endorse the UPOV *sui generis* regime. Under this reasoning, the Organization of Africa Unity (OAU) has adopted in 1998, an "African Model Legislation for the Protection of the Rights of Local Communities, Farmers and Breeders, and for the Regulation of Access to Biological Resources".[9]

2. Rights Conferred

Rights conferred to the patentee are exclusive.[10] In other words, no one is entitled to use his/her invention without his/her consent in respect of both process patents and product patents. Making, selling, using, offering for sale, importing patented products or process for these purposes amount to infringement.

3. Compulsory Licensing

It should be pointed out that Article 30 of the TRIPs Agreement sets out exceptions to rights conferred in the following terms:

Members may provide limited exceptions to the exclusive rights conferred by a patent, provided that such exceptions do not unreasonably conflict with a normal exploitation of the patent and do not unreasonably prejudice the legitimate interests of the patent owner, taking account of the legitimate interests of third parties.

This is to say that Member countries have been given a leeway to limit in some circumstances the exclusive rights of the patentee. This provision has become popular for reasons that will be explained below.[11]

---

[9] Tshimanga KONGOLO, "New Options for African Countries regarding Protection for New Varieties of Plants", *Journal of World Intellectual Property* 4 (2001), pp. 349-371.
[10] See Article 28, TRIPs Agreement.
[11] It was debated at Doha whether this provision could be applied to address the issue relating to the export of drugs to a least developed country who cannot manufacture these drugs locally even when compulsory license regime is available.

In principle, compulsory licensing is dealt with under Article 31 of the TRIPs Agreement. The compulsory licensing regime permits a third party to utilize the invention without the prior consent of the patentee due to non-use of the patented invention(s). It is a limit to the exclusive rights granted to the patentee.

Article 31 provides conditions to be respected when allowing the use of owner's rights by third parties (compulsory license). Some of those conditions are similar to those provided under the Paris Convention for the Protection of Industrial Property. The compulsory licensee must make effort to enter into license agreement with the right holder of the patent within reasonable commercial terms but without being successful at last. This requirement may be waived by a member in the case of a national emergency or other circumstances of extreme urgency or in cases of public non-commercial use.[12] The compulsory license shall be non-exclusive and shall be granted in the individual merit. In any case, the right holder shall be paid adequate remuneration. In addition, the need to correct anti-competitive practices may be taken into account to determine the amount of the remuneration.

Further, the compulsory license shall be authorized predominantly for the supply of the domestic market of the member authorizing such use. In relation to the existence of two conflicting patents which bar each other, the second patentee may be granted a compulsory license over the first patent if the second patent involves an important technical advance of considerable economic significance. In that case, the owner of the first patent shall be entitled to a cross-license on reasonable terms to use the invention covered by the second patent.

Compulsory licenses regime has given rise to several issues between developed and developing countries.[13] Developing countries advocate for the extended use of this regime, whereas, developed countries restrain its use only to particular circumstances. Compulsory license regime has been applied recently to limit the exclusive rights of

---

[12] Brazil has applied this provision to acknowledge manufacturing of anti-retroviral drugs to combat HIV/AIDS by proclaiming a national emergency.

[13] Tshimanga KONGOLO, "The International Intellectual Property System and Developing Countries Before and After the TRIPs Agreement: A Critical Approach", *International Public Policy Studies* 3 (1998), pp. 93-116.

the patentee in regards to pharmaceutical products, to permit manufacturing or imports of generic drugs.[14]

4. Term of Protection

The term of protection is set at twenty years from the filing date of patent. In other words, the TRIPs Agreement has recommended WTO Member States to provide protection in respect of patents for twenty years.

5. Enforcement of Rights

WTO Members have been required under TRIPs to provide for enforcement of rights at the national level.

Geographical Indications

TRIPs has defined geographical indications as
"indications which identify a good as originating in the territory of a Member, or a region or locality in that territory, where a given quality, reputation or other characteristic of the good is essentially attributable to its geographical origin".[15]

Geographical indications have to be protected in order to avoid misleading the public and to prevent unfair competition.

Article 23 of the TRIPs Agreement has provided for special and additional protection for geographical indications in respect of wines and spirit as follows:

Each Member shall provide the legal means for interested parties to prevent use of a geographical indication identifying wines for wines not originating in the place indicated by the geographical indication in question or identifying spirits not originating in the place indicated by the geographical indication in question, even where the true origin of

---

[14] Tshimanga KONGOLO, "Towards a New Fashion of Protecting Pharmaceutical Patents in Africa - Legal Approach", *International Review of Industrial Property and Copyright Law* 33 (2002), pp. 185-211.

[15] TRIPs Agreement, Article 22(1).

the goods is indicated or the geographical indication is used in translation or accompanied by expressions such as "kind", "type", "style", "imitation" or the like".

In paragraph 4 of the same Article, TRIPs provides that negotiations shall be undertaken in the Council for TRIPs concerning the establishment of a multilateral system of notification and registration of geographical indications for wines eligible for protection.

Under the international framework, this specific protection as regards wines had been proposed by European countries in general and France in particular during the negotiations undertaken under the auspices of GATT/WTO in the course of adoption of the TRIPs Agreement.[16]

Under Article 24 of the TRIPs Agreement, Member States are urged to enter into negotiations aimed at increasing the protection of individual geographical indications. Moreover, the Council for TRIPs has been empowered to keep under review the application of the provisions of this section.[17]

Since 1998, a number of proposals for a system for notifying and registering geographical indications for wines (and spirits) have been submitted to the TRIPS Council.[18]

A number of countries have proposed extending the higher level of protection beyond wines and spirits to other products, including handicrafts, agricultural products and other beverages.[19]

III. OUTLOOK OF THE DOHA MINISTERIAL CONFERENCE

The first WTO Ministerial Conference took place at Singapore from 9 to 13 December 1996. The Ministerial Declaration was adopted on

---

[16] See J. H. REICHMAN, "Compliance with the TRIPs Agreement: Introduction to a Scholarly Debate", *Vanderbilt Journal Transnational Law* 29 (1996) 3, pp. 363-390.

[17] See Annual Report of the Council for TRIPS, WTO-IP/C/22, 6 December 2000.

[18] Tshimanga KONGOLO, "Trademarks and Geographical Indications within the Frameworks of the African Intellectual Property Organization Agreement and the TRIPs Agreement", *Journal of World Intellectual Property* 2 (1999), pp. 833-844.

[19] *Id.*

13 December 1996, in which various issues were addressed, including recommendations on the Built-in Agenda, Dispute Settlement Understanding, etc. The second Ministerial Conference was carried out at Geneva from 16 to 20 May 1998. The Ministerial Declaration was adopted on 20 May 1998. The third Ministerial Conference was undertaken at Seattle from 30 November to 3 December 1999. It should be noted that no Ministerial Declaration emanated from that meeting due to a deep divergence of views among negotiators.

It should be pointed out that according to Article IV(1) of the Agreement Establishing the WTO, "There shall be a Ministerial Conference composed of all the Members, which shall meet at least once every two years." In accordance with this provision, the fourth Ministerial Conference took place at Doha from 9 to 14 November 2001. Negotiations between higher-ranking ministerial officials took place several months before the Ministerial Conference.

In addition to the Ministerial Declaration, a Declaration on TRIPs and Public Health was adopted. Preparation of this Ministerial Conference started in January 2000, a month after the failure of the Seattle Ministerial Conference. The strategy was to narrow differences between Member States on key issues. Intensive consultations between WTO officials (Director General and the General Council Chairman) with ministers were held during the whole period of preparation of the Ministerial Conference.

The Ministerial Declaration was adopted on 14 November 2001. It should be noted that this Ministerial Conference saw the accession of China and Chinese Taipei to the WTO. Under the Doha Ministerial Declaration, a new round of negotiations has been launched on various aspects based on Paragraph 12 of the Declaration (Implementation-Related Issues and Concerns).[20]

---

[20] "We attach the utmost importance to the implementation-related issues and concerns raised by Members and are determined to find appropriate solutions to them. In this connection, and having regard to the General Council Decisions of 3 May and 15 December 2000, we further adopt the Decision on Implementation-Related Issues and Concerns in document WT/MIN(01)/17 to address a number of implementation problems faced by Members. We agree that negotiations on outstanding implementation issues shall be an integral part of the Work Programme we are establishing, and that agreements reached at an early stage in these negotiations shall be treated in accordance with the provisions of paragraph 47 below. In this regard, we shall proceed as follows: (a)

In the Ministerial Declaration, Member States of WTO reaffirmed their adherence to the principles and objectives set out in the Marrakech Agreement Establishing the World Trade Organization, and pledged to reject the use of protectionism.[21]

Members recognized the need for all peoples to benefit from the increased opportunities and welfare gains that the multilateral trading system generates and acknowledged that needs and interests of developing countries and least developed countries should be placed at the heart of the Work Programme.[22]

In accordance with the Preamble to the Marrakech Agreement, it was affirmed that continued efforts were needed to ensure that developing countries, and especially the least-developed among them, secure a share in the growth of world trade commensurate with the needs of their economic development. In this context, enhanced market access, balanced rules, and well targeted, sustainably financed technical assistance and capacity-building programmes have important roles to play.[23]

Member States to the WTO recognized in their statement that under WTO rules no country should be prevented from taking measures for the protection of human, animal or plant life or health, or of the environment at the levels it considers appropriate, subject to the requirement that they are not applied in a manner which would constitute a means of arbitrary or unjustifiable discrimination between countries where the same conditions prevail, or a disguised restriction on international trade, and are otherwise in accordance with the provisions of the WTO Agreements.[24]

---

where we provide a specific negotiating mandate in this Declaration, the relevant implementation issues shall be addressed under that mandate; (b) the other outstanding implementation issues shall be addressed as a matter of priority by the relevant WTO bodies, which shall report to the Trade Negotiations Committee, established under paragraph 46 below, by the end of 2002 for appropriate action."

[21] Doha Ministerial Declaration, Paragraph 1.
[22] See Doha Ministerial Declaration, Paragraph 2.
[23] See Doha Ministerial Declaration, Paragraph 2.
[24] See Doha Ministerial Declaration, Paragraph 6.

IV. DOHA MINISTERIAL DECLARATION AND INTELLECTUAL PROPERTY

As mentioned above, under the Doha Ministerial Conference, several issues relating to intellectual property were addressed. It should be pointed out that all these issues were previously discussed under the TRIPs Council. The Declaration on the TRIPs Agreement and Public Health will be dealt with in the next section. In the present section, emphasis is put on intellectual property issues developed under the Ministerial Declaration itself.

In the Ministerial Declaration, it has been stipulated that interpretation and implementation of the TRIPs Agreement shall be undertaken in a manner supportive of public health, by promoting both access to existing medicines and research and development into new medicines.[25] In other words, the Declaration has acknowledged the importance of public health by giving a leeway to Member countries to implement or interpret the TRIPs Agreement in more flexible manner.[26]

Under the Ministerial Declaration, the following issues have been addressed: geographical indications; relationship between the TRIPs Agreement and the Convention on Biological Diversity (CBD); and other issues.

As mentioned above, the issue relating to geographical indications has been heavily discussed under the TRIPs Council as recommended in the TRIPs Agreement. It should be pointed out that under the TRIPs Council and in the preparation for the Doha Ministerial Declaration, the question has been whether to negotiate or discuss on this subject for all products or only for some.[27] Some members have linked this to the current negotiations on agriculture, saying that they would only agree on substantial progress in agriculture if there were similar progress on geographical indications. Some others have described it as a condition for negotiating further reductions in industrial tariffs. Some developing countries have raised this as

---

[25] Doha Ministerial Declaration, Paragraph 17.
[26] This issue will be dealt with in the next section.
[27] See Doha Ministerial Conference, News.

an "implementation" issue.

The Ministerial Declaration has set up in unambiguous terms that the Ministerial Declaration endeavoured to complete the Council for TRIPs works on the implementation of Article 23.4, and has agreed to negotiate the establishment of a multilateral system of notification and registration of geographical indications for wines and spirits by the Fifth Session of the Ministerial Conference. In addition, issues related to the extension of the protection of geographical indications provided for in Article 23 to products other than wines and spirits will be addressed in the Council for TRIPS.[28] That is to say that negotiations will continue under the auspices of the TRIPs Council.

In respect of African countries, the extension of the ambit of applicability of geographical indications to other products would be more beneficial to them by enabling the recognition of some African products that are more linked with the areas where they are produced.

TRIPs Council is still in the process of reviewing Article 27(3)(b) in accordance with Article 71(1) of the TRIPs Agreement. The Ministerial Conference has mandated TRIPs Council to pursue its work program in this matter and to examine, *inter alia*, the relationship between the TRIPS Agreement and the Convention on Biological Diversity, the protection of traditional knowledge and folklore, and other relevant new developments raised by Members pursuant to Article 71.1.[29]

Article 27(3)(b) deals with biotechnological inventions and the protection of plant varieties. As regards biotechnological inventions, the issue is to ascertain the relationship between the TRIPs Agreement and the Convention on Biological Diversity (CBD). In fact, rules embodied into the CBD are more balanced and take into account interests of both developed and developing countries by providing for the equitable sharing of benefit principle and prior informed consent (of concerned local community).[30] In this respect, most developing countries in general and African countries in particular are seeking for a

---

[28] Paragraph 18 of the Doha Ministerial Declaration.
[29] See Paragraph 19 of the Doha Ministerial Declaration.
[30] Tshimanga KONGOLO, *supra* note 9.

formal recognition under TRIPs of the protection of tradition knowledge (including folklore) to enable local communities to benefit from their in-put.[31]

It should be mentioned that until recently a large number of developing countries did not accord legal protection to plant varieties. This area was mostly governed by customs and practices that local breeders and farmers evolved.[32] Three fashions of protection are conceivable: protection of new varieties of plants under patent; protection of new varieties of plants under a *sui generis* system; protection of new varieties of plants under a combined regime of both patent and *sui generis*.

Under this context, the question has been whether sole the UPOV Convention constitutes the *sui generis* system recommended under TRIPs or could a Member country design its own *sui generis* system.[33] Another issue has been how to guarantee both farmers' rights and privileges and those of the breeders[34]; how to balance the interests of breeders and farmers? From this angle also, the protection of traditional knowledge has been advocated.[35]

Regarding other issues, opinions also differ as to whether non-violation cases can now automatically be brought to the WTO dispute settlement procedure, or whether the TRIPS Agreement requires the "scope and modalities" of non-violation cases to be sorted out first.[36]

---

[31] Tshimanga KONGOLO, "Towards a More Balanced Coexistence of Traditional Knowledge and Pharmaceuticals Protection in Africa", *Journal of World Trade* 35 (2001), pp. 349-361.

[32] Jayashree WATAL, "Intellectual Property and Biotechnology: Trade Interests of Developing Countries", *International Journal of Biotechnology* 2 (2000) 1/2/3, pp. 44-55.

[33] Susette BIBER-KLEMM, "Biotechnology and Traditional Knowledge: in Search of Equity", *International Journal of Biotechnology* 2 (2000) 1/2/3, p. 96.

[34] S. K. VERMA, "The TRIPs Agreement and Plant Variety Protection in Developing Countries", *European Intellectual Property Review* (1995), p. 282.

[35] Michael BLAKENEY, "The Protection of Traditional Knowledge under Intellectual Property Law", *European Intellectual Property Review* (2000), p. 251.

[36] See Bernard M. HOEKMAN and Petros C. MAYROIDIS, *Enforcing Multilateral Commitments: Dispute Settlement and Developing Countries*, WTO/World Bank Conference, 20-21 September 1999, pp. 4, 6 and 8.

It should be mentioned that developing countries encounter various problems while applying the WTO dispute settlement mechanism as provided under the Dispute Settlement Understanding. These can be summarized as follows[37]:
- The high cost of access to the dispute settlement process / Lack of administrative resources;
- Lack of appropriate information;
- The non-effective implementation of provisions regarding special and differential treatment in favour of developing countries;
- Fear of sanctions or detrimental consequences in other dimensions;
- Limited power of retaliation;
- Issues of implementation of decisions and compensation.

Because of the difference of interests, it is foreseen that after the coming into force of the TRIPs Agreement in respect of developing countries and least developed countries, a very considerable number of disputes relating to TRIPs would be initiated.[38]

Under non-violation complaints, a WTO Member may invoke the fact that the benefit expected by this Member is nullified or impaired or that the attainment of an objective of the TRIPs Agreement is impeded as a result of either the application of a measure by another Member or the existence of any other situation. To allow such complaints effectively gives powerful proprietary interests a generalized instrument of trade policy which will, even in the absence of an infringement, operate as a serious restraint on the ability of governments to address problems of social and economic dislocation.[39] Non-violation and situation complaints can be broader in scope and, in the case of non-violation complaints, include the application of any

---

[37] See Tshimanga KONGOLO, "The WTO Dispute Settlement Mechanism: TRIPs Rulings and the Developing Countries", *Journal of World Intellectual Property* 4 (2001), pp. 257-270.

[38] Olivier CATTANEO, "The Interpretation of the TRIPs Agreement – Considerations of the WTO Panels and Appellate Body", *Journal of World Intellectual Property* 3 (2000), pp. 627-682.

[39] Gail E. EVANS, "A Preliminary Excursion into TRIPs and Non-Violation Complaints", *Journal of World Intellectual Property* 6 (2000) 3, pp. 884 and 887.

measure regardless of whether it conflicts with the WTO Agreement.[40]

In the preparations for the Doha Ministerial Conference, technology transfer has been discussed as an "implementation" issue – i.e. among the problems developing countries say they face in implementing the current WTO agreements. Developing countries stress that technology transfer is a key part of the TRIPS Agreement since it appears in the objectives (Article 7), principles (Article 8), and a number of other articles. They propose action to promote more effective implementation of technology transfer provisions in general (Articles 7 and 8), and developed countries' obligations to provide incentives for their enterprises and institutions to transfer technology to least-developed countries (Article 66.2).

V. DECLARATION ON THE TRIPs AGREEMENT AND PUBLIC HEALTH

On the initiative of African Group, joined thereafter by a number of developing countries, a draft Ministerial Declaration on the TRIPs Agreement and Public Health was submitted to the TRIPs Council for discussion.[41]

The Declaration on TRIPs and Public Health had been submitted to Doha in two versions:
- The first was prepared by the USA, Switzerland, Canada, and a few other developed countries.
- The second, by some developing countries.

Developing countries made the case for generous interpretation of TRIPs by asserting the primacy of human health and other public policy concerns over the interests of private companies. The Declaration is seen as a modified version of the developing countries proposal, rather than a version of the US proposal.

It should be indicated that the Preamble of the Draft Declaration

---

[40] Henrik HORN and Petros C. MAVROIDIS, *Remedies in the WTO Dispute Settlement System and Developing Country Interests*, WTO/World Bank Conference, April, 1999, p. 11.

[41] See WTO-IP/C/W/312; WT/GC/W/450, 4 October 2001.

submitted by developing countries stipulated that the protection and promotion of public health and nutrition is a fundamental obligation and prerogative of the State, and also emphasized that the protection of intellectual property rights, in particular patent protection, should encourage the development of new medicines and the international transfer of and access to technology to promote the development and maintenance of sustainable domestic manufacturing capacities for medicines and other healthcare products.[42]

The spirit of the Draft Declaration in some extent is reflected in the Declaration on TRIPs and Public Health. Under the Draft Declaration, public health concerns, compulsory licensing, generic medicines, disputes settlement issues, and extension of transitional period, had been addressed. In this connection, Paragraph 8 of the Draft Declaration stipulated that nothing in the TRIPs Agreement shall prevent Members from disclosing or using information held by its authorities or the patent holder where it is so required for reasons of public interest, including where the disclosure or use is necessary to implement effectively any compulsory licenses or other measures adopted by public authorities in the public interest.

Moreover, Paragraph 9 of the Draft Declaration stipulated that under Article 30 of the TRIPs Agreement, Members may, among others, authorize the production and export of medicines to address public health needs in importing Members. This issue relates particularly to least developed countries that are unable to manufacture pharmaceutical products because of the lack of an appropriate infrastructure or industry, even when compulsory licensing is available.

It should be mentioned that the Declaration on the TRIPs Agreement and Public Health was adopted at the Doha Ministerial Conference on 14 November 2001. Most of the provisions provided under the Draft Declaration submitted by developing countries have been considered within the framework of the Declaration on the TRIPs Agreement and Public Health but with some amendments.[43]

---

[42] Draft Declaration submitted by Developing Countries.
[43] The Declaration on Public Health and drug patents represented the first clear victory in the WTO by the coalition of developing countries' governments and civil society groups that has emerged over the last ten years. This cooperation came on the heels of successful NGO-government collaborations on land mines, global

From these perspectives, this Declaration has acknowledged the gravity of the public health problems afflicting many developing and least-developed countries, especially those resulting from HIV/AIDS, tuberculosis, malaria and other epidemics.[44] In the same line of reasoning, the Declaration sets out that intellectual property protection is important for the development of new medicines, and recognizes its effects on prices.

Paragraph 4 (2) reaffirms the right of WTO Members to use, to the full, the provisions in the TRIPS Agreement, which provide flexibility for public health purpose. That is to say that Members have been given a leeway under this Declaration to take necessary measures to protect public health. From the same sphere the TRIPs Agreement should be interpreted and implemented in a manner supportive of WTO Members' right to protect public health and, in particular, to promote access to medicines for all.[45]

Under the same logic, Paragraph 5 of the Doha Declaration on the TRIPs Agreement and Public Health, in line with Paragraph 4 provides the scope of these flexibilities.

Sub-paragraph (b) of Paragraph 5 affirms that each Member has the right to grant compulsory licences and the freedom to determine the grounds upon which such licences are granted. In other words, this paragraph has broadened the scope of applicability of compulsory license, at least theoretically.[46] Under the Draft Declaration, developing

---

warming and protection of biological diversity and was one of the most important forces at the Ministerial. This new international political force will likely play a growing role in influencing the global agenda in the next decade. See: Mark RITCHIE, "Fighting to a Draw in Doha", November 2001, WTO Watch Documents, <http://www.wtowatch.org/library/admin/uploadedfiles/Fighting_to_a_Draw_in_Doha.htm>.

[44] Paragraph 1 of the Doha Declaration on the TRIPs Agreement and Public Health.
[45] Paragraph 4(1) of Doha Declaration on the TRIPs Agreement and Public Health.
[46] WTO News, Special Discussion on Intellectual Property and Access to Medicines, TRIPs Council, 20 June 2001.

Several delegations said governments should not be put under pressure bilaterally or in the WTO to limit their use of the flexibilities built into the TRIPs Agreement.

The US argued that the patent protection for pharmaceuticals serves public health policies because it creates new medicines. Switzerland said that if there were no patents, there would be no medicines, and there would therefore be no discussion on affordable medicines.

Some developing countries argued that compulsory licensing could be used to develop local production.

countries requested more expansion by stating,

> "a compulsory license issued by a Member may be given effect by another Member. Such other Member may authorize a supplier within its territory to make and export the product covered by the license predominantly for the supply of the domestic market of the Member granting the license. Production and export under these conditions do not infringe the rights of the patent holder".[47]

Paragraph 6 of the Doha Declaration on TRIPs and Public Health has recommended the TRIPs Council to examine difficulties facing developing countries in general and least developed countries in particular because of the lack of manufacturing plants to manufacture pharmaceutical products in the course of implementation of the compulsory license regime as provided under their national laws. The solution to this problem must be found before the end of 2002.

Paragraph 5(c) of the Declaration on TRIPs and Public Health has attempted to tackle the issue of national emergency in these terms:

Each Member has the right to determine what constitutes a national emergency or other circumstances of extreme urgency, it being understood that public health crises, including those relating to HIV/AIDS, tuberculosis, malaria and other epidemics, can represent a national emergency or other circumstances of extreme urgency.

This provision can be considered as the response to the growing dilemma facing developing and least developed countries in implementing provisions of the TRIPs Agreement connected to public health.[48] The Declaration has made it clear that HIV/AIDS or other epidemics fall within the scope of emergency components or factors. In other words, Member States will have the freedom to decide what national emergency is and what measures to implement to tackle the issue for the safe of public health.

In the Draft Declaration, developing countries proposed that in the case of a national emergency or other circumstances of extreme urgency or in cases of public non-commercial use, that Members be

---

[47] Paragraph 5, Draft Declaration.

[48] Many developing countries argued that Article 7 and 8 mean that the TRIPs Agreement should be understood to allow governments the freedom to meet public health objectives.

able to grant compulsory licenses without prior efforts on the part of the user to obtain authorization from the right holder.[49]

Under the Declaration on TRIPs and Public Health, pursuant to Article 6 of the TRIPs Agreement, it has been acknowledged the leeway Member countries have to decide on the issue of exhaustion of intellectual property rights. In the sense that Member countries are entitled to provide themselves the exhaustion regime that fits their needs and priorities without challenge and in accordance with Article 3 and 4 of the TRIPs Agreement.

This is in response to some developed countries that claimed that parallel import of patented drugs was not allowed under TRIPs. The Declaration made it clear, and in accordance with Article 6 of the TRIPs Agreement, that Member States have the freedom to opt for or against parallel import of patented drugs.

Paragraph 7 of the Declaration on TRIPs and Public Health deals with technology transfer, and transitional periods' extension to 1 January 2016 as regards pharmaceutical products for countries who have not provided for such protection.

VI. PROSPECTIVE IMPLICATIONS OF THE DECLARATION ON TRIPs AND PUBLIC HEALTH FOR AFRICAN COUNTRIES

Under this section it will be seen whether the Doha Declaration on TRIPs and Public Health has brought hope to African countries, which are, the ones mainly exposed to this public health and patent protection impasse. What strategies must African countries use to implement fully the flexibilities provided under the Declaration?

Flexibilities to be Considered by African Countries

The value of the Declaration lies in its clarification of the relationship between the TRIPs Agreement and public health policies of WTO Members and its definition of the flexibility of several relevant provisions of the TRIPs Agreement, in particular with

---

[49] Paragraph 4, Draft Declaration.

regard to patents.[50]

Accordingly, under sub-paragraph 2 of the paragraph 4 of the Declaration on the TRIPs Agreement and Public Health, the use of flexibilities has been acknowledged. In the same line of reasoning, paragraph 5 has enumerated in non-exhaustive manner these flexibilities. In this connection, let us have a look at the TRIPs Agreement and identify these flexibilities that African countries may use to make the TRIPs Agreement beneficial to them.[51]

In accordance with Articles 7 and 8 of the TRIPs Agreement relating to objectives and principles, African countries must implement these provisions anytime there is a conflict between private interest and public interest to balance the interests of all parties. African countries must also apply Article 27(2) for the possibility given to them to exclude from the scope of patents, inventions that conflict with public interest, morality, including inventions that are prejudicial to the environment, human health or plant life.

Articles 30 and 31 of the TRIPs Agreement must be fully implemented by African countries to limit the exclusive rights of the patentee for public health purposes.

Regarding the dispute settlement (DSU), African countries must implement all provisions that are provided for the interest of developing countries and least developed countries. In addition, African countries must apply in their interest Article 65 pertaining to Transitional Arrangement, and Article 66 relating to Least-Developed Country Members. From the same angle, paragraph 2 of Article 66 shall be enforced to enable these countries to benefit from the transfer of technology. In this connection, Article 67 dealing with technical cooperation shall be referred to to request more from developed countries.

---

[50] Paul VANDOREN, "Clarification of the Relationship between TRIPs and Public Health resulting from the WTO Doha Ministerial Declaration", *Journal of World Intellectual Property* 5 (2002), pp. 5-13.

[51] See Tshimanga KONGOLO, "Agreement on Trade-Related Aspects of Intellectual Property Rights (TRIPs): New Strategies for Developing Countries", *International Business Law Journal* 3 (2000), pp. 345-352.

HIV/AIDS Issues

The issue of HIV/AIDS is considered as a calamity for African countries. It has been indicated elsewhere that the growing number of HIV positive and AIDS infected persons is a big menace for African countries in respect of their economical development[52]. As a matter of fact, it has been questioned whether the African countries shall still apply rules relating to intellectual property protection as they are stipulated or shall limitations to these rules be acknowledged in order to take into consideration public health issue.

The South African pharmaceutical case is a typical example of such conflict between public health safeguard and intellectual property rights protection.

As stated above, the Declaration on TRIPs and Public Health was based on the African draft as endorsed by the developing countries' Group.

The Declaration on TRIPs and public health has explicitly recognized the prevalence of public health *vis-à-vis* the patentee's exclusive rights. This has open a new way for African countries in dealing with these issues.

Under the Abuja Declaration, African countries expressed they intention to deal seriously with the issue as to the relationship between HIV/AIDS and other infectious diseases and protection of intellectual property rights.

The seriousness of HIV/AIDS has been recognized under paragraph 2 of the Abuja Declaration which stipulates as follows:

We gathered in Abuja to undertake a critical review and assessment of the situation and the consequences of these diseases in Africa, and to reflect further on new ways and means whereby we, the leaders of our Continent, can take the lead in strengthening current successful interventions and developing new and more appropriate policies, practical strategies, effective implementation mechanisms and concrete monitoring structures at national, regional and continental levels with a

---

[52] Tshimanga KONGOLO, "Public Interest *versus* the Pharmaceutical Industry's Monopoly in South Africa", *Journal of World Intellectual Property* 4 (2001), pp. 609-627.

view to ensuring adequate and effective control of HIV/AIDS, Tuberculosis and Other Related Infectious Diseases in our Continent.

Paragraph 3 provides as follows:

> We are deeply concerned about the rapid spread of HIV infection in our countries and the millions of deaths caused by AIDS, Tuberculosis and other related infectious diseases throughout the Continent, in spite of the serious efforts being made by our countries to control these diseases. Africa is exceptionally afflicted by the HIV/AIDS epidemic. This generalized epidemic is affecting a wide cross-section of our people, thus decimating the adult population, the most productive group, and leaving in its wake millions of orphans, and disrupted family structures.

It is said that seventy-one percent of the estimated global total of people with HIV/AIDS live in sub-Saharan Africa. African countries have declared in the Summit held at Abuja the following:

> "We consider AIDS as a state of emergency in the continent. To this end, all tariff and economic barriers to access to funding of AIDS-related activities should be lifted".[53]

To tackle the issue of HIV/AIDS, African countries must take appropriate measures that may enable either the import of generic products or local manufacturing of these products (anti-retroviral). This is possible via the use of compulsory license as provided under TRIPs and parallel import regime.

Compulsory license and Parallel Import

Compulsory licensing issue is not new. As mentioned above, under the Paris Convention, this matter has been dealt with. The idea has been to grant to a third party the right to use the invention because of the non-exploitation by its owner or the right holder. TRIPs sets forth conditions that Member States to the WTO must comply with before according the compulsory license.

The issue has been to ascertain the scope of applicability of this

---

[53] Abuja Declaration on HIV/AIDS, Tuberculosis and Other Related Infectious Diseases, Nigeria, 27 April 2001.

regime, especially in connection with public health in general and pharmaceutical products in particular. The South African Amendment Medicines Act was criticized for permitting a third party to manufacture the patented products in South Africa or to parallel import generic drugs regardless of the existence of patent rights.

On 23 November 1997, the Government of South Africa adopted a controversial law, the "Medicines and Related Substances Control Amendment Act, No. 90 of 1997"[54] directed to amend the Medicines Act 101 of 1965 (principal Act). The law was not promulgated by the President, and therefore did not come into force. One very disputed provision was Sec.15C,[55] according to which the Minister of Health may, notwithstanding anything to the contrary contained in the Patents Act 1978 (Act No. 57 of 1978), determine that the rights with regard to any medicine under a patent granted in the Republic shall not extend to act in respect of such medicine which has been put onto the market by the owner of the medicine, or with his or her consent. In other words, this would allow parallel importation.

The law also introduced several other measures aimed at reducing the costs of medicines in order to bring it within reach of the entire population. This includes generic substitution, international tendering, the licensing of doctors and regulating the ownership of pharmacies.[56]

---

[54] Published in the *Government Gazette* 18505 (12 December 1997).
[55] Section 15C. The Minister may prescribe conditions for the supply of more affordable medicines in certain circumstances so as to protect the health of the public, and in particular may -
notwithstanding anything to the contrary contained in the Patent Act, 1978 (Act n°57 of 1978), determine that the rights with regard to any medicine under a patent granted in the Republic shall not extend to acts in respect of such medicine, or with his or her consent;
prescribe the conditions on which any medicine which is identical in composition, meets the same quality standard and is intended to have the same proprietary name as that of another medicine already registered in the Republic, but which is imported by a person other than the person who is the holder of the registration certificate of the medicine already registered and which originates from any site of manufacture of the original manufacturer as approved by the council in the prescribed manner, may be imported;
prescribe the registration procedure for, as well as the use of, the medicine referred to in paragraph (b).
[56] Section 22F. (1) Subject to subsections (2), (3) and (4), a pharmacist shall-
inform all members of the public who visit his or her pharmacy with a prescription for dispensing, of the benefits of the substitution for a branded medicine of an interchangeable multi-source medicine ; and

Pharmaceutical industries and the Pharmaceutical Manufacturers Association asked for an interdict to stop the president from proclaiming the Act, on the grounds that their constitutional rights were infringed. They challenged the Medicines Act as amended by the Act 90/1997 before the court against the South African Government.

On 19 April 2001 at the Pretoria High Court, pharmaceutical companies and the PMA announced that they were withdrawing from the court action that was intended to strike out major provisions of the Medicines and Related Substances Control Amendment Act 90/1997. The settlement of the issue is considered as the victory of public interest against the interests of pharmaceutical companies.

The outcome of the lawsuit came as a relief to 3.5 million people infected with HIV and almost 200 000 people suffering from AIDS in South Africa; hoping for more affordable prices of medicines in general and HIV/AIDS related drugs in particular, via parallel imports, compulsory licensing, and availability of generic substitutions as provided under the contested Medicines Amendment Act 90 of 1997.

The WTO Members that are able to take advantage of the compulsory licensing provisions of the TRIPs Agreement to supply essential medicines are the countries with the capacity to manufacture medicines under patent, and this may exclude the countries most in need of medicines from taking advantages of compulsory licensing. As an alternative to invoking Article 31, a WTO Member wishing to grant compulsory license for export could invoke Article 30 without reliance on the recognition of a compulsory license granted by another Member.[57]

---

dispense an interchangeable multi-source medicine instead of the medicine prescribed by a medical practitioner, dentist, practitioner, nurse or other person registered under the Health Professions Act, 1974, unless expressly forbidden by the patient to do so.
Section 22F prescribes for a transparent pricing system for all medicines.

[57] Frederic M. ABBOTT, "The TRIPs Agreement, Access to Medicines, and the WTO Doha Ministerial Conference", *Journal of World Intellectual Property* 5 (2002), pp. 15-48.

VII. CONCLUSION

This study has endeavoured to foresee the implications of the Doha Ministerial Declaration in general and the Declaration on TRIPs Agreement and Public Health for African countries in particular. It has been observed that issues discussed under the Ministerial Conference were already debated under the auspices of TRIPs Council. It was indicated that the spirit of the debate under Doha was not the same, in the sense that WTO was obliged to soft its position by attempting to balance the interests of both developed countries and developing countries (with a particular emphasis on least developed countries). Following this line of reasoning, under both the Ministerial Declaration itself and the Declaration on TRIPs and Public Health, developing and least developed countries position has been taken into account by acknowledging flexibilities that may be utilized in the course of implementing the TRIPs Agreement (at least theoretically) in connection with public health.

African countries should not be shy to apply fully enumerated flexibilities as long as public health is concerned. HIV/AIDS issue should be considered as a national emergency for the possibility of limiting patentee's exclusive rights by allowing compulsory license or parallel import of pharmaceutical products in general and anti-retroviral in particular. From the same perspectives, the manufacturing or import of generic drugs should be encouraged and permitted in case of national emergency. In this connection, Article 30 of the TRIPs Agreement should be interpreted in its broader sense.

Parallel import of drugs should be acknowledged under the patent laws of African countries to enable the import of cheaper drugs (generic or not).

It is necessary that African countries apply new strategies to make the TRIPs Agreement beneficial to them, particularly in respect of public health.

NOTES AND COMMENTS

NOTES ET COMMENTAIRES

THE 53rd SESSION OF THE UNITED NATIONS INTERNAITONAL LAW COMMISSION

James L. Kateka[*]

INTRODUCTION

The International Law Commission held its fifty-third session in Geneva from 23 April to 1 June and 2 July to 10 August 2001. The Commission met under the chairmanship of Mr. Peter Kabatsi, its Ugandan member. The topics dealt with were (i) State responsibility (ii) International liability for injurious consequences arising out of acts not prohibited by international law (prevention of transboundary damage from hazardous activities) (iii) Reservations to treaties (iv) Diplomatic protection (v) Unilateral acts of States (vi) Other decisions and conclusions of the Commission.

Concerning the topic "State responsibility", the Commission considered the fourth report of the Special Rapporteur. The Commission completed the second reading of the topic (chapter IV).[1] The Commission decided to recommend to the General Assembly that it takes note of the draft articles on State responsibility. It further decided to recommend that the General

---

[*] Member of the UN International Law Commission, Judge *ad hoc* of the International Court of Justice in the case of *Armed Activities on the Territory of the Congo (Democratic Republic of the Congo v. Uganda)* and Ambassador of Tanzania to Sweden.

[1] See "Report of the International Law Commission, Fifty-third session" – General Assembly Official Records Fifty-sixth session; Supplement no. 10 (A/56/10), hereinafter referred to as supplement no. 10.

Assembly consider, at a later stage, the possibility of convening a diplomatic conference on the topic.

With regard to the topic of "International liability for injurious consequences arising out of acts not prohibited by international law (prevention of transboundary damage from hazardous activities)", the Commission completed the Second reading of the topic (see chapter V of supplement no. 10). It recommended to the General Assembly the elaboration of a convention by the Assembly on the basis of the draft articles on Prevention of transboundary harm from hazardous activities.

As to the topic "Reservations to treaties", the Commission considered the portions of the fifth report of the Special Rapporteur which were not considered the previous year and his sixth report. The Commission adopted 12 draft guidelines dealing with the formulation of reservations and interpretative declarations. It also referred 13 draft guidelines dealing with form and modification of reservations and interpretative declarations to the Drafting Committee (see Chapter VI).

With respect to the topic "Diplomatic protection", the Commission considered portions of the first report of the Special Rapporteur, dealing with questions of continuous nationality and transferability of claims which were not considered the previous year and his second report dealing with the issue of the exhaustion of local remedies. The Commission referred three draft articles dealing with the questions of continuous nationality and transferability of claims and the exhaustion of local remedies to the Drafting Committee. It also established an open-ended Informal consultations to consider the questions of continuous nationality and transferability of claims (see chapter VII of supplement no. 10).

Regarding the topic "Unilateral acts of States", the Commission examined the fourth report of the Special Rapporteur who proposed two draft articles on the rules relating to interpretation of unilateral acts. The Commission considered the oral report of the chairman of the Working Group on the topic, and supported the proposal to request states for additional information on state practice relating to unilateral acts (chapter VIII).

As for other decisions and conclusions, the Commission continued its traditional exchanges of information with the International Court of Justice, the Asian-African Legal Consultative Organization, the Inter-American Juridical Committee and the Committee of Legal Advisers on Public International Law of the Council of Europe. An International Law seminar was held (during the session of the Commission). There were 24 participants of different nationalities who took part (see chapter IX).

Specific issues on which comments would be of particular interest to the Commission are to be found in chapter III of supplement no. 10 (see Annex A *infra* for full text, with footnotes as printed in supplement no. 10).

STATE RESPONSABILITY

At its fifty-third session, the Commission finalized the second reading by adopting 59 draft articles[2] and commentaries on the topic of "Responsibility of states for internationally wrongful acts".[3] By its adoption of the draft articles, the Commission completed its consideration of the topic. The topic of state responsibility was one of the topics, which were selected for consideration by the Commission, at its first session, in 1949. Five Special Rapporteurs produced a total of 33 reports, starting from 1955 to 2001. It is thus a monumental achievement for the Commission to successfully conclude the consideration of this important topic after over 40 years.

At the fifty-third session, the Commission had before it the fourth report[4] of the Special Rapporteur, Professor James Crawford and comments and observations received from governments on the draft

---

[2] For the text of the draft articles on State responsibility, see Annex B, *infra*.
[3] The Commission changed the title of the topic from "State responsibility" to "Responsibility of states for internationally wrongful acts". The new formulation makes it easier for the text to be translated into other languages by clearly distinguishing it from the concept of international "liability" for acts not prohibited by international law. It also distinguishes the topic from the responsibility of the state under internal law.
[4] See document A/CN.4/517 and Add.1.

articles provisionally adopted by the Drafting Committee at the previous session. The fourth report addressed the main issues relating to the draft articles in the light of the comments and observations received from governments.

The Special Rapporteur notes that the 59 draft articles which were provisionally adopted by the Drafting Committee in 2000, were not debated in plenary. But they were the subject of substantial discussion in the Sixth Committee of the General Assembly. They were also the subject of further written comments by a number of governments, as well as by a study group of the International Law Association. The report states that the provisional text (draft articles), especially its basic structure and most of its individual provisions were acceptable e.g. the distinction between the secondary obligations of the responsible state (Part II) and the right of other states to invoke that responsibility (Part II bis).[5] General support was expressed for the distinction between "injured state" (article 43)[6] and other states with a legal interest in the obligation (article 49).[7] Also general support was expressed for articles omitted from the first reading of Professor Robert Ago,[8] although a few called for their reinsertion, including article 19 (on international crimes).

A few remaining issues, especially the chapter dealing with "serious breaches" (part II, chapter III) and countermeasures (Part Two bis[9] chapter II) had been the focus of debate. The proposed commentaries to the draft articles would be a compromise between (a) those for part one on first reading which were lengthy (detailed substantive justifications with citation of extensive authority, judicial and other, for the position taken) and b) those on part II which are shorter (less argumentative and doctrinal).

---

[5] Now part III in the final text of the draft articles.
[6] Article 42 in the final text.
[7] Article 48 in the final text.
[8] Articles 2, 11, 13, 18(3)-(5), 19, 20, 21, 26 and 51.
[9] Now part III, chapter II.

During the fifty-third session, the debate in the plenary focused primarily on the four remaining issues relating to the draft articles, namely:
(i) serious breaches of obligations to the international community as a whole (Part Two, chapter III)
(ii) counter-measures (Part Three, chapter II)
(iii) dispute settlement provisions (Part Three of the first reading text) and
(iv) the form of the draft articles. One open-ended Working Group was set up, to deal with the main outstanding issues on the topic. Another Working Group considered the commentaries to the draft articles.

As for "serious breaches of obligations to the international community as a whole", some members of the Commission favoured retaining the chapter. In their view, it provided an essential balance to the text, having regard to the decision not to make reference to the concept of "international crimes of State" in former article 19. Other members favoured the deletion of the chapter because it dealt with primary rules. On the recommendation of the Working Group, the Commission decided to retain the chapter, but with the deletion of article 42 § 1[10] which dealt with damages reflecting the gravity of the breach. As part of the understanding, the previous references to serious breach of an obligation owed to the international community as a whole and essential for the protection of its fundamental interests, which mostly dealt with the question of invocation as expressed by the International Court of Justice in the *Barcelona Traction* case were replaced with the category of peremptory norms. Use of that category was to be preferred since it concerned the scope of secondary obligations and not their invocation.[11]

---

[10] Now article 41 in the final text.
[11] It is interesting to quote § 49 of the fourth report where the Special Rapporteur states that the concepts of peremptory norms and obligations to the international community as a whole overlap. There is a difference of emphasis. "In the context of peremptory norms the emphasis is on the *primary rule* (emphasis added) itself and its non-derogable or overriding status..."

Concerning countermeasures, some members favoured retaining chapter II of Part III because international law recognizes them.[12] Countermeasures played a determining role in the implementation of responsibility since their purpose was to induce the wrongdoing state to comply with its obligation not only for cessation, but also of reparation. Other members favoured the deletion of this chapter because it was unnecessary and did not reflect the State of the Law. On the recommendation of the Working Group, the Commission decided to retain chapter II of part III on countermeasures. It was also agreed to retain article 23[13] on countermeasures in respect of an internationally wrongful act. As part of the understanding article 54, which dealt with countermeasures by states other than the injured state (so called "collective" countermeasures"), was to be deleted. Instead there would be a saving clause leaving all positions on this issue unaffected. The distinction in article 53 between countermeasures and provisional countermeasures[14] was to be deleted.[15]

The draft articles adopted on first reading included a Part Three dealing with dispute settlement. Members of the Commission held different views on this issue. Some members favoured including general dispute settlement provisions, particularly if the Commission were to recommend the elaboration of a convention. Other members considered it unnecessary to include dispute settlement provisions since these were already sufficiently covered by a growing body of conventional international law, underlying which was the principle in Article 33 of the Charter.

The system adopted on first reading, linked the taking of countermeasures to binding dispute settlement procedures. In his

---

[12] As had been confirmed in the case concerning the *Gabcikovo-Nagymaros Project*, ICJ *Reports* 1997, p. 7.

[13] Now article 22 of part One, Chapter V on circumstances precluding wrongfulness.

[14] Now article 52.

[15] The Drafting Committee ignored the request by some members to reintroduce the prohibition of "extreme economic or political coercion" designed to endanger the territorial integrity or political independence of the state which has committed the internationally wrongful act. Some states favoured the simple reference to prohibition on conduct which could undermine the sovereignty, independence or territorial integrity of states.

second report,[16] the Special Rapporteur had criticised article 58(2) (of first reading) which gave a unilateral right to arbitrate not to the injured but the responsible state.[17] The report states that both before and since 1999, the balance of government comments has been against the linkage of countermeasures with compulsory dispute settlement. But those who favour binding dispute settlement agree with the observation by the Special Rapporteur[18] that it would be a regressive step to provide only a "soft" form of dispute settlement concerning the topic of State responsibility which ranks with such major standard-setting treaties as the United Nations Convention on the Law of the Sea and its associated implementation agreements and the Marrakech Agreement of the World Trade Organization (WTO).

A proposal by China for a "Part Four" containing a general provision in relation to peaceful settlement of disputes, as a half way measure, received support from some Commission members. Such a proposal could be modelled on Article 33 of the UN Charter. The Special Rapporteur commended the Chinese idea, "even if, in the absence of a binding convention containing provisions for compulsory dispute settlement, no meaningful new obligation can be imposed in this field."[19] The final position adopted by the Commission was to leave out dispute settlement provisions.[20] It will now be left to a diplomatic conference, in a few years time, to decide whether to have provisions on dispute settlement.

As to the form of the draft articles, the Special Rapporteur in his fourth report, citing the views of those who favour a convention on State responsibility notes the stabilizing influence that the 1969 Vienna Convention on the Law of Treaties has had, and its strong continuing influence on customary law, irrespective of whether

---

[16] Document A/CN.4/498 Add 4.
[17] The Commission generally endorsed this criticism although many members continued to stress the importance of peaceful third party settlement of disputes as an alternative to the taking of countermeasures.
[18] § 13 of his fourth report, document A/CN.4/517.
[19] See § 20 ibid.
[20] Some members of the Commission supported the adoption of a convention but not compulsory dispute settlement.

particular states are parties to it.[21] According to this view, the lengthy and careful work of the Commission on State responsibility merits being reflected in a law making text. Doing this in the case of the draft articles would ensure their place, together with the Vienna Convention on the Law of Treaties, as one of the fundamental pillars of public international law

Those who doubted the wisdom of attempting to codify the general rules of State responsibility in treaty form argue that the tentative and controversial aspects of the text call for flexibility and for a continued process of legal development. They doubted that states would see it in their interests to ratify an eventual treaty, rather than relying on particular aspects of it as the occasion arises. They noted the destabilising and even "decodifying" effect that an unsuccessful convention may have.[22]

The issue of process seems to have preoccupied the Special Rapporteur as well as a number of governments. Whether the articles are embodied in a convention or a declaration is less important than the question of whether and how the substance of the text is to be reviewed and considered. A preparatory commission process[23] is seen as extremely time-consuming.[24]

During the debate, Commission members who favoured a binding instrument were in the majority. They discounted the argument that the Sixth Committee, a diplomatic conference or a preparatory commission could unravel the draft articles by the Commission. The argument of an unratified treaty was also unconvincing because even with non-binding instruments, some states could just ignore them. As to the "decodifying" effect argument, members who supported a

---

[21] Only 91 states have ratified the 1969 convention (less than half UN member states), 30 years after its adoption.
[22] § 23 of doc. A/CN.4/517.
[23] As adopted for the Draft Statute for an International Criminal Court.
[24] The Preparatory Commission for the International Seabed Authority and the International Tribunal for the Law of the Sea remained in place from 1983 to 1994.

convention said that an unratified treaty[25] would not affect customary international law.

On the recommendation of the Working Group, the Commission reached the decision that in the first instance, it should recommend to the General Assembly that the Assembly should in a resolution take note of the draft articles and annex the text of the articles to the resolution. This is a procedure similar to the one that was followed by the Assembly with regard to the articles on "Nationality of natural persons in relation to the succession of states" in resolution 55/153.[26] The recommendation also proposed that at a second and later stage, and in light of the importance of the topic, the General Assembly should consider the convening of an international conference of plenipotentiaries with a view to concluding a convention on the topic.[27]

Although the Commission has concluded its consideration of the topic of state responsibility, several controversies remain, especially concerning chapter III of Part Two on serious breaches (and the deletion of "international crimes") and Chapter II of Part Three on countermeasures. The Special Rapporteur accepted associating the draft articles with dispute settlement, especially regarding countermeasures. One hopes that a codification conference will resolve these complex but important issues on "Responsibility of States for internationally wrongful acts".

---

[25] It was pointed out that the ICJ has cited unratified conventions e.g. the convention on state succession in respect of treaties cited in the case concerning *the Gabcikovo-Nagymaros Project* (see footnote 12 *supra*).

[26] The General Assembly is to take up the issue of "Nationality" in three years time.

[27] The 56th session of the General Assembly decided to include in the provisional agenda of its 59th session the topic of State responsibility. The General Assembly took note of the draft articles on State responsibility and commended them to the attention of governments without prejudice to the question of their future adoption or other appropriate action.

INTERNATIONAL LIABILITY FOR INJURIOUS CONSEQUENCES ARISING OUT OF ACTS NOT PROHIBITED BY INTERNATIONAL LAW (PREVENTION OF TRANSBOUNDARY HARM FORM HAZARDOUS ACTIVITIES)

At the fifty-third session, the Drafting Committee considered the draft articles which the Commission had referred to it the previous year. Subsequently, the Commission considered the report of the Drafting Committee and adopted the final text of a draft preamble and a set of 19 draft articles (with commentaries) on Prevention of Transboundary Harm from Hazardous Activities.[28] The Commission recommended to the General Assembly the elaboration of a convention by the Assembly on the basis of the draft articles. It paid tribute to the Special Rapporteur, Mr. P. S. Rao and two other previous Special Rapporteurs for their outstanding contribution to the work on the topic.

The Commission has concluded a second reading on the prevention aspect of the topic. The General Assembly during the fifty-sixth session requested the Commission "to resume, during its fifty-fourth session, its consideration of the liability aspects of the topic, bearing in mind the interrelationship between prevention and liability". It will be recalled that in 1992 the Commission divided the topic into two as stated above. It would seem that the Commission is reluctant to consider the liability aspects of the topic, in spite of a call by some members and a number of governments for such a follow up. It may not be an easy task to deal with the liability aspects which cover different fields and controversial issues of compensation and reparation.

The general commentary to the draft articles explains that "Prevention" deals with the phase prior to the situation where significant harm or damage might actually occur, requiring states concerned to invoke remedial or compensatory measures, which often involve issues concerning liability. As a further attempt to distinguish "prevention" from "liability", the commentary

---

[28] For the text of draft articles, see Annex C, *infra*. Note that the title of the draft articles is "Prevention of transboundary harm (changed from "damage") from hazardous activities."

emphasizes the duty to prevent as opposed to the obligation to repair – "prevention as a policy is better than cure". The commentary further explains that prevention should be a preferred policy because compensation in case of harm often cannot restore the situation prevailing prior to the event or accident.

As for the 19 draft articles, it is to be pointed out that, as an exception, the Commission included a preamble to the text. It did so in order to better project the balance of interests that are the underlying theme of the entire draft articles on the topic. The preamble emphasizes the close inter-relationship between issues of environment and development.[29]

Article 1 limits the scope of the articles to activities not prohibited by international law and which involve a risk of causing significant transboundary harm through their physical consequences.[30] Article 2(d) further limits the scope of the articles to those activities carried out in the territory or otherwise under the jurisdiction or control of a state. Some governments want the scope extended beyond limits of national jurisdiction.

Article 3 is the "backbone" of the draft articles. It states that the state of origin shall take all appropriate measures to prevent significant transboundary harm or at any event to minimize the risk thereof. It is based on principle 21 of the 1972 Stockholm Declaration on the Human Environment. The commentary explains that article 3, together with article 4, provides the basic foundation for the articles on prevention. The commentary states further that the obligation of the state of origin to take preventive or minimization measures is one of due diligence. The duty of due diligence involved, however, is not intended to guarantee that significant harm be totally prevented, if it is not possible to do so. The state of origin is required to exert its best possible efforts to minimize the risk.[31]

---

[29] It recalls the 1992 Rio Declaration on Environment and Development.
[30] This approach has been adopted in order to separate the topic of international liability from the topic of state responsibility which covers internationally wrongful acts.
[31] In this sense it does not guarantee that the harm would not occur. An obligation of due diligence as the standard basis for the protection of the environment from harm can be deduced from a number of international Conventions (e.g. article 194(i) of the UN Convention on the Law of the Sea),

Article 4 on cooperation among the states concerned constitutes an essential part of designing and implementing effective policies to prevent transboundary harm or minimize the risk. Article 6 sets out a fundamental principle that the prior authorization of a state is required for activities that fall within the scope of the articles. The requirement applies also to pre-exiting activities and to any major change to an activity already taking place.

Under article 7, a state of origin, before granting authorization to operators to undertake activities referred to in article 1, should ensure that an assessment is undertaken of the risk of the activity causing significant transboundary harm. This requirement is fully consonant with principle 17 of the Rio Declaration on Environment and Development which provides for environmental impact assessment (EIA) as a national instrument.[32]

Article 8 calls on the state of origin to notify states likely to be affected by the planned activity. Article 9 requires the state of origin and the states that are likely to be affected to enter into consultations in order to agree on the measures to prevent significant transboundary harm. Article 10 provides some guidance for states which are engaged in consultations seeking to achieve an equitable balance of interests.[33] Article 10 subparagraph (c) deals with the precautionary principle which constitutes a very general rule of conduct of prudence. Subparagraph (d) provides that one of the elements determining the choice of preventive measures is the willingness of the state of origin and states likely to be affected to contribute to the cost of prevention. This is in line with the basic policy of the so-called polluter-pays principle.[34]

---

from resolutions of conferences (e.g. UNEP) and case law (e.g. *The Alabama* case).

[32] Many countries have made EIA a necessary condition of their national law before authorization is granted for developmental activities that are hazardous. Some countries have called for a stronger reference to EIA in article 7.

[33] This article draws its inspiration from article 6 of the Convention on the Law of Non-navigational Uses of International Watercourses.

[34] The commentary to article 10 reminds that this principle was initiated first by the Council of the OECD in 1972. It was given cognizance at the global level when it was adopted as principle 16 of the Rio Declaration.

Article 12 requires the state of origin and the likely affected states to exchange information regarding the activity after it has been undertaken. Article 13 requires states to provide the public likely to be affected, whether their own or that of other states, with information relating to the risk and harm that might result from an activity to ascertain their views thereon. Principle 10 of the Rio Declaration is cited in the commentary as providing for public involvement in decision-making process. Certain governments have called for article 13 to be strengthened to ensure that the public was able to present views and influence the decision-making process.

Article 14, according to the commentary includes industrial secrets and information protected by intellectual property in addition to national security. Although industrial secrets are a part of the intellectual property rights, both terms are used to give sufficient coverage to protected rights.

Article 19 provides a basic rule for the settlement of disputes arising from the interpretation or application of the regime of prevention set out in the draft articles. According to the commentary, the rule is residual in nature and applies where the states concerned do not have an applicable agreement for the settlement of such disputes. Critics say the article is full of unnecessary details.

The draft articles on prevention of transboundary harm basically cover the management of risk. They provide for a framework convention on which states at a national level, bilaterally, regionally or globally, can elaborate more detailed instruments. It is a good start. Opponents of the draft articles in the Commission said the framework convention was uncalled for.[35] Time will tell as to the desirability of the draft articles.

---

[35] One member compared the text to "decaffeinated coffee".

RESERVATIONS TO TREATIES

The aim of the Commission is to adopt a Guide to Practice concerning reservations to treaties. The Commission's position is not to depart from the letter or spirit of the 1969 Vienna Convention on the Law of Treaties.[36] The aim of the Guide to Practice is to bring together in a single document all of the recommended rules and practices in respect of reservations. This is a challenging task. The Guide should not turn into an expository code. The Special Rapporteur Professor Alain Pellet wants to include model clauses. Some members oppose this.

At the fifty-third session, the Commission initially had before it the second part of the fifth report[37] relating to the questions of procedure regarding reservations and interpretative declarations. The Special Rapporteur, in this report, proposed 14 draft guidelines and three model clauses accompanying guideline 2.3.1.

The draft guidelines all concerned the moment of formulation of reservations and interpretative declarations, whether simple or conditional. They filled something of a gap in the definition in the 1969 Vienna Convention and in the part of the Commission's Guide to Practise that incorporated and expanded on that definition. The draft guidelines fell into two groups:

(i) guidelines on reservations[38] and on interpretative declarations[39]

(ii) those on the more delicate issue of late reservations and interpretative declarations.[40]

The Special Rapporteur observed that the philosophy behind late reservations constituted a threat to the stability of treaty relations. He himself did not approve of late reservations, but they existed and were undoubtedly a useful safety valve.[41] After some deliberation,

---

[36] As well as the 1986 Vienna Convention on the Law of Treaties between States and International Organisations or between International Organisations.
[37] Document A/CN.4/508 Add 3 and Add 4.
[38] Guidelines 2.2.1 to 2.2.4 in the report.
[39] Guidelines 2.4.3 to 2.4.6.
[40] Guidelines 2.3.1 to 2.3.4 and 2.4.7 to 2.4.8.
[41] For the "universalists" who want as many parties to a treaty... But late reservations pose a threat to the principle of *pacta sunt servanda*.

the Commission decided to refer to the Drafting Committee the 14 draft guidelines. Subsequently the Commission adopted 12 draft guidelines, with commentaries thereto.[42]

Draft guideline 2.2.1 on formal confirmation of reservations formulated when signing a treaty reproduces the exact wording of the text of article 23 § 2 of the 1986 Vienna Convention on the Law of Treaties between States and International Organisations or between International Organisations. The draft guideline establishes the principle of the obligation of confirmation of reservations formulated when a treaty was being signed. The obligation was now part of positive international law.

Guideline 2.2.2 states that a reservation formulated when signing a treaty does not require subsequent confirmation. Guideline 2.2.3 is on reservations formulated upon signature when a treaty expressly so provides: such reservations do not require formal confirmation when expressing consent to be bound by the treaty.

Guidelines 2.3.1, 2.3.2, 2.3.3. and 2.3.4 are on late formulation of a reservation. The Vienna regime specifies moments at which reservations may be formulated.[43] In practice, it is not uncommon for a state to try to formulate a reservation at a different moment from those provided for by the Vienna definition. Draft guideline 2.3.1 establishes the principle that a state or an international organisation may not formulate a reservation to a treaty after expressing its consent to be bound except if none of the other contracting parties objected to the action.

The related draft guidelines[44] stipulate the basic conditions to which "rejection" principle is subject: absence of objections within a 12 months period by all other parties without exception. In addition, draft guideline 2.3.4 is designed to prevent the exclusion or

---

[42] Guideline 2.2.2 by the special Rapporteur on reservations formulated when negotiating a treaty was rejected. Many were of the view that a reservation can only be formulated when a treaty text has been adopted.

[43] Cf. articles 2, § 1 (d) of the 1969 and 1986 Vienna Conventions on the Law of Treaties and article 2, § 1 (j) of the 1978 Vienna Convention on succession of states in respect of treaties.

[44] 2.3.2 and 2.3.3.

modification of the legal effect of a treaty by means other than reservations.[45]

Draft guidelines 2.4.3, 2.4.4, 2.4.5, 2.4.6 and 2.4.7 concern time frame and conditions for interpretative declarations.[46] A late formulation of an interpretative declaration (2.4.6) may only be made if none of the other contracting parties objects. Draft guideline 2.4.7 establishes the principle that a state or an international organisation may not formulate a conditional interpretative declaration concerning a treaty after expressing its consent to be bound by it, except if none of the other contracting parties object to it.

The Commission also had before it the sixth report of the Special Rapporteur on the topic[47] relating to the modalities of formulating reservations and interpretative declarations (in particular their form and notification) and to publicity of reservations and interpretative declarations (their communication, recipients and obligations of the depositary).

The Special Rapporteur introduced 14 draft guidelines in his sixth report. Draft guideline 2.1.1 (written form) states that a reservation must be formulated in writing.[48]

Distinction is made between the formulation of simple and conditional interpretative declarations. An (simple) interpretative declaration must be formulated by a competent representative for the purpose of adopting or authenticating the text of a treaty. A conditional interpretative declaration must be formulated in writing; a formal confirmation of such a declaration must also be in writing; its communication to the contracting parties must also be in writing (2.4.2)[49]

---

[45] By interpretation of a reservation made earlier or by a unilateral statement made subsequently under an optional clause.
[46] 2.4.4 (non requirement of confirmation of interpretative declarations made when signing a treaty) 2.4.5 (formal confirmation of conditional interpretative declarations formulated when signing a treaty).
[47] A/CN.4/518 and Add 1-3.
[48] Basically reproduces the text of the first sentence of article 23(1) of the 1969 and 1986 Vienna Conventions on the Law of Treaties.
[49] Some members of the Commission oppose the inclusion of conditional interpretative declarations. It was argued that their effects and those of

Draft guideline 2.1.3 on competence to formulate a reservation at the international level has two alternative formulations- the short and the long versions. The longer version reproduces article 7 of the 1969 and 1986 Vienna Conventions concerning the authorities (head of state, head of government and foreign minister) considered as representing a state or an international organisation for the purpose of expressing consent to be bound by a treaty. During the debate, some members said that the reference to heads of permanent missions to an international organisation (2.1.3 para 2(d)) should be deleted.

Draft guidelines 2.1.3bis and 2.4.1bis concern competence to formulate a reservation and an interpretative declaration (respectively) at the internal level. The Special Rapporteur was not sure whether these two guidelines were entirely necessary. Guideline 2.1.4 states that a state or an international organisation may not make the fact that a reservation has been formulated in violation of a provision of internal law as invalidating the reservation. During the debate, the opinion was expressed that there could be cases where the violation of internal rules on the formulation of reservations could have consequences for the states consent to be bound. That point deserved to be considered further in comparison with article 46(1) the 1969Vienna Convention.

Draft guidelines 2.15 to 2.1.8 related to procedures for the communication and publicity of reservations. As for the functions of depositaries (2.1.7), some members of the Commission observed that the guideline presupposes a purely mechanical role. Certain members said that there was a case for including the possibility of a depositary rejecting an instrument containing a prohibited reservation under article 19 (a) and (b) of the Vienna Convention.[50]

Guideline 2.1.6 on procedure for communication of reservations, provides (in the last paragraph) that "where a communication relating to a reservation is made by electronic mail, it must be

---

reservations were identical. As such they should be deleted from the guidelines.

[50] If there was a difference of opinion between the depositary and the reserving state, the provision of article 77(2) of the Vienna Convention could be transposed to the draft guideline in question.

confirmed by regular mail" (Special Rapporteur adds: "or by facsimile"). During the debate, several members said that communication by electronic mail had to be confirmed by post, which is in keeping with current depositary practice. According to one opinion, however, the use of electronic mail should be prohibited.

Chapter III of the report (see Annex A) draws attention to three issues on which views of governments are sought:
   a) conditional interpretative declarations
   b) late formulation of reservations
   c) role of the depositary.

The report[51] of the Commission reproduces the text of the draft guidelines provisionally adopted so far by the Commission. These cover the broad sections of definitions and procedure. The Special Rapporteur has insisted on retaining his original numbering in brackets. This produces some element of confusion. It is also difficult for a person not familiar with the work of the Commission, to know when a particular guideline was adopted.[52]

The Special Rapporteur has included draft guidelines[53] which seemed to be self-evident. In the same vein, he preferred to repeat provisions of Vienna Conventions in the draft guidelines rather than refer to them. He adds that "the transposition must, of course, not be selective, as some members seem to want". He also warns that "It was therefore better not to try to rewrite the entire law of treaties". One hopes that this will be the case with the Guide to Practice.

---

[51] Supplement no.10.
[52] It is hoped that the Special Rapporteur will rationalize the numbering by not mixing apples and oranges.
[53] Such as 2.1.1, 2.1.3 bis or 2.4.1 bis.

DIPLOMATIC PROTECTION

At the 53rd session, the Commission had before it the remainder of Special Rapporteur Professor John Dugard's first report,[54] as well as his second report.[55] Owing to the lack of time, the Commission was only able to consider those parts of the second report covering draft articles 10 and 11, and deferred consideration of the remainder of the report, concerning draft articles 12 and 13, to the next session. The Commission decided to refer draft article 9 to the Drafting Committee as well as draft articles 10 and 11. The Commission established an open-ended Informal Consultation on article 9, chaired by the Special Rapporteur. For specific issues (on diplomatic protection) on which comments would be of particular interest, see Annex A.

In introducing draft article 9[56] on continuous nationality, the Special Rapporteur observed that the Commission had a choice to make between a traditional view and a more modern view. The traditional view was that a state could exercise diplomatic protection only on behalf of a person who had been its national at the time of the injury on which the claim was based and only if that person had continued to be its national up to and including the time of the

---

[54] A/CN.4/506/Add 1.
[55] A/CN.4/514.
[56] Draft article 9 reads:
1. Where an injured person has undergone a *bona fide* change of nationality following an injury, the new state of nationality may exercise diplomatic protection on behalf of that person in respect of the injury, provided that the state of original nationality has not exercised or is not exercising diplomatic protection in respect of the injured person at the date on which the change of nationality occurs.
2. This rule applies where the claim has been transferred *bona fide* to a person or persons possessing the nationality of another state.
3. The change of nationality of an injured person or the transfer of the claim to a national of another state does not affect the right of the state of original nationality to bring a claim on its own behalf for injury to its general interests suffered through harm done to the injured person while he or she was a national of the state.
4. Diplomatic protection may not be exercised by a new state of nationality against any previous state of nationality in respect of an injury suffered by a person when he or she was a national of the previous state of nationality.

presentation of the claim. The rationale behind it was that it prevented abuse and "protection shopping"- the changing of nationality until a powerful state willing to espouse the individual's claim was found.

The traditional rule had been criticised. In the wake of the *Nottebohm* decision, an individual could not engage in "protection shopping" because he or she would lack an effective link with the chosen protector state. The continuity rule had been described as unjust in that it failed to take account of involuntary changes of nationality e.g. as a result of succession of states or for other reasons such as marriage or adoption. Furthermore the traditional view was difficult to reconcile with the Vatellian fiction that an injury to the national was an injury to the state itself.

The Special Rapporteur was thus proposing the abandoning of the traditional rule in favour of a new approach whereby a state would be allowed to bring a claim on behalf of a person who had acquired its nationality in good faith after the date of the injury attributable to a state other than the previous state of nationality, provided that the original state had not exercised or was not exercising diplomatic protection in respect of the injury. Several safeguards against abuse were retained: the original state of nationality would still have priority; the requirements of acquisition of nationality in good faith and the existence of an effective link between the claimant state and its national would apply; and a claim could not be brought against the previous state of nationality for an injury that had occurred while the individual had been a national of the state.

During the debate, strong support was expressed in the Commission for the view that the rule of continuous nationality enjoyed the status of customary international law. In his summing up, the Special Rapporteur admitted that his proposal for draft article 9 was innovative and although support had been expressed for his proposal by some speakers, they were in the minority. However, there had been unanimous agreement that flexibility and change in some form were necessary. This was to be brought about by way of the inclusion of reasonable exceptions to the traditional rule, particularly in the context of state succession and marriage. The drafting Committee would also have to consider whether naturalization after a long period of residence could constitute an exception to the rule.

The Special Rapporteur, in introducing draft article 10[57] and the rule of exhaustion of local remedies generally, stated that it was clear that the rule was a customary rule of international law, as affirmed by the International Court of Justice in the *Interhandel* case[58] and *Elettronica Sicula* (ELSI) cases.[59] It was founded on respect for the sovereignty of the host state as well as for its judicial organs. Draft article 10 was meant to establish the context for the subsequent article on the exhaustion of local remedies. In the Commission, support was expressed for the exhaustion of local remedies rule as being a well-established rule of customary international law.

The Special Rapporteur explained that draft article 11[60] dealt with the distinction between "direct" and "indirect" claims for the purpose of the exhaustion of local remedies rule. Such a provision was necessary in the draft articles so as to ascertain which cases fell within the scope of the draft articles. The basic principle was that the rule applied only where a state had been "indirectly" injured through its national. It did not apply where there had been a direct injury to the state itself. Two criteria were proposed for determining the type of injury involved: (i) a preponderance test and (ii) a *sine qua non*

---

[57] Draft article 10 reads:
1. A state may not bring an international claim arising out of an injury to a national, whether natural or legal person, before the injured national has, subject to article 15, exhausted all available local legal remedies in the state alleged to be responsible for the injury.
2. "Local legal remedies" means the remedies which are as of right open to natural or legal persons before judicial or administrative courts or authorities whether ordinary or special.

[58] ICJ *Reports* 1959, p. 6.

[59] ICJ *Reports* 1989, p. 15.

[60] Draft article 11 reads:
Local remedies shall be exhausted where an international claim, or request for a declaratory judgement related to the claim, is brought preponderantly on the basis of an injury to a national and where the legal proceedings in question would not have been brought but for the injury to the national. (In deciding on this matter, regard shall be had to such factors as the remedy claimed, the nature of the claim and the subject of the dispute).

test. The Special Rapporteur suggested it might be sufficient to adopt only one of the tests.

Under the first test, the issue was whether the injury had been preponderantly to the national of the claimant state, in which case it would be indirect and the exhaustion of local remedies would apply. Alternatively under the *sine qua non* test, it would be necessary to establish whether the claim would have been brought but for the injury to the national of the claimant state.

During the debate in the Commission support was expressed for article 11, which was considered to reflect prevailing practice. It was also suggested that it required further reflection. Proposals included merging articles 10 and 11 and deleting article 11 entirely, as going beyond the scope of diplomatic protection. It was observed that the terms "direct" and "indirect" injury were misleading.

In summing up the Special Rapporteur took note of the criticism of the terms "direct" and "indirect" injury. He pointed out that while they were used in his report, they had not been used in the draft articles. Some further issues would have to be considered by the Drafting Committee, including the possibility that only the preponderance test be employed.

UNILATERAL ACTS OF STATES

At the fifty-third session, the Commission had before it the fourth report[61] by the Special Rapporteur, Victor Rodriguez-Cedeno. The fourth report dealt with two fundamental issues: the elaboration of criteria upon which to proceed with a classification of unilateral acts and the interpretation of unilateral acts, in the context of the rules applicable to all unilateral acts, regardless of their material content.

The Special Rapporteur noted that guidance was requested of the Commission on the issues relating to the causes of invalidity of unilateral acts, the determination of the moment when the legal effects of a unilateral act come into being, which would in turn lead to determining the moment when it is opposable or enforceable. He

---

[61] A/CN.4/519.

explained that it was of fundamental importance to distinguish the moment at which the act came into being, producing legal effects while retaining its unilateral nature, from the moment at which it materialized, thus taking on a bilateral element while never losing its strictly unilateral nature.

The Special Rapporteur indicated that the classification of unilateral acts was difficult. He proposed to proceed with a classification based on legal effects criterion. Consequently, there would be two major categories:
   a) acts whereby a state undertakes obligations e.g.: by promises, waivers and even recognitions
   b) acts whereby a state reaffirms rights (e.g.: by protests).

As for the interpretation of unilateral acts, the Special Rapporteur was of the view that the rules of interpretation contained in the 1969 Vienna Convention on the Law of Treaties could constitute a valid reference in the elaboration of rules for the interpretation of unilateral acts, as was evidenced by some arbitral awards. The two draft articles[62] he proposed on a general rule of interpretation and on supplementary means of interpretation, were based on the Vienna provisions yet had been modified to the specificity of the unilateral act.

---

[62] Draft article (a) reads:
General rule of interpretation
1. A unilateral act shall be interpreted in good faith in accordance with the ordinary meaning given to the terms of the declaration in their context and in the light of the intention of the author state.
2. The context for the purpose of the interpretation of a unilateral act shall comprise, in addition to the text, its preamble and annexes.
3. There shall be taken into account, together with the context, any subsequent practice followed in the application of the act and any relevant rules of international law applicable in the relations between the author state or states and the addressee state or states
Draft article (b) reads:
-Supplementary means of interpretation
-Recourse may be had to supplementary means of interpretation, including the preparatory work and the circumstances of the formulation of the act, in order to confirm the meaning resulting from the application of article(a), or to determine the meaning when the interpretation according to article (a):
   a)   Leaves the meaning ambiguous or obscure
   b)   Leads to a result which is manifestly absurd or unreasonable.

Divergent views were expressed in the Commission on the proposal by the Special Rapporteur for draft articles on the interpretation of unilateral acts. According to one view, it was premature to deal with the issue of interpretations since such an endeavour could wait until a comprehensive set of draft articles has been prepared. Some members shared the view of the Special Rapporteur that the provisions of the 1969 and 1986 Vienna Conventions on the Law of Treaties could serve as a basis for developing rules of interpretation for unilateral acts; others felt that the said provisions were too general to be of use for that purpose.

At the recommendation of the working group on Unilateral Acts, the Commission requested that the Secretariat circulate a questionnaire to governments inviting them to provide further information regarding their practice of formulating and interpreting unilateral acts (see Annex A).

OTHER DECISION AND CONCLUSIONS

The Commission decided, on the Planning group's recommendation, to give priority during the first week of the first part of its fifty-fourth session to the appointment of two Special Rapporteurs on two of the five topics included in the long-term programme of work.[63]

The Commission decided to hold a 10- week split session, which will take place in Geneva from 29 April to 7 June and from 22 July to 16 August 2002. This will be the first session of the new quinquennium.

---

[63] See Official Records of the General Assembly, Fifty-fifth session, Supplement no.10(A/55/10) § 729.
The topics are:
1. Responsibility of International Organizations
2. Effects of armed conflict on treaties
3. Shared natural resources of states
4. Expulsion of aliens
5. Risks ensuing form fragmentation of international law.

ANNEXES

Annex A

CHAPTER III
SPECIFIC ISSUES ON WHICH COMMENTS WOULD BE OF PARTICULAR INTEREST TO THE COMMISSION

19. In response to § 14 of General Assembly resolution 55/152 of 12 December 2000, the Commission would like to indicate the following specific issues for each topic on which expressions of views by Governments either in the Sixth Committee or in written form would be of particular interest in providing effective guidance for the Commission on its further work.

A. Reservations to treaties

(a) Conditional interpretative declarations

20. In 1997, the Commission decided to include the study of interpretative declarations in its work on the topic of reservations to treaties.[1] In 1999 it drew a distinction between "simple" interpretative declarations and conditional interpretative declarations, the definition of which is contained in draft guideline 1.2.1.[2] In moving ahead in its work, the Commission finds that the latter declarations are subject, mutatis mutandis, to the same legal regime as reservations themselves. Should this assimilation be confirmed in regard to the effects of reservations and of conditional interpretative declarations respectively, the Commission is considering the possibility of not including in its draft Guide to Practice draft guidelines specifically relating to conditional interpretative declarations.

---

[1] Official Records of the General Assembly, Fifty-second Session, Supplement No. 10(A/52/10), §§ 113-115

[2] Official Records of the General Assembly, Fifty-fourth Session, Supplement No. 10(A/54/10), p. 240

21. The Commission would be particularly interested in receiving comments from States in this connection and would welcome any information on the practice followed by States and international organizations in connection with the formulation and the effects of conditional interpretative declarations.

(b) Late formulation of reservations

22. In the case of the draft guidelines adopted at the present session, the Commission would like to receive more particularly comments from Governments on draft guide 2.3.1: "Late formulation of a reservation".[3]

23. This guideline has been worded so that it is understood that this practice, which is a departure from the actual definition of reservations as contained in article 2 (d) of the 1969 Vienna Convention of the Law of Treaties and reproduced in draft guideline 1.1.,[4] should remain exceptional in view of the practice followed by depositaries and, in particular, by the Secretary-General of the United Nations.[5] Nevertheless, some members of the Commission consider that including this practice in the Guide could unduly encourage the late formulation of reservations. The Commission would like to receive the views of Governments on this issue.

24. Moreover, still in connection with the same draft guideline, the Commission would like to have the views of States on the advisability of using the term "objection", not within the meaning of article 20 of the 1969 Vienna Convention on the Law of Treaties of a declaration whereby a State objects to the content of a reservation, but to signify opposition to its late formulation.[6]

---

[3] "Unless the treaty provides otherwise, a State or an international organization may not formulate a reservation to a treaty after expressing its consent to be bound by the treaty except if none of the other contracting Parties objects to the late formulation of the reservation".

[4] Official Records of the General Assembly, Fifty-third Session, Supplement No. 10 (A/53/10), pp. 196-199.

[5] Letter from the Legal Counsel of the United Nations, LA 41 TR/221 (23-1).

[6] Possible alternatives such a "rejection" or "opposition" have been proposed.

(c) Role of the depositary

25. The Special Rapporteur on reservations to treaties devoted a part of his sixth report[7] to the role of the depositary in the communication of reservations. He proposed to reproduce in the Guide to Practice, by adapting them to the particular case of reservations, the provisions of articles 77 and 78 of the 1969 Vienna Convention. The problem nonetheless arises of whether it lies with the depositary to refuse to communicate to the States and international organizations concerned a reservation that is manifestly inadmissible, particularly when it is prohibited by a provision of the treaty.
26. The Commission would like to receive the views of States on this point before adopting a draft guideline in this regard.

B. Diplomatic protection

27. The Commission would welcome comments on the exceptions that may be made to the continuous nationality rule, including the conditions under which such exceptions would apply. In particular, comments would be appreciated on those exceptions to the rule concerning situations of involuntary change of nationality arising out of State succession or out of marriage or adoption.
28. The Commission would also welcome comments on the following questions relating to diplomatic protection in the context of legal persons:
(a) Do States, in practice, exercise diplomatic protection on behalf of a company when the company is registered / incorporated in the State, irrespective of the nationality of the shareholders? Or, do States, in addition, require that the majority, or a preponderance, of the shareholders of the company have the nationality of the protecting State before diplomatic protection will be exercised?

---

[7] A/CN.4/518/Add.2, §§ 156-170.

(b) May a State exercise diplomatic protection on behalf of shareholders that have its nationality when the company (registered/incorporated in another State) is injured by an act of the State of registration/incorporation?

C. Unilateral acts of States

29. The Commission draws attention to a questionnaire prepared by the Special Rapporteur which will be circulated to Governments. The Commission encourages Governments to reply to that questionnaire as soon as possible.

Annex B

E. Text of the draft articles on Responsibility of States for internationally wrongful acts

1. Text of the draft articles

The text of the draft articles adopted by the Commission at its fifty-third session is reproduced below.

RESPONSIBILITY OF STATES FOR INTERNATIONALLY WRONGFUL ACTS

PART ONE
THE INTERNATIONALLY WRONGFUL ACT OF A STATE

CHAPTER I
GENERAL PRINCIPLES

Article 1. Responsibility of a State for its internationally wrongful acts
Every internationally wrongful act of a State entails the international responsibility of that State.

Article 2. Elements of an internationally wrongful act of a State
There is an internationally wrongful act of a State when conduct consisting of an action or omission:
(a) Is attributable to the State under international law; and
(b) Constitutes a breach of an international obligation of the State.

Article 3. Characterization of an act of a State as internationally wrongful
The characterization of an act of a State as internationally wrongful is governed by international law. Such characterization is not affected by the characterization of the same act as lawful by internal law.

CHAPTER II
ATTRIBUTION OF CONDUCT TO A STATE

Article 4. Conduct of organs of a State
1. The conduct of any State organ shall be considered an act of that State under international law, whether the organ exercises legislative, executive, judicial or any other functions, whatever position it holds in the organization of the State, and whatever its character as an organ of the central government or of a territorial unit of the State.
2. An organ includes any person or entity which has that status in accordance with the internal law of the State.

Article 5. Conduct of persons or entities exercising elements of governmental authority
The conduct of a person or entity which is not an organ of the State under article 4 but which is empowered by the law of that State to exercise elements of the governmental authority shall be considered an act of the State under international law, provided the person or entity is acting in that capacity in the particular instance.

Article 6. Conduct of organs placed at the disposal of a State by another State
The conduct of an organ placed at the disposal of a State by another State shall be considered an act of the former State under international law if the organ is acting in the exercise of elements of the governmental authority of the State at whose disposal it is placed.

Article 7. Excess of authority or contravention of instructions
The conduct of an organ of a State or of a person or entity empowered to exercise elements of the governmental authority shall be considered an act of the State under international law if the organ, person or entity acts in that capacity, even if it exceeds its authority or contravenes instructions.

Article 8. Conduct directed or controlled by a State
The conduct of a person or group of persons shall be considered an act of a State under international law if the person or group of persons is in fact acting on the instructions of, or under the direction or control of that State in carrying out the conduct.

Article 9. Conduct carried out in the absence or default of the official authorities
The conduct of a person or group of persons shall be considered an act of a State under international law if the person or group of persons is in fact exercising elements of the governmental authority in the absence or default of the official authorities and in circumstances such as to call for the exercise of those elements of authority.

Article 10 – Conduct of an insurrectional or other movement
1. The conduct of an insurrectional movement which becomes the new government of a State shall be considered an act of that State under international law.
2. The conduct of a movement, insurrectional or other, which succeeds in establishing a new State in part of the territory of a pre-existing State or in a territory under its administration, shall be considered an act of the new State under international law.
3. This article is without prejudice to the attribution to a State of any conduct, however related to that of the movement concerned, which is to be considered an act of that State by virtue of article 4 to 9.

Article 11. Conduct acknowledged and adopted by a State as its own
Conduct which is not attributable to a State under the preceding articles shall nevertheless be considered an act of that State under international law if and to the extent that the State acknowledges and adopts the conduct in question as its own.

CHAPTER III
BREACH OF AN INTERNATIONAL OBLIGATION

Article 12. Existence of a breach of an international obligation
There is a breach of an international obligation by a State when an act of that State is not in conformity with what is required of it by that obligation, regardless of its origin or character.

Article 13. International obligation in force for a State
An act of a State does not constitute a breach of an international obligation unless the State is bound by the obligation in question at the time the act occurs.

Article 14. Extension in time of the breach of an international obligation
1. The breach of an international obligation by an act of a State not having a continuing character occurs at the moment when the act is performed, even if its effects continue.
2. The breach of an international obligation by an act of a State having a continuing character extends over the entire period during which the act continues and remains not in conformity with the international obligation.
3. The breach of an international obligation requiring a State to prevent a given event occurs when the event occurs and extends over the entire period during which the event continues and remains not in conformity with that obligation.

Article 15. Breach consisting of a composite act
1. The breach of an international obligation by a State through a series of actions or omissions defined in aggregate as wrongful, occurs when the action or omission occurs which, taken with the other actions or omissions, is sufficient to constitute the wrongful act.
2. In such a case, the breach extends over the entire period starting with the first of the actions or omissions of the series and lasts for as long as these actions or omissions are repeated and remain not in conformity with the international obligation.

CHAPTER IV
RESPONSIBILITY OF A STATE IN CONNECTION WITH THE ACT OF ANOTHER STATE

Article 16. Aid or assistance in the commission of an internationally wrongful act

A State which aids or assists another State in the commission of an internationally wrongful act by the latter is internationally responsible for doing so if:
  (a) That State does so with the knowledge of the circumstances of the internationally wrongful act; and
  (b) The act would be internationally wrongful if committed by that State.

Article 17. Direction and control exercised over the commission of an internationally wrongful act

A State which directs and controls another State in the commission of an internationally wrongful act by the latter is internationally responsible for that act if:
  (a) That State does so with knowledge of the circumstances of the internationally wrongful act; and
  (b) The act would be internationally wrongful if committed by that State.

Article 18. Coercion of another State

A State which coerces another State to commit an act is internationally responsible for that act if:
  (a) The act would, but for the coercion, be an internationally wrongfully act of the coerced State; and
  (b) The coercing State does so with knowledge of the circumstances of the act.

Article 19. Effect of this chapter

This chapter is without prejudice to the international responsibility, under other provisions of these articles, of the State which commits the act in question, or of any other State.

CHAPTER V
CIRCUMSTANCES PRECLUDING WRONGFULNESS

Article 20. Consent
Valid consent by a State to the commission of a given act by another State precludes the wrongfulness of that act in relation to the former State to the extent that the act remains within the limits of that consent.

Article 21. Self-defence
The wrongfulness of an act a State is precluded if the act constitutes a lawful measure of self-defence taken in conformity with the Charter of the United Nations.

Article 22. Countermeasures in respect of an internationally wrongful act
The wrongfulness of an act of a State not in conformity with an international obligation towards another State is precluded if and to the extent that the act constitutes a countermeasure taken against the latter State in accordance with chapter II of Part Three.

Article 23. *Force majeure*
1. The wrongfulness of an act of a State not in conformity with an international obligation of that State is precluded if the act is due to *force majeure*, that is the occurrence of an irresistible force or of an unforeseen event, beyond the control of the State, making it materially impossible in the circumstances to perform the obligation.
2. Paragraph 1 does not apply if:
    (a) The situation of *force majeure* is due, either alone or in combination with other factors, to the conduct of the State invoking it; or
    (b) The State has assumed the risk of that situation occurring.

Article 24. Distress
1. The wrongfulness of an act of a State not in conformity with an international obligation of that State is precluded if the author of the act in question has no other reasonable way, in a situation of distress, of saving the author's life or the lives of other persons entrusted to the author's care.
2. Paragraph 1 does not apply if:
    (a) The situation of distress is due, either alone or in combination with other factors, to the conduct of the State invoking it; or
    (b) The act in question is likely to create a comparable or greater peril.

Article 25. Necessity
1. Necessity may not be invoked by a State as a ground for precluding the wrongfulness of an act in conformity with an international obligation of that State unless the act:
    (a) Is the only way for the State to safeguard an essential interest against a grave and imminent peril; and
    (b) Does not seriously impair an essential interest of the State or State towards which the obligation exists, or of the international community as a whole.
2. In any case, necessity may not be invoked by a State as a ground for precluding wrongfulness if:
    (a) The international obligation in question excludes the possibility of invoking necessity; or
    (b) The State has contributed to the situation of necessity.

Article 26. Compliance with peremptory norms
Nothing in this chapter precludes the wrongfulness of any act of a State which is not in conformity with an obligation arising under a peremptory norm of general international law.

Article 27. Consequences of invoking a circumstance precluding wrongfulness

The invocation of a circumstance precluding wrongfulness in accordance with this chapter is without prejudice to:
  (a) Compliance with the obligation in question, if and to the extent that the circumstance precluding wrongfulness no longer exists;
  (b) The question of compensation for any material loss caused by the act in question.

PART TWO
CONTENT OF THE INTERNATIONAL
RESPONSIBILITY OF A STATE

CHAPTER I
GENERAL PRINCIPLES

Article 28. Legal consequences of an internationally wrongful act

The international responsibility of a State which is entailed by an internationally wrongful act in accordance with the provisions of Part One involves legal consequences as set out in this Part.

Article 29. Continued duty of performance

The legal consequences of an internationally wrongful act under this Part do not affect the continued duty of the responsible State to perform the obligation breached.

Article 30. Cessation and non-repetition

The State responsible for the internationally wrongful act is under an obligation:
  (a) To cease the act, if it is continuing;
  (b) To offer appropriate assurances and guarantees of non-repetition, if circumstances so require.

Article 31. Reparation
1. The responsible State is under an obligation to make full reparation for the injury caused by the internationally wrongful act.
2. Injury includes any damage, whether material or moral, caused by the internationally wrongful act of a State.

Article 32. Irrelevance of internal law
The responsible State may not rely on the provisions of its internal law as justification for failure to comply with its obligations under this Part.

Article 33. Scope of international obligations set out in this Part
1. The obligations of the responsible State set out in this Part may be owed to another State, to several States, or to the international community as a whole, depending in particular on the character and content of the international obligation and on the circumstances of the breach.
2. This part is without prejudice to any right, arising from the international responsibility of a State, which may accrue directly to any person or entity other than a State.

CHAPTER II
REPARATION FOR INJURY

Article 34. Forms of reparation
Full reparation for the injury caused by the internationally wrongful act shall take the form of restitution, compensation and satisfaction, either singly or in combination, in accordance with the provisions of this chapter.

Article 35. Restitution

A State responsible for an internationally wrongful act is under on obligation to make restitution, that is, to re-establish the situation which existed before the wrongful act was committed, provided and to the extent that restitution:

(a) Is not materially impossible;
(b) Does not involve a burden out of all proportion to the benefit deriving from restitution instead of compensation.

Article 36. Compensation

1. The State responsible for an internationally wrongful act I under an obligation to compensate for the damage caused thereby, insofar as such damage is not made good by restitution.
2. The compensation shall cover any financially assessable damage including loss of profits insofar as it is established.

Article 37. Satisfaction

1. The State responsible for an internationally wrongful act is under an obligation to give satisfaction for the injury caused by the act insofar as it cannot be made good by restitution or compensation.
2. Satisfaction may consist in an acknowledgement of the breach, an expression of regret, a formal apology or another appropriate modality.
3. Satisfaction shall not be out of proportion to the injury and may not take a form humiliating to the responsible State.

Article 38. Interest

1. Interest on any principal sum due under this chapter shall be payable when necessary in order to ensure full reparation. The interest rate and mode of calculation shall be set so as to achieve that result.
2. Interest runs from the date when the principal sum should have been paid until the date the obligation to pay is fulfilled.

Article 39. Contribution to the injury
In the determination of reparation, account shall be taken of the contribution to the injury by wilful or negligent action or omission of the injured State or any person or entity in relation to whom reparation is sought.

CHAPTER III
SERIOUS BREACHES OF OBLIGATIONS UNDER PEREMPTORY NORMS OF GENERAL INTERNATIONAL LAW

Article 40. Application of this chapter
1. This chapter applies to the international responsibility which is entailed by a serious breach by a State of an obligation arising under a peremptory norm of general international law.
2. A breach of such an obligation is serious if it involves a gross or systematic failure by the responsible State to fulfil the obligation.

Article 41. Particular consequences of a serious breach of an obligation under this chapter
1. State shall cooperate to bring to an end through lawful means any serious breach within the meaning of article 40.
2. No State shall recognize as lawful a situation created by a serious breach within the meaning of article 40, nor render aid or assistance in maintaining that situation.
3. This article is without prejudice to the other consequences referred to in this Part and to such further consequences that a breach to which this chapter applies may entail under international law.

PART THREE
THE IMPLEMENTATION OF THE INTERNATIONAL RESPONSIBILITY OF A STATE

CHAPTER I
INVOCATION OF THE RESPONSIBILITY OF A STATE

Article 42. Invocation of responsibility of an injured State
A State is entitled as an injured State to invoke the responsibility of another State if the obligation breached is owed to:
  (a) That State individually; or
  (b) A group of States including that State, or the international community as a whole, and the breach of the obligation:
    (i) Specially affects that State; or
    (ii) Is of such a character as radically to change the position of all the other States to which the obligation is owed with respect to the further performance of the obligation.

Article 43. Notice of claim by an injured State
1. An injured State which invokes the responsibility of another State shall give notice of its claim to that State.
2. The injured State may specify in particular:
    (a) The conduct that the responsible State should take in order to cease the wrongful act, if it is continuing;
    (b) What form reparation should take in accordance with the provisions of Part Two.

Article 44. Admissibility of claims
The responsibility of a State may not be invoked if:
  (a) The claim is not brought in accordance with any applicable rule relating to the nationality of claims;
  (b) The claim is one to which the rule of exhaustion of local remedies applies and any available and effective local remedy has not been exhausted.

Article 45. Loss of the right to invoke responsibility
The responsibility of a State may not be invoked if:
- (a) The injured State has validly waived the claim;
- (b) The injured State is to be considered as having, by reason of its conduct, validly acquiesced in the lapse of the claim.

Article 46. Plurality of injured States
Where several States are injured by the same internationally wrongful act, each injured State may separately invoke the responsibility of the State which has committed the internationally wrongful act.

Article 47. Plurality of responsible States
1. Where several States are responsible for the same internationally wrongful act, the responsibility of each State may be invoked in relation to that act.
2. Paragraph 1
   - (a) Does not permit any injured State to recover, by way of compensation, more than the damage it has suffered;
   - (b) Is without prejudice to any right of recourse against the other responsible States.

Article 48. Invocation of responsibility by a State other than an injured State
1. Any State other than an injured State is entitled to invoke the responsibility of another State in accordance with paragraph 2 if:
   - (a) The obligation breached is owed to a group of States including that State and is established for the protection of a collective interest of the group; or
   - (b) The obligation breached is owed to the international community as a whole
2. Any State entitled to invoke responsibility under paragraph 1 may claim from the responsible State:
   - (a) Cessation of the internationally wrongful act, and assurances and guarantees of non-repetition in accordance with article 30; and

(b) Performance of the obligation of reparation in accordance with the preceding articles, in the interest of the injured State or of the beneficiaries of the obligation breached.
3. The requirements for the invocation of responsibility by an injured State under articles 43, 44 and 45 apply to an invocation of responsibility by a State entitled to do so under paragraph 1.

CHAPTER II
COUNTERMEASURES

Article 49. Object and limits of countermeasures
1. An injured State may only take countermeasures against a State which is responsible for an internationally wrongful act in order to induce that State to comply with its obligations under Part Two.
2. Countermeasures are limited to the non-performance for the time being of international obligations of the State taking the measures towards the responsible State.
3. Countermeasures shall, as far as possible, be taken in such a way as to permit the resumption of performance of the obligations in question.

Article 50. Obligations not affected by countermeasures
1. Countermeasures shall not affect:
    (a) The obligation to refrain from the threat or use of force as embodied in the Charter of the United Nations;
    (b) Obligations for the protection of fundamental human rights;
    (c) Other obligations under peremptory norms of general international law.
2. A State taking countermeasures is not relieved from fulfilling its obligations:
    (a) Under any dispute settlement procedure applicable between it and the responsible State;
    (b) To respect the inviolability of diplomatic or consular agents, premises, archives and documents.

Article 51. Proportionality
Countermeasures must be commensurate with the injury suffered, taking into account the gravity of the internationally wrongful act and the rights in question.

Article 52. Conditions relating to resort to countermeasures
1. Before taking countermeasures, an injured State shall:
    (a) Call on the responsible State, in accordance with article 43, to fulfil its obligations under Part Two;
    (b) Notify the responsible State of any decision to take countermeasures and offer to negotiate with that State.
2. Notwithstanding paragraph 1(b), the injured State may take such urgent countermeasures as are necessary to preserve its rights.
3. Countermeasures may not be taken, and if already taken must be suspended without undue delay if:
    (a) The internationally wrongful act has ceased; and
    (b) The dispute is pending before a court or tribunal which has the authority to make decisions binding on the parties.
4. Paragraph 3 does not apply if the responsible State fails to implement the dispute settlement procedures in good faith.

Article 53. Termination of countermeasures
Countermeasures shall be terminated as soon as the responsible State has complied with its obligations under Part Two in relation to the internationally wrongful act.

Article 54. Measures taken by States other than an injured State
This chapter does not prejudice the right of any State, entitled under article 48, paragraph 1 to invoke the responsibility of another State, to take lawful measures against that State to ensure cessation of the breach and reparation in the interest of the injured State or of the beneficiaries of the obligation breached.

PART FOUR
GENERAL PROVISIONS

Article 55. *Lex specialis*
These articles do not apply where and to the extent that the conditions for the existence of an internationally wrongful act or the content or implementation of the international responsibility of a State are governed by special rules of international law.

Article 56. Questions of State responsibility not regulated by these articles
   The applicable rules of international law continue to govern questions concerning the responsibility of a State for an internationally wrongful act to the extent that they are not regulated by these articles.

Article 57. Responsibility of an international organization
   These articles are without prejudice to any question of the responsibility under international law of an international organization, or of any State for the conduct of an international organization.

Article 58. Individual responsibility
   These articles are without prejudice to any question of the individual responsibility under international law of any person acting on behalf of a State.

Article 59. Charter of the United Nations
These articles are without prejudice to the Charter of the United Nations.

Annex C

E. Text of the draft articles on Prevention
of Transboundary Harm from Hazardous Activities

1. Text of the draft articles

The text of the draft preamble and draft articles adopted by the Commission at its fifty-third session are reproduced below.

PREVENTION OF TRANSBOUNDARY HARM FROM HAZARDOUS ACTIVITIES

The States Parties,

Having in mind Article 13, paragraph 1 (a) of the Charter of the United Nations, which provides that the General Assembly shall initiate studies and make recommendations for the purpose of encouraging the progressive development of international law and its codification,

Bearing in mind the principle of permanent sovereignty of States over the natural resources within their territory or otherwise under their jurisdiction or control,

Bearing also in mind that the freedom of States to carry on or permit activities in their territory or otherwise under their jurisdiction or control is not unlimited,

Recalling the Rio Declaration on Environment and Development of 13 June 1992

Recognizing the importance of promoting international cooperation,

Have agreed as follows:

Article 1. Scope

The present articles apply to activities not prohibited by international law which involve a risk of causing significant transboundary harm through their physical consequences.

Article 2. Use of terms

For the purposes of the present articles:

(a) "Risk of causing significant transboundary harm" includes risks taking the form of a high probability of causing significant transboundary harm and a low probability of causing disastrous transboundary harm;

(b) "Harm" means harm caused to persons, property or the environment;

(c) "Transboundary harm" means harm caused in the territory of or in other places under the jurisdiction or control of a State other than the State of origin, whether or not the States concerned share a common border;

(d) "State of origin" means the State in the territory or otherwise under the jurisdiction or control of which the activities referred to in article 1 are planned or are carried out;

(e) "State likely to be affected" means the State or States in the territory of which there is the risk of significant transboundary harm or which have jurisdiction or control over any other place where there is such a risk;

(f) "States concerned" means the State or origin and the State likely to be affected.

Article 3. Prevention

The State of origin shall take all appropriate measures to prevent significant transboundary harm or at any event to minimize the risk thereof.

Article 4. Cooperation
States concerned shall cooperate in good faith and, as necessary, seek the assistance of one or more competent international organizations in preventing significant transboundary harm or at any event in minimizing the risk thereof.

Article 5. Implementation
States concerned shall take the necessary legislative, administrative or other action including the establishment of suitable monitoring mechanisms to implement the provisions of the present articles.

Article 6. Authorization
1. The State of origin shall require its prior authorization for:
    (a) Any activity within the scope of the present articles carried out in its territory or otherwise under its jurisdiction or control;
    (b) Any major change in an activity referred to in subparagraph (a);
    (c) Any plan to change an activity which may transform it into one falling within the scope of the present articles.
2. The requirement of authorization established by a State shall be made applicable in respect of all pre-existing activities within the scope of the present articles. Authorizations already issued by the State for pre-existing activities shall be reviewed in order to comply with the present articles.
3. In case of a failure to conform to the terms of the authorization, the Sate of origin shall take such actions as appropriate, including where necessary terminating the authorization.

Article 7. Assessment or risk
Any decision in respect of the authorization of an activity within the scope of the present articles shall, in particular, be based on an assessment of the possible transboundary harm caused by that activity, including any environmental impact assessment.

Article 8. Notification and information
1. If the assessment referred to in article 7 indicates a risk of causing significant transboundary harm, the State of origin shall provide the State likely to be affected with timely notification of the risk and the assessment and shall transmit to it the available technical and all other relevant information on which the assessment is based.
2. The State of origin shall not take any decision on authorization of the activity pending the receipt, within a period not exceeding six months, of the response from the State likely to be affected.

Article 9. Consultations on preventive measures
1. The States concerned shall enter into consultations, at the request of any of them, with a view to achieving acceptable solutions regarding measures to be adopted in order to prevent significant transboundary harm or at any event to minimize the risk thereof. The States concerned shall agree, at the commencement of such consultations, on a reasonable time-frame for the consultations.
2. The States concerned shall seek solutions based on an equitable balance of interests in the light of article 10.
3. If the consultations referred to in paragraph 1 fail to produce an agreed solution, the State of origin shall nevertheless take into account the interests of the State likely to be affected in case it decides to authorize the activity to be pursued, without prejudice to the rights of any State likely to be affected.

Article 10. Factors involved in an equitable balance of interests

In order to achieve an equitable balance of interests as referred to in paragraph 2 of article 9, the States concerned shall take into account all relevant factors and circumstances, including:

(a) The degree of risk of significant transboundary harm and the availability of means of preventing such harm, or minimizing the risk thereof or repairing the harm;

(b) The importance of the activity, taking into account its overall advantages of a social, economic and technical character for the State of origin in relation to the potential harm for the State likely to be affected;

(c) The risk of significant harm to the environment and the availability of means of preventing such harm, or minimizing the risk thereof or restoring the environment;

(d) The degree to which the State of origin and, as appropriate, the State likely to be affected are prepared to contribute to the costs of prevention;

(e) The economic viability of the activity in relation to the costs of prevention and to the possibility of carrying out the activity elsewhere or by other means or replacing it with an alternative activity;

(f) The standards of prevention which the State likely to be affected applies to the same or comparable activities and the standards applied in comparable regional or international practice.

Article 11. Procedures in the absence of notification
1. If a State has reasonable grounds to believe that an activity planned or carried out in the State of origin may involve a risk of causing significant transboundary harm to it, it may request the State of origin to apply the provision of article 8. The request shall be accompanied by a documented explanation setting forth its grounds.
2. In the event that the State of origin nevertheless finds that it is not under an obligation to provide a notification under article 8, it shall so inform the requesting State within a reasonable time, providing a documented explanation setting forth the reasons for such finding. If this finding does not satisfy that State, at its request, the two States shall promptly enter into consultations in the manner indicated in article 9.
3. During the course of the consultations, the State of origin shall, if so requested by the other State, arrange to introduce appropriate and feasible measures to minimize the risk and, where appropriate, to suspend the activity in question for a reasonable period.

Article 12. Exchange of information
While the activity is being carried out, the States concerned shall exchange in a timely manner all available information concerning that activity relevant to preventing significant transboundary harm or at any event minimizing the risk thereof. Such an exchange of information shall continue until such time as the States concerned consider it appropriate even after the activity is terminated.

Article 13. Information to the public
States concerned shall, by such means as are appropriate, provide the public likely to be affected by an activity within the scope of the present articles with relevant information relating to that activity, the risk involved and the harm which might result and ascertain their views.

Article 14. National security and industrial secrets
Data and information vital to the national security of the State of origin or to the protection of industrial secrets or concerning intellectual property may be withheld, but the State of origin shall cooperate in good faith with the State likely to be affected in providing as much information as possible under the circumstances.

Article 15. Non-discrimination
Unless the States concerned have agreed otherwise for the protection of the interests of persons, natural or juridical, who may be or are exposed to the risk of significant transboundary harm as a result of an activity within the scope of the present articles, a State shall not discriminate on the basis of nationality or residence or place where the injury might occur, in granting to such persons, in accordance with its legal system, access to judicial or other procedures to seek protection or other appropriate redress.

Article 16. Emergency preparedness
The State or origin shall develop contingency plans for responding to emergencies, in cooperation, where appropriate, with the State likely to be affected and competent international organizations.

Article 17. Notification of an emergency
The State of origin shall, without delay and by the most expeditious means, at its disposal, notify the State likely to be affected of an emergency concerning an activity within the scope of the present articles and provide it with all relevant and available information.

Article 18. Relationship to other rules of international law
The present articles are without prejudice to any obligation incurred by States under relevant treaties or rules of customary international law.

Article 19. Settlement of disputes

1. Any dispute concerning the interpretation or application of the present articles shall be settled expeditiously through peaceful means of settlement chosen by mutual agreement of the parties to the dispute, including negotiations, mediation, conciliation, arbitration or judicial settlement.
2. Failing an agreement on the means for the peaceful settlement of the dispute within a period of six months, the parties to the dispute shall, at the request of any of them, have recourse to the establishment of an impartial fact-finding commission.
3. The Fact-finding Commission shall be composed of one member nominated by each party to the dispute and in addition a member not having the nationality of any of the parties to the dispute chosen by the nominated members who shall serve as Chairperson.
4. If more than one State is involved on one side of the dispute and those States do not agree on a common member of the Commission and each of them nominates a member, the other party to the dispute has the right to nominate an equal number of members of the Commission.
5. If the members nominated by the parties to the dispute are unable to agree on a Chairperson within three months of the request for the establishment of the Commission, any party to the dispute may request the Secretary-General of the United Nations to appoint the Chairperson who shall not have the nationality of any of the parties to the dispute. If one of the parties to the dispute fails to nominate a member within three months of the initial request pursuant to paragraph 2, any other party to the dispute may request the Secretary-General of the United Nations to appoint a person who shall not have the nationality of any of the parties to the dispute. The person so appointed shall constitute a single-member Commission.
6. The Commission shall adopt its report by a majority vote, unless it is a single-member Commission, and shall submit that report to the parties to the dispute setting forth its findings and recommendations, which the parties to the dispute shall consider in good faith.

CHRONIQUE DES ACTIVITÉS DE LA COUR INTERNATIONALE DE JUSTICE EN 2000

Ludivine Tamiotti[*]

Par rapport à l'année judiciaire 1999, la charge de travail de la Cour en 2000 semble s'être allégée. En effet, la Cour n'a rendu de décisions que dans trois affaires : un arrêt sur la compétence et deux ordonnances en indication de mesures conservatoires. Il faut néanmoins souligner le fait que la Cour a été très occupée dans la seconde moitié de l'année 2000 par ses activités (audiences publiques et délibérations) dans une affaire particulièrement difficile et politiquement sensible, celle de la *Délimitation maritime et questions territoriales entre Qatar et Bahreïn (Qatar c. Bahreïn)*. Les audiences publiques de cette affaire ont duré cinq semaines, ce qui constitue la phase finale de la procédure la plus longue de l'histoire de la Cour.[1] La Cour a également tenu des audiences publiques dans l'affaire *LaGrand (Allemagne c. États-Unis d'Amérique)* et dans les trois affaires examinées ci-après.

Cette chronique examine en premier lieu l'actualité non judiciaire de la Cour internationale de Justice, à savoir l'évolution de sa composition et de son rôle, et présente le discours de son président à

---

[*] Juriste, Division du commerce et de l'environnement, Organisation mondiale du commerce, Genève ; Anciennement référendaire auprès de la Cour internationale de Justice ; LLM, New York University, New York ; Doctorante à l'Institut Universitaire de Hautes Études Internationales, Genève.
Les opinions exprimées dans cet article sont strictement personnelles à l'auteur et n'engagent ni l'Organisation mondiale du commerce ni la Cour internationale de Justice.

[1] Communiqué de presse n°2000/13, 14 avril 2000.

l'Assemblée générale. Elle examine ensuite les trois décisions que la Cour a rendu en 2000, à savoir l'arrêt du 21 juin 2000 sur la compétence en l'affaire de *L'Incident aérien du 10 août 1999 (Pakistan c. Inde)*, l'ordonnance en indication de mesures conservatoires du 1er juillet 2000 en l'affaire des *Activités armées sur le territoire du Congo (République démocratique du Congo c. Ouganda)* et l'ordonnance du 8 décembre 2000 sur la demande en indication de mesures conservatoires en l'affaire du *Mandat d'arrêt du 11 avril 2000 (République démocratique du Congo c. Belgique)*.

ACTUALITÉ DE LA COUR

Évolution de la composition de la Cour

Au 7 février 2000, la composition de la Cour internationale de Justice était la suivante : M. Gilbert Guillaume (France), président ; M. Shi Jiuyong (Chine), vice-président ; MM. Shigeru Oda (Japon), Mohammed Bedjaoui (Algérie), Raymond Ranjeva (Madagascar), Géza Herczegh (Hongrie), Carl-August Fleischhauer (Allemagne), Abdul G. Koroma (Sierra Leone), Vladen S. Vereshchetin (Fédération de Russie), Mme Rosalyn Higgins (Grande-Bretagne), MM. Gonzalo Parra-Aranguren (Venezuela), Pieter H. Kooijmans (Pays-Bas), Francisco Rezek (Brésil), Awn Shawkat Al-Khasawneh (Jordanie) et Thomas Buergenthal (États-Unis d'Amérique), juges.

Par rapport à 1999, la Cour a changé de président et de vice-président et compte deux nouveaux membres : MM. Al-Khasawneh et Buergenthal. En outre, le 10 février 2000, suite à la démission le 20 septembre 1999 de M. Eduardo Valencia-Ospina, M. Phillippe Couvreur, de nationalité belge, a été élu greffier de la Cour pour une durée de sept ans.[2]

---

[2] Communiqué de presse n°2000/4, 11 février 2000.

Évolution du rôle de la Cour

Cette année, la Cour a été saisie d'une seule nouvelle affaire. Il s'agit de l'affaire du *Mandat d'arrêt du 11 avril 2000 (République démocratique du Congo c. Belgique)*. Une affaire seulement a été rayée du rôle de la Cour à la suite d'un arrêt d'incompétence de la Cour. Il s'agit de l'affaire de *L'Incident aérien du 10 août 1999 (Pakistan c. Inde)*. Des mesures conservatoires ont été demandées dans deux affaires : l'affaire du *Mandat d'arrêt du 11 avril 2000 (République démocratique du Congo c. Belgique)* et celle des *Activités armées sur le territoire du Congo (République démocratique du Congo c. Ouganda)*.

La Cour a rendu des ordonnances fixant ou reportant la date d'expiration du délai pour le dépôt des pièces de procédure dans les affaires suivantes : affaire de *L'application de la convention pour la prévention et la répression du crime de génocide (Croatie c. Yougoslavie)* ; affaire de la *Délimitation maritime entre le Nicaragua et le Honduras dans la mer des Caraïbes (Nicaragua c. Honduras)* ; affaire de la *Souveraineté sur Pulau Ligitan et Pulau Sipadan (Indonésie/Malaisie)* ; affaire *Ahmadou Sadio Diallo (République de Guinée c. République démocratique du Congo)* ; affaires de la *Licéité de l'emploi de la force (Yougoslavie c. Royaume-Uni), (Yougoslavie c. France), (Yougoslavie c. Allemagne), (Yougoslavie c. Italie), (Yougoslavie c. Pays-Bas) (Yougoslavie c. Belgique), (Yougoslavie c. Canada) et (Yougoslavie c. Portugal)* ; affaire des *Plates-formes pétrolières (République islamique d'Iran c. États Unis d'Amérique)* ; affaires relatives aux *Questions d'interprétation et d'application de la convention de Montréal de 1971 résultant de l'incident aérien de Lockerbie (Jamahiriya arabe libyenne c. Royaume-Uni)* et *(Jamahiriya arabe libyenne c. États-Unis d'Amérique)*, affaires des *Activités armées sur le territoire du Congo (République démocratique du Congo c. Burundi)* et *(République démocratique du Congo c. Rwanda)*.

Au 31 décembre 2000, la Cour comptait vingt-quatre affaires inscrites à son rôle et aucune affaire consultative. Il s'agissait des affaires suivantes : affaire de la *Délimitation maritime et questions territoriales entre Qatar et Bahreïn (Qatar c. Bahreïn)* ; affaires relatives aux *Questions d'interprétation et d'application de la convention de Montréal de 1971 résultant de l'incident aérien de Lockerbie (Jamahiriya arabe libyenne c. Royaume-Uni)* et *(Jamahiriya arabe libyenne c. États-Unis d'Amérique)* ; affaire des *Plates-formes pétrolières (République islamique d'Iran c. États Unis d'Amérique)* ; affaire de *L'application de la convention pour la prévention et la répression du crime de génocide (Bosnie-Herzégovine c. Yougoslavie)* ; affaire du *Projet Gabcikovo-Nagymaros (Hongrie/Slovaquie)* ; affaire de la *Frontière terrestre et maritime entre le Cameroun et le Nigeria (Cameroun c. Nigeria)* ; affaire de la *Souveraineté sur Pulau Ligitan et Pulau Sipadan (Indonésie/Malaisie)* ; affaire *Ahmadou Sadio Diallo (République de Guinée c. République démocratique du Congo)* ; affaire *LaGrand (Allemagne c. États-Unis d'Amérique)* ; affaires de la *Licéité de l'emploi de la force (Yougoslavie c. Royaume-Uni), (Yougoslavie c. France), (Yougoslavie c. Allemagne), (Yougoslavie c. Italie), (Yougoslavie c. Pays-Bas) (Yougoslavie c. Belgique), (Yougoslavie c. Canada)* et *(Yougoslavie c. Portugal)* ; affaires des *Activités armées sur le territoire du Congo (République démocratique du Congo c. Burundi), (République démocratique du Congo c. Rwanda)* et *(République démocratique du Congo c. Ouganda)* ; affaire de *L'application de la convention pour la prévention et la répression du crime de génocide (Croatie c. Yougoslavie)* ; affaire de la *Délimitation maritime entre le Nicaragua et le Honduras dans la mer des Caraïbes (Nicaragua c. Honduras)* ; et l'affaire du *Mandat d'arrêt du 11 avril 2000 (République démocratique du Congo c. Belgique)*.

Le discours du président de la Cour à l'Assemblée générale

Le 26 octobre 2000, le président de la Cour internationale de Justice, M. Gilbert Guillaume, a présenté le rapport de la Cour pour la période allant du 1er août 1999 au 31 juillet 2000, devant la cinquante-cinquième session de l'Assemblée générale des Nations Unies réunie en session plénière.[3] A cette occasion, il a

---

[3] Communiqué de presse n°2000/36, 26 octobre 2000.

lancé un appel vigoureux en faveur de ressources supplémentaires pour la Cour, juridiction qui est actuellement "plus sollicitée et plus active qu'elle ne l'a jamais été". Le président a clairement affirmé que la Cour ne disposait plus des moyens financiers et en personnel nécessaires pour remplir correctement sa tâche. Il a donné comme exemple la différence impressionnante entre le budget de la Cour (10 millions de dollars des États-Unis) et celui du Tribunal pénal pour l'ex-Yougoslavie (près de 100 millions de dollars des États-Unis), soit environ dix fois celui de la Cour. Il a notamment indiqué ce qui suit:

> "C'est donc un cri d'alarme que je suis contraint de pousser aujourd'hui devant vous. La justice, dans nombre de pays, dispose de palais anciens et somptueux, mais ne bénéficie pas toujours des moyens financiers nécessaires à son fonctionnement. Tel est le cas de la Cour internationale de Justice. A vous de décider si la Cour, organe judiciaire principal des Nations Unies, doit progressivement mourir de langueur ou si vous lui donnerez les moyens de vivre".

Après cet exposé de la situation financière de la Cour, le président a dressé un plaidoyer en faveur du maintien de l'unité du droit international et a consacré quelques développements à la question de la multiplication des juridictions internationales. Il s'agit d'un thème de prédilection à la Cour, comme en témoigne le discours à l'Assemblée générale, en octobre 1999, de son prédécesseur, M. Stephen M. Schwebel, qui avait déjà abordé la question. L'actuel président a d'ailleurs fait référence au discours de M. Schwebel et à sa proposition d'encourager les diverses juridictions à demander à la Cour des avis consultatifs dans certaines affaires par l'intermédiaire du Conseil de sécurité ou de l'Assemblée générale, en vue de réduire les risques d'interprétations divergentes du droit international.

M. Guillaume a ainsi dénoncé le *forum shopping*, qui peut conduire à des chevauchements de compétence, et qui crée des risques sérieux de fragmentation du droit, voire d'incohérence jurisprudentielle. Il a donné à cet égard un exemple d'interprétation divergente de la même règle de droit par deux juridictions internationales. Ainsi, le Tribunal pénal international pour l'ex-

Yougoslavie, en statuant au fond dans l'affaire *Tadic*, a écarté la jurisprudence dégagée par la Cour dans l'affaire des *Activités militaires et paramilitaires au Nicaragua et contre celui-ci (Nicaragua c. États-Unis d'Amérique)*. La Cour avait estimé alors que les États-Unis ne pouvaient être tenus pour responsables des activités des *contras* au Nicaragua que dans la mesure où ils en avaient eu le "contrôle effectif". Le Tribunal, après avoir critiqué la solution retenue par la Cour, a adopté pour ce qui est de l'action de la Yougoslavie en Bosnie-Herzégovine un critère moins strict du lien d'attribution et a substitué au concept de "contrôle effectif" celui de "contrôle général", élargissant ainsi les conditions dans lesquelles la responsabilité des États pourrait être engagée du fait de leurs activités en territoire étranger.

Le 31 octobre 2000, profitant de sa présence au siège des Nations Unies, le président de la Cour s'est également adressé (et c'est là une première) au Conseil de sécurité de l'ONU. Sa communication a porté sur les relations entre la Cour et le Conseil, tous deux organes principaux de l'ONU.[4]

L'AFFAIRE DE *L'INCIDENT AÉRIEN DU 10 AOÛT 1999 (PAKISTAN C. INDE)*, COMPÉTENCE DE LA COUR, ARRÊT DU 21 JUIN 2000

Le 10 août 1999, un avion pakistanais a été détruit au dessus du Pakistan. Selon le Pakistan, l'aéronef aurait ainsi été abattu sans avertissement par des missiles indiens au cours d'un déplacement au dessus du territoire pakistanais. L'aéronef transportait à son bord seize militaires qui ont tous péri lors de l'attaque. Le Pakistan a également allégué que l'Inde serait entrée sur le territoire pakistanais et se serait emparée de certains des débris de l'avion.

Suite à cet incident, le Pakistan a demandé au Secrétaire général des Nations Unies d'organiser une mission d'enquête que l'Inde a refusé. Le Pakistan a alors déposé une demande de compensation auprès du gouvernement indien qui a été publiquement rejetée. Il

---

[4] Communiqué de presse n°2000/37, 1er novembre 2000.

faut noter que le Gouvernement indien a réfuté la totalité des allégations factuelles du Pakistan relatives à cet incident.

Le 21 septembre 1999, le Pakistan a alors déposé une requête introductive d'instance contre l'Inde.[5] Le Pakistan a invoqué notamment la violation de diverses obligations internationales découlant de la Charte des Nations Unies et du droit international coutumier concernant la souveraineté, l'inviolabilité des frontières et le non-recours à la force. L'Inde ayant souhaité présenter des exceptions préliminaires à la compétence de la Cour, les deux Parties ont convenu qu'il soit statué séparément, avant toute procédure sur le fond, sur la question de la compétence de la Cour en l'espèce.[6]

Les deux Parties, n'étant pas représentées au sein de la Cour, ont usé de la faculté qui leur est conférée par l'article 31 du Statut de la Cour de désigner un juge *ad hoc* : le Pakistan a désigné M. Syed Sharif Uddin Pirzada et l'Inde M. B. P. Jeevan Reddy.[7]

Le Pakistan a allégué trois bases pour fonder la compétence de la Cour : l'article 17 de l'Acte général pour le règlement pacifique des différends internationaux de 1928 ; les déclarations de juridiction obligatoire au titre de l'article 36, paragraphe 2 du Statut de la Cour ; et l'article 36, paragraphe 1 du Statut.

L'Acte général pour le règlement pacifique des différends internationaux de 1928

Le Pakistan a invoqué tout d'abord l'article 37 du Statut de la Cour qui étend la compétence de la Cour aux cas où un traité en vigueur prévoit le renvoi à la Haute Juridiction, y compris un traité se référant à la Cour permanente de Justice internationale. Le Pakistan a ainsi fondé la compétence de la Cour sur l'article 17 de l'Acte général pour le règlement pacifique des différends internationaux signé à Genève le 26 septembre 1928 (ci-après l'Acte général de 1928). Cet article 17 contient une clause compromissoire

---

[5] *L'incident aérien du 10 août 1999 (Pakistan c. Inde), compétence de la Cour*, arrêt du 21 juin 2000, § 1.
[6] *Ibid.*, § 4.
[7] *Ibid.*, § 5.

attributive de compétence à la Cour permanente de Justice internationale :

> "Tous différends au sujet desquels les parties se contesteraient réciproquement un droit seront, sauf les réserves éventuelles prévues à l'article 39, soumis pour jugement à la Cour permanente de Justice internationale, à moins que les parties ne tombent d'accord, dans les termes prévus ci-après, pour recourir à un tribunal arbitral.
> Il est entendu que les différends ci-dessus visés comprennent notamment ceux que mentionne l'article 36 du Statut de la Cour permanente de Justice internationale".[8]

Les Parties ont consacré de longs développements à trois questions : celle de la succession des États aux traités (1.), celle de l'extinction de l'Acte général de 1928 (2.) et celle de la dénonciation indienne de ce traité (3.).

La succession d'États aux traités

De nombreux débats se sont déroulés sur la question de la succession des États aux traités. Il faut rappeler que l'Inde britannique avait, le 21 mai 1931, adhéré à l'Acte général de 1928. Le Pakistan a soutenu que l'Inde étant le continuateur de l'Inde britannique, avait succédé automatiquement en 1947 à l'Acte général de 1928. L'Inde s'est référée quant à elle à l'article 17 de la convention de Vienne de 1978 sur la succession d'États en matière de traités et a soutenu au contraire que l'Acte général constituait un traité de caractère politique qui, par nature, n'était pas transmissible.[9] L'Inde a mentionné à cet égard l'avis du professeur O'Connell qui non seulement précisait que les traités de ce type n'étaient pas transmissibles mais donnait aussi expressément l'exemple de l'Acte général de 1928.[10]

De même, selon l'Inde, le Pakistan n'a pas d'avantage succédé en 1947 à l'Inde britannique parce que pour le Pakistan aussi, le traité était intransmissible. Les deux parties se sont également

---

[8] *Ibid.*, § 13.
[9] *Ibid.*, § 17.
[10] *Ibid.*, intervention de M. Alain Pellet, séance du 4 avril 2000, CR 2000/2.

opposées sur l'interprétation à donner à l'Ordonnance relative à l'indépendance prise par le gouverneur général des Indes le 14 août 1947.[11] Le Pakistan a soutenu de plus qu'en vue de dissiper tout doute, il avait adressé en 1974 au Secrétaire général des Nations Unies une notification de succession précisant que

> "le Gouvernement pakistanais continu[ait] d'être lié par l'adhésion de l'Inde britannique à l'Acte général de 1928".

Selon l'Inde au contraire, le Pakistan n'étant pas le continuateur de l'Inde britannique, il n'a pas succédé aux droits et obligations acquis par l'Inde britannique en tant que Membre de la Société des Nations.

La Cour ne s'est pas prononcée sur cette question particulièrement délicate. Il faut cependant noter les importants développements consacrés à cette question par le juge pakistanais Pirzada dans son opinion dissidente. S'appuyant sur de nombreux textes officiels, le juge pakistanais a montré que l'Ordonnance sur l'indépendance de 1947 avait bien divisé l'Inde britannique en deux États indépendants, tous deux étant, au même titre, des États successeurs.[12]

L'applicabilité de l'Acte général de 1928

Ce n'est pas la première fois que la question de l'applicabilité de l'Acte général de 1928 se pose devant la Cour. Déjà dans l'affaire des *Essais Nucléaires* en 1974, le gouvernement français avait affirmé que l'Acte général de 1928 était tombé en désuétude depuis la disparition de la Société des Nations.[13] La même thèse a été reprise par l'Inde dans l'affaire relative aux *Procès des prisonniers de guerre pakistanais* en 1973 et par la Turquie dans l'affaire du *Plateau continental de la mer Égée* en 1978.[14] Dans chacun de ces cas, la Cour a évité de trancher cette question.

---

[11] *Ibid.*, §§ 18-19.
[12] *Ibid.*, dissenting opinion of Judge Pirzada, §§ 4-12.
[13] C.I.J., mémoires, *Essais nucléaires (Australie c. France)*, Vol. II, p. 348.
[14] *L'incident aérien du 10 août 1999 (Pakistan c. Inde), compétence de la Cour*, arrêt du 21 juin 2000, § 26.

L'Inde a soutenu que l'Acte général de 1928 n'était plus en vigueur notamment parce que de nombreux articles de l'Acte renvoyaient à des organes de la Société des Nations ou à la Cour permanente de Justice internationale. De plus, l'article 43 de l'Acte général limitait la participation à l'Acte aux seuls États Membres de la Société des Nations ou à ceux invités par l'Assemblée de la Société des Nations, ce qui restreignait d'une manière définitive le nombre des États parties. L'Inde a exposé également que l'Assemblée générale des Nations Unies avait adopté en 1949 un nouvel Acte général et que

> "les parties à l'ancien Acte général qui n'[avaient] pas ratifié le nouveau... [ne pouvaient se prévaloir de l'ancien] que 'dans la mesure où il pourrait encore jouer', c'est-à-dire dans la mesure... où les dispositions modifiées [n'étaient] pas en cause".[15]

Or l'article 17 était un des articles à être modifiés en 1949.

Comme l'Inde l'a rappelé au cours des plaidoiries, le juge Morozov dans l'affaire du *Plateau continental de la mer Égée* était d'avis que

> "l'analyse du texte de l'Acte montre qu'il était, par sa nature et son contenu, un élément inséparable de la structure et des mécanismes de la Société des Nations et, celle-ci une fois disparue, il a perdu toute validité".[16]

Une fois encore, la Cour a évité de trancher la question du caractère en vigueur de l'Acte général de 1928. Il faut noter toutefois la thèse avancée par le juge Oda dans son opinion individuelle selon laquelle l'Acte général de 1928 ne serait quoi qu'il en soit pas une base de compétence valide dans la mesure où cet accord ne pourrait produire d'effet qu'en l'absence de déclaration de juridiction obligatoire au titre de l'article 36, paragraphe 2.[17]

---

[15] *Ibid.*, § 14.
[16] CIJ, *Recueil* 1978, p. 54. Voir aussi l'opinion individuelle du juge Tarazi, *ibid.*, p. 55. Intervention de M. Alain Pellet, séance du 4 avril 2000, CR 2000/2.
[17] Separate opinion of Judge Oda, p. 8.

La dénonciation par l'Inde de l'Acte général de 1928

L'Inde a soutenu, quoi qu'il en soit, ne plus être liée par l'Acte général de 1928 parce qu'elle aurait clairement manifesté sa volonté de dénoncer le traité en question dans une communication adressée au Secrétaire général des Nations Unies en 1974.[18] Dans cette communication, le ministre des affaires étrangères de l'Inde avait déclaré que

"[d]epuis son accession à l'indépendance en 1947, le Gouvernement indien ne s'[était] jamais considéré comme lié par l'Acte général de 1928, que ce soit par succession ou autrement".[19]

Le Pakistan a fait valoir au contraire que ladite communication n'avait pas été effectuée conformément à la procédure prévue à l'article 45 de l'Acte général de 1928 et n'équivalait donc pas à une dénonciation formelle de l'Acte.[20]

La Cour a décidé que l'Inde ne s'étant jamais considérée partie à l'Acte, il n'était pas possible de s'attendre à ce qu'elle le dénonçât formellement.[21] Toutefois, la Cour a considéré que dans les circonstances de l'espèce, la communication de 1974 remplissait la même fonction juridique que la notification de dénonciation telle que prévue dans l'Acte général de 1928. Cette communication avait d'ailleurs été considérée comme telle par le conseiller juridique de l'ONU qui avait informé les États Membres des Nations Unies de ladite "notification". Ainsi, l'absence de réaction des États notifiés pourrait être interprétée comme un acquiescement.

Par conséquent, c'est cette communication indienne qui a joué un rôle déterminant dans la décision de la Cour de décliner sa compétence pour connaître de la requête pakistanaise sur la base des dispositions de l'article 17 de l'Acte général de 1928 et de l'article 37 du Statut de la Cour.

---

[18] *L'incident aérien du 10 août 1999 (Pakistan c. Inde), compétence de la Cour*, arrêt du 21 juin 2000, § 17.
[19] *Ibid.*, § 27.
[20] *Ibid.*, § 23.
[21] *Ibid.*, § 28.

La juridiction de la Cour sur la base de l'article 36, § 2 du Statut de la Cour

Le Pakistan a entendu ensuite fonder la compétence de la Cour sur les déclarations de juridiction obligatoire que les Parties avaient formulées conformément à l'article 36, paragraphe 2.[22] Le Pakistan a déposé sa déclaration actuelle le 13 septembre 1960 et l'Inde le 18 septembre 1974. L'Inde a contesté la compétence de la Cour sur la base de sa déclaration de juridiction obligatoire en invoquant les réserves contenues aux alinéas 2) et 7). Ici aussi, la Cour a fait preuve d'économie judiciaire, puisqu'elle n'a jugé nécessaire d'analyser que la première réserve invoquée.

La portée de la réserve ratione personae

La première des réserves invoquées par l'Inde exclut les différends avec un État membre du Commonwealth. Le Pakistan a soutenu notamment que cette réserve était dépourvue d'effet juridique et qu'elle entrait en conflit avec le principe de l'égalité souveraine.[23] Le Pakistan a allégué que cette réserve n'était pas permise par l'article 36, paragraphe 3 du Statut de la Cour, et a fait valoir qu'une telle réserve devait être considérée comme extra-statutaire. Le Pakistan a interprété cette réserve au titre de l'article 36, paragraphe 2 dans le cadre du droit des traités, ce que l'Inde a contesté. De plus, le Pakistan a soutenu que cette réserve constituait une discrimination directement orientée vers le Pakistan équivalant à un abus de droit, dont le seul but serait d'empêcher le Pakistan d'engager une action contre l'Inde devant la Cour.

L'Inde a rejeté l'argumentation du Pakistan et a souligné toute l'importance qui s'attachait selon elle à la recherche de l'intention de l'État déclarant. L'Inde a soutenu aussi que la réserve en question était une réserve classique *ratione personae*.[24]

---

[22] *Ibid.*, § 29.
[23] *Ibid.*, § 30.
[24] *Ibid.*, § 31.

La Cour a rappelé clairement que sa juridiction n'existait que dans les termes où elle avait été acceptée[25] et a observé qu'à l'heure actuelle huit États membres du Commonwealth avaient formulé une telle réserve dans leur déclaration de juridiction obligatoire.[26] Par conséquent, la Cour a rejeté l'argument du Pakistan visant à considérer la réserve Commonwealth comme "extra-statutaire", car excédant les prévisions du paragraphe 3 de l'article 36 du Statut de la Cour.[27] Le juge Al-Khasawneh, qui participait pour la première fois à une affaire devant la Cour, a voté contre l'arrêt de la Cour et a joint une opinion dissidente. Il s'est distancé de la Cour parce que, selon lui, la réserve Commonwealth était invalide et, dès lors, ne pouvait pas empêcher la compétence de la Cour.[28]

La Cour a également rejeté l'argument de l'abus de droit en rappelant que la réserve visait tous les États membres du Commonwealth et qu'en tout état de cause, les États était libres de limiter la portée *ratione personae* de leur acceptation de la juridiction obligatoire.[29]

La caducité de la réserve

Le Pakistan a aussi soutenu que cette réserve *ratione personae* était caduque.[30] A l'appui de cette thèse il a fait état des origines historiques de cette réserve selon lesquelles l'idée sous-jacente était que le droit international ne s'appliquait pas entre les membres du Commonwealth. Il a mentionné à cet égard la doctrine dite des rapports *inter se*. Par conséquent, cette réserve aurait perdu toute raison d'être.

L'Inde a rejeté cet argument parce que, même en concédant que la doctrine de la désuétude puisse s'appliquer aux actes unilatéraux, elle ne pourrait s'appliquer à la réserve en question qui faisait depuis longtemps partie de la pratique du Gouvernement indien.

---

[25] *Ibid.*, § 36.
[26] *Ibid.*, § 38.
[27] *Ibid.*, § 39.
[28] *Ibid.*, dissenting Opinion of Judge Al-Khasawneh, § 19.
[29] *Ibid.*, § 40.
[30] *Ibid.*, § 30.

La Cour a observé que l'Inde a indiqué à plusieurs reprises depuis son indépendance en 1947 qu'elle souhaitait limiter de cette manière la portée *ratione personae* de son acceptation de la juridiction de la Cour et que cette décision s'imposait à la Cour.

L'estoppel

A titre subsidiaire, le Pakistan a soutenu que même si la réserve en question devait être tenue pour valide, l'Inde serait en tout état de cause empêchée de l'invoquer à son encontre par le jeu de l'*estoppel*.[31] A cette fin, le Pakistan s'est référé à l'article 1er de l'accord bilatéral de Simla du 2 juillet 1972 dont le paragraphe ii) dispose que les

> "deux pays sont résolus à régler leurs différends de façon pacifique par voie de négociations bilatérales, ou par tous autres moyens pacifiques dont ils pourront convenir..."

Selon le Pakistan, l'accord de Simla constituait un *estoppel* qui est apte à empêcher l'Inde de se prévaloir de la réserve Commonwealth.

L'Inde a rejeté cet argument en indiquant qu'en tout état de cause aucun *estoppel* relatif à la compétence de la Cour ne pourrait découler des dispositions de l'accord de Simla, puisque celui-ci ne contenait pas de clause compromissoire.[32]

La Cour a rejeté l'argument de l'*estoppel* car la disposition citée par le Pakistan constituait un engagement très général et n'empêchait donc pas l'Inde de se prévaloir de la réserve Commonwealth en cette instance.[33]

La Cour a aussi accepté la réserve Commonwealth de la déclaration indienne.[34]

---

[31] *Ibid.*
[32] *Ibid.*, § 31.
[33] *Ibid.*, § 45.
[34] *Ibid.*, § 46.

La juridiction de la Cour sur la base de l'article 36 § 1 du Statut de la Cour

Pour finir, le Pakistan a tenté de fonder la compétence de la Cour sur le paragraphe 1er de l'article 36 du Statut de la Cour selon lequel la compétence de la Cour s'étendait à tous les cas spécialement prévus dans la Charte des Nations Unies.[35]

La Cour a observé que la Charte des Nations Unies ne contenait aucune clause spécifique conférant, par elle-même, juridiction obligatoire à la Cour.[36] De plus, il faut noter que l'article 36, paragraphe 1er du Statut de la Cour ne fait que définir de manière générale l'étendue des différends justiciables et n'attribue pas à la Cour d'autre source de compétence que celle qu'elle tire de l'expression du consentement des États. La Cour ne s'est donc pas d'avantage déclarée compétente pour connaître de la requête sur la base de l'article 36, paragraphe 1er du Statut.[37]

Conclusion

Après avoir repoussé chacun des titres de compétence avancés par le Pakistan, la Cour a consacré quelques paragraphes au règlement pacifique des différends.[38] La Cour a noté que les Parties avaient elles-mêmes affirmé leur obligation de régler pacifiquement leurs différends par l'accord de Simla. La Cour a rappelé aux Parties

> "l'obligation qu'elles ont de régler par des moyens pacifiques leurs différends, et en particulier le différend né de l'incident aérien du 10 août 1999."[39]

Il faut noter cependant que c'est la troisième fois que les deux pays présentent un différend devant la Cour[40] et il est à regretter que

---

[35] *Ibid.*, § 47.
[36] *Ibid.*, § 48.
[37] *Ibid.*, § 50.
[38] *Ibid.*, §§ 51-55.
[39] *Ibid.*, § 55.
[40] D'abord l'affaire de l'appel concernant la compétence du Conseil de l'OACI où la Cour a déclaré le Conseil de l'OACI compétent pour connaître du différend indo-pakistanais, C.I.J. *Recueil* 1972, et l'affaire du procès des

la réserve indienne, telle que formulée actuellement, semble être en mesure d'écarter toute possibilité de recours à la Haute Juridiction pour rechercher la solution d'un différend. On pense ici en particulier au conflit entre l'Inde et le Pakistan au sujet du Cachemire.

Ce jugement témoigne d'un élément essentiel mais aussi d'une limite fondamentale du règlement judiciaire international, à savoir son caractère consensuel. En interprétant strictement la teneur du consentement et des réserves à ce consentement exprimées par l'Inde dans sa déclaration de juridiction obligatoire, la Cour a montré une fois de plus que l'étendue des réserves n'avait guère de limites.

Cet arrêt de la Cour est aussi caractéristique de l'application du principe de l'économie judiciaire. Alors que les parties avaient avancé de nombreux arguments relatifs à l'Acte général de 1928, la Cour n'a examiné que les éléments lui permettant de développer une solution directe et a ainsi évité la question de l'extinction de l'Acte général de 1928 en considérant la communication indienne de 1974 comme une dénonciation. La rapidité avec laquelle la Cour a rendu sa décision traduit d'ailleurs clairement le souci d'efficacité de la Haute Juridiction face à la recrudescence du nombre des différends portés devant elle. La Cour a ainsi examiné les questions préliminaires en très peu de temps, exactement neuf mois après le dépôt de la requête pakistanaise.

---

prisonniers de guerre pakistanais où le Pakistan a fait retirer l'affaire du rôle de la Cour à la suite d'un accord intervenu avec l'Inde, C.I.J. *Recueil* 1978.

L'AFFAIRE DES *ACTIVITÉS ARMÉES SUR LE TERRITOIRE DU CONGO (RÉPUBLIQUE DÉMOCRATIQUE DU CONGO C. OUGANDA)*, DEMANDE EN INDICATION DE MESURES CONSERVATOIRES, ORDONNANCE DU 1ER JUILLET 2000

Cette affaire a été introduite le 23 juin 1999 par la République démocratique du Congo contre la République de l'Ouganda au sujet d'actes d'agression armée en territoire congolais et de violations des règles du droit international humanitaire. Le Congo a demandé à la Cour d'ordonner le départ des forces armées ougandaises de son territoire et de lui accorder une réparation pour les dommages subis.[41]

Le Congo a également introduit des instances contre le Rwanda et le Burundi, aussi au sujet d'agressions armées. Le Congo n'a cependant pas déposé de demandes en indication de mesures conservatoires contre ces deux États. Dans ces deux affaires, les États défendeurs ont fait part de leur intention de soulever des exceptions à la compétence de la Cour et à la recevabilité de la requête. En revanche, l'Ouganda n'ayant soulevé aucune exception préliminaire, l'instance a été instruite d'emblée sur le fond du différend.[42]

Le Congo a fait valoir au cours des plaidoiries que la jurisprudence internationale a clairement établi qu'il était possible de distinguer dans le cadre d'un même conflit impliquant plusieurs États autant de procédures judiciaires qu'il existait de relations juridiques bilatérales et logiquement qu'il était ainsi possible pour un État de n'introduire qu'une demande en indication de mesures conservatoires à l'égard d'un État défendeur.[43] Le Congo a cité notamment à l'appui de cette affirmation le cas des dix affaires relatives à la *Licéité de l'emploi de la force*. La Cour a confirmé cette approche en rappelant qu'elle ne saurait

---

[41] *Activités armées sur le territoire du Congo (République démocratique du Congo c. Ouganda), demande en indication de mesures conservatoires*, ordonnance du 1er juillet 2000, § 7.

[42] Communiqué de presse n°99/45, 25 octobre 1999.

[43] *Activités armées sur le territoire du Congo (République démocratique du Congo c. Ouganda), demande en indication de mesures conservatoires*, ordonnance du 1er juillet 2000, intervention de M. Olivier Corten, séance du 26 avril 2000, CR 2000/20.

"être empêchée d'indiquer des mesures conservatoires dans une instance au seul motif qu'un État qui a porté simultanément plusieurs affaires similaires devant la Cour ne sollicite de telles mesures que dans l'une d'entre elles."[44]

La Cour n'a pas manqué ici de rappeler l'étendue de ses prérogatives en matière de mesures conservatoires en indiquant que le paragraphe 1 de l'article 75 de son Règlement lui permettait d'examiner d'office si les circonstances d'une affaire exigeaient l'indication de telles mesures.[45]

Ce n'est qu'une année après le dépôt de sa requête que le Congo a présenté à la Cour une demande en indication de mesures conservatoires, à savoir le 19 juin 2000. Il faut noter, ici aussi, l'efficacité de la Cour qui a rendu son ordonnance indiquant des mesures conservatoires en moins de deux semaines.

Le Congo a justifié sa demande par le fait que des combats avaient repris entre les forces armées de l'Ouganda et une autre armée étrangère causant des dommages considérables au Congo et à sa population. Le Congo a prié la Cour d'indiquer les mesures conservatoires suivantes : le retrait immédiat et complet de Kisangani des troupes ougandaises et l'arrêt immédiat de tout combat ou activité militaire sur le territoire du Congo et de tout appui à tout État ou tout groupe, organisation, mouvement ou individu se livrant à des activités militaires sur le territoire congolais.[46]

Compétence *prima facie*

Les deux parties avaient chacune fait une déclaration acceptant la juridiction obligatoire de la Cour conformément à l'article 36, paragraphe 2 du Statut de la Cour. De plus, aucune de ces deux

---

[44] *Activités armées sur le territoire du Congo (République démocratique du Congo c. Ouganda), demande en indication de mesures conservatoires*, ordonnance du 1er juillet 2000, § 38.
[45] *Ibid.*
[46] *Ibid.*, § 13.

déclarations ne comportait de réserve.[47] Dès lors, la Cour n'a eu aucun mal à se déclarer compétente *prima facie*. La Cour a rappelé néanmoins

> "qu'en présence d'une demande en indication de mesures conservatoires la Cour n'avait pas besoin, avant de décider d'indiquer ou non de telles mesures de s'assurer d'une manière définitive qu'elle avait compétence quant au fond de l'affaire."[48]

L'urgence de l'indication des mesures conservatoires

L'Ouganda a fait valoir que la demande congolaise ne répondait pas au critère d'urgence ou de risque de dommage irréparable dans la mesure où il ne pouvait y avoir urgence alors que le Congo avait attendu près d'un an avant de déposer sa demande. En réponse, le Congo a soutenu qu'il ne pouvait en aucun cas être fait référence à une éventuelle absence d'introduction d'une demande pour évoquer l'inexistence d'une urgence. De plus, le Congo a indiqué que la ville de Kisangani avait été attaquée à plusieurs reprises, y compris quelques semaines avant la requête en indication de mesures conservatoires.

La Cour a rappelé que de telles mesures n'étaient justifiées que par une situation d'urgence, afin de sauvegarder le droit de chacune des Parties en attendant qu'elle ait rendu sa décision et afin d'éviter qu'un préjudice irréparable soit causé aux droits en litige.[49] La Cour a estimé que les personnes, les biens et les ressources se trouvant sur le territoire du Congo demeuraient gravement exposés et qu'il existait dès lors un risque sérieux que les droits en litige subissent un préjudice irréparable.[50] La Cour a donc décidé que l'urgence caractérisant la situation ne saurait en rien être affectée par le fait que le Congo n'avait pas présenté sa demande de mesures conservatoires en même temps que sa requête.[51]

---

[47] *Ibid.*, § 32.
[48] *Ibid.*, § 33.
[49] *Ibid.*, § 39.
[50] *Ibid.*, § 43.
[51] *Ibid.*

La litispendance

L'Ouganda a fait valoir que la demande en indication de mesures conservatoires était irrecevable dans la mesure où la requête congolaise portait sur les mêmes questions que la résolution 1304 (2000) du Conseil de sécurité et que cette demande était en outre sans objet puisque l'Ouganda acceptait et respectait ladite résolution.[52] En effet, la demande en indication de mesures conservatoires est intervenue alors que le différend avait déjà fait l'objet d'un règlement politique par le Conseil de sécurité et par l'accord de cessez-le-feu de Lusaka du 10 juillet 1999 ainsi que le plan de désengagement de Kampala du 8 avril 2000.

La résolution 1304 (2000) a été adoptée par le Conseil de sécurité agissant en vertu du Chapitre VII de la Charte des Nations Unies. La résolution demandait notamment à toutes les parties de mettre fin aux hostilités sur le territoire du Congo et exigeait tout particulièrement du Rwanda et de l'Ouganda

> "qui ont violé la souveraineté et l'intégrité territoriale de la République démocratique du Congo... [qu'ils] retirent toutes leurs forces du territoire."[53]

L'Ouganda a considéré que l'existence d'un processus de règlement du différend constitué par l'accord de Lusaka et le plan de désengagement de Kampala rendait la demande en indication de mesures conservatoires sans objet :

> "the request has in practical terms been rendered redundant. In simple terms, it has become moot."[54]

Le Congo a fait valoir pour sa part, concernant l'accord de Lusaka, que la jurisprudence internationale était claire en la matière : l'existence d'engagements par lesquels l'une ou l'autre partie accepterait de mettre immédiatement fin aux actes qui étaient à la base de la demande en indication de mesures conservatoires, n'empêchait pas la Cour d'accéder à celle-ci. Le conseil du Congo,

---

[52] *Ibid.*, § 36.
[53] *Ibid.*, § 35.
[54] *Ibid.*, intervention de M. Ian Brownlie, séance du 28 juin 2000, CR 2000/23.

M. Olivier Corten, a cité à cet effet l'affaire du *Différend frontalier Burkina Faso / République du Mali*, où la Cour, statuant en formation restreinte, avait indiqué des mesures conservatoires alors que les parties s'étaient toutes deux engagées formellement à cesser toute action militaire.[55]

La Cour a mis l'accent sur le fait que ni la résolution 1304 (2000) ni l'accord de Lusaka ne sauraient l'empêcher d'agir en conformité avec son Statut et son Règlement.[56] Elle a rappelé aussi un passage de son arrêt dans l'affaire des *Activités militaires et paramilitaires au Nicaragua et contre celui-ci*, où elle avait indiqué que le Conseil de sécurité avait des attributions politiques et la Cour des fonctions purement judiciaires ; ainsi les deux organes pouvaient

"s'acquitter de leurs fonctions distinctes mais complémentaires à propos des mêmes événements."[57]

Rappelant sa jurisprudence dans les affaires de *Lockerbie*, la Cour a décidé alors qu'en l'espèce le Conseil de sécurité n'avait pris aucune décision qui empêcherait *prima facie* que les droits revendiqués par le Congo puissent

"être considérés comme des droits qu'il conviendrait de protéger par l'indication de mesures conservatoires."[58]

Dans l'indication des mesures conservatoires, la Cour s'est même appuyée sur la résolution 1304 (2000) pour établir l'existence d'une menace sérieuse sur la paix et la sécurité internationales dans la

---

[55] *Ibid.*, intervention de M. Olivier Corten, séance du 26 juin 2000, CR 2000/20.

[56] *Activités armées sur le territoire du Congo (République démocratique du Congo c. Ouganda), demande en indication de mesures conservatoires*, ordonnance du 1ᵉʳ juillet 2000, §§ 36-37.

[57] *Activités militaires et paramilitaires au Nicaragua et contre celui-ci (Nicaragua c. États-Unis d'Amérique), compétence et recevabilité, arrêt*, C.I.J. Recueil 1984, pp. 434-435, cité in *Activités armées sur le territoire du Congo (République démocratique du Congo c. Ouganda), demande en indication de mesures conservatoires*, ordonnance du 1ᵉʳ juillet 2000, § 36.

[58] *Questions d'interprétation et d'application de la convention de Montréal de 1971 résultant de l'incident aérien de Lockerbie (Jamahiriya arable libyenne c. Royaume-Uni), mesures conservatoires*, ordonnance du 14 avril 1992, C.I.J. Recueil 1992, p. 15, § 40, cité in *Activités armées sur le territoire du Congo (République démocratique du Congo c. Ouganda), demande en indication de mesures conservatoires*, ordonnance du 1ᵉʳ juillet 2000, § 36.

région.⁵⁹ En revanche, le Conseil de sécurité n'a pas apporté son soutien à la décision de la Cour, les résolutions ultérieures ne se référant en aucune façon aux mesures conservatoires.

La privatisation des représentants des gouvernements des pays en voie de développement

Dans son opinion dissidente, le juge Oda a fait référence à un phénomène de plus en plus fréquent dans les enceintes des juridictions internationales, à savoir la privatisation des représentants des gouvernements des pays en voie de développement. Ainsi, dans cette affaire, le Congo était représenté par un agent privé, un avocat de nationalité belge, et non par une personne de sa propre nationalité. Le juge Oda a évoqué la possibilité qu'un certain nombre d'affaires

"would simply appear to be instigated by ambitious private lawyers in certain developed countries... without the Government of the State concerned first exhausting diplomatic channels."⁶⁰

C'est ainsi une question qui s'est posée dans le cadre d'autres juridictions internationales, comme par exemple l'Organisation mondiale du commerce (OMC). Lors de l'affaire *Communautés européennes - Régime applicable à l'importation, à la vente et à la distribution des bananes*, le gouvernement de Sainte-Lucie était représenté uniquement par des experts juridiques privés. Le Groupe spécial avait d'abord décidé que les conseils privés voulant représenter Sainte-Lucie dans cette affaire n'étaient pas admis à participer aux réunions du Groupe spécial. Au contraire, l'Organe d'appel a accédé à la demande de Sainte-Lucie d'être représentée par des conseils privés en indiquant ce qui suit :

"... que ce soit dans l'*Accord de Marrakech instituant l'Organisation mondiale du commerce* ..., le *Mémorandum d'accord [sur les règles et procédures régissant le règlement des différends]* ou les *Procédures de*

---

⁵⁹ *Activités armées sur le territoire du Congo (République démocratique du Congo c. Ouganda)*, demande en indication de mesures conservatoires, ordonnance du 1ᵉʳ juillet 2000, § 44.

⁶⁰ *Ibid.*, declaration of Judge Oda, § 8.

travail, ou en droit international coutumier ou suivant la pratique des tribunaux internationaux, nous ne voyons rien qui empêche un Membre de l'OMC de déterminer la composition de sa délégation."[61]

Comme l'Organe d'appel l'a noté ensuite dans sa décision, la représentation par des conseils privés peut fort bien revêtir une importance particulière pour les pays en voie de développement.[62] Ce besoin d'experts juridiques privés est particulièrement prononcé dans le cadre des institutions judiciaires spécialisées telles que le système de règlement des différends de l'OMC ou encore le Tribunal international du droit de la mer.

Les mesures conservatoires indiquées par la Cour

Ayant établi sa compétence *prima facie*, la Cour a pu recourir à l'article 41 de son Statut qui lui donne le pouvoir d'indiquer quelles mesures conservatoires du droit de chacun doivent être prises à titre provisoire. Elle a ensuite rappelé que le paragraphe 2 de l'article 75 de son Règlement lui donne la possibilité d'indiquer des mesures totalement ou partiellement différentes de celles qui sont sollicitées, ou des mesures à prendre par la partie même dont émane la demande.[63]

La Cour a dès lors adopté, à l'unanimité, des mesures conservatoires neutres adressées indistinctement aux deux parties. Le dispositif de l'ordonnance a énoncé trois séries de mesures conservatoires. Les deux Parties doivent : 1) s'abstenir de tout acte qui risquerait de porter atteinte aux droits de l'autre Partie ; 2) prendre toutes mesures nécessaires pour se conformer à toutes leurs obligations de droit international et en particulier à la résolution 1304 (2000) ; et 3) prendre toutes mesures nécessaires pour assurer, dans la zone de conflit, le plein respect des droits

---

[61] *Communautés européennes - Régime applicable à l'importation, à la vente et à la distribution des bananes,* WT/DS27/AB/R, rapport de l'organe d'appel, adopté le 9 septembre 1997, § 10.

[62] *Ibid.*, § 12.

[63] *Activités armées sur le territoire du Congo (République démocratique du Congo c. Ouganda), demande en indication de mesures conservatoires,* ordonnance du 1er juillet 2000, § 43.

L'AFFAIRE RELATIVE AU *MANDAT D'ARRÊT DU 11 AVRIL 2000 (RÉPUBLIQUE DÉMOCRATIQUE DU CONGO C. BELGIQUE)*, DEMANDE EN INDICATION DE MESURES CONSERVATOIRES, ORDONNANCE DU 8 DÉCEMBRE 2000

La requête introductive d'instance a été déposée au Greffe de la Cour par le Congo le 17 octobre 2000, suivie le même jour par une demande en indication de mesures conservatoires.

La requête a désigné comme objet du différend le mandat d'arrêt international émis par un juge d'instruction belge, le magistrat M. D. Vandermeersch, à l'encontre du ministre des affaires étrangères congolais alors en exercice, M. Yerodia Abdoulaye Ndombasi,

"en vue de son extradition préalablement à une demande d'extradition vers la Belgique, pour de prétendus crimes constituant des violations graves de droit international humanitaire."[65]

Le Congo a invoqué dans sa requête introductive d'instance deux moyens de droit : la violation du principe de l'égalité souveraine entre tous les Membres des Nations Unies et la violation de l'immunité diplomatique du ministre des affaires étrangères.[66]

---

[64] *Ibid.*, § 47.
[65] *Mandat d'arrêt du 11 avril 2000 (République démocratique du Congo c. Belgique), demande en indication de mesures conservatoires,* ordonnance du 8 décembre 2000, § 3. Il faut noter que Mme Van Den Wyngaert a précisé dans sa déclaration jointe à l'ordonnance qu'il s'agissait d'un mandat d'arrêt *national* et non un mandat d'arrêt international (selon l'expression utilisée par le Congo) et que ce mandat ne pouvait être mis à exécution automatiquement dans les pays tiers, qu'il exigeait au préalable une validation par les autorités de l'État où la personne concernée se trouvait. Voir la déclaration de Mme Van Den Wyngaert, § 2.
[66] *Mandat d'arrêt du 11 avril 2000 (République démocratique du Congo c. Belgique), demande en indication de mesures conservatoires,* ordonnance du 8 décembre 2000, § 1.

Quant à la demande en indication de mesures conservatoires, elle tendait à faire ordonner la mainlevée immédiate du mandat d'arrêt litigieux. La demande a indiqué que le mandat d'arrêt en question interdisait pratiquement au ministre des affaires étrangères de sortir du Congo pour se rendre dans tout autre État où sa mission l'appelait et, par conséquent, d'accomplir cette mission.[67] Les deux Parties ont usé de la faculté qui leur est conférée par l'article 31 du Statut de la Cour de désigner un juge *ad hoc*. La République démocratique du Congo a désigné M. Sayeman Bula-Bula et le Royaume de Belgique Mme Christine Van Den Wyngaert.

Cette affaire a soulevé des questions de droit international essentielles dans le domaine des immunités de juridiction des ministres en exercice et dans celui de la compétence universelle des juridictions nationales. Il faut relever, à l'instar du juge Francisco Rezek, que c'est la première fois que la Cour se voit saisie d'une affaire concernant un acte de juridiction local censé se fonder sur le seul principe de la justice universelle.[68] Mais cette affaire a posé aussi des problèmes institutionnels tels que le recours de plus en plus systématique des États aux demandes en indication de mesures conservatoires et le problème de la bonne administration de la justice en raison de l'invocation tardive d'une base de compétence.

L'ordonnance de la Cour en l'espèce a fourni un éclairage nouveau sur l'ordre que la Cour se doit de suivre au cours de l'examen des différentes demandes des Parties. Il en ressort que la question de la teneur et de l'existence de l'objet du différend a été traitée en priorité par la Cour. Ensuite seulement, la Cour a examiné sa base de compétence *prima facie*.

---

[67] *Ibid.*, § 9.
[68] *Ibid.*, opinion dissidente de M. Francisco Rezek, § 4.

Objet de la requête

Changement fondamental de circonstances

Dans son ordonnance, la Cour s'est interrogée sur la question de savoir si, du fait du remaniement ministériel, la requête du Congo et la demande en indication de mesures conservatoires étaient privées d'objet et si l'affaire devait par la suite être rayée du rôle. C'est la Belgique qui a informé la Cour de ce remaniement ministériel, à savoir que M. Yerodia Ndombasi avait cessé d'exercer les fonctions de ministre des affaires étrangères du Congo et s'était vu confier celle de ministre de l'éducation nationale.[69]

Or, dans sa demande en indication de mesures conservatoires, le Congo a fait valoir que les deux conditions essentielles au prononcé d'une mesure conservatoire, suivant la jurisprudence de la Cour, étaient l'urgence et l'existence d'un préjudice irréparable et en l'espèce le Congo a soutenu que ces deux conditions étaient manifestement réunies.[70]

La Belgique a considéré au contraire que le remaniement ministériel montrait bien qu'il n'existait aucun risque de porter un préjudice irréparable aux droits du Congo. Pour ensuite démontrer l'absence d'urgence, la Belgique a fait valoir le délai écoulé entre la mesure en question et la date de la demande en indication de mesures conservatoires. Cet argument avait pourtant déjà été rejeté dans l'ordonnance précédente en indication de mesures conservatoires de la Cour dans l'affaire des *Activités armées sur le territoire du Congo (République Démocratique du Congo c. Ouganda)* (voir *supra*). La Belgique a observé enfin qu'en l'espèce le droit qui aurait besoin d'être sauvegardé par l'indication de mesures conservatoires serait le droit du ministre des affaires étrangères du Congo de se rendre à l'étranger. Or, selon la Belgique, le fait de voyager à l'étranger ne constituait pas un *droit*, mais une

---

[69] *Ibid.*, intervention de M. Jan Devadder (§ 7) et de M. Éric David (§ 25), séance du 21 novembre 2000, CR 2000/33.

[70] *Mandat d'arrêt du 11 avril 2000 (République démocratique du Congo c. Belgique), demande en indication de mesures conservatoires,* ordonnance du 8 décembre 2000, § 10.

fonction de l'activité diplomatique qui requiert quoiqu'il en soit le consentement de l'État hôte.[71] La Belgique a donc conclu que le remaniement ministériel avait rendu la demande de mesures conservatoires sans objet et devait conduire la Cour à rayer l'affaire du rôle dans l'intérêt d'une bonne administration de la justice.[72]

Concernant le remaniement ministériel, le Congo a souligné aussi que compte tenu de la complexité croissante des relations internationales, tout ministre envoyé par son État pour le représenter à l'extérieur jouissait d'immunités qui en l'espèce avaient été violées par la Belgique. Dès lors, d'après le Congo, M. Yerodia Ndombasi continuait à jouir d'immunités rendant illicite le mandat d'arrêt.[73]

Sur cette question, la Cour a d'abord rappelé qu'elle possédait le pouvoir de rayer *in limine* du rôle une affaire sur laquelle il paraissait certain qu'elle ne pourra se prononcer au fond.[74] Elle a distingué ensuite clairement entre l'effet du remaniement ministériel sur la requête et sur la demande en indication de mesures conservatoires.[75] Concernant la première question (l'effet sur la requête), la Cour a considéré qu'en dépit des nouvelles fonctions exercées par M. Yerodia Ndombasi, le mandat était toujours en place et concernait toujours la même personne. Dès lors, la requête du Congo n'était pas privée d'objet.[76]

Concernant la deuxième question (l'effet sur la demande en indication de mesures conservatoires), la Cour s'est rangée derrière les arguments présentés par le Congo selon lesquels M. Yerodia Ndombasi jouissait toujours d'immunités qui rendaient le mandat d'arrêt illicite et a conclu que la demande en indication de mesures conservatoires n'avait pas été privée d'objet.

En conclusion, la Cour a rejeté à l'unanimité la demande de la Belgique tendant à faire rayer l'affaire du rôle de la Cour.[77]

---

[71] *Ibid.*, § 33.
[72] *Ibid.*, § 48.
[73] *Ibid.*, § 59.
[74] *Ibid.*, § 55.
[75] *Ibid.*, § 54.
[76] *Ibid.*, § 57.
[77] *Ibid.*, §§ 57 et 78.

Question du caractère identique de l'objet de la requête et de la demande en indication de mesures conservatoires

La requête tendait à faire annuler le mandat d'arrêt international et la demande en indication de mesures conservatoires à ordonner la mainlevée immédiate du mandat d'arrêt litigieux. La Belgique a invoqué à cet effet l'ordonnance de la Cour permanente de Justice internationale dans l'affaire de l'*Usine de Chorzów* selon laquelle

> "[l]a nature exceptionnelle de la procédure d'indication de mesures conservatoires ne permet pas que soit prononcé un jugement provisionnel adjugeant les conclusions de la requête au fond".[78]

La Cour ne s'est pas prononcé sur ce point, peut-être par souci d'économie judiciaire, considérant qu'il était déjà établi qu'il n'était pas nécessaire d'indiquer des mesures conservatoires.[79]

Titre de compétence de la Cour

Invocation tardive

Dans sa requête introductive d'instance, le Congo a indiqué simplement que les deux Parties étaient

> "parties de plein droit au Statut de la Cour en leur qualité d'État Membres de l'Organisation des Nations Unies... [et que] [l]a Belgique a[vait] accepté la juridiction de la Cour et, qu'en tant que de besoin, la présente requête va[lait] acceptation de cette juridiction par la République démocratique du Congo".[80]

La Belgique a fait valoir que ni la requête introductive d'instance ni la demande en indication de mesures conservatoires n'invoquaient de dispositions pour fonder la compétence de la Cour. Ce n'est en effet que lors du second tour de plaidoiries que le Congo a fondé la compétence de la Cour sur les deux déclarations facultatives de

---

[78] Affaire relative à l'*Usine de Chorzów*, CPJI série A n°12, p. 10, cité *in* § 36.
[79] *Mandat d'arrêt du 11 avril 2000 (République démocratique du Congo c. Belgique), demande en indication de mesures conservatoires,* ordonnance du 8 décembre 2000, § 73.
[80] *Ibid.*, § 2.

juridiction obligatoire. En s'appuyant sur la jurisprudence de la Cour dans l'affaire de la *Licéité de l'emploi de la force (Yougoslavie c. Belgique)*, la Belgique s'est opposée à ce qu'un chef de compétence soit invoqué si tardivement.

La Cour a relevé que les deux Parties avaient fait une déclaration reconnaissant la juridiction obligatoire de la Cour conformément au paragraphe 2 de l'article 36 de son Statut. Pour répondre à l'argument belge, la Cour s'est référée à l'article 38, paragraphe 2 de son Règlement selon lequel

> "[l]a requête indique *autant que possible* les moyens de droit sur lesquels le demandeur prétend fonder la compétence de la Cour."[81]

La Cour a observé que la requête congolaise mentionnait tout de même le fait que la Belgique avait accepté la juridiction de la Cour et a considéré qu'en tout état de cause il appartenait à la Cour de rechercher dans chaque cas si elle avait compétence.[82] La portée de cette approche peut toutefois être nuancée par la remarque du juge Parra-Aranguren à ce sujet :

> "in my opinion, this task of the Court is different from making researches of its own to discover possible grounds of jurisdiction not indicated by the parties."[83]

La Cour a considéré que les deux déclarations en questions ayant été dûment déposées auprès du Secrétaire général des Nations Unies et reproduites dans l'*Annuaire de la Cour*, la Belgique ne pouvait pas ne pas s'attendre à ce que les déclarations faites par les deux Parties entrent en ligne de compte pour fonder la compétence de la Cour en l'espèce.[84] Au crédit de la Belgique, il faut cependant indiquer que lors des trois affaires impliquant précédemment le Congo, à savoir les affaires des *Activités armées sur le territoire du Congo (République démocratique du Congo c. Ouganda, Burundi et*

---

[81] *Ibid.*, § 63. C'est nous qui soulignons (en italique).
[82] *Ibid.*,
[83] *Ibid.*, separate opinion of Judge Parra-Aranguren, § 10.
[84] *Mandat d'arrêt du 11 avril 2000 (République démocratique du Congo c. Belgique), demande en indication de mesures conservatoires,* ordonnance du 8 décembre 2000, § 63.

Rwanda), le Congo avait clairement cité sa déclaration de juridiction obligatoire, ce qu'il s'est abstenu de faire en l'espèce. Le juge Parra-Aranguren s'est d'ailleurs opposé dans son opinion individuelle à ce que la Cour tienne compte de la déclaration de juridiction obligatoire du Congo.[85]

En ce qui concerne, l'affaire de la *Licéité de l'emploi de la force (Yougoslavie c. Belgique)*, la Yougoslavie avait effectivement invoqué au cours du second tour de plaidoiries une base de compétence entièrement nouvelle. La Cour avait alors considéré que

> "l'invocation par une partie d'une nouvelle base de juridiction au stade du second tour de plaidoiries sur une demande en indication de mesures conservatoires est sans précédent dans la pratique de la Cour ; qu'une démarche aussi tardive, lorsqu'elle n'est pas acceptée par l'autre partie, met gravement en péril le principe du contradictoire et la bonne administration de la justice ; et que, par la suite, la Cour ne saurait, aux fins de décider si elle peut ou non indiquer des mesures conservatoires dans le cas d'espèce, prendre en considération le nouveau chef de compétence dont la Yougoslavie a entendu se prévaloir le 12 mai 1999."[86]

Cependant à la différence de la présente affaire, il s'agissait d'une base de compétence additionnelle et entièrement nouvelle que la Belgique ne pouvait pas s'attendre à voir invoquer.

Réserve belge concernant les négociations parallèles

La Belgique a fait valoir à la suite de l'invocation par le Congo, pendant le second tour de plaidoiries, de sa déclaration de juridiction obligatoire que celle-ci contenait une réserve pour les cas où les parties auraient convenues ou conviendraient d'avoir recours à un autre mode de règlement pacifique.[87] Selon la Belgique, la question du mandat d'arrêt était débattue au plus niveau entre les deux États

---

[85] Separate opinion of Judge Parra-Aranguren, § 14.
[86] Affaire relative à la *Licéité de l'emploi de la force (Yougoslavie c. Pays-Bas)*, demande en indication de mesures conservatoires, ordonnance du 2 juin 1999, § 44.
[87] *Mandat d'arrêt du 11 avril 2000 (République démocratique du Congo c. Belgique)*, demande en indication de mesures conservatoires, ordonnance du 8 décembre 2000, § 46.

au moment où la requête avait été introduite. Cependant, en raison de l'invocation tardive de la déclaration de juridiction obligatoire, la Belgique a semblé de pas avoir eu le temps de développer suffisamment cet argument. La Cour a d'ailleurs considéré que la Belgique n'ayant fourni aucune précision quant à ces négociations, leur durée, leur portée ou leur état d'avancement, elle n'était pas en mesure de déterminer si les Parties avaient réellement écarté temporairement la saisine de la Cour du fait des négociations engagées.

Dès lors, la Cour a conclu que les déclarations des Parties au titre du paragraphe 2 de l'article 36 de son Statut constituaient *prima facie* une base sur laquelle sa compétence pouvait être fondée.

Le refus d'indiquer des mesures conservatoires

Le juge d'instruction belge a agi au titre de la loi belge du 16 juin 1993 modifiée par la loi du 10 février 1999 relative à la répression des violations graves de droit international humanitaire. La Belgique a fait valoir que la loi en question consacrait la compétence universelle du juge belge et que cette compétence était en conformité avec le deuxième alinéa de l'article commun 49/50/129/146 des conventions de Genève de 1949.[88] Par ailleurs les amendements apportés en 1999 se limitaient pour l'essentiel à inclure dans le champ d'application *ratione materiae* de la loi deux incriminations : le crime contre l'humanité et le génocide.

La Belgique a insisté sur le fait que la délivrance du mandat d'arrêt n'était pas le résultat d'une initiative personnelle d'un juge mais d'une plainte portée par douze particuliers, dont cinq de nationalité belge et sept de nationalité congolaise.[89] Dès lors, la Belgique a fait valoir qu'il existait des liens de rattachement clairs entre les faits en cause et la Belgique à travers la nationalité ou le domicile des victimes de ces faits.[90] La Belgique a soutenu qu'en août 1998, M. Yerodia Ndombasi, alors chef de cabinet du président

---
[88] *Ibid.*, § 24.
[89] *Ibid.*, § 25.
[90] *Ibid.*

Kabila, avait tenu des discours publics largement médiatisés incitant à la haine raciale, discours qui auraient contribué au massacre de plusieurs centaines de personnes, principalement d'origine tutsi.[91]

La Belgique a allégué de plus que la délivrance du mandat d'arrêt était un moyen d'aider le Congo à exercer un droit et une obligation d'arrêter et de poursuivre M. Yerodia Ndombasi devant les juridictions congolaises.

La Cour a refusé d'indiquer des mesures conservatoires en considérant qu'en raison du remaniement ministériel M. Yerodia Ndombasi était moins sujet à des déplacements fréquents à l'étranger, qu'en conséquence il n'était pas établi qu'un préjudice irréparable puisse être causé dans l'immédiat aux droits du Congo et que le degré d'urgence soit tel qu'il y ait lieu de protéger ces droits par l'indication de mesures conservatoires.[92] En ce qui concerne la question du préjudice irréparable, les deux juges dissidents (MM. Francisco Rezek et Bula-Bula) ont considéré quant à eux que la situation en question était de celle qui pouvait constituer une atteinte vexatoire à la souveraineté du Congo.[93]

Conclusion

La Cour a donc décidé, par quinze voix contre deux, que les circonstances de l'espèce n'étaient pas de nature à exiger l'exercice de son pouvoir d'indiquer des mesures conservatoires. De plus, bien que les deux Parties semblaient disposées à l'indication d'une mesure conservatoire visant à encourager un règlement du différend à l'amiable,[94] la Cour s'y est refusée en affirmant qu'il était

> "souhaitable que les questions soumises à la Cour soient tranchées aussitôt que possible ... [et qu'il convenait de] parvenir à une décision sur la requête du Congo dans les plus brefs délais."[95]

---

[91] *Ibid.*, § 26.
[92] *Ibid.*, § 72.
[93] *Ibid.*, opinion dissidente de M. Francisco Rezek, § 5 ; Opinion dissidente de M. Bula-Bula, §§ 15-23.
[94] *Mandat d'arrêt du 11 avril 2000 (République démocratique du Congo c. Belgique), demande en indication de mesures conservatoires,* ordonnance du 8 décembre 2000, §§ 74-75.
[95] *Ibid.*, § 76.

A cet égard, le juge Ranjeva a souligné qu'un règlement définitif de toutes les questions soumises à la Cour, qui intervienne dans les plus brefs délais et dont la conduite de la procédure bénéficie, à cette fin, de la pleine coopération des Parties était la plus appropriée des mesures conservatoires.[96] On peut se demander pour quelle raison, la Cour a exprimé ainsi le souhait de régler cette affaire au plus vite alors qu'elle venait d'établir l'absence d'urgence. L'hypothèse du juge Oda sur ce point mérite d'être notée :

"possibly this is a compromise to make up for the dismissal of the Congo's request for provisional measures."[97]

Sur un tout autre registre, il est intéressant de noter la présence, comme agent du Congo, de Maître Jacques Vergès, avocat à la Cour d'appel de Paris, qui est connu pour être l'avocat des "causes extrêmes". C'est la première fois que Maître Vergès plaide devant la Cour internationale de Justice. Pour rejoindre le souci manifesté par le juge Oda dans son opinion individuelle à l'ordonnance précédente (voir chapitre III ci-dessus), il semble qu'ici aussi un avocat privé ait joué un rôle déterminant dans l'introduction de l'instance.[98]

---

[96] *Ibid.*, déclaration de M. Ranjeva.
[97] *Ibid.*, declaration of Judge Oda, § 5.
[98] *Mandat d'arrêt du 11 avril 2000 (République démocratique du Congo c. Belgique), demande en indication de mesures conservatoires,* ordonnance du 8 décembre 2000, § 24.

CONCLUSION

Le professeur Kingsbury constatait :
> "The law and practice concerning provisional measures in international tribunals is... somewhat chaotic."[99]

Il est permis de douter que cette année judiciaire, au cours de laquelle deux des trois décisions rendues par la Cour portaient sur l'indication de mesures conservatoires, ait contribué à éclaircir d'avantage la jurisprudence de la Cour en la matière. On peut cependant noter une clarification introduite par la Cour en ce qui concerne la détermination de l'urgence. Ainsi, le fait qu'un certain délai se soit écoulé entre les faits à l'origine du différend et la demande en indication de mesures conservatoires n'empêche pas la Cour de décider de telles mesures si les circonstances de l'espèce le justifient.

Le pouvoir de la Cour d'indiquer des mesures conservatoires est largement relativisé par le faible taux de respect par les États de ces mesures. En effet, sur treize ordonnances en indication de mesures conservatoires, à ce jour, une seule a été respectée. Il s'agit de l'affaire du *Différend frontalier (Burkina Faso c. République du Mali)*, où la demande en indication de mesures conservatoires émanait des deux parties. Au contraire, dans l'affaire des *Activités armées sur le territoire du Congo (République démocratique du Congo c. Ouganda)* (examinée ci-dessus), les mesures conservatoires, bien qu'inspirées d'une résolution du Conseil de sécurité, n'ont pas été respectées. Ainsi, la résolution 1323 du 13 octobre 2000 du Conseil de sécurité indiquait que les hostilités n'avaient pas cessé sur le territoire de la République démocratique du Congo.

---

[99] KINGSBURY, "Foreword: Is the Proliferation of International Courts and Tribunals a Systemic Problem?", *New York University Journal of International Law and Policy* 31 (1999), p. 685.

NOTE COMMENTÉE : L'AFFAIRE DE LA *DÉLIMITATION MARITIME ET DES QUESTIONS TERRITORIALES ENTRE QATAR ET BAHREÏN* (FOND), ARRÊT DE LA COUR INTERNATIONALE DE JUSTICE DU 16 MARS 2001

Robert Kolb[*]

I. INTRODUCTION

1. Avec son arrêt sur le fond rendu le 16 mars 2001 dans l'affaire *Qatar c. Bahreïn*, la CIJ ajoute un précédent de plus à cette chaîne jurisprudentielle toujours plus dense relative aux différends territoriaux et maritimes. Les différends territoriaux l'ont occupée dès l'époque de la Cour permanente : il faut mentionner l'affaire du *Statut juridique du Groenland oriental (Danemark c. Norvège)* (1933).[1] Puis, devant la Cour actuelle, il y a les affaires des *Minquiers et Ecréhous (France c. Royaume-Uni)* (1953),[2] de la *Souveraineté sur certaines parcelles frontalières (Belgique c. Pays-Bas)* (1959),[3] du *Temple de Préah Vihéar (Cambodge c. Thaïlande)* (1962),[4] du *Sahara occidental* (avis consultatif) (1975),[5] du *Différend frontalier (Burkina Faso c. Mali)* (1986),[6] du *Différend frontalier terrestre, insulaire et*

---

[*] Robert KOLB, Chargé d'enseignement à l'Institut Universitaire de Hautes Études Internationales (Genève) et *Privatdozent* à l'Université de Berne.

[1] CPJI, *sér. A/B*, no. 53.
[2] C.I.J., *Recueil* 1953, pp. 47ss.
[3] C.I.J., *Recueil* 1959, pp. 209ss.
[4] C.I.J., *Recueil* 1962, pp. 6ss.
[5] C.I.J., *Recueil* 1975, pp. 12ss.
[6] C.I.J., *Recueil* 1986, pp. 554ss.

maritime (El Salvador c. Honduras) (1992),[7] du *Différend territorial (Libye c. Tchad)* (1994)[8] et de l'*Ile de Kasikili / Sedudu (Botswana c. Namibie)* (1999).[9] Les différends de délimitation maritime ont retenu son attention à partir d'une date plus récente. Ils se concentrent sur ces dernières trente années : affaires du *Plateau continental de la mer du Nord (RFA c. Danemark / Pays-Bas)* (1969),[10] du *Plateau continental (Tunisie / Libye)* (1982),[11] de la *Délimitation de la frontière maritime dans la région du Golfe du Maine (Canada / États-Unis d'Amérique)* (1984),[12] du *Plateau continental (Libye / Malte)* (1985),[13] de la *Délimitation maritime dans la région située entre le Groenland et Jan Mayen (Danemark c. Norvège)* (1993).[14] Il faut ajouter un différend maritime qui n'avait pas trait à la délimitation, mais aux lignes de base et aux limites vers le large des zones maritimes : l'affaire des *pêcheries norvégiennes (Royaume-Uni c. Norvège)* (1951).[15] La présente affaire a cette particularité qu'il s'agit d'un différend mixte, à la fois territorial et maritime. Le différend territorial est à son tour caractérisé par le fait que la Cour ne doit pas déterminer la ligne de délimitation entre deux États. Elle doit surtout trancher l'appartenance d'une série d'îles.[16] L'affaire *Qatar c. Bahreïn* est donc avant tout un différend insulaire et de délimitation maritime. C'est une relative nouveauté pour la Cour. Le seul précédent est celui du *différend frontalier terrestre, insulaire et maritime* (1992),[17] où la mixité était triple : (1) délimitation de la frontière terrestre ; (2) établissement du titre de souveraineté sur certaines îles ; (3) délimitation des eaux d'un Golfe et des espaces maritimes en dehors du Golfe. Un autre différend mixte est pendant devant la Cour : l'affaire de la *frontière terrestre et*

---

[7] C.I.J., *Recueil* 1992, pp. 351ss.
[8] C.I.J., *Recueil* 1994, pp. 6ss.
[9] Arrêt du 25 mars 1999.
[10] C.I.J., *Recueil* 1969, pp. 3ss.
[11] C.I.J., *Recueil* 1982, pp. 18ss.
[12] C.I.J., *Recueil* 1984, pp. 246ss.
[13] C.I.J., *Recueil* 1985, pp. 13ss.
[14] C.I.J., *Recueil* 1993, pp. 38ss.
[15] C.I.J., *Recueil* 1951, pp. 116ss.
[16] Mis à part le différend sur le territoire de Zubarah, *infra*, II. A.
[17] *Supra*, note 7.

maritime entre le Cameroun et le Nigeria.[18] Il s'agit ici d'un différend de délimitation double, terrestre et maritime. C'est dans la pratique arbitrale que l'on peut trouver le précédent le plus direct de la présente affaire. Dans le *différend Érythrée / Yémen* (1998/9), tranché par un tribunal arbitral constitué sous les auspices de la Cour permanente d'arbitrage, la dispute portait sur la souveraineté sur des îles situées vers le centre de la mer Rouge et sur la délimitation maritime à opérer, compte tenu de l'appartenance des îles. Ce différend a été résolu par deux arrêts, l'un consacré à l'aspect insulaire (1998),[19] l'autre à la délimitation maritime (1999).[20]

Les classifications dont il a été question ne sont pas que des jeux scolastiques. Elles ont leurs incidences conceptuelles et pratiques. Trois aspects peuvent être soulignés à cet égard. En premier lieu, la mixité du différend tend à rendre mutuellement dépendantes des questions autrement indépendantes. Le droit appliqué en subit lui-même une altération. Ainsi, les juges ou arbitres, qu'ils le disent explicitement ou non, auront à l'esprit la délimitation maritime et ses exigences quand ils fixeront le point d'arrivée de la frontière terrestre (pour autant du moins que les titres leur laissent un certain choix). En effet, la bonne application d'une méthode géométrique comme l'équidistance peut être

---

[18] Pour les exceptions préliminaires, C.I.J., *Recueil* 1998, pp. 275ss. Pour la demande en interprétation de cet arrêt, voir le nouvel arrêt de la Cour du 25 mars 1999. Certains arrêts ne portèrent que sur un différend insulaire : *Minquiers et Ecréhos* (*supra*, note 2) et *île Kasikili / Sedudu* (*supra*, note 9).

[19] Cf. *ILR* 114, pp. 2ss. Sur cette affaire, G. DISTEFANO, "La sentence arbitrale du 9 octobre 1998 dans l'affaire du différend insulaire entre le Yémen et Érythrée", *RGDIP* 103 (1999), pp. 851ss. J. F. DOBELLE / J. M. FAVRE, "Le différend entre l'Érythrée et le Yémen : la sentence arbitrale du 9 octobre 1998 sur le champ du différend et la souveraineté territoriale", *AFDI* 44 (1998), pp. 337ss.

[20] Texte sur le site Internet de la Cour permanente d'arbitrage, <http://www.pca-cpa.org/> (et à l'avenir dans *ILR*). Sur cette affaire, cf. J. F. DOBELLE, "Le différend entre l'Érythrée et le Yémen : la sentence arbitrale du 17 décembre 1999 sur la délimitation des frontières maritimes", *AFDI* 45 (1999), pp. 554ss. N. S. MARQUES ANTUNES, "The 1999 Eritrea-Yemen Maritime Delimitation Award and the Development of International Law", *ICLQ* 50 (2001), pp. 299ss. M. W. REISMAN, "Eritrea-Yemen Arbitration (Award, Phase II: Maritime Delimitation)", *AJIL* 94 (2000), pp. 721ss.

facilitée ou compliquée selon la configuration côtière autour du point d'intersection terre / mer. Des principes juridiques ou équitables divers peuvent être mis en jeu. Si par exemple ce point se situe sur un secteur concave ou convexe, géographiquement simple ou tourmenté, le droit de la délimitation maritime en subira l'effet. D'où l'anticipation de l'opérateur, pour ne pas compliquer inutilement sa tâche postérieure. Il en va de même quand il s'agit d'îles à attribuer. La compatibilité d'une attribution avec une ligne de délimitation maritime anticipée – par exemple une ligne d'équidistance – sera un élément dont l'opérateur tiendra compte, du moins pour tous les cas où le titre n'est pas certain (ce qui est fréquent).

En second lieu, les règles applicables aux volets territoriaux et maritimes sont différentes. Certaines règles communes peuvent cependant exister. C'est sans doute le cas pour des titres conventionnels. Il n'est pas non plus exclu que l'*uti possidetis* puisse s'appliquer en mer.[21] Mais le cadre constitutionnel et donc le spectre des règles de détail diffère grandement : titres historiques et effectivités d'un côté, équité et géométrie de l'autre. C'est que sur terre prévalent le plus souvent des faits d'histoire et d'activité humaine, tandis que sur mer la délimitation porte sur des espaces largement vierges et recherche des méthodes fondées sur la géométrie à partir de configurations côtières.[22]

---

[21] Pour l'application à des îles, cf. le *différend frontalier terrestre, insulaire et maritime*, C.I.J., *Recueil* 1992, p. 566, § 347. Pour l'application à des espaces maritimes, cf. *Guinée-Bissau c. Sénégal* (1989), arbitrage, *RSA*, vol. XX, p. 144, § 63.

[22] Ce n'est pas dire que des titres historiques issus d'activités humaines ne jouent aucun rôle en mer. Ils y sont simplement plus rares et diminuent à mesure que l'on va vers le large, avec des espaces à 200 milles marins. Pour des titres historiques en mer, cf. par exemple l'affaire *Grisbadarna* (1909), *RSA*, vol. XI, pp. 147ss, pp. 161-162 ; l'affaire des *pêcheries norvégiennes* (1951), C.I.J., *Recueil* 1951, p. 142 ; l'affaire *US. c. Alaska* (Cour suprême des États-Unis d'Amérique) (1975), *ILM* 14 (1975), p. 1017 ; l'affaire du *plateau continental (Tunisie / Libye)*, C.I.J., *Recueil* 1982, pp. 71ss. Sur les baies historiques, cf. L. J. BOUCHEZ, *The Regime of Bays in International Law*, Leyden, 1963, pp. 199ss et L. OPPENHEIM, *International Law*, 9ème éd., Londres, 1992, p. 630-631, avec des renvois.

En troisième lieu, il faut souligner que des différends sur des zones où l'État jouit de souveraineté ou de droits souverains sont toujours soit des différends territoriaux, soit des différends insulaires, soit des différends maritimes. Dans les premiers, la distinction entre différends d'attribution et de délimitation est relative,[23] car toute délimitation implique une attribution de territoires de part et d'autre de la frontière. Mais il peut y avoir une différence d'accent, notamment si la tâche de la Cour est d'attribuer en bloc un ensemble territorial ou si elle doit déterminer le tracé d'une frontière.[24] Les différends insulaires sont quant à eux toujours des différends d'attribution (à moins que ce soit une frontière traversant l'île qui est en jeu). Les différends maritimes sont très généralement[25] de purs différends de délimitation. Selon la Cour, il s'agit de diviser les chevauchements des projections côtières selon des critères géométriques ;[26] cette division se fait par le tracé d'une ligne frontière. Même s'il convient de ne pas s'exagérer les différences entre ces types de différends, le déplacement des accents en allant de la terre vers la mer rejoint ce qui a déjà été dit sur la différence entre le droit applicable, titres juridiques d'un côté, finalité

---

[23] Sur ces deux types de différends, cf. L. I. SANCHEZ RODRIGUEZ, "L'*uti possidetis* et les effectivités dans les contentieux territoriaux et frontaliers", *RCADI* 263 (1997), pp. 163ss. En sens favorable à la distinction, cf. D. BARDONNET, "Les frontières terrestres et la relativité de leur tracé", *RCADI* 153 (1976) V, pp. 49ss. En sens défavorable, cf. M. KOHEN, *Possession contestée et souveraineté territoriale*, Paris, 1997, pp. 119ss.

[24] C'est donc au regard de la tâche de la Cour telle que déterminée par les parties que la différence entre ces types de différends peut ressortir avec force.

[25] Il peut y avoir un différend d'attribution en mer dans la mesure où des titres historiques avec une assise spatiale claire sont en jeu.

[26] La conception déclarative et non constitutive du rôle de la Cour remonte au rejet de l'argument de la 'part juste et équitable' dans les affaires de la *mer du Nord* (1969), C.I.J., *Recueil* 1969, p. 22. La construction du prolongement naturel et du partage des chevauchements est basée sur l'idée que tout différend sur des zones maritimes est nécessairement un différend de délimitation où il ne s'agit que de départager des chevauchements marginaux afin de tirer au clair la frontière qui les sépare. En aucun cas, la Cour n'a-t-elle à attribuer *de novo* des espaces entiers en fonction de critères extrinsèques, par exemple économiques. Sur cette conception de la Cour, voir les réflexions critiques de P. WEIL, *Perspectives du droit de la délimitation maritime*, Paris, 1988, pp. 25ss.

équitable de l'autre. L'arrêt *Qatar c. Bahreïn* est donc une décision qui joue sur le double registre attribution et délimitation, apportant une pierre à l'édifice de l'un et de l'autre.

Il faut enfin remarquer que les différends territoriaux et maritimes sont l'un des rares domaines, sauf celui du droit procédural, où la Cour nous livre une vraie jurisprudence, à la fois dense et continue dans le temps. C'est une caractéristique du droit judiciaire international qu'à cause de l'irrégularité du recours au règlement juridictionnel, des années, voire des décennies s'écoulent avant qu'une même question ne revienne devant le juge. Tant le droit dans son édifice positif que l'environnement social auront changé. Entre les précédents épars et clairsemés que le temps sépare, décidés souvent sur la base d'une tâche particulière impartie à la juridiction, il est difficile d'établir des liens solides capables de souder ces expressions ponctuelles en une chaîne méritant la désignation de jurisprudence. La société internationale diffère à cet égard grandement de celle interne où la typicité plus marquée des situations juridiques[27] et le recours obligatoire au juge lui fournissent la possibilité de s'exprimer continuellement sur un point juridique et de revoir régulièrement sa position en l'adaptant progressivement et sans heurts à l'évolution sociale. Ce n'est donc pas sans intérêt de relever qu'en matière de différends territoriaux et maritimes, une véritable jurisprudence internationale s'est consolidée, se prêtant à l'analyse scientifique,[28] et apte, par ses multiples nuances, à remplir d'un corps suffisamment dense la carte du droit en cette matière. De ce pont de vue, malgré l'ampleur toute différente des différends territoriaux internationaux, la jurisprudence internationale travaille davantage selon le modèle du droit interne qu'ailleurs. Et

---

[27] Cf. Ch. DE VISSCHER, *Théories et réalités en droit international public*, 4ème éd., Paris, 1970, pp. 165-166, 421-422. F. BERBER, *Lehrbuch des Völkerrechts*, 2ème éd., vol. I, Munich, 1974, pp. 22s. R. KOLB, *La bonne foi en droit international public*, Paris, 2000, pp. 169-171. Parmi les contributions plus anciennes, cf. A. VERDROSS, "Abstrakte und konkrete Regelungen im Völkerrecht", *Völkerrecht und Völkerbund*, vol. 4, 1937/8, pp. 212ss. A. HOLD-FERNECK, *Lehrbuch des Völkerrechts*, t. I, Vienne, 1930, pp. 82ss.

[28] Cf. l'étude serrée de SANCHEZ RODRIGUEZ (*supra*, note 23), pp. 149ss.

la présente affaire vient ajouter encore un maillon à ce corps jurisprudentiel déjà bien fourni.[29]

2. La saisine de la Cour en l'affaire *Qatar c. Bahreïn* repose sur une trame assez rocambolesque qu'il n'est pas le lieu d'analyser ici en détail.[30] Dans le cadre d'une médiation prolongée du Roi d'Arabie Saoudite, celui-ci formula certaines propositions, dont celle de soumettre à la Cour pour règlement définitif le litige dans le cas où il resterait irrésolu dans les contacts directs entre les parties. C'est notamment par la signature en 1990 d'un procès-verbal de séance que les parties se commirent au texte d'une proposition bahreïnite.[31] Le procès-verbal prévoyait qu'à l'expiration d'un délai réservé aux bons offices, "les parties pourront soumettre la question à la Cour internationale de Justice conformément à la formule bahreïnite..."[32] Par la suite, Qatar contesta que le procès-verbal constituât un accord juridique contraignant, susceptible de fonder la compétence de la Cour. Cette dernière trancha ce point par un arrêt du 1er juillet 1994 dans lequel elle dit que ce procès-verbal

---

[29] Il est des matières du droit international sur lesquelles la Cour n'a jamais eu l'occasion de se prononcer : par exemple le droit de l'espace extra-atmosphérique. Il est d'autres matières, parmi les plus essentielles, pour lesquelles il n'y a guère qu'un précédent au contentieux : notamment le non-recours à la force (affaire des *activités militaires et paramilitaires au Nicaragua et contre celui-ci*, 1986) ; actuellement d'autres affaires sont pendantes qui touchent ce point (par exemple *Cameroun c. Nigeria* ; *Yougoslavie c. États de l'OTAN*). En matière de protection diplomatique d'un individu (non d'une société commerciale), le dernier précédent est celui de *Nottebohm* (1955). La question du passage inoffensif dans la mer territoriale n'a pas été traitée entre 1949 (*Détroit de Corfou*) et la présente affaire en 2001. Aucun arrêt de fond ne prend position, dans les années 1990, sur une matière aussi importante que la responsabilité internationale, si l'on excepte quelques aspects incidents, notamment dans *Gabcíkovo Nagymaros* (1997). Etc.

[30] Cf. les arrêts de la Cour sur la Compétence et la recevabilité, C.I.J., *Recueil* 1994, pp. 112ss. et C.I.J., *Recueil* 1995, pp. 6ss. Dans l'arrêt de 2001, cf. §§ 1ss.

[31] C.I.J., *Recueil* 1994, pp. 117-118. La formule bahreïnite se lit comme suit : "Les parties prient la Cour de trancher toute question relative à un droit territorial ou à tout autre titre ou intérêt qui peut faire l'objet d'un différend entre elles ; et de tracer une limite maritime unique entre leurs zones maritimes respectives, comprenant les fonds marins, le sous-sol et les eaux surjacentes".

[32] C.I.J., *Recueil* 1994, p. 119.

constitue un accord international en bonne et due forme, contraignant pour les parties.[33] Dans une seconde phase, ce fut Bahreïn qui soutint que le procès-verbal n'était qu'un *pactum de contrahendo* qui n'ouvrait pas la voie à une saisine unilatérale de la Cour, mais seulement à une saisine conjointe. Par un arrêt du 15 février 1995, la Cour rejeta ces allégations et dit que chaque État peut séparément la saisir sur la base du procès-verbal.[34] Des problèmes liés à l'ampleur exacte du litige soumis à la Cour compliquèrent cette phase préliminaire, qui comme peu d'autres dans l'histoire de la Haute Juridiction regorge d'ornières procédurales.[35] Il suffira à cette place de noter que formellement la Cour a été saisie sur la base d'un compromis. Mais ce compromis était *minus quam perfectum*. Il était contesté quant à sa valeur juridique et quant à son contenu. C'est la Cour, par des arrêts de procédure, qui a dû en déterminer la valeur et le contenu, car la volonté des parties était incertaine. Dès lors, cette phase préliminaire se révèle être d'un caractère quelque peu amphibiaque, oscillant entre une saisine par accord (compromis) et une saisine par requête unilatérale (clause compromissoire, clause facultative).

---

[33] *Ibid.*, pp. 120ss., p. 121, § 25.
[34] C.I.J., *Recueil* 1995, pp. 15ss.
[35] Cf. C.I.J., *Recueil* 1994, pp. 123-125 et Opinion dissidente de ODA, *ibid.*, pp. 134ss. Voir par exemple M. COSNARD, "L'affaire de la délimitation maritime et des questions territoriales entre Qatar et Bahreïn (Compétence et recevabilité", *AFDI* 41 (1995), pp. 311ss, 321ss.

II. LE DIFFEREND TERRITORIAL[36]

1. La question de la souveraineté sur Zubarah[37]

A. Zubarah est un territoire, apparemment nettement déterminé,[38] situé dans le nord-est de la péninsule de Qatar. Il fait face aux îles

---

[36] Nous renonçons à donner ici un aperçu historique du différend. Il peut être consulté en détail aux paragraphes 36 et suivants de l'arrêt. Le cadre général est fourni par la politique de protection du Royaume-Uni dans la zone. Cette protection avait pour but de protéger la route de navigation vers les Indes de la piraterie :
"Entre 1797 et 1819, la Grande-Bretagne lança de nombreuses expéditions punitives pour riposter aux actes de pillage et de piraterie perpétrés par des tribus arabes dirigées par les Qawasim contre des navires britanniques et locaux. En 1819, elle prit le contrôle de Ras al-Khaimah, quartier général des Qawasim, et conclut des accords séparés avec les différents cheikhs de la région. Ces cheikhs s'engagèrent à conclure un traité général de paix. Un tel traité fut effectivement signé en janvier 1820 par le Gouvernement britannique, les cheikhs de Ras al-Khaimah, de Jourat al Kamra, d'Abou Dhabi et de Zyah; dans les semaines qui suivirent, il fut également signé par le cheikh de Doubaï, le chef de Chardjah, les cheikhs de Bahreïn, le chef de Ajman et le chef de Umm al-Qaïwain. Par ce traité, ces cheikhs et chefs s'engageaient notamment tant en leur nom propre qu'en celui de leurs sujets à s'abstenir à l'avenir de tout acte de pillage ou de piraterie. La piraterie n'en persista pas moins et une trêve maritime fut conclue en 1835, à l'initiative des Britanniques, par les chefs des entités qui devinrent alors connues sous le nom de "principautés de la Trêve".
Cette trêve fut reconduite d'année en année jusqu'à la signature le 24 août 1853 d'un traité de paix maritime perpétuelle dont le respect était assuré par la Grande-Bretagne au besoin par la force. Les nécessités de la paix maritime et de la protection de ses intérêts amenèrent celle-ci à intervenir dans les conflits entre tribus, mais cette intervention n'instaurait aucune souveraineté ou suzeraineté britannique sur les différentes principautés ou territoires de la région. Ce n'est que vers la fin du XIXème siècle que la Grande-Bretagne adoptera une politique générale de protection dans le Golfe en concluant des "accords exclusifs" avec la plupart des principautés dont celles de Bahreïn, d'Abou Dhabi, de Chardjah et de Doubaï. La représentation des intérêts de la Grande-Bretagne dans la région fut confiée à un résident politique britannique dans le Golfe, installé à Bushire (Perse), auquel furent par la suite subordonnés des agents politiques dans différentes principautés avec lesquelles la Grande-Bretagne avait conclu des accords" (§ 38). Les autres éléments historiques seront expliqués aux places pertinentes quand cela s'avérera nécessaire.

[37] Arrêt, §§ 70ss.

bahreïnites. Bahreïn invoque comme titre l'occupation effective qui s'étend de 1783 à 1937 et l'allégeance des habitants du territoire au souverain bahreïnite. L'occupation militaire effectuée par Qatar en 1937 aurait été accomplie par la force et s'analyserait en une agression dont Qatar ne pourrait dériver des droits. Pour Qatar, au contraire, Bahreïn aurait perdu le contrôle sur le territoire entre 1783 et 1878, date à laquelle les cheiks bahreïnites s'en retirèrent en faveur d'une résidence à Bahreïn. De plus, le Royaume-Uni, puissance protectrice des deux États, aurait toujours reconnu la souveraineté qatarie sur Zubarah. En 1937, Qatar mit par la force de l'ordre sur l'un de ses territoires, ce qui constituait une question purement intérieure. En tout cas, aucun acte officiel n'aurait été accompli par Bahreïn à Zubarah depuis 1868.[39]

B. La Cour décida sur la base d'une série d'arguments concordants, et à l'unanimité, que Qatar a souveraineté sur Zubarah. Le fondement de cette décision réside avant tout dans les titres conventionnels confirmés par la correspondance de la Puissance protectrice. Il y a d'abord l'Accord de 1868 entre Ali bin Khalifah (Bahreïn) et le Royaume-Uni. Par cet Accord, Ali accepte, en réaction à des actes de piraterie de son prédécesseur, d'être définitivement exclu de toute participation aux affaires de Zubarah et de tout droit de prétendre à ce territoire. Cet Accord lie Bahreïn.[40] Un Accord anglo-ottoman conclu en 1913 reflète cet état des choses. Il porte que la péninsule de Qatar, y compris Zubarah, resteraient sous l'autorité du Cheikh qatari nommé par les ottomans. Cet Accord ne fut pas ratifié. Mais son article 11, qui pose le régime décrit, a été repris par renvoi direct dans l'article 3 du Traité anglo-ottoman de 1914. Ce dernier fut ratifié en bonne et due forme.[41] Enfin, une lettre du 31 mai 1875 et un télégramme du 4 juillet 1937, émanant du Royaume-Uni, confirment l'avis du Gouvernement britannique que Zubarah relève de Qatar.[42]

---

[38] Dès lors, il s'agit pour la Cour d'un problème d'attribution et non de délimitation.
[39] Pour ces arguments des parties, arrêt, §§ 73ss.
[40] Arrêt, §§ 83-84.
[41] Arrêt, §§ 89-91.
[42] Arrêt, § 94.

A côté de ce volet consacré aux titres formels, la Cour évoque les effectivités à titre confirmatif.[43] D'abord, après l'Accord de 1868, Bahreïn n'a jamais été en mesure d'accomplir des actes d'autorité directs à Zubarah. Il n'y a pas eu non plus un exercice indirect d'autorité à travers la confédération tribale des Naim. Cette tribu avait des liens d'allégeance personnelle multiples, tant vers l'une que vers l'autre des parties. Il n'est en tout cas pas prouvé qu'il y ait eu un exercice d'autorité souveraine au nom du cheikh de Bahreïn.[44] De l'autre côté, l'autorité de Qatar sur Zubarah a été constamment consolidée dans la période qui suit l'année 1868. A ce titre, l'utilisation de la force en 1937 relève d'un exercice d'autorité sur un territoire propre et ne saurait être considérée comme une agression ou même un acte internationalement illicite.[45]

C. Il a déjà été dit que la décision sur ce point a été adoptée à l'unanimité. La relative liquidité de la situation explique que la souveraineté sur Zubarah n'a pas suscité beaucoup de commentaires dans les opinions individuelles des juges. Seuls les juges *ad hoc* lui consacrent des passages dignes de mention. Dans l'Opinion

---

[43] Sur le rôle que peuvent jouer des effectivités face au titre formel, cf. les explications dans l'affaire du *différend frontalier* (*Burkina Faso c. Mali*), C.I.J., *Recueil* 1986, p. 554. Voir aussi la systématisation dans l'Opinion dissidente commune de Bedjaoui / Ranjeva / Koroma, *Qatar / Bahreïn*, § 99. Les "effectivités" sont prises ici au sens de simples faits ; elles ne peuvent alors être que subordonnées au titre qui constitue à la fois un fait juridique et la source d'un droit. Il ne faut pas en conclure que le titre possède le même degré d'immunité envers une série d'autres faits qui sont contemplés par d'autres normes juridiques. Ainsi, un acquiescement par voie de silence (*qui tacet consentire videtur si loqui potuisset ac debuisset*), une renonciation volontaire, ou l'opération d'une prescription acquisitive (fondée elle aussi sur l'absence de protestations de l'État intéressé) déplacent le titre : il y a extinction d'un titre ancien et création d'un titre nouveau. Il ne s'agit pas ici de simples "effectivités", mais de faits insérés dans le creuset d'une qualification juridique particulière. Sur le rôle du silence en cette matière, cf. R. KOLB, *La bonne foi en droit international public*, Paris, 2000, pp. 339ss, 399ss, et pour la pratique, R. KOLB, dans : J. P. MÜLLER / L. WILDHABER, *Praxis des Völkerrechts*, Berne, 2001, pp. 321, 323ss. Voir aussi KOHEN (*supra*, note 23), pp. 293ss. S. P. SHARMA, *Territorial Acquisition, Disputes and International Law*, La Haye / Boston / Londres, 1997, pp. 201ss.

[44] Arrêt, §§ 84-86.

[45] Arrêt, § 96.

dissidente de Torrez Bernárdez, la consolidation progressive du titre de Qatar est documentée en détail.[46] Dans l'Opinion individuelle de Fortier, il est dit que Bahreïn maintint son titre après 1868 à travers les liens d'allégeance avec la tribu des Naim. L'illégalité de l'utilisation de la force par Qatar en 1937 ne serait pas évidente au regard du droit alors en vigueur. Quoi qu'il en soit, la nécessaire stabilité des relations juridiques internationales commanderait de ne pas rouvrir cette question plus de soixante ans après.[47]

---

[46] Opinion dissidente, §§ 177ss,
§ 214 : "The historical consolidation and general recognition of Qatar's original sovereign title to Zubarah and its area is bound up with: (a) the settlement of the Al-Khalifah on Bahrain Island in 1783; (b) the acknowledgement of Al-Thani authority over Qatar, confirmed by the separate Agreements signed by the British with Bahrain and Qatar in 1868 following the acts of war of 1867; (c) the presence in Qatar of the Ottomans from 1871 to 1915; (d) the fact that Zubarah was part of the Ottoman kaza of Qatar, an administrative unit of the Ottoman Empire; (e) the exercise of authority by the Ottomans and the Al-Thani Chief of Qatar at Zubarah; (f) general conduct of the British with respect to Zubarah during that period and their rejection of Bahrain's claims in 1873 and thereafter; (g) the various admissions by the Al-Khalifah Rulers of Bahrain, at different times, of the non-exercise of effective authority at Zubarah; (h) the Al-Khalifah Rulers' own characterizations at times of their previous ill-defined claims to Zubarah as a matter of 'private or property rights' rather than of 'sovereignty'; and (i) the recognition by Great Britain and the Ottoman Empire in the 1913 Anglo-Ottoman Convention that the 'peninsula of Qatar' will be governed as in the past by the Al-Thani Ruler of Qatar, without any kind of protest or reservation of rights by the Al-Khalifah Rulers of Bahrain".

[47] Opinion individuelle, §§ 23ss, 37ss. Pour l'argument de la stabilité, le juge Fortier cite l'ouvrage d'Oppenheim (*International Law*, 9ème éd., Londres, 1992, p. 705). Cependant, Oppenheim ne conclut pas aussi généralement à la prééminence de la stabilité. Il ajoute qu'elle ne se justifie qu'au regard d'une acceptation ou d'une consolidation postérieures de la situation :
"In this sort of situation it is important to distinguish between an historic origin and root of title, and the possible later claims to title, title which may flow from recognition, acquiescence, and general historical consolidation, and which may lend legitimacy to a continuous and peaceful display of territorial sovereignty, even if the original claim now appears vitiated in the light of this peremptory norm prohibiting its acquisition [of territory] by force or threat of force".
Il n'est pas suggéré que cette condition ne soit pas remplie en l'espèce.

D. Commentaire

a) Tout différend territorial oscille en permanence entre les deux pôles du droit et du fait qui, dépouillés de tout apparat inutile, ne rentrent nulle part en tension plus directe qu'en cette matière. Le fait est potentiellement porteur de droit parce qu'il réalise un état des choses qui créé des liens, des faits dérivés, des équités, la confiance en une stabilité. Le droit s'ouvre au fait parce qu'il ne peut ignorer cet ordre du réel qui est la substance de sa vie propre. D'un autre côté, un fait peut s'opposer au droit et même à ses prescriptions les plus fondamentales. Si le droit y faisait systématiquement déférence, il cesserait d'exister comme ordre normatif. Enfin, le fait peut confirmer le droit, l'effectivité rejoindre la validité. En matière territoriale, cette polarité générale inscrite au sein de tout phénomène juridique touche à un sommet : elle prend les vêtements du titre qui fait face à l'effectivité. Les rapports multiples et délicats qu'ils entretiennent ont donné lieu à la naissance de tout un corps de règles juridiques "secondaires", de collision, qui constituent le cœur du droit des litiges territoriaux. C'est par des normes juridiques (renforcées parfois d'un effet impératif), telles que l'*uti possidetis* ou la prescription acquisitive au sens large, que l'opérateur juridique approche ces problèmes. Le titre a pour soi la présomption du juriste ; mais dans certains cas, d'autres normes juridiques peuvent exiger sa conversion, sa modification ou son extinction. Ces normes juridiques sont des vecteurs de synthèse ponctuelle entre les deux pôles du titre et du fait. Elles permettent ainsi de donner des solutions à des cas soumis à l'attention de l'opérateur.

Comment la présente affaire se place-t-elle dans ce spectre ? L'affaire *Qatar c. Bahreïn* se caractérise par la mixité de son approche, titre et effectivités. Les dernières servent à chaque fois à consolider la décision basée sur le titre. C'est donc le volet harmoniste qui prévaut, le fait qui confirme le droit. Ce qui frappe est l'insistance avec laquelle la Cour combine à chaque fois les deux aspects. D'où un sentiment d'ubiquité ou d'interpénétration plus marqué que dans les arrêts précédents. Après des arrêts où la tension entre titre et faits prévalait (par exemple dans l'affaire du *Temple de Préah Vihéar*, 1962), où les rapports étaient complexes, allant de l'opposition à la confirmation (par exemple *différend frontalier terrestre, insulaire et maritime*, 1992), voici une affaire où prévaut une coopération, les deux pôles tirant dans la même direction. Parfois, le titre pouvait sembler plus douteux que les "effectivités" (cf. *infra*, B.). Alors, une série de juges ont préféré aller directement à la consolidation historique des effectivités propres à former un titre prescriptif.[48]

b) On remarquera ensuite que l'idée d'un exercice indirect de souveraineté à travers des tribus locales revient s'imposer à l'attention judiciaire. Comme dans l'affaire du *Sahara occidental* (1975),[49] la Cour peut se borner à relever le caractère inextricable de ces allégeances qui ne permettent pas d'attribuer un titre de souveraineté exclusif à l'un des deux États. Dès lors, elle n'eut pas à considérer la substance des actes accomplis comme en l'affaire de l'*île Kasikili / Sedudu* (1999).[50] Dans l'affaire *Kasikili*, la Namibie fonda sa revendication sur une île entre autres sur l'autorité exercée par la tribu des Masubia. Dans cette zone où prévalait l'*indirect rule*, cette tribu aurait exercé une autorité publique dérivée. La Cour écarta ce moyen sur le fond. Elle estima qu'il n'était pas établi que les Masubia occupaient l'île à titre de souverain, c'est-à-dire en y exerçant des prérogatives de puissance publique. Au contraire, les Masubia utilisaient l'île de manière intermittente pour des fins agricoles. L'occupation de Zubarah paraît autrement plus intense, si bien que le précédent de 1999 n'est pas analogue sur ce point. On peut mentionner que la jurisprudence a reconnu la pertinence d'actes d'institutions non-étatiques, comme l'Église,[51] ou des actes privés,

---

[48] Le terme "prescription" est ici utilisé au sens large. Voir KOLB (*supra*, note 27), pp. 399ss. Il n'est pas utilisé par les juges.

[49] C.I.J., *Recueil* 1975, p. 67. De plus, selon la Cour, ces tribus africaines ne formaient pas en elles-mêmes un État, car il n'y avait pas d'institutions ou d'organes, même réduits au minimum, qui leur auraient été communs (*ibid.*, p. 63).

[50] Arrêt du 13 décembre 1999, §§ 98ss.

[51] Affaire du différend *territorial frontalier, insulaire et maritime*, C.I.J., *Recueil* 1992, pp. 561-562. Il s'agissait de compétences civiles en matière de mariage, de décès, etc.

par exemple la pêche,[52] comme susceptibles de fonder un titre, du moins quand un État laisse à ces institutions certaines tâches publiques ou semi-publiques, ou quand il contrôle et protège l'activité économique de ses ressortissants parce qu'elle tombe sous le coup de ses intérêts nationaux. On peut rappeler à cet effet aussi les pouvoirs des compagnies de commerce coloniales, dotées de puissance publique.[53]

c) Un point d'intérêt théorique est enfin la "ratification interposée" de l'article 11 du Traité anglo-ottoman de 1913 par renvoi contenu dans le nouveau Traité de 1914, à son article 3. Même non ratifiée, la Convention de 1913 avait sa valeur probante. Elle se trouve renforcée par cette ratification indirecte. Un traité postérieur peut ainsi rendre parfait un traité antérieur ou certaines de ses dispositions.[54] C'est l'une des hypothèses dans lesquelles la validité d'une norme conventionnelle dépend d'une conjonction de deux actes conventionnels. Un autre cas, plus problématique, est celui où la même norme se trouve dans deux traités distincts, l'État A étant partie à l'un, l'État B partie à l'autre. Cette norme liera-t-elle alors les États A et B dans leurs rapports mutuels (à supposer évidemment qu'elle n'est pas coutumière) ?[55] La question soulève d'intéressants problèmes relatifs à la règle *pacta tertiis*, à l'accord collatéral, à l'intention réelle et hypothétique des parties, à la bonne foi, etc. Ce n'est pas le lieu ici de les discuter.

---

[52] Affaire *Grisbadarna* (1909), *RSA*, vol. XI, pp. 161-162. Affaire des *pêcheries norvégiennes*, C.I.J., *Recueil* 1951, p. 142. Pour l'exploitation du guano, cf. l'affaire de l'*île de Clipperton* (1931), *RSA*, vol. II, p. 1108 (concession pour l'exploitation du guano).

[53] Affaire de l'*île de Palmas* (1928), *RSA*, vol. II, pp. 858-859. Sur ces Compagnies, cf. déjà J. KOHLER, "Handelsverträge der niederländisch-ostindischen Compagnie", *Zeitschrift für Völkerrecht* 4 (1910), pp. 140ss. Plus récemment, cf. C. H. ALEXANDROWICZ, *An Introduction to the History of the Law of Nations in the East Indies*, Oxford, 1967.

[54] Cela peut avoir de l'intérêt pour des États si le traité postérieur est soumis à une procédure de conclusion simplifiée, alors que le traité antérieur exige une ratification en bonne et due forme. Nous laissons de côté les problèmes de droit interne que cela peut susciter.

[55] Sur ce problème, cf. dans *RBDI* 12 (1976), pp. 166ss.

2. La question de la souveraineté sur les îles Hawar[56]

A. La dispute sur la souveraineté à propos de ces îles est le véritable *punctum pruriens* de l'affaire. Il s'agit d'une série d'îles situées dans les eaux territoriales[57] de Qatar, vers le sud-ouest de la péninsule.

a) Qatar invoque des titres historiques et le principe de proximité. Comme titre, Qatar avance les Accords de 1868 susmentionnés[58] et divers documents britanniques[59] attestant l'appartenance de ces îles à Qatar. Qatar invoque aussi un grand nombre de cartes géographiques, émanant de divers pays, officielles ou non-officielles, et notamment la carte annexée à la Convention anglo-ottomane de 1913 non ratifiée. Pour contrer l'argument adverse fondé sur la décision britannique de 1939 attribuant les îles à Bahreïn, Qatar fait valoir qu'il n'a jamais consenti à cette décision, ni avant qu'elle soit prise, ni après, et qu'il a au contraire toujours protesté. Face à deux autres arguments bahreïnites, la réponse donnée est comme suit. L'*uti possidetis* n'est pas applicable, car les deux États en cause avaient gardé assez de compétences propres – n'étant précisément pas des colonies – pour que leurs frontières

---

[56] Arrêt, §§ 98ss.
[57] Une partie des îles Hawar se situe en deçà de la ligne des 3 milles marins, marquant traditionnellement la fin de la mer territoriale. Toutes les îles se situent en revanche dans les 12 milles marins admis par le droit de la mer moderne comme extension maximale de la mer territoriale: cf. l'article 3 de la Convention de Montego Bay sur le droit de la mer (1982). Sur l'origine de la règle des 3 milles, cf. P. T. FENN, "Origins of the Theory of Territorial Waters", *AJIL* 20 (1926), pp. 465ss. H. S. KENT, "Historical Origins of the Three-Mile Limit", *AJIL* 48 (1954), pp. 537ss. A. RAESTAD, "La portée du canon comme limite de la mer territoriale", *RGDIP* 19 (1912), pp. 598ss. Pour l'évolution jusqu'en 1960, cf. D. BARDONNET, "La largeur de la mer territoriale", *RGDIP* 66 (1962), pp. 34ss. Pour le droit actuel, cf. par exemple L. LUCCHINI / M. VOELCKEL, *Droit de la mer*, vol. I, Paris, 1990, pp. 169ss. Sur la nature juridique de la mer territoriale, voir notamment D. P. O'CONNELL, "The Juridical Nature of the Territorial Sea", *BYIL* 45 (1971), pp. 303ss.
[58] Voir *supra*, A.1.
[59] Un Rapport officiel de 1928, ne mentionnant pas Hawar comme dépendance de Bahreïn; un télégramme de 1933, disant que Hawar ne fait pas partie de Bahreïn; etc. Arrêt, §§ 108-109.

restassent internationales et pour qu'aucune décision territoriale par le Royaume-Uni ne les liât sans leur consentement. Enfin, l'effectivité ne peut pas s'imposer contre un titre régulier, sauf acquiescement ou silence. Le contraire équivaudrait à donner libre carrière à l'usurpation. En l'espèce, Qatar a toujours protesté.[60]

b) Bahreïn repousse l'idée de proximité qui ne serait pas un titre reconnu en droit international.[61] Bahreïn a toujours eu la possession des îles et y aurait exercé son autorité de manière continue et ininterrompue au cours de ces derniers deux siècles. Qatar n'a exercé aucune espèce d'autorité concurrente. Bahreïn invoque ensuite la décision britannique de 1939 reconnaissant que les îles lui appartiennent. Cette décision a force obligatoire en tant que décision arbitrale ou en tant que décision politique couverte par le consentement des parties. Alternativement, elle s'impose en tant que legs colonial en vertu du principe de l'*uti possidetis*.[62]

B. La Cour commence par réduire la foule d'arguments présentés pour sélectionner celui qui lui permettra d'arriver à la solution en réalisant un maximum d'économie procédurale. Souci légitime, notamment d'une Cour surchargée. Les temps où la Cour saisissait l'occasion de développer le droit international à l'occasion d'une affaire en répondant aussi à des arguments surabondants paraissent désormais révolus.[63] La Cour avait le choix entre une gamme importante de moyens : (1) le titre originaire ; (2) la décision de 1939 ; (3) les effectivités ; (4) la proximité ; (5) l'*uti possidetis*. Elle ne retiendra que la décision de 1939 comme base suffisante pour conclure. Par cela, elle écarte notamment une prise en compte des titres historiques / effectivités, c'est-à-dire des titres en

---

[60] Arrêt, §§ 99, 105ss.
[61] Il invoque à l'appui l'affaire de l'*île de Palmas* (1928), *RSA*, vol. II, p. 869.
[62] Arrêt, §§ 100ss.
[63] Pour une telle démarche plus ample des juridictions internationales, n'ayant que peu d'occasions de dire le droit avec une certaine fréquence sur un sujet donné, cf. H. LAUTERPACHT, *The Development of International Law by the International Court*, Londres, 1958, pp. 61ss. Défavorable à un tel dépassement de la tâche de dire le droit pour l'espèce, R. JENNINGS, "The Role of the International Court of Justice", *BYIL* 68 (1997), p. 34.

mouvement. Ils auraient été plus délicats à établir et à apprécier qu'une décision formelle, documentée dans un instrument. Cette attitude de réduction n'aurait pas posé de problème si la décision de 1939 n'avait pas été autant contestée. C'est la raison pour laquelle certains juges auraient préféré voir la Cour consolider sa solution au moyen d'autres éléments,[64] voire directement fonder sa solution sur ces autres éléments tels que les effectivités.[65]

Le raisonnement de la Cour est le suivant. La décision britannique de 1939 n'est pas une sentence arbitrale, car il n'existait aucun accord des parties pour se soumettre à un arbitrage rendu par des arbitres de leur choix selon une procédure déterminée. Les parties étaient seulement convenues que la question serait tranchée par le Gouvernement britannique, laissant à ce dernier le choix des moyens.[66] Il y a eu consentement des deux Principautés à ce que le Royaume-Uni tranche la question.[67] Dès lors, la décision doit être

---

[64] Cf. par exemple l'Opinion dissidente commune de Bedjaoui / Ranjeva / Koroma, §§ 48ss. Opinion individuelle de Al-Khasawneh, §§ 1ss.

[65] Cf. l'Opinion individuelle de Kooijmans, §§ 1ss, 54ss. Voir aussi la Déclaration de Mme R. Higgins.

[66] Arrêt, § 114 : "La Cour observe qu'au cas particulier il n'existait aucun accord entre les parties pour se soumettre à un arbitrage rendu par des juges de leur choix et statuant soit en droit soit *ex æquo et bono*. Les parties étaient seulement convenues que la question serait tranchée par 'le gouvernement de Sa Majesté', mais elles laissaient à l'appréciation de ce dernier le soin de déterminer comment et par lesquels de ses fonctionnaires cette décision serait prise. Dès lors, la décision par laquelle le Gouvernement britannique a estimé en 1939 que les îles Hawar appartenaient à Bahreïn ne constituait pas une sentence arbitrale internationale".

[67] Arrêt, § 137 : "La Cour relèvera... qu'à la suite de l'échange de lettres des 10 mai et 20 mai 1938 (...), le souverain de Qatar avait accepté le 27 mai 1938 de confier au Gouvernement britannique le soin de décider de la question des îles Hawar (...). Il avait le même jour présenté sa plainte à l'agent politique britannique. Il avait enfin accepté, comme le souverain de Bahreïn, de participer à la procédure qui devait mener à la décision de 1939 (...). La compétence du Gouvernement britannique pour prendre la décision concernant les îles Hawar découlait de ce double consentement; la Cour n'a donc pas à examiner si, en l'absence d'un tel consentement, le Gouvernement britannique aurait eu autorité pour ce faire en vertu des traités faisant de Bahreïn comme de Qatar des États protégés de la Grande-Bretagne, à savoir les traités de 1880 et 1892 avec Bahreïn et le traité de 1916 avec Qatar".
Pour la lettre de Qatar, voir le § 120.

considérée comme étant obligatoire.⁶⁸ En particulier, Qatar a accepté que les effectivités bahreïnites fussent considérées comme présomption en faveur de Bahreïn, ce qui lui laissait le fardeau de la preuve.⁶⁹ De plus, l'absence de motivation n'entache pas la régularité de la décision. Aucun devoir de motiver n'avait été imposé au Royaume-Uni.⁷⁰ Puisque la décision de 1939 est obligatoire et qu'elle attribue les îles Hawar à Bahreïn, celles-ci relèvent de la souveraineté de cet État.⁷¹

C. Ces qualifications ont été contestées avec force par une série de juges dans leurs opinions individuelles ou dissidentes.⁷² D'abord, il n'y a pas eu consentement à une décision obligatoire. La demande d'explications de Qatar ne pouvait pas être interprétée en ce sens.⁷³ De plus, si jamais consentement il y a eu, celui-ci n'a été ni informé ni libre.⁷⁴ Qatar n'avait pas été informé d'une décision provisoire

---

⁶⁸ Arrêt, § 139.
⁶⁹ Arrêt, §§ 141-142.
⁷⁰ Arrêt, § 143.
⁷¹ Arrêt, §§ 146-147.
⁷² Opinion dissidente commune de Bedjaoui / Ranjeva / Koroma, §§ 20ss. Opinion individuelle de Kooijmans, §§ 1 et suivants. Opinion individuelle de Al-Khasawneh, §§ 5ss. Opinion dissidente de Torres Bernárdez, §§ 305ss. Déclaration de Vereshchetin. Les opinions dissidentes sont évidemment les plus virulentes.
⁷³ Opinion dissidente commune, §§ 35 et 44. Opinion individuelle de Kooijmans, §§ 54ss. Opinion dissidente de Torres Bernárdez, §§ 305ss. Le Gouvernement britannique a lui-même reconnu plus tard, par l'un de ses agents, que la décision avait en fait été imposée. Cf. la prise de position de C. Long du 10 juillet 1964, Opinion dissidente commune, § 26.
⁷⁴ Opinion dissidente commune, §§ 39ss.,
§ 40 : "Que s'est-il exactement passé en effet ? Il faut restituer tout le contexte et non pas se contenter d'un raisonnement abstrait. Par le traité anglo-qatari de 1916, ainsi que par les assurances des années trente, liées à l'octroi de la concession pétrolière consentie par Qatar en 1935, le Gouvernement britannique avait garanti l'intégrité territoriale de Qatar. Il n'en a pas moins pris la décision faussement dénommée 'provisoire' de 1936 par laquelle il a contrevenu à ce respect de l'intégrité territoriale. Et de plus il a veillé à ce que Qatar n'en fût pas informé. Déjà, et par ce seul fait, on peut affirmer que le consentement de Qatar à la procédure ne fut pas un consentement éclairé. La décision britannique de 1936 a non seulement été cachée au souverain de Qatar, mais encore n'est pas restée à l'état de décision 'provisoire' comme on l'avait qualifiée, puisque à partir de 1937 Bahreïn avait commencé à occuper le nord de Jazirat Hawar avec le concours des agents britanniques. Cela rendait

que le Gouvernement britannique avait déjà prise en 1936 d'attribuer ces îles à Bahreïn, eu égard aussi à ses propres intérêts en matière pétrolière. La décision de 1939 était donc déjà prédéterminée, alors que Qatar était délibérément laissé dans l'ignorance. Cette attitude est constitutive de dol. Le consentement aurait donc été nul en droit. De surcroît, les effectivités bahreïnites ne datent que d'après 1936 (avant, elles sont très clairsemées). Se fonder sur ces effectivités pour décider en faveur de Bahreïn, alors qu'elles datent d'après la date critique[75] et qu'elles étaient encouragées par le Royaume-Uni

---

irréversible cette décision. Le dol est alors bien caractérisé. Comment le Royaume-Uni pouvait-il dans ces conditions entamer en mai 1938 une procédure par laquelle il faisait comme s'il n'avait jamais pris de décision auparavant ?" ;

§ 41 : "Ce fut une opération à quatre temps : d'abord taire l'existence de la décision de 1936; ensuite laisser accréditer l'idée que l'occupation bahreïnite qui en est réellement résulté est totalement indépendante de cette décision; après quoi saisir toutefois cette occupation comme une bonne occasion d'affirmer qu'elle justifie de penser qu''à première vue' les Hawar appartiennent à Bahreïn; et enfin se garder de faire interrompre cette occupation sans avoir reçu au préalable l'argumentation contraire de Qatar." ;

§ 44 : "C'est donc un semblant de 'consentement', chargé d'ombres et d'équivoques, que l'arrêt s'essaie à prendre en compte, tant pour la procédure que pour le fond, alors que ce consentement, limité en tout état de cause à la procédure, était vicié par le dol. Ce consentement qui n'était ni explicite, ni parfaitement éclairé, ni totalement libre, a été au surplus dépouillé de tout son contexte qui le viciait, et en particulier de toutes les séquences éclairantes antérieures à l'échange de correspondances de mai 1938."

Opinion dissidente de Torres Bernárdez, §§ 311ss.,

§ 323 : "There was no informed and free consent by the Ruler of Qatar to the procedure. The procedure was imposed upon him through fraudulent conduct, political and diplomatic pressures by British political agents in the Gulf, and the fact that the British had allowed the clandestine occupation in 1937 of a part of his territory by Bahrain, namely Jazirat Hawar. Bad faith, fraud and coercion were very much present in this sad episode."

Voir aussi § 324-325,

§ 326 : "If, as endorsed by the Judgment, there was consent, or implied consent, by the Ruler of Qatar, that 'consent' would be clearly vitiated consent by any standards of contemporary international law and, consequently, without permanent legally binding effects (see in this respect the Dubai/Sharjah Arbitration). But the Judgment affirms not only the existence of such 'consent' but also its legal validity".

[75] Sur cette notion, cf. par exemple SANCHEZ RODRIGUEZ (*supra*, note 23), pp. 275ss. M. KOHEN, *Possession contestée et souveraineté territoriale*, Paris, 1997, pp. 169ss.

lui-même, n'est pas conforme à la bonne foi.[76] Il faut ajouter à cela que les défauts de procédure très graves et profondément iniques lors de la prise de décision suffisent pour conclure à sa nullité.[77] Enfin, Qatar a toujours protesté contre la décision de 1939. Il n'y a donc pas eu acquiescement postérieur par inaction.[78]

Voilà la part faite à la décision de 1939. Pour ce qui est de la solution à élaborer à la place de celle de la Cour, les opinions dissidentes se séparent de celles individuelles. Pour les premières, les effectivités de Bahreïn sont faibles et ont toujours été confrontées aux protestations de Qatar. Elles ne peuvent donc valoir titre. En fait, Qatar possède un titre meilleur. Il s'agit d'un titre historique qui

---

[76] Opinion dissidente commune, § 41. Opinion dissidente de Torres Bernárdez, § 323, voir *supra*, note 74.

[77] Opinion dissidente de Torres Bernárdez,
§ 339 : "In the light of the documentary evidence submitted by the Parties relating to the 1938-1939 British procedure as applied, I consider that Qatar has proved the following assertions to my satisfaction: (1) bias on the part of certain British officials involved in the decision-making process; (2) the failure of the British authorities to give full effect to the principle audi alteram partem in that process, in particular the fact that the Ruler of Qatar was never shown (i) a copy of the (uninvited) 'preliminary statement' of Bahrain's case submitted by Belgrave on 29 May 1938 (see above), and (ii) other evidence relied upon by Weightman in his final report to Fowle of 22 April 1939; (3) the absence of notification to the Ruler of Qatar of the Bahraini claim of 28 April 1936 and of the British Government's 'preliminary decision' of July 1936 in favour of Bahrain (an instance of pre-judgment); (4) the disparity in the length of time accorded to the two Rulers to prepare their written materials in spite of the protests of the Ruler of Qatar; (5) the fact that none of the 'evidence' tendered by Belgrave to Weightman on behalf of Bahrain was apparently subjected to critical scrutiny (a second instance of pre-judgment). Belgrave himself subsequently rectified some of his initial assertions regarding the so-called effectivités of Bahrain at that time with respect to the Hawar Islands.";
la conclusion est que,
§ 341 : "The 1939 British 'decision' is therefore vitiated by formal invalidity because of the identified defects in the 1938-1939 British procedure as actually conceived and applied. The allocation of the Hawar Islands to Bahrain made by that 'decision' is consequently not opposable in law to Qatar in the present proceedings".
La décision est nulle en droit aussi parce qu'elle est contradictoire et arbitraire, deux motifs d'invalidité d'un acte juridique qu forment un principe général de droit : §§ 342ss (pour le principe général, § 344).

[78] Opinion dissidente commune, § 69. Opinion individuelle de Kooijmans, § 57. Opinion dissidente de Torres Bernárdez, §§ 321ss.

s'est consolidé progressivement à défaut de protestation de la partie adverse.[79] De plus, il y a la présomption que des îles situées dans la mer territoriale d'un État lui appartiennent.[80]

Le juge Kooijmans écarte également la décision de 1939. Mais il estime que les îles Hawar relèvent de la souveraineté de Bahreïn sur la base de l'exercice effectif et continu de puissance publique. A cet égard, Bahreïn a un titre relativement meilleur. Il est vrai qu'avant 1936 (date critique), les effectivités invoquées sont éparses et ambiguës. Cependant, un degré d'effectivités très réduit peut suffire si l'État adverse n'a pas produit de meilleur titre, surtout quand il s'agit de zones inhospitalières et peu peuplées. Qatar n'a pu faire valoir aucune effectivité. Dès lors, celles de Bahreïn prévalent.[81]

Enfin, les juges Kooijmans et Torres Bernárdez saisissent l'occasion de discuter l'*uti possidetis*[82] et de dire pourquoi ce principe ne s'applique pas en l'espèce. C'est que les deux États étaient restés indépendants. Leur frontière n'avait jamais été autre chose qu'une frontière internationale. La protection britannique n'avait pas eu pour conséquence de transformer leurs frontières en frontières internes à un ensemble colonial ou fédéral. Dès lors, à

---

[79] Opinion dissidente commune, §§ 69ss, 86ss. Opinion dissidente de Torres Bernárdez, §§ 284ss, 354ss.

[80] Opinion dissidente commune, §§ 60, 137ss,

§ 137 : "Il existe pourtant en droit international une forte présomption juridique selon laquelle les îles situées dans les eaux territoriales d'un État appartiennent à cet État. 'There is a strong presumption that islands within twelve-miles coastal belt will belong to the coastal State, unless there is a fully established case of contrary (as for example, in the case of the Channel Islands). But there is no like presumption outside the coastal belt, where the ownership of the islands is plainly at issue.' Ainsi s'est exprimée la sentence du 9 octobre 1998 rendue par le tribunal arbitral dans l'affaire Érythrée / Yémen sous la présidence de sir Robert Jennings (par. 474). Cette sentence a appliqué le principe de droit international selon lequel une île située dans les eaux territoriales d'un État est réputée faire partie du territoire de cet État".

Opinion dissidente de Torres Bernárdez, §§ 240ss.

[81] Opinion individuelle de Kooijmans, §§ 63ss.

[82] Sur l'*uti possidetis* en droit international, cf. SANCHEZ RODRIGUEZ, (*supra*, note 23), pp. 199ss ; KOHEN (*supra*, note 75), p. 425ss ; SHARMA (*supra*, note 43), pp. 119ss ; G. NESI, *L'uti possidetis nel diritto internazionale*, Padoue, 1996 ; L. OPPENHEIM, *International Law*, 9ème éd., Londres, 1992, pp. 669-670, tous avec de multiples renvois. Voir aussi F. WOOLDRIDGE, "Uti possidetis doctrine", *EPIL* 10 (1987), pp. 519-521.

défaut de succession d'États transformant des frontières internes en frontières internationales, l'*uti possidetis* n'est pas applicable.[83]

D. Commentaire

La décision de la Cour sur les îles Hawar pose des questions de principe et des questions d'espèce.

---

[83] Opinion individuelle de Kooijmans, §§ 17ss,
§ 23 : "The crucial question in my view is: is there (a) a transfer of sovereignty from one State to another State as a result of which (b) administrative boundaries are invested 'with a significance and a purpose that they were never intended to have'. In the present case neither of these questions can be answered affirmatively";
§ 24: "As already mentioned (para. 16 above), there was no transfer of sovereignty in 1971 by the United Kingdom to either Bahrain or Qatar; these States kept the same identity as they had before relations with the Protecting Power were terminated. It is often said that the *uti possidetis* principle is only applicable when there is a succession of States. Bahrain has contended that this concept must be interpreted also to mean 'replacement of one State by another in the responsibility for the international relations of territory' and that this is what actually occurred in 1971";
§ 26: "Of equal importance is the question whether there was an administrative boundary which was transformed into an international boundary. From the files it is patently clear that the British Government never intended to draw an administrative boundary or to settle a dispute between administrative officials. From the very start it was clear that a decision with regard to the 'ownership' of the Hawar Islands was determinative for the international boundaries between two separate entities under international law";
Opinion dissidente de Torres Bernárdez, §§ 425ss,
§ 431: "*Uti possidetis juris* as a principle or norm of international law has two aspects in that it concerns the delimitation of boundaries (which is not particularly relevant in the present case) and the question of title to territory. For both aspects, there should exist a situation of succession which in my view (some legal writers think otherwise) should be related to decolonization in general international law. In any case, without an event entailing succession, *uti possidetis juris* is inapplicable as a principle or norm of general international law. Even when *uti possidetis juris* is invoked or applied by virtue of a particular rule (e.g., a binding treaty or agreement, established rules of an international organization, or even domestic constitutional provisions) there must be succession in international law. I do not see any such succession in international law in the present case. Bahrain and Qatar were subjects of international law long before 1971, participating as such in international relations and agreements, as well as making laws of their own, formulating international claims and assuming international obligations".

a) Sur le *plan des principes*, l'arrêt est une contribution à la classification des moyens de solution des différends par intervention d'un tiers investi de pouvoir de rendre une décision contraignante. Un tel règlement peut d'abord intervenir par des moyens juridictionnels (arbitrage / juridiction) ou par des moyens politiques (Organisations internationales, Commissions, Gouvernements tiers).

Quant aux premiers, la Cour a eu l'occasion d'insister sur certaines caractéristiques indispensables à l'arbitrage. Des pouvoirs arbitraux pouvant parfaitement être conférés à un gouvernement étranger,[84] une distinction ne peut pas être faite *ratione personae*. Elle doit être faite *ratione materiae*. Cela oblige à se pencher sur l'essence propre de l'arbitrage face à des processus de décision politique. Ainsi a-t-on pu relever que l'arbitrage nécessite un accord des parties sur des juges de leur choix statuant en droit ou *ex æquo et bono* selon des règles de procédure (pré)établies. En l'espèce, les parties étaient seulement convenues[85] de laisser trancher leur litige par le Gouvernement de Sa Majesté. Le soin de choisir les fonctionnaires qui décideraient, le fondement exact de la décision ainsi que la procédure étaient laissées à la discrétion du Gouvernement britannique.[86] Un tel renvoi de pouvoirs quasiment

---

[84] Ainsi, par exemple, la sentence du 24 mars 1922 en l'affaire des *frontières colombo-vénézuéliennes* fut prononcée par le Conseil fédéral suisse (cf. *RSA*, vol. I, pp. 223ss). C'est la Reine-régente Marie-Christine d'Espagne qui prononça la sentence de l'affaire des *frontières entre la Colombie et le Venezuela* (16 mars 1891) (cf. *ibid.*, pp. 292ss). La sentence en l'affaire des *frontières entre la Colombie et le Costa Rica* (11 septembre 1900) fut rendue par le Président de la République française, E. Loubet (cf. *Current Treaty Series* 183, p. 434 ; et 189, pp. 54ss). La sentence dans l'affaire du *différend frontalier entre la Bolivie et le Pérou* (9 juillet 1909) fut rendue par le Président de la République Argentine, J. F. Alcorta (cf. *RSA*, vol. XI, pp. 133ss) ; etc.

[85] Selon la majorité de la Cour.

[86] Arrêt, § 114 : "La Cour observe qu'au cas particulier il n'existait aucun accord entre les parties pour se soumettre à un arbitrage rendu par des juges de leur choix et statuant soit en droit soit ex æquo et bono. Les parties étaient seulement convenues que la question serait tranchée par 'le gouvernement de Sa Majesté', mais elles laissaient à l'appréciation de ce dernier le soin de déterminer comment et par lesquels de ses fonctionnaires cette décision serait prise. Dès lors, la décision par laquelle le Gouvernement britannique a estimé en 1939 que les îles Hawar appartenaient à Bahreïn ne constituait pas une sentence arbitrale internationale".

par blanc seing est incompatible avec la notion d'arbitrage. Cette dernière, au-delà du point commun d'une acceptation de l'obligatoriété de la décision, doit reposer de surcroît sur les trois éléments mentionnés : (1) accord sur les juges ; (2) précisation des normes à appliquer (juridiques *stricto sensu* ou équitables) ; (3) déroulement selon une procédure (pré)établie,[87] égale et contradictoire.[88]

Quant aux décisions issues de procédés politiques, elles sont de trois ordres.

En premier lieu, il peut s'agir de la décision d'un organe institutionnel auquel une charte constitutive confère des pouvoirs propres ou que les parties revêtent de certains pouvoirs par accord.

---

[87] Les parties ne doivent pas nécessairement fixer elles-mêmes la procédure. Elles peuvent laisser cette tâche à l'arbitre. Celui-ci devra alors adopter des règles de procédure appropriées préalablement à tout débat sur le différend. A défaut d'accord spécial entre les parties, les arbitres choisissent soit une procédure de droit interne au lieu de l'arbitrage (surtout dans l'arbitrage commercial, par exemple l'affaire *Sapphire International Petroleums Ltd. c. National Iranian Oil Cy.*, 1963, cf. *ASDI* 19 (1962), pp. 273ss) ou alors l'une des sources suivantes : (1) la Convention IV de La Haye (1907) sur le règlement pacifique des différends, Chapitre III, articles 51ss, règles sur la procédure arbitrale ; (2) les Règles sur l'arbitrage proposées par la CDI (cf. *YbILC* 1958-II, pp. 12ss) ; (3) les "Rules on Arbitration" de la Commission des Nations Unies pour le droit commercial international (cf. *ILM* 15 (1976), pp. 701ss). Voir aussi, désormais, les "Optional Rules for Arbitrating Disputes Between Two States" du 20 octobre 1992, adoptées par la Cour permanente d'arbitrage (cf. *ILM* 32 (1993), pp. 572ss).

[88] Voir aussi l'Opinion dissidente de Torres Bernárdez, § 299 : "Both Bahrain and Qatar were States under international law in 1936-1939 and in 1971 (and recognized by Britain as such on both dates). Therefore, Bahrain and Qatar could have been parties in the 1930s to an international arbitration. But, none of them was party to the alleged arbitration because there was no such an arbitration in 1938-1939, the reason being that other essential elements of the definition of 'international arbitration' were not present in the 1939 British 'decision' and related procedure. The missing elements are broadly speaking: (1) the consent of the States parties to the dispute to submit to arbitration; (2) the choice of arbitrator or arbitrators by the States parties; (3) the definition by the States parties of the subject of the arbitration; (4) the application of procedural arbitral rules based upon the principle of equality of arms; and (5) the respect for international law as the basis of the arbitral decision, except to the extent that a non-existent compromis would have provided otherwise. Furthermore, the procedure was concluded without an award (sentence). Thus, neither the opening nor the closing, nor the intervening procedure, was arbitral in character under international law".

C'est ainsi que dans l'affaire de l'interprétation de l'article 3, paragraphe 2, du Traité de Lausanne (1925), appelée aussi affaire de Mossoul, à propos d'un litige sur l'appartenance du vilayet de Mossoul situé près de la frontière entre la Turquie et l'Irak, l'article précité du Traité de paix de Lausanne prévoyait qu'en cas de désaccord entre les parties la question devait être soumise au Conseil de la Société des Nations. Le Conseil pouvait-il trancher ou devait-il se borner à une médiation ? Par une interprétation téléologique, la Cour permanente opta pour la première option. Elle attribuait ainsi à la décision du Conseil un effet contraignant.[89] De manière similaire, par le Traité de paix conclu le 10 février 1947 entre l'Italie et les Puissances alliées, l'Italie renonçait à toutes ses possessions en Afrique.[90] Ce même Traité, dans son Annexe XI, prévoit que si les Puissances alliées n'arrivent pas à se mettre d'accord sur le sort d'un de ces territoires, l'Assemblée générale des Nations Unies déciderait avec force obligatoire de sa résolution. C'est de cette manière que l'Assemblée décida le 2 décembre 1950 que le territoire de l'Érythrée serait rattaché à l'Éthiopie.[91]

En deuxième lieu, il peut s'agir de la décision d'un organe (inter)étatique, que ce soit un organe collectif comme une Commission de conciliation ou que ce soit un organe individuel comme un médiateur. Cette décision peut avoir force obligatoire soit par un accord de ces parties *ex ante*, soit par une acceptation *ex post*. Un tel accord *ex post* eut lieu dans l'affaire du Canal de Beagle (1977 – 1984) suite à la médiation du Saint-Siège.[92]

En troisième lieu, la décision peut émaner d'un organe gouvernemental d'un État tiers. Lorsqu'il s'agit d'un État exerçant son autorité dans la région concernée – par exemple en tant qu'État protecteur – le consentement à son activité décisionnelle, qui demeure déterminante, peut poser des problèmes. Un précédent à la présente affaire nous est offert par le *différend de délimitation entre*

---

[89] CPJI, *sér. B*, no. 12, pp. 19-22.
[90] Article 3 du Traité.
[91] Voir les explications de la Commission arbitrale constituée en 1952 à ce propos : V. COUSSIRAT-COUSTÈRE / P. M. EISEMANN (dir.), *Répertoire de la jurisprudence arbitrale*, Dordrecht / Boston / Londres, 1991, p. 199.
[92] *RSA*, vol. XXI, pp. 240ss.

Dubaï / Sharjah (1981).[93] Entre 1956 et 1957, un fonctionnaire britannique, M. Tripp, avait émis une série de décisions établissant une frontière entre les deux Émirats. Ces décisions étaient couvertes par le consentement préalable des deux États. Il n'empêcha pas Dubaï d'en contester la validité après coup. Selon le Tribunal arbitral saisi de l'affaire, le Royaume-Uni avait exercé certaines pressions sur Dubaï pour obtenir son consentement. Mais cette influence n'avait pas atteint l'intensité requise par les articles 51 et 52 de la Convention de Vienne sur le droit des traités (1969) justifiant de le tenir pour juridiquement non avenu. De surcroît, les décisions Tripp ne s'analysent pas comme réelles sentences arbitrales. Aucune procédure "judiciaire" n'avait été fixée et les parties ne purent pas présenter leurs arguments. Les décisions n'étaient pas motivées.[94] Cela n'empêche pas qu'on puisse voir dans ces décisions des actes administratifs contraignants. Toutefois, lorsqu'ils recouvrèrent leur indépendance complète, les Émirats cessèrent de considérer ces décisions britanniques comme étant contraignantes. Dès lors, elles perdirent leur caractère obligatoire.[95] L'affaire *Qatar c. Bahreïn* s'enchaîne à cette place en fournissant un précédent supplémentaire pour des décisions contraignantes issues d'un organe gouvernemental. Quant à la question de la validité du consentement, les parallélismes avec *Dubaï / Sharjah* sont frappants, même si contrairement à la sentence de 1981 la Cour ne se prononce pas sur ce point.[96]

b) Sur le *plan de l'espèce*, la décision de la Cour ne pose pas tant des problèmes de droit ; elle pose surtout des problèmes de fait.

---

[93] *ILR* 91 (1993), pp. 568ss.
[94] *Ibid.*, pp. 576-577. Le Tribunal souligne que des décisions arbitrales sans motifs ont été rendues dans le passé, mais que cette absence de motivation ne correspond plus au droit moderne : *ibid.*, p. 577. En fait, c'est les parties qui peuvent par accord renoncer à ce que la sentence soit motivée, car le devoir de motivation ne relève pas du *jus cogens*. En cas d'incertitude sur le statut juridique d'une décision, l'absence de motivation peut être un élément qui milite contre la qualification comme décision arbitrale.
[95] *Ibid.*, pp. 579-580. Il n'y eut jamais de *contrarius actus* formel, mais des protestations d'un côté et la non-application des décisions de l'autre. Il s'agit d'une espèce de désuétude par voie d'acquiescement.
[96] Voir cependant les opinions individuelles et dissidentes, *supra*, 3.

C'est l'interprétation que la Cour donne au donné factuel qui est le point délicat de l'argumentation. La réduction du complexe des faits soumis à son attention à la catégorie juridique cardinale du consentement pouvait prêter à des doutes. Mais même en admettant qu'il y ait eu consentement à la décision de 1939, la Cour évite de rentrer dans le domaine de la validité de ce consentement. Cette distance prise par rapport aux vices du consentement ("consentement libre et informé") étonne eu égard au nombre et au poids des arguments avancés pour montrer les faiblesses de l'"accord" de Qatar. Il semblerait que la Cour aurait dû faire plus pour ne pas laisser planer des doutes aussi sérieux sur un point essentiel de l'arrêt.

D'un autre côté, les conclusions de la Cour nous confortent dans l'opinion que le consentement – sanctifié par la doctrine volontariste trop contente de transformer toute question de droit international en une simple question de fait[97] en oubliant que le droit est un mécanisme d'ajustement social et non simplement un grand acte juridique, projection plus ou moins illimitée du moi – est une notion tout aussi fluide et incertaine que d'autres préceptes normatifs. Le consensualisme n'assure ni une bonne administration du droit, ni ne garantit la sécurité juridique et la déférence pointilleuse aux désirs des gouvernements. Sous les mains du juge, il devient un précepte juridique, enrichi d'une nébuleuse complexe de consentements implicites, tacites ou présumés. De surcroît, il est reconstruit à partir d'une appréciation de ce que requiert un rapport juridique du double point de vue d'une solution raisonnable des relations entre les parties en cause et de celui des incidences sur l'environnement social. L'équation : c'est volontaire, donc c'est clair, c'est extra-volontaire, donc c'est arbitraire,[98] n'est qu'une illusion ressortissant à la théorie juridique du XIXème siècle.[99]

---

[97] Y a-t-il ou n'y a-t-il pas eu consentement ?

[98] Le volontaire étant posé par les États, l'extra-volontaire menant à un gouvernement des juges.

[99] Cf. W. FIKENTSCHER, *Methoden des Rechts*, vol. 3, Tübingen, 1976. Pour une critique du positivisme légaliste en droit interne, cf. parmi tant d'autres L. LOMBARDI VALLAURI, *Corso di filosofia del diritto*, Padoue, 1981, pp. 25ss, 55ss. J. ESSER, *Vorverständnis und Methodenwahl in der Rechtsfindung*, Francfort-sur-le-Main, 1972.

Parmi toutes les autres questions posées, nous ne ferons ici état que des deux suivantes. En premier lieu, il se posait la question de savoir s'il fallait attribuer les îles Hawar en bloc à l'un des deux États. Rien dans les Accords de 1987 ou du procès-verbal de 1990, ayant permis la saisine de la Cour, n'allait en ce sens. D'autres solutions allant de la co-souveraineté (*condominium*)[100] jusqu'au partage pour souveraineté exclusive restaient ouvertes. En particulier, les effectivités de Bahreïn sur les îles Hawar semblaient porter surtout sur la grande île. C'est pourquoi certains juges estimèrent qu'on aurait pu attribuer cette île principale à Bahreïn, tout en laissant les autres à Qatar.[101] La Cour traite les îles comme unité, ce qu'elle pouvait sans doute faire. Mais elle ne motive pas ce choix de manière suffisante.

En second lieu, la remarque que Qatar a toujours protesté contre la présence de Bahreïn aux îles Hawar et contre la décision de 1939[102] a suscité en nous la réflexion présente. Y aurait-il en droit international une catégorie intermédiaire entre des effectivités en usurpation combattues par des protestations et des effectivités couvertes par un acquiescement de la partie adverse (et donc validées) ? Pourrait-il y avoir une effectivité objectivement mal fondée en droit, mais entreprise de bonne foi, sur la base d'un titre réputé comme étant bon ?[103] Dans le droit de la responsabilité internationale, des expéditions punitives faites en territoire étranger sous l'effet de l'ignorance d'avoir dépassé la frontière, ont mené à

---

[100] Il est des différends où les parties excluent dans leur Compromis tout *condominium*. Ce fut le cas, par exemple, dans l'affaire des *Minquiers et Ecréhous* où la Cour interprète l'article 1 du Compromis comme excluant pour les îles en litige tout statut de *res nullius* ou de *condominium* ; cf. C.I.J., *Recueil* 1953, pp. 49, 52. Sur le *condominium* en droit international, voir L. OPPENHEIM, *International Law*, 9ème éd., Londres, 1992, pp. 565-566, avec de nombreux renvois, et A. CORET, *Le condominium*, Paris, 1960. Pour le choix du droit applicable devant la Cour et la modification de celui-ci par des accords spéciaux, cf. C. W. JENKS, *The Prospects of International Adjudication*, Londres / New York, 1964, pp. 604ss. R. KOLB, *Théorie du ius cogens international*, Paris, 2001, pp. 276ss.

[101] Opinion dissidente commune de Bedjaoui / Ranjeva / Koroma, §§ 58-60.

[102] *Ibid.*, § 69.

[103] Nous ne nous prononçons pas sur le point de savoir si Bahreïn pouvait faire valoir une telle bonne foi en l'espèce.

une réduction de l'indemnité.[104] Dans le droit des différends territoriaux, le Tribunal en l'affaire de la *frontière entre le Honduras et le Guatemala* (1933), appelé à tenir compte des intérêts et équités que les parties pouvaient avoir acquis en modifiant la ligne résultant de l'*uti possidetis*, décidait de ne tenir compte que des avancées effectuées de bonne foi.[105] Il y a donc une certaine base pour moduler les conséquences juridiques de la possession territoriale selon la bonne ou mauvaise foi de son détenteur.

On relèvera enfin que l'arrêt de la Cour propose sur les îles Hawar aussi une mixité entre le titre et l'effectivité : l'arrêt suit le titre issu de la décision britannique de 1939 ; cette décision se prétend cependant fondée sur les effectivités. Le titre est ici le reflet des effectivités.

3. La question de la souveraineté sur l'île de Janan[106]

A. L'île de Janan est une île d'environ 700 mètres de long et 175 mètres de large située à approximativement 3 km au sud de l'île principale de Hawar. Elle est accompagnée d'une étendue de fonds sablonneux appelée "Hadd Janan" qui demeure immergée à marée basse.

Pour *Bahreïn*, la décision britannique de 1939 couvre implicitement aussi l'île de Janan. Pour *Qatar*, l'absence de mention de l'île dans la décision de 1939 montre qu'elle ne rentre pas dans les prévisions de cette décision. Le principe de proximité fonde l'appartenance de ces îles à Qatar.[107]

---

[104] Affaire *Romano* (1898), *RSA*, vol. XV, p. 13. La bonne foi subjective des forces armées croyant agir sur leur propre territoire amena l'arbitre à ne pas accorder d'indemnité pour le gain manqué (*lucrum cessans*). Sur la notion de bonne foi subjective et objective, cf. KOLB (*supra*, note 27), pp. 111-114.

[105] *RSA*, vol. II, p. 1311, 1359. Cf. KOLB (*supra*, note 27), p. 419. KOHEN (*supra*, note 75), p. 385. Voir aussi E. ZOLLER, *La bonne foi en droit international public*, Paris, 1977, pp. 99-101 qui a une autre lecture de la sentence.

[106] Arrêt, §§ 149ss.

[107] Arrêt §§ 151ss.

B. Selon la Cour, la décision britannique de 1939 ne mentionne que les îles Hawar sans faire mention de Janan. Cependant, dans une lettre de 1947 visant à partager les fonds marins, l'agent du Gouvernement britannique précisait que Janan n'est pas considérée faire partie du groupe des îles Hawar. Selon cette lettre, Janan relève de Qatar. Le Gouvernement britannique a ainsi fourni une interprétation faisant foi de la décision de 1939. Dès lors, la souveraineté sur Janan appartient à Qatar.[108]

C. Quatre juges se sont individuellement dissociés de cette manière de voir. Les juges Oda et Higgins renvoient à cet égard aux explications de leurs collègues, MM. Kooijmans et Fortier. Selon le juge Kooijmans l'histoire des concessions pétrolières des années 30' montre que l'île de Janan avait toujours été considérée comme faisant partie du groupe des Hawar. Dès lors, Bahreïn pouvait légitimement s'attendre à ce que la décision de 1939 lui attribuant la souveraineté sur les Hawar incluât Janan, alors que Qatar ne le pouvait pas. Les raisons de la lettre de 1947 sont d'ordre uniquement politique, cherchant à éviter que Bahreïn puisse bloquer l'accès d'une compagnie pétrolière à Janan, ce qu'il pourrait faire s'il jouissait de la souveraineté sur l'ensemble de ces espaces.[109] Suivant

---

[108] Arrêt, §§ 157ss,

§ 164 : "La Cour se penchera maintenant sur les lettres adressées le 23 décembre 1947 aux souverains de Qatar et de Bahreïn par l'agent politique britannique à Bahreïn. Par ces lettres, l'agent politique, agissant au nom du Gouvernement britannique, informait les deux États du partage de leurs fonds marins effectué par le Gouvernement britannique. Or, ledit gouvernement, qui avait adopté la décision de 1939 relative aux îles Hawar, a entendu préciser, dans la dernière phrase du paragraphe 4 ii) de ces lettres, que "l'île de Janan n'est pas considérée comme faisant partie du groupe des Hawar" (voir paragraphe 61 ci-dessus). Le Gouvernement britannique, par voie de conséquence, n'a pas "reconnu" au cheikh de Bahreïn "des droits souverains" sur cette île et, pour la détermination des points fixés au paragraphe 5 de ces lettres (voir paragraphe 61 ci-dessus), comme pour l'établissement de la carte jointe auxdites lettres, a regardé Janan comme appartenant à Qatar. La Cour considère qu'en procédant de la sorte, le Gouvernement britannique a fourni une interprétation faisant foi de la décision de 1939 et de la situation en résultant".

[109] Opinion individuelle de Kooijmans, §§ 80ss. Pour les renvois des juges Oda et Higgins, cf. Opinion individuelle de Oda, § 4 ; Déclaration de Higgins, au début.

le juge *ad hoc* Fortier, la lettre de 1947 exprimait une prise de position politique du Gouvernement britannique, suscitée par des négociations avec des compagnies pétrolières. Elle n'avait pas de portée juridique et ne pouvait pas modifier la situation préexistante, fondée sur la conception que les îles Hawar et Janan forment une unité.[110]

D. Commentaire

a) La Cour fonde sa décision sur une lettre diplomatique de 1947, adressée aux deux États. Elle considère que cette lettre fournit en quelque sorte une interprétation authentique[111] de la décision britannique de 1939. La lettre de 1947 serait un acte juridico-politique reposant sur le cadre "constitutionnel" de 1939 ; pour le moins, il peut être reconduit à lui. D'où son intégration (indirecte) dans cette décision de 1939. L'acte postérieur jette de la lumière sur l'acte antérieur en confirmant son interprétation dans un sens (exclusion de Janan) plutôt que dans l'autre (inclusion de Janan). L'interprétation "authentique" est donc implicite, non explicite.

Il faut toutefois s'interroger si la lettre de 1947 était un objet propre pour une telle interprétation interposée. Son lien avec la décision de 1939 semble assez ténu. La question qui se pose est celle de savoir si toute prise de position unilatérale britannique, faite selon ses intérêts politiques momentanés, et postérieure à 1939, était susceptible sinon de modifier la décision de 1939, du moins de la compléter ou de l'intégrer. A cet égard, il faut rappeler que le

---

[110] Opinion individuelle de Fortier, §§ 55-56.
[111] La Cour évite ce terme et utilise celui d'interprétation "faisant foi". On appréciera cette prudence terminologique, indiquée ne fût-ce que par la faiblesse du lien entre la lettre de 1947 et la décision de 1939. En fait, toutefois, il s'agit bien d'une espèce d'interprétation authentique. Sur l'interprétation authentique en droit international, cf. notamment I. VOICU, *De l'interprétation authentique des traités internationaux*, Paris, 1968 ; OPPENHEIM (*supra*, note 100), pp. 1268-1269 ; et la littérature générale sur l'interprétation, indiquée par exemple dans OPPENHEIM, *ibid.*, pp. 1266-1267 ou dans KOLB (*supra*, note 27), pp. 699-700. Il s'agit ici d'une interprétation authentique *unilatérale*, puisque l'acte initial était un acte unilatéral. Il y a toujours parallélisme des formes : *ejus est interpretari, cujus est condere*.

Gouvernement britannique ne pouvait pas disposer du territoire des parties sans leur consentement. Selon la Cour, ce consentement existait pour la décision de 1939.[112] Plus des actes unilatéraux postérieurs sont intégrés à cette décision de 1939 (et donc couverts juridiquement par ce consentement initial), et plus on confère de fait un pouvoir législatif unilatéral à l'État tiers en refoulant l'autonomie des États en litige. Le consentement initial est amplifié et projeté presque indéfiniment dans le temps, ce qui bien entendu pose de graves problèmes juridiques.[113] A ce propos, la lettre de 1947 ne semble pas un point de rattachement suffisamment proche de la décision de 1939. Pour le moins, il n'est pas au-dessus de tout soupçon. La Cour aurait gagné à choisir une motivation plus serrée – pour autant que cela était possible avec un tel point de départ.

Le résultat du raisonnement de la Cour est le suivant. La lettre de 1947 l'emporte sur la présomption d'unité des îles Hawar / Janan nourrie par une éparse pratique antérieure.[114] Les effectivités ne jouent aucun rôle direct, car elles n'ont pas pu être établies. La proximité est passée sous silence.

Ce n'est donc pas qu'au regard des effectivités que vaut la règle de la relativité du titre, savoir que les revendications relativement meilleures dans le rapport *inter se* suffisent à décider du sort d'un territoire, même si dans l'absolu la qualité des éléments avancés reste faible.[115] C'est un principe qui apparemment vaut pour la comparaison de tout titre, comme le montre très bien l'attribution de Janan à Qatar.

---

[112] Voir *supra*, B.

[113] Il en va de même des autorisations en blanc données par le Conseil de Sécurité à des États membres de prendre les "mesures nécessaires" pour maintenir ou rétablir la paix, autorisations non limitées dans le temps. Le Conseil peut ici virtuellement déléguer ses tâches propres à des États, ce qui franchirait le seuil du juridiquement admissible. Voir à ce propos D. SAROOSHI, *The United Nations and the Development of Collective Security, The Delegation by the UN Security Council of its Chapter VII Powers*, Oxford, 1999.

[114] C'est le point de désaccord avec les juges de la minorité, *supra*, 3.

[115] C'est une règle constamment rappelée dans la jurisprudence en relation aux effectivités. Voir par exemple l'affaire du *Groënland oriental* (1933), CPJI, sér. A/B, no. 53, p. 46 ; l'affaire de l'*île de Palmas* (1928), RSA, vol. II, p. 869-870 ; l'affaire *Clipperton* (1931), RSA, vol. II, p. 1110. Cf. SANCHEZ RODRIGUEZ (*supra*, note 23), pp. 259-261.

Somme toute, l'attribution de Janan s'est donc faite sur une base faible, aucun titre avancé n'étant très solide.[116]

b) On notera ensuite la place faite à l'argument de *contiguïté* (ou de proximité)[117] dans l'argumentation de Qatar. La Cour ne l'a pas relevé, préférant axer son argumentation sur les décisions et autres actes britanniques pertinents. La contiguïté se décompose en une série d'arguments ou de "principes" plus concrets, tels que l'accessoriété (*accessorium sequitur principale*, surtout pour des îles), l'unité territoriale (ou géographique, par exemple des archipels), la théorie des secteurs pour les régions polaires,[118] la proximité ou la distance comme critère de délimitation maritime,[119] etc. Face à la sentence de l'*île de Palmas* (1928) qui rejette la contiguïté comme titre de souveraineté, du moins pour ce qui est des îles en dehors de la mer territoriale,[120] une série d'autres sentences admettent la notion, mais de manière toujours très nuancée et contextuelle.[121] La contiguïté est plutôt un aspect topique

---

[116] Sur la proximité, *infra*, b.
[117] Sur la contiguïté, cf. KOHEN (*supra*, note 75), pp. 242ss. SHARMA (*supra*, note 43), pp. 51ss, 262ss. D. SCHENK, *Kontiguität als Erwerbstitel im Völkerrecht*, Ebelsbach, 1978. Pour les espaces sous-marins, H. LAUTERPACHT, "Sovereignty over Sub-Marine Areas", *BYIL* 27 (1950), pp. 423ss.
[118] Cf. KOHEN (*supra*, note 75), pp. 248ss. OPPENHEIM (*supra*, note 100), p. 693.
[119] Après le rejet dans les affaires du *plateau continental de la mer du Nord* (C.I.J., *Recueil* 1969, pp. 28ss), le critère de la distance / proximité est revenu en force avec l'affaire du *plateau continental Libye / Malte* (C.I.J., *Recueil* 1985, pp. 30ss) sous l'impulsion de la zone économique exclusive définie à partir d'une distance de la côte. Cf. P. WEIL, *Perspectives du droit de la délimitation maritime*, Paris, 1988, pp. 61-62, 216ss.
[120] *RSA*, vol. II, pp. 854-855.
[121] Cf. l'affaire de l'*île de Bulama* (1870), A. DE LA PRADELLE / N. POLITIS, *Recueil des arbitrages internationaux*, t. II, Paris, 1923, p. 613 [île très proche d'une côte continentale]. Affaire de l'*île d'Aves* (1864), *ibid.*, p. 413 [contiguïté comme *inchoate title*]. Affaire du *Canal de Beagle* (1977), *RSA*, vol. XII, p. 145, § 108. Affaire du *différend territorial frontalier, insulaire et maritime* (El Salvador / Honduras), C.I.J., *Recueil* 1992, p. 570, § 356. Affaire du *différend territorial* (Érythrée / Yémen) (1998), *ILR* 114 (1999), pp. 119-121, §§ 458ss. La contiguïté n'est cependant pas un titre autonome qui pallie l'absence d'une cause de possession en bonne et due forme sur une étendue de territoire : cf. l'affaire du *Sahara occidental*, C.I.J., *Recueil* 1975, p. 43, § 92.

d'argumentation et de décision en matière de différends territoriaux qu'un principe général ayant une sphère d'application bien déterminée. C'est un principe ayant encore une normativité réduite, fortement lié aux factualités de l'espèce. Cette flexibilité convient au droit des différends territoriaux et/ou maritimes qui sont hautement individualisés. Dans l'ensemble, on notera un retour de la contiguïté dans les arrêts récents, notamment *Érythrée / Yémen* (1998), où le Tribunal l'a retenu, et dans *Qatar c. Bahreïn*, au niveau des pièces écrites et des plaidoiries des parties. Le silence de la Cour à son égard n'enlèvera guère à sa carrière future qu'on peut prédire fournie.

III. LE DIFFEREND RELATIF A LA DELIMITATION MARITIME[122]

1. L'aire à délimiter et la tâche de la Cour

A. L'aire à délimiter se situe dans le Golfe persique, entre l'Arabie Saoudite et les Émirats Arabes Unis. Qatar forme une péninsule s'excroissant du continent de l'Arabie. Elle est orientée en direction sud / nord. Bahreïn est formé d'une île principale et d'une pléiade de formations maritimes mineures. Trois secteurs de la zone à délimiter peuvent être distingués.[123] Au sud, le rapport entre Qatar et l'île principale de Bahreïn est compliqué par les îles Hawar, attribuées à Bahreïn, très proches des côtes qataries. La distance, aux points les plus rapprochés ne dépasse pas 2 km. Dans le secteur central, les côtes principales se font face à une distance entre 30 et 40 km. Une série d'îlots et de haut-fonds découvrants compliquent la situation. Enfin, dans un secteur nord, les espaces maritimes se prolongent vers le large alors que les territoires des deux États s'arrêtent. Les rapports entre les côtes pertinentes se transforment alors en relation d'adjacence à l'instar de la situation dans l'affaire

---

[122] Arrêt, §§ 166ss. On pourra consulter à ce propos aussi mon ouvrage *Répertoire commenté de la jurisprudence sur les délimitations maritimes*, à paraître chez Kluwer en 2002.

[123] La Cour se borne à en distinguer deux : Arrêt, §§ 169-170.

de la *délimitation du plateau continental entre le Royaume-Uni et la France* (1977).[124]

Dans la partie méridionale, les côtes pertinentes Hawar / Qatar se font face à moins de 24 milles. Dans ce secteur, la délimitation à opérer touche donc à la mer territoriale.[125] Une délimitation maritime concernant uniquement la mer territoriale est une nouveauté jurisprudentielle, du moins pour ce qui est du droit moderne.[126] Dans les secteurs plus au nord, la délimitation concerne la division par ligne unique des plateaux continentaux et des zones économiques exclusives.

B. La tâche de la Cour selon la formule bahreïnite acceptée par les procès-verbaux de 1990 est

"de tracer une limite maritime unique entre leurs zones maritimes respectives, comprenant les fonds marins, le sous-sol et les eaux surjacentes".[127]

La tâche de la Cour n'est donc pas déclarative, comme dans les affaires du *plateau continental de la mer du Nord* (1969),[128] où la Cour devait se borner à indiquer les principes et règles du droit international applicables aux fins d'une négociation directe entre les parties. Il ne s'agit pas non plus d'une tâche mixte déclarative / dispositive, comme dans *Tunisie / Libye* (1982)[129] ou

---

[124] *RSA*, vol. XVIII, pp. 189ss, 232ss.
[125] Arrêt, § 169. *Contra*, Opinion individuelle de Oda, §§ 15ss.
[126] Pour la jurisprudence plus ancienne, cf. surtout l'affaire des *Grisbadarna* (1909), *RSA*, vol. XI, pp. 147ss. Sur cette affaire, voir K. STRUPP, "Der Streitfall zwischen Schweden und Norwegen", dans : W. SCHÜCKING, *Das Werk vom Haag, Die gerichtlichen Entscheidungen*, IIème série, vol. I, partie 2, Munich / Leipzig, 1917, pp. 47ss. R. WAULTRIN, "Un conflit de limites maritimes entre la Norvège et la Suède : l'affaire des Grisbadarna", *RGDIP* 17 (1910), pp. 177ss. Certes, en cas de limite latérale entre États adjacents, la délimitation passait à travers la mer territoriale avant de se prolonger vers le large : affaire du *plateau continental* (Tunisie / Libye), C.I.J., *Recueil* 1982, pp. 83ss. Mais il ne s'agit pas alors d'une délimitation relative uniquement aux eaux territoriales.
[127] Arrêt, § 67.
[128] C.I.J., *Recueil* 1969, pp. 6ss.
[129] C.I.J., *Recueil* 1982, pp. 21, 37ss.

dans *Libye / Malte* (1985),[130] où la Cour devait d'un côté indiquer ces principes, et puis se prononcer sur la manière pratique de les appliquer en l'espèce. *Qatar c. Bahreïn* s'inscrit dans la lignée des arrêts purement dispositifs, où il est demandé à la juridiction saisie d'indiquer le tracé concret de la ligne de délimitation entre les espaces relevant des parties à l'instance. Ainsi, il fait suite aux affaires *Royaume-Uni c. France* (1977),[131] *Dubaï / Sharjah* (1981)[132] et *Érythrée / Yémen* (1999).[133]

On remarquera que la Cour est priée de tracer une limite maritime unique pour les diverses zones de compétences maritimes, selon un usage désormais bien établi, inauguré dans l'affaire de la *délimitation de la frontière maritime dans la région du Golfe du Maine* (1984).[134] Dans le secteur sud, la ligne est automatiquement unique, car la délimitation ne concerne que des eaux territoriales ; dans les secteurs plus au nord, la ligne devient unique à cause de l'accord des parties de ne tracer qu'une ligne de séparation entre leurs plateaux continentaux et zones économiques exclusives respectifs.[135] Il faut ajouter que dans le secteur sud aussi la ligne sera

---

[130] C.I.J., *Recueil* 1985, pp. 16, 22-24.
[131] *RSA*, vol. XVIII, pp. 132ss, 145.
[132] *ILR* 91, p. 550.
[133] Sentence, "Arbitration Agreement". Cf. (http://www.pca-cpa.org/).
[134] C.I.J., *Recueil* 1984, pp. 246ss, 266-267. Sur la délimitation par ligne unique, cf. par exemple M. D. EVANS, "Delimitation and the Common Maritime Boundary", *BYIL* 64 (1993), pp. 283ss. Certains juges expriment des doutes sur la compatibilité d'une ligne unique avec le droit de la délimitation maritime judiciairement applicable : parfois, ils limitent leur scepticisme aux cas où la ligne unique n'est demandée qu'unilatéralement, par l'une des parties (cf. l'Opinion individuelle de Oda, affaire de la *délimitation maritime dans la région située entre le Groenland et Jan Mayen*, C.I.J., *Recueil* 1993, pp. 102ss [non-justiciabilité de la délimitation en général quand la Cour n'est pas saisie par Compromis] ; l'Opinion individuelle Shahabuddeen, *ibid.*, pp. 197ss [absence de compétence pour tracer une ligne unique à défaut d'accord]), parfois ils vont plus loin, étendant leur scepticisme même aux cas où il y a accord entre les parties (cf. l'Opinion dissidente de Gros, affaire du *Golfe du Maine*, C.I.J., *Recueil* 1984, pp. 360ss, 367-374).
[135] Voici la description que la Cour donne de sa tâche : Arrêt, §§ 169-170 :
"[169]. Il ne faut pas oublier que le concept de "limite maritime unique" peut revêtir plusieurs fonctions. Dans la présente affaire, la limite maritime unique procédera de la délimitation de diverses juridictions. Dans la partie méridionale de l'aire à délimiter, qui est située là où les côtes des Parties se font face, la distance entre ces côtes n'est nulle part supérieure à 24 milles

multi-fonctionnelle : les eaux territoriales recouvrent en effet le sous-sol, le sol, les eaux et l'espace aérien surjacent. Le droit applicable est le droit international coutumier.[136]

2. Conclusions des parties

Les lignes proposées par les parties reposent sur des constructions compliquées qu'il n'est pas le lieu d'analyser ici en détail.[137] Il suffira de dire que tant Qatar que Bahreïn se sont commis à l'équidistance, mais qu'ils diffèrent sur les points de base à choisir pour tracer cette ligne. Qatar tente de s'en tenir aux côtes des territoires principaux, Bahreïn avance des revendications à partir d'îles, îlots, rochers ou haut-fonds découvrants plus éloignés des côtes un peu comme pourrait le faire un État archipélagique[138] (que

---

marins. La limite que la Cour aura à tracer délimitera donc exclusivement leur mer territoriale et, de ce fait, un espace sur lequel les Parties exercent une souveraineté territoriale.
[170]. Cependant, plus au nord, là où les côtes des deux États ne se font plus face, mais sont plutôt comparables à des côtes adjacentes, la délimitation à opérer sera une délimitation entre le plateau continental et la zone économique exclusive relevant de chacune des Parties, c'est-à-dire entre des espaces dans lesquels ces États exercent seulement des droits souverains et des compétences fonctionnelles. Aussi les deux Parties ont-elles entendu distinguer un secteur sud et un secteur nord".

[136] Arrêt, § 167. Bahreïn et Qatar ne sont pas parties aux Conventions de Genève de 1958 sur le droit de la mer. La Convention de Montego Bay de 1982 n'est pas applicable parce que Qatar l'a seulement signée mais ne l'a pas ratifiée. En particulier, Qatar n'a pas accepté de se voir opposer la Convention de 1982 dans l'instance comme l'avait fait l'Érythrée dans *Érythrée / Yémen* (1999) : cf. Sentence de 1999, § 145.

[137] Arrêt, § 33.

[138] Convention de Montego Bay sur le droit de la mer (1982), articles 46ss. Sur les archipels en droit de la mer, cf. P. E. ROGERS, *Mid-Ocean Archipelagos and International Law*, New York, 1981. R. LATTION, *L'archipel en droit international*, Lausanne, 1984. H. W. JAYEWARDENE, *The Regime of Islands in International Law*, Dordrecht / Boston / Londres, 1990, pp. 103ss. Voir aussi R. R. CHURCHILL / A.V. LOWE, *The Law of the Sea*, 3ème éd., Manchester, 1999, pp. 118ss. E. D. BROWN, *The International Law of the Sea*, vol. I, Aldershot e.a., 1994, pp. 101ss. L. LUCCHINI / M. VOELCKEL, *Droit de la mer*, vol. I, Paris, 1990, pp. 356ss. D. P. O'CONNELL, *The International Law of the Sea*, vol. I, Oxford, 1982, pp. 236ss. Pour une bibliographie plus complète, cf. le "Bureau des affaires maritimes et du droit de la mer des Nations Unies" avec ses bibliographies annuelles (consolidées

Bahreïn paraît être de fait). De surcroît, des éléments non-géographiques entrent en ligne de compte. Ainsi, Qatar fait valoir une décision des autorités britanniques de 1947 visant au partage des fonds marins. Cette décision, non-opposable aux parties, devrait selon Qatar être retenue comme indiquant une partie de la frontière sur la base de considérations équitables.

3. La délimitation dans le secteur sud : la délimitation des eaux territoriales[139]

A. La règle applicable : équidistance / circonstances spéciales

a) Selon la Cour, le droit coutumier prévoit que la délimitation des eaux territoriales s'effectue selon la règle équidistance / circonstances spéciales. Les articles 12 de la Convention de Genève de 1958 sur la mer territoriale et 15 de la Convention de Montego Bay de 1982 sur le droit de la mer reflètent ce droit coutumier. Dès lors, il convient de tracer d'abord une ligne médiane provisoire et d'examiner ensuite si cette ligne doit être ajustée eu égard à des circonstances spéciales.[140]

---

approx. tous les dix ans), par exemple la *Bibliographie du droit de la mer (1968-1988)*, pp. 199ss ; la *Select Bibliography 1991*, pp. 16-17 ; etc., jusqu'à la *Select Bibliography 1999*, pp. 8-9. Pour les États archipels, voir en particulier du même Bureau, *Le droit de la mer, États archipels, Genèse de la Partie IV de la Convention des Nations Unies sur le droit de la mer*, New York, 1990, et *Le droit de la mer, Pratique des États archipels*, New York, 1992.

[139] Arrêt, §§ 176ss.
[140] Arrêt, §§ 175-176,
176 : "L'article 15 de la convention de 1982 est pratiquement identique au paragraphe 1 de l'article 12 de la convention de 1958 sur la mer territoriale et la zone contiguë, et doit être regardé comme possédant un caractère coutumier. Il y est souvent fait référence comme à la règle 'équidistance/circonstances spéciales'. La méthode la plus logique et la plus largement pratiquée consiste à tracer d'abord à titre provisoire une ligne d'équidistance et à examiner ensuite si cette ligne doit être ajustée pour tenir compte de l'existence de circonstances spéciales".

b) Commentaire

Dès les travaux préparatoires de la Convention de 1958 sur la mer territoriale, il était admis que la norme équidistance / circonstances spéciales s'imposait avec plus de force dans le cadre des eaux territoriales que dans des zones davantage projetées vers le large.[141] La raison a été soulignée par la Cour dans l'affaire du *Plateau continental de la mer du Nord* (1969) : quand il faut tracer une frontière latérale entre États adjacents pour leur mer territoriale, les effets de distorsion que peuvent produire des irrégularités de la côte ou la présence d'îles sont généralement beaucoup plus réduits à cause des distances modestes en jeu ; alors qu'en allant vers le large, la déviation subie par la ligne produit un résultat toujours plus déséquilibré.[142] Ces déviations sont aussi beaucoup moins probables en cas de côtes opposées.[143]

On peut s'interroger si le concept de circonstance spéciale appelant à une correction de la ligne d'équidistance peut être juridiquement légèrement différent quand il s'agit de la mer territoriale et quand il s'agit du plateau continental / zone économique exclusive. En particulier, les circonstances spéciales relatives à la mer territoriale pourraient exiger une interprétation plus restrictive. Il ne semble toutefois pas nécessaire d'opérer une telle distinction sur un plan général. La flexibilité du concept de circonstance spéciale, augmentée encore par sa finalité équitable, rend suspecte une telle construction. Tout se réduit à une question de

---

[141] *Ann. CDI* 1956-II, p. 300, *ad* article 72, no. 1. Sur les îles comme circonstances spéciales, cf. N. ELY, "Seabed Boundaries between Coastal States : The Effect to be given Islets as 'Special Circumstances'", *International Lawyer* 6 (1972), pp. 219ss. Sur l'influence des îles sur la délimitation, voir M. C. CICIRIELLO, *Le formazioni insulari e la delimitazione degli spazi marini*, Naples, 1990. H. JAYEWARDENE, *The Regime of Islands in International Law*, Dordrecht / Boston / Londres, 1990, pp. 259ss.

[142] C.I.J., *Recueil* 1969, p. 37, § 59.

[143] Cet effet "d'empiétement" n'est dans ce cas qu'une vérité pratique, non apodictique. Une déviation peut être forte aussi dans le cas de côtes opposées : cf. les remarques pertinentes de N. S. MARQUES ANTUNES, "The 1999 Eritrea-Yemen Maritime Delimitation Award and the Development of International Law", *ICLQ* 50 (2001), pp. 334-226.

fait : les circonstances qui exigeront une correction de la ligne d'équidistance seront probablement moins fréquentes dans le cadre réduit de la mer territoriale que pour des zones davantage projetées vers le large (à cause précisément de l'effet amplifié de la déviation vers le large). La circonstance la plus manifestement créatrice d'inéquité dans le cadre des eaux territoriales est la présence d'îles et d'îlots entre les côtes principales, quand ils sont utilisables comme points de base. C'est le cas en l'espèce.[144]

B. La construction de la ligne de base : îlots et haut-fonds découvrants[145]

a) Le raisonnement de la Cour

i) Les points de base[146] pour le tracé de la ligne d'équidistance n'ont pas encore été fixés. Qatar plaide pour ne tenir compte que des territoires terrestres avec comme référence la laisse de haute mer. Bahreïn plaide en faveur d'une ligne reliant une série d'îles et d'îlots sur la base de la laisse de basse mer. Il ajoute qu'au regard de son caractère archipélagique, des lignes droites peuvent se justifier. Selon la Cour, la ligne de base normale est la laisse de basse mer le long de la côte. Les îles possèdent le même statut que les territoires de terre ferme. Elles possèdent un titre égal à la projection vers le

---

[144] Sur le triomphe du principe équidistance / circonstance spéciale, voir *infra* Section 4. A.

[145] Arrêt, §§ 177ss.

[146] Sur les lignes de base, cf. R. R. CHURCHILL / A. V. LOWE, *The Law of the Sea*, 3ème éd., Manchester, 1999, pp. 31ss. Pour les articles 4 et suivants de la Convention de Montego Bay sur le droit de la mer, cf. M. H. NORDQUIST (éd), *United Nations Convention on the Law of the Sea 1982, A Commentary*, vol. II, Dordrecht / Boston / Londres, 1993, pp. 83ss. En général, voir aussi T. SCOVAZZI (éd), *La linea di base del mare territoriale*, Milan, 1986. BROWN (*supra*, note 138), pp. 22ss. O'CONNELL (*supra*, note 138), pp. 171ss. LUCCHINI / VOELCKEL (*supra*, note 138), pp. 175ss. L. B. SOHN, dans : J. I. CHARNEY / L. M. ALEXANDER, *International Maritime Boundaries*, vol. I, Dordrecht / Boston / Londres, 1993, pp. 153ss. Voir aussi les bibliographies et études du Bureau des Nations Unies, *supra*, note 138.

large : article 121 (2) de la Convention de Montego Bay sur le droit de la mer (1982).[147]

ii) L'élévation de Qit'at Jaradah, située dans la limite des 12 milles des deux États, constitue une île et non un haut-fond découvrant.[148] Elle doit être prise en compte pour le tracé de la ligne d'équidistance. Elle appartient à Bahreïn, qui y a exercé certaines activités, surtout la construction d'aides à la navigation. Sur une île aussi petite, l'exercice de la souveraineté n'a pas besoin d'être intense pour suffire aux fins de l'acquisition territoriale.[149]

---

[147] Arrêt, § 185 : "Conformément au paragraphe 2 de l'article 121 de la convention de 1982 sur le droit de la mer, qui reflète le droit international coutumier, les îles, quelles que soient leurs dimensions, jouissent à cet égard du même statut, et par conséquent engendrent les mêmes droits en mer que les autres territoires possédant la qualité de terre ferme".
Sur l'article 121 de la Convention, cf. NORDQUIST (*supra*, note 145), vol. III (1995), pp. 321ss. Pour les rochers visés au § 3, voir notamment R. KOLB, "L'interprétation de l'article 121, §3 de la Convention de Montego Bay sur le droit de la mer : les 'rochers qui ne se prêtent pas à l'habitation humaine ou à une vie économique propre'", *AFDI* 40 (1994), pp. 876ss. S. KARAGIANNIS, "Les rochers qui ne se prêtent pas à l'habitation humaine ou à une vie économique propre et le droit de la mer", *RBDI* 32 (1996), pp. 559ss. Plus récemment, voir encore les quelques remarques de J. I. CHARNEY, "Rocks that Cannot Sustain Human Habitation", *AJIL* 93 (1999), pp. 863ss. D'autres renvois chez MARQUES ANTUNES (*supra*, note 143), p. 329, note 85. Sur les îles en général, voir surtout D. W. BOWETT, *The Legal Regime of Islands in International Law*, New York, 1979. H. DIPLA ; *Le régime juridique des îles dans le droit international de la mer*, Paris, 1984 ; H. JAYEWARDENE, *The Regime of Islands in International Law*, Dordrecht / Boston / Londres, 1990. Voir aussi les bibliographies et études du Bureau des Nations Unies, *supra*, note 138.

[148] Sur cette notion, cf. l'article 13 de la Convention de Montego Bay et NORDQUIST (*supra*, note 145), vol. II (1993), pp. 126ss. Cf. aussi G. MARSTON, "Low-Tide Elevations and Straight Baselines", *BYIL* 46 (1972) 3, pp. 405ss. D. W. BOWETT, "Islands, Rocks, Reefs and Low-Tide Elevations in Maritime Boundary Delimitation", dans : CHARNEY / ALEXANDER (*supra*, note 145), pp. 131ss.

[149] Arrêt, §§ 195ss, 197 : "Certaines catégories d'activités invoquées par Bahreïn, telles que le forage de puits artésiens, pourraient en soi être considérées comme discutables en tant qu'actes accomplis à titre de souverain. La construction d'aides à la navigation, en revanche, peut être juridiquement pertinente dans le cas de très petites îles. En l'espèce, compte tenu de la taille de Qit'at Jaradah, les activités exercées par Bahreïn sur cette île peuvent être

iii) L'élévation de Fasht ad Dibal est un haut-fond découvrant. Elle se trouve dans la zone de chevauchement de la mer territoriale des deux États, si bien que chacun aurait en principe le droit de l'utiliser comme point de base. Dès lors, ces droits concurrents paraissent se neutraliser mutuellement. Il se pose cependant la question de savoir si l'acquisition de la souveraineté sur un haut-fond permet de l'attribuer exclusivement à un État qui seul pourra l'utiliser comme point de base. En l'absence de pratique concluante sur la capacité d'un haut-fond d'être acquis par les voies ordinaires d'établissement de la souveraineté et au regard du statut diminué d'une telle formation par rapport à une île en droit de la mer, la Cour refuse d'aller aussi loin. Dès lors, l'élévation en cause ne peut pas être utilisée comme point de base.[150]

iv) L'utilisation de lignes de base droites revendiquée par Bahreïn en tant qu'État pluri-insulaire ne saurait être admise, car les conditions n'en sont pas réunies. Il n'y a ni une déclaration de

---

considérées comme suffisantes pour étayer sa revendication selon laquelle celle-ci se trouve sous sa souveraineté".

[150] Arrêt, §§ 200ss, §§ 202-204 ; §§ 205-206 :
"205. Le droit international conventionnel est muet sur la question de savoir si les hauts-fonds découvrants peuvent être considérés comme des 'territoires'. A la connaissance de la Cour, il n'existe pas non plus de pratique étatique uniforme et largement répandue qui aurait pu donner naissance à une règle coutumière autorisant ou excluant catégoriquement l'appropriation des hauts-fonds découvrants. C'est seulement dans le domaine du droit de la mer qu'un certain nombre de règles ouvrant des droits aux États ont été établies en ce qui concerne les hauts-fonds découvrants situés à une distance relativement faible d'une côte.
206. Les quelques règles existantes ne justifient pas que l'on présume de façon générale que les hauts-fonds découvrants constituent des territoires au même titre que les îles. Il n'a jamais été contesté que les îles constituent de la terre ferme et qu'elles sont soumises aux règles et principes de l'acquisition territoriale; il existe en revanche une importante différence entre les effets que le droit de la mer attribue aux îles et ceux qu'il attribue aux hauts-fonds découvrants. Il n'est donc pas établi qu'en l'absence d'autres règles et principes juridiques, les hauts-fonds découvrants puissent, du point de vue de l'acquisition de la souveraineté, être pleinement assimilés aux îles et autres territoires terrestres".

Bahreïn se qualifiant formellement comme État archipel, ni des côtes échancrées, ni un chapelet d'îles qui les devance.[151]

b) Commentaire

Le présent arrêt enchaîne sur l'affaire *Érythrée / Yémen* (1999) où la question de l'influence de petites formations insulaires sur la ligne de base s'était aussi posée.[152] *Qatar c. Bahreïn* apporte surtout des précisions nouvelles sur l'utilisation de haut-fonds découvrants comme points de base.[153] On soulignera en particulier l'apport législatif de la Cour quant à l'acquisition de la souveraineté sur une telle élévation. Si aucune pratique concluante n'établissait sa capacité d'être ainsi acquise, aucune ne l'excluait non plus.[154] Pourtant, la Cour ne conclut pas en faveur de l'extension de la souveraineté suivant le modèle du *Lotus* d'après lequel les limitations à la souveraineté ne se présument pas.[155] La conclusion

---

[151] Arrêt, §§ 210ss, § 212 : "La Cour constate que la méthode des lignes de base droites, qui déroge aux règles normales de détermination des lignes de base, ne peut être appliquée que si plusieurs conditions sont remplies. Cette méthode doit être appliquée de façon restrictive. Pour l'essentiel, ces conditions sont les suivantes : la côte doit être profondément échancrée et découpée ou bien il doit exister un chapelet d'îles le long de la côte, à proximité immédiate de celle-ci". Selon la Cour ces conditions ne sont pas réunies en l'espèce (§§ 213-215).

[152] Dans la sentence de 1999, des lignes droites furent acceptées dans certains secteurs, par exemple dans la région des Dahlaks ou des Kamaran, cf. les §§ 138ss de la sentence (http://www.pca-cpa.org/).

[153] Sur la question, voir les articles 7(4) et 13 de la Convention de Montego Bay ; sur ces dispositions, voir NORDQUIST (*supra*, note 145), vol. II (1993), pp. 102-103, 126ss et la littérature sur les lignes de base, *supra*, note 145.

[154] Voir le § 205 de l'arrêt.

[155] Affaire du *Lotus* (1927), CPJI, *sér. A*, no. 10, p. 18. Voir aussi l'affaire des *Zones franches* (1932), CPJI, *sér. A/B*, no. 46, p. 167. Affaires des *pêcheries de l'Atlantique* (1910), RGDIP 19 (1912), p. 461. Affaire des *forêts du Rhodope central* (1931), RSA, vol. III, p. 1400. Affaire des *navires Kronprinz Gustav Adolf et Pacific* (1932), RSA, vol. II, pp. 1254, 1287 ; etc. Le raisonnement du *Lotus* continue à avoir une certaine actualité, que ce soit dans les compétences générales des États (cf. l'opinion de l'avocat général Darmon auprès de la CJCE, 25 mai 1988, affaire *Ahlström*, ILR 96, p. 179 ; affaire de la *licéité de la menace ou de l'emploi d'armes nucléaires*, C.I.J., *Recueil 1996*, p. 238, § 21 et p. 247, § 52) ou que ce soit dans les compétences pénales, par exemple la compétence universelle (cf. la jurisprudence allemande, par exemple l'affaire du BVerfGer du 12 décembre 2000, *EuGRZ* 28 (2001),

en sens contraire est nourrie par les règles du droit de la mer. Celles-ci consacrent un statut mineur des haut-fonds par rapport aux îles dans le contexte du tracé des lignes de base.[156] Dès lors, la lacune dans la pratique effective est comblée en conformité avec l'esprit et la teneur des règles du droit de la mer. C'est un exemple du comblement d'une lacune "de pratique" par l'esprit général d'une réglementation juridique, le droit de l'acquisition territoriale étant d'ailleurs ainsi complété par le droit de la mer.

Il faut ensuite souligner que la Cour pose avec une ampleur nouvelle le principe de l'égalité juridique des îles et des territoires terrestres aux fins de la délimitation. Par cela, elle poursuit certes la jurisprudence de *St. Pierre et Miquelon* (1992)[157] et de *Jan Mayen* (1993).[158] Cependant, dans les affaires précitées, les îles étaient l'une des parties principales à l'instance, tout comme dans *Libye / Malte* (1985) où l'île était même un État indépendant. Ici, les îles et îlots sont accessoires à une côte principale. Or il n'est pas prouvé que de telles îles doivent avoir un titre formellement égal aux territoires principaux. En effet, l'article 121 (2) de la Convention de Montego Bay ne concerne que la faculté de générer des zones vers le large en dehors du contexte de la délimitation. Dans le processus de délimitation, où l'équité joue un rôle prépondérant, un effet réduit accordé aux îles est fréquent.[159] En l'espèce, la Cour préfère s'en tenir à la règle formelle d'égalité pour la construction de la ligne de

---

pp. 76ss, notamment II et III.3.b., puis 3.b.bb.). La Cour permanente avait déjà apporté un tempérament à cette règle ; cf. l'affaire relative à la *juridiction territoriale de la Commission internationale de l'Oder* (1929), sér. A, no. 23, p. 26. En matière pénale, voir aussi les remarques de R. KOLB, dans : *RHDI* 50 (1997), pp. 82ss.

[156] Ni la pratique, ni les textes conventionnels ne distinguent selon qu'un haut-fond ait fait l'objet d'une appropriation. La seule exception concerne la construction d'installations permanentes, en particulier des phares, sur l'élévation : article 7(4) de la Convention de Montego Bay (1982).

[157] *RSA*, vol. XXI, pp. 284-285, particulièrement §§ 45, 49.

[158] C.I.J., *Recueil* 1993, pp. 59ss. Voir déjà l'affaire *Libye / Malte*, C.I.J., *Recueil* 1985, pp. 46ss.

[159] Cf. par exemple l'affaire *Royaume-Uni c. France* (1977), *RSA*, vol. XVIII, pp. 209ss, 251ss ; l'affaire du *plateau continental* (*Tunisie / Libye*), C.I.J., *Recueil* 1982, p. 89 ; l'affaire du *Golfe du Maine*, C.I.J., *Recueil* 1984, pp. 331ss, etc.

base, quitte à revenir sur la diminution de l'effet des îles au stade des circonstances spéciales.[160]

C. Les circonstances spéciales[161]

a) Le raisonnement de la Cour

La présence de certaines îles fait exagérément dévier la ligne d'équidistance en attribuant un effet disproportionné à de minuscules formations. Il faut dès lors corriger la ligne d'équidistance. La Cour procède à comparer des lignes d'équidistance obtenues en tenant ou en ne tenant pas compte de certaines îles.[162]

---

[160] Pour des critiques dans les opinions dissidentes, voir *infra* Section C.
[161] Arrêt, §§ 217ss.
[162] Arrêt, §§ 220-222 :
"220. La Cour a observé plus haut (voir le paragraphe 216 ci-dessus) que, ne s'étant pas prononcée sur la question de savoir si Fasht al Azm fait partie de l'île de Sitrah ou s'il s'agit d'un haut-fond découvrant distinct, il convient de tracer à titre provisoire deux lignes d'équidistance. Si aucun effet n'est donné à Qit'at Jaradah, et dans l'hypothèse où l'on considère que Fasht al Azm fait partie de l'île de Sitrah, la ligne d'équidistance ainsi ajustée coupe Fasht ad Dibal, laissant la majeure partie de ce haut-fond du côté qatari. Si, en revanche, Faht al Azm est regardé comme un haut-fond découvrant, la ligne d'équidistance ajustée passe à l'ouest de Fasht ad Dibal. Compte tenu du fait que, dans ces deux hypothèses, Fasht ad Dibal se trouve, dans une large mesure ou en totalité, du côté qatari de la ligne d'équidistance ajustée, la Cour considère qu'il convient de tracer la ligne de délimitation entre Qit'at Jaradah et Fasht ad Dibal. Comme Fasht ad Dibal est ainsi situé dans la mer territoriale de Qatar, il relève pour ce motif de la souveraineté de cet État.
221. La Cour est désormais en mesure de déterminer le tracé de ce tronçon de la frontière maritime unique qui délimitera les mers territoriales des Parties. Elle relève toutefois auparavant qu'elle ne peut fixer le point situé le plus au sud de cette frontière, car l'emplacement définitif de ce point est tributaire des limites des zones maritimes respectives de l'Arabie saoudite et des Parties. La Cour estime aussi qu'il y a lieu de simplifier, comme il est de pratique courante, ce qui serait autrement une ligne de délimitation très complexe dans la région des îles Hawar.
222. Compte tenu de tout ce qui précède, la Cour décide qu'à partir du point d'intersection des limites maritimes respectives de l'Arabie saoudite d'une part et de Bahreïn et de Qatar de l'autre, qui ne peut être fixé, la frontière se dirigera dans une direction nord-est, puis obliquera immédiatement en direction de l'est et passera ensuite entre Jazirat Hawar et Janan; elle

b) Commentaire

i) On soulignera tout d'abord que le facteur de correction retenu est celui qui tombe classiquement sous le coup des circonstances spéciales : la déviation excessive de la ligne d'équidistance à raison de saillants, d'îles ou de concavités / convexités. Quant à la démarche de la Cour pour arrêter la ligne finale, elle n'est ni simple, ni bien expliquée. Il y a apparemment un jeu de qualifications de Qit'at Jaradah et Fasht al Azm qui aboutit à postuler une ligne de délimitation passant entre ces deux formations. Ce procédé repose sur la discrétion équitable de la Cour. On relèvera enfin la mention de la simplicité nécessaire d'une ligne de délimitation. La Cour reprend ainsi un souci déjà formulé dans les affaires du *Golfe du Maine* (1984)[163] et *Érythrée / Yémen* (1999).[164]

ii) Dans l'opinion dissidente commune des juges Bedjaoui / Ranjeva / Koroma, il a été reproché à la Cour de ne pas avoir vérifié l'effet de sa ligne sur le plan du statut des eaux et sur le plan pratique. Il y a surtout la non-navigabilité des eaux accordées à Qatar pour absence de profondeur. Cela empêcherait cet État de joindre les parties septentrionale et méridionale de son territoire du côté de sa façade maritime occidentale. La garantie du passage inoffensif[165] à travers les eaux bahreïnites n'est pas suffisante. On

---

s'infléchira plus loin vers le nord pour passer entre les îles Hawar et la péninsule de Qatar et continuera en direction du nord, en laissant le haut-fond découvrant de Fasht Bu Thur et Fasht al Azm du côté de Bahreïn et les hauts-fonds découvrants de Qita'a el Erge et de Qit'at ash Shajarah du côté de Qatar; enfin elle passera entre Qit'at Jaradah et Fasht ad Dibal, en laissant Qit'at Jaradah du côté de Bahreïn et Fasht ad Dibal du côté de Qatar."

[163] C.I.J., *Recueil* 1984, p. 330, § 202.
[164] Sentence de 1999, §§ 160ss.
[165] Sur la notion de passage inoffensif, cf. les articles 17ss de la Convention de Montego Bay (1982) : NORDQUIST (*supra*, note 145), vol. II (1993), pp. 151ss. En général, cf. R. J. DUPUY / D. VIGNES (dir.), *Traité du nouveau droit de la mer*, Bruxelles / Paris, 1985, pp. 228-231, 750ss. W. RIPHAGEN, "Le droit de passage inoffensif", SFDI, *Colloque de Rouen*, 1984, pp. 190ss. Voir aussi S. SLONIM, "The Right of Innocent Passage and the 1958 Geneva Conference on the Law of the Sea", *Columbia Journal of Transnational Law* 5 (1966), pp. 96ss. CHURCHILL / LOWE (*supra*, note 138), pp. 81ss.

aurait pu retenir une enclave autour des îles Hawar ou alors une vraie servitude internationale. La délimitation n'est pas qu'un exercice abstrait, fondé sur des géométries. Elle doit tenir compte des activités au quotidien des populations concernées.[166] Il y a ici une critique qui porte sur l'utilisation par la Cour de ces pouvoirs d'appréciation équitable.

4. La délimitation dans le secteur nord : la délimitation du plateau continental et de la zone économique exclusive[167]

A. La règle applicable : équidistance / circonstances spéciales

a) Le raisonnement de la Cour

Dans le droit de la mer moderne, le lien entre le plateau continental et la zone économique exclusive a amené la Cour à privilégier des éléments communs à l'une et à l'autre des notions pour effectuer la délimitation, surtout dans les cas fréquents où une ligne unique devait être tracée. S'attacher à des caractéristiques du sol ou du sous-sol, ou au contraire à celles de la masse d'eau,[168] aurait eu pour résultat d'introduire un déséquilibre en faveur d'une zone et au détriment de l'autre. Cela aurait été d'autant moins compréhensible que la zone économique exclusive, une fois proclamée, recouvre la masse d'eau mais aussi le sol et le sous-sol. Ce qui précède explique pourquoi la distance des côtes s'est imposée comme critère décisif. Le titre de l'État côtier sur la zone économique exclusive est selon la Convention de Montego Bay et la pratique la distance à partir des côtes (200 milles).[169] La distance est

---

O'CONNELL (*supra*, note 138), p. 260ss. BROWN (*supra*, note 138), pp. 52ss. Voir aussi les bibliographies du Bureau des Nations Unies, *supra*, note 138.

[166] Opinion dissidente commune, §§ 168ss. Voir aussi l'Opinion dissidente de Torres Bernárdez, §§ 534ss.

[167] Arrêt, §§ 224ss.

[168] Par exemple les ressources halieutiques.

[169] Voir les explications dans l'affaire du *plateau continental* (*Libye / Malte*), C.I.J., *Recueil* 1985, pp. 30ss. Cf. aussi WEIL (*supra*, note 119), pp. 61ss et CHURCHILL / LOWE (*supra*, note 138), pp. 184ss. M. EVANS, *Relevant Circumstances and Maritime Delimitation*, Oxford, 1989, pp. 50ss.

un critère idéalement neutre, pouvant s'appliquer également à toutes les zones. De l'idée de distance, il n'est qu'un pas vers celle d'équidistance.[170] La Cour estime donc utile de suivre sa jurisprudence récente, notamment dans *Libye / Malte* (1985)[171] et *Jan Mayen* (1993),[172] en adoptant une ligne d'équidistance provisoire, quitte à l'ajuster ultérieurement au regard de l'existence de circonstances spéciales. Par ailleurs, selon la Cour, cette règle équidistance / circonstances spéciales est étroitement liée à la règle générale des principes équitables / circonstances pertinentes retenue dans la jurisprudence antérieure, notamment dans *Tunisie / Libye* (1982).[173] La Cour en arrive donc à appliquer le principe équidistance / circonstances spéciales comme expression particulière du droit international général.[174] Il est remarquable qu'aucune

---

[170] Ce pas que la Cour avait refusé de franchir en 1969, affaires du *plateau continental de la mer du Nord*, C.I.J., *Recueil* 1969, pp. 28ss.

[171] C.I.J., *Recueil* 1985, pp. 46ss.

[172] C.I.J., *Recueil* 1993, pp. 59ss.

[173] C.I.J., *Recueil* 1982, pp. 58ss.

[174] Arrêt, §§ 225ss, §§ 226-227 :
"226. Dans l'arrêt qu'elle a rendu en l'affaire du Plateau continental (Libye/Malte), la Cour elle-même a constaté le lien étroit qui existe entre le plateau continental et la zone économique exclusive aux fins de la délimitation. Elle a observé que 'bien que la présente affaire n'ait trait qu'à la délimitation du plateau continental et non à celle de la zone économique exclusive, il n'est pas possible de faire abstraction des principes et règles sur lesquels cette dernière repose. Ainsi que la convention de 1982 le démontre, les deux institutions du plateau continental et de la zone économique exclusive sont liées dans le droit moderne.' (C.I.J. *Recueil* 1985, p. 33, § 33.) Et la Cour a ajouté qu'en matière de délimitation 'il conv[enait] d'attribuer plus d'importance aux éléments, tels que la distance de la côte, qui sont communs à l'une et à l'autre notion' (*ibid.*).
227. La Cour a adopté une démarche semblable dans l'affaire Jan Mayen, où elle était également priée de tracer une limite maritime unique. Au sujet de la délimitation du plateau continental, elle a dit : 'même s'il convenait d'appliquer... le droit coutumier du plateau continental tel qu'il s'est développé dans la jurisprudence [la Cour avait fait allusion aux affaires du Golfe du Maine et Libye/Malte], ce serait se conformer aux précédents que de commencer par la ligne médiane à titre de ligne provisoire, puis de rechercher si des 'circonstances spéciales' [formule qui figure à l'article 6 de la convention de 1958 sur le plateau continental, le droit applicable en l'espèce] obligent à ajuster ou déplacer cette ligne' (C.I.J. Recueil 1993, p. 61, § 51)." ;
§§ 230-231 :

opinion individuelle ou dissidente n'ait mis en cause cette conclusion. Les divergences portent surtout sur la fixation de la ligne de base. Elles ne portent pas sur les principes et règles applicables.

b) *Commentaire*

i) L'arrêt *Qatar c. Bahreïn* consacre un triomphe tardif de la règle équidistance / circonstances spéciales. De 1969 à 1984, la jurisprudence a fui la règle. A cet égard, les affaires du *plateau continental de la mer du Nord* (1969) ont eu une portée constitutionnelle que le bref interlude harmoniste de *Royaume-Uni c. France* (1977) n'a pas pu interrompre.[175]

Avec les affaires *Tunisie / Libye* (1982) et *Golfe du Maine* (1984), l'apogée d'une approche affranchie de cette normativité qui permet de relier entre eux des précédents par une trame objective est atteinte. La seule "norme" du droit de la délimitation maritime c'est d'aboutir à un résultat individuellement équitable. L'équité autonome, le factualisme, l'individualisation radicale du raisonnement, la doctrine de l'*unicum* (factuel et normatif) prévalent : le droit ouvre la porte à l'équité autonome et se retire.[176]

"230. La Cour adoptera la même démarche dans la présente espèce. Pour la délimitation des zones maritimes au-delà de la zone des 12 milles, elle tracera d'abord, à titre provisoire, une ligne d'équidistance et examinera ensuite s'il existe des circonstances devant conduire à ajuster cette ligne.
231. La Cour note en outre que la règle de l'équidistance/circonstances spéciales, qui est applicable en particulier à la délimitation de la mer territoriale, et la règle des principes équitables/circonstances pertinentes, telle qu'elle s'est développée depuis 1958 dans la jurisprudence et la pratique des États quand il s'agit de délimiter le plateau continental et la zone économique exclusive, sont étroitement liées l'une à l'autre".

[175] Le Tribunal de 1977 avait tenté d'harmoniser les deux corps "équidistance / circonstances spéciales" et "principes équitables / circonstances pertinentes" en estimant que le premier constitue l'expression particulière du deuxième : *RSA*, vol. XVIII, p. 175, § 70. La Cour ne se rangera à une telle conception que dans *Jan Mayen*, C.I.J., *Recueil* 1993, p. 58.

[176] L'image est de WEIL (*supra*, note 119), p. 181. Sans un minimum de critères objectifs (*i.e.* transcendant l'espèce), un phénomène juridique n'est pas concevable. Même à travers l'équité d'espèce, la tentative d'un minimum de typisation (par analogie, par généralisation, etc.) est indispensable au droit. Si tout est *ex post* et rien *ex ante*, il n'y a plus de norme et sans norme il n'y a plus que décision, non jugement contrôlable.

Depuis la moitié des années 80', avec *Libye / Malte* (1985), le processus commence lentement à s'inverser. Le balancier revient vers une certaine "prévisibilité",[177] vers des principes équitables au-delà des particularités de l'espèce, vers l'équidistance. En 1985, l'équidistance est retenue pour produire une ligne provisoire, corrigée ensuite à l'aune des "circonstances pertinentes".[178] Dans *Jan Mayen* (1993), la jonction avec le droit international coutumier est opérée : l'équidistance / circonstances spéciales est l'un des moyens privilégiés pour atteindre un résultat équitable. La tension avec les principes équitables / circonstances pertinentes s'est ainsi relâchée.[179] *Érythrée / Yémen* (1999) amène une percée supplémentaire de l'équidistance. Le Tribunal reconnaît qu'en cas de côtes opposées, l'équidistance produit normalement un résultat équitable.[180] La discrétion relative au choix de la méthode, toujours maintenue par la Cour,[181] est évacuée par le Tribunal. L'équidistance atteint ainsi une sédentarisation normative. Au moins dans un cas spécifique, celui de

---

[177] C.I.J., Recueil 1985, p. 39, §§ 45-46.
[178] *Supra*, note 169. Les "circonstances pertinentes" sont plus larges que les "circonstances spéciales". Ces dernières se greffent sur l'équidistance pour porter remède lorsqu'il y a certains facteurs qui rendent la ligne d'équidistance inéquitable. Les circonstances pertinentes descendent en revanche de l'idée d'une mise en balance de tous les facteurs susceptibles d'influer dans la délimitation selon le modèle des principes équitables consacré par la jurisprudence des années 1969-1984. Les arrêts *Libye / Malte* (1985) et *Jan Mayen* (1993) s'inspirent à cet égard davantage d'une norme équidistance / circonstances pertinentes que de celle de l'équidistance / circonstances spéciales. *Qatar / Bahreïn* revient plus ostensiblement vers la règle équidistance / circonstances spéciales.
[179] *Supra*, note 170. Sur cette évolution, cf. H. DIPLA, "L'arrêt de la Cour internationale de Justice en l'affaire de la délimitation maritime dans la région située entre le Groenland et Jan Mayen", *RGDIP* 98 (1994), pp. 909ss. E. DECAUX, "L'affaire de la délimitation maritime dans la région située entre le Groenland et Jan Mayen (Danemark c. Norvège), Arrêt de la C.I.J. du 14 juin 1993", *AFDI* 39 (1993), pp. 501ss. G. POLITAKIS, "The 1993 Jan Mayen Judgment : The End of the Illusions ?", *NILR* 1 (1994), p. 17.
[180] Sentence (1999), § 131 (cf. http://www.pca-cpa.org/).
[181] Cf. *Libye / Malte*, C.I.J., *Recueil* 1985, pp. 37-38. *Jan Mayen*, C.I.J., *Recueil* 1993, p. 61, § 51 (plateau continental), p. 62, § 53 (zone de pêche exclusive). Dans l'affaire de 1993, l'article 6 de la Convention de Genève sur le plateau continental (1958) était formellement applicable ; même cela n'a pas induit la Cour à tenir l'équidistance pour obligatoire, vu que la délimitation ne concernait pas que le plateau continental.

côtes opposées raisonnablement rectilignes, son application est commandée par le droit. L'arrêt *Qatar c. Bahreïn* poursuit ce processus en amplifiant la portée normative de la règle. L'équidistance devient la règle générale. Elle est appliquée pour la première fois[182] dans un secteur où les côtes sont adjacentes (secteur nord) comme dans un secteur où les côtes se font face (secteur sud), sans distinction dans les motivations. De plus, la Cour accepte désormais que la distance appelle l'équidistance plus qu'elle ne l'avait fait auparavant, notamment dans *Libye / Malte* (1985). Les mentions relatives à la discrétion de la Cour d'écarter l'équidistance ainsi que les mentions des principes équitables et des circonstances pertinentes disparaissent complètement. La ligne d'équidistance provisoire est appréhendée sous l'angle strict des circonstances spéciales pouvant commander son ajustement. La propension à considérer son éventuelle correction sous l'angle plus large des circonstances pertinentes paraît abandonnée. Ainsi, dans le secteur nord, n'est retenue comme circonstance spéciale qu'une formation insulaire opérant comme un saillant. C'est là une circonstance spéciale classique, telle qu'envisagée dans les années cinquante par la Commission du droit international.

Dès lors, de 1969 à 2001 la boucle a été bouclée et l'on revient vers 1958, vers l'équidistance / circonstances spéciales de la Convention de Genève. L'équité correctrice l'emporte désormais sur la seule équité autonome du résultat (discrétion équitable). Avec cette approche, le droit de la délimitation maritime revient vers plus de normativité. Il regagne un peu de cette généralité qui permet de tisser des liens objectifs d'analogie entre les affaires et par conséquent de dégager une jurisprudence en la matière. Les deux pôles de la *fact-orientedness* et de la *rule-orientedness* – éternel problème juridique – ont subi un grand réajustement. Après le solstice de *Qatar c. Bahreïn*, la Cour va-t-elle maintenir le cap ou

---

[182] Au niveau de la C.I.J. Dans des arbitrages, cela a déjà été le cas, cf. par exemple *Royaume-Uni c. France* (1977), *RSA*, vol. XVIII, pp. 232ss ; *Dubaï / Sharjah* (1981), *ILR* 91, pp. 553ss. Cette orientation signifie que la distinction entre côtes opposées et adjacentes aux fins de la détermination de la méthode est largement abandonnée : l'une et l'autre de ces situations sont couvertes par la même règle, équidistance / circonstances spéciales.

va-t-elle instiller à nouveau quelques éléments plus factualistes, susceptibles d'accroître les flexibilités ?

ii) La question du lien exact de la présente affaire avec les précédents pose quelques problèmes. Au § 230, la Cour se borne à renvoyer à l'acquis jurisprudentiel pour justifier sa démarche en l'espèce. Intègre-t-elle, dès lors, les *dicta* de 1985 et 1993 relatifs à la discrétion qu'elle possèderait dans l'arrêt présent, par voie d'un renvoi ?[183] On peut le soutenir, mais le silence de la Cour sur cette discrétion n'est pas sans signification. Jusqu'ici elle n'avait jamais manqué de la mettre en exergue. Le choix de l'équidistance était à chaque fois soigneusement limité à l'espèce.[184] Ici, la règle équidistance / circonstances spéciales est adoptée sans aucune réserve. Il est difficile de ne pas voir en cela une évolution de la jurisprudence vers l'octroi d'un statut normatif à l'équidistance.

Il faut enfin remarquer qu'au § 231 la Cour dit que les règles "équidistance / circonstances spéciales" et "principes

---

[183] Voici ces *dicta*: "La Cour ne saurait admettre que, même comme étape préliminaire et provisoire du tracé d'une ligne de délimitation, la méthode de l'équidistance *doive* forcément être utilisée, ni qu'il incombe à la Cour 'd'examiner en premier lieu les effets que pourrait avoir une délimitation selon la méthode de l'équidistance' (...). Qu'un État côtier puisse avoir des droits sur le plateau continental en vertu de la distance de la côte et indépendamment des caractéristiques physiques du fond et du sous-sol de la mer en deçà de cette distance ne signifie pas que l'équidistance soit la seule méthode de délimitation appropriée, ni même le seul point de départ possible, fût-ce entre des côtes se trouvant dans une relation d'opposition ou de quasi-opposition. L'application des principes équitables dans les circonstances pertinentes de l'espèce peut encore imposer de recourir à une autre méthode ou combinaison de méthodes de délimitation, même dès le début de l'opération" (*Libye/Malte*, C.I.J., *Recueil* 1985, pp. 37-38, § 43, italique dans l'original); "[D]e l'avis de la Cour, le tracé à titre provisoire d'une ligne d'équidistance ne constituait pas une étape nécessaire ou obligatoire dans chaque cas" (*Jan Mayen*, C.I.J., *Recueil* 1993, p. 61, § 51) ; "Il apparaît donc que, tant pour le plateau continental que pour les zones de pêche, il est approprié *en l'espèce* d'entamer le processus de délimitation par une ligne médiane tracée à titre provisoire". (*ibid.*, p. 62, § 53, italique ajoutée).

[184] Et ce malgré le non-sens jurisprudentiel de cette affirmation : peut-on imaginer que la Cour, confrontée à des situations analogues – par exemple des côtes simplement opposées –, change d'attitude sans justification objective ? Cela signifierait que la Cour peut traiter inégalement des circonstances égales, c'est-à-dire s'ouvrir à l'incohérence selon sa guise discrétionnaire.

équitables / circonstances pertinentes" sont "étroitement" liées. C'est une expression moins précise que celle utilisée dans *Jan Mayen* (1993) où la Cour avait dit que la règle équidistance / circonstances spéciales doit être considérée comme une expression particulière de la règle plus générale des principes équitables / circonstances pertinentes.[185] C'est une *lex specialis*, mais une *lex* non dérogatoire, une *lex* ayant la même teneur et finalité que la règle générale. Il semblerait qu'il faille interpréter les mots "étroitement liés" dans le même sens.

B. Les circonstances spéciales[186]

a) Le raisonnement de la Cour

La Cour écarte trois circonstances avancées par les parties (i-iii) et ne retient qu'une seule (iv).

i) Bahreïn invoque les bancs à huîtres perlières qui lui appartiendraient depuis longtemps (droits historiques). Cependant, l'exploitation de ces bancs a cessé depuis plus d'un demi-siècle. De surcroît, cette exploitation avait été exercée en commun par les populations riveraines. Il ne s'agissait pas d'un droit exclusif. Un déplacement de la ligne d'équidistance ne se justifie donc pas.[187]

ii) Qatar invoque la décision britannique de 1947 contenant une ligne de partage des fonds marins. Cependant, aucune des parties n'a accepté cette décision comme étant obligatoire. La ligne ne touche qu'aux fonds marins et néglige les eaux surjacentes. Elle n'est donc pas pertinente pour une délimitation polyvalente.[188]

iii) Qatar invoque aussi la différence sensible de la longueur des côtes (1 : 1,59). Cependant, ayant accordé les îles Hawar à Bahreïn, la Cour estime que la différence de longueur des côtes s'amenuise

---

[185] *Supra*, note 170.
[186] Arrêt, §§ 232ss.
[187] Arrêt, §§ 235-236.
[188] Arrêt, §§ 237-240.

encore. Elle n'impose pas une correction de la ligne d'équidistance.[189]

iv) Selon la Cour, l'îlot de Fasht al Jarim, qui est comme un saillant de la côte de Bahreïn, ferait dévier considérablement la ligne d'équidistance s'il lui était reconnu plein effet. Il y aurait alors inéquité. Dès lors, il ne faut pas accorder d'effet à cet îlot aux fins de la construction de la ligne d'équidistance.[190]

b) Commentaire

i) Dans les affaires *Libye / Malte* (1985)[191] et *Jan Mayen* (1993),[192] la Cour s'en était de fait tenue à une logique équidistance / circonstances pertinentes. Dans l'affaire *Qatar c. Bahreïn*, la Cour adopte pour la première fois la construction classique équidistance / circonstances spéciales. Qu'est-ce à dire? Dans toutes les trois affaires citées, la Cour opère en deux phases : une ligne d'équidistance provisoire, une correction de la ligne. Mais

---

[189] Arrêt, §§ 241-243.
[190] Arrêt, §§ 245-248, §§ 247-248 :
"247. La Cour rappelle en outre que, dans le secteur nord, les côtes des Parties sont comparables à des côtes adjacentes bordant les mêmes zones maritimes qui s'étendent vers le large dans le Golfe. Les côtes septentrionales des territoires appartenant aux Parties ne sont pas très différentes quant à leur caractère ou à leur étendue; tant du côté de Qatar que de Bahreïn, le relief est plat, marqué par une très légère déclivité. Le seul élément remarquable est Fasht al Jarim, qui est comme un saillant de la côte de Bahreïn s'avançant loin dans le Golfe, et qui, s'il lui était reconnu un plein effet, "[ferait] dévier la limite et produir[ait] des effets disproportionnés" (affaire du Plateau continental (France/Royaume-Uni), Nations Unies, Recueil des sentences arbitrales, vol. XVIII, p. 252, par. 244).
248. De l'avis de la Cour, une telle déviation, due à une formation maritime située très au large et dont, au plus, une partie infime serait découverte à marée haute, n'aboutirait pas à une solution équitable qui tienne compte de tous les autres facteurs pertinents indiqués ci-dessus. Dans les circonstances de l'espèce, des considérations d'équité exigent de ne pas donner d'effet à Fasht al Jarim aux fins de la détermination de la ligne de délimitation dans le secteur nord".
[191] C.I.J., *Recueil* 1985, pp. 40-42, 46ss.
[192] C.I.J., *Recueil* 1993, pp. 60, 64ss. Sur ce point, cf. E. DECAUX (*supra*, note 177), pp. 503, 512-513.

la phase de correction est appréhendée différemment. Jusqu'en 2001, la Cour maintient une liste ouverte de circonstances susceptibles d'influer sur l'emplacement de la ligne. Elle s'assure ainsi une marge de discrétion appréciable. C'est l'ancienne idée de la mise en balance directe des circonstances les plus diverses, héritée de *Tunisie / Libye* (1982)[193] et transférée vers la phase d'ajustement de lignes d'équidistance. Ainsi, l'équidistance est flanquée d'un concept de circonstances relativement discrétionnaires qui correspond davantage au modèle des circonstances pertinentes qu'à celui des circonstances spéciales. Dans l'arrêt Qatar c. Bahreïn, la Cour abandonne cette approche discrétionnaire. L'équidistance n'est corrigée que par des circonstances strictement appréhendées, surtout celles géographiques, ayant un effet d'inéquité. Dès lors, la circonstance spéciale par excellence est celle d'une configuration côtière ou d'une formation maritime faisant excessivement dévier la ligne d'équidistance et aboutissant ainsi à un partage très inégal des espaces en jeu, soit dans un certain secteur, soit globalement. D'où un recul conjoint des circonstances socio-économiques, montés en grade dans *Jan Mayen* (1993),[194] et de la proportionnalité, la Cour ne mentionnant même plus le test d'équité-proportionnalité *ex post*. D'un autre côté, la Cour retient comme circonstance spéciale un saillant faisant excessivement dévier la ligne d'équidistance. On voit le glissement.

ii) Le recul très net de la proportionnalité est l'un des aspects les plus saillants.[195] En allant à l'essentiel, on peut dire que la

---

[193] C.I.J., *Recueil* 1982, pp. 60ss. Sur ce procédé, cf. la description dans l'Opinion individuelle de Jiménez de Aréchaga, *ibid.*, p. 105.

[194] Cf. par exemple le facteur équitable de "l'accès raisonnable aux ressources", C.I.J., *Recueil* 1993, pp. 70-72, 77-81, et Opinion individuelle de Schwebel, *ibid.*, pp. 118-120 ; voir aussi l'Opinion dissidente de Fischer, *ibid.*, pp. 309-311. Jusque là, les juridictions s'en étaient tenues au test *ex post* des répercussions catastrophiques d'une délimitation sur la subsistance des populations locales : affaire du *Golfe du Maine*, C.I.J., *Recueil* 1984, p. 342 et affaire *St. Pierre et Miquelon* (1992), *RSA*, vol. XXI, pp. 293-295 (voir aussi l'Opinion dissidente de Weil, *ibid.*, pp. 314ss).

[195] Sur la proportionnalité en droit de la mer, cf. M. EVANS, *Relevant Circumstances and Maritime Delimitation*, Oxford, 1989, p. 224ss. G. JAENICKE, "The Role of Proportionality in the Delimitation of Maritime

proportionnalité a joué dans le fil de la jurisprudence trois rôles divers :

- Dans les affaires du *Plateau continental de la mer du Nord* (1969),[196] auxquelles *Royaume-Uni c. France* (1977)[197] fait écho, la proportionnalité trouve sa collocation dans le contexte de la norme du non-empiétement, savoir l'effort d'éviter des déviations d'une ligne construite selon des méthodes géométriques à cause de la configuration des côtes (effet d'amputation). D'où la règle : s'il y a des côtes approximativement égales, les espaces maritimes obtenus doivent correspondre à cette longueur des côtes, c'est-à-dire opérer un partage à peu près égal, et non différer fortement à cause de la forme des côtes, concave ou convexe. C'est là une proportionnalité minimale.

- Un glissement important commence à percer dans *Tunisie / Libye* (1982)[198] où la Cour décide de conférer une valeur normative plus autonome à la proportionnalité en l'insérant dans un test *ex post* généralisé d'équité. Selon ce test, les espaces maritimes relevant de chaque partie doivent correspondre à peu près la longueur des côtes respectives. Le test est désormais chiffré. C'est postuler qu'en cas de disproportion il faille intervenir pour corriger la ligne. D'où l'ouverture sur cette règle nouvelle par rapport à l'arrêt de la *Mer du Nord* que les espaces "attribués" doivent être proportionnels à la longueur des côtes. Toute différence de longueur des côtes devient potentiellement pertinente.

- Dès l'affaire *Libye / Malte* (1985),[199] puis dans les affaires *St. Pierre et Miquelon* (1992)[200] et *Jan Mayen* (1993),[201] les

---

Zones", *Mélanges W. Riphagen*, Dordrecht e.a., 1986, pp. 51ss. L. LEGAULT / B. HANKEY, "Method, Oppositeness and Adjacency, and Proportionality in Maritime Boundary Delimitation", dans : CHARNEY / ALEXANDER (*supra*, note 145), pp. 203ss. LUCCHINI / VOELCKEL (*supra*, note 138), vol. II (1996), pp. 134-136, pp. 246ss, 304ss.

[196] C.I.J., *Recueil* 1969, pp. 49-50, § 91 ; p. 52, § 98.
[197] *RSA*, vol. XVIII, pp. 188-189.
[198] C.I.J., *Recueil* 1982, p. 91.
[199] C.I.J., *Recueil* 1985, pp. 43ss, 48-49, 53ss.
[200] *RSA*, vol. XXI, pp. 288, 289ss, 296-297. Cf. aussi l'Opinion dissidente de Weil, *ibid.*, pp. 308ss et l'Opinion dissidente de Gotlieb, *ibid.*, pp. 325ss.
[201] C.I.J., *Recueil* 1993, pp. 64ss.

conséquences de cette conception ont été tirées. La proportionnalité se scinde en deux parties. D'un côté, elle reste le test *ex post* connu. De l'autre, elle devient une circonstance pertinente intervenant directement dans le processus de délimitation. Cette circonstance pertinente est la "différence notable de la longueur des côtes".[202] Elle opère pour assurer la translation de lignes provisoires en relation avec la disproportion de la longueur des côtes. Il y a dès lors réallocation du plateau continental selon une proportionnalité générale de longueur des côtes, simplement avec un seuil d'entrée relevé : il faut au départ une "disproportion notable" des côtes. La proportionnalité était ainsi arrivée à son apogée. Elle imprimait à la délimitation maritime un lourd fardeau. Car au-delà de son objectivité apparente, peu de facteurs créent plus de problèmes dans l'établissement des côtes et zones pertinentes, et peu sont en définitive plus arbitraires.[203] De plus, la justification d'un surcroît de zones "attribuées" à l'État ayant une côte plus étendue (par rapport à la zone plus grande qu'il obtient automatiquement)[204] n'a jamais pu être établie à satisfaction.

L'arrêt *Qatar c. Bahreïn* amorce un déclin bienvenu de la proportionnalité qui n'a plus réellement de place dans un schéma équidistance / circonstances spéciales (contrairement à celui équidistance / circonstances pertinentes). Il faut dire que le caractère archipélagique des espaces en cause rendait les calculs de proportionnalité très délicats.

Cependant, ce recul présente quelques incertitudes. La Cour écarte la circonstance pertinente de la "proportionnalité-différence" parce qu'en ayant décidé que les îles Hawar relèvent de Bahreïn, la différence entre la longueur des côtes tombe sous la barre

---

[202] Dans les affaires mentionnées, il s'agissait à chaque fois d'îles faisant face à des côtes continentales beaucoup plus longues.

[203] Sur les problèmes dans *Libye / Malte* (1985), cf. l'arrêt, C.I.J., *Recueil* 1985, pp. 53ss et l'Opinion dissidente de Schwebel, C.I.J., *Recueil* 1985, pp. 178ss [zone tronquée par les revendications d'États tiers]. Voir aussi, par exemple, l'affaire *St. Pierre et Miquelon* (1992), *RSA*, vol. XXI, pp. 296-297 et Opinion dissidente de Weil, *ibid.*, pp. 308ss, Opinion dissidente de Gotlieb, *ibid.*, pp. 325ss [divergences sur les côtes pertinentes et les espaces pertinents dans une aire à délimiter très complexe].

[204] On peut visualiser cet aspect des choses en imaginant une ligne médiane entre les lignes droites d'un trapèze.

des 1 : 1,59. Le seuil de la "différence notable..." ne serait donc pas atteint. Est-ce à dire qu'*a contrario*, si les îles Hawar n'avaient pas été attribuées à Bahreïn, la différence de 1 : 1,59 aurait été considérée comme différence notable entraînant l'application de la proportionnalité-différence ? Il reste l'incertitude : l'argument des îles Hawar peut être configuré comme argument *a fortiori* et alors le déclin de la proportionnalité est plus important. Mais il peut aussi être déclaré argument opératoire, et alors la proportionnalité n'a subi qu'une éclipse très relative. Ce qu'on peut dire, c'est qu'une correction à l'aide d'une telle "proportionnalité-différence" serait une brèche ouverte par l'ancienne approche des circonstances pertinentes dans la forteresse de l'équidistance / circonstances spéciales au sein de laquelle elle n'a rien à chercher. Alors, une correction de la ligne d'équidistance serait le plus souvent nécessaire; ce n'est pas la logique des circonstances spéciales axées sur l'effet d'amputation. Pour le moins, il conviendra de dire qu'une différence de 1 : 1,59 ne peut pas être considérée comme suffisamment significative.

iii) Enfin, il faut souligner que la Cour résiste à toute tentation de reconvertir la ligne britannique de 1947 en ligne, sinon obligatoire, du moins équitable.[205] Cette attitude plus prudente que par le passé vis-à-vis des lignes *de facto* se recommande sous l'angle de la politique judiciaire – le but étant de ne pas inhiber l'adoption provisoire de telles lignes entre les parties – ; elle ne signifie pas qu'une telle ligne ne puisse jamais entrer en jeu comme facteur équitable.[206]

---

[205] Cf. par exemple l'affaire *Tunisie / Libye*, C.I.J., *Recueil* 1982, p. 84, § 118 où une ligne relative à des concessions pétrolières, non-obligatoire, a été retenue par la Cour comme ligne équitable sur la base de son pouvoir discrétionnaire en la matière. Voir la mise en garde dans l'Opinion dissidente de M. Evensen, *ibid.*, p. 318. A comparer avec l'attitude plus prudente de la Cour dans *Jan Mayen*, C.I.J., *Recueil* 1993, pp. 48ss.

[206] Dans l'affaire du *différend territorial frontalier, insulaire et maritime* (*El Salvador / Honduras*), C.I.J., *Recueil* 1992, pp. 514-515, §§ 262-263, la Cour a admis comme frontière terrestre, dans un secteur où la ligne d'*uti possidetis* ne pouvait plus être déterminée, une ligne issue d'un traité non ratifié de 1869. Elle le fit sur la base de l'équité *intra legem* (en fait il s'agissait d'une équité *praeter legem*). Sur le rôle de l'équité dans les litiges territoriaux, voir les

5. La critique quant à la fixation des lignes de base

La critique essentielle des juges dissidents face à l'arrêt de la Cour dans son volet maritime touche à la construction des lignes de base, i.e. au choix des points de base.[207] Il a été dit que le jugement accorde trop de place à des formations maritimes mineures voire minuscules. La Cour aurait dû exercer son pouvoir pour déterminer les points de base selon des exigences d'équité et de résultat équitable. En s'en abstenant, elle pervertit l'ensemble du processus de délimitation. L'équidistance n'est pas construite à partir des territoires principaux, mais à partir d'un espace abstrait de points de base avancés (îlots, hauts-fonds découvrants, etc.). Cela aboutit à postuler que la mer domine la terre en lieu et place de la règle consacrée que la terre domine la mer.[208]

---

passages classiques dans l'affaire du *différend frontalier* (*Burkina Faso c. Mali*), C.I.J., *Recueil* 1986, pp. 567-568. Voir en doctrine : Ch. De VISSCHER, *De l'équité dans le règlement arbitral ou judiciaire des litiges de droit international public*, Paris, 1972, pp. 101ss. M. MIYOSHI, *Considerations of Equity in the Settlement of Territorial Boundary Disputes*, Dordrecht / Boston / Londres, 1993. SHARMA (*supra*, note 43), pp. 129ss.

[207] Opinion dissidente commune de Bedjaoui / Ranjeva / Koroma, §§ 181ss. Opinion dissidente de Torres Bernárdez, §§ 474-475, 479, 487, 505, 509.

[208] Cf. l'Opinion dissidente commune de Bedjaoui / Ranjeva / Koroma, § 193 : "Le test d'équité utilisé pour ajuster la ligne unique a été effectué à partir de points de base dont on ne s'est pas assuré au préalable du caractère équitable du choix. En l'espèce, le choix définitif de points de base a eu pour résultat un emplacement situé excessivement vers l'est de la ligne d'équidistance en raison des effets reconnus de manière exagérée à des points minuscules et sans intérêt. La construction de la ligne provisoire d'équidistance sur la base des points ici retenus, en l'occurrence ce qui est appelé 'les formations maritimes' ou 'maritime features', a pour portée la dénaturation de la direction générale de la ligne de côte. Il est en effet étrange que ce ne soit pas la terre ferme qui domine la mer mais les petites formations maritimes dont les assises manquent précisément de fermeté. Le respect de la prééminence de la terre ferme sur la mer aurait eu pour conséquence directe la fidélité de la ligne de base à la ligne de côte et une ligne d'équidistance respectueuse de la géographie des terres et des côtes" ;

et § 192 : "L'équité, en effet, doit également présider au choix des points de base utilisés pour la délimitation maritime. La recherche d'une solution équitable implique que les considérations liées aux exigences de l'équité soient prises en compte d'une manière constante à tous les stades de l'acte et de l'opération de délimitation. Il était nécessaire de rappeler que le choix des

Comme dans *Érythrée / Yémen* (1999), le retour à l'équidistance implique une attention particulière dévolue à la définition de la ligne de base à partir de laquelle se mesure l'équidistance. Dans le passé, la Cour avait pu s'en tenir largement aux lignes définies par la législation des parties (par exemple, *Libye / Malte, Jan Mayen*). Dans les deux jugements récents *Érythrée / Yémen* et *Qatar c. Bahreïn*, de telles lignes n'existaient pas ou devaient être redéfinies en fonction des exigences de délimitation et d'attribution de souveraineté sur une série de formations insulaires, ou autres, par la juridiction elle-même. Dans les deux cas, la présence d'une multitude d'îles, îlots, rochers, récifs ou hauts-fonds découvrants a rendu la tâche de la définition des points de base pertinents ardue. Dans l'affaire *Qatar c. Bahreïn*, le caractère pluri-insulaire (et de fait archipélagique) de Bahreïn ajoutait à la difficulté. Il eut pour conséquence que les lignes de base n'étaient pas comme à l'accoutumée des lignes suivant de près une côte principale, en quelque sorte des lignes suivant le cours des masses terrestres respectives. Du côté de Bahreïn, les lignes de base constituaient une construction purement juridique, reliant une série de formations que

---

points de base devait aussi être équitable, comme le doivent être la méthode utilisée et le résultat recherché. "L'effet équitable d'une ligne d'équidistance dépend de la précaution que l'on aura prise d'éliminer l'effet exagéré de certains îlots, rochers ou légers saillants des côtes."

Voir aussi l'Opinion dissidente de Torres Bernárdez, §505 : "In effect, certain paragraphs in the Judgment explain how the Court constructed "Bahrain's relevant coasts" for the purpose of the present maritime delimitation. It is an artificial construction in which all manner of minor maritime features play a paramount role. Bahrain's relevant coasts in the Judgment are not a continuous body of land at all and is not naturally connected with or a natural appendage of the Bahraini mainland coast. It is formed: (1) by some of the tiniest islands, islets, rocks or sand-banks, etc., quite separated from each other and in most cases distant from Bahrain's mainland coasts; and (2) by water. In other words, "Bahrain's relevant coasts" of the Judgment are not a coast or a coastal front at all. In such circumstances, I do not consider it necessary to elaborate any further on "Bahrain's relevant coasts" in the Judgment or on my total rejection of the said construction as a true "coast". Geography has been refashioned. The minor Bahraini maritime features concerned have nothing to do with the "skjærgaard" along the Norwegian coast. In the present case, there is "clear dividing line between land and sea" (I.C.J. Reports 1951, p. 127). I will only add that the practical result of the above in the present case is that *la mer domine la terre*, in spite of the general statement to the contrary contained by the Judgment".

le droit permet d'utiliser comme point de base. Ces lignes de base ne sont donc pas "territoriales", mais "artificielles" ; elles ne suivent pas une côte principale, mais relient une série de points éparpillés dans l'espace à délimiter selon les hasards de la nature. Dès lors, il se posait la question du choix des points de base pour la délimitation : doit-il nécessairement s'agir des mêmes points de base que pour la définition des zones maritimes vers le large ? En d'autres termes : faut-il définir ces points de base uniquement en fonction de critères juridiques – et alors ce sera normalement ceux prévus pour mesurer la largeur des zones vers le large, du moins aussi longtemps que le droit de la délimitation maritime n'en aura pas développé d'autres qui lui sont propres – ou peut-on revoir ces points en fonction de critères équitables, savoir qu'ils sont aptes à assurer un résultat équitable ? Si la finalité de la règle équidistance / circonstances spéciales est d'assurer un résultat équitable, alors l'éparpillement des points de base dans le cas d'un État archipélagique ou quasi-archipélagique peut constituer une circonstance spéciale exigeant une nouvelle définition de ces points. La jurisprudence a d'ailleurs depuis longtemps admis que l'équidistance suppose parfois un lissage (en cas de saillants / concavités) ou une retouche (en cas de pluralité d'îles) des lignes de base. Ainsi, dans *Libye / Malte* (1985), la Cour refusa de tenir compte du rocher de Filfa.[209] Désormais, la question se pose sur un plan beaucoup plus général. La réponse donnée dans *Érythrée / Yémen* et *Qatar c. Bahreïn* est au diapason avec l'approche générale : le droit strict (capacité juridique de servir comme point de base) l'emporte sur l'équité (redéfinition des lignes selon les exigences d'un résultat équitable). Dans certains cas, la Cour refusera cependant de donner plein effet à un point de base à cause des effets de distorsion qu'il produit sur la ligne d'équidistance. C'est dans la phase postérieure des circonstances spéciales, aptes à corriger la ligne médiane retenue provisoirement, que ces facteurs vont intervenir. Cela veut dire que dans la construction provisoire de la ligne d'équidistance les points de base

---

[209] C.I.J., *Recueil* 1985, p. 48.

sont définis sur la seule base des critères du droit strict.[210] C'est cette approche qui a été l'objet d'une critique de la part des juges dissidents. Il faut dire à ce propos que le droit de la délimitation maritime permet mais n'oblige pas à un tel procédé. En le choisissant, la Cour développe le droit de la mer.

IV. CONCLUSION

L'arrêt de la Cour dans l'affaire *Qatar c. Bahreïn* apporte une série de précisions ou de développements dans le droit international. Ils sont plus importants dans la partie maritime que dans celle territoriale. Pour ce qui est du différend territorial, on mentionnera surtout une contribution au statut de décisions politiques ou administratives tranchant l'appartenance de certaines terres. Pour ce qui est du différend maritime, l'arrêt marque un retour vers le principe équidistance / circonstances spéciales, après un reflux de 1969-1985, et un renforcement progressif après 1985. De plus, l'arrêt saisit l'occasion de développer le droit des points de base dans la délimitation, matière jusqu'ici négligée et passablement lacunaire.

Du point de vue des résultats, l'arrêt s'efforce d'être équilibré et sans doute réussit-il à l'être. Qatar l'emporte sur la partie territoriale, mais de justesse. Bahreïn l'emporte sur la partie maritime, mais Qatar se voit attribuer des espaces riches en ressources au nord. C'est l'interprétation des faits qui posait plus de problèmes que l'application du droit : y a-t-il eu consentement à la décision de 1939 (partie territoriale ?) Une formation est-elle une île ou un haut-fond découvrant (partie maritime) ? Du point de vue de l'équilibre des résultats, l'arrêt s'offre à l'analyse comme œuvre globalement bien balancée. Du point de vue de l'adéquation du droit aux faits, des points d'interrogation demeurent.

---

[210] Cf. la Convention de Montego Bay de 1982, articles 5 et suivants. Sur ces dispositions, NORDQUIST (*supra*, note 145), vol. II (1993), pp. 87ss.

NOTE SUR LA SENTENCE ARBITRALE DU 17 DÉCEMBRE 1999 RELATIVE Á LA DÉLIMITATION DES FRONTIÈRES MARITIMES ENTRE L'ÉRYTHRÉE ET LE YÉMEN

Djacoba Liva Tehindrazanarivelo[*]

INTRODUCTION

A la fin de l'année 1995, deux séries de confrontations armées ont eu lieu entre l'Érythrée et le Yémen.[1] Ces conflits résultent d'un long différend entre les deux États concernant la souveraineté sur des groupes d'îles situées au milieu de la Mer Rouge dont ils sont riverains.

Quelques jours après la fin de ces conflits, les deux États se sont engagés à trouver une solution pacifique à leur différend. Ainsi, dans des lettres adressées au Conseil de sécurité de l'ONU, les 18 et 19 décembre 1995, le Yémen affirmait son souhait d'entamer des négociations bilatérales directes avec l'Érythrée et de saisir la Cour internationale de Justice en cas d'échec de celles-ci.[2] Le 21 décembre 1995, l'Érythrée annonçait qu'il préférait avoir une médiation par une tierce partie.[3] Faisant suite à ces déclarations, le Secrétaire général de l'ONU a annoncé le 31 décembre 1995 qu'il

---

[*] Assistant au département de droit international de l'Institut Universitaire de Hautes Études Internationales, Genève, Suisse.

[1] Le 11 novembre, puis du 15 au 17 décembre. Voir sur ces conflits : *The Economist* 338 (13 Jan. 1996) 7947, pp. 43-44 ; *New York Times*, 18 Dec. 1995, p. A11 ; *Horn of Africa Bulletin* 8 (Jan.-Feb. 1996) 1, pp. 8-11.

[2] S/1995/1039, S/1995/1044.

[3] S/1995/1054, 22 décembre 1995.

allait préparer un rapport sur la question à l'intention du Conseil de sécurité.

Sur proposition du Secrétaire général, et avec la médiation de la France, les deux États signèrent le 21 mai 1996 à Paris un "Accord sur les principes" par lesquels ils

> "renoncent à recourir à la force l'une contre l'autre et décident de régler pacifiquement leur différend sur des questions de souveraineté territoriale et de délimitation des frontières maritimes".

Ils y décident également d'établir un Tribunal arbitral qui devra se prononcer

> "dans une première étape, sur la définition du champ du différend entre l'Érythrée et le Yémen, sur la base des positions respectives des deux Parties... [et] dans une seconde étape [...] sur les questions de souveraineté territoriale, et les questions de délimitation des frontières maritimes".[4]

Dans le compromis d'arbitrage que les deux États ont signé le 3 octobre 1996, une modification est intervenue concernant l'objet respectif des deux étapes de la procédure d'arbitrage. Ainsi, les paragraphes 2 et 3 de l'article 2 du compromis d'arbitrage stipule que

> "la première étape donne lieu à une sentence sur la souveraineté territoriale et la définition du champ du différend... [et] la seconde étape donne lieu à une sentence sur la délimitation des frontières".

Et il est précisé qu'en cas de contradiction entre l'Accord sur les principes et le compromis portant application des aspects de procédure dudit Accord, c'est le compromis d'arbitrage qui prévaut.[5]

C'est ainsi que, le 9 octobre 1998, une première sentence portant sur la question de souveraineté a été rendue. Le tribunal y attribuait la souveraineté des îles Mohabbakahs et Haycoks à l'Érythrée, et les îles Zuqar et Hanish à Yémen.[6] Le tribunal se prononça également

---

[4] Article 1 de l'Accord sur les principes.
[5] Article 15, § 2 du compromis d'arbitrage.
[6] Pour les analyses, commentaires ou compte-rendus de cette sentence, voir : N. S. M. ANTUNES, "The Eritrean-Yémen Arbitration : First Stage - The Law of Title to Territory Re-Averred", *ICLQ* 48 (1999), pp. 362ss ;

en faveur de la perpétuation d'un régime traditionnel de pêche qui s'est développé dans la région. Le contour exact de ce régime sera par la suite précisé dans la deuxième sentence portant sur la délimitation des frontières maritimes.

Cette deuxième sentence a été rendue le 17 décembre 1999. Elle comprend 169 paragraphes divisés en six chapitres, plus un chapitre introductif (§§ 1-9).[7] C'est cette sentence sur la délimitation maritime qui fera l'objet de notre étude, tout en se référant à la sentence sur la souveraineté quand cela s'avèrera nécessaire.

A cet effet, nous diviserons notre analyse en deux parties. Nous commencerons par examiner brièvement le régime traditionnel de pêche, auquel le Tribunal consacre un chapitre dans la deuxième sentence. Dans la première, il avait demandé aux parties de le perpétuer. Nous terminerons avec l'analyse de la délimitation maritime effectuée par le Tribunal.

I. LE RÉGIME TRADITIONNEL DE PÊCHE

Dans la sentence du 9 octobre 1998, le Tribunal attribuait au Yémen la souveraineté sur les îles Hanish et Zuqar au Sud de la Mer rouge, et sur les groupes d'îles de Zubayr et de Jabal al-Tayr au Nord. Il précise toutefois dans le paragraphe 526 de cette sentence:

"In the exercice of its sovereignty over these islands, Yémen shall ensure that the traditional fishing regime of free access and enjoyment for the

---

G. DISTEFANO, "La sentence arbitrale du 9 octobre 1998 dans l'affaire du différend insulaire entre le Yémen et l'Érythrée", *RGDIP* 103 (1999), pp. 851ss ; C. JOHNSON, "Case analysis : Eritrea – Yemen Arbitration", *Leiden Journal of International Law* 13 (2000) 2, pp. 427ss ; B. KWIATOWSDA, "The Eritrea/Yémen Arbitration : Landmark Progress in the Acquisition of Territorial Sovereignty and Equitable Maritime Boundary Delimitation", in International Boundary Research Unit, *Boundary and Security Bulletin* 8 (2000) 1 ; M. REISMAN, " Eritrea-Yémen Arbitration (Award, Phase I : Sovereignty)", *AJIL* 93 (1999), pp. 668ss.

[7] Le chapitre I porte sur les arguments des parties (§§ 10-46), le chapitre II sur la question générale relative aux pêches dans la Mer rouge (§§ 47-74), le chapitre III sur les accords pétroliers et les lignes médianes (§§ 75-86), le chapitre IV sur le régime traditionnel de pêche (§§ 87-112), le chapitre V sur la délimitation de la frontière internationale (§§ 113-168) et le chapitre VI contenant le dispositif (§ 169).

fishermen of both Eritrea and Yémen shall be preserved for the benefit of the lives and livelihoods of this poor and industrious order of men".

En parcourant la sentence du 17 décembre 1999, "l'homme de Mars"[8] se demanderait pourquoi le Tribunal revient sur cette question dans la deuxième phase de procédure, phase qui devait se consacrer à la délimitation des frontières maritimes entre les deux États. D'ailleurs, le Yémen l'a fait remarquer dans ses arguments.[9] Nous allons donc voir dans un premier temps la position du Tribunal sur cette question. Dans un deuxième temps, nous présenterons brièvement le contenu de ce régime tel que développé dans la présente sentence, avant de voir en dernier lieu sa place par rapport à l'œuvre de délimitation.

1. La compétence du Tribunal de traiter de nouveau la question dans la seconde phase

La question du régime traditionnel de pêche a été réintroduite dans la deuxième phase par l'Érythrée lorsqu'elle demandait au Tribunal d'établir et de délimiter des zones de ressources communes dans lesquelles doit se poursuivre ce régime.[10] Pour cet État,

"if this regime is to be perpetuated, the parties must know what it is and where it holds sway in a technically manner".[11]

L'Érythrée veut par conséquent que le Tribunal précise ce que ses conclusions sur le régime traditionnel de pêche supposent et où celui-ci doit s'appliquer à l'intérieur de la Mer rouge, et qu'il ordonne aux deux États concernés d'entrer en négociation pour atteindre l'objectif de ce régime. Et l'Érythrée conclut qu'en s'abstenant d'agir de la sorte, le Tribunal agirait *infra petita* par rapport à son mandat.[12]

---

[8] Pour emprunter cette expression chère au professeur Georges ABI-SAAB dans ses cours et séminaires.
[9] Voir § 90 de la Sentence II.
[10] § 27, Sentence II.
[11] § 27 *in fine*, Sentence II.
[12] § 89, Sentence II.

Pour sa part, le Yémen conteste ces conclusions en disant qu'il lui appartient, dans l'exercice de sa souveraineté, d'assurer la préservation de ce régime traditionnel ; qu'aucun accord n'est nécessaire pour d'éventuelles mesures administratives relatives à la mise en œuvre de ce régime ; et que le Tribunal n'a nullement conclu dans sa première sentence qu'il devrait y avoir des zones de ressources communes. Yémen estime également que répondre favorablement aux revendications de l'Érythrée serait un acte *ultra vires* de la part du Tribunal dans la mesure où cela entre en contradiction avec les termes de l'Accord sur les principes et du compromis d'arbitrage signés entre les parties.[13] Enfin,

> "bearing in mind the framework that has been established by the 1994 and 1998 Agreements, Yémen does not believe that the traditional fishing regime needs to be further taken into account in the delimitation of the maritime boundary between the Parties at this stage of the proceedings".[14]

Face à cette objection du Yémen, le Tribunal répond que, d'un côté, l'Érythrée est habilitée à défendre que les conclusions du Tribunal lors de la première phase sur le régime traditionnel de pêche ont des implications sur la délimitation des frontières maritimes de la deuxième phase.[15] De son côté, le Tribunal est non seulement libre de répondre à de telles prétentions,[16] mais est même obligé d'y répondre car autrement il ne serait pas en position de répondre aux prétentions respectives des deux parties.[17] Et le Tribunal de conclure :

> "It cannot be the case that the division of the Arbitration into two stages meant that the Parties may continue to debate whether the substantive content of the Tribunal's findings on the traditional fishing regime has any relevance to the task of delimitation, but that the Tribunal must remain silent. Such formalism was never the objective of the agreement of both Parties to divide the Arbitration into two Stages".[18]

---

[13] § 90, Sentence II.
[14] Cf. "Yémen's Answer to the Tribunal's Question put to Yémen on Friday, 16 July 1999", Annex II de la sentence du 17 décembre 1999, p. 4.
[15] § 97, Sentence II.
[16] *Ibid.*
[17] § 98, Sentence II.
[18] *Ibid.*

"[...] The Tribunal is not to be artificially constrained in what it may respond to by the procedural structures agreed for the Arbitration. The two-stage mechanism is not to be read either as forbidding Parties to make the arguments they wish, when they wish ; nor as limiting their entitlement to seek to protect what they perceive as their substantive rights".[19]

Il s'agit ici d'une affirmation par le Tribunal de sa "compétence de la compétence", tout en veillant au respect de la base consensuelle du présent règlement judiciaire par une magistrale interprétation des intentions des parties exprimées dans le compromis d'arbitrage.[20]

2. Contenu et champ d'application du régime traditionnel de pêche

Une fois cette objection du Yémen écartée, le Tribunal délimite les contours du régime traditionnel de pêche, en précisant notamment son contenu et son champ d'application. Pour ce qui est du contenu, le Tribunal dit que ce régime implique le droit des pêcheurs érythréens et yéménites d'entreprendre des activités de pêches artisanales autour des îles attribuées au Yémen dans la première sentence, ainsi que toutes autres activités y afférentes.[21] Et pour que ce régime ne reste pas purement théorique, il doit également comprendre certains droits associés. Il s'agit, d'une part, d'un droit de passage à travers les îles concernées, y compris un droit de libre passage dans les eaux intérieures[22] et, d'autre part, un droit de libre accès aux ports et aux marchés des zones côtières des deux pays, basé sur le principe de non-discrimination entre les nationaux et les pêcheurs de l'autre État.[23] La compétence du Yémen

---

[19] § 99, Sentence II.
[20] Il cite à cet effet l'article 15 du Compromis d'arbitrage qui stipule dans son § 1 : "Nulle disposition du présent compromis d'arbitrage ne peut être interprétée comme portant préjudice aux positions juridiques ou aux droits de chaque Partie concernant les questions soumises au Tribunal, ni ne peut affecter ou porter préjudice aux décisions du Tribunal arbitral ou aux considérations et motifs sur lesquels se fondent lesdites décisions".
[21] § 103, Sentence II.
[22] § 107, Sentence II.
[23] *Ibid.*

de réglementer librement l'entrée des ressortissants d'autres États sur son territoire est ici mise en cause. Le Tribunal fait d'ailleurs remarquer que le respect de ce régime traditionnel de pêche constitue une entorse au concept classique de souveraineté territoriale, tel qu'on le conçoit en Occident.[24]

Ce régime traditionnel de pêche limite donc la souveraineté territoriale du Yémen. Le Tribunal justifie cette limitation par le respect des concepts juridiques islamiques de la région,[25] ainsi que par le respect et la protection des traditions locales.[26] On peut toutefois relever dans les réponses du Yémen aux questions posées par le Tribunal[27] que si le concept d'un régime juridique traditionnel transcendant la souveraineté étatique est nouveau, la pratique et les droits que ce régime entend protéger sont déjà prévues dans l'Accord signé entre les parties en 1994, c'est à dire avant même que les deux parties envisageaient de soumettre leur différend territorial à une procédure d'arbitrage. La question est ici de savoir si ce régime traditionnel de pêche relève d'une servitude, de droits et obligations attachés aux espaces maritimes et limitant la souveraineté, d'une coutume régionale ou encore d'une tierce juridiction à côté du droit international et du droit interne. Bien qu'intéressante, cette question ne sera pas approfondie dans le cadre de ce travail qui veut se concentrer sur la délimitation maritime, et a surtout abordé ce régime traditionnel pour voir son influence possible sur la délimitation.

---

[24] Cela ressort du paragraphe 95 de la Sentence II dans lequel le Tribunal explique pourquoi il a inclut la préservation de ce régime de pêche dans la Sentence I sur la souveraineté : "The finding on the traditional fishing regime was made in the context of the Award on Sovereignty precisely because classical western territorial sovereignty would have been understood as allowing the power in the sovereign state to exclude fishermen of a different nationality from its waters".

[25] § 94, Sentence II. Ce paragraphe parle de "sovereignty [...] that respects and embraces and is subject to the Islamic legal concepts of the region". Au § 92, le Tribunal rappelle également "that it based this aspect of its Award on Sovereignty on a respect for regional legal traditions".

[26] § 95, Sentence II.

[27] "Yemen's Answer to the Tribunal's Question put to Yemen on Friday, 16 July 1999", Annex II de la sentence du 17 décembre 1999, pp. 3-4.

3. La place du régime par rapport à l'œuvre de délimitation

Pour l'Érythrée, la continuation de ce régime traditionnel doit amener le Tribunal à délimiter des "shared maritime zones around the [mid-sea] islands"[28] où sera appliquée une sorte de "*servitude internationale* falling short of territorial sovereignty".[29] Elle propose alors de tracer une ligne médiane entre les côtes principales des deux pays. Cette ligne ignorerait les îles du milieu appartenant à Yémen mais tiendrait compte de ses propres îles.[30] Yémen soutient pour sa part que

"the traditional fishing regime should not have any impact on the delimitation of the maritime boundaries between the two parties in the Second Stage".[31]

Le Tribunal commence par préciser que
"the fishing practices of the Parties from time to time are not germane to the task of arriving at a line of delimitation".[32]

Il conclut ensuite que le régime traditionnel de pêche
"does not depend, either for its existence or for its protection, upon the drawing of an international boundary by this Tribunal".[33]

Il cite à cet effet l'argumentation du Yémen selon laquelle
"the holdings of the Tribunal in the first Award with respect to the traditional fishing regime constitute res judicata without prejudice to the maritime boundary that the Tribunal decides on in the second stage of the proceedings".[34]

En bref, si l'existence et la protection du régime traditionnel de pêche ne dépendent pas de la délimitation de la frontière

---

[28] § 27, Sentence II.
[29] § 38, Sentence II.
[30] § 28, Sentence II.
[31] § 29, Sentence II.
[32] § 63 *in fine*, Sentence II.
[33] § 110, Sentence II.
[34] *Ibid.*

internationale entre les deux États, inversement cette délimitation n'a aucun rapport avec la mise en œuvre de ce régime traditionnel.

Quels ont été alors les facteurs pris en compte par le Tribunal dans le tracé des frontières maritimes entre les deux États ?

II. LA DÉLIMITATION MARITIME

Nous examinerons d'abord le droit applicable à la présente phase, tel qu'il a été déterminé par les parties et interprété par le Tribunal. Nous enchaînerons ensuite sur l'analyse de la délimitation qui a été effectuée.

1. Le droit applicable

La partie de la sentence consacrée à la description de la ligne de frontière déterminée par le Tribunal commence par l'analyse du droit applicable à la présente phase. L'article 2 du compromis d'arbitrage[35] stipule :

> "1. Il est demandé au Tribunal de se prononcer conformément au droit international, en deux étapes [...]"
>
> "3. [...] Le Tribunal statue en prenant en compte l'opinion qu'il se sera faite sur les questions de souveraineté territoriale, la Convention des Nations Unies sur le droit de la mer et tout autre élément pertinent".

La prise en compte de l'opinion qu'il se sera faite dans sa sentence sur la souveraineté a pour but, précise le Tribunal,[36] d'empêcher toute tentative de révision des décisions prises lors de la première phase. D'autre part, la décision des parties de demander au Tribunal de prendre en compte la Convention de 1982 sur le droit de la mer tient au fait que l'Érythrée n'est pas partie à cette Convention. Cette acceptation *ad hoc* facilite ainsi la tâche du Tribunal car à défaut, le Tribunal n'aurait pu prendre en compte que les dispositions de la Convention qui ont atteint le

---

[35] Signé à Paris le 3 octobre 1996.
[36] Voir le § 130 de la sentence.

statut de règles coutumières relatives au droit de la mer. Cela l'aurait poussé à faire une œuvre d'interprétation en précisant les dispositions qui seraient devenues coutumières après 1982, ce qui est plus difficile que d'affirmer que la plupart des éléments pertinents du droit coutumier en la matière sont incorporés dans les dispositions de la Convention de 1982.[37] Enfin, faute de plus de précisions apportées par les parties, le Tribunal explique ce qu'il entend par "tout autre élément pertinent". Le Tribunal semble l'assimiler aux "circonstances pertinentes" au sens que le droit international général lui donne.[38] Ainsi,

> "'any other pertinent factors' is a broad concept, and doubtless includes various factors that are generally recognized as being relevant to the process of delimitation, such as proportionality, non-encroachment, the presence of islands, and any other factors that might affect the equities of the particular situation".[39]

Quelles ont été les règles du droit international de la mer utilisées par le Tribunal pour délimiter la frontière maritime entre les deux États ?

2. Les règles de délimitation retenues

En droit international de la mer deux règles dominent, et s'étaient même opposées à certaine époque, en matière de délimitation maritime. D'une part, il y a ce qu'on appelle la triple

---

[37] *Ibid.* Le Tribunal dit ceci après avoir constaté que les parties ne font aucune référence à ces règles coutumières.

[38] Dans l'affaire *Jan Mayen* (*Délimitation maritime dans la région située entre le Groenland et Jan Mayen*, Arrêt du 14 juin 1993), la Cour internationale de Justice dit que "le droit international général, tel qu'il s'est développé grâce à la jurisprudence de la Cour et à la jurisprudence arbitrale, ainsi qu'à travers des travaux de la troisième conférence des Nations Unies sur le droit de la mer, utilise la notion de 'circonstances pertinentes' [qui] peut être décrite comme un fait devant être pris en compte dans l'opération de délimitation" (C.I.J., *Recueil* 1993, p. 62, § 55). Le même paragraphe précise que "les circonstances spéciales apparaissent comme des circonstances susceptibles de modifier le résultat produit par une application automatique du principe d'équidistance".

[39] § 130, Sentence II.

règle "accords – équidistance – circonstances spéciales",[40] incluse dans l'article 12 de la Convention de Genève du 29 avril 1958 sur la mer territoriale et la zone contiguë, et dans l'article 6 de la Convention, de la même date, sur le plateau continental. D'autre part, il y a la règle "principes équitables – circonstances pertinentes", une règle coutumière dégagée par la jurisprudence et reprise, en ce qui concerne la délimitation du plateau continental et de la zone économique exclusive, dans les articles 73 et 84 de la Convention de Montego Bay du 10 décembre 1982 sur le droit de la mer. Dans la présente affaire, le Tribunal a principalement utilisé la règle équidistance – circonstances spéciales, suivant en cela la tendance récente au renforcement de cette règle, après une forte réserve à l'égard de celle-ci jusqu'aux années 80. Ainsi, il a tracé une ligne d'équidistance unique entre les deux côtes principales des parties, laquelle a été ajustée dans certains secteurs de la zone à délimiter pour tenir compte de quelques circonstances spéciales.

A. Une ligne d'équidistance unique

Dans le paragraphe 132 de sa sentence, le Tribunal arbitral a décidé :

"[...] The international boundary shall be a single all-purpose boundary which is a median line and should, as far as practicable, be a median line between the opposite mainland coastlines".

Tout d'abord, précisons qu'une ligne unique de délimitation est une ligne appelée à délimiter successivement différentes zones

---

[40] Cf. L. CAFLISCH, "La délimitation des espaces marins entre États dont les côtes se font face ou sont adjacentes", in R.-J. Dupuy, D. Vignes (eds.), *Traité du nouveau droit de la mer,* Paris / Bruxelles, Economica / Bruylant, 1985, p. 390. Le professeur CAFLISCH explique cette triple règle en ces termes :
"1) la délimitation peut se faire par voie d'accord ;
2) faute d'accords entre les États concernés, la méthode de l'équidistance est utilisée,
3) sauf dans le cas où des 'circonstances spéciales' dictent une autre solution" (*Ibid.,* pp. 389-390).

maritimes[41] tout au long de sa progression et au gré de la configuration géographique de la surface à délimiter. Il s'agit d'

> "une ligne non pas composite mais multifonctionnelle, c'est à dire qu'elle tient lieu de ligne divisoire en même temps pour chaque catégorie particulière d'espace à délimiter tout au long de son parcours [...], indépendamment du régime de la zone maritime qu'elle traverse, sans préférence ni amputation particulières au profit de tel ou tel régime, ou de telle ou telle zone".[42]

La ligne unique d'équidistance tracée par le Tribunal arbitral dans la présente affaire délimite ainsi des plateaux continentaux et des zones économiques exclusives dans la partie Nord, et des mers territoriales dans la partie Sud.

Le Tribunal a justifié le choix d'une ligne d'équidistance de la manière suivante. D'abord, il rappelle que la délimitation de la frontière maritime entre deux États qui se font face s'effectue généralement par une ligne d'équidistance.[43] Et il précise que cette règle a été mise en évidence par la doctrine et la jurisprudence, et est conforme à la pratique et aux situations précédentes similaires.[44] En effet, il est de plus en plus admis que

> "la méthode la plus logique et la plus largement pratiquée consiste à tracer d'abord à titre provisoire une ligne d'équidistance et à examiner ensuite si cette ligne doit être ajustée pour tenir compte de l'existence de circonstances spéciales".[45]

---

[41] Tels que la mer territoriale, la zone contiguë, le plateau continental et la zone économique exclusive. Dans la pratique, une ligne unique ne délimite que deux de ces quatre zones maritimes, ce qui est le cas dans l'espèce.

[42] C.I.J., *Affaire de la délimitation maritime et des questions territoriales entre Qatar et Bahreïn*, arrêt du 16 mars 2001, opinion dissidente commune de MM. Bedjaoui, Ranjeva et Koroma, § 167.

[43] § 131, Sentence II.

[44] *Ibid.*

[45] C.I.J., *Affaire de la délimitation maritime et des questions territoriales entre Qatar et Bahreïn*, arrêt du 16 mars 2001, § 176. Voir aussi, C.I.J., *Affaire de la délimitation maritime dans la région située entre le Groenland et Jan Mayen*, Arrêt du 14 juin 1993, *Recueil* 1993, pp. 59ss., §§ 49-52 ; C.I.J., *Plateau continental Lybie / Malte*, arrêt du 3 juin 1985, *Recueil* 1985, p. 47, §§ 62-63.

En outre, le Tribunal dit que c'est une méthode que les deux parties connaissent bien.[46] Dans leurs argumentations respectives, celles-ci ont d'ailleurs proposé comme règle de délimitation une ligne médiane tracée à partir de leurs côtes respectives, et leurs vues ne divergent que sur la définition des côtes devant constituer les lignes de base de cette délimitation.[47]

Enfin, le Tribunal dit que cette méthode conduit normalement à une solution équitable conformément aux articles 74 et 83 de la Convention de 1982 qui s'appliquent respectivement à la délimitation de zone économique exclusive et à celle de plateau continental entre deux États dont les côtes sont adjacentes ou se font face.[48] Ces dispositions sont surtout pertinentes dans la partie Nord de la ligne médiane à tracer où celle-ci délimite, comme on l'a dit plus haut, des plateaux continentaux et des ZEE. A considérer les vives controverses présidant à l'adoption de ces deux articles de la Convention entre les partisans de la méthode d'équidistance qui souhaitaient la reconduction de la règle équidistance – circonstances spéciales et ceux favorables à un renvoi exclusif aux principes équitables qui voulaient bannir des nouvelles règles de délimitation toute référence à l'équidistance,[49] le Tribunal semble ici "gommer" ces différenciations, ou plutôt met en évidence le "caractère politique et psychologique plutôt que juridique"[50] de la controverse. En fait, ce "gommage" a été effectué par la Cour internationale de Justice dans l'affaire *Jan*

---

[46] § 132, Sentence II.
[47] Cf. §§ 13, 24, 25 et 114, Sentence II.
[48] § 131, Sentence II. Le passage contenant les deux propositions qu'on vient de détailler est ainsi rédigé : "It is a generally accepted view, as is evidenced in both the writings of commentators and in the jurisprudence, that between coasts that are opposite to each other the median or equidistance line normally provides an equitable boundary in accordance with the requirements of the Convention, and in particular those of its Articles 74 and 83 which respectively for the equitable delimitation of the EEZ and of the continental shelf between States with opposite or adjacent coasts".
[49] Cf. L. CAFLISCH, *op. cit.*, note 40, pp. 418-419, et les références relatives à ces controverses qui y sont citées.
[50] Comme l'a souligné le professeur CAFLISCH, *op. cit.*, note 40, p. 419. Voir aussi le même article, p. 421 et suivants, pour une analyse critique de la formule contenue aux paragraphes premiers des articles 74 et 83.

Mayen (1993) et répété dans l'affaire *Qatar c. Bahreïn* (2001).[51] En l'espèce, le Tribunal fait référence à la fois à la ligne d'équidistance et aux principes équitables des articles 74 et 83 pour justifier l'adoption d'une ligne équidistante unique qui constitue la frontière internationale entre les deux pays.

En ce qui concerne la ligne médiane elle-même, elle a connu quelques déviations dues à la présence d'îles à proximité et entre les côtes continentales des parties. Pour le tracé de cette ligne, le Tribunal s'appuie sur la règle de l'article 5 de la Convention de 1982 selon laquelle

> "la ligne de base normale à partir de laquelle est mesurée la largeur de la mer territoriale est la laisse de basse mer le long de la côte, telle qu'elle est indiquée sur les cartes marines à grande échelle reconnues officiellement par l'État côtier".

L'application de cette règle pose alors la question de la détermination de la "côte" sur laquelle repose la ligne de base, surtout quand on est en présence d'îles.[52]

Pour appréhender ce problème, le Tribunal arbitral a divisé les zones à délimiter en plusieurs secteurs. Il précise d'emblée que, n'ayant pas de compétence pour déterminer la frontière de l'une ou l'autre partie avec les États voisins, la ligne, dans ses extrémités Nord et Sud, doit se terminer à la limite des zones où des États tiers peuvent avoir des revendications, à savoir l'Arabie Saoudite au Nord, et le Djibouti au Sud.[53] Tout en gardant à l'esprit cette division de la zone à délimiter, nous analyserons la délimitation effectuée par rapport à la situation des îles et leurs effets sur le tracé de la ligne d'équidistance.

---

[51] Affaires citées *supra*, note 45.
[52] § 133, Sentence II. Il est à noter que la question des îles peut être étudiée sous deux angles : sous l'angle de l'examen de la méthode de délimitation qui leur serait applicable, et sous l'angle de la détermination des points de base à partir desquels mesurer la largeur des limites maritimes. En l'espèce, les îles ont été surtout abordées sous ce dernier angle, à savoir déterminer si leur présence a une influence sur la ligne de base à fixer.
[53] §§ 136 et 164, Sentence II.

B. Les effets des îles côtières sur la ligne d'équidistance

On est ici concerné par les îles Dahlak, un chapelet de quelque 350 îles et îlots dont les plus grandes ont une population considérable, du côté érythréen; et par les îles Kutama, Tiqfash et Uqban avec d'autres îles et îlots dispersées formant une large zone d'îles et de récifs longeant la côte yéménite jusqu'à la frontière avec l'Arabie Saoudite. Ces îles se trouvent dans le secteur Nord défini par le Tribunal.

Pour ce qui est des Dahlak, le Tribunal dit que c'est un exemple type de groupe d'îles qui forment une partie intégrante des côtes continentales.[54] Les deux parties sont d'ailleurs unanimes pour considérer ces groupes d'îles comme faisant partie des côtes érythréennes.[55] A partir de ce constat, le Tribunal applique les règles pertinentes dans des situations similaires:

"that the waters inside the island system will be internal or national waters and that the baseline of the territorial sea will be found somewhere at the external fringe of the island system";[56]

que la méthode de lignes de base droites reliant des points appropriés d'un chapelet d'îles le long de la côte peut être employée pour tracer la ligne de base y afférente, conformément à l'article 7 de la Convention;[57] que cette méthode de lignes de base droites est toutefois soumise à des conditions que le Tribunal n'a pas manqué d'analyser.[58] Ces conditions ont été dégagées par la Cour internationale de Justice dans l'affaire des *Pêcheries norvégiennes*,[59] et codifiées dans l'article 4 de la Convention de 1958 sur la mer territoriale et l'article 7 de la Convention de 1982 sur le droit de la mer.[60]

---

[54] § 139, Sentence II.
[55] §§ 14 et 114, Sentence II.
[56] § 139, Sentence II.
[57] § 140, Sentence II.
[58] §§ 144-145, Sentence II.
[59] C.I.J., *Recueil* 1951, p. 116, [§§ 128-133].
[60] Voir pour une présentation claire et concise de cette méthode, CHURCHILL R. R. and LOWE A. V., *The Law of the Sea*, 3rd ed., Manchester University Press, 1999 [chap. 2 : "Baselines"], pp. 33ss.

Sans se prononcer sur l'existence ou non d'une ligne de base droite contrôlant la mer territoriale de l'Érythrée à partir de ces îles, le Tribunal y fait référence pour écarter la prétention de l'Érythrée qui voulait prendre comme point de départ de sa ligne de base droite des récifs appelés "Negileh Rock" lesquels, d'après Yémen, restent en tout temps immergés que ce soit à marée basse ou à marée haute.[61] Citant l'article 6 de la Convention,[62] le Tribunal en conclut:

> "A reef that is not also a low-tide elevation appears to be out of the question as a base point".

Le raisonnement du Tribunal est que le récif de Negileh Rock ne constitue pas un haut-fond découvrant et ne peut dès lors pas être pris comme point de base. Et quand bien même il constituerait un haut-fond découvrant, le paragraphe 4 de l'article 7 de la Convention de 1982 empêcherait de prendre de tels récifs inhabités et sans aucune installation comme point de départ d'une ligne de base droite.[63] Finalement, le Tribunal retient comme point de départ de son opération de délimitation du côté érythréen une ligne de base normale. Ainsi,

> "[...] The western base points to be employed on this part of the Eritrean coast shall be on the low-water line of certain of the outer Dahlak islets, Mojeidi and unnamed islet east of Dahret Segala".[64]

S'attaquant à la ligne de base du côté du Yémen, le Tribunal examine d'abord s'il doit donner effet aux îles Jabal al-Tayr et al-Zubayr attribuées au Yémen lors de la sentence sur la

---

[61] §§ 141-143, Sentence II.
[62] Cet article prévoit : "Lorsqu'il s'agit de parties insulaires d'une formation atollienne ou d'îles bordées de récifs frangeants, la ligne de base à partir de laquelle est mesurée la largeur de la mer territoriale est la laisse de basse mer sur le récif, côté large, telle qu'elle est indiquée sur les cartes marines reconnues officiellement par l'État côtier".
[63] Ce paragraphe stipule : "Les lignes de base droites ne doivent pas être tirées vers ou depuis des hauts-fonds découvrant, à moins que des phares ou des installations similaires émergées en permanence n'y aient été construits ou que le tracé de telles lignes de base droites n'ait fait l'objet d'une reconnaissance internationale générale".
[64] § 146, Sentence II.

souveraineté, auquel cas la ligne de base se trouverait au milieu de la mer Rouge où sont situées ces îles et non sur la côte continentale yéménite. C'est ce qu'a revendiqué le Yémen.[65] A ce propos, le Tribunal dit:

> "These islands do not constitute a part of Yémen's mainland coast. Moreover, their barren and inhospitable nature and their position well out to sea [...] mean that they should not to be taken into consideration in computing the boundary line between Yémen and Eritrea".
>
> "For these reasons, the Tribunal decided that both the single island of al-Tayr and the island group of al-Zubayr should have no effect upon the median line international boundary".[66]

Le Tribunal n'a pas précisé les règles ou principes juridiques sur lesquels il base sa décision et l'absence de déclaration individuelle ou d'opinion dissidente des arbitres ne nous aide pas à éclaircir ce point. La référence au caractère inhospitalier et inhabité de ces îles pourrait nous renvoyer à l'article 121, paragraphe 3 de la Convention de 1982, d'après lequel

> "les rochers qui ne se prêtent pas à l'habitation humaine ou à une vie économique propre n'ont pas de zone économique exclusive ni de plateau continental".[67]

Mais cela n'explique pas pourquoi on n'a pas pris en compte la mer territoriale à laquelle ces rochers donnent droit en vertu de ce même paragraphe. La question est également de savoir si c'est un argument opératoire ou un argument subsidiaire. Il y a en effet un autre argument du Tribunal selon lequel ces îles sont "well out to sea".[68] Et il n'est pas précisé lequel de ces deux arguments sont

---

[65] §§ 15 et 115, Sentence II.
[66] §§ 147 et 148, Sentence II.
[67] Sur cette disposition controversée, voir R. KOLB, "L'interprétation de l'article 121, paragraphe 3 de la Convention de Montego Bay sur le droit de la mer", *AFDI* 40 (1994), pp. 876ss. ; S. KARAGIANNIS, "Les rochers qui ne se prêtent pas à l'habitation humaine ou à une vie économique propre et le droit de la mer", *RBDI* 29 (1996), pp. 559ss.; J. I. CHARNEY, "Rocks that Cannot Sustain Human Habitation", *AJIL* 93 (1999), pp. 863ss.
[68] § 147, Sentence II.

déterminants, de même qu'il est difficile de déterminer le principe juridique sur lequel baser le deuxième argument.

Une autre explication à l'ignorance de ces îles pour l'opération de délimitation est que, s'agissant d'un espace où les deux parties ont de plateau continental et de zone économique exclusive, le Tribunal a fait appel aux principes équitables en ce sens que le tracé de la ligne de délimitation à partir de ces îles aurait donné un résultat inéquitable au détriment de l'Érythrée. Enfin, si on avait affaire à des hauts-fonds découvrants, le paragraphe 2 de l'article 13 de la Convention aurait pu être invoqué. Celui-ci stipule:

> "Lorsque des hauts-fonds découvrants se trouvent entièrement à une distance du continent ou d'une île qui dépasse la largeur de la mer territoriale, ils n'ont pas de mer territoriale qui leur soit propre".

En l'espèce, si Jabal al-Tayr et Zubayr se trouvent effectivement à plus de 12 milles marins de la côte continentale du Yémen, ils constituent pourtant des îles, au sens du paragraphe premier de l'article 121. L'article 13 ne peut donc être invoqué ici. Quoi qu'il en soit, l'ignorance de ces îles dans le cadre de la délimitation fait que les lignes de base sont à fixer à partir des côtes continentales yéménites.

Cela nous amène à voir l'effet des nombreuses îles situées à proximité des côtes yéménites sur la détermination de ces lignes de base. On a vu que le Yémen fixait sa ligne de base à partir des îles Jabal al-Tayr et al-Zubayr situées plus au large des côtes yéménites et n'a donc pas argumenté sur les effets possibles de ces îles sur la délimitation.[69] Pour sa part, l'Érythrée propose une ligne médiane continentale qui ignore ces îles. Pour le Tribunal arbitral, toutes ces îles font partie de la côte continentale du Yémen.[70] Pour déterminer les lignes de base afférentes, il divise ces îles en deux groupes. D'une part, il y a l'île de Kamaran qui forme avec un large promontoire du continent situé au Sud d'elle une importante baie. La ligne médiane est donc contrôlée par

---

[69] Cf. § 120, Sentence II.
[70] §§ 150 et 151, Sentence II.

cette baie dont les points de base sont constitués par la pointe la plus à l'Ouest de l'île de Kamaran et les petites îles se trouvant immédiatement au Sud de Kamaran et à l'Ouest du promontoire.[71] D'autre part, le Tribunal considère l'îlot de Tiqfash, et les petites îles de Kutama et d'Uqban comme faisant partie d'un système complexe d'îles, d'îlots et de récifs qui gardent cette partie de la côte. Il assimile alors ce système au chapelet d'îles le long de la côte envisagé par l'article 7 de la Convention,[72] et prend comme lignes de base, pour continuer celles déterminées précédemment, les îlots au Nord-Ouest nommés Uqban et Kutama.[73] L'extrémité Nord de la ligne d'équidistance tracée par le Tribunal se trouve d'ailleurs plus ou moins à la hauteur de Kutama.

En conclusion, le Tribunal a donné plein effet aux chapelets d'îles se trouvant à proximité des côtes respectives des deux parties, considérées comme faisant partie intégrante du continent. En ce qui concerne les lignes de base retenues pour mesurer la ligne d'équidistance à partir de ces îles, le Tribunal a utilisé une ligne de base normale du côté érythréen et semble avoir opté pour une ligne de base droite du côté yéménite, en ignorant la ligne de fermeture de la baie formée par l'île de Kamaran et le large promontoire à son sud. La ligne d'équidistance continue tout droit jusqu'au début du secteur central où elle subit une déviation due à l'existence sur son passage de quelques îles, dont l'influence va être examinée maintenant.

C. Les effets des îles du milieu sur la ligne d'équidistance

Dans le secteur Nord, on a vu que le Tribunal n'a donné aucun effet aux îles de Jabal al-Tayr et de "Zubayr group". Il nous reste alors à voir la place accordée par le Tribunal aux îles de "Hanish group" et de Jabal Zuqar d'un côté, et les îles Haycock, Mohabbakah et Southwest Rocks de l'autre. Il convient d'emblée de préciser que, contrairement au précédent des îles anglo-

---

[71] § 150, Sentence II.
[72] § 151, Sentence II.
[73] *Ibid.*

normandes,⁷⁴ aucune des îles sus-mentionnées ne se trouvait du mauvais côté de la ligne médiane potentielle tracée entre les territoires continentaux des deux parties, ce qui a permis de garder la même ligne médiane moyennant quelques ajustements tenant à la présence desdites îles. Quelle est la proportion d'effet accordée par le Tribunal à chacun de ces groupes d'îles: plein, demi ou aucun ?

La ligne proposée par le Yémen tend à donner plein effet aux îles Hanish, ce qui donnerait une ligne médiane entre la laisse de haute mer des côtes continentales de l'Érythrée et la laisse de basse mer des côtes les plus à l'Ouest des groupes d'îles de Hanish.⁷⁵ Le Yémen avance pour appuyer sa proposition que les petits îlots érythréens situés entre la masse terrestre érythréenne et les îles plus grandes du Yémen ne doivent jouer aucun rôle dans le processus de délimitation.⁷⁶ Cet État n'entend donc donner aucun effet aux îles Haycock et à South West Rocks, groupes d'îles qu'il veut enclaver à l'intérieur de sa mer territoriale en respect de la souveraineté de l'Érythrée sur ces îlots.⁷⁷ L'Érythrée conteste bien entendu cette position du Yémen et propose la solution inverse avec une autre ligne médiane donnant plein effet à ses propres îles tout en ignorant les îles yéménites.⁷⁸

Le Tribunal n'a retenu comme telle aucune des lignes proposées par les deux parties. Il commence par rappeler la règle de l'article 121, paragraphe 2 de la Convention de 1982 d'après laquelle toute île produit, quelle que soit sa taille, ses propres zones maritimes.⁷⁹ Implicitement, le Tribunal reconnaît aux Haycoks et South West Rocks la qualité d'île, définie dans le paragraphe 1 de l'article 121 de la Convention comme étant "une étendue naturelle de terre entourée d'eau qui reste découverte à

---

⁷⁴ Affaire de la *délimitation du plateau continental entre la France et le Royaume-Uni*, sentence du 30 juin 1977, *RSA*, vol. XVIII, pp. 130ss. et pp. 209ss. sur les îles anglo-normandes.
⁷⁵ § 16, Sentence II.
⁷⁶ §§ 17 et 124, Sentence II.
⁷⁷ § 17, Sentence II.
⁷⁸ §§ 25 à 27, Sentence II.
⁷⁹ § 155, Sentence II.

marée haute". Cette position va à l'encontre de celle du Yémen qui considère

> "both the South West Rocks and the three Haycoks [...] as being no more than small rocks whose only importance was that they were navigational hazards".[80]

Et le Tribunal de continuer:
> "It follows that a chain of islands which are less than 24 miles apart can generate a continuous band of territorial sea. This is the situation of the Eritrean islands out to, and including, the South West Rocks".[81]

La conséquence en est qu'on se trouve face à un chevauchement de mers territoriales appartenant aux deux parties. L'attribution des îles Hanish et Zuqar au Yémen génère en effet des mers territoriales qui empiètent sur celles générées par les Haycocks et South West Rocks, sous souveraineté érythréenne. Au problème de délimitation de frontière internationale s'ajoute donc celui de la fixation de la limite de la mer territoriale respective des parties. Ainsi,

> "Once it is established that there is an area of Eritrean mainland coast territorial sea, potentially extending beyond the South West Rocks and the Haycok group of islands on the one hand and overlapping the territorial sea generated by the Yémen islands of the Hanish group on the other, the situation suggests a median line boundary [...]".[82]

> "Further bearing in mind its overall task of delimitation, the Tribunal also finds this line to be an entirely equitable one. The decision of the Tribunal is therefore that the median line is the international boundary line where it cuts through the area of overlap of the respective territorial seas of the Parties".[83]

En résumé, le Tribunal a pris en compte la présence des îles au milieu de ce secteur central mais ne leur a donné qu'un effet minimum sur le tracé de la ligne médiane. En effet, après avoir

---
[80] § 17, Sentence II.
[81] *Ibid.*
[82] § 158, Sentence II.
[83] § 159, Sentence II.

admis que l'article 15 permet l'utilisation d'une autre méthode de délimitation de la mer territoriale en raison de l'existence de titres historiques ou d'autres circonstances spéciales, le Tribunal arbitral dit qu'il a bien considéré ces raisons et circonstances mais n'a pas jugé utile de se départir de l'équidistance.[84] Néanmoins, il a dévié vers l'Ouest la ligne médiane continentale du secteur Nord pour empêcher celle-ci de couper d'abord la mer territoriale de Zuqar, ensuite celle de Hanish et enfin le territoire terrestre de Greater Hanish. Le Tribunal a eu recours pour ce faire à une ligne géodésique qui rejoigne plus loin, juste à la limite méridionale de "Hanish group", une ligne médiane continentale du secteur sud.[85] La solution dégagée est donc une ligne médiane coupant à travers le chevauchement des mers territoriales. Cette ligne rejoint la ligne médiane du secteur Sud qui, ne disposant pas d'îles ou rochers entre les deux côtes, ne pose pas de problème juridique particulier.

D. Les circonstances spéciales non géographiques

Les parties ont également avancé d'autres facteurs que le Tribunal devrait prendre en compte dans son opération de délimitation.

a) L'un de ceux-ci concerne les arguments relatifs à la pêche[86] qui incluent la préservation aussi bien des activités de pêche dans la région que des zones actuelles de pêche des ressortissants des parties, la prise en compte de l'importance de la consommation de poissons pour la subsistance et la santé de la population, et la dépendance économique sur la pêche. D'après les parties, chacune avec leurs argumentations parfois contradictoires, la délimitation à intervenir ne devrait pas avoir d'effet sur ces faits. Le Tribunal a estimé que ces questions sont pour la plupart déjà réglées par sa décision relative au régime traditionnel de pêche lequel comprend notamment le libre accès des pêcheurs

---

[84] Cf. § 158 *in fine*.
[85] §§ 160 à 162, Sentence II.
[86] Question traitée dans le Chapitre II de la sentence.

traditionnels aussi bien érythréens que yéménites aux îles et aux marchés continentaux de la région. Et il conclut en ces termes :

> "For the above reasons, the evidence and arguments advanced by the Parties in the matter of fishing could have no significant effect on the Tribunal's determination of the delimitation that would be appropriate under international law in order to produce an equitable solution between the Parties".[87]

b) L'Érythrée avance un autre facteur devant influencer la délimitation à savoir les accords pétroliers passés par chacune des Parties.[88] Sa position se base sur un passage de la sentence sur la souveraineté qui prévoit que ces contrats de concessions pétrolières

> "lend a measure of support to a median line between the opposite coasts of Eritrea and Yémen, drawn without regard to the islands, dividing the respective jurisdiction of the Parties".[89]

L'Érythrée soutient que les limites des concessions accordées par Yémen se trouvent sur une ligne médiane tracée à partir des côtes continentales des parties, et ce, sans tenir compte des îles qui se trouvent au milieu. Le Tribunal doit donc retenir cette ligne supportée par les accords de concessions pétrolières,[90] qu'elle qualifie de "ligne médiane historique". Le Tribunal rejette cette prétention en disant que les lignes des concessions pétrolières ont été tracées à l'époque où la souveraineté sur les îles aux alentours n'était pas encore déterminée. Ces lignes peuvent difficilement être considérées comme déterminantes une fois cette souveraineté fixée. Un certain poids doit donc être accordé à cette attribution de souveraineté, surtout que les parties ont demandé au Tribunal dans le compromis d'arbitrage de tenir compte de l'opinion qu'il se sera faite sur les questions de souveraineté territoriale.[91] A

---

[87] § 74, Sentence II.
[88] Question traitée dans le Chapitre III de la sentence.
[89] § 438, Sentence I.
[90] § 79, Sentence II.
[91] §§ 82-83, Sentence II.

défaut de prendre en compte les accords de concession pour l'opération de délimitation, le Tribunal souligne que

> "[...] The Parties are bound to inform one another and to consult one another on any oil and gas and other mineral resources that may be discovered that straddle the single maritime boundary between them or that lie in its immediate vicinity.".[92]

c) Concernant enfin la question de la proportionnalité, les deux parties, tout comme le Tribunal,[93] citent la jurisprudence de la Cour internationale de Justice dans l'affaire du *Plateau continental de la Mer du Nord* selon laquelle une délimitation doit tenir compte d'un "degré raisonnable de proportionnalité" entre la longueur des côtes et les espaces maritimes.[94] Ils reconnaissent que la proportionnalité est un facteur à prendre en compte pour s'assurer du caractère équitable et raisonnable d'une délimitation effectuée par d'autre moyen. A partir de ces constats, la tâche du Tribunal consiste alors à faire une comparaison de la longueur des côtes respectives des parties et celle de l'étendue de leurs zones maritimes, pour voir si le partage issu de la délimitation qu'il a effectué n'est pas disproportionné. Après avoir établi que la ratio des longueurs des côtes est de 1 :1.31 et celle des zones maritimes de 1 :1.09,

> "the Tribunal believes that the line of delimitation it has decided upon results in no disproportion".[95]

---

[92] § 86, Sentence II.
[93] §§ 39, 40 et 165, Sentence II.
[94] C.I.J., *Recueil* 1969, p. 57, § 101.
[95] § 168, Sentence II.

CONCLUSION

La sentence du 17 décembre 1999 renforce le rôle central du principe d'équidistance dans la délimitation maritime, qui est normalement la méthode la plus apte à produire un résultat équitable, bien qu'elle ait pris du temps à s'affirmer et à être largement acceptée. Dans cette sentence, le Tribunal fait également le rapprochement entre la règle équidistance – circonstances spéciales de l'article 15 et la règle principes équitables – circonstances pertinentes des articles 74 et 83 de la Convention des Nations Unies sur le droit de la mer de 1982. Il rejoint ainsi la Cour internationale de Justice qui a été la première à l'avoir clairement dit dans l'affaire *Jan Mayen*, en ces termes :

> "Bien qu'il s'agisse de catégories différentes par leur origine et par leur nom, il y a inévitablement une tendance à l'assimilation des circonstances spéciales de l'article 6 de la Convention de 1958 et des circonstances pertinentes en droit coutumier, ne serait-ce que parce que toutes deux doivent permettre d'atteindre un résultat équitable. [...] Il ne peut y avoir rien de surprenant à ce que la règle équidistance – circonstances spéciales aboutisse essentiellement au même résultat que la règle principes équitables – circonstances pertinentes dans le cas de côtes se faisant face, qu'il s'agisse de délimitation du plateau continental, de la zone de pêche, ou d'une ligne unique de délimitation à toutes fins.".[96]

La Cour confirme cette assertion dans l'affaire *Qatar c. Bahreïn* en parlant d'une liaison étroite entre ces deux règles.[97] Il convient également de rappeler à ce stade que le Tribunal s'est référé à plusieurs reprises à la jurisprudence de la Cour, œuvrant ainsi pour la cohérence et l'unité du système juridique international.

En ce qui concerne l'application de ces règles dans la présente affaire, les parties ont aussi attaché une grande importance aux facteurs socio-économiques qui devaient être pris en compte dans l'opération de délimitation comme circonstances pertinentes ajustant l'équidistance. Le Tribunal a reconnu l'importance de ces facteurs

---

[96] *Recueil* 1993, p. 62, § 56.
[97] Cf. Arrêt du 16 mars 2001, § 231.

dans les relations mutuelles des parties mais ne les a pas retenus pour la délimitation. Il s'est exclusivement tenu aux facteurs géographiques.

Il faut finalement dire que le Tribunal a bien œuvré au rétablissement de "relations pacifiques dans l'esprit de l'amitié traditionnelle entre les deux peuples", stipulé dans le compromis d'arbitrage. Le règlement de la question de souveraineté sur les îles se trouvant entre les deux pays au milieu de la Mer rouge, suivi de la délimitation de leur frontière internationale, ont normalisé les relations entre les deux États. Signe de cette reprise de relations pacifiques et amicales, ceux-ci ont signé le 18 avril 2001 à Asmara un Accord de coopération portant sur le commerce, le transport et le règlement des problèmes maritimes.[98] Ils y ont également trouvé un accord sur la délimitation et la démarcation de leur frontière maritime, basée sur la présente sentence, et y réitéraient leur volonté de perpétuer le régime traditionnel de pêche dans la région. Dans un communiqué commun, leurs deux ministres des affaires étrangères soulignent que l'Accord signé manifeste clairement le désir de coopération entre les deux pays et aide à cimenter davantage les relations existantes entre ceux-ci et leurs deux peuples.

---

[98] *Erina News Agency*, Asmara, 18 April 2001 (en Tigrinya), cité dans le site de la Cour permanente d'Arbitrage, <http://www.pca-cpa.org/RPC/ERY18apr.htm>.

THE UNITED NATIONS AND INTERNAL / INTERNATIONAL CONFLICTS IN AFRICA: A BRIEF SURVEY

Mpazi Sinjela[*]

ANGOLA

The protracted conflict in Angola remained on the agenda of the Security Council throughout the year 2001.[1] In its resolution adopted on 23 January 2001, the Security Council reaffirmed its commitment to preserving the sovereignty and territorial integrity of Angola.[2] This action was taken in order to pre-empt any suggestion that resolution of the conflict might perhaps lie in the partitioning of the country into two sovereign entities.

On 11 April 2001 the Secretary-General submitted a report[3] on the situation in Angola. He informed the Security Council that the war in Angola had continued unabated. He observed that while the Government had continued to pursue a military option, it had reaffirmed the continuing validity of the Lusaka Protocol as a good basis for settling the conflict.

---

[*] LLB (Zambia), LLM, JSD (Yale), Academy of World Intellectual Property Organization (WIPO), formerly of the United Nations (UN) Office of Legal Affairs.
The views expressed herein are those of the author and do not in any way reflect those of WIPO or the UN.

[1] For the United Nations involvement in the Angola conflict during the year 2000, see *AYIL* 8 (2000), pp 419-424.
[2] Doc. S/RES/1336 (2001) (23 January 2001).
[3] Doc. S/2001/351 (11 April 2001).

To demonstrate his resolve towards finding a solution to the conflict, President Jose dos Santos granted amnesty to a number of people involved in the conflict. At the same time, he had announced his intention to hold presidential and parliamentary elections during the second half of 2002 if certain conditions were met. Such conditions included the adoption of a new constitution, a new electoral law and that the displaced population should properly be resettled so that an electoral census could be carried out. UNITA, however, had reacted negatively to the amnesty proclamation as well as to the announcement to hold elections, which it vowed to prevent if attempts were made to hold them. UNITA stressed instead that first the root cause to the problem should be identified and rectified before such elections could be contemplated to take place.

In the framework of promoting the peace process, the Government issued a four-point peace plan to be fulfilled by UNITA. These were a unilateral renunciation of hostilities by Savimbi, the hand over of weapons by the UNITA soldiers to the United Nations, and conclusion of the tasks still pending under the Lusaka Protocol and participation in the general election. In reaction to this announcement, Mr. Savimbi proposed instead that a dialogue should take place between the Government and UNITA, which should include the civil society. While reaffirming the validity of the Lusaka Protocol, Mr. Savimbi stressed that both parties should conclude the remaining issues under the Protocol.

With regard to the human rights situation in the country, the Secretary-General noted that it had continued to be negatively affected by the war. The freedom of expression and opinion, including the right to peaceful assembly were affected by the climate of war. Despite this state of affairs, some opposition parties were nevertheless, actively pursuing their activities. For example, the media had increased its dissemination of information to the public; and the radio and television had also increased their debate on human rights, including governance and democratic principles. In this regard, the Government had expressly requested the United Nations Office in Angola to continue its efforts in promoting human rights and to extend such activities to all provinces of the country.

The Secretary General summed up the situation in Angola by expressing his belief that the Government had taken some positive measures that would further enhance efforts towards peace and reconciliation in the country. These measures included the reaffirmation of the Lusaka Protocol, the announcement of the elections in 2002, the enactment of the amnesty law and the creation of a fund for peace and national reconciliation for the benefit of those taking advantage of the amnesty. He also welcomed the Government's new attitude toward the recognition of human rights and the need to develop institutional capacity in this area.

In the light of the foregoing and the positive efforts made by the Government, the Secretary-General called upon UNITA to abandon the military option as a means for settling the conflict and instead to seek a solution in line with the Lusaka Protocol.

The Secretary-General also noted the encouraging signs for a nascent democratic process that had been slowly evolving in the country among various segments of the society. He called upon the Angolan people to draft a new constitution and to continue debate on a new press law and encouraged them to ensure a free and fair election.

The Security Council, in its statement on 20 September 2001 expressed concerned with the situation in Angola and again placed the blame on UNITA, which had not fulfilled its obligations under the Peace Accord for Angola and the Lusaka Protocol.[4] It condemned the continued attack by UNITA on the civilian population. In its view, such attacks could not be justified by any political goals to be gained. The Council called on all States to enforce the sanctions imposed against UNITA until it had complied with all demands.

The Council expressed support for the intention of the Government to hold elections as part of the democratization process. It however, stressed the need to create conditions that would allow the holding of free and fair elections and requested the Secretary-General to render assistance towards this end.

---

[4] Doc. S/PRST/2001/24.

In his report on 10 October 2001, the Secretary-General took note of the deep animosity and distrust that was still persisting between the Government and UNITA.[5] Propaganda emanating between the two parties mainly fueled this. The civil society had, however mounted pressure for the two parties to stop the war, but this had been to no avail and the war had continued to wage on. The guerrilla activities had spread to several parts of the country and many killings had been reported. In this connection, the Government had called upon UNITA to declare a unilateral cease-fire. UNITA insisted that the Government needed to be dissolved in order to form a transitional government in which it would participate on equal level.

Regarding the human rights situation, it was reported that the situation was still affected by the conflict. While on the one hand the attack on civilians by UNITA had intensified, the United Nations Office in Angola had continued its work with various groups, including the judiciary and the Bar Association to promote a better understanding of human rights norms and procedures.

The Secretary-General noted that despite the security situation, there were positive signs for a political settlement of the conflict. These included the acknowledgement by both parties of the Lusaka Protocol as a basis for peace.

In its resolution adopted on 19 October 2001, the Security Council reaffirmed its commitment to preserving the territorial integrity of Angola and expressed once again the concern it had regarding the humanitarian effects the war situation had on the civilian population in the country.[6]

In the statement of the President of 15 November 2001, the Security Council again expressed its deep concern about the ongoing conflict in Angola.[7] It pointed at Mr. Savimbi and the armed faction of UNITA as being responsible for the state of things, and in particular, for the failure to implement the Lusaka Protocol. It reaffirmed its intention to keep sanctions under close and ongoing monitoring in order to make them more effective. It encouraged the

---

[5] Doc. S/2001/956 (10 October 2001).
[6] Doc. S/RES/1374 (2001) (19 October 2001).
[7] S/PRST/2001/36 (15 November 2001).

Government to continue to work towards peace, stability and reconciliation in consultation with all the political parties and the full participation of the civil society. It also expressed its hope that the Government would work for economic reform and ensure transparent and accountable governance that would provide a positive climate for peace.

The Security Council expressed its intention to remain actively engaged in finding a lasting solution to the conflict and thus decided to remain seized of the situation.

BURUNDI

The Security Council under its agenda item entitled "The Situation in Burundi" regularly considered the question of the settlement of the prevailing dispute in Burundi.[8]

Thus, on 2 May 2001, the Security Council made a statement in connection with the situation in Burundi in which the Council strongly condemned the attack made by armed forces on 25 February 2001.[9] The timing of the attack was considered to be most unfortunate since it was launched during the meeting of the parties to the Arusha Peace and Reconciliation Agreement on Burundi convened by the facilitator, former President Nelson Mandela in Arusha, Tanzania. It called for an immediate end to these hostilities.

In connection with the objective of the attack, the Council expressed its strong disapproval of such acts aimed at undermining the peace process in Burundi. It called upon the Forces for National Liberation and the Forces for the Defence of Democracy to cease hostilities and to join the peace process. It requested all groups to engage in dialogue in order to allow an early cessation of hostilities and to reach an agreement on a permanent cease-fire.

Regarding the outcome of the meeting of the Parties to the Arusha Agreement referred to above; the Security Council took note

---

[8] For the United Nations consideration of this question during the year 2000, see *AYIL* 8 (2000), p. 424.
[9] Doc. S/PRST/2001/6 (2 March 2001).

of the proposed scheme for power-sharing arrangements among the Parties. It called upon the Parties to reach agreement on the remaining issues for transitional power sharing arrangements. The Council gave its full support for the efforts of the Facilitator, the Regional Peace Initiative and the Implementation Committee to bring peace to Burundi. It expressed its readiness to consider practical ways of how best to support the peace process and the implementation of the Arusha Agreement.

The Council, again on 29 June 2001, reiterated its call for suspension of the armed conflict, for the armed groups to enter into negotiations and expressed its support to the work of the facilitator, President Nelson Mandela. It called upon the Parties to the Arusha Agreement to adhere to the applicable provisions of the Agreement, including the provisions for the establishment of new institutions.

In connection with human rights violations, the Security Council expressed grave concern at the continuing human rights abuses and violations of humanitarian law. It stressed the need for all parties to ensure the respect for human rights and humanitarian law.

In another statement made on 26 September 2001, the Security Council expressed its desire to see a transitional government installed on 1 November 2001.[10] It expressed its belief that the installation of a broadly based and inclusive government will mark a turning point in the Burundi peace process. The Council called on the parties to reach agreement on the establishment of a special protection unit whose functions would solely be to perform police work relating to personal security for politicians returning from exile.

The Security Council reiterated its call for the two Forces mentioned above to suspend hostilities, to continue negotiations and to join the peace process. In its belief, the installation of a broad-based government on the basis of an internationally sanctioned peace process made armed rebellion an unacceptable means of political expression. The Security Council also called upon all States, particularly those in the region, to cease all forms of support to the two armed Forces named above and that the Member States

---

[10] Doc. S/PRST/2001/26 (26 September 2001).

should encourage these two groups to join in the peace process. The Council also considered it important if the regional security was to be achieved and consolidated, that all States of the Regional initiative should mark the installation of the transitional government by further enhancing their bilateral and regional cooperation with the new government.

Finally, the Security Council expressed concern at the deteriorating humanitarian situation. It called on all parties to ensure that conditions were conducive for the voluntary return of refugees and for the safe and unhindered activities of the humanitarian relief community. It also requested the donor community to increase its humanitarian assistance to the country and to accelerate its delivery.

Again on 29 October 2001, the Security Council reaffirmed that the Arusha Peace and Reconciliation Agreement remained the most viable basis for a resolution of the conflict.[11] In this regard, it expressed deep concern at the ongoing violence and insecurity in Burundi. It again expressed strong support at the efforts of the facilitator, former President Nelson Mandela and all others involved in the search for lasting peace in Burundi. It welcomed the agreement reached on 11 October 2001 in Pretoria, South Africa on the legal framework, the structure of the transitional government and the composition of the government, the senate and the transitional national assembly. It also endorsed the proposal by South Africa and others for the establishment of an interim multinational security presence in Burundi to protect returning political leaders and train an all-Burundian protection force.

In his report on 14 November 2001, the Secretary-General informed the Security Council that the efforts of former President Nelson Mandela in brokering a peace process had finally paid off. A broad-based transitional government of national unity was installed on 1 November 2001. This was viewed as ushering in a new and promising chapter in the search for lasting peace and stability in Burundi. The Secretary-General paid tribute to President Mandela and all those that had contributed to the success of this initiative. The Monitoring Committee would continue to meet in order to

---

[11] Doc. S/RES/1375 (2001) (29 October 2001).

monitor compliance with the Arusha Agreement. As previously, it would be chaired by the Special Representative of the Secretary-General and composed of 29 representatives from the Burundian signatories to the Agreement, the donor community, the Organization of African Unity and the Regional Peace Initiative on Burundi.

In the statement of the President on 15 November 2001, the Security Council welcomed the inauguration of Burundi's Transitional Government and expressed its appreciation to the facilitator, former President Nelson Mandela.[12] The President of the Council expressed the hope that the region and the international community could continue to rely on his moral leadership for progress towards peace in Burundi. Again, in another statement of the President on 15 November 2001, the Security Council paid tribute to the facilitator, former President Mandela whom it described as having helped to give Burundi a chance for lasting peace, democracy, economic development and national reconciliation.[13] It called upon all the Burundians and the United Nations Member States to build on the momentum created through the efforts of President Mandela and to support the Regional Peace Initiative and the Transitional Government and the Implementation Monitoring Committee.

CENTRAL AFRICAN REPUBLIC

The problems facing the Central African Republic remained on the agenda of the United Nations during the year 2001.[14]

It should be recalled that the Security Council established the United Nations Peace-Building Support Office in the Central African Republic with the mandate of providing support to the Government in consolidating peace and national reconciliation. Its

---

[12] Doc. ST/PRST/2001/33 (8 November 2001).
[13] Doc. ST/PRST/2001/35 (15 November 2001).
[14] For the efforts of the United Nations regarding assistance to the Central African Republic in attempting to settle its conflict in the year 2000, see *AYIL* 8 (2000), pp. 424-426.

mandate included providing assistance towards strengthening democratic institutions, undertaking missions of good offices and monitoring the human rights situation to monitor the security situation in the country. It was also to facilitate the mobilization of political support and resources for the country.

In connection with the carrying out of the above mandate, the Secretary-General reported on 11 January 2001 on the prevailing situation in the Central African Republic.[15] He observed that since his last report on 30 June 2000 the political situation in the country had been crowded by tensions between the ruling party and the various opposition parties.[16] For example, a political rally organized by the opposition party was broken up. Some members of Parliament, together with others, had been arrested. The four Parliamentarians were subsequently tried, convicted and sentenced to four months imprisonment on 3 January 2000. There had also been a strike by the civil servants over non-receipt of salaries for up to thirty months. Violent demonstrations by University students against the Government had also taken place, thus disrupting the peace and security of the country.

Due to this state of affairs, the Government had not been able to conduct any dialogue with the opposition groups.

Concerning the human rights situation, the Secretary-General reported that while summary and extra-judicial executions had diminished, another form of human rights violations had replaced those types of violations. This related to the so-called "neighbourhood" justice, which took the form of beating-up suspected-armed robbers and "witches", sometimes to death. This form of human rights violation had surfaced mainly due to a lack of confidence in the prevailing judicial system. The jail system was also in dire stress; it was over-crowded and lacked amenities. Some prisoners were reported to have died as a result of the conditions in jails. The jails were rife with various diseases such as cholera, malaria and meningitis. Some deaths had also occurred due to malnutrition, torture, and inhuman and degrading punishment. The

---

[15] Doc. S/2001/35 (11 January 2001).
[16] Doc. S/2000/629 (30 June 2000).

Government had requested assistance for the construction of new prisons and rehabilitation of the central prison that had been destroyed during the mutinies of 1996.

With regard to the disarmament exercise, 95 per cent of the heavy weapons and 65 per cent of the light ones had been recovered. There was however, a proliferation and illicit circulation of new weapons from neighbouring countries. There was also limited progress reported regarding the demobilization and reintegration programme, which had lagged behind due to a lack of resources.

The Secretary-General stressed the need for President Patasse to take the necessary measures in order to lower the existing tension between the Government and the opposition. He encouraged the international community and, in particular, the Bretton Woods institutions to continue to render the necessary assistance to the Central African Republic and to remain constructively engaged with a view to contributing to the social and political stability of the country.

In its statement on the situation in the Central African Republic, the Security Council, on 23 January 2001, expressed concern at the political and social tensions existing in the country, which threatened the national reconciliation process that had been underway during the previous four years.[17] It noted with concern the absence of dialogue between the Government and the opposition groups. The Council therefore called upon all the political actors to do their utmost towards the reduction of tension. It welcomed the action taken by the Government in releasing 62 persons arrested during the demonstrations.

Regarding the payment of salary arrears for civil servants, the Council considered this to be one of the priorities, which needed to be undertaken in order to bring about a certain level of stability in the country. It welcomed the announcement by the Government that it will take steps towards the resolution of this issue. It also encouraged the Government to take all the financial measures that are necessary to re-launch the demobilization and reintegration programme.

---

[17] Doc S/PRST/2001/2 (23 January 2001).

In his further report on the political situation in the Central African Republic, the Secretary-General gave an account of the attempted coup that took place on 28 May 2001 by a group of soldiers.[18] The coup was led by General Andre Kolingba, a former President of the Republic. The Secretary-General as well as the Council had vigorously condemned the coup attempt. All parties, including those in the opposition had condemned the coup.

Regarding the social conditions in the country, the Secretary-General observed that the situation was quite unstable due to a strike, which had taken place from 14 to 25 May 2001. The civil servants were complaining against a non-payment of their salaries and salary arrears for several months. After mediation efforts, the Government promised to pay salaries monthly. In return, the civil servant workers agreed to return to work and observe a social truce for a period of two months. However, at the end of the truce period, the trade union refused to renew the truce because of the Government's failure to honour its part of the commitment.

Concerning the human rights situation, it had greatly been affected by the events relating to the attempted coup. A number of persons had been detained, others had been detained without trial for long periods of time and the conditions in the prisons had also not improved. Following the coup attempt, there was a general restriction of the freedom of movement and some political and trade union leaders had been prevented from leaving the country. The Special Representative had, however, intervened and the situation appeared to be normalizing. The displacement of a large number of persons due to the coup attempt had also greatly affected the human rights situation in the country.

In the view of the Secretary-General, the attempted coup had jeopardized the efforts of the international community during the past five years aimed at the restoration of and consolidation of peace. It endangered the democratic process and had impeded the country's efforts towards economic recovery.

The Secretary-General observed that while the international community would do all that it could to assist the people, the

---

[18] Doc. S/2001/660 (2 July 2001).

primary responsibility rested with the people of the Central African Republic themselves. He therefore called upon all the parties to re-establish political dialogue, restore confidence, foster consultations and promote tolerance so that the country could emerge from its current situation.

The Security Council, in its statement on 17 July 2001 reiterated its condemnation of the attempted coup.[19] It expressed its deep concern at the precarious situation in the country and the persistence of violence. It called upon the Government to take urgent steps to bring an end to all acts of violence. It called for respect of human rights, national reconciliation and political dialogue in a spirit of the 1998 National Reconciliation Pact.[20] Finally, the Council recognized the fact that effective assistance of the international community towards the national reconciliation, stability and the reconstruction of the country depended on the implementation in parallel with appropriate structural reforms.

In his view, the prevailing precarious situation in the Democratic Republic of the Congo together with the large refugee problem was also cause for concern, which contributed to a lack of peace and stability of the Central African Republic. He considered that the problem of security in the country needed to be dealt with alongside the question of the restoration of peace in the Democratic Republic of the Congo.

The human rights situation was reported to be gradually returning to normal. A number of people who had fled following the coup attempt had started to return.

The Secretary-General noted that the in view of the insecurity prevailing in the country, the mandate of BONUCA needed to be strengthened. Its principal mission should include support of the efforts of the authorities to achieve national reconciliation and create a political dialogue and a political environment conducive to peace and development.

Finally, the Secretary-General noted that the attempted coup had worsened the situation to a point where the country was in a

---

[19] S/PRST/2001/18 (17 July 2001).
[20] Doc. S/1998/219, Appendix.

particularly desperate situation. The country required exceptional assistance from the international community because of the country's high poverty level, the weakness of its structures, its limited resources and its strategic position within central Africa and the Great Lakes Region. For the above reasons, the Secretary-General invited the Bretton Woods institutions to show exceptional solitude towards the needs of the country.

Having considered the report the Secretary-General, the Security Council made a statement on 26 September 2001 in which it expressed deep concern at the precarious situation in the Central African Republic.[21] It reiterated its call for the parties to conduct political dialogue, national reconciliation and respect for human rights.

Concerning the trial of persons suspected of having been involved in the coup plot, the Council called upon the authorities to follow the internationally accepted standards for due process in the course of investigations and court trials. The procedures had to be transparent and should not inflame inter-ethnic relations in the country. Similarly, the refugees who left the country should be allowed to return without fear of prosecution on ethnic basis.

With regard to financial assistance, the Council called on the international community to make substantial contribution to the recovery of the country. However, it emphasized the fact that the efficacy of the contribution would greatly depend on the efforts that the Government made towards that end. It stressed the need to consider the crucial issues of external debt and payment of salaries for civil servants, which required to be urgently addressed.

Finally, the Council took note of the intention of the Secretary-General to strengthen BONUCA. It underlined the need for continued restructuring of the armed forces as well as the importance of implementing an effective arms collection programme.

---

[21] Doc. S/PRST/2001/25 (26 September 2001).

DEMOCRATIC REPUBLIC OF THE CONGO

The conflict in the Democratic Republic of the Congo was on the agenda of the United Nations throughout the year 2001.[22]

The Secretary-General's report on 12 February 2001 informed the Council of the fatal shooting of President Kabila by a presidential bodyguard on 16 January 2001.[23] He had condemned it. On 17 January 2001, Major General Joseph Kabila was entrusted with the powers of Head of State and Commander-in-Chief of the armed forces. He was subsequently approved by the Congolese transitional parliament as President. The rebel groups and some in the Congolese political class had however, objected to his assumption of power as Head of State.

In his inaugural address, President Kabila indicated his wish to seek national reconciliation through political dialogue. He called for the immediate withdrawal of all foreign forces from the Congo. He envisaged that once peace was consolidated in the country, he would hold free and fair elections.

The Security Council adopted a resolution on 22 February 2001[24] in which it, *inter alia*, reaffirmed its support for the Lusaka Cease-fire Agreement[25] and the Kampala plan and Harare sub-plans for disengagement and redeployment of troops. It stressed the importance of giving new impetus to the peace process. Such a step would secure the full and complete withdraw of all foreign troops from the Democratic Republic of the Congo. It stressed the need to facilitate national reconciliation as an important component to the peace process.

The Security Council observed that the current situation in the country was a threat to international peace and security in the region. It therefore called upon the parties to the Lusaka Cease-fire Agreement to implement the Agreement as well as the two others,

---

[22] For efforts of the United Nations towards finding a peaceful settlement of the conflict in the Democratic Republic of the Congo during the year 2000, see *AYIL* 8 (2000), pp. 427-430.
[23] Doc. S/2001/128 (12 February 2001).
[24] Doc. S/RES/1341 (2001) (22 February 2001).
[25] Doc. S/1999/815.

namely, the Kampala and Harare Agreements and the relevant Security Council resolutions.

The Security Council called upon Ugandan and Rwandan forces as well as all other foreign forces to withdraw from the country. It urged them to accelerate the withdrawal process.

The Security Council, in condemning the massacre and atrocities committed in the country, demanded again that all parties put an immediate end to these violations of human rights and international humanitarian law.

In connection with national reconciliation process, the Security Council welcomed the intention of the authorities to conduct the inter-Congolese Dialogue under the auspices of the neutral facilitator, Sir Ketumire Masire. It called upon all the parties to take immediate steps towards moving the inter-Congolese dialogue forward.

The Security Council considered that the holding of an international conference on peace, security, democracy and development in the Great Lakes region would facilitate durable peace in the whole region. He called upon the conference, to work out conditions that would enable all people to enjoy the right to live peacefully within national borders.

On 17 April 2001, the Secretary-General submitted a report outlining the developments in the Democratic Republic of the Congo and observed that the military situation in the country had remained generally calm with minor cease-fire violation reported only in a few areas of the country.[26] He also reported that foreign forces, including the Rwandan, Ugandan, Burundian and Zimbabwean armed forces had begun to be withdrawn. The withdrawal process was being monitored by the United Nations Observer Mission in the Democratic Republic of the Congo (MONUC).

With regard to the human rights situation, the Secretary-General observed that the Government was showing a commitment to pursue a more energetic human rights agenda. All non-judicial detention centres had been ordered closed and the special rapporteur had been invited to visit and resume his monitoring activities of the situation

---

[26] Doc. S/2001/373 (17 April 2001).

in the Congo. Despite these developments, there were a number of areas where human rights violations were taking place, especially in the North and South of Kivu where the militia continued to commit atrocities of various kinds against the civilian population. The special rapporteur visited the country in March 2001 at which time he called for the release of the remaining political prisoners and journalist and for outlawing the death penalty.

The Secretary-General finally observed that he would propose ways in which MONUC could assist the parties in carrying out workable plans for the withdrawal of foreign forces and the disarmament, demobilization, reintegration, repatriation or resettlement of armed groups. He called upon the United Nations to examine ways of assisting the country following a complete withdrawal of the forces.

In its statement of 3 May 2001,[27] the Security Council referred to the report of the Expert Panel on the illegal exploitation of Natural Resources and Other Forms of Wealth in the Democratic Republic of the Congo.[28] It noted that the report contained disturbing information demonstrating a link between the people involved in the conflict and the exploitation of the resources in the country. It called upon all countries involved with this illegal activity to stop the illegal exploitation resources. The Council also noted the terrible toll the conflict was having on the people of the Congo and expressed its belief that the only viable solution was the full implementation of the Lusaka Cease-fire agreement and the relevant Council resolutions. It emphasized the need for a comprehensive approach, which addressed all the root causes of the conflict in order to achieve lasting peace. The Council would decide on the action following a further report to be submitted by the Expert Group which was examining the exploitation of resources in the Congo.

Further to his report on 8 June 2001, the Secretary-General outlined a number of political developments that had taken place in the Congo.[29] He observed, in particular, the repeal of a Decree that had prohibited the activities of the political parties. This action was

---

[27] Doc. S/PRST/2001/13 (3 May 2001).
[28] Doc. S/2001/357.
[29] Doc. S/2001/572 (8 June 2001).

viewed as a significant step in the establishment of a vibrant political climate. The President of Uganda had also given a schedule regarding the withdrawal of Ugandan forces from a number of areas in the Congo. He also promised that Uganda would remain a party to the Lusaka Agreement.

Regarding the human rights situation, the Secretary-General reported that over 700 detainees had been released from prison, including political opponents and journalist and the eight persons detained in connection with the assassination of President Kabila. He noted that some violations were nevertheless continuing to occur, including arbitrary arrests and extortion. There were continued restrictions on fundamental rights such as the freedom of expression. There were also reports that detention centres, which had been closed, were being reopened.

The Secretary-General noted that it was gratifying that the parties were adhering to the cease-fire. He was however concerned at the reports that some troops were moving out of the country into Rwanda, Burundi and Tanzania with a view to evading disarmament, demobilization, reintegration, repatriation or resettlement. In this connection, he called upon the parties to the conflict to settle their difference and reinforce areas of cooperation. He welcomed the announcement by the neutral facilitator that the inter-Congolese dialogue was to resume on 16 July 2001 and as well as a repeal of the Decree, which banned the activities of political parties.

The Security Council in its resolution adopted on 15 June 2001 noted with satisfaction that the cease-fire had been respected and welcomed the progress made on disengagement and redeployment of forces.[30] It again demanded the withdrawal of all foreign forces from the Congo. It viewed disarmament and demobilization of and cessation of any support to the ex-combatants as essential to lasting peace in the Congo, as well as in the region. It welcomed the announcement of the facilitator regarding the planned start of the inter-Congolese dialogue and called on all Congolese to commence the dialogue as soon as possible.

---

[30] Doc. S/RES/1355 (2001).

The Security Council again on 24 July 2001 expressed its satisfaction at the progress made so far in the peace process in the Democratic Republic of the Congo.[31] It called on all parties to fulfil their commitment under the Lusaka Cease-fire Agreement and reminded them of their obligation to cooperate with MONUC.

The Council called upon all parties to accelerate the withdrawal of their forces from the Congo. It also expressed its full support to the inter-Congolese dialogue and expressed the hope that the dialogue be held on the Congolese soil. It reiterated its commitment to support the full implementation of the Lusaka Cease-fire Agreement.

In another statement on 5 September 2001,[32] the Security Council welcomed the success of the preparatory meeting of the inter-Congolese dialogue and for the efforts of the Facilitator. It stressed the importance of the dialogue to be free of external interference, open, representative and inclusive. Finally it urged the parties to the Lusaka Cease-fire Agreement to proceed with the full implementation of the Agreement, including disarmament, demobilization, reintegration, repatriation and resettlement of the armed groups and withdrawal of the foreign forces.

On 16 October 2001, the Secretary-General reported on the progress made in a search for resolving the conflict in the Congo.[33] He noted that the political situation in the Congo continued to develop in a largely positive direction. An indication of this was the fact that the cease-fire had continued to hold and the disengagement of forces and their deployment to new defensive positions had been completed. The preparatory meeting of the inter-Congolese dialogue had also taken place in Gaborone, Botswana, from 20 to 24 August 2001 with some 70 delegates from various groups. The actual meeting of the inter-Congolese dialogue was scheduled to convene on 15 October 20001. As for the troop pull out, the Ugandan and Namibian forces were also reported to have largely withdrawn from the Territory. The Zimbabwean forces had also reported a withdrawal from the country. The Angola Government

---

[31] Doc. S/PRST/2001/19.
[32] S/PRST/2001/22 (5 September 2001).
[33] Doc. S/2001/970 (16 October 2001).

had announced its readiness to withdraw its forces as well from the country.

Regarding the human rights situation, in as far as the establishment of human rights laws and standards were concerned, progress had been made. However, the practical application had not improved, for example human rights activists and journalists were still being detained. Continuing use of torture in detention centres was also reported, and moreover, the Government had not honoured its commitment to suspend executions and to abolish the death penalty.

According to the Secretary-General, despite these difficulties, the overall situation in the country continued to be favourable. In the light of this, he recommended that the next step for the United Nations was to enter into phase III of the operation. This phase would entail carrying out functions regarding the establishment of temporary reception centres where combatants could surrender their weapons to be destroyed by MONUC in situ. The combatants would then be demobilized. However, in order to initiate this third phase, a deployment of additional military and civilian personnel in the country was recommended. He was aware of the political and security risks and high financial costs involved. But despite the risks and costs involved, he was hopeful that the international community would be willing to undertake such risks in order to attain peace in the Congo.

The President of the Security Council, on 24 October 2001, expressed the support of the Council to the proposal of the Secretary-General to initiate phase III of the deployment of MONUC.[34] He reiterated the importance the Council attached to the implementation of the Lusaka Cease-fire Agreement and the relevant resolutions of the Council. It called on the parties to address the worsening human rights situation in the country.

In its resolution of 9 November 2001, the Security Council welcomed the withdrawal of some forces from the Congo as a positive step.[35] It requested all other forces to do the same. The

---

[34] Doc. S/PRST/2001/29 (24 October 2001).
[35] Doc. S/RES/1376 (2001) (9 November 2001).

Council expressed support for the inter-Congolese dialogue, which it viewed as one of the key elements of the peace process. It drew a link between the peace process in Burundi and that of the Congo. It therefore welcomed the recent progress in the Burundi process and invited the parties to the Lusaka Cease-fire Agreement to work with the Burundian authorities to advance these two processes.

The Security Council supported the launching of phase III of the deployment of MONUC. It recognized that a successful deployment would, however, require taking a number of steps, including, a full demobilization, repatriation, resettlement and reintegration of forces; re-establishment of dialogue between the Congo and Rwanda aimed at confidence-building; and full restoration of the freedom of movement throughout the country.

The Council, while expressing its satisfaction at the partnership established by the parties to the Lusaka Cease-fire Agreement, reiterated its firm determination to continue providing assistance to the parties in their efforts to achieve peace.

ETHIOPIA AND ERITREA

The Security Council discussed regularly the conflict involving Ethiopia and Eritrea during the year 2001.[36]

The report of the Secretary-General of 2 January 2001[37] outlined various aspects leading to the settlement of the conflict between the two countries. He reported on his visit to Ethiopia and Eritrea in December of the previous year aimed at peace process. He had also witnessed the signing of the Agreement[38] between the two Governments in Algiers on 12 December 2000. At that ceremony, the Secretary-General had welcomed the signing of the Agreement

---

[36] For the efforts of the United Nations aimed at assisting the parties to settle their conflict during the year 2000, see *AYIL* 8 (2000), pp. 430-433.
[37] Doc. S/2001/45 (12 January 2001).
[38] Doc. A/55/686 – S/2000/1183.

"as reflecting the collective will of the leaders and Governments of both countries to set aside a destructive dispute, and to turn the energies and abilities to advancing the shared needs of both of their peoples."[39]

The Agreement is quite far reaching in its resolve in so far as it provides a permanent termination of hostilities between the two countries, including refraining from the threat or the use of force against each other. It provides for an early release and repatriation of prisoners of war and other detainees as a result of the war. The origins of the war were also to be investigated by an impartial body. A neutral boundary commission was to be appointed to delimit and demarcate the colonial treaty border in accordance with pertinent colonial treaties and applicable international law. A neutral commission was to be established to decide on claims for loss, damage or injury resulting from the war.

In order to set off work relating to this area, the Secretary-General considered as a first step to demine the area and make it safe both for the United Nations peace-keeping force, the delimitation and demarcation commission as well as the displaced civilian populations that now needed to return to their homes. He urged the international community to increase its financial support towards demining activities and mine-awareness programmes in both countries.

In its statement of 9 February 2001, the Security Council reaffirmed the sovereignty, independence and territorial integrity of the two countries.[40]

In this connection, the Council reiterated its strong support for the Agreement on Cessation of Hostilities signed by the two countries.[41] It also welcomed the signing of a subsequent Peace Agreement by the two parties on 12 December 2000 (Algiers Agreement).[42] The Agreement provides for a permanent cessation of military hostilities and called upon the two parties to refrain from the threat of the use

---

[39] Doc. S/2001/45, p. 1.
[40] S/PRST/2001/4 (9 February 2001).
[41] The Agreement was signed on 18 June 2000 in Algiers (Algeria). See Doc. S/2000/601.
[42] Doc. S/2000/1183.

of force against each other. The parties also agreed to release and repatriate prisoners of war and all other persons detained as a result of the armed conflict. The Agreement obligated the parties to appoint an independent and impartial body to investigate the origin of the conflict. A neutral boundary commission was to be established to delimit and demarcate the colonial treaty border based on pertinent colonial treaties and applicable international law. A neutral commission to decide on all claims for loss, damage or injury was to be established under the Agreement.

The Council, while encouraging both parties to work towards the full and prompt implementation of the Algiers Agreement, welcomed the agreement reached by the parties on 6 February 2001 regarding the establishment of a Temporary Security Zone which would become effective on 12 February 2001.

The Council also noted with satisfaction that the Algiers Agreement included a mechanism for the delimitation and demarcation of the common border and for addressing claims and compensation for persons who had suffered injury or damage to their property.

The Council urged both parties to facilitate mine clearing in coordination with the United Nations Mine Action Service. The parties were called upon to provide maps and other information to the United Nations regarding the location of mines and unexplored ordinances. It noted with concern that mines and unexplored ordinances remained the pre-eminent threat to the safety and security of the population.

The Security Council called on both the parties to continue to exercise restraint and to implement confidence-building measures, to continue the release and voluntary and orderly return of civilians that remained interned. It also called upon them to release prisoners of war and facilitate their return.

On 7 March 2001, the Secretary-General presented another report in which he outlined the progress made thus far towards the attainment of lasting peace between the two neighbouring countries.[43] He noted that major strides had been made towards the

---

[43] Doc. S/2001/202 (7 March 2002).

establishment of a Temporary Security Zone. He stressed that the Zone would in no way prejudice the rights of the parties over the contested areas. It was a first critical step towards instilling confidence between the parties and was aimed at disengaging the troops and to facilitate the return of refugees and internationally displaced persons.

Regarding the delimitation and demarcation of the border between the two countries, the Secretary-General stated that the Commission appointed for this purpose was scheduled to hold its first meeting on 25 March 2001. In addition, the Claims Commission was also ready to start its deliberations.

The Secretary-General reported with regard to the release and repatriation of prisoners of war and other persons detained as a result of the armed conflict that a total number of 4,985 prisoners of war and civilian internees had returned to Ethiopia and 1,603 to Eritrea since December 2000.

The Secretary-General made a number of observations with regard to the overall conflict resolution between Ethiopia and Eritrea. He noted that despite some difficulties, in particular with regard to the establishment of the Temporary Security Zone, the parties had continued to demonstrate commitment to the implementation of the Agreement on Cessation of Hostilities of 18 June and the Agreement on 12 December 2000. He also observed that the establishment of the Boundary Commission and the Claims Commission and the submission of claims and evidence to the Boundary Commission within the time frame established by the Agreement of 12 December were positive developments. However, he called for adequate financial support for the Boundary Commission if it was to succeed in its work. He urged the parties to place the necessary financial arrangements for meeting the costs of the Commission.

The Secretary-General stressed that since the establishment of the United Nations Mission in Ethiopia and Eritrea, significant progress had been achieved in the implementation of its mandate. The people of the two countries had suffered great losses during the war. He encouraged the two Governments to persevere on the road to peace and to ensure that the few difficulties still existing between them were overcome and did not become a major obstacle to the consolidation of the peace process.

In its resolution of 15 March 2001, the Security Council welcomed the progress made thus far in the implementation of the peace process.[44] It called on the parties to continue working towards the full and prompt implementation of their Agreements, including an expeditious completion of the remaining steps, in particular, the rearrangement of forces for the establishment of the Temporary Security Zone. It stressed the fact that the Agreements linked the termination of the United Nations peacekeeping mission with the completion of the process of delimitation and demarcation of the border between the two countries. In its view, this was the key element of the peace process.

The Secretary General, on 19 June 2001, informed the Council on the formal declaration of the establishment of the Temporary Security Zone on 18 April 2001. In his view, the establishment of the zone marked a milestone in the peace process.[45] It gave a momentum to the peace process and would facilitate the return of civilians to the area. Although there was growing concern that minor incidents might occur due to the proximity of the Eritrea militia and police and the Ethiopian forces, the real situation on the ground had remained relatively calm. The major area of contention was, however, that while Eritrea was authorized under the Protocol Agreement to administer the area, Ethiopia objected to the number of the militia and police deployed in the Zone and the type of weapons that they carried. The UNMEE decided to verify the maximum numbers of police and militia, deployed in the Zone against a number that could be deployed, based on objective criteria.

Regarding the first meeting of the Boundary Commission, it was reported that it had taken place. In accordance with the report of its President, the decision on the delimitation of the boundary would be reached in The Hague in February 2002. Thereafter, the demarcation stage of the Commission's work would begin.

---

[44] Doc. S/RES/1344 (2001).
[45] Doc. S/2001/608 (19 June 2001).

The Secretary-General made a number of observations with regard to the overall resolution of the conflict between the two countries. He noted that despite some difficulties, in particular with regard to the establishment of the Temporary Security Zone, the parties had demonstrated commitment to the implementation of the Agreement on Cessation of Hostilities of 18 June and the Agreement of 12 December 2000. In his view, the establishment of the Boundary Commission and the Claims Commission as well as the submission of claims and evidence to the Boundary Commission within the time frame established by the Agreement of 12 December, were positive developments. In the view of the Secretary-General, these positive developments called for adequate financial support to the Boundary commission in order to enhance prospects for success of its work.

The Security Council having considered the report of the Secretary-General adopted a resolution on 15 March 2001, in which it again reaffirmed the commitment of the Member States to the sovereignty, independence and territorial integrity of Ethiopia and Eritrea.[46] It called upon the parties to the conflict to continue working towards the full and prompt implementation of the Agreement signed between them. It stressed the linkage of the Agreement to the termination of the United Nations peacekeeping mission to the completion of the process of delimitation and demarcation of the border between the two countries. In its view, this was the key element of the peace process. It called upon all States and international organizations to provide further support to the peace process, which included contributions to the voluntary Trust Fund to facilitate the rapid delimitation and demarcation of common border.

In his report of 5 September 2001, the Secretary-General gave an update of the peace process regarding the settlement of the dispute.[47] He reported that the Final map of demarcation of the Temporary Security Zone presented by his Special Representative on 21 and 22 June 2001 had met with objection by both States on different

---

[46] Doc. S/RES/1344 (2001) (15 March 2001).
[47] Doc. S/2001/843 (5 September 2001).

grounds. However, despite this objection, both parties had continued, in practice, to base their operations on that map and had cooperated with the UNMEE on the ground in the management of the Zone.

In connection with the presentation of the map, the Secretary-General observed that while neither party had accepted it, yet it was the first time in three years that the armies had been fully separated and the majority of the civilian population had returned to the Temporary Security Zone. However, he urged both parties to release and repatriate political prisoners and to establish direct high altitude flights between the capitals of the two countries.

In its resolution of 14 September 2001, the Security Council welcomed the progress made thus far in the implementation of the Algiers Agreements. In particular, the establishment of the Temporary Security Zone and the Boundary and Claims Commission were major steps towards the implementation of the Agreements.

The Council emphasized that the Zone must completely be demilitarized. It also called on the parties to fulfil all the other outstanding commitments under the Agreements, including the release of the remaining prisoners of war. It urged the parties to redirect their efforts away from weapons procurement and other military activities towards the reconstruction and development of their economies.

The Secretary-General provided another report on 13 December 2001 on the progress of the peace process.[48] He observed that while the situation in the Temporary Security Zone had remained generally calm, the parties were yet to fulfil some of the key provisions of the Algiers Peace Agreements.

The Boundary Commission, on the other hand, had made some progress and was proceeding in accordance with its programme. The Secretary-General noted that despite the progress made so far, he expected the demarcation process to be a rather complex and costly enterprise. For example, parts of the border involved in the dispute

---

[48] Doc. S/2001/1194 (13 December 2001).

were heavily mined and would require mine clearing before boundary markers can be erected.

GUINEA-BISSAU

The question of Guinea-Bissau has been on the agenda of the United Nations for some time.[49]

During the year 2001, the Secretary-General noted in his report of 16 March 2001 that the challenge against the constitution mounted by the military for some time, had been reduced somewhat.[50] However, the unstable political situation in the country had deteriorated further.

It should be recalled that the tensions between the Government and its coalition partners had been persisting within the coalition for sometime and this had led to a resignation of all members of the Guinea-Bissau Resistance (RGB) party. Calls had been made for President Yala to replace Prime Minister N'Chama. There were also reports that a coup plot had been foiled on 18 February 2001.

Regarding the work of the National Assembly, most of its efforts had been directed at revising the Constitution to bring it into democratic norms.

In the military arena, Guinea-Bissau had launched an offensive against the separatist Movement of Democratic Forces of Casamance (MFDC) in the northwestern part of the country following factional fighting within the Movement.

The military and security situation, on the other hand, had been worsened by an increase in the armed actions of the separatist movement of the Democratic Forces of Casamance (MFDC) along the Guinea-Bissau-Senegal border. This armed rebellion, which was aimed at securing a separate State of the Casamance province in Senegal, had drawn Guinea-Bissau into the conflict. There were also accusations that the MFDC had been involved in a failed coup plot to assassinate President Yala.

---

[49] For the United Nations involvement in the conflict in Guinea-Bissau during the preceding reporting period, see *AYIL* 8 (2000), pp. 433-435.
[50] See Doc. S/22001/237 (16 March 2001).

The programme of mine clearing as well as demobilization, reinsertion and reintegration had continued with some positive results. In fact, a census of ex-combatants had recently been completed.

On the economic and social aspects, which go hand in hand with peace efforts, it was noted that the poor state of the economy resulting in high unemployment, was a destabilizing factor. The country's Central Bank was running the risk of bankruptcy. The International Monetary Fund and the World Bank had undertaken the task of setting up a comprehensive debt-reduction package under the Heavily Indebted Countries Initiative Programme (HICIP). The total debt relief amounted to some US$790 million in debt service relief, which represents an equivalent of 85 per cent of the net present value of the country's debt.

The human rights situation was also undergoing a difficult phase. The release, pending trial, of a number of opposition leaders detained following the attempted coup, was hailed as a positive outcome. However, the intolerable conditions of detention of the 150 military officers and 108 MFDC rebels arrested in November 2000 for supporting General Mane was due to a lack of resources to properly administer the prison services and was a cause for concern. The UNOGBIS was assisting the Government with the provision of medical care, water holes, mosquito nets and medical supplies, with a view to improving the situation.

The Secretary-General noted in this regard, that the wider involvement of Guinea-Bissau in the MFDC fighting and the presence of Casamance refugees along the border with Senegal were cause of great concern. He encouraged the leaders of Guinea-Bissau and Senegal to seek normalization of the situation regarding their common border. He also urged all parties in Guinea-Bissau to engage in a dialogue aimed at diffusing their differences. In his view, continued tensions could further impoverish the general population of the country and erode donor confidence in bringing the much-needed assistance to the country.

The Secretary-General noted in his report of 22 June 2001 that the question of the nomination and confirmation of the Prime Minister had dominated the political situation in the country since his last report.[51] The President had, on 20 March 2001, nominated Mr. Faustino Mbali as his Prime Minister. However, most of the members of the National Assembly were opposed to his nomination. He could therefore not be confirmed. Due to this factor, the country had not had an effective government. There was also another attempted coup, which was however foiled. Furthermore, the National Assembly had only approved the budget in May.

Regarding the military situation, the border problems with Senegal, remained the most serious security issue for Guinea-Bissau. The situation had resulted in the influx of over 3,000 refugees from across the border. The United Nations High Commission for Refugees was examining the question of possible refugee relocation as well as the possibility of their voluntary repatriation back to Senegal.

The continued border problem was blamed for the slow movement in the restructuring of the armed forces. The detention of several military officers implicated in the attempted coup in November 2000 and the non-payment of salaries had also contributed to this malaise.

The promotion of human rights by the United Nations during this time had been directed at supporting the Government in ensuring that due process should be accorded to the 169 persons detained in connection with the attempted coup. According to the Secretary-General, progress had been made in this regard and that as of 11 June 2001 only 11 officers remained in detention, while the rest had been released pending trial.

In his overall assessment of the situation, the Secretary-General was of the view that the resolution of the impasse concerning the nomination and confirmation of the Prime Minister, which had finally been resolved, had allowed the country to focus its efforts on the major challenges facing the country. The Secretary-General expressed support for the Government's efforts aimed at improving the overall situation with its neighbours. While the challenges that faced Guinea-Bissau were many, the Secretary-General appealed to

---

[51] Doc. S/2001/622 (22 June 2001).

the international community to continue giving assistance to the country so that it could resolve its difficulties.

SIERRA LEONE

The conflict in Sierra Leone continued to feature on the agenda of the United Nations throughout the year 2001.[52]

In its resolution adopted on 30 March 2001,[53] the Security Council expressed deep concern at the reports of human rights abuses committed by the RUF and others. Such abuses included harassment and forced recruitment of adults and children for fighting and forced labour. It called for a stop to such practices. He requested the Secretary-General to expedite the deployment of human rights monitors to serve as a watch dog against these abuses.

The Council also expressed deep concern at the fact that the Cease-Fire signed in Abuja on 10 November 2000 between the Government and the RUF had not been fully implemented. It called upon the RUF to fulfil its commitments under this Agreement. It emphasized the fact that development and extension of the administrative capacities of Sierra Leone were essential to sustainable peace and development in the country. It urged the Government to take practical steps towards this end.

On 14 March 2001, the Secretary-General presented a report[54] to the Security Council on the work of the United Nations Mission in Sierra Leone.

On the political situation, the Secretary-General noted that a number of contacts had been made by the Mission personnel with the Revolutionary United Front (RUF) and the Government regarding the implementation of the Abuja Agreement of 10 November 2000.[55] The contacts at various levels had yielded positive results, including the reopening of several important roads

---

[52] For the efforts of the United Nations aimed at the peaceful resolution of the conflict during the year 2000, see *AYIL* 8 (2000), pp.435-439.
[53] Doc. S/RES/1346 (2001) (30 March 2001).
[54] Doc. S/2001/228 (14 March 2001).
[55] See Doc. S/2000/1091.

in the country. A number of weapons seized from UNAMISIL, including some armoured personnel carriers, had been returned. Further efforts were being made to collect the remaining weapons. The overall disarmament process had, however, been hampered by the refusal of the RUF to do so until it could be included in a government of national unity.

The Secretary-General noted that the term of office of the President and that of the members of Parliament would expire on 28 March and 1 April 2001, respectively. Parliament had however passed a motion suggesting that free and fair elections could not take place in view of the current security situation in the country. It therefore agreed to extend the Government's term for six months. During this time, the Government would accelerate the disarmament, demobilization and reintegration; repatriating and resettling refugees and internally displaced persons; extending Governmental authority to all RUF-held areas; and making preparations for the holding of elections in December 2001.

Regarding the cease-fire, the Secretary-General reported that it was continuing to hold and the military and security situation remained relatively calm with some few attacks in some rebel held areas. As a result of the improved security situation, the Government had begun to relax the curfew hours.

The situation at the border with Guinea-Bissau was still cause for concern. The forces of Guinea-Bissau had been engaged in the shelling of RUF positions inside Sierra Leone. There were civilian casualties for which the Government of Sierra Leone had expressed great concern. A joint military body of Guinea-Bissau and Sierra Leone had been set up to ensure that the Guinea-Bissau forces avoided causing civilian casualties during their military operations against RUF positions.

The position of RUF was also reported to have suffered a major setback when Liberia under pressure from the international community renounced further support. Its former field commander, Sam Bockarie and all persons associated with RUF had been expelled. The Sierra Leone Government had requested the extradition of Bockarie to Sierra Leone, but that he had by the time of this request, already left Liberia and that his whereabouts were unknown. The Secretary-General on 30 April 2001, expressed concern at the manner the Government of Liberia had handled the expulsion of RUF members, in particular, Sam Bockarie.[56] However, he believed that according to available information, he was still in Liberia and that the Government of Liberia had not severed relations with the RUF.

The human rights situation was still fragile; RUF had continued to forcefully recruit people for its military activities. The Government had continued to detain some 280 persons, mostly RUF members, and some from other groups in "safe custody" under emergency powers. UNAMISIL and non-governmental organizations had conducted a number of training programs on human rights, some of which were directed at the military.

The Secretary-General also reported that a number of initiatives had been undertaken for an early establishment of the Truth and Reconciliation Commission. Efforts had also been made for the setting up of Special Court to try alleged offenders in connection with the conflict.

With regard to the main objective of the UNAMSIL, the Secretary-General noted that its objective remained that of assisting the Government of Sierra Leone to extend its authority, restore law and order and stabilize the situation progressively throughout the country. It also included the promotion of a political process, which would lead to a renewed disarmament, demobilization and reintegration programme and the holding of free and fair elections.

In connection with the disarmament program, while a large number of combatants had been disarmed and others demobilized, there were still some 28,000 ex-combatants that needed to be disarmed. The Government had made some progress with regard the reintegration program and with the assistance of the international community, it hoped to widen the program even further. In the view of the Secretary-General, durable peace depended on the successful implementation of this exercise.

---

[56] Doc. S/2001/424 (30 April 2001).

The Secretary-General also noted that the registration of RUF as a political party was a cause of satisfaction and augured well in bringing peace to the country.

In a resolution adopted on 30 March 2001, the Security Council expressed deep concern regarding the human rights abuses committed by the RUF, which included the harassment of and forced recruitment of adults and children.[57] It demanded an immediate cessation of these acts. The Council also expressed concern at the fact that the Cease-fire Agreement between the Sierra Leone Government and RUF had not been fully implemented. It called upon the RUF to fulfil its commitment under the Agreement and to ensure the effective deployment of the UNAMSIL throughout the country as well as the free movement of persons, and goods.

The Security Council also called upon all the parties to the conflict to intensify their efforts towards the full resumption of the peace process. It requested the Government of Sierra Leone and the Secretary-General to expedite the establishment of the Truth and Reconciliation Commission and the Special Court.

In his report of 25 June 2001, the Secretary-General reported that the initiatives undertaken by the Government of Sierra Leone were starting to bear fruit. He noted that significant progress had been made in the peace process.[58]

In this connection, a meeting of the Joint Committee comprising the Economic Community of West Africa States (ECOWAS), the Government of Sierra Leone and the United Nations had taken place on 2 May 2001 with the RUF in Abuja. Its objective was to review the implementation of the Cease-Fire Agreement of 10 November 2000.[59] The review meeting concluded that the cease-fire agreement had largely been observed. At the same meeting, the Government of Sierra Leone and the RUF made further commitment to remove all roadblocks in areas under their control. The RUF also undertook to return all weapons seized from UNAMSIL and the ECOWAS Monitoring Group (ECOMOG). The parties reaffirmed that the Civil Defence Force and the RUF should disarm

---

[57] Doc. S/RES/1346 (2001) (30 March 2001).
[58] Doc. S/2001/627 (25 June 2001).
[59] Doc. S/2000/1091.

simultaneously. A meeting on disarmament, demobilization and reintegration comprising of UNAMSIL, the Government and RUF was scheduled to take place on 15 May 2001 for purposes of drawing up a timetable and the modalities for the implementation of this exercise. The meeting urged the two parties to release abducted persons, especially child soldiers and to create an atmosphere conducive to the safe return of refugees and internally displaced persons.

The Secretary-General also reported on the meeting of the Joint Committee of 15 May 2001 in Freetown, Sierra Leone. At that meeting, the parties agreed to cease hostilities throughout the country and agreed on the completion of the disarmament, demobilization and reintegration program throughout the country. They also agreed to form a team composed of members from the two sides to carry out sensitization exercise for reconciliation.

The Secretary-General observed that nearly all the decisions taken at the Abuja meeting on 2 May and at the meeting in Freetown on 15 May 2001, including the disarmament exercise in the areas mentioned above had been implemented. The RUF had also released 591 child combatants and another 171 on 4 June 2001 and the process was still ongoing. The disarmament, demobilization and reintegration program was proceeding smoothly as well with a number of combatants having been filtered through the process. There were however, some gaps that had been identified in the reintegration program, which included the absence of a bridge between demobilization and reintegration, and a shortage of resources for assistance beyond the short-term reintegration period. The Secretary-General believed there was the need to track ex-combatants to ensure successful integration into the society.

Regarding the schedule for holding the elections, the Secretary-General observed that given the current progress in the disarmament program, it was more realistic to expect the elections to take place during the dry season (between October 2001 and May 2002). The National Electoral commission had, however, completed its pre-election preparations.

In his overall assessment, the Secretary-General noted that the positive developments in Sierra Leone were ground for cautious optimism. Despite this positive outlook, he identified a number of challenges that still remained to be overcome, which included the completion of the disarmament programme.

The Secretary-General reported on 7 September 2001 that the peace process in Sierra Leone continued to make encouraging progress.[60] The disarmament of combatants of RUF had been completed in four districts, including the diamond producing area of Kano and was still continuing in other areas. The cease-fire had also continued to hold and the cross border fighting between the RUF and the Guinean forces has also ceased. The Government and the RUF had, moreover, taken reciprocal measures aimed at confidence building, which included the release of abducted and child combatants by RUF. Furthermore, a joint sensitization and reconciliation campaign had also been carried out jointly by the two parties.

During this period, the Government had decided to extend its administration by another six months from October 2001. The RUF and the civic society as well as the press had however, stressed the need to form an interim government of national unity instead. The Government had however argued that the constitution did not provide for such an arrangement. To diffuse the situation, the Government announced the date of the election date to be 14 May 2002.

At the regional level, the Secretary-General also reported that progress had been made in a number of issues. For example, the Presidents of the Mano River Union, comprising of Guinea, Liberia and Sierra Leone, had resumed dialogue and had committed themselves to the peace process in Sierra Leone. This was viewed as a welcome step forward in the peace process by the Secretary General.

In its resolution of 18 September 2001, the Security Council welcomed the progress made in the peace process.[61] However, it stressed the need for political dialogue and national reconciliation. It viewed the holding of free, fair and transparent elections as a

---

[60] Doc. S/2001/857 (7 September 2001).
[61] Doc. S/RES/1370 (2001) (18 September 2001).

necessary component for lasting peace. The Security Council also recognized the need to transform the RUF into a political party and to ensure the full respect for human rights and the rule of law. It stressed the need for an effective action against impunity and accountability and the need for voluntary return of refugees and internally displaced persons. The full implementation of the disarmament, demobilization and reintegration program was also considered to be among the important elements that required to be undertaken for lasting and durable peace.

The Security Council welcomed the efforts made by the RUF towards full implementation of the cease-fire Agreement and welcomed the progress made in the disarmament, demobilization and reintegration programme. It encouraged the Government of Sierra Leone and the RUF together with the Secretary-General and the UNHCR to expedite the establishment of the Truth and Reconciliation Commission and the Special Court.

In connection with the pending issues that remained to be finalized, the Secretary-General reported on 13 December 2001[62] that the peace process had witnessed further progress; the cease-fire had continued to hold and the disarmament of RUF combatants had been completed in 10 out of 12 districts of the country. He also reported that the joint committee on disarmament had decided to launch a programme for the collection of shotguns, previously excluded from the original disarmament programme.

The opening by the RUF of offices in Freetown with the assistance of the Government was hailed as progress in the right direction.

While the elections in Sierra Leone were scheduled to take place on 14 May 2002, concern was expressed concerning the short time of two weeks set aside for the registration of voters. It was considered that this could disenfranchise eligible voters, particularly internally displaced people and returnees. The need for the registration period to be extended was advocated.

In another development, it was reported that the members of the Truth and Reconciliation Commission, to be composed of four

---

[62] Doc. S/2001/1195 (13 December 2001).

nationals and three international members, were in the process of being selected. The establishment of the Special Court was still under discussion. The principles on the draft Agreement and the statute had been agreed upon.[63] Acceptance of the Agreement was however expected within a short time. The practical arrangements for the administration and operation of the court were to be discussed by a planning mission that the Secretary-General intended to dispatch to Sierra Leone in January 2002.

In the view of the Secretary-General, the peace process in Sierra Leone had reached an important juncture. Certain steps however, still needed to be undertaken in order to sustain the process. For example, the extension of Government administration throughout the country required to be enhanced. The reintegration of disarmed combatants and the return and settlement of refugees and internally displaced persons required some propping since they were lagging behind.

The Secretary-General cautioned that the upcoming months leading to the elections posed several risks and could create tension if the process were not transparent and credible. The situation therefore called for continued vigilance and a concerted effort in order to ensure that the elections were a success.

In its resolution adopted on 19 December 2001, the Security Council welcomed the significant progress made in the peace process, which included the disarmament, demobilization and reintegration programme.[64] Regarding the illegal importation of diamonds, which were partly a cause for the conflict, it welcomed the establishment and implementation of the Certificate of Origin regime for the diamonds in Sierra Leone and the export of rough diamonds from the country certified under that regime. It welcomed reports that the system was actually helping to curb the flow of conflict diamonds out of Sierra Leone. It decided that the measures imposed under the terms of the export of diamonds would remain in force for a further period of time.

---

[63] See doc. S/2000/915.
[64] S/PRST/2001/39 (29 March 2001).

SOMALIA

The problem of Somalia continued to be on the agenda of the United Nations during the year 2001.

In connection with efforts aimed at assisting Somalia find a peaceful solution to its internal conflict, the Security Council on 11 January 2001, expressed its commitment to a lasting settlement of the conflict.[65] It therefore gave support to the outcome of the Arta peace conference, the establishment of the Transitional National Assembly and the undertaking of the Government of Djibouti in convening the peace conference.

The Security Council also welcomed the efforts of the Transitional National Government to promote reconciliation within Somalia and encouraged all parties to engage in the peace process which would result in the holding of a national election scheduled for 2003 as envisaged by the National Charter. The Council also called on all national armed groups to support and participate in the demobilization efforts undertaken by the Transitional National Government.

With regard to human rights situation, the Council emphasized the importance of respect for human right and international humanitarian law. It noted with concern that the humanitarian and security situation in Somalia remained fragile in several parts of the country. It condemned any attacks by armed groups on civilian and humanitarian personnel. It also strongly condemned the illegal supply of weapons and called upon all States and international organizations to report on any violations of resolution 751 (1992) of 24 April 1992 regarding supply of information on possible violations of the arms embargo. This call was repeated on 19 June 2001.

The Secretary-General submitted a report on 11 October 2001 concerning the peace process in Somalia.[66] He outlined a number of efforts that made both internally and by outside interested parties to bring about reconciliation and peace to Somalia. While two of the five factions originally opposed to it, had joined the Transitional

---

[65] Doc. S/PRST/2001/1 (11 January 2001).
[66] Doc. S/2001/963 (11 October 2001).

National Government led by President Abdikassim Salad Hassan, a third faction, led by Mohamed Qanyare Afrah had also joined the Transitional Government in February 2001. The remaining two, led by Hussein Mohamed Fara Aidid and Musse Sudi "Yallow" however continued to be opposed to the Transitional Government.

The Secretary-General also observed that the "Somaliland" administration had organized a referendum in May on a new constitution, which asserted the independence of "Somaliland". The referendum was, however, opposed by the Organization of African Unity.

The report also outlined the tensions between the Transitional Government and Ethiopia; the former alleged that the latter was supporting oppositions groups. Tensions were also reported with Djibouti, which had let to the closure of the border between the two countries.

In his overall assessment of the situation, the Secretary-General noted that the conclusion of the Djibouti peace process in Arta was an important milestone in the search for peace and reconciliation in Somalia. In his view, the completion of the Arta process remained the most viable option for lasting peace in Somalia. He welcomed the commitment of the Transitional Government and of other Somali leaders to engage in a dialogue without preconditions.

The Secretary-General however, expressed concern at the human rights situation in Somalia. He was also concerned at the unfavourable security situation in the country, which prevented the United Nations and its humanitarian and development partners from providing assistance to the affected people. He noted that the security situation in the country did not allow him to recommend a deployment of a post-conflict peace-building mission in Somalia. He would continue to monitor the situation closely and when the situation improved sufficiently, he would submit a proposal regarding the establishment of such a mission.

The President of the Security Council issued a statement on behalf of the Council on 31 October 2001.[67] The Council reiterated its support for the Arta peace conference, the establishment of the

---

[67] Doc. S/PRST/2001/30 (31 October 2001).

Transitional National Assembly and the Transitional National Government. It encouraged the Transitional National Government to engage in a constructive dialogue with other groups throughout the country. It urged all parties to complete the peace and reconciliation process through dialogue in a spirit of mutual accommodation and tolerance.

The Security Council also called on all the States in the Horn of Africa to contribute constructively to the peace efforts in Somalia. It acknowledged Djibouti's major contribution to the Arta peace process and welcomed its continued role. It called for the Organization of the African Unity, the League of Arab States and the Inter-Governmental Authority on Development to enhance their efforts in this regard. The Council also expressed concern at the humanitarian situation in Somalia and drew attention for international assistance, especially in the area of food and water.

WESTERN SAHARA

The situation in Western Sahara remained on the agenda of the United Nations throughout the year 2001.[68]

In this connection, the Secretary-General reported on 20 February 2001 regarding the ongoing activities aimed at the settlement of the conflict.[69] He noted that the organizers of the Paris-Dakar rally, which passes through Morocco and the territory of Western Sahara, had obtained permission only from Morocco for passage. The FRENTE POLISARIO viewed this act as constituting a violation of the cease-fire. The incident almost sparked a resumption of hostilities between the two parties. The threat to the peace was averted only by appeals of the Special Representative of the Secretary-General for Western Sahara, the OAU and Governments such as those of Algeria and the United States.

The Identification Commission had in the meantime continued its work on consolidation of files and data quality control in preparation

---

[68] For efforts of the United Nations regarding settlement of the conflict in Western Sahara, see *AYIL* 8 (2000), pp. 439-442.

[69] Doc. S/2001/148 (20 February 2001).

of work by the technical review of the appeals admissibility and hearing on substance. A majority of the appeals filed were against exclusion from the provisional voter list.

The Secretary-General noted that 201 Moroccan prisoners of war held by POLISARIO, some for longer periods of 20 years, had been released and repatriated to Algeria and Morocco. He called for the release and repatriation of the remaining 1,481 prisoners of war.

In the view of the Secretary General, there had been a deterioration in the relations between the two parties due mainly to the incident relating to the Paris-Dakar rally. This incident had brought about mistrust and bitterness and was undermining the cease-fire. The only positive development during this period was the release of the prisoners of war on humanitarian grounds.

The Security Council on 27 February 2001 adopted a resolution in which it reiterated, *inter alia*, its full support for the continued efforts of the United Nations Mission for the Referendum in Western Sahara (MINURSO) to settle the conflict.[70] In particular, it expressed support for its efforts to implement the Settlement Plan and agreements adopted by the parties to hold free, fair and an impartial referendum for the self-determination of the people of Western Sahara.

The Secretary-General provided another reported on 24 April 2001 regarding the situation in the Western Sahara.[71] He noted that there were moves towards the restoration of the *status quo ante*. Efforts were being made towards the return to full compliance of the cease-fire agreement. He however regretted the fact that the release and transfer of prisoners of war had not taken place. He appealed for their urgent release.

Regarding the appeals process, the Secretary-General observed that the Identification Commission had completed the consolidation and quality control of the files received during the second round of the appeals. It had also corrected some minor errors that affected the provisional voters' list. Preparations were also under way to enable

---

[70] Doc. S/RES/1342 (2001).
[71] Doc. S/2001/398 (24 April 2001).

the Identification Commission to begin hearing the pending appeals on an expeditious basis.

The Secretary-General observed that there had not been any tangible progress made towards overcoming the obstacles to the implementation of the Settlement Plan. It requested the Secretary-General to continue trying to resolve the multiple problems relating to the implementation of the Settlement Plan and to try to agree upon a mutually acceptable political solution to their dispute over the Territory.

In another report on 20 June 2001, the Secretary-General provided the Council with the developments regarding the settlement of the dispute.[72] His Personal Envoy had held a series of meeting with the parties and had submitted some points for consideration that in his view could break the impasse. He wished to determine in particular from Morocco, if it was prepared to give some devolution of authority for all inhabitants of the Territory that would be genuine, substantial and in keeping with international norms. Both parties had promised to study the points and revert to the Personal Envoy regarding their observations.

The Secretary-General noted that it had become apparent that the Settlement Plan could not be implemented in the form it was, since every effort had been tried and had produced no result. It was equally doubtful whether any adjustments could be made to the Plan that would be acceptable to the parties.

In the light of continuing differences, the Secretary-General requested his Personal Envoy to organize a meeting with the parties either directly or through proximity talks. The purpose of the meeting would be to examine a framework agreement submitted by the Personal Envoy, which had the aimed of producing an early, durable and agreed solution of the conflict over the Territory. The framework agreement sought to confer on the people of the Territory the right to elect their own executive and legislative bodies. They would also have exclusive competence over local governmental administration, territorial budget and taxation, law enforcement, internal security, social welfare, culture, education, commerce,

---

[72] Doc. S/2001/613 (20 June 2001).

transportation, agriculture, mining, fisheries and industry, environmental policy, housing and urban development, water and electricity, roads and other basic infrastructure.

In its resolution adopted on 29 June 2001, the Security Council reaffirmed its commitment to assist the parties to achieve a just and lasting solution to the problem of Western Sahara.[73] It also expressed support for the convening of a meeting to discuss the framework agreement with a view to arriving at a mutually acceptable agreement.

---

[73] Doc. S/RES/1359 (2001) (29 June 2001).

BOOK REVIEW

NOTES DE LECTURE

CONSTITUTIONAL COMPARISON – JAPAN, GERMANY, CANADA & SOUTH AFRICA AS CONSTITUTIONAL STATES
by FRANÇOIS VENTER,
KLUWER LAW INTERNATIONAL, THE HAGUE, 2000, 274 p.

Reviewed by Robert Dufresne[*]

Professor Venter ventures in a comparative survey of four constitutional systems whose choice appears, at first glance, an oddity: what possibly could explain the selection of Japan, Germany, Canada and South Africa for the undertaking of a comparative study on constitutionalism? What do they have in common? Professor Venter justifies his choice on the basis of those countries meeting two criteria: conforming to the definition of constitutionalism, of which a limited and non-arbitrary government, legally enforceable rights and dominance of the law are the constitutive elements, and the modern, i.e. post-World War II, character. By positing the latter criterion, Professor Venter wisely refrained from engaging in yet another study of the classic or neo-classic constitutional systems, such as the United Kingdom's, the United States', France's, Germany's Weimar Constitution or Japan's Meiji Constitution. One can only regret that he had not been seriously daring and willing to consider a more diversified and less Western-influenced sample, by considering for example the constitutional systems of India, Indonesia, Brazil, Russia or Argentina.

In the first chapter of the book, the author tackles methodological considerations and adumbrates four approaches to constitutional comparison: empirical description, historical exposition, thematic

---

[*] Candidate, Doctor of Juridical Science, New York University.

comparison and a presentation of families of constitutional systems. Professor Venter points to the lack of consistency of the four methods but invokes the need for comparative studies of that type to overcome this lacuna. He underscores the importance and relevance of producing legal knowledge on constitutional attributes of modern States. He then sets his own matrix for constitutional comparison, which he scholastically calls a tailor-made *tertium comparationis*. Professor Venter posits the notion of 'constitutional State' – borrowed from Häberle – as such *tertium comparationis*, which he prefers to 'constitutionalism' that he considers too imprecise and amorphous. Professor Venter thus relies on the Germanic *Rechtsstaat* and *Verfassungsstaat* notions to explain the existence of both formal and material aspects of the constitutional State. He observes a certain convergence in various constitutional approaches in their gauging the integrity of a State on both formal and material standards. He recognizes four such pivotal attributes to the constitutional State: predominance of the Constitution, constitutionally protected fundamental rights, democracy and distribution of vertical and horizontal authority. The rest of the book is devoted to a comparative analysis of those four aspects.

Chapter two deals with the first of those constitutive elements, the predominance of the Constitution. Professor Venter concludes that a supreme Constitution allows one to judge the lawfulness (constitutionality), the legitimacy (acceptance by the citizenry) and the legality (conformity with the law and the principles of justice) of legal deeds on the basis of objective standards. In most systems, constitutional review makes a distinction between private acts and acts of public authorities and attaches different standards to those categories of acts. Even within specific categories, such as legislation for instance, the consequences of a failure to meet the established constitutional standards and therefore of contravening to recognized measures of lawfulness, legitimacy and legality vary widely, from a reluctance to interfere with legislative action to a choice between nullity and incompatibility or even to nullity *ab initio*.

Chapter three discusses the four jurisdictions' approach to constitutional rights. Before examining the protection of selected constitutional rights, Professor Venter deals with the fascinating issue of the culture of right in each jurisdiction. The brief *aperçu* is quite helpful to understand the variations in the treatment of constitutional rights – e.g. see Professor Venter's classification of the grounding values of the 1996 South African Constitution – and one can only deplore that it was not pursued in more depth. The author then proceeds to compare the different approaches to five types of constitutional rights that he identifies: a defensive right (property), a procedural right (access to the courts), a civil society-oriented right (academic freedom), a State-oriented community right (citizenship) and a right to State performance (education). The comparative analysis of the approach to those rights allows us to grasp the very contextual nature of the process of enshrinement of rights in a Constitution. In South Africa for instance, provisions on the right of property or the existence of a common citizenship must be understood respectively in light of the delicateness of the question of acquisition of immovable property in the post-Apartheid context and in light of the prior use of citizenship to divide up the country along ethnic lines. However, despite its interesting and illustrative character, one cannot help but feel that the analysis of the protection of constitutional rights briefly touches upon disparate issues in a way that was not sufficiently integrated. The comparison lacks either the depth of a more focused and integrated study or the breadth of a fuller and larger overview. Still, one of the interesting features of Professor Venter's study is the section on the constitutional limiting and balancing devices, which he correctly identifies as one of the significant features of modern constitutional States. However, his rapid treatment of the Canadian balancing test (in particular his oversight of some refinements brought to the *Oakes* test in the *Dagenais* and the *R.J.R. MacDonald* cases) is disappointing and surprising given the influence of Canadian constitutional jurisprudence in South Africa.

Chapter four deals with the last two features of the constitutional State: democracy and the vertical (federalism) and horizontal (separation of powers) distribution of authority within the State. Professor Venter first deals with the hardly definable but still widely accepted notion of democracy, which is explicitly referred to in all the Constitutions under study except Japan's (which nonetheless includes substantive elements thereof). He then turns to the two traditional features used to limit concentration of power, the horizontal and vertical power division schemes and to their application and implication in the four constitutional States. The section on the vertical division of power is definitely richer and enhances the value of the book, despite the general character of the conclusions on the vertical distribution of powers.

In conclusion, Professor Venter reminds the reader that the objective of his enterprise was to gain insight into the nature of the modern constitutional State, and therefore motivated his choice of a comprehensive method or comparison. Interestingly, Professor Venter also deals with the relevance of comparative constitutional law both despite contemporary attacks on "the fabric of the constitutional State" and given the context of globalization. In the author's own words, "the constitutional law of a particular State can not be understood properly any longer in purely national terms".

The reader should beware of the following limits of the study in order to fully appreciate it. First, Professor Venter gives much importance to and develops at length his comparative method. In fact, his comparative method amounts to little more than identifying four characteristics pertaining to a larger class of States and undertaking a thematic comparison of those characteristics in four jurisdictions. His circuitous rejection of comparative approaches in favour of a new one built the notion of constitutional State appears as an unnecessary artifice that unduly burdens the book. Second, no one should expect to find there a thorough treatment of all the topics covered, since the book was intended to map out the constitutional orientations of those States. As stated, the chapter on constitutional rights might leave the reader unsatisfied with the brevity of the treatment, especially since no substantive justification was brought for the choice of the constitutional rights examined. The idea that the examination of those rights is simply illustrative, that one could normally offer as an explanation, would tend to contradict the author's claim to comprehensiveness.

Nonetheless, Professor Venter's book proves agreeable to read and is an informative introduction to the culture of the four constitutional systems under study. When one takes into account the difficulties posed by a comparison involving four jurisdictions, the overall result appears as a serious and credible piece of constitutional comparison. The book does succeed in tackling and illustrating significant features of constitutionalism. Moreover, Professor Venter's work is highly relevant for another matter. Apart from Germany's Constitution and maybe for Canada's lately, the States on which Professor Venter chose to focus are often not studied as paragons of constitutionalism given the more striking examples afforded by more classic Constitutions. Professor Venter's book is thus useful and original in allowing us to derive which elements of classical and neo-classical Constitutions were integrated and which were not or were received after significant alteration. In other words, without actually taking himself that route, Professor Venter's study opens the door to and invites further comparison between the classic models and more contemporaneous ones.

INTERNATIONAL LAW IN POST-COLONIAL AFRICA
BY TIYANJANA MALUWA,
KLUWER LAW INTERNATIONAL, THE HAGUE, 1999,
STUDIES AND MATERIALS ON THE SETTLEMENT OF
INTERNATIONAL DISPUTES, VOL. 4, xxi-346p.

Reviewed by Dr. James J. Busuttil[*]

This is a book which rewards the more one examines it. The title could lead to an instinctive withdrawal by the prospective reader, due to the many books which have dealt with similar topics over the past 40 years. What can the author say that has not been said before, one might ask. However, the chapter schema draws one in, as it promises to examine six provocative and fundamental issues, not just for African States: creating and situating international law; pre-independence treaty obligations in a post-colonial State; human rights; refugee rights; territory, sovereignty and dispute settlement; and implementing "new" international law. But then one notices from the table of contents that the emphasis appears to be on the experience and perspective of either South(ern) Africa or Malawi, countries which have obvious connections to the author. Northern Africa, West Africa and French-speaking Africa therefore appear to be neglected. But to read the chapters is to be enlightened and instructed by a scholar who clearly knows not just the whole of the African experience but also the wider context.

---

[*] Associate Professor of International Law and Organization, Institute of Social Studies, The Hague, The Netherlands.

Professor Maluwa was at the time of producing this book Legal Counsel and Head of the Legal Division of the OAU, and on leave as Professor of Law at the University of Cape Town. The book is based on a number of previously published pieces, now revised, and incorporates new material. Professor Malanczuk, the Series Editor, is to be congratulated for having the insight to see that it is presented to the world as an integrated, accessible whole.

Professor Maluwa takes a careful, analytical approach to his studies. He is not one for sweeping generalizations based more on ideology or hope than on practice and law. His examination of the status of the 1919 Convention of St Germain-en-Laye regulating freedom of navigation on the Niger River at the time of the independence of the nine West African riparian States in 1960 is a case in point. He takes what could easily be a boring examination of "Succession to Treaties and International Fluvial Law in Africa" and provides insight into the 1885 General Act of Berlin ("the first occasion whereby European formulated conventional rules of international law... were transplanted to a continent which had not, as yet, been in significant contact with international"), the regime related to the Nile, the principe of *res inter alios acta*, the concept of "real" or "dispositive" treaties as against "personal" or "political" treaties, and the "principles of independence" as it relates to State succession to treaties. This provides rich intellectual and historical fare, worthwhile to think over and stimulate consideration of the deep connections among events and law.

Three other chapters bear particular mention, "Contextualizing Democracy and Human Rights in Africa", "The Peaceful Settlement of International Disputes in Post-Colonial Africa" and the concluding chapter on "Environment and Development in Africa in the 1990s".

In the chapter on democracy and human rights, the author threads his way among the debates concerning the universalism of human rights versus their being situated in a particular (African) cultural context, examines the reality and relevance of "generations" of rights, and points out the material and theoretical connections between human rights and the varieties of democracy. He demonstrates sympathy and understanding for all aspects of this often heated discussion, while gently pointing out the more reliable analyses and conclusions. And while nominally doing so in the context of the entrenchment of human rights in the Namibian, Malawian and South African constitutions, his analysis and its implications are relevant to democracies across the world. This chapter should be required reading for persons wanting a dispassionate but not disinterested examination of the idea of international human rights and its significance for democracy.

No one can argue about the central importance of the principle of peaceful settlement of disputes as the practical basis for modern international organization. Nor can one dispute its status as a binding legal principle. The author, Legal Counsel of the OAU, bravely examines to what extent the theoretical acceptance of this principle by African States has been borne out in practice during the first twenty years of the OAU. He starts his review by noting that the Commission of Mediation, Conciliation and Arbitration established by the OAU Charter has never been used. Notwithstanding that the Commission was restructured a number of times in response to perceived needs, its "history... has been nothing but a lesson in abject inactivity and irrelevance". Strong and unblinking words from the OAU's own Head of the Legal Division. The practice of States is reflected in 50 disputes among African States which were submitted to third-party conflict resolution processes between 1963 and 1983. These are usefully summarized in a table describing the creation of the mediation process, the parties involved, the task and the results. All these disputes, bar three, were dealt with by political or diplomatic means, rather than legal means. Professor Maluwa finds that

> "issues of confidence and control of the settlement process provide the key to much that is puzzling in the attitude of African States toward the settlement of disputes".

The desire to retain and exercise control over the settlement process, so that only an acceptable settlement is proposed, is why African States have chosen to use political rather than legal means of dispute settlement. The almost exclusive use of political means has

prevented the establishment of confidence in judicial procedures. The result is that the mediating
> "parties seek to achieve an equitable compromise and not necessarily a legal solution that properly ascribes the parties' respective legal rights and obligations"

leading to the absence of definitive solutions and the re-opening of previously "settled" matters.

Surely not merely by chance, the final chapter in this stimulating book is concerned with environment and development, as these linked topics reflect fundamental challenges to Africa. As is the hallmark of the author, the chapter systematically examines first the right to environment and the meaning of "environment", then the right to development and the concept of "sustainable development", before making the "conceptual nexus" between environment and development. This nexus is based on the propositions
> "that many, or perhaps most, forms of development erode the environmental resources upon which they must be based; [and] that in order to achieve sustainable development, there is need to integrate economic and ecological considerations into decision-making."

The author argues that
> "if African States, as is also the case with all other nations, are to avoid the impending catastrophe posed by the ever increasing degradation of the environment, there is a need to formulate an effective body of environmental law."

To elucidate the "role of law in the environment-development debate", the author surveys the constitutional and legislative machinery relevant to environment and development and the particular legislation relating to population and human settlements. He concludes with regard to constitutional and legislative machinery that States must have
> "a single body with overall responsibility for coordinating environmental policy in all its different aspects"

and that

> "the machinery for environmental impact assessment ought to be strengthened and made a mandatory aspect of all development projects and industrial activities".

With respect to population and human settlements, Professor Maluwa calls for urgent attention to meaningful and effective legislation.

> "In all this, the underlying concern must be that both the right to development and the right to a healthy and satisfactory environment have at their core the dignity of the individual. This principle of human dignity, in turn, provides the core principle which underpins the argument, and justification, for all human rights."

All in all, a book worth reading and owning, with substance and technique to inform and inspire all readers.

BASIC DOCUMENTS

DOCUMENTS

DECISIONS AND DECLARATIONS ADOPTED BY THE THIRTY-SEVENTH ORDINARY SESSION OF THE ASSEMBLY OF HEADS OF STATE AND GOVERNMENT OF THE OAU
9 – 11 July, 2001
Lusaka, Zambia

TABLE OF CONTENTS

References	Title	Pages
AHG/Dec.160 (XXXVII)	Decision on the Implementation of the Sirte Summit Decision on the African Union	452
AHG/Dec.161 (XXXVII)	Decision on the African Summit on HIV/AIDS, Tuberculosis and other Infectious Diseases	458
AHG/Dec.162 (XXXVII)	Decision on the 14th Annual Activity Report of the African Commission on Human and Peoples' Rights	459
AHG/Dec.163 (XXXVII)	Decision on the Partnership Conference on the African Process for the Development and Protection of the Coastal and Marine Environment	460
AHG/Dec.164 (XXXVII)	Decision on the Declaration of the Period 2001-2010 as the OAU Decade for African Traditional Medicine	461
AHG/Dec.165 (XXXVII)	Decision on the Fiftieth Anniversary of the Adoption of the 1951 Convention on the Status of Refugees	463
AHG/Dec.166 (XXXVII)	Decision on the holding of a Ministerial Meeting on Employment and Poverty Control in Africa	465
AHG/Dec.167 (XXXVII)	Decision on the establishment of the African Energy Commission (AFREC)	466
AHG/Dec.168 (XXXVII)	Decision on the Lockerbie Issue	467
AHG/Dec.169 (XXXVII)	Decision on the implementation of the Plan of Action for the Eradication of Tsetse flies in Africa	468
AHG/Dec.170 (XXXVII)	Decision on the Pan-African Forum for the Future of Children	469
AHG/Decl.1 (XXXVII)	Declaration on the New Common Initiative (MAP and OMEGA)	470
AHG/Decl.2 (XXXVII)	Declaration on the Resolution of the Land Question in Zimbabwe	472

DECISION OF THE ASSEMBLY OF HEADS OF STATE AND GOVERNMENT ON THE IMPLEMENTATION OF THE SIRTE SUMMIT DECISION ON THE AFRICAN UNION
AHG/Dec. 160 (XXXVII)

The Assembly,
1. TAKES NOTE of the Report;
2. On the Ratification of the Constitutive Act:
   URGES all those Member States that have not yet ratified the Constitutive Act to do so expeditiously and before the inaugural session of the African Union;
3. On Consultations with Member States:
   MANDATES the Secretary-General to work with Member States through the Permanent Representatives and experts, the results of whose work should be examined by a Representative Committee of Ministers to be established for this purpose before final submission to the Council and the Assembly;
4. On the Launching of the Organs of the African Union:
   MANDATES the Secretary General to undertake the necessary consultations with Member States with a view to working out the modalities and guidelines for the launching of the Organs of the African Union, including the preparation of the Draft Rules of Procedure of these Organs and ensuring the effective exercising of their authority and discharging their responsibilities. In undertaking this task, priority should be given to the launching of the key Organs, namely: the Assembly, the Executive Council, the Commission and the Permanent Representatives Committee.
5. On the Commission:
   MANDATES the Secretary-General, in consultation with Member States to submit proposals regarding the structure, functions and powers of the Commission;
6. On Popularising the African Union:
   (i) URGES all Member States to take the necessary steps to popularize the African Union among citizens at all levels so that the African Union can be truly a Community of Peoples,

bearing in mind that the primary responsibility of popularizing the African Union belongs to each Member State;
(ii) FURTHER REQUESTS the General Secretariat and the Regional Economic Communities to undertake the necessary complementary actions to popularise the African Union.
7. On the Organs of the African Union and its Relationship with Other Bodies:
(a) The Economic, Social and Cultural Council (ECOSOCC):
(i) STRESSES the importance of involving African non-governmental organizations, socio-economic organizations, professional associations and civil society organizations in general in Africa's integration process as well as in the formulation and implementation of programmes of the African Union;
(ii) REQUESTS the Secretary General in consultation with Member States, to submit to the 76th Ordinary Session of Council, a comprehensive report on ECOSOCC, with recommendations on:
1. its structure, functioning, areas of competence and relationships to other organs of the Union;
2. the procedure and criteria for selecting the members of ECOSOCC, including their terms of office;
3. the relationship between ECOSOCC and African regional non-governmental organizations and professional groups;
4. the Rules of Procedure of ECOSOCC and the preparation of its work programme.
(b) The Economic and Social Commission:
DECIDES that in view of the establishment of the Economic, Social and Cultural Council in the Constitutive Act of the African Union, as well as of the Specialised Technical Committees that report to the Executive Council of the African Union, the ECOSOC provided for in the Abuja Treaty will cease to exist at the end of the transition period.

8. On the Incorporation of other Organs:
   (a) The Mechanism for Conflict Prevention, Management and Resolution as an Organ of the African Union:
      (i) CONSIDERS that the objectives and principles stipulated in the Cairo Declaration establishing, within the OAU, a Mechanism for Conflict Prevention, Management and Resolution constitute an integral part of the declared objectives and principles of the African Union;
      (ii) DECIDES to incorporate the Central Organ of the Mechanism for Conflict Prevention, Management and Resolution as one of the Organs of the Union in accordance with Article 5 (2) of the Constitutive Act of the African Union;
      (iii) REQUESTS the Secretary-General to undertake a review of the structures, procedures and working methods of the Central Organ, including the possibility of changing its name.
   (b) The Regional Economic Communities (RECs):
      (i) RECALLS the Protocol on Relations between the African Economic Community and Regional Economic Communities;
      (ii) REAFFIRMS the status of the Regional Economic Communities as building blocs of the African Union and the need for their close involvement in the formulation and implementation of all programmes of the Union;
      (iii) REQUESTS the Secretary General to undertake necessary consultations with all the RECs in order to examine the implications of the Constitutive Act of the African Union on:
         1. the existing institutional, operational and programmatic relationship between OAU and RECs;
         2. the current and future programmes of the RECs in relation to the objectives of the African Union;
         3. the Protocol between the AEC and RECs, with a view to its amendment or to preparing a new protocol to govern the relationship between the African Union and the Regional Economic Communities.

(iv) CALLS ON the policy organs of the RECs to initiate a reflection on the relationship between the African Union and the respective RECs, including the adoption of appropriate decisions on the most effective modalities for actualising this relationship.

(c) OAU Specialized Agencies:

(i) MANDATES the Secretary General to undertake a review of the existing OAU Specialized Agencies so as to determine their continued relevance and make concrete proposals on their possible incorporation as Specialized Agencies of the African Union;

(ii) REQUESTS the Secretary General to convene as soon as possible, a meeting with all the relevant Specialized Agencies, so as to define all aspects of their relationship with the African Union with emphasis on the modalities for their full involvement in the programmes of the African Union and all the functional, institutional and programmatic dimensions of the relationship.

9. The Specialized Technical Committees (STCs):

(i) TAKES NOTE of the existence of ministerial conferences and commissions and of the role of Africa's partner institutions in these organs, and STRESSES the need for ensuring that they operate within the framework of the African Union as its integral part;

(ii) REQUESTS the Secretary General to prepare and submit to Council a comprehensive report on:

1. all aspects of the functioning of the STCs, including their terms of reference and modalities for programme formulation and implementation;

2. the relationships between the STCs and similar organs of the Regional Economic Communities, African governmental and non-governmental organisations and international institutions;

3. streamlining of the activities and functional and programmatic relationship between the STCs and the existing ministerial sectoral conferences and commissions.

10. On the Signing and Ratification of the Protocol to the Treaty Establishing the African Economic Community Relating to the Pan-African Parliament:

APPEALS to all Member States to sign and ratify the Protocol to the Treaty establishing the African Economic Community relating to the Pan-African Parliament as expeditiously as possible so as to ensure the speedy establishment of the Pan-African Parliament as one of the organs of the African Union.

11. On Reorienting the Programmes and Budgetary Resources of the OAU and Management of the Transitional Period:

    (i) AUTHORIZES the Secretary-General to re-visit and re-orient the programmes of the General Secretariat to enable it to undertake the additional responsibilities and corresponding additional programmes arising from the implementation of the Constitutive Act and the operationalization of the African Union during the transitional period.

    (ii) AUTHORIZES the Secretary-General to:
    1. review the current Programme Budget (2001/2002 Financial year) and to re-allocate the budgetary appropriations contained therein in order to implement activities related to the transition from the OAU to the African Union in consultation with the Advisory Committee on Administrative, Financial and Budgetary Matters, including the activities relating to the popularization of the African Union;
    2. explore the possibility of mobilizing extra- budgetary contributions from Member States, OAU Partners and others;
    3. undertake studies, with the assistance of experts, to identify alternative modalities of funding the activities and programmes of the African Union, bearing in mind that the Union cannot operate on the basis of assessed contributions from Member States only, and to make appropriate recommendations thereon.

12. On the Devolution of OAU Assets and Liabilities:
    AUTHORIZES the Secretary-General to:
    (i)   undertake the necessary measures for the devolution of assets and liabilities of the OAU to the African Union in accordance with Article 33 (1) of the Constitutive Act;
    (ii)   review and, where appropriate, seek the amendment of OAU agreements with other parties, including the Headquarters and Host Agreements.
13. On Preparation of the Paraphernalia or Symbols of the African Union:
    AUTHORIZES the General Secretariat to continue to use the OAU Logo, Flag and Anthem until the General Secretariat or the Commission initiates and finalizes the process of their review for gradual adaptation or replacement through competitions and REQUESTS the Secretary-General to include this task/activity in the work programme of the OAU during the transitional period and to prepare and submit a progress report for consideration by the inaugural session of the Assembly of the Union.
14. On the Commemoration of Africa Day and Union Day:
    (i)   REAFFIRMS its earlier decision to the effect that 25 May should be commemorated as Africa Day and URGES all the Member States to observe it as an official holiday;
    (ii)   DECIDES that 2 March should be commemorated as Union Day and URGES all Member States to observe it appropriately.
15. On the Duration of the Transitional Period:
    DECIDES that, in view of the magnitude of the tasks to be performed and bearing in mind the need for consultations with Member States, the transitional period shall be for a period of one year following the adoption of this decision.

DECISION ON THE AFRICAN SUMMIT ON HIV/AIDS, TUBERCULOSIS AND OTHER RELATED INFECTIOUS DISEASES
AHG/Dec. 161 (XXXVII)

The Assembly:
1. TAKES NOTE of the Report on the African Summit on HIV/AIDS, Tuberculosis and Other Related Infectious Diseases;
2. COMMENDS President Olusegun Obasanjo and the Government of the Federal Republic of Nigeria for successfully hosting the African Summit on HIV/AIDS, Tuberculosis and Other Related Infectious Diseases.
3. REITERATES its Commitment on the fight against HIV/AIDS, Tuberculosis and Other Related Infectious Diseases as enshrined in the Abuja Declaration;
4. ENDORSES the Abuja Declaration, the Abuja Framework for Action and Framework Plan of Action for the implementation of the Abuja Declaration on the Control of HIV/AIDS, Tuberculosis and Other Related Infectious Diseases in Africa;
5. URGES Member States to immediately operationalize the Framework Plan of Action as a minimum programme of Action and adapt it to the national context;
6. APPEALS to Member States to commit adequate national resources in order to meet the challenges posed by the epidemics and the implementation of the Plan of Action.
7. ALSO APPEALS to the International Community and to Donors and other Stakeholders to provide necessary financial support to Member States in the implementation of the Plan of Action either individually or through the Global Fund for the Control of HIV/AIDS.
8. REQUESTS the Secretary General, in collaboration with all relevant institutions and stakeholders to develop a Mechanism for implementation, monitoring and follow-up which will ensure that the Plan of Action is implemented in a sustainable manner by ensuring that the actions are well-coordinated and that evaluation and feedback are continuous and FURTHER REQUESTS UNAIDS, WHO and UNICEF to assist the OAU to put in place a small unit which will service the mechanism on a daily basis;

9. ALSO REQUESTS the Secretary General in consultation with the Regional Economic Communities (RECs), and in collaboration with ECA, ADB, WHO, UNAIDS and UNICEF to follow up on the implementation of the Abuja Plan of Action and report annually to the Assembly.

DECISION ON THE 14th ANNUAL ACTIVITY REPORT OF THE AFRICAN COMMISSION ON HUMAN AND PEOPLES' RIGHTS
AHG/Dec.162 (XXXVII)

The Assembly:
1. TAKES NOTE WITH SATISFACTION of the 14th Annual Activity Report of the African Commission on Human and People's Rights and COMMENDS the African Commission for the excellent work accomplished in the past year in the area of promotion and protection of human right's
2. CALLS ON the African Commission to pursue reflection on the strengthening of the African system for the promotion and protection of Human and People's Rights to enable it to effectively meet the needs of the African populations within the context of the African Union, and submit a report thereon as early as possible;
3. AUTHORIZES the publication of the 14th Annual Activity Report pursuant to Article 59 of the African Charter on Human and People's Rights.

DECISION ON THE PARTNERSHIP CONFERENCE ON THE AFRICAN PROCESS FOR THE DEVELOPMENT AND PROTECTION OF THE COASTAL AND MARINE ENVIRONMENT
AHG/Dec. 163 (XXXVII)

The Assembly:

1. RECALLS Decision CM/Dec.479 (LXX) of the 70th Ordinary Session of Council, held in Algiers, Algeria in July 1999 which endorsed the Cape Town Declaration on an African Process for the Development and Protection of the Coastal and Marine Environment including the convening of a Partnership Conference to consider concrete action proposals to alleviate environmental problems based on the recommendations of its Preparatory Committee established to that effect.

2. ACKNOWLEDGES WITH GREAT SATISFACTION that the World Summit on Sustainable Development (WSSD) will be held in South Africa in September 2002, focusing attention of the world leaders on the environmental and developmental problems and need for effective solutions and RECOGNIZES the opportunity which WSSD represents in terms of the evolution of the African Process for the development and protection of the coastal and marine environment and its linkages to African sustainable development.

3. FURTHER ACKNOWLEDGES the Land Water Initiative for Africa presented on behalf of the Global Environment Facility (GEF) by the Executive Director of UNEP at the 35 TH Assembly of Heads of State and Government of the OAU as reflected in paragraph 271 of the report of the Secretary General of the OAU Doc. CM/... (...);

4. ENDORSES the generous offer of the Government of Nigeria in its capacity as the Presidency of AMCEN, to convene not later than February 2002 a high level Preparatory Meeting of the Partnership Conference;

5. REQUESTS the Secretary General, in collaboration with the Government of the Federal Republic of Nigeria, to convene the Partnership Conference on the African Process for the Development and Protection on the Coastal and Marine

Environment in conjunction with WSSD at the level of Heads of State and Government and CALLS UPON the African partners to be represented at the highest level;
6. INVITES all African States:
   a) to support and actively participate in the implementation of the African Process for the Development of the Coastal and Marine Environment;
   b) to liaise, through the Preparatory Committee, on preparation for the Partnership Conference; and
7. FURTHER REQUESTS the Secretary General to report on the results of the Partnership Conference to the next Summit of the African Union.

DECISION ON THE DECLARATION OF THE PERIOD 2001-2010 AS THE OAU DECADE FOR AFRICAN TRADITIONAL MEDICINE
AHG/Dec. 164 (XXXVII)

The Assembly:
1. WELCOMES the proposal by Uganda to declare the Decade 2001-2010 as the OAU decade for African Traditional Medicine.
2. RECOGNIZES the important role Traditional Medicine continues to play in African societies, hence almost 85% of the African population resort to it for their health delivery services.
3. RECOGNIZES FURTHER that Member States and their governments need to acknowledge and build upon this traditional knowledge resource-base, thereby making the goal of health for all easier to achieve by mobilizing and using these resources more effectively;
4. ACKNOWLEDGES that it is unlikely that social, technical or economic changes in Member States over the next Decade will reduce significantly the dependency of rural populations on medicinal plants species resources.

5. ENDORSES the Nairobi Declaration formally recognizing Traditional Medicine as the most affordable and accessible form of healthcare system for the majority of the African rural population.

6. REITERATES ITS COMMITMENT AND SUPPORT for the on-going two processes initiated by the General Secretariat of elaborating:
   a) an African Model Law for the Protection of the rights of Local Communities, Farmers and Breeders and for the Regulation of Access to Biological Resources;
   b) an African Biosafety Model Law and an Africa-wide Biosafety System.

7. CALLS for a speedy finalizations of these two processes and CALLS ON Member States to use these models as a basis for finalizing their national legislation by adapting their provisions to the national context and within the framework of the WTO Negotiations;

8. REQUESTS the General Secretariat, in collaboration with relevant partners and stakeholders to also initiate a process to draw-up the appropriate elements for national legislation in relation to compulsory licensing, parallel imports and other aspects to incorporate in national patent laws that are important to increase access to vitally-needed medicines, and thereafter, to draft a "National Model Law" or 'Model elements to be incorporated into nation al patent laws" in Africa for this purpose;

9. DECLARES the period "2001-2010, the DECADE FOR AFRICAN TRADITIONAL MEDICINE" and REQUESTS the General Secretariat, in collaboration with WHO and other interested stakeholders to assist OAU Member States to prepare a Plan of Action for implementation;

10. FINALLY REQUESTS the "Secretary General to report regularly to Assembly on progress made in the implementation of this Decision.

DECISION ON THE FIFTIETH ANNIVERSARY OF THE ADOPTION OF THE 1951 CONVENTION ON THE STATUS OF REFUGEES
AHG/Dec. 165 (XXXVII)

WE, the Heads of State and Government of Member States of the Organization of African Unity (OAU), meeting in our 37th Ordinary Session in Lusaka, Zambia from 9 to 11 July, 2001:

RECALLING previous resolutions of the Heads of State and Government Declarations and/or OAU Council of Ministers Decisions/resolutions, on the situation of refugees, returnees and displaced persons in Africa.

DEEPLY CONCERNED by the recurrent cycles of armed conflicts and persecution which generate displacement often on a massive scale, as well as by the absence of safe and timely solutions for millions of refugees in Africa who require international protection,

NOTING that 2001 will mark the 50th anniversary of the 1951 United Nations Convention relating to the Status of Refugees, which together with its 1967 Protocol, as complemented by the 1969 OAU Convention governing the Specific Aspects of Refugee Problems in Africa, remain the foundation of the international refugee protection regime,

RECOGNISING with appreciation that the fundamental principles and rights embodied in these Conventions have provided a resilient protection regime within which millions of refugees have been able to find safety from armed conflicts and persecution,

REFERRING to the Comprehensive Implementation Plan (CIP) by the Special OAU/UNHCR Meeting of Government and Non-Government Technical Experts on the occasion of the 30th anniversary of the 1969 OAU Convention on 29 March 2000 in Conakry which was endorsed by the 72nd session of the OAU Council of Ministers meeting in Lomé, Togo,

ALARMED at the growing number of refugees throughout Africa and their terrible plight as well as the many challenges faced by States, the Organization of African Unity (OAU) and the Office of the United Nations High Commissioner for Refugees (UNHCR). The latter being the key institution mandated to secure respect for the 1951 Convention by ensuring both legal protection and humanitarian assistance particularly in emergency situations,

AWARE that the problem of refugees is social and humanitarian in nature, and therefore should not become a cause of tension between States, and that as the grant of asylum may place unduly heavy burdens on host countries, a satisfactory solution of the problem of refugees can only be achieved through international co-operation and responsibility sharing.

WELCOMING the process of Global Consultations on International protection initiated by UNHCR to revitalize the international protection of refugees,

CONVINCED that the first-ever meeting of States Parties, jointly organized by the Swiss Government and UNHCR, will serve both to reinforce a truly global and meaningful commitment to the foundation principles, and contribute to the search for complementary and compatible new approaches to strengthen the protection of refugees and solutions to refugee problems:

1. SOLEMNLY REAFFIRM that the 1951 Convention Relating to the Status of Refugees and the 1967 Protocol, as complemented by the OAU 1969 Convention Governing the Specific Aspects of Refugee Problems in Africa, constitute the foundation of international refugee law and as such are pivotal in securing refugee protection;

2. URGE States that have not yet acceded to the Convention and the Protocol to join the 140 States including 49 OAU Member States who are currently party to these instruments, in order that, as soon as possible, all African states will have acceded to the international instruments on refugees;

3. REAFFIRM our commitment to the full implementation and follow-up of the Comprehensive Implementation Plan which will lead to strengthened and more effective implementation of the OAU 1969 Convention as well as of the 1951 Convention, including considering withdrawing reservations made at time of accession to the regional and universal instruments;

4. AFFIRM our determination to contribute to the Global Consultations on International Protection undertaken by UNHCR and their subsequent follow-up, with a view to consolidating the international refugee protection regime;

5. REAFFIRM the fundamental importance of the Office of the United Nations High commissioner for Refugees as the multilateral institution with the mandate to serve the protection of refugees and calls on Governments to further examine the mechanisms, resources and modalities available to UNHCR to enable it to fulfill its supervisory role.
6. COMMIT ourselves to finding durable solutions to refugee problems most importantly by facilitating voluntary repatriation, while endeavouring to create conducive conditions to that effect, and concomitantly to taking preventive measures, to peacefully resolve conflicts, to avoid forced displacement of populations.

DECISION ON THE HOLDING OF A MINISTERIAL MEETING ON EMPLOYMENT AND POVERTY CONTROL IN AFRICA
AHG/Dec. 166 (XXXVII)

The Assembly:
1. TAKES NOTE of the proposal by Burkina Faso to organize a Ministerial meeting whose central theme would be "Employment and Poverty Control in Africa" and ENDORSES its offer to organize this Ministerial meeting parallel to the Twenty-fifth Ordinary Session of the OAU Labour and Social Affairs Commission;
2. EXPRESSES gratitude to President Blaise Compaoré and the Government of Burkina Faso for their offer to host this Ministerial meeting;
3. RECOGNIZES the challenges facing African countries due to the current economic situation, globalization and technological changes as well as the increased risks of unemployment, underemployment and the resulting social exclusion;
4. REQUESTS the Secretary General in collaboration with the International Labour Office (ILO), the other regional and international institutions concerned, other stakeholders and the host country, to take all the necessary measures towards the organization of this meeting.

DECISION ON THE ESTABLISHMENT OF THE AFRICAN ENERGY COMMISSION (AFREC)
AHG/Dec. 167 (XXXVII)

The Assembly:

1. TAKES NOTE WITH APPRECIATION of the conclusions and recommendations of the Conference of African Ministers of Energy held in Algiers from 23 to 24 April 2001 on the immediate establishment of the African Energy Commission (AFREC);
2. ADOPTS the Convention of the African Energy Commission.
3. URGES Member States to accede without delay to the Convention and make voluntary contributions towards the financing of the interim structure of AFREC;
4. COMMENDS the Government of the People's Democratic Republic of Algeria having accepted to host the headquarters of AFREC and for its commitment to provide the Commission with the necessary support including premises, equipment and supplies;
5. REQUESTS the President of the African Development Bank to cooperate closely with AFREC within the framework of the African Energy Programme being implemented by the Bank with a view to its future transfer to the African Energy Commission (AFREC), and provide the latter with the requisite technical and financial support;
6. INVITES the agencies of the United Nations System (FAO, UNIDO, UNESCO, UNEP, UNDESA) and other international organizations such as the World Energy Commission to lend technical, financial and material support to the African Energy Commission;
7. CALLS ON all Member States to participate actively in the Africa-Latin America Conference on Energy scheduled to take place in Algiers in the second quarter of the year 2002;
8. REQUESTS the Secretary General to cooperate closely with Algeria, the host country of AFREC and the Bureau of the Conference of African Ministers of Energy for the implementation of the provisions of the Convention and the early establishment of an interim structure of the Commission to enable the latter to begin its activities without delay;

9. CALLS ON the Advisory Committee on Administrative, Budgetary and Financial Matters to consider the possibility of allocating the necessary resources for the take-off and operation of AFREC during the first years of its inception on the basis of a budget to be submitted by the General Secretariat;
10. REQUESTS the Secretary General to submit a progress report to it on the implementation of this decision.

DECISION ON THE LOCKERBIE ISSUE
AHG/Dec. 168 (XXXVII)

The Assembly:
1. TAKES NOTE of the Report;
2. RECALLS decision EAHG/Dec.3 (V) adopted by the 5th Extraordinary Session of the Assembly of Heads of State and Government, held in Sirte, Libyan Arab Jamahiriya, on 5 March 2001;
3. CALLS UPON the UN Security Council to immediately and definitively lift the unjust sanctions and suspend the embargo imposed on Libya and which has no legal or moral justification following the positive stand, civilized handling and great cooperation displayed by the Jamahiriya in dealing with this issue;
4. DEMANDS the immediate release of the Libyan citizen Abdel Basset Al-Megrahi who has been convicted for political reasons totally unrelated to law; his continued detention may be regarded as an abominable kidnapping under all applicable laws and customs;
5. REAFFIRMS the right of the Great Jamahiriya to compensation for the material and moral damage it has suffered;
6. REQUESTS the Secretary General to initiate the necessary steps, including the mobilization of financial resources, for the establishment of the Commission of Jurists which was established by decision EAHG/Dec. 3 (V) to follow up on all aspects related to the legal proceedings of the Lockerbie issue;

7. RECOMMENDS that the Current Chairman and other members of his Bureau make use of their good offices to undertake the necessary contacts with all the concerned parties with a view to ensuring a speedy and satisfactory resolution of the issue.

DECISION ON THE IMPLEMENTATION OF THE PLAN OF ACTION FOR THE ERADICATION OF TSETSE FLIES IN AFRICA
AHG/Dec. 169 (XXXVII)

The Assembly:
1. RECALLS Decision AHG/156 (XXXVI) of the 36th Assembly of the Heads of State and Government which urged Member States to rise to the challenge of the campaign for eradication of tsetse flies from the continent of Africa;
2. ACKNOWLEDGES with satisfaction that the OAU Secretariat has prepared a Plan of Action for the implementation of the Summit Decision on tsetse flies eradication;
3. URGES the OAU Secretariat and the relevant offices in the affected Member States dealing with health, agriculture, livestock production, rural development and poverty reduction to include the objective of the said Plan of Action among their priority programmes for implementation;
4. APPEALS to the international community to provide technical, financial and material support and assistance to Member States in their efforts to eradicate tsetse flies.

DECISION ON THE PAN-AFRICAN FORUM ON THE FUTURE OF CHILDREN
AHG/Dec.170 (XXXVII)

The Assembly:
1. TAKES NOTES of the recommendations of the 74th Ordinary Session of the Council of Ministers and its Decision CM/Dec. 4 (LXXIV) on the Pan African forum on the future of children in Cairo, Arab Republic of Egypt, held from 28 to 31 May 2001,
2. EXPRESSES its sincere thanks to the Arab Republic of Egypt for having hosted the forum and to UNICEF for its invaluable contribution;
3. INVITES, in particular, member states to reaffirm in a concrete manner their commitment to the cause of the African child, and to draw inspiration from the African Common Position adopted in Cairo as their contribution at the United nations General Assembly Special Session on Children to be held in New York from 19 to 21 September, 2001;
4. URGES member states which have not yet done so, to ratify the African Charter on the Rights and Welfare of the child;
5. REQUESTS African Heads of State to participate personally and massively in the Special Session in order to reaffirm the priority which Africa accords to the well-being of its children by respecting all their rights.

DECLARATION ON THE NEW COMMON INITIATIVE (MAP AND OMEGA)
AHG/Decl. 1 (XXXVII)

1. WE, the Heads of State and Government of the Organization of African Unity, meeting at the 37th Session of Heads of State and Government in Lusaka, Zambia from the 9 to 11 of July 2001, have undertaken an in-depth and critical review of the political, economic and social situation in our Continent as presented in the report of the Secretary General to the 74th Session of the Council of Ministers;
2. ARE FULLY AWARE of the fundamental changes which have occurred in the world since the beginning of the 1990s. These include the establishment, enlargement as well as strengthening of economic and trading groupings, the conclusions of the Uruguay Round of Multilateral Trade Negotiations, the creation of WTO, and the rapid progress in information and communication technology. Consequently, Africa needs to take urgent and effective steps to avoid marginalization and ensure that it becomes an active partner in the emerging world economic order. To this end, Africa must adopt a new vision for its revival and development, and translate this vision into an appropriate and coherent Programme of Action;
3. REAFFIRM that the Revival and Development of Africa are primarily the responsibility of our Governments and Peoples. Consequently, we are determined to establish the conductive political, economic and social environment and create the required structural economic transformation in our countries with the objective of achieving a human centered and sustainable development.
4. RECALL the endorsement of the 5th Extraordinary Summit of the OAU, held in Sirte, Libya from 1-2 March 2001, of the work done regarding the Revival and Development of Africa by Presidents Mbeki of South Africa, Obasanjo of Nigeria, Bouteflika of Algeria, Hosni Moubarak of Egypt and Wade of Senegal, respectively;
5. COMMEND the efforts of the five Presidents for producing a single coordinated and inclusive Plan for Africa's renewal based on the two initiatives, namely, the Millennium Partnership for the African Recovery Programme (MAP) and OMEGA Plan, which complement each other;

6. REITERATE our commitment and determination to uplift the living conditions of our people through the promotion of collective self reliance as enumerated in the Lagos Plan of Action, the Abuja Treaty and the Cairo Agenda for Action;
7. FURTHER COMMIT ourselves to the objectives of the Declaration which we adopted at the Fourth Extraordinary Session of our Assembly in Sirte, The Great Socialist People's Libyan Arab Jamahiriya on 9 September 1999 in which we decided to establish the African Union;
8. RECOGNIZE the need to reassert and revitalize the existing continental development strategies in order to achieve self sustained development of our Continent;
9. ADOPT the Strategic Policy Framework and the New African Initiative as well as its Programme of Action and REAFFIRM our commitment to the provisions of the Treaty Establishing the African Economic Community and the Constitutive Act of the African Union;
10. DECIDE to present the African Common Initiative at the UN General Assembly in its September 2001 Session for endorsement and CALL UPON the international community particularly our development partners and the United Nations system to support this Initiative and to assist Africa in its implementation;
11. DECIDE to convene in Dakar from 15-17 November 2001 a Summit of Heads of State and Government with the participation of international economic and financial institutions as well as the private sector on the theme: Financing the New Common Initiative;
12. DECIDE to set up a Follow-up Committee comprising five (5) Heads of State, promoters of the New Common Initiative and of ten (10) other Heads of State to ensure a continuous follow-up on this Initiative, particularly the establishment of management institutions for the New African Initiative;
13. DECIDE to enlarge the African delegation to the G8 with the inclusion of President Abdoulaye Wade.

DECLARATION ON THE RESOLUTION OF THE LAND QUESTION IN ZIMBABWE
AHG/Decl.2 (XXXVII)

1. The Summit recalled Declaration AHG/ST/1 (XXXVI) adopted by the 36th Assembly of Heads of State and Government held in Lomé, Togo in July 2000.
2. REAFFIRMED that the resolution of the land issue is central to ensuring durable peace, stability and economic development in Zimbabwe.
3. TOOK NOTE of the tireless efforts being coordinated by His Excellency President Olusegun Obasanjo of the Federal Republic of Nigeria to mediate between Zimbabwe and Britain in respect of resolving the land issue in Zimbabwe.
4. REITERATED its demand for Britain to honour its colonial obligation to fund the land resettlement programme in Zimbabwe in accordance with the Lancaster House Agreement.
5. CALLED ON Britain to cooperate fully and enter into dialogue with the Government of Zimbabwe with the purpose of finding a final solution to this colonial legacy.

DÉCISIONS ET DÉCLARATIONS ADOPTÉES PAR LA TRENTE-SEPTIÈME SESSION ORDINAIRE DE LA CONFÉRENCE DES CHEFS D'ÉTAT ET DE GOUVERNEMENT DE L'O.U.A.
9 – 11 Juillet 2001
Lusaka (Zambie)

TABLE DES MATIERES

Références	Titre	Pages
AHG/Dec.160 (XXXVII)	Décision sur la mise en œuvre de la Décision du Sommet de Syrte sur l'Union africaine	474
AHG/Dec.161 (XXXVII)	Décision sur le Sommet africain sur le VIH/SIDA, la tuberculose et autres maladies infectieuses connexes	480
AHG/Dec.162 (XXXVII)	Décision sur le 14ème rapport d'activités annuel de la Commission africaine des droits de l'homme et des peuples	481
AHG/Dec.163 (XXXVII)	Décision sur la Conférence de partenariat sur le processus africain d'aménagement et de protection de l'environnement côtier et marin	482
AHG/Dec.164 (XXXVII)	Décision sur la déclaration de la période 2001-2010 comme Décennie de la médecine traditionnelle africaine	484
AHG/Dec.165 (XXXVII)	Décision sur le 50ème anniversaire de l'adoption de la Convention de 1951 relative au statut des réfugiés	486
AHG/Dec.166 (XXXVII)	Décision sur la tenue d'une réunion ministérielle sur l'emploi et la lutte contre la pauvreté en Afrique	488
AHG/Dec.167 (XXXVII)	Décision sur la création de la Commission africaine de l'énergie (AFREC)	489
AHG/Dec.168 (XXXVII)	Décision sur la question de Lockerbie	491
AHG/Dec.169 (XXXVII)	Décision sur la mise en œuvre du Plan d'action sur l'éradication de la mouche tsé-tsé en Afrique	492
AHG/Dec.170 (XXXVII)	Décision sur le Forum panafricain sur l'avenir des enfants	492
AHG/Decl.1 (XXXVII)	Déclaration sur la Nouvelle Initiative Africaine (MAP et OMEGA)	493
AHG/Decl.2 (XXXVII)	Déclaration sur le règlement de la question des terres au Zimbabwe	496

DÉCISION SUR LA MISE EN ŒUVRE DE LA DÉCISION DU SOMMET DE SYRTE SUR L'UNION AFRICAINE
AHG/Dec.160 (XXXVII)

La Conférence,
1. PREND NOTE du rapport du Secrétaire général ;
2. Sur la ratification de l'Acte constitutif :
   EXHORTE tous les États membres qui ne l'ont pas encore fait, à ratifier rapidement l'Acte constitutif et ce, avant la session inaugurale de l'Union africaine ;
3. Sur les consultations avec les États membres :
   DEMANDE au Secrétaire général de travailler en collaboration avec les États membres, par l'intermédiaire des représentants permanents et des experts dont les résultats des travaux doivent être examinés par un Comité ministériel représentatif qui sera créé à cette fin, avant d'être soumis au Conseil et à la Conférence ;
4. Sur le lancement des organes de l'Union africaine :
   MANDATE le Secrétaire général de mener les consultations nécessaires avec les États membres, sur les modalités et les directives concernant le lancement des organes de l'Union africaine, notamment en élaborant les projets de règlements intérieurs de ces organes et en veillant à ce que ces organes exercent effectivement leur autorité et s'acquittent de leurs responsabilités. A cet égard, la priorité doit être accordée au lancement des organes clés, à savoir : la Conférence, le Conseil exécutif, la Commission et le Comité des représentants permanents.
5. Sur la Commission :
   MANDATE le Secrétaire général, en consultation avec les États membres, de soumettre des propositions concernant la structure, les attributions et les règlements de la Commission.

6. Sur la vulgarisation de l'Union africaine :
   (i) EXHORTE tous les États membres à prendre les mesures nécessaires pour vulgariser l'Union africaine auprès des citoyens à tous les niveaux afin que l'Union africaine puisse être véritablement une communauté des peuples, compte tenu du fait que la responsabilité première de la vulgarisation de l'Union africaine incombe à chaque État membre ;
   (ii) DEMANDE PAR AILLEURS au Secrétariat général de l'OUA et aux Communautés économiques régionales de prendre les mesures complémentaires nécessaires pour vulgariser l'Union africaine.
7. Sur les organes de l'Union africaine et ses relations avec d'autres organes et organismes :
   (a) Conseil économique, social et culturel (CESC)
      (i) SOULIGNE qu'il est important d'associer les organisations non gouvernementales africaines, les organisations socio-économiques, les associations professionnelles et les organisations de la société civile au processus d'intégration africaine ainsi qu'à l'élaboration et à la mise en œuvre des programmes de l'Union africaine ;
      (ii) DEMANDE au Secrétaire général, en consultation avec les États membres, de soumettre à la 76ème session ordinaire du Conseil, un rapport exhaustif sur le CESC, assorti de recommandations sur :
         1. sa structure, son fonctionnement, ses domaines de compétence et ses relations avec les autres organes de l'Union ;
         2. la procédure et les critères de sélection des membres du CESC, y compris la durée de leur mandat ;
         3. les relations entre le CESC et les organisations non gouvernementales régionales africaines et les associations professionnelles ;
         4. le règlement intérieur de DU CESC et la préparation de son programme de travail.

(b) Commission économique et sociale (ECOSOC)
DÉCIDE qu'en raison de la création du Conseil économique, social et culturel, tel que stipulé dans l'Acte constitutif de l'Union africaine, ainsi que des Comités techniques spécialisés qui relèvent du Conseil exécutif de l'Union africaine, l'ECOSOC prévue dans le Traité d'Abuja cessera d'exister à la fin de la période transitoire d'un an.

8. Sur l'incorporation d'autres organes :
   (a) Le Mécanisme de l'OUA pour la prévention, la gestion et le règlement des conflits en tant qu'organe de l'Union africaine
      (i) CONSIDÈRE que les objectifs et les principes définis dans la Déclaration du Caire créant, au sein de l'OUA, un Mécanisme pour la prévention, la gestion et le règlement des conflits, font partie intégrante des objectifs et principes déclarés de l'Union africaine ;
      (ii) DÉCIDE d'incorporer l'Organe central du Mécanisme pour la prévention, la gestion et le règlement des conflits en tant qu'un des organes de l'Union, conformément à l'article 5(2) de l'Acte constitutif de l'Union africaine ;
      (iii) DEMANDE au Secrétaire général de revoir les structures, procédures et méthodes de travail de l'Organe central, y compris la possibilité de changer son appellation.
   (b) Communautés économiques régionales (CER) :
      (i) RAPPELLE le Protocole sur les relations entre la Communauté économique africaine et les communautés économiques régionales ;
      (ii) RÉAFFIRME le statut des communautés économiques régionales en tant que piliers de l'Union africaine, et la nécessité de leur participation active à l'élaboration et à la mise en œuvre de tous les programmes de l'Union ;
      (iii) DEMANDE au Secrétaire général d'engager les consultations nécessaires avec toutes les CER afin d'examiner les implications de l'Acte constitutif de l'Union africaine pour :
         1) les relations institutionnelles, fonctionnelles et programmatiques existant entre l'OUA et les CER ;

2) les programmes actuels et futurs des CER par rapport aux objectifs de l'Union africaine ;
3) le Protocole entre l'AEC et les CER en vue de son amendement ou de l'élaboration d'un nouveau protocole devant régir les relations entre l'Union africaine et les communautés économiques régionales ;
 (iv) INVITE les organes délibérants des CER à engager une réflexion sur les relations entre l'Union africaine et les CER respectives, y compris l'adoption de décisions appropriées sur les modalités les plus efficaces d'actualisation de ces relations.
(c) Institutions spécialisées de l'OUA
 (i) CHARGE le Secrétaire général de procéder à l'évaluation des institutions spécialisées de l'OUA existantes pour déterminer leur pertinence, et de faire des propositions concrètes sur leur éventuelle incorporation en tant qu'institutions spécialisées de l'Union africaine ;
 (ii) DEMANDE au Secrétaire général de convoquer, dans les meilleurs délais, une réunion avec toutes les institutions spécialisées compétentes afin de définir tous les aspects de leurs relations avec l'Union africaine, en mettant l'accent sur les modalités de leur pleine participation aux programmes de l'Union africaine et sur les dimensions fonctionnelles, institutionnelles et programmatiques de ces relations.
9. Sur les Comités techniques spécialisés (CTS) :
 (i) PREND NOTE de l'existence des conférences et des commissions ministérielles, ainsi que du rôle des institutions partenaires de l'Afrique dans ces organes, et souligne la nécessité de s'assurer que ces conférences et commissions fonctionnent dans le cadre de l'Union africaine, en tant que parties intégrantes de l'Union ;
 (ii) Demande au Secrétaire général de préparer et de soumettre au Conseil un rapport détaillé sur :
 1) tous les aspects du fonctionnement des CTS, y compris leur mandat et les modalités d'élaboration et de mise en œuvre des programmes ;

2) les relations entre les CTS et les organes similaires des communautés économiques régionales, les organisations gouvernementales et non gouvernementales africaines et les institutions internationales ;

3) la rationalisation des activités et des relations fonctionnelles et programmatiques entre les CTS et les conférences et commissions ministérielles sectorielles.

10. Sur la signature et la ratification du Protocole au Traité instituant la Communauté économique africaine, relatif au Parlement panafricain :

LANCE UN APPEL à tous les États membres pour qu'il signent et ratifient, le plus tôt possible, le Protocole au Traité instituant la Communauté économique africaine, relatif au Parlement panafricain, afin d'assurer la mise en place rapide du Parlement panafricain en tant que l'un des organes de l'Union africaine.

11. Sur la réorientation des programmes et des ressources budgétaires de l'OUA et sur la gestion de la période de transition :

(i) AUTORISE le Secrétaire général à réviser les programmes du Secrétariat général afin de lui permettre d'assumer de nouvelles responsabilités et d'exécuter les programmes supplémentaires correspondants qui découleront de la mise en œuvre de l'Acte constitutif et de la mise en place effective de l'Union africaine pendant la période de transition ;

(ii) AUTORISE le Secrétaire général à :

1) réviser le budget programme en cours (exercice financier 2001-2002) et à réaffecter les crédits ouverts à ce titre afin de mettre en œuvre les activités liées à la transition de l'OUA vers l'Union africaine, en consultation avec le Comité consultatif sur les questions administratives, budgétaires et financières, y compris les activités relatives à la vulgarisation de l'Union africaine ;

2) étudier la possibilité de mobiliser des ressources extrabudgétaires auprès des États membres, des partenaires de l'OUA et d'autres sources ;

3) entreprendre des études, avec l'assistance d'experts, pour identifier d'autres modalités de financement des activités et programmes de l'Union africaine, compte tenu du fait que

l'Union ne peut pas fonctionner sur la base des seules contributions statutaires des États membres, et à faire les recommandations appropriées à ce sujet.

12. Sur le transfert de l'actif et du passif de l'OUA :
AUTORISE le Secrétaire général à :
   (i) prendre les mesures nécessaires pour le transfert de l'actif et du passif de l'OUA à l'Union africaine, conformément à l'article 33(i) de l'Acte constitutif ;
   (ii) revoir et, si nécessaire, demander l'amendement des accords de l'OUA avec d'autres parties, y compris les accords de siège et les accords avec les pays accueillant des réunions.

13. Sur la conception de l'emblème ou des symboles de l'Union africaine :
AUTORISE le Secrétaire général à continuer d'utiliser le logo, le drapeau et l'hymne de l'OUA jusqu'à ce que le Secrétariat général ou la Commission entame et finalise le processus de leur révision en vue de leur adaptation progressive ou de leur remplacement, par voie de concours, et DEMANDE au Secrétaire général d'inclure cette tâche/activité dans le programme de travail de l'OUA pendant la période de transition, et de préparer et de soumettre un rapport intérimaire à la session inaugurale de la Conférence de l'Union, pour examen.

14. Sur la célébration de la Journée de l'OUA et de la Journée de l'Union :
   (i) RÉAFFIRME sa précédente décision selon laquelle le 25 mai sera célébré comme Journée de l'Afrique, et en conséquence, EXHORTE tous les États membres à la commémorer en tant que journée fériée ;
   (ii) DÉCIDE que le 2 mars sera célébré comme Journée de l'Union et EXHORTE tous les États membres à commémorer cette Journée de manière appropriée.

15. Sur la durée de la période de transition :
DÉCIDE, compte tenu de l'ampleur des tâches à exécuter et de la nécessité d'engager des consultations avec les États membres, que la période transitoire sera d'une durée d'un an, à compter de l'adoption de la présente décision.

DÉCISION SUR LE SOMMET AFRICAIN SUR LE VIH/SIDA, LA TUBERCULOSE ET AUTRES MALADIES INFECTIEUSES CONNEXES
AHG/Dec.161 (XXXVII)

La Conférence,

1. PREND NOTE du rapport relatif au Sommet africain sur le VIH/SIDA, la tuberculose et autres maladies infectieuses connexes ;
2. FÉLICITE le Président Olusegun Obasanjo et le Gouvernement de la République fédérale du Nigeria pour avoir abrité avec succès le Sommet africain sur le VIH/SIDA, la tuberculose et autres maladies infectieuses connexes ;
3. RÉITÈRE son engagement en faveur de la lutte contre le VIH/SIDA, la tuberculose et les autres maladies infectieuses connexes, tel que consacré dans la Déclaration d'Abuja ;
4. ENTÉRINE la Déclaration d'Abuja, le Cadre d'action d'Abuja et le Plan d'action cadre pour la mise en œuvre de la Déclaration d'Abuja sur la lutte contre le VIH/SIDA, la tuberculose et autres maladies infectieuses connexes ;
5. EXHORTE les États membres à mettre immédiatement en œuvre le Plan d'action cadre en tant que programme d'action minimum et à l'adapter au contexte national ;
6. LANCE UN APPEL aux États membres pour qu'ils allouent des ressources nationales suffisantes en vue de relever les défis posés par les épidémies et la mise en œuvre du Plan d'action ;
7. LANCE ÉGALEMENT UN APPEL à la communauté internationale, aux donateurs et aux autres parties prenantes pour qu'ils fournissent l'appui financier nécessaire aux États membres dans la mise en œuvre du Plan d'action, soit individuellement, soit par le biais du Fonds mondial pour la lutte contre le VIH/SIDA ;

8. DEMANDE au Secrétaire général de l'OUA, en collaboration avec les institutions compétentes et les parties prenantes, de mettre en place un mécanisme de mise en œuvre, de contrôle et de suivi, qui permette une mise en œuvre durable du Plan d'action en assurant la bonne coordination des activités et la continuité de l'évaluation et de la rétroaction, et DEMANDE EN OUTRE à l'ONUSIDA, à l'OMS et à l'UNICEF d'aider l'OUA à mettre en place une petite unité pour assurer le fonctionnement quotidien du mécanisme.
9. DEMANDE PAR AILLEURS au Secrétaire général, en consultation avec les communautés économiques régionales (CER) et en collaboration avec la CEA, la BAD, l'OMS, l'ONUSIDA et l'UNICEF, de suivre la mise en œuvre du Plan d'action d'Abuja et d'en faire chaque année rapport à la Conférence.

DÉCISION SUR LE 14ème RAPPORT D'ACTIVITÉS ANNUEL DE LA COMMISSION AFRICAINE DES DROITS DE L'HOMME ET DES PEUPLES
AHG/Dec.162 (XXXVII)

La Conférence,
1. PREND NOTE AVEC SATISFACTION du 14ème rapport d'activités annuel de la Commission africaine des droits de l'homme et des peuples, et FÉLICITE la Commission africaine pour l'excellent travail de promotion et de protection des droits de l'homme accompli au cours de l'année écoulée.
2. INVITE la Commission africaine à poursuivre sa réflexion sur le renforcement du système africain de promotion et de protection des droits de l'homme et des peuples afin de répondre, le plus adéquatement possible, aux besoins des populations africaines dans le cadre de l'Union africaine et d'en faire rapport le plus rapidement possible.

3. AUTORISE la publication du 14ème rapport d'activités annuel, conformément à l'article 59 de la Charte africaine des droits de l'homme et des peuples.

DÉCISION SUR LA CONFÉRENCE DE PARTENARIAT SUR LE PROCESSUS AFRICAIN D'AMÉNAGEMENT ET DE PROTECTION DE L'ENVIRONNEMENT CÔTIER ET MARIN
AHG/Dec.163 (XXXVII)

La Conférence,

1. RAPPELLE la décision CM/Dec.479 (LXX) de la 70ème session ordinaire du Conseil tenue en juillet 1999 à Alger (Algérie) qui a entériné la Déclaration du Cap sur le Processus africain d'aménagement et de protection de l'environnement côtier et marin y compris la convocation d'une Conférence de partenariat pour examiner les propositions concrètes visant à atténuer les problèmes de l'environnement, sur la base des recommandations du Comité préparatoire créé à cet effet ;

2. NOTE AVEC GRANDE SATISFACTION que le Sommet mondial sur le développement durable (SMDD) se tiendra en septembre 2002 en Afrique du Sud et appellera l'attention des dirigeants du monde sur les problèmes d'environnement et de développement et sur la nécessité de trouver des solutions efficaces à ces problèmes, et SE FÉLICITE de l'occasion qu'offre le Sommet mondial sur le développement durable (SMDD) pour le développement du Processus africain d'aménagement et de protection de l'environnement côtier et marin et ses liens avec le développement durable de l'Afrique ;

3. NOTE ÉGALEMENT l'initiative terre/eau en faveur de l'Afrique, présentée au nom du Fonds de l'environnement mondial (FEM) par le Directeur exécutif du PNUE à la 35ème session ordinaire de la Conférence des chefs d'État et de gouvernement de l'OUA, tel que reflété au paragraphe 271 du rapport du Secrétaire général de l'OUA 6 Doc. CM/ ... (...) ;
4. APPROUVE la généreuse offre faite par le Gouvernement du Nigeria, en sa qualité de Président de la CMAE, d'abriter, en février 2002 au plus tard, une réunion de haut niveau, préparatoire à la Conférence de partenariat ;
5. DEMANDE au Secrétaire général, en coopération avec le Gouvernement de la République fédérale du Nigeria, de convoquer la Conférence de partenariat sur le processus africain d'aménagement et de protection de l'environnement côtier et marin, en marge du Sommet mondial sur le développement durable (SMDD), au niveau des chefs d'État et de gouvernement, et LANCE UN APPEL aux partenaires de l'Afrique pour qu'ils se fassent représenter au plus haut niveau à la Conférence de partenariat ;
6. INVITE tous les États africains à :
    (a) apporter leur appui et à participer activement à la mise en œuvre du Processus africain d'aménagement et de protection de l'environnement côtier et marin ;
    (b) établir des contacts, par le biais du Comité préparatoire, en vue de la préparation de la Conférence de partenariat ;
7. DEMANDE EN OUTRE au Secrétaire général de soumettre un rapport sur les résultats de la Conférence de partenariat au prochain Sommet de l'Union africaine.

DÉCISION SUR LA DÉCENNIE DE LA DÉCLARATION DE LA PÉRIODE 2001-2010 COMME LA DÉCENNIE DE LA MÉDECINE TRADITIONNELLE AFRICAINE
AHG/Dec.164 (XXXVII)

La Conférence,

1. ACCUEILLE FAVORABLEMENT la proposition de l'Ouganda de proclamer la période 2001-2010, comme la Décennie de l'OUA pour la médecine traditionnelle ;
2. RECONNAÎT le rôle important que la médecine traditionnelle continue de jouer dans les sociétés africaines, étant donné qu'environ 85% des populations africaines y ont recours pour des services de santé ;
3. RECONNAÎT ÉGALEMENT que les États membres et leurs gouvernements doivent admettre officiellement et utiliser cette source de connaissances traditionnelles, facilitant ainsi la réalisation de l'objectif de "la santé pour tous" qui passe par une mobilisation et une utilisation plus efficaces de ces ressources ;
4. RECONNAÎT PAR AILLEURS qu'il est peu probable que les changements sociaux, techniques ou économiques qui interviendront dans les États membres au cours de la prochaine décennie réduisent de façon significative la dépendance des populations rurales vis-à-vis des plantes médicinales ;
5. ENTÉRINE la Déclaration de Nairobi qui reconnaît formellement la médecine traditionnelle comme la forme la plus abordable et la plus accessible de système de soins de santé pour la majorité des populations rurales africaines ;
6. RÉITÈRE SON ENGAGEMENT ET SON SOUTIEN aux deux processus en cours, qui ont été lancés par le Secrétariat général pour élaborer:
    a) un modèle de législation africaine sur la protection des droits des communautés rurales, des agriculteurs et des éleveurs, et sur la réglementation de l'accès aux ressources biologiques ;
    b) un modèle de législation africaine sur la bio-sécurité et un système panafricain de bio-sécurité.

7. DEMANDE la finalisation rapide de ces deux processus et EXHORTE les États membres à utiliser ces modèles comme bases pour la finalisation de leurs législations nationales en adaptant leurs dispositions au contexte national et au cadre des négociations de l'OMC ;
8. DEMANDE au Secrétariat général, en coopération avec les partenaires concernés et les parties prenantes, d'engager également un processus en vue d'élaborer les éléments appropriés des législations nationales, en rapport avec l'octroi obligatoire de licences, les importations parallèles et les autres aspects à incorporer dans les législations nationales sur les brevets, qui sont importants pour l'accès aux médicaments essentiels, et d'élaborer ensuite un "Modèle de législation nationale" ou des "éléments d'un tel modèle à incorporer dans les législations nationales sur les brevets" en Afrique ;
9. PROCLAME la période 2001-2010 comme la "DÉCENNIE DE LA MÉDECINE TRADITIONNELLE AFRICAINE" et DEMANDE au Secrétariat général, en collaboration avec l'OMS et les autres partenaires intéressés, d'aider les États membres à élaborer un Plan d'action pour la mise en œuvre de la Décennie ;
10. DEMANDE ENFIN au Secrétaire général de faire régulièrement rapport à la Conférence, sur les progrès réalisés dans la mise en œuvre de la présente décision.

DÉCISION SUR LE 50ème ANNIVERSAIRE DE L'ADOPTION DE LA CONVENTION DE 1951 RELATIVE AU STATUT DES RÉFUGIÉS
AHG/Dec.165 (XXXVII)

NOUS, chefs d'État et de gouvernement des États membres de l'Organisation de l'unité africaine (OUA), réunis du 9 au 11 juillet 2001, à l'occasion de notre 37ème session ordinaire à Lusaka (Zambie) ;

RAPPELANT les résolutions antérieures adoptées par les chefs d'État et de gouvernement et/ou les décisions du Conseil des ministres de l'OUA relatives à la situation des réfugiés, des rapatriés et des personnes déplacées en Afrique ;

GRAVEMENT PRÉOCCUPÉS par le cycle répété de conflits armés et d'actes de persécution qui entraînent des mouvements de population, souvent de grande ampleur, ainsi que par l'absence de solutions durables et opportunes pour des millions de réfugiés en Afrique qui ont impérativement besoin de protection internationale ;

NOTANT que l'année 2001 marque le 50ème anniversaire de l'adoption de la Convention des Nations unies de 1951 relative au statut des réfugiés qui, avec son Protocole de 1967, complété en Afrique par la Convention de l'OUA régissant les aspects propres aux problèmes des réfugiés en Afrique, sont les instruments fondamentaux du régime de protection internationale des réfugiés ;

SE RÉFÉRANT au Plan d'application global (PAG) formulé par la réunion spéciale OUA/HCR d'experts techniques gouvernementaux et non gouvernementaux à l'occasion du 30ème anniversaire de la Convention de l'OUA, tenue le 29 mars 2000 à Conakry (Guinée), tel qu'adopté par la 72ème session du Conseil des ministres de l'OUA en juillet 2000 à Lomé (Togo) ;

RECONNAISSANT que les principes et droits fondamentaux contenus dans ces conventions ont donné un cadre de protection suffisamment flexible pour protéger des conflits armés et des actes de persécution des millions de réfugiés ;

CONSCIENTS du caractère social et humanitaire du problème des réfugiés qui ne saurait se transformer en une cause de tension entre États, des charges exceptionnellement lourdes qu'entraîne pour les pays hôtes l'octroi de l'asile, et du fait qu'une solution aux problèmes des réfugiés ne peut être obtenue que grâce à la coopération internationale et au partage du fardeau ;

ACCUEILLENT favorablement le processus de consultations mondiales lancé par le HCR afin de redynamiser le régime de protection internationale des réfugiés ; Convaincus que la toute première réunion des États parties à la Convention, organisée conjointement par le Gouvernement suisse et par le HCR en décembre 2001, servira à renforcer une volonté commune et constructive de respecter les principes fondamentaux de la Convention tout en contribuant à la recherche de nouvelles approches complémentaires et compatibles ;

1. RÉEAFFIRMONS SOLENNELLEMENT que la Convention de 1951 relative au statut des réfugiés et le Protocole de 1967, complétés par la Convention de l'OUA régissant les aspects propres aux problèmes des réfugiés en Afrique, constituent le fondement du droit international des réfugiés et sont donc des instruments clés pour assurer la protection des réfugiés ;

2. EXHORTONS les États qui ne l'ont pas encore fait à adhérer, le plus rapidement possible, à la Convention de 1951 et au Protocole de 1967 pour rejoindre les 140 États signataires, dont 49 États membres de l'OUA, et permettre ainsi que l'ensemble des États africains soient parties à ces instruments relatifs aux réfugiés ;

3. RÉAFFIRMONS notre engagement à mettre en œuvre les mesures contenues dans le Plan d'application global adopté en mars 2000 a Conakry, pour permettre une application plus rigoureuse et plus efficace de la Convention de l'OUA ainsi que de la Convention de 1951, y compris l'examen de la possibilité de lever les réserves émises lors de l'adhésion à ces instruments de caractère régional et universel ;

4. AFFIRMONS NOTRE DÉTERMINATION à contribuer au processus de consultations mondiales lancé par le HCR, ainsi qu'à son suivi, avec l'intention de consolider davantage le régime de protection internationale des réfugiés ;
5. RÉAFFIRMONS l'importance du Haut Commissariat des Nations Unies, institution à caractère multilatéral dont le mandat est de protéger les réfugiés, et APPELONS les gouvernements à examiner les mécanismes, ressources et modalités à la disposition du HCR pour exercer son rôle de surveillance ;
6. NOUS ENGAGEONS à trouver des solutions durables aux problèmes des réfugiés, essentiellement en facilitant le rapatriement librement consenti, tout en essayant de créer des conditions propices à cet effet, et parallèlement à prendre des mesures préventives pour résoudre pacifiquement les conflits et éviter ainsi les déplacements forcés.

DÉCISION SUR LA TENUE D'UNE RÉUNION MINISTÉRIELLE SUR L'EMPLOI ET LA LUTTE CONTRE LA PAUVRETÉ EN AFRIQUE
AHG/Dec.166 (XXXVII)

La Conférence,
1. PREND acte de la proposition du Burkina Faso d'organiser une réunion ministérielle dont le thème central sera "Emploi et lutte contre la pauvreté en Afrique", et APPROUVE la proposition du Burkina Faso de faire coïncider cette réunion ministérielle avec la $25^{\text{ème}}$ session ordinaire de la Commission du travail et des affaires sociales de l'OUA ;
2. REMERCIE le Président Blaise Compaoré et le Gouvernement du Burkina Faso pour leur offre d'abriter les travaux de cette réunion ministérielle ;

3. RECONNAÎT les défis auxquels sont confrontés les pays africains du fait de la conjoncture économique actuelle, de la mondialisation et des mutations technologiques, ainsi que des risques accrus de chômage, de sous-emploi et d'exclusion sociale qui en résultent ;
4. DEMANDE au Secrétaire général, en collaboration avec le Bureau international du travail (BIT), les autres institutions régionales et internationales concernées, les autres parties prenantes et le pays hôte, de prendre toutes les dispositions pour l'organisation de cette réunion.

DÉCISION SUR LA CRÉATION DE LA COMMISSION AFRICAINE DE L'ÉNERGIE (AFREC)
AHG/Dec.167 (XXXVII)

La Conférence,
1. PREND NOTE AVEC APPRÉCIATION des conclusions et recommandations de la Conférence des Ministres africains de l'Énergie, tenue les 23 et 24 avril 2001 à Alger, qui a décidé de la création immédiate de la Commission africaine de l'énergie (AFREC);
2. ADOPTE la Convention de la Commission africaine de l'énergie ;
3. INVITE INSTAMMENT les États membres à adhérer sans tarder à la Convention et à contribuer volontairement au financement de la structure transitoire de l'AFREC ;
4. FÉLICITE le Gouvernement de la République algérienne démocratique et populaire d'avoir accepté d'abriter le siège de l'AFREC, et de s'être engagé à fournir à la Commission l'appui nécessaire, y compris les locaux, les équipements et les fournitures ;

5. DEMANDE au Président de la Banque africaine de développement de coopérer étroitement avec l'AFREC dans le cadre du Programme africain de l'énergie mis en œuvre par la Banque, en vue du transfert ultérieur du Programme à l'AFREC, et d'accorder à la Commission l'appui technique et financier requis ;

6. INVITE les organisations du système des Nations unies (FAO, ONUDI, UNESCO, PNUE, UNDESA) et les autres organisations internationales, telles que le Conseil mondial de l'énergie, à apporter un appui technique, financier et matériel à la Commission africaine de l'énergie ;

7. INVITE ÉGALEMENT tous les États membres à participer activement à la Conférence Afrique – Amérique latine sur l'énergie, prévue au cours du $2^{\text{ème}}$ trimestre de 2002 à Alger;

8. DEMANDE au Secrétaire général de coopérer étroitement avec l'Algérie, pays hôte de l'AFREC, et le bureau de la Conférence des Ministres africains de l'Énergie pour l'application des dispositions de la Convention et la mise en place rapide d'une structure intérimaire de la Commission en vue de permettre à cette dernière de commencer immédiatement ses activités ;

9. INVITE le Comité consultatif sur les questions administratives, budgétaires et financières à dégager les moyens nécessaires pour le démarrage et le fonctionnement de l'AFREC pendant les premières années de son lancement ;

10. DEMANDE au Secrétaire général de lui faire rapport sur l'état d'avancement de la mise en œuvre de la présente décision.

DÉCISION SUR LA QUESTION DE LOCKERBIE
AHG/Dec.168 (XXXVII)

La Conférence,
1. PREND NOTE du rapport ;
2. RAPPELLE la décision EAHG/Dec.3 (V) adoptée par la 5ème session extraordinaire de la Conférence des chefs d'État et de gouvernement, tenue le 1er et le 2 mars 2001 à Syrte (Jamahiriya arabe libyenne) ;
3. INVITE le Conseil de sécurité des Nations unies à lever immédiatement et définitivement les sanctions injustes et l'embargo suspendu qui ont été imposés à la Libye et qui n'ont plus aucune justification légale ou morale après l'attitude positive, le traitement civilisé et la grande coopération dont la Jamahiriya a fait preuve dans le traitement de cette question ;
4. EXIGE la libération immédiate du citoyen libyen Abdel Basset Al Megrahi qui a été condamné pour des raisons politiques qui n'ont rien à voir avec le droit, son maintien en détention pouvant être considéré comme un enlèvement abominable au regard de toutes les lois et coutumes applicables ;
5. RÉAFFIRME le droit de la Grande Jamahiriya à des réparations pour les préjudices matériels et moraux qu'elle a subis ;
6. DEMANDE au Secrétaire général de prendre les mesures nécessaires, y compris la mobilisation des ressources financières pour la mise en place du Comité de juristes qui a été créé par la décision EAHG/Dec.3 (V) pour assurer le suivi de tous les aspects concernant le procès de l'affaire de Lockerbie ;
7. RECOMMANDE que le Président en exercice et les membres de son Bureau usent de leurs bons offices pour prendre les contacts nécessaires en vue d'assurer le règlement rapide et satisfaisant de la question.

DÉCISION SUR LA MISE EN ŒUVRE DU PLAN D'ACTION SUR L'ÉRADICATION DE LA MOUCHE TSÉ-TSÉ EN AFRIQUE
AHG/Dec.169 (XXXVII)

La Conférence,

1. RAPPELLE la décision AHG/156 (XXXVI) adoptée par la 36ème session ordinaire de la Conférence des chefs d'État et de gouvernement, exhortant les États membres à relever le défi de la campagne pour l'éradication de la mouche tsé-tsé en Afrique ;
2. NOTE AVEC SATISFACTION que le Secrétariat général de l'OUA a élaboré un Plan d'action pour la mise en œuvre de la décision du Sommet sur l'éradication de la mouche tsé-tsé ;
3. EXHORTE le Secrétariat de l'OUA et les services compétents des États membres touchés, chargés des questions de santé, d'agriculture, d'élevage, de développement rural et de réduction de la pauvreté, à incorporer les objectifs dudit Plan d'action dans leurs programmes prioritaires, en vue de leur mise en œuvre ;
4. LANCE UN APPEL à la communauté internationale pour qu'elle fournisse aux États membres un appui et une assistance techniques, financiers et matériels dans leurs efforts d'éradication de la mouche tsé-tsé.

DÉCISION SUR LE FORUM PANAFRICAIN SUR L'AVENIR DES ENFANTS
AHG/Dec.170 (XXXVII)

La Conférence,

1. PREND NOTE des recommandations de la 74ème session du Conseil des ministres ainsi que sa décision CM/Dec.4 (LXXIV) sur le Forum panafricain sur l'avenir des enfants, tenue du 28 au 31 mai 2001 au Caire, République arabe d'Égypte;
2. EXPRIME ses sincères remerciements à la République arabe d'Égypte pour avoir abrité le Forum, et à l'UNICEF pour son importante contribution ;

3. INVITE en particulier, les États membres à réaffirmer de façon concrète leur engagement à la cause de l'enfant africain, et à s'inspirer du contenu de la Position commune africaine adoptée au Caire, pour présenter leurs contribution lors de la session spéciale et des Nations unies sur les enfants qui se tiendra du 19 au 21 septembre 2001, à New York ;
4. EXHORTE les États membres qui ne l'ont pas encore fait, à ratifier la Charte africaine sur le Droit et le Bien-être de l'enfant ;
5. PRIE les Chefs d'état africains de participer personnellement et en grand nombre à la Session spéciale afin de réaffirmer la priorité que l'Afrique accorde au mieux-être de ses enfants par la réalisation de tous leurs droits.

DÉCLARATION SUR LA NOUVELLE INITIATIVE AFRICAINE (MAP ET OMEGA)
AHG/Decl.1 (XXXVII)

1. NOUS, chefs d'État et de gouvernement de l'Organisation de l'unité africaine, réunis en la 37ème session ordinaire de la Conférence des chefs d'État et de gouvernement du 9 au 11 juillet 2001 à Lusaka (Zambie), avons procédé à un examen approfondi et sans complaisance de la situation politique, économique et sociale de notre continent, telle que présentée dans le rapport du Secrétaire général au Conseil des ministres ;
2. SOMMES PLEINEMENT CONSCIENTS des changements fondamentaux qui se sont produits dans le monde depuis le début des années 1990, notamment la création, l'élargissement et le renforcement de groupements économiques et commerciaux, les conclusions des négociations commerciales multilatérales du cycle d'Uruguay, la création de l'OMC et les progrès rapides des technologies de l'information et de la communication. C'est dire que l'Afrique doit prendre des mesures urgentes et efficaces afin d'éviter d'être marginalisée et afin de devenir un partenaire actif dans le nouvel ordre économique mondial. A cette fin, l'Afrique doit adopter une

nouvelle vision pour sa renaissance et son développement et traduire cette vision en un programme d'action approprié et cohérent ;
3. RÉAFFIRMONS que la renaissance et le développement de l'Afrique incombent en premier lieu à nos gouvernements et à nos peuples. En conséquence, nous sommes résolus à créer un environnement politique, économique et social propice et à assurer la transformation structurelle et économique requise dans nos pays en vue de réaliser un développement durable axé sur l'homme ;
4. RAPPELONS l'approbation, par le $5^{\text{ème}}$ Sommet extraordinaire de l'OUA tenu les 1er et 2 mars 2001 à Syrte (Libye), des initiatives prises par les Présidents Mbeki d'Afrique du Sud, Obasanjo du Nigeria, Bouteflika d'Algérie, Hosni Moubarak d'Égypte et Wade du Sénégal en ce qui concerne la renaissance et le développement de l'Afrique ;
5. LOUONS les efforts déployés par les cinq Présidents pour mettre au point un seul plan coordonné et intégré pour la renaissance de l'Afrique fondé sur les deux initiatives, à savoir : le Partenariat du millénaire pour le programme de redressement de l'Afrique (MAP) et le Plan OMEGA, qui sont complémentaires ;
6. RÉITÉRONS notre engagement et notre détermination à améliorer les conditions de vie de nos populations par la promotion de l'autosuffisance collective, tel que stipulé dans le Plan d'action de Lagos, le Traité d'Abuja et le Programme d'action du Caire ;
7. RÉITÉRONS ÉGALEMENT notre engagement en faveur des objectifs de la Déclaration que nous avons adoptée à la quatrième session extraordinaire de notre conférence tenue le 9.9.99 à Syrte (Grande Jamahiriya arabe libyenne populaire et socialiste) dans laquelle nous avons décidé de créer l'Union africaine ;
8. RECONNAISSONS la nécessité de réaffirmer et de redynamiser les stratégies continentales de développement existantes en vue de réaliser le développement endogène de notre continent ;

9. ADOPTONS le cadre stratégique d'orientation de la Nouvelle Initiative Africaine et son Programme d'action et REAFFIRMONS notre engagement en faveur des dispositions du Traité instituant la Communauté économique africaine et de l'Acte constitutif de l'Union africaine ;
10. DÉCIDONS de présenter, pour approbation, l'Initiative Africaine Commune à la session de septembre 2001 de l'Assemblée générale des Nations unies, et INVITONS la communauté internationale, en particulier nos partenaires de développement et le système des Nations unies, à soutenir cette Initiative et à aider l'Afrique à la mettre en œuvre ;
11. DÉCIDONS de convoquer à Dakar, les 15, 16 et 17 novembre 2001, un Sommet des chefs d'État avec la participation des Institutions économiques et financières internationales ainsi que du secteur privé sur le thème : financement de la Nouvelle Initiative Commune ;
12. DÉCIDONS de mettre en place un Comité de suivi composé des cinq (5) chefs d'État, promoteurs de la Nouvelle Initiative Commune et de dix (10) autres chefs d'État pour le suivi permanent, particulièrement la mise en place des Institutions de management de la Nouvelle Initiative Africaine ;
13. DÉCIDONS d'élargir la délégation au G8 au Sénégal.

DÉCLARATION SUR LE RÈGLEMENT DE LA QUESTION DES TERRES AU ZIMBABWE
AHG/Decl.2 (XXXVII)

Le Sommet,

1. RAPPELLE la Déclaration AHG/ST/1 (XXXVI) adoptée par la 36ème session de la Conférence des chefs d'État et de gouvernement, tenue en juillet 2000 à Lomé (Togo) ;
2. RÉAFFIRME que le règlement de la question des terres est au centre des efforts pour la réalisation de la paix, de la stabilité et du développement économique au Zimbabwe ;
3. PREND NOTE des efforts inlassables de Son Excellence, le Président Olusegun Obasanjo de la République fédérale du Nigeria pour servir de médiateur entre le Zimbabwe et la Grande-Bretagne en vue du règlement de la question des terres au Zimbabwe ;
4. RÉITÈRE sa demande à la Grande-Bretagne d'honorer ses obligations coloniales, celles de financer le programme de redistribution des terres au Zimbabwe, conformément à l'Accord de Lancaster House ;
5. LANCE UN APPEL à la Grande-Bretagne pour qu'elle coopère pleinement et engage le dialogue avec le Gouvernement du Zimbabwe en vue de trouver une solution définitive à ce legs du colonialisme.

ERITREA – ETHIOPIA BOUNDARY COMMISSION

DECISION
Regarding Delimitation of the Border

between

The State of Eritrea

and

The Federal Democratic Republic of Ethiopia

By the Boundary Commission, composed of:

Professor Sir Elihu Lauterpacht, CBE, QC, President
Prince Bola Adesumbo Ajibola, SAN, KBE, CFR
Professor W. Michael Reisman
Judge Stephen M. Schwebel
Sir Arthur Watts, KCMG, QC

The Hague, 13 April 2002

DECISION Regarding Delimitation of the Border
between

The State of Eritrea, represented by:

GOVERNMENT OF ERITREA
His Excellency Mr. Ali Said Abdella, Foreign Minister of the State of Eritrea, Agent
Professor Lea Brilmayer, Co-Agent, Legal Advisor to the Office of the President of Eritrea, "Howard M. Holtzmann Professor of International Law", Yale University School of Law
His Excellency Mr. Mohammed Suleiman Ahmed, Ambassador of the State of Eritrea to the Netherlands
Mr. Habtom Gebremichael, Ministry of Foreign Affairs, State of Eritrea
Ms. Megan Munzert, Associate Legal Advisor to the Office of the President of Eritrea

COUNSEL AND ADVOCATES
Mr. O. Thomas Johnson, Covington and Burling; Member of the Bar of the District of Columbia
Professor James Crawford, SC, FBA, Whewell Professor of International Law, University of Cambridge; Member of the Australian and English Bars; Member of the Institute of International Law

COUNSEL AND CONSULTANTS
Mr. Eric Brown, Covington and Burling; Member of the Bar of the District of Columbia
Ms. Chiara Giorgetti, Dottoressa in Giurisprudenza, Università di Bologna
Ms. Karin Kizer, Covington and Burling; Member of the Bar of the District of Columbia
Ms. Natalie Klein, Debevoise and Plimpton; Barrister and Solicitor of the Supreme Court of Australia
Professor Yemane Meshginna, Department of Political Science, the University of Asmara
Ms. Erin Casey, Yale University School of Law
Ms. Amanda Jones, Yale University School of Law
Ms. Suma Nair, Covington and Burling

and The Federal Democratic Republic of Ethiopia, represented by:

GOVERNMENT OF ETHIOPIA
His Excellency Mr. Seyoum Mesfin, Minister of Foreign Affairs of the Federal Democratic Republic of Ethiopia, Agent
His Excellency Ambassador Mr. Fisseha Yimer, Ambassador of the Federal Democratic Republic of Ethiopia to Switzerland and to the United Nations in Geneva, Co-Agent
Mr. Seifeselassie Lemma, Director of Legal Affairs, Ministry of Foreign Affairs of the Federal Democratic Republic of Ethiopia

COUNSEL AND ADVOCATES
Mr. Ian Brownlie, CBE, QC, FBA, Chichele Professor of Public International Law (Emeritus), University of Oxford; Member of the International Law Commission; Member of the English Bar; Member of the Institut de droit international
Mr. B. Donovan Picard, Verner, Liipfert, Bernhard, McPherson & Hand, Washington DC; Member of the Bar of the District of Columbia; Member of the Bar of the Supreme Court of the United States
Mr. Rodman R. Bundy, Frere Cholmeley/Eversheds, Paris; avocat à la Cour d'appel de Paris, Member of the New York Bar
Ms. Loretta Malintoppi, Frere Cholmeley/Eversheds, Paris; avocat à la Cour d'appel de Paris, Member of the Rome Bar
Mr. Dylan D. Cors, Verner, Liipfert, Bernhard, McPherson & Hand, Washington DC; Member of the Bar of the District of Columbia

COUNSEL AND CONSULTANTS
Mr. Scott Edmonds, International Mapping Associates, Columbia, Maryland, President
Mr. Robert Rizzutti, International Mapping Associates, Columbia, Maryland, Vice President
Ms. Cheryl Dunn, Frere Cholmeley/Eversheds, Paris; Member of the State Bar of California
Mr. Charles Claypoole, Frere Cholmeley/Eversheds, Paris; Solicitor of the Supreme Court of England and Wales
Mr. Justin M. Cawley, Verner, Liipfert, Bernhard, McPherson & Hand, Washington, DC; Member of the Bar of the District of Columbia
Mr. Gregson A. Thoms, III, Verner, Liipfert, Bernhard, McPherson & Hand, Washington, DC, Consultant

TABLE OF CONTENTS

LIST OF MAPS

GLOSSARY OF GEOGRAPHIC PLACE NAMES

CHAPTER I-. PROCEDURAL INTRODUCTION

CHAPTER II-. SUBSTANTIVE INTRODUCTION

  A. Background
  B. The Subject of the Dispute – Geographical Description of the Boundary
    1) The termini
    2) The three sectors of the boundary
    3) The western sector
    4) The central sector
    5) The eastern sector

CHAPTER III-. THE TASK OF THE COMMISSION AND THE APPLICABLE LAW

  A. Treaty Interpretation
  B. Applicable International Law and the Subsequent Conduct of the Parties
    1) Maps
    2) *Effectivités*
    3) Diplomatic and other exchanges tending to evidence admissions or assertions
  C. Relevance of the Reference to the 1964 OAU Summit Declaration
  D. The Present Decision Does Not Deal with Demarcation

CHAPTER IV-. THE SECTOR COVERED BY THE 1900 TREATY (CENTRAL SECTOR)

  A. The Interpretation of the 1900 Treaty
    1) The Mareb River
    2) The Belesa River
    3) The upper reaches of the Muna and the overland link between the Belesa and the Muna
    4) The eastern terminal point of the 1900 Treaty boundary
    5) Object and purpose of the Treaty
    6) Conclusions as to the boundary identified by the 1900 Treaty
  B. Subsequent Conduct

1) The western part of the Belesa projection
    (a) Conduct relevant to the exercise of sovereign authority (*effectivités*)
    (b) Diplomatic and other similar exchanges and records
    (c) Maps
    (d) Conclusion regarding the western part of the Belesa projection
2) The eastern part of the Belesa projection
    (a) Conduct relevant to the exercise of sovereign authority (*effectivités*)
    (b) Diplomatic and other similar exchanges and records
    (c) Maps
    (d) Conclusion regarding the eastern part of the Belesa projection
3) The Endeli projection (Irob)
    (a) Conduct relevant to the exercise of sovereign authority (*effectivités*)
    (b) Diplomatic and other similar exchanges and records
    (c) Maps
    (d) Conclusion regarding the Endeli projection
4) The Bada region in the central sector
    (a) Conduct relevant to the exercise of sovereign authority (*effectivités*)
    (b) Diplomatic and other similar exchanges and records
    (c) Maps
    (d) Conclusion regarding the Bada region in the central sector
C. The Commission's Conclusions Regarding the 1900 Treaty Line as a Whole

CHAPTER V-. THE SECTOR COVERED BY THE 1902 TREATY (WESTERN SECTOR)

A. The Treaty Text
B. The Western Terminus
C. The Sector Setit-Mareb
    1) Interpretation of the Treaty
        (a) The terms of the Treaty
        (b) The object and purpose of the Treaty
            (i) The reference to Mount Ala Tacura
            (ii) The incorporation of the Cunama into Eritrea
        (c) The relation between the negotiations of May 1902 and the principal objective of the Treaty
    2) Developments subsequent to the Treaty
    3) Assessment of the situation as at 1935
    4) The Position after 1935

CHAPTER VI-. THE SECTOR COVERED BY THE 1908 TREATY (EASTERN SECTOR)

    A. The Text of the 1908 Treaty
    B. The Physical Geography
    C. Historical Background of the 1908 Treaty
    D. The Commission's Decision
        1) The nature of the exercise under the 1908 Treaty
        2) The commencement of the boundary
        3) The termination of the boundary
        4) The method by which the boundary is to be drawn
            (a) The geometric character of the delimitation
            (b) The delimitative character of the Commission's task
            (c) The meaning of the "coast"
            (d) The Commission's delimitation method
        5) Effect of subsequent conduct
        6) The map evidence

CHAPTER VII-. THE BOUNDARY LINE WITHIN RIVERS

CHAPTER VIII-. *DISPOSITIF*

    Decision
    Maps Illustrating the Delimitation Line
    Reference Points

APPENDIX A-. The Subsequent Conduct of the Parties in the Sector Covered by the 1900 Treaty

APPENDIX B-. The Location of the Cunama

APPENDIX C-. Technical Note Relating to Maps

LIST OF MAPS
(pp. 665 – 689)

Map 1   Eritrea-Ethiopia Border Area
Map 2   Western Sector, 1902 Treaty, Claim Lines As Submitted by the Parties
Map 3   Central Sector, 1900 Treaty, Claim Lines As Submitted by the Parties
Map 4   Eastern Sector, 1908 Treaty, Claim Lines As Submitted by the Parties
Map 5   1900 Treaty Map
Map 6   Belesa and Endeli Projections
Map 7   Treaty Line As Established by the 1900 Treaty
Map 8   Mai Daro Map
Map 9   De Chaurand Map, Excerpt Corresponding to the Mai Daro Map
Map 10 International Boundary between the State of Eritrea and the Federal Democratic Republic of Ethiopia, Western Sector (in a scale of 1:1,000,000)
Map 11 International Boundary between the State of Eritrea and the Federal Democratic Republic of Ethiopia, Central Sector (in a scale of 1:360,000)
Map 12 International Boundary between the State of Eritrea and the Federal Democratic Republic of Ethiopia, Eastern Sector (in a scale of 1:1,000,000)
Map 13 International Boundary between the State of Eritrea and the Federal Democratic Republic of Ethiopia (in a scale of 1:2,000,000)
Map 14 International Boundary between the State of Eritrea and the Federal Democratic Republic of Ethiopia, Central Sector (from the Belesa to the headwater of the Muna in a scale of 1:50,000) *(not available in this volume)*
Map 15 International Boundary between the State of Eritrea and the Federal Democratic Republic of Ethiopia, Central Sector (from the headwater of the Muna to the confluence of the Muna and the Endeli in a scale of 1:50,000) *(not available in this volume)*

GLOSSARY OF GEOGRAPHIC PLACE NAMES

This Glossary contains names of those geographic features and locations referred to in the Decision of which there are variant spellings. The spelling used in the Decision is listed first in bold, followed by the variant(s).

A
Acchele Guzai – Akologuzay; Okologezay
Agame – Agamie
Ala Tacura – Ala Takura
Alitena – Alitiena

B
Baza – Baze; Basé
Belesa – Belessa; Mestai Mes; Ruba Dairo; Rubai Daro; Sur; Tserona
Bure – Burre

C
Cunama – Canama; Kunama

E
Enda Dashim – Enda Dascim; Ruba Enda Dascin

G
Gasc – Gash
Gogula – Collina Gugula

K
Kelloberda – Kolo Burdo

M
Mai Ambessa – Mai Anbessa
Mai Daro – Maidaro; Mai Doro
Maiteb – Maieteb; Maietebe; Maietebbe; Maitebbe
Maiten – Mai Ten; Mai Tenne; Mai Tenné; Maitenné
Mareb – Mereb
Mochiti – Moketti
Muna/Berbero Gado – Mai Muna; T. Mai Muna; Maj Mena; Mouna

S
Setit – Settite
Shimezana – Scimezana
Sittona – Maetebbe/Maeeteb; Sittone

T
Tigray – Tigrai; Tigre

DECISION REGARDING DELIMITATION OF THE BORDER

CHAPTER I-. PROCEDURAL INTRODUCTION

1.1 The Eritrea-Ethiopia Boundary Commission (hereinafter the "Commission") was established pursuant to an agreement dated 12 December 2000, alternately entitled "Agreement between the Government of the State of Eritrea and the Government of the Federal Democratic Republic of Ethiopia" and "Agreement between the Government of the Federal Democratic Republic of Ethiopia and the Government of the State of Eritrea" (hereinafter the "December Agreement").

1.2 Article 4 of the December Agreement provides as follows:

> 1. Consistent with the provisions of the Framework Agreement and the Agreement on Cessation of Hostilities, the parties reaffirm the principle of respect for the borders existing at independence as stated in resolution AHG/Res. 16(1) adopted by the OAU Summit in Cairo in 1964, and, in this regard, that they shall be determined on the basis of pertinent colonial treaties and applicable international law.
>
> 2. The parties agree that a neutral Boundary Commission composed of five members shall be established with a mandate to delimit and demarcate the colonial treaty border based on pertinent colonial treaties (1900, 1902 and 1908) and applicable international law. The Commission shall not have the power to make decisions *ex aequo et bono*.
>
> 3. The Commission shall be located in The Hague.
>
> 4. Each party shall, by written notice to the United Nations Secretary- General, appoint two commissioners within 45 days from the effective date of this agreement, neither of whom shall be nationals or permanent residents of the party making the

appointment. In the event that a party fails to name one or both of its party-appointed commissioners within the specified time, the Secretary-General of the United Nations shall make the appointment.

5. The president of the Commission shall be selected by the partyappointed commissioners or, failing their agreement within 30 days of the date of appointment of the latest party-appointed commissioner, by the Secretary-General of the United Nations after consultation with the parties. The president shall be neither a national nor permanent resident of either party.

6. In the event of the death or resignation of a commissioner in the course of the proceedings, a substitute commissioner shall be appointed or chosen pursuant to the procedure set forth in this paragraph that was applicable to the appointment or choice of the commissioner being replaced.

7. The UN Cartographer shall serve as Secretary to the Commission and undertake such tasks as assigned to him by the Commission, making use of the technical expertise of the UN Cartographic Unit. The Commission may also engage the services of additional experts as it deems necessary.

8. Within 45 days after the effective date of this Agreement, each party shall provide to the Secretary its claims and evidence relevant to the mandate of the Commission. These shall be provided to the other party by the Secretary.

9. After reviewing such evidence and within 45 days of its receipt, the Secretary shall subsequently transmit to the Commission and the parties any materials relevant to the mandate of the Commission as well as his findings identifying those portions of the border as to which there appears to be no dispute between the parties. The Secretary shall also transmit to the Commission all the evidence presented by the parties.

10. With regard to those portions of the border about which there appears to be controversy, as well as any portions of the border identified pursuant to paragraph 9 with respect to which either party believes there to be controversy, the parties shall present their written and oral submissions and any additional evidence directly to the Commission, in accordance with its procedures.

11. The Commission shall adopt its own rules of procedure based upon the 1992 Permanent Court of Arbitration Option Rules for Arbitrating Disputes Between Two States. Filing deadlines for the parties' written submissions shall be simultaneous rather than consecutive. All decisions of the Commission shall be made by a majority of the commissioners.

12. The Commission shall commence its work not more than 15 days after it is constituted and shall endeavor to make its decision concerning delimitation of the border within six months of its first meeting. The Commission shall take this objective into consideration when establishing its schedule. At its discretion, the Commission may extend this deadline.

13. Upon reaching a final decision regarding delimitation of the borders, the Commission shall transmit its decision to the parties and Secretaries General of the OAU and the United Nations for publication, and the Commission shall arrange for expeditious demarcation.

14. The parties agree to cooperate with the Commission, its experts and other staff in all respects during the process of delimitation and demarcation, including the facilitation of access to territory they control. Each party shall accord to the Commission and its employees the same privileges and immunities as are accorded to diplomatic agents under the Vienna Convention on Diplomatic Relations.

15. The parties agree that the delimitation and demarcation determinations of the Commission shall be final and binding. Each party shall respect the border so determined, as well as the territorial integrity and sovereignty of the other party.

16. Recognizing that the results of the delimitation and demarcation process are not yet known, the parties request the United Nations to facilitate resolution of problems which may arise due to the transfer of territorial control, including the consequences for individuals residing in previously disputed territory.

17. The expenses of the Commission shall be borne equally by the two parties. To defray its expenses, the Commission may accept donations from the United Nations Trust Fund established under paragraph 8 of Security Council Resolution 1177 of 26 June 1998.

1.3 By 26 January 2001, within the time limits provided in Article 4, paragraph 4, of the December Agreement, and by written notice to the United Nations Secretary-General as further provided therein, Eritrea appointed as Commissioners Mr. Jan Paulsson and Judge Stephen M. Schwebel, and Ethiopia appointed as Commissioners His Excellency Prince Bola Adesumbo Ajibola and Sir Arthur Watts.

1.4 By virtue of Article 4, paragraph 7, of the December Agreement, Dr. Hiroshi Murakami, Chief of the Cartographic Section of the Secretariat of the United Nations, acted as Secretary of the Commission (hereinafter the "Secretary") at all material times and rendered important cartographical and other technical assistance to the Commission. He was assisted principally by Ms. Alice Chow and Ms. Hélène Bray. On 26 January 2001, the Parties submitted to the Secretary their claims and evidence relevant to the mandate of the Commission, as required by Article 4, paragraph 8, of the December Agreement.

1.5 In accordance with Article 4, paragraph 5, of the December Agreement, the party-appointed Commissioners selected as President of the Commission Professor Sir Elihu Lauterpacht, who accepted his appointment on 20 February 2001.

1.6 By a letter to the Secretary dated 2 March 2001, the Permanent Representative of Ethiopia lodged a challenge to the appointment by Eritrea of Mr. Paulsson. The Secretary transmitted this letter to the Commissioners, the Permanent Representative of Eritrea and the Secretary-General of the United Nations.

1.7 On 2 March 2001, Ethiopia informally notified the International Bureau of the Permanent Court of Arbitration of the designation of His Excellency Seyoum Mesfin, Minister of Foreign Affairs of the Federal Democratic Republic of Ethiopia, as Agent, and of His Excellency Ambassador Fisseha Yimer, Permanent Representative of the Federal Democratic Republic of Ethiopia to the United Nations at Geneva, as Co-Agent.

1.8 On 14 March 2001, Eritrea informally notified the International Bureau of the Permanent Court of Arbitration of the designation of His Excellency Ali Said Abdella, Foreign Minister of Eritrea, as Agent, and of Professor Lea Brilmayer as Co-Agent.

1.9 Article 4, paragraph 9, of the December Agreement charged the Secretary with, *inter alia*, making findings identifying those portions of the border as to which there appeared to be no dispute between the Parties. On 12 March 2001, the Secretary transmitted his findings to the Parties and to the Commissioners. On 23 March 2001, the Government of Ethiopia reserved its position with respect to those findings. The Secretary's findings were based entirely on the materials theretofore made available to him by the Parties, and were not intended to be dispositive of any aspects of the delimitation.

According to Article 4, paragraph 10, of the December Agreement, the Parties' subsequent submissions to the Commission were to address those portions of the border about which there appeared to be controversy, as well as any portions of the border identified by the Secretary with respect to which either Party believed there to be controversy.

1.10 The Commission met in The Hague on 25 March 2001. On 26 March 2001, an informal meeting was held between the Commission and representatives of the Parties to discuss procedural matters, without prejudice to the position of the Parties pending the resolution of the outstanding challenge to Mr. Paulsson. The Secretary was also present. At this meeting, the Parties agreed that, in addition to the Secretary provided for in the December Agreement, there should be appointed to assist the Commission a legally-qualified Registrar. Ms. Bette E. Shifman, Deputy Secretary-General of the Permanent Court of Arbitration, was accordingly appointed, and she has so acted throughout the proceedings, with the assistance principally of Mr. Dane Ratliff and of the staff of the Permanent Court of Arbitration.

1.11 Among the matters discussed and tentatively agreed on at the meeting of 26 March 2001 was a schedule for the first phase of the Commission's work (the delimitation of the border), according to which the Parties would simultaneously file written Memorials on 30 June 2001 and Counter-Memorials on 22 September 2001. Consideration would then be given to whether the Parties would exchange Replies. A pre-hearing consultation between the Commission and the Parties was scheduled for 6 November 2001. It was tentatively agreed that hearings would be held in The Hague between 10 and 21 December 2001. Although Article 4, paragraph 12, of the December Agreement stipulates that the Commission is to "endeavor to make its decision concerning delimitation of the border within six months of its first meeting," it was accepted by the Parties and the Commission that this was not practicable.

1.12 On 5 April 2001, the President of the Commission signed an Order, adopting an "Interim Rule of Procedure" as follows:

> Whereas Article 4, paragraph 11, of the Agreement between the Government of the Federal Democratic Republic of Ethiopia and the Government of the State of Eritrea of 12 December, 2000, requires the Commission to adopt its own Rules of Procedure;
>
> whereas one of the Commissioners has been challenged by a Party, thus occasioning an immediate need for a Rule of Procedure to regulate the matter;
>
> and whereas the Commission has not as yet prepared a complete set of Rules of Procedure including a rule relating to challenge;
>
> the Commission has adopted the following Interim Rule of Procedure limited to one aspect of this matter and without prejudice to the adoption in due course of a full set of Rules of Procedure within which this Rule (subject to any necessary amendment) will be incorporated:
>
>> CHALLENGE OF COMMISSIONERS – A challenge to a member of the Commission shall be decided by those members of the Commission whose appointments are not challenged. If they cannot reach a decision, the President shall refer the challenge to the Secretary-General of the United Nations for decision.

This Order was duly communicated to the Parties by the Registrar.

1.13 Also on 5 April 2001, the President of the Commission informed the Secretary-General of the United Nations of the contents of the Order, and of the fact that the four Commissioners whose appointments had not been challenged had been unable to reach a decision on the challenge to Mr. Paulsson, and accordingly referred the challenge to the Secretary-General for decision.

1.14 By a letter dated 15 May 2001, Mr. Paulsson tendered his resignation as a member of the Boundary Commission, it being understood that this resignation did not imply any acceptance of the validity of the alleged grounds for the challenge. In accordance with Article 4, paragraph 6, of the December Agreement, Eritrea appointed, on 12 June 2001, Professor W. Michael Reisman to fill the vacancy created by Mr. Paulsson's resignation.

1.15 On 20 June 2001, the Commission adopted its Rules of Procedure (hereinafter the "Rules"), based, as required by Article 4, paragraph 11, of the December Agreement, on the 1992 Permanent Court of Arbitration Optional Rules for Arbitrating Disputes between Two States. Article 16(2) of the Rules sets forth the schedule for written submissions tentatively agreed at the meeting of 25 March 2001, i.e., a Memorial to be filed by each Party by 30 June 2001, a Counter-Memorial to be filed by each Party not later than 22 September 2001, and any other pleading that the Commission deemed necessary after consulting the Parties, to be filed not later than one month after filing of the Counter-Memorials.

1.16 Both Parties filed their Memorials with the Registrar within the time limits provided in the Rules. On 16 July 2001, the President held an informal meeting with the representatives of the Parties in order to discuss various matters relating to the ongoing work of the Commission.

1.17 The Parties filed their Counter-Memorials on 30 September 2001 and, pursuant to Article 16(2) of the Rules, the Commission decided, after consulting the Parties, to authorize an exchange of Replies. These were duly filed with the Registrar on 29 October 2001.

1.18 As provided in Article 16(4) of the Rules, the written phase of the pleadings was closed upon the filing of the Replies. A pre-hearing consultation was held with the Parties on 6 November 2001, at the premises of the Permanent Court of Arbitration in The Hague, at which procedural details relating to the hearings were settled. At that meeting, the Commission requested the Parties to provide to the Commission, as expeditiously as possible, originals or full-scale copies of all maps that had been produced in evidence, and these were subsequently submitted by the Parties.

1.19 Hearings were held at the Peace Palace in The Hague from 10 through 21 December 2001, during which oral arguments and replies were heard from the following:

For Eritrea: His Excellency Ali Said Abdella, Foreign Minister of Eritrea, Agent
Professor Lea Brilmayer, Co-Agent
Mr. O. Thomas Johnson
Professor James Crawford, SC

For Ethiopia: His Excellency Seyoum Mesfin, Minister of Foreign Affairs of Ethiopia, Agent
Mr. B. Donovan Picard
Mr. Ian Brownlie, CBE, QC
Mr. Rodman R. Bundy
Ms. Loretta Malintoppi
Mr. Dylan D. Cors

1.20 In the course of the written proceedings, the following submissions were presented by the Parties:

On behalf of Eritrea,

in the Memorial:

> For the reasons set out in this Memorial, which Eritrea reserves the right to supplement and develop further in subsequent pleadings and oral argument, it is respectfully submitted that the boundary between the two parties is that depicted in Figure 2.1 above and in Map 1 in Eritrea's Atlas.

in the Counter-Memorial:

> For the reasons set out in this Counter-Memorial, which Eritrea reserves the right to supplement and develop further in subsequent pleadings and oral argument, it is respectfully submitted that the boundary between the two parties is that depicted in Figure 2.01 in Eritrea's Memorial and in Map 1 in Eritrea's Memorial Atlas.

in the Reply:

> For the reasons set out in this Reply, which Eritrea reserves the right to supplement and develop further in subsequent pleadings and oral argument, it is respectfully submitted that the boundary between the two parties is that depicted in Figure 2.01 in Eritrea's Memorial and in Map 1 in Eritrea's Memorial Atlas.

On behalf of Ethiopia,

in the Memorial:

> *On the basis* of the facts and legal arguments presented in this Memorial; and *Considering that* Article 4 of the 12 December 2000 Agreement provides in the relevant part of paragraph 2 that –
>
>> The parties agree that a neutral Boundary Commission composed of five members shall be established with a mandate to delimit and demarcate the colonial treaty border based on pertinent colonial treaties (1900, 1902 and 1908) and applicable international law;
>
> and in paragraph 10 that –
>
>> With regard to those portions of the border about which there appears to be controversy, as well as any portions of the border identified pursuant to paragraph 9 with respect to which either party believes there to be controversy, the parties shall present their written and oral submissions and any additional evidence directly to the Commission, in accordance with its procedures;
>
> The Federal Democratic Republic of Ethiopia, while reserving the right to supplement or amend these Submissions in the light of further pleadings in the case, respectfully requests the Commission to adjudge and declare:
>
> → That the boundary in accordance with the Treaty of 1900 is constituted by the line described in Chapter 4, paragraph 4.7 above;
>
> → That the boundary in accordance with the Treaty of 1902 is constituted by the line described in Chapter 4, paragraph 4.8 above;

→ That the boundary in accordance with the Treaty of 1908 is to be delimited and demarcated on the basis of the modus operandi described in Chapter 3, paragraphs 3.216 to 3.223 and Chapter 4, paragraph 4.9 above.

in the Counter-Memorial:

On the basis of the facts and legal arguments presented in Ethiopia's Memorial and Counter-Memorial; and

Rejecting the Submissions of Eritrea set forth in her Memorial;

The Federal Democratic Republic of Ethiopia, while reserving its right to supplement or amend these Submissions in the light of further pleadings in the case, respectfully requests the Commission to adjudge and declare:

→ That the boundary in accordance with the Treaty of 1900 is constituted by the line described and illustrated in Chapter 2 of this Counter-Memorial;

→ That the boundary in accordance with the Treaty of 1902 is constituted by the line described and illustrated in Chapter 3 of this Counter-Memorial; and

→ That the boundary in accordance with the Treaty of 1908 is constituted in accordance with the methodology and considerations described and illustrated in Chapter 4 of this Counter-Memorial.

in the Reply:

On the basis of the foregoing, and rejecting Eritrea's contentions to the contrary, Ethiopia confirms the Submissions as set out at the end of her Counter-Memorial.

In the oral proceedings, the following submissions were presented by the Parties:

On behalf of Eritrea,

at the hearing of 20 December 2001:

> It is respectfully submitted that the boundary between the two parties is that depicted in map 1 of Eritrea's memorial atlas, the coordinates of which are more fully described in the 1:50,000 map that Eritrea has deposited with the Secretary.

On behalf of Ethiopia,

at the hearing of 21 December 2001:

> The Federal Democratic Republic of Ethiopia respectfully requests the Commission to adjudge and declare, first, that the boundary, in accordance with the treaty of 1900, is constituted by the line described and illustrated in chapter 2 of the counter-memorial; secondly, that the boundary in accordance with the treaty of 1902 is constituted by the line described and illustrated in chapter 3 of the counter-memorial; and, thirdly, and finally, that the boundary, in accordance with the treaty of 1908, is constituted in accordance with the methodology and considerations described and illustrated in the oral hearings.

CHAPTER II-. SUBSTANTIVE INTRODUCTION

2.1 The present Decision will be developed in eight Chapters.

2.2 Following this substantive introduction, the Commission will, in Chapter III, present its understanding of its task and of the law to be applied to it.

2.3 In Chapters IV, V and VI, the Commission will examine the border in the three sectors – central, western and eastern – corresponding to the portions initially defined by the three Treaties of 1900, 1902 and 1908 respectively.

2.4 Chapter VII will consider the question of the boundary within the relevant rivers.

2.5 Lastly, Chapter VIII will contain the *Dispositif* of the present Decision.

A. BACKGROUND

2.6 There is little need to present any detailed account of the history of the Parties or their relations outside the events that are immediately relevant to the issues before the Commission and which will be treated at appropriate points in this Decision. However, a few introductory historical notes are in order.

2.7 Ethiopia has for long been an independent member of the international community. Apart from the period following its annexation by Italy in 1935 (see below), there has been no relevant discontinuity or change in its status. The position of Eritrea is different. Prior to the 1880s, large parts of it had been subject to Ottoman and Egyptian authority. During that decade, Italy began to assert a colonial presence in the region, first at the Red Sea port of Assab and in 1885 at Massawa. Subsequent Italian attempts to expand its control inland were successfully resisted by Ethiopian forces. However, in 1889, by the Treaty of Uccialli, Ethiopia and Italy established the boundary between the Empire of Ethiopia and the areas of Eritrea then in Italian possession. On 1 January 1890, Italy formally established the Colony of Eritrea. In 1893, the Ethiopian Emperor Menelik denounced the Treaty of Uccialli, but Italian expansion inland continued until the battle of Adwa in 1896, in which Italian forces were defeated. A temporary boundary arrangement was then established between Ethiopia and Italy. Subsequently, in 1900, 1902 and 1908, Ethiopia and Italy concluded three boundary agreements that, together, addressed the entire common boundary of the Colony of Eritrea and the Empire of Ethiopia. None of the boundaries thus agreed was demarcated. Indeed, as will be seen, each of these boundaries was, to varying degrees, not fully delimited.

2.8 In 1935, Italy invaded, occupied and annexed the whole of Ethiopia. In 1941, the United Kingdom expelled Italian forces from both Ethiopia and Eritrea and established a British Military Administration, which governed both countries from headquarters in Addis Ababa. The British Military Administration ended in Ethiopia with the conclusion of an agreement between the United Kingdom and Ethiopia on 31 January 1942. Emperor Haile Selassie then resumed control of his country. The former Italian Colony of Eritrea remained under British control until 1952.

2.9 By Article 23 of the Treaty of Peace with the Allied Powers of 1947, Italy renounced "all rights and title to the Italian territorial possessions in Africa" and agreed that "pending their final disposal, the said possessions shall continue under their present administration." As the Allied Powers were not able to agree upon the disposition of Eritrea within the time period established by the Peace Treaty, the matter was referred to the United Nations General Assembly under Paragraph 3 of

Annex XI of the Treaty. On 2 December 1950, the General Assembly adopted Resolution 390A (V), which recommended that "Eritrea shall constitute an autonomous unit federated with Ethiopia under the sovereignty of the Ethiopian Crown." The Federation of Eritrea with Ethiopia was accordingly established on 11 September 1952.

2.10 On 11 September 1952, Ethiopia declared null and void the Treaties of 1900, 1902 and 1908.[1] On 14 November 1952, Ethiopia declared the Eritrean Constitution void, ended the federal status of Eritrea, dissolved the Eritrean parliament and incorporated Eritrea into Ethiopia as a province.

2.11 Shortly after the incorporation of Eritrea into Ethiopia, an armed Eritrean resistance developed. In 1974, the Ethiopian armed forces deposed Emperor Haile Selassie, and a junta or Dergue, led by Mengistu Haile Mariam, took control of Ethiopia. The Dergue continued to prosecute the war against the Eritrean People's Liberation Front ("EPLF"). By the late 1980s, the EPLF controlled most of Eritrea except for Asmara and Massawa. In February 1990, the EPLF captured Massawa. In 1991, Mengistu fled Ethiopia and the Ethiopian People's Revolutionary Democratic Front ("EPRDF") established an interim government, while the EPLF took control of Asmara. At a Conference on Peace and Democracy held in Addis Ababa in 1991, the right of the people of Eritrea to determine their own political future by an internationally supervised referendum was recognised. In April 1993, the referendum was held in Eritrea, supervised by international observers. Eritreans abroad were also enabled to vote. Over 99% of the voters favoured independence. The United Nations Special Representative announced that the referendum process had been free and fair.

---

[1] Order No. 6 of 1952.

2.12 On 27 April 1993, Eritrea became independent and was admitted as a member of the United Nations. On 29 April 1993, Ethiopia recognised Eritrea's sovereignty and independence and on 30 July 1993, the two Governments concluded an Agreement of Friendship and Co-operation.

2.13 In May 1998, hostilities broke out between Eritrea and Ethiopia. After a number of attempts to re-establish peace between the two Parties, the December Agreement was signed on 12 December 2000, providing for the permanent termination of military hostilities between them. A major component of this Agreement was Article 4, the terms of which have been set out above, providing for the establishment of the present Commission.

B. THE SUBJECT OF THE DISPUTE – GEOGRAPHICAL DESCRIPTION OF THE BOUNDARY

2.14 The dispute relates to the precise location of extensive parts of the boundary between Eritrea and Ethiopia.

2.15 It will be convenient to begin by describing geographically the areas in which the location of the boundary is contested, without referring, for the moment, to the chronological order of the treaties mentioned in Article 4 of the December Agreement.

2.16 For convenience, maps of each sector are provided on the pages following. A number of points on these maps have, for ease of reference, been given numbers. A complete list of all the points to which numbers have been given will be found in Chapter VIII, paragraph 8.3 (see p. 101), together with their coordinates. These coordinates are not necessarily final and the Commission may have to adjust or vary them in the course of demarcation. Only the final demarcation map will be definitive.

1) The termini

2.17 The boundary runs from the border with the Sudan in the west to the border with Djibouti in the east. At each end, there is a tripoint between the three relevant States.

2.18 The tripoint in the west was stated by the 1902 Treaty to be at Khor Um Hagar (Point 2). However, by subsequent agreement among Eritrea, Ethiopia and Sudan, the tripoint was moved to the confluence of the Khor Royan with the Setit (Point 1), a short distance west of Khor Um Hagar.

2.19 The tripoint at the eastern end has never been agreed, but, as a result of the delimitation established in the present decision, will be where the Eritrea/Ethiopia boundary meets the western boundary of Djibouti (Point 41).

2) The three sectors of the boundary

2.20 The boundary divides into three sectors, to each of which a different treaty is addressed: the western sector by a treaty of 1902 (the "1902 Treaty" – see Chapter V, below); the central sector by a treaty of 1900 (the "1900 Treaty" – see Chapter IV, below); and the eastern sector by a treaty of 1908 (the "1908 Treaty" – see Chapter VI, below). The boundaries laid down in the Treaties have never been implemented by demarcation.

3) The western sector

2.21 The boundary in the western sector was originally part of the subject of the 1900 Treaty but was amended by the 1902 Treaty (see Map 2, p. 14). This Treaty is written in three languages, all of which are official: Amharic, English and Italian. All three texts prescribe that the boundary shall run eastwards along the Setit to the point where it is met by a named river. In the English and Italian texts, this river is called the Maiteb. In the Amharic text, it is called the Maiten. This difference between the Amharic and the other language texts is one aspect of a confused nomenclature and has been a source of major contention between the Parties. A river called Maiteb meets the Setit at Point 3 (see Map 2, p. 14), about 20 km east of Khor Um Hagar (Point 2). Another river, flowing into the Setit about 89 km east of Khor Um Hagar, is on some maps also identified as "Maetebbe"/"Maeeteb" (Point 4). On some maps, another river, identified as the Maiten (sometimes "Mai Ten" or "Maitenne"), meets the Setit 25 km further to the east (Point 8). Once the point on the Setit where it is met by the correct river is identified, both Parties are agreed that the boundary runs in a generally northeastwards direction to the confluence of the Mareb and the Mai Ambessa (Point 9); however, Ethiopia contends that the boundary runs first to the headwaters of the Maiteb and only from there does the boundary run in a straight line to the northeast.

2.22 Although there are considerable disparities between the maps that show this part of the Setit, the line of the river runs from the western terminus of the boundary in a generally west-east direction. At about 37° 04' E longitude, however, there is a long northwards-pointing hump or curve in the river that extends as far as 37° 26' E, at which point, having reached the same latitude at which the curve started, the line of the river continues in a southeasterly direction.

2.23 Between the western terminus (Point 1, at about 36°34' E longitude) and 37°40' E longitude, the right bank of the Setit is joined by a number of tributaries of which the following (going from west to east) may be mentioned: the Maiteb (Point 3), the Sittona (Point 4), the Meeteb (Point 5), the Tomsa (Point 6) and the Maiten (Point 8). The locations of the confluences of each of these rivers with the Setit varies in the earlier maps, but has been stabilized in cartographic representations for some ninety years. The name Meeteb, for example, appeared on an 1894 map somewhat to the east of where it appears on later maps, but on that same map there is no river named the Maiteb. In a sketch of 1900 limited to a short stretch of the Setit, the Meeteb again appeared, in approximately the same location. In later maps of, for example, 1902, 1913 and 1922, there is both a river Maiteb (in the west) and a river Meeteb (in the east).

2.24 The determination of the river to which the Treaty refers as joining the Setit and as marking the point at which the boundary turns towards the northeast is to be decided in accordance with the 1902 Treaty and applicable international law. This will be considered in Chapter V, below.

4) <u>The central sector</u>

2.25 Once the boundary reaches the Mareb at Point 9, it is defined by the 1900 Treaty, which takes the boundary eastwards along the Mareb until Point 11 at which that river is joined by another, the Belesa, flowing from the east, thus following the first part of a line described in the 1900 Treaty as the line "Mareb- Belesa-Muna."[2] There is no dispute between the Parties about the line in this section. Their differences begin as the line moves upstream the Belesa.

2.26 As already stated, the 1900 line was traced on a map annexed to the Treaty. Both Parties agree that that map, being "annexed" to the Treaty, is a visual or linear exposition of its content and has the same force as the Treaty. One would expect, therefore, to look first to that map for assistance in defining the line in this section. The difficulties, recognised to

---

[2] The part of the 1900 Treaty line that runs from Tomat to Todluc on the Mareb can for all practical purposes be disregarded, because in the 1902 Treaty the reference to that part was dropped and was replaced by the line to the Mareb along the Setit and Maiteb that has already been mentioned. The Commission's task in this sector is limited to identifying the line of the "Mareb-Belesa-Muna."

differing degrees by both Parties, are that the Treaty map was drawn on a very small scale, 1:1,000,000, and the features marked on it do not correspond exactly with the topography and toponymy appearing in modern maps.

2.27 Nevertheless, Eritrea contends that the Treaty map provides sufficient guidance to enable the Commission to identify each of the disputed components of the Mareb-Belesa-Muna line. Thus, Eritrea points to the fact that the branch of the Belesa that the Treaty map shows as being connected by a land link to the Muna corresponds with the western branch of that river as it appears on the 1894 map that formed the basis of the Treaty map, that that line turns to run southwards and then leaves the Belesa by a small unnamed stream to run almost due eastwards over the watershed to join the Muna as it rises on the eastern side of the watershed (Point 20). It then continues again in a roughly easterly direction until it meets the Endeli at Massolae (Point 27).

2.28 In marked contrast, Ethiopia's interpretation of this part of the 1900 Treaty involves three elements.

2.29 The first contention in the Ethiopian approach is that the formula Mareb-Belesa- Muna is to be taken as intended to reflect the *de facto* administrative division between the districts of Acchele Guzai in the north, under Italian control, and Agame in the south, under Abyssinian control. Thus, for Ethiopia, the task of the Commission is not so much to interpret and apply in a geographical sense the Treaty's Mareb-Belesa-Muna formula as it is to determine the actual division at the time between Acchele Guzai and Agame.

2.30 The second element in the Ethiopian approach involves a comparison between the map annexed to the 1900 Treaty and a modern map based on satellite imaging. Ethiopia contends that the former does not accurately represent the relevant geography. In particular, the depiction of the rivers on the 1900 map is not consistent with the rivers as they appear on the modern map.

2.31 The third element involves the assertion that the names "Belesa" and "Muna" do not describe relevant rivers in the region. Ethiopia names the western branch of the "Belesa" the "Rubai Daro" and the eastern "the Mestai Mes," the latter being joined by the "Sur." The name "Berbero Gado" is given to the river that the 1900 map calls the "Muna." Indeed, Ethiopia maintains that there was no "Muna" identifiable in 1900 at the location at which the 1900 Treaty map places it or, indeed, at all. Ethiopia further contends that the Berbero Gado really forms part of a larger river system, the Endeli, whose source lies somewhat further to the north; that that river formed the boundary between Acchele Guzai and Agame; and, therefore, that it was really along the line of that river that the boundary marked "Muna" on the 1900 Treaty map was meant to run.

2.32 This sector, the "Mareb-Belesa-Muna" line, will be considered in Chapter IV, below.

5) The eastern sector

2.33 From the terminus of the central sector defined in the 1900 Treaty the boundary continues southeastwards to the tripoint with Djibouti. This sector is the subject of the 1908 Treaty, which prescribes that the boundary shall run parallel to the coast but sixty kilometres inland from it. The Parties disagree not only as to its starting point but also as to the proper way of drawing such a line and, therefore, as to its eastern terminus. This sector will be considered in Chapter VI, below.

CHAPTER III-. THE TASK OF THE COMMISSION AND THE APPLICABLE LAW

3.1 The task of the Commission is prescribed in Article 4, paragraphs 1 and 2, of the December Agreement as follows:

> 1. Consistent with the provisions of the Framework Agreement and the Agreement on Cessation of Hostilities, the parties reaffirm the principle of respect for the borders existing at independence as stated in resolution AHG/Res. 16(1) adopted by the OAU Summit in Cairo in 1964, and, in this regard, that they shall be determined on the basis of pertinent colonial treaties and applicable international law.

> 2. The parties agree that a neutral Boundary Commission composed of five members shall be established with a mandate to delimit and demarcate the colonial treaty border based on pertinent colonial treaties (1900, 1902 and 1908) and applicable international law. The Commission shall not have the power to make decisions *ex aequo et bono*.

3.2 The Commission must therefore address three elements: (i) the specified treaties; (ii) applicable international law; and (iii) the significance of the reference to the 1964 OAU Summit Resolution.

A. TREATY INTERPRETATION

3.3 Both Parties agree that the three Treaties cover the whole of the boundary between them. The 1900 Treaty covers the central sector; the 1902 Treaty covers the western sector; and the 1908 Treaty covers the eastern sector.

3.4 The meaning of these Treaties is thus a central feature of this dispute. In interpreting them, the Commission will apply the general rule that a treaty is to be interpreted in good faith in accordance with the ordinary meaning to be given to the terms of the treaty in their context and in the light of its object and purpose. Each of these elements guides the interpreter in establishing what the Parties actually intended, or their "common will," as Lord McNair put it in the *Palena* award.[3]

3.5 It has been argued before the Commission that in interpreting the Treaties it should apply the doctrine of "contemporaneity." By this the Commission understands that a treaty should be interpreted by reference to the circumstances prevailing when the treaty was concluded. This involves giving expressions (including names) used in the treaty the meaning that they would have possessed at that time. The Commission agrees with this approach and has borne it in mind in construing the Treaties.

3.6 The role of the subsequent practice or conduct of the Parties has also played a major part in the arguments of both sides. The function of such practice is not, it must be emphasised, relevant exclusively to the interpretation of the Treaties. It is quite possible that practice or conduct may affect the legal relations of the Parties even though it cannot be said to be practice in the application of the Treaty or to constitute an agreement between them. As the Permanent Court of International Justice said in relation to loan agreements which, for present purposes, are analogous to treaties:

> If the subsequent conduct of the Parties is to be considered, it must be not to ascertain the terms of the loans, but whether the Parties by their conduct have altered or impaired their rights.[4]

---

[3] *Argentina/Chile Frontier Case* (1966), 38 *ILR* 10, at p. 89 (1969) (hereinafter "*Palena*").
[4] *Serbian Loans*, PCIJ Series A, Nos. 20/21, p. 5, at p. 38 (12 July 1929).

3.7 A more recent illustration of the same point is to be found in the *Namibia* Advisory Opinion of the International Court of Justice, given in 1971. There, the South African Government contended that the resolution of the UN Security Council requesting the Court to give an Advisory Opinion was invalid because two permanent members of the Council had abstained in the vote, and that therefore the requirements of Article 27(3) of the UN Charter that a resolution should be adopted by the affirmative vote of nine members including the concurring votes of the permanent members had not been met. The Court rejected this contention, stating that

> the proceedings of the Security Council extending over a long period supply abundant evidence that presidential rulings and the positions taken by members of the Council, in particular its permanent members, have consistently and uniformly interpreted the practice of voluntary abstention by a permanent member as not constituting a bar to the adoption of resolutions. This procedure followed by the Security Council, which has continued unchanged after the amendment in 1965 of Article 27 of the Charter, has been generally accepted by Members of the United Nations and evidences a general practice of that Organisation.[5]

3.8 Thus, the effect of subsequent conduct may be so clear in relation to matters that appear to be the subject of a given treaty that the application of an otherwise pertinent treaty provision may be varied, or may even cease to control the situation, regardless of its original meaning.

---

[5] *Legal Consequences for States of the Continued Presence of South Africa in Namibia (South West Africa) notwithstanding Security Council Resolution 276 (1970), ICJ Reports* 1971, at p. 22.

3.9 The nature and extent of the conduct effective to produce a variation of the treaty is, of course, a matter of appreciation by the tribunal in each case. The decision of the International Court of Justice in the *Temple* case[6] is generally pertinent in this connection. There, after identifying conduct by one party which it was reasonable to expect that the other party would expressly have rejected if it had disagreed with it, the Court concluded that the latter was estopped or precluded from challenging the validity and effect of the conduct of the first. This process has been variously described by such terms, amongst others, as estoppel, preclusion, acquiescence or implied or tacit agreement. But in each case the ingredients are the same: an act, course of conduct or omission by or under the authority of one party indicative of its view of the content of the applicable legal rule – whether of treaty or customary origin; the knowledge, actual or reasonably to be inferred, of the other party, of such conduct or omission; and a failure by the latter party within a reasonable time to reject, or dissociate itself from, the position taken by the first. Likewise, these concepts apply to the attitude of a party to its own conduct: it cannot subsequently act in a manner inconsistent with the legal position reflected in such conduct.[7]

3.10 The possibility that a clear treaty provision may be varied by the conduct of the Parties was also clearly acknowledged in a particularly relevant manner in the award in the *Taba* arbitration between Egypt and Israel.[8] There, the relevant Agreement provided that pillars should be erected at intervisible points along the boundary. The final pillar, which

---

[6] *Temple of Preah Vihear (Cambodia v. Thailand) (Merits), ICJ Reports* 1962, p.6 (hereinafter "*Temple*").

[7] See, for example, the views expressed by the International Court of Justice in the *Nuclear Tests Case (Australia v. France), ICJ Reports* 1974, p. 253, at pp. 267-268, regarding the legal effect of unilateral declarations.

[8] *Arbitral Award in the Dispute concerning certain Boundary Pillars between the Arab Republic of Egypt and the State of Israel*, 80 *ILR* 226 (1988), 27 *ILM* 1421 (1988) (hereinafter "*Taba*").

was the one principally disputed between the parties, was constructed at a point which was not intervisible with the preceding pillar. Although the Tribunal acknowledged that the Agreement did not provide for any exception to intervisibility, it nonetheless found that "during the critical period, the location of the pillar had come to be recognized by the Parties and was accepted by them."

3.11 As to the manner in which the parties in that case had "recognised" the location of the pillar, the Tribunal observed:

> ... where the States concerned have, over a period of more than fifty years, identified a marker as a boundary pillar and acted upon that basis, it is no longer open to one of the Parties or to third States to challenge that longheld assumption on the basis of an alleged error. The principle of the stability of boundaries, confirmed by the International Court of Justice...,[9] requires that boundary markers, long accepted as such by the States concerned, should be respected and not open to challenge indefinitely on the basis of error.[10]

3.12 In approaching its task, the Commission will also bear in mind the following observation of the International Court of Justice in the *Kasikili/Sedudu Island* case:

> In order to illuminate the meaning of words agreed upon in 1890, there is nothing that prevents the Court from taking into account the presentday state of scientific knowledge, as reflected in the documentary material submitted to it by the Parties.[11]

---

[9] Citing the *Temple* case, *ICJ Reports* 1962, at p. 34.
[10] *Taba*, 80 *ILR* 226 (1988), 27 *ILM* 1421 (1988), para. 235.
[11] Case concerning *Kasikili/Sedudu Island* (Botswana/Namibia), *ICJ Reports* 1999, p. 1060 (hereinafter "*Kasikili/Sedudu*").

3.13 The Commission also recalls the observations, generally pertinent to the interpretation of a boundary treaty, in the *Palena* case:

> The Court is of the view that it is proper to apply stricter rules to the interpretation of an Award determined by an Arbitrator than to a treaty which results from negotiation between two or more Parties, where the process of interpretation may involve endeavouring to ascertain the common will of those Parties. In such cases it may be helpful to seek evidence of that common will in preparatory documents or even in subsequent action of the Parties.[12]

B. APPLICABLE INTERNATIONAL LAW AND THE SUBSEQUENT CONDUCT OF THE PARTIES

3.14 Turning to the requirement in Article 4, paragraphs 1 and 2, of the December Agreement that the decision of the Commission shall also be based "on applicable international law," the Commission is much assisted by the consideration by the International Court of Justice of a comparable requirement in the *Kasikili/Sedudu* case.[13] In that case, the parties by agreement prescribed that the decision should be made "on the basis of the... Treaty... and the relevant principles of international law." The Court decided that the words "and the relevant principles of international law" were not limited in their effect to the international law applicable to the interpretation of treaties; they also required the Court to take into consideration any rules of customary international law that might have a bearing on the case, for example, prescription and acquiescence, even if such rules might involve a departure from the position prescribed by the relevant treaty provisions. Thus the Court accepted the possibility that an attribution of territory following from its

---

[12] *Palena*, 38 *ILR* 10, at p. 89 (1969).
[13] *ICJ Reports* 1999, at pp.1101-1102, paras. 91-93.

interpretation of the relevant boundary treaty could be varied by operation of the customary international law rules relating to prescription. As it turned out, the Court found in that case that there was insufficient prescriptive conduct to affect its interpretation of the treaty. But what matters for present purposes is that the Court read the applicable law clause before it as including recourse to such rules of customary international law.

3.15 The Commission reaches the same conclusion as the International Court of Justice. It does not read the reference to "applicable international law" as being limited to the law relating to the interpretation of treaties. Thus it finds itself unable to accept the contention advanced by Ethiopia that the Commission should determine the boundary exclusively on the basis of the three specified Treaties as interpreted in accordance with the rules of international law governing treaty interpretation. The Commission considers that it is required also to apply those rules of international law applicable generally to the determination of disputed borders including, in particular, the rules relating to the effect of conduct of the parties.

3.16 In the present case, the conduct of the Parties falls into three broad categories: maps; activity on the ground tending to show the exercise of sovereign authority by the Party engaging in that activity (*effectivités*); and a range of diplomatic and other similar exchanges and records, including admissions before the Commission, constituting assertions of sovereignty, or acquiescence in or opposition to such assertions, by the other Party.

1) Maps

3.17 The Commission has been presented with an abundance of maps put in evidence by the Parties, consisting of map atlases comprising 156 maps (Eritrea, Memorial), 25 maps (Ethiopia, Memorial), 30 maps (Eritrea, Counter-Memorial), 57 maps (Ethiopia, Counter-Memorial), and 13 maps (Eritrea, Reply) – a total of 281 maps. In addition, Eritrea submitted a full copy of an Ethiopian volume of some 150 pages entitled "Atlas of Tigray." As is often the case in circumstances such as those facing the Commission, many maps are in effect copies of other, earlier maps. While adding to the apparent number of different maps, they do not in substance do so – except as possibly showing a consistent course of conduct by a Party. The number of what may be regarded as original maps is thus more limited than the long list of maps presented by the Parties would suggest. Allowing for this, a realistic total is in the region of 250 maps. Also, the Parties' pleadings included copies of a number of lesser maps and figures that were not included in their map atlases.

3.18 The Commission is aware of the caution with which international tribunals view maps. Those which are made authoritative by, for example, being annexed to a treaty as a definitive illustration of a boundary delimited by the treaty, are in a special category, since they "fall into the category of physical expressions of the will of the State or States concerned."[14] The Treaty map annexed to the 1900 Treaty is such a map.

3.19 The Commission is also aware that maps, however informative they may appear to be, are not necessarily accurate or objective representations of the realities on the ground. Topography is dependent upon the state of knowledge at the

---

[14] *Case concerning the Frontier Dispute (Burkina Faso v. Mali), ICJ Reports* 1986, at p. 582, para. 55 (hereinafter "*Frontier Dispute*").

time the maps were made, and particularly with older maps this may have been inadequate. When man-made features are superimposed, such as places of habitation or territorial limits, there is room for political factors to play a part. Particularly in the case of maps portraying a boundary which is in the interests of the Party responsible for the map, the possibility exists that they are selfserving.

3.20 These cautionary considerations are far from requiring that maps be left out of account. As already noted, where a map is made part of a treaty then it shares the legal quality of the treaty and is binding on the parties. That is the case with the map annexed to the 1900 Treaty (see para. 4.8, below). It needs to be scrutinised with the greatest care, since the detail it contains can greatly assist in giving specific meaning to an otherwise insufficiently detailed verbal description.

3.21 The effect of a map that is not part of a treaty will vary according to its provenance, its scale and cartographic quality, its consistency with other maps, the use made of it by the parties, the degree of publicity accorded to it and the extent to which, if at all, it was adopted or acquiesced in by the parties adversely affected by it, or the extent to which it is contrary to the interests of the party that produced it. A map that is known to have been used in negotiations may have a special importance. A map that emanates from third parties (albeit depending on the circumstances), or is on so small a scale that its import becomes a matter for speculation rather than precise observation, is unlikely to have great legal or evidentiary value. But a map produced by an official government agency of a party, on a scale sufficient to enable its portrayal of the disputed boundary area to be identifiable, which is generally available for purchase or examination, whether in the country of origin or elsewhere, and acted upon, or not reacted to, by the adversely affected party, can be expected to have significant legal consequences. Thus a State is not affected by maps produced by even the official agencies of a third State unless the map was one so clearly bearing upon its interests that, to the extent that it might be erroneous, it might reasonably have been expected that the State affected would have brought the error to the attention of the State which made the map and would have sought its rectification.

3.22 In these instances it is not the maps "in themselves alone" (to use the language of the Chamber of the International Court of Justice in the *Frontier Dispute* case[15]) which produce legally significant effects, but rather the maps in association with other circumstances. A map *per se* may have little legal weight: but if the map is cartographically satisfactory in relevant respects, it may, as the material basis for, e.g., acquiescent behaviour, be of great legal significance.

3.23 The Commission must also address another aspect of map evidence which played a large part in the arguments of the Parties. It was contended that a boundary can be determined by reference to its "signature" – that is, its general shape, silhouette, contour or outline on maps, as distinct, that is, from its particular details.

3.24 The Commission does not reject this contention, but approaches it with caution. It is of the nature of boundaries that they need to be geographically specific. A general shape may not have that degree of specificity, or be capable of interpretation with sufficient clarity or definition, to allow for its accurate transposition to maps of a suitably large scale. It is not enough to demonstrate that the general shape of the boundary slopes in a certain direction, or in places rises, falls or curves. Those slopes, ascents, declines and curves must identify with sufficient clarity particular geographic features which are relevant to the course of the boundary. But if a general shape is sufficiently clear and specific, and is both distinctive in itself and depicted with clarity in that distinctive

---

[15] *Ibid.*, at p. 583, para. 56.

form on a range of maps in a consistent, or near consistent, manner, particularly on maps published or used by both parties in a dispute, the Commission must attribute to such a general shape the appropriate legal consequences. Such maps may indicate a general awareness and acceptance of the line prescribed in a boundary treaty and the approximate location of that line. However, the effect of such maps will be less in a situation where there is annexed to the treaty an illustrative map that forms part of it than in cases where there is no such map.

3.25 The Commission also notes the distinction that may be drawn between establishing a boundary by reference to such a "signature" and confirming by such means a boundary which has been established in other ways. There is also a distinction to be drawn between reliance on such means to establish a boundary in a particular location, and reliance on them negatively so as to demonstrate that a boundary does not exist somewhere else. A "signature" being relied on in either a confirmatory or a negative role may be both less clear and less specific than a signature that is relied upon to establish a boundary, yet still have the effects referred to. It is also important to bear in mind that though a series of maps may show a consistent, or possibly inconsistent, treatment of one section of the boundary, this may not be so in relation to another part. The map evidence has to be considered separately in relation to each particular part of the boundary. Also, in considering the general significance of map evidence, if that evidence is uncertain and inconsistent, its value will be reduced in relation to the endorsement of a conclusion arrived at by other means, as also its support for any alteration of a result reached on the basis of textual interpretation.[16]

---

[16] See *Kasikili/Sedudu, ICJ Reports* 1999, p. 1100, para. 87.

3.26 Another aspect of the map evidence to which the Parties devoted argument was the effect of so-called "disclaimers" which appear on a number of maps. The wording of these disclaimers varies. For example, some state "[t]his map must NOT be considered an authority on the delimitation of international boundaries"[17] or "[b]oundary representation is not necessarily authoritative."[18] A map prepared by the Geographer of the Department of State of the United States stated that it was "not necessarily authoritative." Maps prepared by the United Nations often state that they do not imply "official endorsement or acceptance by the UN." A number of Ethiopian maps state that "[t]he delimitation of international boundaries shown on this map must not be considered authoritative."

3.27 The question that requires consideration is to what extent, if any, such disclaimers may affect the evidential quality of the maps. The Commission is of the view that such disclaimers do not automatically deprive a map of all evidential value. The map still stands as an indication that, at the time and place the map was made, a cartographer took a particular view of the features appearing on the map. The disclaimer is merely an indication that the body making the map (or its Government) is not to be treated as having accorded legal recognition to the boundaries marked thereon or to the title to territory of the States concerned as indicated by the marked boundary.

3.28 As regards the State adversely affected by the map, a disclaimer cannot be assumed to relieve it of the need that might otherwise exist for it to protest against the representation of the feature in question. Nor does the disclaimer (whatever may be its legal effect on the content of the map) neutralize the fact that that State itself published the map in question. The need for reaction will depend upon the

---

[17] British maps, 1942-1946.
[18] A British map of 1997.

character of the map and the significance of the feature represented. The map still stands as a statement of geographical fact, especially when the State adversely affected has itself produced and disseminated it, even against its own interest. The disclaimers may influence the decision about the weight to be assigned to the map, but they do not exclude its admissibility.

2) *Effectivités*

3.29 As to activity on the ground, the actions of a State pursued *à titre de souverain* can play a role, either as assertive of that State's position or, expressly or impliedly, contradictory of the conduct of the opposing State. Such actions may comprise legislative, administrative or judicial assertions of authority over the disputed area. There is no set standard of duration and intensity of such activity. Its effect depends on the nature of the terrain and the extent of its population, the period during which it has been carried on and the extent of any contradictory conduct (including protests) of the opposing State. It is also important to bear in mind that conduct does not by itself produce an absolute and indefeasible title, but only a title relative to that of the competing State. The conduct of one Party must be measured against that of the other. Eventually, but not necessarily so, the legal result may be to vary a boundary established by a treaty.

3) Diplomatic and other exchanges tending to evidence admissions or assertions

3.30 The observations by the Commission in paragraphs 3.6-3.13, above, are as applicable to conduct evidencing a departure from or a variation of a treaty in the context of "applicable international law" as they are to the actual interpretation of the treaty itself. No more need be said about such conduct except that it may extend also to assertions or admissions made in the course of the proceedings before a tribunal.

C. RELEVANCE OF THE REFERENCE TO THE 1964 OAU SUMMIT DECLARATION

3.31 Reference needs also to be made to the wording of Article 4, paragraph 1, of the December Agreement, which contains the following phrase:

> ... the parties reaffirm the principle of respect for the borders existing at independence as stated in resolution AHG/Res. 16(1) adopted by the OAU Summit in Cairo in 1964, and, in this regard, that they shall be determined on the basis of pertinent colonial treaties and applicable international law.

3.32 On 10 June 1998 the Heads of State and Government of the Organization of African Unity submitted to the Parties for their consideration the elements of a "Framework Agreement" based on three principles of which the third was "respect for the borders existing at independence as stated in the Resolution of the OAU Summit in Cairo in 1964."

3.33 This Framework Agreement was accepted by the Parties. On 14 September 1999, following further consideration of the dispute within the OAU and the UN Security Council, "Technical Arrangements for the Implementation of the Framework Agreement" were agreed by the Parties. Again, the principle of respect for the borders existing at independence was reaffirmed.

3.34 Prior to the adoption of the Technical Arrangements, Ethiopia requested a series of clarifications relating to them, including one regarding the law to be applied to the settlement of the dispute. Two of the clarifications stated as follows:

> A.1.1. In this regard, it is useful to underline that the preamble to the Framework Agreement sets forth both a principle and an approach.

A.1.2. The principle set forth is that of "the respect for the boundaries existing at independence," as stated in the [1964 OAU Resolution]...

3.35 The Parties committed themselves to these principles in the Agreement on the Cessation of Hostilities concluded between them on 18 June 2000, and reaffirmed their respect for the principle of respect for the borders existing at independence appears in Article 4, paragraph 1, of the December Agreement.

3.36 In the light of the manner in which the text of the provision in the December Agreement developed, the Commission does not read the terms of Article 4, paragraph 1, as altering the general direction given to it in paragraph 2 of the same Article and examined above. However, the Commission does see the provision as having one particular consequence. It is that the Parties have thereby accepted that the date as at which the borders between them are to be determined is that of the independence of Eritrea, that is to say, on 27 April 1993. Developments subsequent to that date are not to be taken into account save in so far as they can be seen as a continuance or confirmation of a line of conduct already clearly established, or take the form of express agreements between them.

D. THE PRESENT DECISION DOES NOT DEAL WITH DEMARCATION

3.37 The task of the Commission extends both to delimitation and to the making of arrangements for the expeditious demarcation of the boundary (Art. 4, paras. 2 and 13). The latter aspect of the Commission's work is not covered by the present decision and will be the subject of the next phase of its activities.

CHAPTER IV-. THE SECTOR COVERED BY THE 1900 TREATY (CENTRAL SECTOR)

A. THE INTERPRETATION OF THE 1900 TREATY

4.1 The Commission will begin its consideration of the sector of the border covered by the 1900 Treaty by interpreting the Treaty itself and the annexed Treaty map. The outcome of this interpretation will determine the border in this sector, subject only to two important qualifications flowing from the subsequent conduct of the Parties and an admission made by one Party during the proceedings.

4.2 Article I of the Treaty (in English translation) provides:

> The line Tomat-Todluc-Mareb-Belesa-Muna, traced on the map annexed, is recognized by the two Contracting Parties as the boundary between Eritrea and Ethiopia.[19]

Tomat and Todluc are the names of towns; Mareb, Belesa and Muna are references to rivers.

4.3 The line described in Article I delimits the boundary from the frontier with Sudan in the west to a point in the east the exact location of which is a matter of dispute but which, in general terms, is where the Muna in its Treaty sense may be held to end.

---

[19] The English translation is that given in Sir E. Hertslet, *The Map of Africa by Treaty*, Vol. 2, p. 460 (3rd ed., 1967). The Amharic text is similar. No difference between the texts is alleged by the Parties to be material to the course of the boundary in this sector. The Treaty itself provides that it is written "in the Italian and Amharic languages, both to be considered official save that in case of error in writing the Emperor Menelik will rely on the Amharic version."

4.4 By the 1902 Treaty (as to which see Chapter V, below), the Parties altered the western part of the boundary. The line from Tomat to Todluc and its continuation along the Mareb to its confluence with the Mai Ambessa (Point 9) was replaced by a line which, coming from the Setit, reached the Mareb at its junction with the Mai Ambessa. Effectively, therefore, after the 1902 Treaty, the boundary defined by the 1900 Treaty dealt only with the central sector, represented by "the line Mareb [effectively from its junction with Mai Ambessa]-Belesa-Muna, traced on the map annexed." It is this line which the Commission is now called upon to interpret and apply.

4.5 In adopting the Mareb-Belesa-Muna line in the 1900 Treaty, the Parties were evidently confirming, in a legally definitive manner, a line that – though not specifically delimited – had been accepted in practice for several years on a *de facto* or provisional basis, and which was identified as a dividing line between the two regions of Acchele Guzai (falling within Eritrea) and Agame (falling within Ethiopia).

4.6 Thus the 1896 armistice arrangement was followed by the Italy-Abyssinia Peace Treaty of 26 October 1896.[20] Article IV of that Treaty provided that the Parties would by agreement fix the definitive frontiers between them within one year, and that

> [u]ntil these frontiers have been thus fixed, the two Contracting Parties agree to observe the *status quo ante*, strictly prohibiting either of them from crossing the provisional frontier, determined by the courses of the Mareb, Belesa, and Mouna Rivers.[21]

4.7 Ethiopia and Italy soon began their negotiations for a definitive frontier. Emperor Menelik of Ethiopia at first sought a frontier considerably to the north of the Mareb-Belesa-Muna line, but eventually agreed in 1900 to keep to that line (in

---

[20] Treaty between Italy and Abyssinia, signed at Addis Ababa, 26 October 1896, Hertslet, note 19, above, at p. 458.

[21] The Commission's translation.

exchange for a payment of 5,000,000 lire, apparently for forgoing a more extensive claim). Although the Parties failed to conclude the definitive frontier agreement within the one year envisaged by Article IV, they did conclude the necessary agreement on 10 July 1900.

4.8 The 1900 Treaty described the boundary in economical language, referring only to three river names, "Mareb-Belesa-Muna." As a delimitation which could form the basis for a demarcation of the boundary on the ground, it fell short of a desirably detailed description, particularly in the light of the uncertain knowledge at the time concerning the topography of the area and the names to be given to geographical features. Rivers, in particular, were frequently given different names along different stretches of their courses. The Parties, however, clarified their agreement by adding to the brief verbal description of the boundary the words "as traced on the map annexed." That map, which will be referred to as the "Treaty map," is accordingly of critical importance for the determination of the course of the boundary. A copy of that map appears as Map 5, on page 32. It cannot be regarded as just offering a general indication of the course to be followed by the boundary. By virtue of the words the "line... traced on the annexed map," the map contained the Parties' agreed delineation of the boundary that they intended to adopt. Although the Treaty map consists primarily of the depiction of a line, with a very few names identifying some locations near that line, the Commission considers that the same rules and principles of interpretation must be applied to the map as apply to the words used in the Treaty.

4.9 In order to understand and properly assess the Treaty map, it is necessary to say something about its background. At the end of the nineteenth century, there were not many published maps of the relevant area of sufficient detail or reliability. The principal map was prepared by an Italian geographer, Captain Enrico de Chaurand, and published in 1894. It was not the result of personal exploration and recording by de Chaurand, but was rather a compilation of information from many sources. In some areas the map provided detailed information, but if the sources available to de Chaurand did not cover a particular area, then that deficiency was perforce reflected in a corresponding thinness of relevant detail in his map. Despite its early date and certain inaccuracies which are now apparent, de Chaurand's map can be regarded overall as providing reasonable coverage on a consistent scale. The Treaty map states that it was based on de Chaurand's map of the Tomat-Todluc-Mareb-Belesa-Muna area, and it is apparent that the Treaty map was in fact a tracing or other direct copy of the relevant part of the de Chaurand map, omitting certain features so as to give prominence to the features most relevant to the 1900 Treaty line. Depictions on de Chaurand's map are therefore directly relevant to an understanding of the Treaty map.

4.10 The Treaty map depicts the boundary by a single dotted red line across the overland stretch from Tomat to Todluc, and then by a double dotted red line along each bank of the rivers called Mareb, Belesa and Muna (including the overland stretch between the headwaters of the Belesa and Muna), until at its eastern extremity the boundary reaches the Salt Lake. After that it continues as a single dotted red line in a southeasterly direction for a short distance along the northeastern shores of that lake.

1) The Mareb River

4.11 Starting at the junction of the Mareb and Mai Ambessa (Point 9), the boundary following the course of the Mareb eastwards and upstream to its junction with the Belesa (Point 11) is not in dispute. The identity and course of the Mareb, the location of its confluence with the Mai Ambessa, and the location of its confluence with the Belesa, are all agreed by the Parties. The only matter of uncertainty in this stretch of the river, as with all rivers, may be the precise location of the boundary within the river. The boundary within rivers is dealt with in Chapter VII, below.

2) The Belesa River

4.12 Before considering the depiction of the Belesa on the Treaty map, it is necessary to make three observations. First, the description of the boundary is complicated by the fact that the boundary is defined in terms that take it from west to east, while the waterways which form the boundary in the western part of this sector flow from east to west.

4.13 Second, although the actual shape of the Belesa river system can be seen on modern mapping not to be exactly the same as depicted on the Treaty map (and on de Chaurand's map), the general similarity of the Treaty map's depiction with what is known today of the Belesa's course is evident.

4.14 Third, the Parties are in dispute about the appropriate river nomenclature for various stretches of relevant waterways, and in particular the Belesa and the Muna. Both Parties acknowledge that names given to rivers in this region vary. This is particularly the case with older maps and documentary references issued at a time when geographical knowledge of the area was relatively limited. The Commission will note such problems of nomenclature as and when it comes to particular rivers which give rise to them, and will adopt the nomenclature which seems appropriate in the context and which designates its subject with maximum clarity. What matters most is the identification of what the Parties intended in referring to a watercourse as a feature in the landscape, rather than its name. If the name used is incorrect, then it is the Parties' intentions with respect to the reality on the ground rather than the name which is decisive. The Parties agree on the relevant verbal description, the "Belesa-Muna" line, but do not agree where the line which those words are intended to describe actually runs. Moreover, while they appear to agree that the Mareb-Belesa-Muna line laid down in the 1900 Treaty was supposed to represent a *de facto* line which had been observed for a number of years, they do not agree where that *de facto* line ran.

4.15 At the confluence of the Mareb and the Belesa (Point 11), about which point there is no dispute between the Parties, the Treaty map shows the boundary as turning eastwards and following the course of the Belesa upstream. Just to the east of the confluence, the river is clearly marked "T. Belesa," followed by its Amharic equivalent.

4.16 Close to this confluence, the Treaty map shows a small unnamed tributary flowing into the Belesa from the south. Otherwise the map shows the Belesa as continuing in a generally easterly direction until, at Point 12 just below the space between the first two letters of the Amharic version of "T. Belesa," the Belesa appears to unite two upstream rivers: one flows in from the south, while the other flows in from a generally easterly direction. Modern mapping shows two rivers in those places. The Commission will refer to these two rivers, each put forward by one of the Parties as its "Belesa" as, respectively, "Belesa A" (flowing in from the south) and "Belesa B" (flowing in from the east).[22]

4.17 It is noteworthy that the Treaty map does not show any tributary flowing into the Belesa from the north in the stretch between its confluence with the Mareb (Point 11) and the point at which the Belesa A and Belesa B merge (Point 12). In fact, there is a substantial tributary in this sector that flows into the

---

[22] The Parties have expressed differing views as to which of these tributaries was the smaller or larger. No detailed evidence on this point was put to the Commission. However, the Commission does not regard the question as material. The Treaty map depicts a particular watercourse as the boundary, without reference to whether it was the smaller or larger tributary.

Belesa from the northeast: it is clearly shown and named "T. Tserona" on the de Chaurand map, joining the Belesa at a point about one-third of the way between Points 11 and 12.

4.18 Eritrea argues that the tributary shown on the Treaty map as flowing into the Belesa from the east (which the Commission has designated the Belesa B) was intended to represent the Tserona. This would leave Belesa A as the Belesa named in the 1900 Treaty. Eritrea has drawn attention to a number of maps that have adopted this nomenclature, and which Eritrea characterises as the "standard nomenclature." Ethiopia considers the Tserona to be irrelevant to the boundary (for which reason it contends it was omitted from the Treaty map), leaving Belesa B and Belesa A as the two Belesa tributaries shown on the Treaty map, and considers Belesa B to represent the course of the boundary as shown on that map.

4.19 The Parties' contentions place in dispute sovereignty over a considerable tract of territory comprising roughly two sections: one is the area between Belesa A and Belesa B (shaded yellow on Map 6, p. 36); the other, adjoining it, extends eastward from Belesa B and is bounded, on the north, by the tributary that joins Belesa B from the east at Point 13 (which for convenience will be called "Belesa C") and, on the south, by the link in the Eritrean claim line, partly land and partly river, between Belesa A and one of the headwaters of the Muna (shaded pink on Map 6, p. 36). This tract will, for convenience, be referred to as "the Belesa projection."

4.20 Eritrea's contention that the boundary follows what the Commission is referring to as the Belesa A cannot be reconciled with the indication of the course of the boundary as marked on the Treaty map. On that map itself, the name "T. Belesa" (and its Amharic equivalent) are written as covering both the main stretch of the Belesa and its extension along Belesa B; and, being so written, it must be taken as showing what the Parties intended when using the word "Belesa" in the 1900 Treaty.

4.21 Furthermore, the Eritrean choice of Belesa A as the intended boundary line would not attribute a role to Belesa C, which the Treaty map clearly utilizes as part of the boundary. Nor can Belesa C be confused with any other tributary flowing into Belesa A at about the latitude shown on the Treaty map.

4.22 The Commission concludes that the omission from the Treaty map of the Tserona as shown on the de Chaurand map was deliberate, and that the depiction of the boundary as following the Belesa eastwards to Belesa B was deliberate and is so shown on the Treaty map.

4.23 Following Belesa B upstream (eastwards) from Point 12, the Treaty map shows this branch of the Belesa as following a course describing a rough quarter circle. Just at the southeastern end of that quarter circle, the Treaty map shows a small tributary flowing into Belesa B from the east. Though this small tributary is not named on the Treaty map (or on the underlying de Chaurand map), the location of its confluence with the Belesa B is shown on the Treaty map to be (as measured on the underlying de Chaurand map) about 20 km southwest of Senafe, and about 15 km WSW of Barachit. Modern mapping confirms that the tributary corresponding to these requirements, which Ethiopia identifies as the Sur, is Belesa C. The Commission concludes that, as a matter of treaty interpretation, this unnamed tributary marked on the Treaty map is the continuation of the boundary line as it runs towards one of the headwaters of the Belesa.

4.24 The Treaty map depicts the Belesa C as a short single blue line of about 8 km in length. On modern mapping, the network of small headwater streams feeding the Belesa C is complex. These various smaller tributaries and streams are not depicted on the Treaty map, which instead marks the boundary with a double row of red dots going overland until it meets one of the headwaters of the Muna. For this overland stretch, the boundary is depicted as running in an ESE direction. The Commission finds that the Treaty boundary follows the line of the most southerly of the small tributaries of the Belesa C. That tributary, on modern mapping, has its source close to the modern town of Zalambessa.

3) <u>The upper reaches of the Muna and the overland link between the Belesa and the Muna</u>

4.25 Both Parties accept that the Treaty boundary follows the line "Belesa-Muna" and that those names refer to rivers flowing in opposite directions from a watershed divide lying between their headwaters. Consequently, the Parties acknowledge, as they must, that the Treaty reference to the boundary in this sector as following two rivers cannot be literally correct. There must be a short overland stretch of boundary between and joining the headwaters of the two relevant rivers. The Commission has already identified in paragraphs 4.22-4.24, above, the Belesa selected by the Parties in the Treaty. It is now necessary to consider the overland Belesa-Muna sector.

4.26 This overland sector cannot be established without first locating the Muna to which the Treaty intended the link to run. The Parties disagree as to the identity of the Muna.

4.27 Ethiopia has identified a discrepancy between, on the one hand, the Treaty map and the underlying de Chaurand map and, on the other hand, what is shown on modern mapping. The Treaty map (and the de Chaurand map) shows the river designated as the Mai Muna ("Maj Mena" on de Chaurand's map) flowing in a relatively straight line in a generally ESE direction from its headwaters south of Barachit until it reaches what the de Chaurand map names as the Endeli and Ragali. But neither the Treaty map nor the de Chaurand map shows any tributary flowing from the north or northwest into the central part of the Mai Muna. There is, however, an additional and substantial river, with its headwaters near the town of Senafe, that flows eastwards and is called the Endeli. The lower reaches of this river are already depicted on de Chaurand's map. This much larger Endeli is the major river into which the Muna flows at a point (if the Upper Endeli were on the Treaty map) just beneath the hyphen below the first symbol of the Amharic texts of the name "T. Mai Muna" (Point 27). Nonetheless, both on this map and de Chaurand's map, the river that is, in fact, the Endeli, still carries the name Muna. In that eastern portion, the river, whether called Endeli or Muna, continues to flow in a generally ESE direction until, as it approaches and eventually dries up in the Salt Lake, it is denominated the Ragali.

4.28 The Parties propose very different ways of dealing with the omission of the upper reaches of the Endeli from the Treaty map (and from the underlying de Chaurand map). Ethiopia notes that the Treaty map contains inconsistent indications: on the one hand, that the river constituting the boundary is the northernmost branch of the river system depicted on the map but, on the other, that that northernmost branch is depicted as having its source south of Barachit. Ethiopia contends that the northernmost branch, although named "Muna" on the Treaty map, is the stream which is in fact the northernmost and is now known to be the upper reaches of the Endeli. Thus, Ethiopia maintains, in effect, that the Treaty map, despite naming the boundary river the Mai Muna, must be taken to be referring to the real Endeli further north, while the river depicted in the position of what is named the Mai Muna is in fact another river, called the Berbero Gado. Given this disagreement on nomenclature, the Commission will refer to this last river as the Muna/Berbero Gado.

4.29 Ethiopia also draws attention to persistent confusion after 1900 over the location of the river designated "Muna." Thus Ethiopia notes that:

(i) Ciccodicola, the principal Italian negotiator, recorded in 1903 that "the Endeli, a tributary of the Muna, [had been] designated to him [i.e., Emperor Menelik] as waters of the Muna," and that it was on that basis that the Emperor had signed the 1900 Treaty;

(ii) in January 1904 the Italian Governor of Eritrea noted in his diary that "[o]ur mistake is to have confused it [the Muna] with the Endeli," a confusion which Ethiopia suggests shows that the Parties intended the boundary to follow the northernmost branch of the Endeli system, thereby leaving the Irob district to Ethiopia;

(iii) the Italian Boundary Commission of 1904 (the "1904 Commission")[23] was unable to find a river clearly identified as the "Muna," observing that it was referred to by many other names – but not including "Muna" – in various stretches along its course, and expressed considerable uncertainty in its attempt to identify the Berbero Gado as the river corresponding to the "Muna"; and

(iv) an Italian writer, Captain Mulazzini, in "Geography of the Colony of Eritrea," in 1904 described the boundary (going westwards) as following the upper Endeli to just short of Senafe and then turning sharply southeast down to "the Mai Muna, also known as the Ruba Enda Dascin,"[24] which it crosses and then continues towards the Belesa and the Mareb – thus identifying a line broadly consistent with this part of Ethiopia's claim line.

---

[23] See Appendix A to this Decision, beginning at p. 107.
[24] Spelling as in the original.

Indeed, Ethiopia even argues that at the time of the Treaty, there was no river in the area known as the Muna.

4.30 By reference to these considerations, Ethiopia maintains that the land link between the Belesa and the Muna follows a line markedly different from that depicted on the Treaty map. The boundary having followed the course of the Sur (Belesa C) to within about 2 km of Zalambessa would, in the Ethiopian contention, then turn north eastwards to pass overland in a straight line across the Zalambessa-Barachit road. About one kilometre beyond the road, it would rejoin a waterway (unnamed) leading into the Enda Dashim. It would then turn northwards and pass, partly by waterways, partly overland, to the upper waters of the Endeli[25] and would then follow the course of that river southeastwards to Rendacoma, being joined some 44 km east of Zalambessa by the waters of the Muna (Berbero Gado).

4.31 Eritrea has maintained, in effect, that: the Treaty map identifies the "T. Mai Muna," with its headwaters south of Barachit, as the boundary; there is a river of that name in that place (as shown on the underlying de Chaurand map as well as on other maps); and therefore that river constitutes the boundary in accordance with the 1900 Treaty.

4.32 These different submissions relate to an area within the district of Irob, a roughly triangular area bounded to the west by the generally north-south link between the upper waters of the Endeli and the upper waters of the Enda Dashim, to the north by the Endeli upstream from its confluence with the Muna

---

[25] There is no clear explanation of why the depiction of the upper reaches of the Endeli was omitted from the de Chaurand map, and thus from the Treaty map based on it. The Commission would, however, observe that in this general area the de Chaurand map contains much less detail than it does in other areas. This may indicate that the sources upon which de Chaurand relied in compiling his map provided only incomplete, or little, information for that area.

and, to the south, by the Muna/Berbero Gado. For convenience, the Commission will refer to this area as the "Endeli projection" (shaded blue on Map 6, p. 36). Ethiopia regards the Irob Wereda (i.e., administrative subdivision) as part of Agame, which is a political subdivision of the Ethiopian province of Tigray; Eritrea denies that Irob is part of Agame.

4.33 The Commission has already noted that the naming of rivers in this general region is not without its problems (para. 4.14, above). What matters is what the Parties intended, of which the principal evidence is what they said in the Treaty and, more particularly, illustrated in the Treaty map. It is clear that the Parties agreed to a Treaty which referred to the Muna and that the Treaty map depicted a boundary line following a river (designated as the Muna) flowing from south of Barachit and running generally ESE towards the Salt Lake and the Danakil Depression. That Treaty line must be taken to represent what the Parties intended, particularly since a river of the name (Muna) and in the place shown on the Treaty map was also identified on maps, including the de Chaurand map, known at the time. Moreover, an Endeli was also known at the time, with its upper course more or less correctly depicted on some earlier maps. Had the Parties intended that the boundary should follow the course of that river, they could have said so; alternatively, if they did not know of that river's upper reaches, then they could not have intended the boundary to follow them.

4.34 The fact that the waterway later depicted as the boundary on the Treaty map is shown on the de Chaurand map as "Maj. Mena" and "Endeli" and "Ragali" does not mean that any one of those terms is a synonym for the others. As is common practice, the different names reflect different stretches of the single watercourse. That the Treaty map designated all three stretches as "T. Mai Muna" appears to the

Commission merely to have been a matter of simplification and convenience acceptable to the Parties.

4.35 In relation to the "Muna," the Commission notes that the existence of a river of that name was known to the Parties for several years before the conclusion of the 1900 Treaty, as shown by the references to such a river in the armistice arrangement of March 1896 and the Peace Treaty concluded in October that year. Moreover, a river "Muna" was depicted, in the same general area south and southeast of Barachit and flowing generally ESE so as to join the Endeli, on maps in existence when the 1900 Treaty was concluded.[26] These depictions are consistent with the depiction of the "T. Mai Muna" on the Treaty map. The Commission is satisfied that the Parties, in concluding the Treaty and annexing the Treaty map, intended to refer to that river.

4.36 The map may be followed so long as it is not shown to be so at variance with modern knowledge as to render it valueless as an indicator of what the Parties could have intended on the ground. Nor should the Commission be overzealous in attributing far-reaching consequences to relatively minor discrepancies. Overall, despite some inaccuracies and simplifications, the Treaty map is an acceptable indicator of key features, including the location of Barachit, Senafe, Debra Damo and Adigrat, and the flow of rivers in the area between them.

4.37 The Commission can now return to the question of the overland link between the Belesa and the Muna.

---

[26] Examples are the de Chaurand map (1894), and the British War Office map of 1884, revised in 1895 (which shows the "Muna" flowing east from the area south of Barachit and joining the Endeli, itself shown as a distinct river flowing southeast from near Senafe).

4.38 The Commission has already identified the course of the upper part of the Muna. In its upper reaches, the Muna/Berbero Gado is shown on the Treaty map as comprising several small headwater tributaries. The Treaty map, while not depicting the several tributaries flowing into the river further downstream, seems carefully to distinguish these headwater tributaries. Indeed it is somewhat more detailed in this respect than the underlying de Chaurand map, suggesting that particular care was taken with this part of the Treaty map. It shows the boundary river as flowing in this headwater area generally from the west. As it goes downstream, it is shown passing a substantial tributary system flowing in from the northwest, then after a short stretch passing another tributary system flowing in from the southwest, while the boundary river itself follows a tributary in between these other tributary systems.

4.39 The tributary depicted on the Treaty map as flowing into the boundary river from the northwest is shown as having headwaters consisting of two small forked tributaries due south of Barachit. It is also shown as flowing into the boundary river some 16 km southeast of Barachit. The only river meeting this description, with its headwaters close to and due south of Barachit, is the river now known as the Enda Dashim. It flows into the Muna/Berbero Gado at about the same position in relation to Barachit, as shown on the Treaty map, as does the tributary of the Muna just mentioned. This identification of the Enda Dashim as a river other than the one which is depicted as the boundary can only mean that the boundary river is the one into which the Enda Dashim flows.

4.40 The upper reaches of the Muna/Berbero Gado are, in reality, more complicated than the single short blue line depicted on the Treaty map sandwiched between the two pecked red lines as marking the boundary. However, the map depicts a boundary which, from the west-east line of the relevant Belesa C headwater slopes in an ESE direction overland to the relevant headwaters of the river designated as the Mai Muna.

4.41 With respect to the Ethiopian contention set out in paragraph 4.28, above, the Commission is unable to read the Treaty as establishing a boundary so at variance with the Treaty map as to involve a longer and less direct overland sector than that which the map shows. The Treaty map does not support any such marked northwards deviation from the generally ESE direction of the Treaty boundary in this area, nor does it support the kind of overland sector which would be needed to link the headwaters of the Belesa C with those of the Endeli. It is also noteworthy that the de Chaurand map depicts Mounts Auda and Silah to the north of the river which it depicts as the "Muna" and which the Treaty map adopted as the boundary line. Those two mountains lie to the north of the Muna/Berbero Gado, but would not lie to the north of a boundary following the upper Endeli.

4.42 The Commission accordingly concludes that as a matter of the interpretation of the Treaty and the Treaty map, the overland link between the Belesa and the Muna proceeds from the headwater of the Belesa C just to the northwest of present-day Zalambessa (Point 19) to one of the headwaters of the Muna/Berbero Gado (Point 20). It then proceeds in a SSE-trending line following the divide between, to the north, the headwaters of the Enda Dashim and, to the south, the headwaters of the streams flowing southward and then eastward to join the Muna/Berbero Gado at the point where it is also joined by the Enda Dashim (Point 21).

4.43 Below that point, the "Mai Muna" of the Treaty map may be identified with the "Maj Mena" of the de Chaurand map (the river that the Commission is referring to as the Muna/Berbero Gado). This continues in an identifiable course until it joins the Endeli at Massolae at Point 27.

4.44 From Massolae, the Treaty map shows the river, which it still designates the Muna, continuing downstream in a generally ESE direction, its course providing the boundary line. Although the Treaty map identifies the whole length of the watercourse as the "T. Mai Muna" and its Amharic equivalent, it is apparent, from a comparison with the underlying de Chaurand map, that that was a cartographic simplification for the purposes of the boundary Treaty. The de Chaurand map indicates that the "Maj Mena" flows into the Endeli, which in turn flows into a watercourse identified as the Ragali. It is this series of differently named stretches of rivers – from west to east, Muna, Endeli and Ragali – which the Treaty map refers to by the single name "T. Mai Muna."

4) The eastern terminal point of the 1900 Treaty boundary

4.45 The Parties disagree as to where, to the east, the 1900 Treaty boundary line ends. Eritrea has argued that the Muna ends at the confluence with the Endeli (located at the village of Massolae, Point 27) and that therefore that must be the eastern terminal point of the 1900 Treaty line. From this point, Eritrea contends that, to take account of the local geography, the boundary follows the Endeli for a short distance southeast to Rendacoma (where the Endeli turns northeast and becomes the Ragali), and there leaves the river to continue overland southeast to Djibouti. For its part, Ethiopia has argued that the river depicted as the Muna continues as far as the town of Ragali, and that it is therefore there that the terminal point lies.

4.46 The matter is important not only because of the need to know where the boundary established by the 1900 Treaty ends, but also because Article I of the 1908 Treaty makes "the most easterly point of the frontier established by [the 1900 Treaty]" the starting point for the boundary described in that Treaty. The matter can only be resolved in the first place by a careful consideration of the 1900 Treaty map and the topography of the area.

4.47 The Commission finds no support in the 1900 Treaty and its annexed map for a terminus of the 1900 Treaty boundary at Massolae. The designation on the Treaty map of the river named "Muna," and the depiction of the boundary line itself, extend well beyond the location of Massolae. The fact that Massolae may be about 60 km from the coast, and that the 1908 Treaty subsequently required the boundary to follow a line that distance from the coast, does not of itself require that Massolae be regarded as the terminal point of the 1900 Treaty and the starting point of the 1908 Treaty. "Distance from the coast" was not a consideration relevant to the boundary laid down by the 1900 Treaty. So its use in the 1908 Treaty cannot be related back to the earlier Treaty.

4.48 The 1904 Commission charged with following the border settled by the 1900 Treaty concluded that its own mission terminated at Massolae. There is, however, no basis in the text of Article I of the Treaty or in the Treaty map for the conclusion that the 1900 boundary terminated at Massolae. Moreover, as the Commission notes below (Appendix A, para. A.1), the 1904 Commission was essentially an Italian commission, though with an Ethiopian observer who did not sign the final report, which therefore did not express the shared views of the Parties. While the Commission does not exclude the possible evidential value of the findings of the 1904 Commission insofar as they illuminate the intentions of the Parties with regard to Article I of the 1900 Treaty, it cannot assign decisive weight to those of its observations which are not supported by the provisions of the Treaty. The Commission cannot, therefore, accept Eritrea's contention that the boundary established by the 1900 Treaty terminated at Massolae.

4.49 The designation "Muna" therefore extends beyond Massolae, even though the contemporary and current names distinguished the Muna from the Endeli and, nearer the Salt Lake, the Ragali. The Treaty map clearly identifies as the river which the Parties were calling the Muna the one which continued eastwards and flowed into and terminated in a body of water, designated as the Salt Lake. This lake still exists in the approximate area in which it is depicted on the Treaty map.

4.50 As already stated (para. 4.10, above), the parallel dotted red lines on the Treaty map are clearly intended to mark the boundary and, proceeding, as they do, along each bank, are consistent with the conception of a boundary river. At the eastern end of the Muna, however, the parallel character of the dotted red lines ends. The line along the southern bank of the Muna follows the Muna to the Salt Lake and terminates at the northern apex of the lake. However, the dotted red line on the northern bank of the Muna continues past the apex and the northeast shore of the Salt Lake in a southeasterly direction virtually until the margin of the map.

4.51 The usage adopted in the Treaty map for the overland sector between Tomat and Todluc was also a single dotted line. Despite the use of the double red dotted line in the short overland section joining the Belesa and the Muna, this single red dotted line alongside the Salt Lake may have been intended to indicate the course of an overland boundary continuing generally southeast beyond the point at which the river terminates in the lake. This would have been consistent with the terms of the 1897 *modus vivendi* indicating a *de facto* line which the Parties negotiating the 1900 Treaty could have been expected to have had in mind. Yet the terms of the 1900 Treaty refer only to the Muna watercourse; the depiction of a line in the Treaty map extending alongside the Salt Lake evidently goes beyond the depicted course of the Muna.

4.52 The depiction on the Treaty map shows the final, curved, part of the Muna river system not as a continuous blue line but as a dotted blue line. This is not explained on the Treaty map, but on the underlying de Chaurand map (which also uses a dotted blue line in this area) the legend explains that for rivers a continuous blue line signifies "di tracciato conosciuto" (i.e., known river course) while a dotted blue line signifies "di tracciato dubbio" (i.e., uncertain river courses). Modern mapping also shows that immediately to the north of the Salt Lake the river system breaks into a filigree network of small channels and streams, with no readily identifiable single and regular river bed.

4.53 In these circumstances, delimiting the boundary in this delta area as the line taken by the Ragali would not be helpful, for there is no single stable watercourse in this network of small and changing streams and channels. The Ragali does indeed flow, on a permanent and stable basis, to a location near the northern limit of the curved stretch of the lower reaches of that river system before flowing through what may be called the Ragali delta on its way to the Salt Lake.

4.54 Accordingly, the Commission has decided that, based on the 1900 Treaty and its map, the eastern end of the 1900 Treaty boundary follows the line of the Ragali as far as Point 29. Beyond that point, the boundary would ordinarily continue to follow the Ragali until it reaches its terminus at the Salt Lake. However, having regard to the delta-like extension of the riverbed and the difficulty of identifying with sufficient certainty the line of the Ragali therein, the Commission determines that the boundary in the delta is constituted by straight lines connecting Points 29, 30 and 31.

5) Object and purpose of the Treaty

4.55 The only express indication given in the Treaty of its object and purpose is contained in its short preamble. This states that the two Heads of State had agreed on the Treaty

> in the desire to regulate the question of the frontier between the Colony of Eritrea and Ethiopia which has remained open since the conclusion of the Treaty of Peace of Addis Ababa of the 26th October 1896.

Although the Parties placed considerable emphasis on the Mareb-Belesa-Muna line as being intended to give effect to a division between the regions of Acchele Guzai (to stay with Eritrea) and Agame (to stay with Ethiopia), the Commission observes that nothing to that effect is said directly in the 1900 Treaty or in the Peace Treaty to which reference is made.[27]

4.56 The Commission is, however, aware that the 1896 armistice between Ethiopia and Italy following the Battle of Adwa provided *inter alia* that there would be a peace treaty, and that until that time the border between Ethiopia and Eritrea "will be maintained at the Mareb, Belesa and Muna, which is the border of the Agame and Okologezay,"[28] the former being attributed to Ethiopia and the latter to Eritrea. The fact that, in Article IV of the 1896 Peace Treaty, the Parties agreed provisionally to observe the *status quo ante* does not in the Commission's view import into the terms of the subsequent 1900 Treaty a requirement that that Treaty must

---

[27] Indeed, that Treaty is referred to only as the starting point for the period since which "the question of the frontier... has remained open."

[28] Eritrean translation. The translation provided by Ethiopia is that until the peace treaty is concluded "the boundary between the Ethiopian Empire and the Eritrean colony will remain to be the Mareb, Belessa and Muna, which will be the boundary between Agamie and Akologuzay." This difference in translation is, in the Commission's view, of no substance.

itself be interpreted as having as its object and purpose the maintenance of the division between Acchele Guzai and Agame. The Commission is of the view that such considerations are too remote from the 1900 Treaty to affect the conclusions to be drawn from the terms of the Treaty read together with its annexed map.

4.57 The Commission observes that, as a general matter, the southern borders of Acchele Guzai extended south towards the Belesa and Endeli river systems. Its southernmost sub-district was Shimezana, with its capital at Senafe. Agame (in Tigray, the northern part of Ethiopia) extended northwards to the Belesa river system, and had its capital at Adigrat. To the east of the Belesa river system, Agame is said by Ethiopia (but denied by Eritrea) to include the region of Irob, lying within the Endeli river system.

4.58 However, those regions seem only to have been areas generally identified by their respective names, but without specific delimitation of their territorial limits. The Parties have produced conflicting evidence as to the geographical limits of Acchele Guzai and Agame as understood in 1900, in particular as regards the district of Irob, in the area north of the Muna/Berbero Gado and south of the upper reaches of the Endeli, i.e., in the Endeli projection. Ethiopia has contended that in 1890 and thereafter Italian officials were seeking to use the Aghir (which flows into the upper reaches of the Endeli) as the line of division between Acchele Guzai and Agame, and that in referring to a "Belesa-Muna" line Italy's reference to the "Muna" as the division between Acchele Guzai and Agame was based on ignorance of local geography and was really intended as a reference for what is now known to be a "Belesa-Endeli" line. However, the Commission observes that the diplomatic exchanges of a decade before the conclusion of the 1900 Treaty were not part of the negotiations for it; moreover, they show that the rivers in question were known at least to Italy in 1890, which suggests that this omission in 1900 was no mere mistake or oversight.

6) <u>Conclusions as to the boundary identified by the 1900 Treaty</u>

4.59 For the reasons set out above, the Commission therefore concludes that the boundary line identified by the 1900 Treaty (as amended by the 1902 Treaty) and subject to the variations that will presently be described, may be defined as a line that, from west to east:

(1) starts at the confluence of the Mareb and the Mai Ambessa (Point 9);
(2) then follows the Mareb to its confluence with the Belesa (Point 11);
(3) then follows the Belesa to the confluence of Belesa A and Belesa B (Point 12);
(4) then follows Belesa B to its confluence with Belesa C (Point 13);
(5) then follows Belesa C to the source of one of its headwater streams at Point 19;
(6) then goes overland for a short distance to the source of a headwater stream of the Muna/Berbero Gado at Point 20;
(7) then follows the Muna/Berbero Gado, passing the confluence with the Enda Dashim (at Point 21) until it joins the Endeli at Massolae (Point 27);
(8) then follows the Endeli downstream until it merges with the Ragali at Rendacoma (Point 28);
(9) then follows the Ragali downstream to Point 29; and
(10) then follows the straight lines joining Points 29, 30 and 31.

B. SUBSEQUENT CONDUCT

4.60 The Commission will now examine the subsequent conduct of the Parties with a view to determining whether any such conduct requires it to vary or adjust in any way the boundary based on the interpretation of the Treaty as set out above. In view of the Commission's conclusion that only two aspects of such conduct lead to any modification of the Treaty boundary, the Commission has placed in Appendix A to this Decision its examination of much of the material that it has determined does not affect the situation.

4.61 The question of sovereignty over the Endeli projection and the Belesa projection was much discussed by the Parties. Both contended that their conduct after the conclusion of the Treaty showed that their sovereignty over the relevant areas had been established and had been accepted by the other.

4.62 The Parties presented the Commission with voluminous material detailing the conduct which they regard as supporting their respective positions. This practice consists largely of a variety of administrative acts tending to show the exercise of sovereign authority by the Party performing those acts, a range of diplomatic and other similar exchanges and records as evidence of assertions of sovereignty, or of acquiescence in such assertions by the other Party, and maps. The Commission does not find it necessary to set out in detail its review of this evidence, and will only examine it in general terms. Some items, though presented at length by the Parties, have been found by the Commission not to affect the delimitation established by the Commission. Those items, some of which also affect the boundary in the western and eastern sectors, are examined in Appendix A.

4.63 The Commission will first consider the evidence of conduct that demonstrates the exercise of sovereignty in a practical way on the ground. At the outset, the Commission must, however, note that in a number of respects it has been hampered by the inability of the Parties to identify with sufficient particularity the location of the places to which they refer. There is no generally agreed map of the area depicting place names with any degree of reliability. The difficulty is exacerbated by the fact that the spelling of place names is often inconsistent, that some places seem to bear different names in different contexts, that some names of places are shared by the names of regions in which those places are located, and that, at times there has been considerable dispute as to the precise location, or even very existence, of named places. In determining the significance of particular incidents it is of course essential that the Commission be aware of precisely where the incidents are said to have occurred, failing which the Commission will be unable to attribute to them any significant weight. In order to review the material presented by the Parties in a manageable way, it will be convenient to consider it by reference to four relevant regions which are the subject of dispute. From west to east these are: the western part of the Belesa projection; the eastern part of the Belesa projection; the Endeli projection; and the area around the eastern terminus of the 1900 Treaty boundary, known to both Parties as the Bada region.

1) The western part of the Belesa projection

4.64 The area now addressed lies between the Belesa A and Belesa B, forming the western part of the Belesa projection (the area shaded yellow on Map 6, p. 36, above).

(a) *Conduct relevant to the exercise of sovereign authority (effectivités)*

4.65 In this area the Parties have submitted evidence of activities which, they claim, establish or confirm their sovereignty over the localities in question. These activities comprise such matters as the establishment of telephone and telegraph facilities, the holding of elections and the conduct of the independence referendum, the maintenance of local records of such matters as births and deaths, the payment of taxes and financial tribute, the structure of local administration, the regulation of religious and social institutions, the stationing of military and police posts and the conduct of military and police patrols, the regulation of land use, provincial administration, the administration of educational facilities, public health administration, steps for the eradication of malaria, the grant of a mineral concession, and various local acts carried out by the British Military Administration during the period from 1941 to 1952.

(b) *Diplomatic and other similar exchanges and records*

4.66 The Commission has also taken into consideration a number of items from what may be termed the diplomatic or official record. These include the letter of June 1901 from Martini to Ciccodicola, a memorandum written in 1915 by Checchi, Ethiopian protests at alleged Italian encroachments between 1927-1935, the report of April 1933 by the Italian Regional Commissioner, the reports of April and May 1933 by Governor Astuto, an Italian protest at alleged Ethiopian crossborder incursions in 1933, and the incident which occurred in 1934 involving a burial at Chenneto.

(c) *Maps*

4.67 The map evidence is not uniform and consistent. Much of it supports the existence of a Belesa projection and attributes the territory within it to Eritrea. There are, however, significant maps which do not do so, or do so only in part. Moreover, much of the map evidence is on so small a scale, or so devoid of detail, that it can only be treated as ambiguous in this respect.

(d) *Conclusion regarding the western part of the Belesa projection*

4.68 The Commission has carefully weighed the evidence with which it has been presented. For the most part, it finds the evidence to be of mixed quality and to some extent conflicting as regards its significance for territorial sovereignty. In general, therefore, but subject to two important qualifications, which relate to, respectively, the northern and southern sections of this part of the projection, the Commission does not find that the evidence justifies any departure from the boundary line as found by the Commission to result from the 1900 Treaty.

4.69 The qualification as to the northern section relates to Tserona. In its Reply, Ethiopia stated that a number of specific places mentioned by Eritrea as the location of incidents on which Eritrea was relying were irrelevant, since they were in any event mostly in Eritrea. The words used by Ethiopia were that "Fort Cadorna, Monoxeito, Guna Guna and Tserona" were "mostly... undisputed Eritrean places." While Monoxeito and Guna Guna are on the Eritrean side of the Treaty line as determined by the Commission, the Commission finds that, on the basis of the evidence before it, Tserona and Fort Cadorna are not.

4.70 As to Tserona, the Commission cannot fail to give effect to Ethiopia's statement, made formally in a written pleading submitted to the Commission. It is an admission of which the Commission must take full account. It is necessary, therefore, to adjust the Treaty line so as to ensure that it is placed in Eritrean territory.

4.71 The qualification as to the southern section relates to the Acran region and to Fort Cadorna. The Commission is satisfied that the evidence of Eritrean activity is sufficient, in terms of administrative range, quantity, area and period, to justify treating the Acran region as part of Eritrea. As regards Fort Cardorna, the Commission is bound to apply to that place, in the same way as it does to Tserona, the Ethiopian admission.

4.72 The Commission therefore decides that the boundary line which it has found to result from the 1900 Treaty must be adjusted in the manner set out in Chapter VIII, paragraph 8.1, sub-paragraph B.

2) The eastern part of the Belesa projection

4.73 This area lies to the east of the Belesa B and between the Ethiopian claim line passing to the north of Zalambessa and the Eritrean claim line passing along the Muna/Berbero Gado. It thus forms the central portion of the disputed territory along the Belesa-Muna line (the area shaded pink on Map 6, p. 36, above). Its principal town is Zalambessa, which did not exist in 1900.

(a) *Conduct relevant to the exercise of sovereign authority* (effectivités)

4.74 In this area the Parties have submitted evidence of activities which, they claim, establish or confirm their sovereignty over a number of localities. These activities comprise such matters as the administration of polling stations and the holding of elections and the independence referendum, the appointment and payment of local officials, the conduct of a national census, the structure of local administration, the issue of trading and business licences, the establishment of a customs office at Zalambessa, land distribution and management, the payment of taxes and financial tribute, the administration of justice, law enforcement, the provision of educational facilities, the administration of fuel supplies, the grant of a mineral concession, patrolling by the British Military Administration, the establishment of police posts, the maintenance of a rainfall measuring position and the conduct of border surveys.

(b) *Diplomatic and other similar exchanges and records*

4.75 As far as concerns the diplomatic or official record, the Commission has been presented with little in the way of evidence relating specifically to this part of the Belesa projection, apart from certain exchanges relating to Zalambessa, which has been the location for a considerable number of significant administrative activities by Ethiopian authorities. On a number of occasions, Eritrean officials appear to have acknowledged that Zalambessa is part of Ethiopia. Zalambessa appears to be the seat of Gulomakheda Wereda, a part of Tigray province. Both Parties agree that there is a customs post some 2 km north of Zalambessa – in fact, probably two customs posts, one belonging to each Party, located close to each other. The location of such a post on one side of the town strongly suggests that the boundary is on the same side of the town, since to have a population centre *between* a boundary and a border customs post would be unusual. Ethiopia has, moreover, submitted evidence showing that the customs authorities of Eritrea regularly had dealings with the nearby Ethiopian customs post in such a way as to accept Zalambessa as part of Ethiopia. An additional exchange in 1996 leads to the same conclusion. In that year, the Ethiopian Ministry of Foreign Affairs requested Eritrea to allow a survey team to enter Eritrean territory. The Eritrean Ministry of Foreign Affairs, in responding positively to this request, referred to it as being incidental to the task of "rechecking border delineating points in Zalambessa [sic] area (Tigray region)."

(c) *Maps*

4.76 The Commission has already addressed in general terms the significance of the map evidence for the western part of the Belesa projection. Similar comments are called for in relation to the eastern part. The ambiguity of the map evidence is the greater in this area, because the eastern part of the Belesa projection does not have the distinctive southward pocket which is so characteristic of the western part.

(d) *Conclusion regarding the eastern part of the Belesa projection*

4.77 The Commission has carefully weighed the evidence with which it has been presented by both Parties. Except to the extent corresponding to paragraphs 4.68-4.72, above, the Commission does not find that the evidence of the Parties' conduct establishes any departure from the boundary line as found by the Commission to result from the 1900 Treaty, save in respect of Zalambessa. There the evidence supports the conclusion that that town is Ethiopian.

4.78 The Commission has already decided that the boundary line resulting from the 1900 Treaty must be adjusted so as to ensure that Tserona, the Acran region and Fort Cadorna are placed in Eritrean territory (see paras. 4.70- 4.72, above). The manner of that adjustment is set out in Chapter VIII, paragraph 8.1, subparagraph B, below. The Commission now accordingly decides that the boundary resulting from the 1900 Treaty must be further adjusted, in the manner also set out in

Chapter VIII, paragraph 8.1, sub-paragraph B, so as to place Zalambessa in Ethiopian territory.

3) <u>The Endeli projection (Irob)</u>

4.79 The Endeli projection consists of the roughly triangular piece of territory bounded on the south by the Muna/Berbero Gado, on the northeast by the upper reaches of the Endeli going upstream towards Senafe, and on the west by the north-south line of the Ethiopian claim line running down from near Senafe (this area is shaded blue on Map 6, p. 36, above). The principal population centre is Alitena. Although a substantial part of Irob lies to the north of the Muna/Berbero Gado, and thus within the Endeli projection, part of the region also lies to the south of that river and thus within Ethiopian territory. Geographical specificity is therefore particularly important in relation to incidents or activities occurring in the Irob area.

(a) *Conduct relevant to the exercise of sovereign authority (effectivités)*

4.80 In this area the Parties have submitted evidence of activities which, they claim, establish or confirm their sovereignty over the localities in question. These activities comprise such matters as the regulation of religious and social institutions, civil administration, the management of local officials, the administration of elections and the independence referendum, the conduct of a national census, the structure of local administration, questions of land management and title, payment of taxes and payment of tribute, the administration of justice, law enforcement, administration of educational institutions, administration of public health, and the operation of public works projects.

(b) *Diplomatic and other similar exchanges and records*

4.81 The diplomatic and official record as put before the Commission includes an Italian military report of 1901, Martini's letters of June and July 1901 to Ciccodicola, Checchi's memorandum of 1915, Governor Zoli's report of July 1930, Italian Ministry of Colonies' report of 1930, Governor Astuto's report of May 1933, and Italian protests at cross-border incursions of 1933.

(c) *Maps*

4.82 The map evidence is uneven in relation to the Endeli projection. Very few maps depict an Endeli projection as appertaining to Ethiopia, and there is considerably more map support for a boundary along the Muna/Berbero Gado, at least along its lower reaches. At the same time there are a number of Italian maps spanning several decades after the conclusion of the 1900 Treaty which show no boundary along that part of the Muna/Berbero Gado, even though showing one elsewhere. There are also Italian maps showing, either expressly or implicitly, the upper reaches of the Endeli as the effective limit of Italian occupation.

4.83 The extent of Acchele Guzai and Agame has been of some importance in the context of the Endeli projection. The map evidence is unclear. Most maps do not give any indication of the two regions. Of those that do, some indicate only the one but not the other. Of those that do indicate one or both of the regions, by far the majority mark them in areas which do not impinge upon the Endeli projection, placing them respectively well to the north of Senafe or well to the south of the Muna/Berbero Gado. Relatively few mark the regions in such a way as to suggest which region includes all or part of the Endeli projection. It is in any event of the nature of cartographic indications of general geographic regions that they are unspecific, since the regions being indicated are usually themselves not limited by specific borders.

(d) *Conclusion regarding the Endeli projection*

4.84 The Commission has given careful consideration to the evidence submitted by the Parties. As in the other sectors, the evidence is not wholly consistent and does not lead in one direction only. The Commission does, however, conclude that for the most part the stronger evidence of administrative and resultant activity has been presented by Ethiopia. The Commission has also attached weight to the facts that several Italian maps refrained from indicating a boundary along the southern limits of the Endeli projection, and have marked the upper reaches of the Endeli River as the actual limit of Italian occupation. Moreover, the Commission has noted that in several reports senior Italian officials, and also Italy's formal complaint to the League of Nations, acknowledged that significant parts of the area covered by the Endeli projection had always been Ethiopian and that Italy had never been present there.

4.85 Even so, the Commission is unable to draw from this the conclusion that it should vary the 1900 Treaty line so as to include the whole of the Endeli projection within Ethiopia. The Commission has noted that, in general, the impact of Ethiopian administrative activity has been weaker, and the impact of Eritrean activity stronger, in the northern and western fringes of the Endeli projection, and that therefore Ethiopia has not established its effective sovereignty to the required degree over those areas. The Treaty line should therefore be varied so as to place only the more southerly and easterly parts of the Endeli projection in Ethiopia.

4.86 The Commission therefore decides that the Treaty line must be accordingly adjusted in the manner set out in Chapter VIII, paragraph 8.1, sub-paragraph B, below.

4) The Bada region in the central sector

4.87 The Commission notes at the outset the need for caution in recording and responding to incidents said to have occurred "in Bada," since there is both a region of Bada, primarily consisting of the Bada plain, and a village in that region named Bada. Bada village appears to be located to the northeast of Rendacoma and possibly astride the Ragali. The Bada region is a broad area lying generally to the north of the Salt Lake and straddling the Endeli/Ragali rivers, so that it is partly on the Eritrean side of the boundary determined by the Commission to have been laid down in the 1900 Treaty (i.e., north and east of the Endeli/Ragali) and partly on the Ethiopian side (i.e., south and west of the Endeli/Ragali). Both Eritrea and Ethiopia appear to have local administrative sub-districts named "Bada." It is therefore particularly important to know precisely where particular events are said to have occurred before being able to attribute to them significance as regards the limits of territorial authority. Moreover, given that the Bada region is associated with the Endeli and Ragali, and that there may be settlements which, under a single name, spread over both sides of what may be regarded as boundary rivers, it will sometimes be particularly important to know precisely where within a settlement a particular incident or activity is said to have occurred.

(a) *Conduct relevant to the exercise of sovereign authority* (effectivités)

4.88 In this area the Parties have submitted evidence of activities which, they claim, establish or confirm their sovereignty over the localities in question. These activities include such matters as the operation of telegraph and telephone communications facilities, the grant of a mineral concession and licences for associated communications facilities, the promotion of irrigation projects, the organisation of elections and the independence referendum, the holding of a national census, the administration of public health services, the administration of educational institutions, the establishment of military and police posts and the carrying out of military patrols, and the structure of local administration.

(b) *Diplomatic and other similar exchanges and records*

4.89 As far as concerns the diplomatic or official record, the Commission has been presented with little in the way of evidence relating specifically to the Bada area, apart from two incidents in 1901 and 1929 involving Tigrayan raids into the Bada area. The exchanges were, however, unspecific as to location and ambiguous as regards their import for questions of territorial sovereignty.

(c) *Maps*

4.90 The only point of disagreement between the Parties is where along the Endeli or Ragali the 1900 Treaty line ends and therefore the 1908 Treaty line begins. The map evidence overwhelmingly supports the Endeli/Ragali as the boundary. As to this, most maps are unspecific. Apart from the map attached to the report of the 1904 Boundary Commission (see Appendix A, below) which in any event is in this respect ambiguous, very few, if any, of the maps submitted in evidence clearly depict a boundary ending at Massolae. Of the rest, those which do depict an eastern terminus are almost equally divided between those which show it at or near Rendacoma and those which show it further to the east, at or near Ragali or, in a few instances, at the Salt Lake.

(d) *Conclusion regarding the Bada region in the central sector*

4.91 The Commission finds that the evidence is relatively sparse, often geographically unspecific, and of ambiguous significance for questions of territorial sovereignty. In particular, the evidence contains little support for terminating the 1900 Treaty boundary at some point (such as Massolae or Rendacoma) west of the Salt Lake. Accordingly, the Commission does not regard the evidence of the Parties' conduct in this area as a basis for departing from the boundary line as found by the Commission to result from the 1900 Treaty.

C. THE COMMISSION'S CONCLUSIONS REGARDING THE 1900 TREATY LINE AS A WHOLE

4.92 The Commission's conclusions regarding the 1900 Treaty line as a whole will be found in Chapter VIII, paragraph 8.1, sub-paragraph B.

CHAPTER V-. THE SECTOR COVERED BY THE 1902 TREATY (WESTERN SECTOR)

A. THE TREATY TEXT

5.1 The Commission turns now to the sector covered by the 1902 Treaty, namely, the western sector. The second paragraph of Article I of the Treaty states that the frontier shall begin at the junction of the Khor Um Hagar with the Setit and extend to the junction of the Mareb and the Mai Ambessa.

5.2 The 1902 Treaty was described as being an Annex to the 1900 Treaty. Unlike the 1900 Treaty, which was a bilateral treaty between Ethiopia and Italy, the 1902 Treaty was a trilateral agreement to which Britain was also a party. This was because part of it (Article II) related to the frontier between Sudan (then under British administration) and Eritrea.

5.3 Article I of the English text provides as follows (the three paragraphs of the article were not individually numbered, but for convenience the Commission has inserted the numbers (i), (ii), (iii)):

> (i) The frontier Treaty between Ethiopia and Eritrea, previously determined by the line Tomat-Todluc, is mutually modified in the following manner: –

> (ii) Commencing from the junction of the Khor Um Hagar with the Setit, the new frontier follows this river to its junction with the Maieteb, following the latter's course so as to leave Mount Ala Tacura to Eritrea, and joins the Mareb at its junction with the Mai Ambessa.

(iii) The line from the junction of the Setit and Maieteb to the junction of the Mareb and Mai Ambessa shall be delimited by Italian and Ethiopian delegates, so that the Canama tribe belong to Eritrea.

An English translation of the Amharic text of paragraphs (ii) and (iii) reads as follows:

> The new frontier will start from Khor Um Hagar and Setit River junction and will follow the River Setit to the junction of the Mai Ten and Setit Rivers. From this junction, the frontier will leave Ala Takura in Eritrea and go to the junction of Mereb and Mai Anbessa. The boundary between the junction of the Mai Ten and Setit to the junction of Mereb and Mai Anbessa will be decided after representatives of the Italian government and the Ethiopian government look into the question and reach agreement. The representatives entrusted with this decision will decide in such a way that the Negroes of the Cunama tribe are in Eritrean territory.[29]

5.4 Article II of the Treaty provides:

> The frontier between Sudan and Eritrea, instead of that delimited by the English and Italian delegates by the Convention of 16th April, 1901 (No. 343), shall be the line which, from Sabderat, is traced via Abu Jamal to the junction of the Khor um Hagar with the Setit.

Article II has limited bearing on the issues presently before the Commission and only brief reference will be made to it in connection with the western terminus of the border (see paras. 5.6-5.12, below). In contrast with the 1900 Treaty, no map was attached to the 1902 Treaty or formed part of it.

---

[29] Translation provided in the Eritrean pleadings.

5.5 The final paragraph of the 1902 Treaty states that it has been signed "in triplicate, written in the Italian, English and Amharic languages identically, all texts being official." In contrast with the final paragraph of the 1900 Treaty, the 1902 Treaty does not contain the proviso that "in case of error in writing the Emperor Menelik will rely on the Amharic version." However, the Commission does not need to consider whether this proviso carries over into the 1902 Treaty by reason of the latter being an "annex" to the 1900 Treaty because in the present case Ethiopia has not sought to invoke the Amharic version, although Eritrea has (see para. 5.15, below).

B. THE WESTERN TERMINUS

5.6 The Commission will begin its consideration of the 1902 Treaty by examining the location of the western terminus of the boundary as expressed in the opening words of Article I, paragraph (ii): "Commencing from the junction of the Khor Um Hagar with the Setit."

5.7 The Secretary of the Commission, in the performance of his function under Article 4, paragraph 9, of the December Agreement, found that there appeared to be no dispute between the Parties with regard to this portion of the border. Nor is the subject one to which the Parties gave any specific attention in the course of their pleadings, though Ethiopia stated that it reserved its position in relation thereto. However, a number of documents and large-scale maps represent or speak of the boundary as commencing not at Khor Um Hagar, but further to the west, at the confluence with the Setit of the Khor Royan, a river flowing into the Setit from the ESE

(Point 1). The Commission therefore finds it necessary to consider the location of the western terminus.[30]

5.8 Article II of the 1902 Agreement amends the frontier between Sudan and Eritrea as delimited initially by a treaty of 16 April 1901.[31] Another agreement between Sudan and Eritrea of the same date describes the demarcation of this boundary.[32] A further agreement of 22 November 1901 provides for the completion of the delimitation between Sudan and Eritrea "as far as the junction of the Khor Um Hagar with the River Setit" – "the line to be eventually demarcated by special Delegates."[33] The Khor Um Hagar is mentioned again as a location on the frontier between Sudan and Ethiopia in Article I of the Treaty of 15 May 1902, which is an agreement distinct from the 1902 Treaty involved in the present proceedings.[34]

5.9 The 1902 Treaty, it will be recalled, was described as an Annex not only to the 1900 Treaty but also to the separate Treaty of 15 May 1902 regarding the frontier between Sudan and Ethiopia, the agreement mentioned in the preceding paragraph. To implement the changes made in the latter agreement, a further Sudan-Eritrea agreement was made on 18 February 1903[35] which ran the line of "the rectified boundary" along a new course from the Jebel Abu Gamal "to the bend of the Setit immediately opposite the mouth of the Khor Royan." This was later referred to as "the Talbot/Martinelli demarcation."

---

[30] The relevant treaty texts are collected in Professor I. Brownlie's *African Boundaries* (1979) (hereinafter referred to as *"African Boundaries"*).
[31] *African Boundaries*, p. 864.
[32] *Id.*
[33] *Ibid.*, p. 865.
[34] *Ibid.*, p. 866.
[35] *Ibid.*, p. 868.

5.10 This agreement was confirmed by a further Sudan-Eritrea agreement of 1 February 1916, of which the first article read:

> The boundary starts from a point on the right bank of the Setit River, immediately opposite the mouth of the Khor Royan.[36]

5.11 Ethiopia accepted this amendment by an Exchange of Notes of 18 July 1972 in the following words:

> Basic acceptance of Major Gwynne's demarcation on the basis of the 1902 and 1907 treaties. As regards the boundary north of the Setit River, acceptance of the Talbot/Martinelli demarcation of February 1903 (as intensified in February 1916) as the boundary line as far as Abu Gamal.[37]

Thus, it was the February 1903 demarcation that brought the tripoint to the north bank of the Setit opposite the Khor Royan.

5.12 It is not open to the Commission to change the agreed tripoint between Eritrea, Ethiopia and the Sudan. As the Ethiopian-Eritrean boundary is in this sector a river boundary,[38] it must be treated as starting at the tripoint, then running to the centre of the Setit, immediately opposite that point, before turning eastwards and continuing up the Setit until it turns to the northeast to run towards the confluence of Mareb and Mai Ambessa (Point 9).

---

[36] *Ibid.*, p. 871.
[37] *Ibid.*, p. 877.
[38] See Chapter VII, below, for consideration of the boundary within rivers.

C. THE SECTOR SETIT-MAREB

5.13 The Commission turns now to consider the most contentious part of the boundary covered by the 1902 Treaty, namely, the point in the Setit where the boundary turns away from this river to follow another named river towards the confluence of the Mareb and the Mai Ambessa (Point 9). This other river is named the "Maieteb" in the English version of the Treaty and "Maiten" in the Amharic version. The central question in this part of the case is, therefore, to what river the Treaty here refers. Closely associated with this is the question of the course of the link between that river and the Mareb.

5.14 Ethiopia contends that, as used in the Treaty, "Maieteb" refers to the river of that name that reaches the Setit from the northwest at Point 3, from the source of which a straight line is drawn to Point 9 (hereinafter referred to as the "western Maiteb"). As drawn on the maps invoked by Ethiopia, this line runs to Point 9 at an angle varying between 65° and 73° east of true north.

5.15 Eritrea initially maintained that the river designated in the equally authoritative Amharic version of the Treaty is named the Maiten. A river of similar name, the Mai Tenné, joins the Setit at Point 8, some 87 km further east than the western Maiteb. From this confluence, Eritrea contended that a straight line runs northeast to Point 9. Such a line would be at an angle that, depending on the map used, varies between 13° and 16°. Eritrea later submitted that the boundary line subsequently established and maintained by the Parties was a straight line running from the confluence of the Setit and the Tomsa (Point 6) to the Mai Ambessa (Point 9). Such a line runs at an angle varying between 22° and 25° from true north. In its final submissions, however, Eritrea gave as the southern terminus of the straight line connecting to Point 9 what turn out to be two different locations. One, defined by coordinates (14° 05' 45 6" N, 37° 34' 26.4" E), terminates at Point 7A. The other is defined in terms of a claim line drawn on a map which, however, terminates at a different location, namely, Point 7B (14° 06' N, 37° 35' E). Neither of these is at the Tomsa (Point 6). Eritrea also suggested that the original Treaty reference to the "Maiteb" was actually to the Sittona (Point 4).

1) <u>Interpretation of the Treaty</u>

5.16 The resolution of this issue depends initially upon a proper interpretation of the Treaty. That interpretation in turn depends upon the text of Article I, read in the light of its object and purpose, its context and negotiating history, and the subsequent course of conduct of the Parties in its application – all of which are tools for determining "the common will" of the parties.

(a) *The terms of the Treaty*

5.17 The determination of the meaning and effect of a geographical name used in a treaty, whether of a place or of a river, depends upon the contemporary understanding of the location to which that name related at the time of the treaty. If the location can be identified without difference of opinion, interpretation is relatively simple. But when the maps available at the time vary in their placement of the feature, difficulties emerge. That is to some extent the problem in the present case.

5.18 The Commission accepts that at first sight the reference to the Maiteb in Article I(ii) of the Treaty appears to be to the river of that name, as argued by Ethiopia, that joins the Setit at Point 3. One contemporary map in particular, the Sketch Map illustrating Article I of the Treaty between Great Britain and Ethiopia relating to the Sudan border signed on the same day as the 1902 Treaty involved in the present case, shows clearly in its top right corner the northern terminus of that boundary ending at the Setit and then indicates a short eastward-extending stretch of the Setit, which, in its turn, ends at a tributary that the Sketch Map calls the "Maieteb." The same is shown on a map of the Anglo-Egyptian Sudan of 1901 and even more clearly on the so-called Talbot-Colli map of the same year. These maps extend no further east than the Maiteb as there presented. Nor is there any evidence that the Parties were in possession on 15 May 1902 of any map showing a river Maiten (or Mai-Tenne) (Point 8) even further east. The first map on which a river of that name is shown is the 1904 Italian Carta Dimostrativa, on a scale of 1:500,000. On the basis of these maps, therefore, it is arguable that the river identified by Ethiopia as the Maiteb (the confluence of which with the Setit is shown at Point 3) is the Maiteb to which the Treaty refers.

5.19 As against this, however, there is more convincing evidence that the Maiteb is not the river which the Parties had in mind. The maps just referred to were not the only ones likely to have been familiar to the negotiators who were, on the Ethiopian side, the Emperor Menelik and, on the Italian side, Major Ciccodicola. Nor were these maps used in the negotiations.

5.20 The Emperor Menelik appears to have left no record of the negotiations. On the Italian side, however, there are two reports of Major Ciccodicola, dated 16 May 1902 and 28 June 1902, one immediately after the signature of the Treaty, the other barely five weeks later, which indicate clearly the map that was actually used in the discussions.

5.21 In his first report, dated 16 May 1902, Ciccodicola, cabling from Addis Ababa, informed the Governor of Eritrea, Martini, that the 1902 Agreement had been signed the previous night:

> the Cunama remains with us as soon as the ratification takes place. The border line will be delimited on the ground by delegates; it is now fixed by two well defined points, *see Mai Daro demonstrative map 1900 Military Geographical Institute scale 1 to 400,000 that is*

the course of the Maiteb east of Montala Tacura and Mai Ambessa with the Mareb.[39]

The Mai Daro demonstrative map here referred to appears to be the map that was attached to Ciccodicola's second report as "Sketch No. 7," which is examined below. A copy of this map appears as Map 8, on page 62. It will be referred to as the "Mai Daro map."

5.22 In his second report, of 28 June 1902, Ciccodicola said:

... [W]hen negotiating, I have always used the maps sent by the Government. But since the afore-mentioned Maidaro paper is not a sure basis, I had to accept at least in part Menelik's objections, based on the information of the places obtained by him, and make him accept, albeit not without pain and hard work, as the general direction of principle of the boundary between the Cunama and the Adiabo, *the line which appears in the afore-mentioned Maidoro [sic] sheet*[40] *etermined by the mouth of the Maiteb in the Setit, turning east of the Ala Tacura mountains, and then going to the Mareb, at the Mai-Ambessa junction.*

In future, our delegates and Ethiopian delegates will determine the boundary exactly, by surveying with an investigation on the ground. It remains therefore established that the Cunama villages become part of the Colony of Eritrea, as of the day of the sovereign ratification of the convention.[41]

5.23 The fact that the Mai Daro map spelled the river as "Meeteb" does not appear to the Commission to affect the situation, for Ciccodicola appears to have equated "Maiteb" with "Meeteb." The intention of the negotiators revealed by the two letters is sufficiently clear.

---

[39] Commission's emphasis.
[40] See Map 8.
[41] Commission's emphasis.

5.24 The Commission attaches importance to the Mai Daro map because it clearly shows that, contrary to inferences that might otherwise be drawn from the existence of other maps of the area showing the location of the Maiteb as being that of the western Maiteb at Point 3, such maps were not used in the negotiations between Menelik and Ciccodicola. Nor, seemingly, was their detail relating to the location of the western Maiteb taken into account by Menelik or Ciccodicola. As Ciccodicola's report makes plain, the only map that he and Menelik had before them was the Mai Daro map.

5.25 There are no less than four reasons why the river named "Meeteb" and the mountain called "Ala Tacura" shown on this map could not actually have been situated in the proximity of the western Maiteb. The first is that the location of Mai Daro at the top of the map and of the confluence of the Mareb and Mai Ambessa (Point 9) are in reality well to the east of the confluence of the western Maiteb with the Setit (Point 3) – as can be demonstrated by dropping a meridional line from Mai Daro southwards to the Setit. Second, the river marked "Meeteb" on the map joins the Setit at a point that lies on the eastern part of the prominent north-trending bend in that river, whereas the confluence of the western Maiteb and the Setit (Point 3) lies well to the west of that curve. Third, the direction and length of the course attributed to the Meeteb on the map differs markedly from the course and length of the western Maiteb. Fourth, a straight line drawn from any point on the western Maiteb that joins the Setit at Point 3 could only reach Point 9 at the angle of 60°-65°, while the line on Map 8 reaches Point 9 at the markedly different angle of 45°.

5.26 The significance and evidentiary weight of the Mai Daro map is confirmed by its similarity with the de Chaurand map of 1894. An excerpt from this map appears as Map 9, on page 64. This, it will be recalled, is the map that was expressly stated to have been the basis for the 1900 Treaty map and it must have been familiar to the negotiators. It does not show any Maiteb or Meeteb remotely near the confluence of the western Maiteb and the Setit (Point 3). It does, however, show quite clearly a "Maitebbe-Meeteb" joining the Setit at Point 4 on the east side of the prominent north-pointing bend, running first northeast and then east. It also shows a "Mount Ala Tacura," just north of the river. In these major respects, it is almost identical with the Mai Daro map. The only respect in which both the Mai Daro map and the de Chaurand map differ significantly from later maps is in the name given to the river. What is called in them "Maietebe" or "Meeteb" was known even at the time by some as Sittona and was so called on other maps soon afterwards.

5.27 The identification of the Maiteb referred to in the 1902 Treaty as the Meeteb of the Mai Daro map or the Maietebbe-Meeteb of the de Chaurand map does not, however, by itself resolve the question. It is necessary to have regard also to a further important element in the interpretation of treaties, namely, the object and purpose of the Treaty.

(b) *The object and purpose of the Treaty*

5.28 The object and purpose of the 1902 Treaty can be considered at two levels: the general and the particular. At the general level, it is obvious that the Treaty was intended to determine a boundary. Such an identification of purpose, however, does not advance matters, since it does not help in the choice between one possible boundary and another.

5.29 More important is the identification of the particular object of the Treaty. Here it is necessary to distinguish between two separate matters dealt with in Article I of the Treaty. The first, in paragraph (i), is the reference to Mount Ala Tacura. The frontier is to follow the course of the Maiteb so as to leave that mountain to Eritrea. The second is the provision in paragraph (ii) that the line from the junction of the Setit and the Maiteb to the junction of the Mareb and Mai Ambessa "shall be delimited by Italian and Ethiopian delegates, so that the Cunama tribe belong to Eritrea."

(i) The reference to Mount Ala Tacura

5.30 Of these two aspects, the first is of little importance. It says no more than that the boundary following the principal named geographical feature, the Maiteb, will have the effect that it passes to the east of the named mountain, thereby leaving it to Eritrea. That is not a statement of an object of the Treaty.

(ii) The incorporation of the Cunama into Eritrea

5.31 The second aspect, the requirement in paragraph (ii) that the line should be so delimited "that the Cunama tribe belong to Eritrea," is of a different order of significance. It reflects the growing Italian interest in the Cunama in the preceding years. This interest is evidenced by a report of the instructions given by the Italian Foreign Ministry to Consul General Nerazzini on 22 March 1897

> ... in order to *add the tribe of the Cunama to the Eritrean Colony*, to keep the trade roads to Gonda and the vast fertile basin of the Tzana free and under our complete control, thus anticipating and satisfying the desires and fair requests of the Commissioner for Eritrea.[42]

The idea of following tribal boundaries was one which, it appears, was subsequently acknowledged by Menelik in his negotiations with Britain in May 1899 for the settlement of the boundary between Sudan and Ethiopia and was repeated on the British side.

---

[42] This report was referred to in the report of 28 June 1902 from Major Ciccodicola, the Italian negotiator of the 1902 Treaty, to the Italian Ministry of Foreign Affairs, cited in para. 5.22, above.

5.32 This particular objective was pursued further in a Confidential Arrangement between Britain and Italy of 22 November 1901, which provided in paragraph 5 that:

> The British and Italian Agents in Abyssinia will work together in concert to obtain from Emperor Menelik in return for this extension of the Abyssinian boundary, a zone of territory to the east of the Todluc-Maiteb line, *which will give to Erythrea the whole of the Kunama tribe up to the Mareb.*[43]

This Declaration did not, of course, bind Ethiopia, but it does demonstrate the existence of the Italian interest in obtaining the territory occupied by the Cunama tribe, as well as the British recognition of that interest.

5.33 Further significant evidence of the importance attached by Italy at that time to the acquisition of the Cunama land is provided by the terms in which Ciccodicola and Martini, the Governor of Eritrea, both commented upon the Treaty soon after its conclusion (see paras. 5.39-5.41, 5.46, below).

5.34 Lastly, the terms of the 1902 Treaty itself attest to the objective of achieving the transfer to Eritrea of the Cunama. Thus, paragraph (iii) of Article I of the 1902 Treaty provided:

> The line from the junction of the Setit and Maieteb to the junction of the Mareb and Mai Ambessa shall be delimited by Italian and Ethiopian delegates, *so that the Canama [sic] tribe belong to Eritrea.*[44]

These words indicate that the line described in the Treaty was not completely defined; that a portion of it was still to be delimited by delegates of the two Parties; and that the object of that delimitation was precisely to ensure that the Cunama tribe

---

[43] Commission's emphasis.
[44] Commission's emphasis.

belonged to Eritrea. This must be a reference to at least the bulk of the Cunama tribal area, if not the whole of it. There appears to be no basis for any suggestion that the intention was to confine it to a significantly truncated part of the Cunama tribe or its tribal area. Thus, the text contemplates that the delegates of the Parties were to perform a two-stage function: first, they would have to ascertain facts, namely, the region regarded as the domain of the Cunama; second, they would have to reflect those facts by the construction of an appropriate line that placed that region in Eritrea not Ethiopia. In fact, no such delimitation by delegates of both Parties ever specifically took place.

5.35 There was an additional objective that Italy had in mind at this time (as indicated in the instructions to Nerazzini quoted in para. 5.31, above), though not expressly referred to in the Treaty, namely, to ensure its control over an important trade route through which much commerce of Eritrea passed to and from Ethiopia, namely, the road or track that connected Ducambia, on the southern bank of the Mareb, with Sittona, on the northern bank of the Setit and which continued southwards to Gondar in Ethiopia. This ran on an approximately north-south curved axis at 37° 24' E longitude. This route was subsequently shown on a map entitled "Strade Commerciali Setit Noggara e Setit – Gondar," circa 1904-1906.

5.36 While the first objective – the assignment of Cunama land to Italy – was an explicit common objective of the Parties, the second objective just mentioned may be regarded as essentially Italian. There is no specific evidence as to Ethiopia's objective with respect to the trade route; nor is there any evidence suggesting Ethiopian opposition to Italy's objectives in this regard.

(c) *The relation between the negotiations of May 1902 and the principal objective of the Treaty*

5.37 The objective of attaching the Cunama to Eritrea having thus been identified, it is now necessary to examine more closely how this was reflected in the manner in which Article I of the Treaty was concluded. As stated, it was negotiated, on the Ethiopian side, by the Emperor Menelik himself and, on the Italian side, by Major Ciccodicola.

5.38 The Emperor Menelik appears not to have left any record of the negotiations. On the Italian side, however, reference has already been made to the two reports of Major Ciccodicola of 16 May 1902 and 28 June 1902. Moreover, there is another document, written in August 1902, that throws light on the intention and understanding of Martini, then Governor of Eritrea (see para. 5.46, below).

5.39 In his first report Ciccodicola stated:

> ... the Cunama remains with us as soon as the ratification takes place. The border line will be delimited on the ground by delegates...

5.40 In the first part of his second report, of 28 June 1902, entitled significantly "Agreement for the Cunama," Ciccodicola noted that:

> In future, our delegates and Ethiopian delegates will determine the boundary exactly, by surveying with an investigation on the ground. It remains therefore established that the Cunama villages become part of the Colony of Eritrea, as of the day of the sovereign ratification of the convention.

5.41 This last observation reflected the uncertainty that both negotiators evidently felt about the exact course that the line from the Setit to the Mareb should follow and which they had deliberately left open by using the words:

> [t]he line from the junction of the Setit and Maiteb to the junction of the Mareb and Mai Ambessa shall be delimited by Italian and Ethiopian delegates, so that the Canama tribe belong to Eritrea.[45]

5.42 Thus the legal position at this juncture appears to the Commission to be as follows. Although the Parties used the name "Maiteb" in the Treaty, it is clear that they did not thereby intend to refer to the western Maiteb, since it lies considerably west of the Meeteb (Sittona) which the negotiators evidently contemplated (on the basis of the Mai Daro map) as the southern end of the eastern boundary of Cunama territory, and of the link between the Setit and the Mareb delimiting that territory. The details of the line between the Sittona, the river they actually had in mind, and the Mareb were, however, left for later delimitation. No formal delimitation was ever carried out.

5.43 Although a great deal of evidence was placed before it, mostly from the Italian archives of the period 1902-1932, discussing the location of the Maiteb and the possibility that the intended river was the Maiten, the Commission does not find it necessary, in light of its findings, to enter into any discussion of this material. Nor has the Commission been able to identify any evidence of events in the years following 1902 to suggest that the Parties' actual intention to select the Meeteb of the Mai Daro map was changed to the western Maiteb.

---

[45] See Appendix B, below, for details regarding the extent of contemporary knowledge of the location of the Cunama.

2) Developments subsequent to the Treaty

5.44 In order to complete its task of interpreting the Treaty in the light of applicable international law, the Commission now turns to an examination of the principal items evidencing subsequent conduct or practice of the Parties that the Commission considers relevant for this purpose.

5.45 In the nature of things, the catalogue that follows cannot be comprehensive. The Commission omits many minor points of detail which appear to it not to affect the main course of developments. The consideration of the material will be more detailed in the first thirty or so years following the Treaty. This is because by the early 1930s the situation had largely crystallized. Events subsequent to 1930, though much discussed by the Parties, merely confirmed the present situation in a variety of ways. That material will, therefore, be presented more briefly.

Martini letter, 3 August 1902

5.46 A letter that Martini wrote to Ciccodicola, though reflecting some misunderstanding about the river names,[46] is clear in its emphasis on the intention of the Treaty to transfer the Cunama to Eritrea:

---

[46] The misunderstanding about river names appears to stem from Martini's seeming belief that the Maiteb referred to in the 1902 Treaty was the western (Ethiopian) Maiteb. He rightly saw a boundary based on that river as breaking the Cunama in two. He also seems to have thought that the Meeteb on the Mai Daro map was the western Maiteb. In other words, while he appreciated that there were two distinct rivers at Points 3 and 4, which he called the Maiteb and the Sittona respectively, he appears not to have understood that the river at Point 4 (that he called Sittona) was in fact the Maieteb/Meeteb of the de Chaurand map and that it was that name that the Mai Daro map had given to the Sittona.

I have received the note of 21 June No. 80 by H.E. and the enclosed copy of the report that you sent to H.E. the Minister of Foreign Affairs on the recent Convention between Italy, England and Abyssinia.

The purpose of the secret treaty, concluded in Rome on 22 November of last year between England and Italy, *was, among other things, the transfer of all Cunamas established between the Gash and the Setit, to our dependency*. This is also affirmed in the second paragraph of Article I of the Convention of 15 May 1902 with Menelik.

However, you rightly complain of the lack of reliable date for that area. The map at 1/400,000 is not regarding the course of the Setit, at all precise. The fact that that map had to be used in the negotiations with the Negus had an unfavourable influence on the geographic determination of the boundary as indicated in the first part of the mentioned Article I. This in fact establishes that our boundary follow the Setit from its junction with the Mai Teb, then go up the latter and from there go toward the Mareb, ending the front of the source of the Mai Ambessa [*sic*].

Now, as I could ascertain myself during my recognition of the Setit, *this boundary would break in two those Cunama which, it has been established, should entirely pass to us.*

In fact, the Cunama towards the east go up to the river Sittona.

It is also true that on the maps at 1/400,000 the course of the Maiteb appears to be confused with that of the Sittona. In fact, the Sittona enters the Setit at the top of the big arc that the Setit does in coming out of Uolcait and Adiabo to enter the Cunama region. Now, on the 1/400,000 map precisely in that point is marked the source of the Mai Teb.

I must also warn that according to the surveys made during my recognition of the area, while the source of the Sittona is distant in a straight line about one hundred and ten kilometers from Ombrega, that of the Maiteb is only forty [kilometres] distant.

The misunderstanding can certainly not be attributed to anyone; so far those regions were too scarcely known and reliable maps did not exist. Only now, with the surveys which I had made and with others carried out some time later it is possible to draw a rather faithful sketch. This sketch is already been made as soon as completed I will transmit a copy to you.

In any event, it must be kept in mind that *the boundary described in Article I of the Convention of 15 May 1902 is in open contradiction with the attribution of the Cunama to Italy which is the basis of that Convention and which is explicitly wanted*, as essential condition for the modifications of the boundary with England, also by the secret agreement of 22 November of last year. The designation of the boundary in the May Convention cannot, in my opinion, be considered if not as subordinated to the condition that that boundary be such as to be in harmony with the main stipulation, which is the transfer of the Cunama to Italy, *I have to insist particularly on our right to have all the Cunama up to the Sittona.*[47]

Garasellassie letter, 8 August 1902

5.47 It is significant that Ethiopia evinced no inclination to question the manner prescribed for dealing with the Cunama lands. On 8 August 1902, Garasellassie, the Ethiopian Governor of Tigray, acknowledged a letter from Martini dated 3 August (not produced by either Party in these proceedings) in which Martini had reported on the borders agreed with Menelik, possibly along the lines of his letter to Ciccodicola of the same date. Garasellassie stated that "Cunama is a name that we generally apply to all of the Baria villages" and said that he would therefore "appreciate a clear explanation on which are the villages you mentioned from Mai Ambessa and [going to]

---

[47] Commission's emphasis.

the Setit. Please let me know the names of nearby villages so that I can use it as a rule." The record contains no reply to this letter.

It seems quite unlikely that Garasellassie would have written in these terms had he not clearly understood that the Cunama were to be placed in Eritrea.

Prinetti map, 10 December 1902

5.48 One of the earliest maps illustrating the boundary established by the 1902 Treaty is the Carta Dimostrativa presented to the Italian Parliament by the Ministry of Foreign Affairs on 10 December 1902. Drawn on a scale of 1:2,000,000, it is sometimes called the "Prinetti" map. It shows the boundary as following the Setit from the west. The western Maiteb is not shown where it might be expected, namely, to the west of the northward-trending curve of the river at about 36° 55'. Instead, the map shows a river called "Maiteb" to the southeast of that curve, at about the point where the Sittona meets the Setit (Point 4). The line then follows that river some distance before turning northeast to run straight to the Mareb/Mai Ambessa junction (Point 9) at an angle of about 50° from true north. The map thus does not support the Ethiopian claim line. Equally, it does not support the Eritrean line insofar as the latter claims to run northeastwards from the Tomsa (Point 6). In its placement of the Maiteb vis à vis Mai Daro to the north and its confluence with the Setit, the map resembles the "Mai Daro" map used by Ciccodicola and Menelik in the negotiations and is subject to the same comments.[48] As will be seen, the line on this map was not reproduced in later maps. It shows the Cunama as stretching across all the territory between the Setit and the Mareb from the border with the Sudan as far as the Treaty line. If, however, the confluence of the Setit and the Maiteb had been placed at its western location (Point 3), the line to Point 9 would have cut the Cunama territory in half.

---

[48] See, e.g., Zoli in 1929, para. 5.68, below.

1903

5.49 The second Italian map showing the boundary, or at any rate, the southern part of it, is the "Ombrega" sheet of the Carta Dimostrativa produced by the Istituto Geografico Militare in 1903. This shows the mouth of the western Maiteb at Point 3 and carries a marking indicative of the boundary line turning northeastwards at that point, but not following the Maiteb, at an angle of approximately 60° from true north. The line is not shown the whole way to Point 9, as it soon reaches the eastern margin of the map. But, at the point where it stops, it says "a Mareb Mai Ambessa." A detailed map of the Cunama region on a scale of 1:400,000 prepared by Bordoni, dated 18 March 1903 and produced by the Istituto Geografico Militare in that year, evidently for internal use, shows the western Maiteb, and the beginnings of the boundary, also running northeastwards.

Gubernatorial Decree, 1903

5.50 On 25 March 1903, the Governor of Eritrea, Martini, enacted Gubernatorial Decree No. 178, which established a Residenza to exercise jurisdiction in the Gash (Mareb) and Setit area over the Baria and Cunama tribes. On 9 May 1903, the Governor published a further decree (No. 202) delimiting the territory of the new Residency. The relevant paragraph provided:

> It [the border] first follows the Setit and then goes to the confluence of the Mai Ambessa with the Mareb.

Martini subsequently explained this step in a memorandum entitled "Administrative Districts" (undated, but possibly 1907; see para. 5.62, below).

Pollera report, 17 May 1904

5.51 On 17 May 1904, the Resident of the Government Seat of Gasc, Pollera, reported on the eastern border of the Cunama region and the territory between the Gasc and the Setit, between meridians 37° 30' and 37° 55'. The report merits extensive quotation and the pertinent parts are reproduced in Appendix B, below, para. B9.

5.52 The names and places mentioned in the Pollera report all appear in the accompanying "Demonstrative Sketch of the Region of Afra" on a scale of 1:400,000. This map is not dated but is stated in the list of maps in the Eritrean Atlas as being "1904." It carries two lines of particular interest. One relates to "the territorial limits according to the Cunama tradition." This leaves the Setit at a point near a mountain called "Ab Omi," slightly southeast of the confluence of the Mai Tenné (Point 8). It then runs northeastwards until it meets the Mai Tenné, whereupon it turns northwest, crossing the Tomsa, until it reaches "M. Tabi" where it turns to the northeast again and runs to "Collina Gugula." There it turns NNE until it reaches the Mareb at the confluence of the Gongoma, some distance upstream (i.e., southeast) of Point 9.

5.53 The other line of interest on this map is labelled "Confine che si propose" and seems to be the line which Pollera thought it would be appropriate to advocate in the negotiations that had yet to take place for the boundary in this sector. This line starts further upstream the Setit at the confluence of the Tomsa (Point 6), runs up that river in a northeasterly direction, follows a tributary of that river, the Gual Sohei, until it reaches the line marking the traditional limits of the Cunama possession at Collina Gugula. There, but without specific marking, it presumably joins the latter line. The general inclination of this line from Point 6 to Point 9 is 33° from true north.

5.54 This sketch is also one of the rare maps that mark a village called "Aifori," just south of the Setit, approximately halfway between the confluences of the Sittona and the Tomsa with the Setit. Aifori is of interest because it was referred to in an Italian file note (with no stated author) dated January 1904, called "Pro Memoria." This recorded that Ciccodicola had mentioned the opportunity of delimiting the border east of the Ducambia-Sittona road. Ciccodicola was also reported as stating that the village of Aifori south of the Setit would remain in Ethiopia, but the upper part (presumably the part north of the Setit) would remain with Italy. Also, the *baraca* (the plain) was to be divided in half between Eritrea and Ethiopia. Thus, if the Ethiopian contention is correct, the "upper part" of Aifori would, contrary to Menelik's own request, have been part of Ethiopia.

Comando del Corpe di Stato Maggiore map, 1904

5.55 In 1904 there appeared the Comando del Corpe di Stato Maggiore map, on a scale of 1:500,000, of the whole of Eritrea. This, the first large scale map of the whole country, shows very clearly the boundary following the Setit from the west, passing a river called the "Mai Teb" at approximately 36° 52', then passing the mouth of the Sittona at approximately 37° 25', until at a river called "Tomsa" at approximately 37° 38' (Point 6) it turns sharply to the northeast at an angle of 23° to run in an unbroken straight line until it meets the Mareb at Point 9.

5.56 The line thus marked, with its two termini and general direction, is the line that has since then (with the exception of the 1905 Italian map about to be referred to and the Ethiopian map of 1923; see para. 5.65, below) constantly been adhered to on the maps produced by both Eritrea and Ethiopia. Having regard to the circumstances in which it was drawn, as described in a 1907 memorandum by Martini (see para. 5.62, below), the Commission is unable to accept the characterisation of the line as reflecting Italian cartographic expansionism or as having been drawn in any way other than in good faith. There is no evidence before the Commission to support such a characterisation which has merely taken the form of unsupported assertion.

Checchi map, 1904

5.57 In addition, there is an Italian map of the "Subdivisioni Territoriali d'Oltre Mareb," completed by Checchi on a scale of 1:750,000, drawing the boundary northeastwards from the mouth of the Tomsa at an angle of 24° from true north.

Miani map, 1905

5.58 In contrast with the 1904 map just mentioned, there appeared in 1905 another Istituto Geografico Militare map over the name of Captain Miani, also on a scale of 1:500,000, which in its geographical detail is very similar to the 1904 map. The principal relevant difference, however, is that it carries the boundary along the Ethiopian claim line direct from the mouth of the western Maiteb (Point 3), though not following that river, in a straight line to the Mareb/Mai Ambessa confluence (Point 9). In so doing, it cuts across the name "Cunama," thus leaving part of that territory to Ethiopia.

5.59 In the same year, there appeared a further map from the Comando del Corpo di Stato Maggiore, on a scale of 1:800,000, showing much the same information as the Miani map of the same year. Again, the name "Cunama" is cut by the Ethiopian claim line, which runs at an angle of 63° from true north.

Martini reports, 1906

5.60 On 10 January 1906, the Governor of Eritrea, Martini, reported to the Italian Ministry of Foreign Affairs that

> the border towards Adiabo is still to be defined on the ground following Article 1 of the 19 [sic] May 1902. Following the intention of the last sentences of the mentioned article and following the present de facto possession, the border can be marked with the line that goes from the confluence Mareb-Mai Ambessa and meets the Setit at the confluence with the torrent Tomsa, which is about thirty kilometres [upstream] to the confluence of the torrent Sittona, erroneously called Maiteb in the Dechaurand [sic] used as the basis for the treaty, I enclose the existing sketch with this courier.

5.61 It is difficult to be sure which sketch is here referred to as "the existing sketch." But this may not matter, since three days later Martini sent a further message to Rome, on 13 January 1906, transmitting a "Copy of the sketch of the Afra region territory to the East of the previous one, that includes the zone where the border between Eritrean [sic] and Adiabo should be marked." This sketch could have been the one prepared by Pollera two years previously because it bears the heading "Schizzo Administrativo Della Regíona di Afra" and is the only one in the record that so specifically mentions Afra (see para. 5.52, above).

Martini report, 1907

5.62 In 1907, Martini filed a further Administrative Report in which he said:

> With the acquisition of the Cunama by Eritrea, it was necessary to institute the residence of the Gash and Setit, which was established in 1903.

Considering that I had given a stable administrative organisation to the Colony, which followed the needs of the population and of the government, I had some studies done so that we could precisely define the territory and the people assigned to every regional office, and dependent on it. I therefore provided for the publication of the Gubernatorial Decree no. 202 (attach. No. 1)[49] of May 9, 1903, in which that delimitation was determined.

To clarify the situation further, I also requested the publication of some special maps that represented geographically the territory and the people assigned to the different regional offices.

...

With the appropriate arrangements with the Negus, I provided for the constructions of two big roads: one that from Agordat Eimasa Elaghin reaches our border on the Setit and then continues within Ethiopia as far as Nogarra; the other also departing from Agordat, for Barentu, Ducambia on the Gash, *reaches the confluence of the Sittona on the Setit, after which it continues beyond our border into Birgutam* and Cabta to end in Gondar.

As I mentioned before, the construction of these two roads, *in the areas located inside our territory*, was also necessary for political reasons, in that they also *served the purpose of demonstrating to the lesser and greater chiefs our occupation of the new territories given to us by the Negus.*[50]

---

[49] See para. 5.50, above.
[50] Commission's emphasis.

Italian maps, 1907

5.63 It is not possible to identify with confidence the maps to which Martini was referring. There were, however, in that year, three further Italian maps. One, on a scale of 1:500,000 over the names of M. Checchi, G. Giardi and A. Mori, showed the same line as the 1904 map, leaving the Setit at the confluence of the Tomsa at an angle of 23°. This map carries the legend "Pubblicata a cura della Direzione Centrale degli Affari Coloniali." The same Checchi map of 1907 was used in the same year, and on the same scale, under the title "Distribuzione del Bestiame nelle varie regioni della Colonia Eritrea." The same line appears on a smaller scale Checchi map (1:4,000,000), showing lines of communication between Eritrea and Ethiopia and again in two further Checchi, Giardi and Mori maps of 1907, one on a scale of 1:800,000 specifically naming the Tomsa and the other showing roads and distances on a scale of 1:1,500,000, both published by the Directorate of Colonial Affairs.

Concessions map, 1909

5.64 An Italian map of the Principal Concessions for Minerals in Ethiopia, undated, by Carol Rosetti, who also produced a general map of the area in 1909 for the Istituto Geografico de Agostini shows the Eritrean line with the name "Cunama" covering the whole area between that line and the border with Sudan. Ethiopian map, 1923

5.65 The only direct assertion in evidence before the Commission by Ethiopia of its claim line is to be found in the so-called "Haile Selassie map" of 1923, by Kh. B. Papazian. This shows the Setit-Mareb link as running from what appears to be the western Maiteb to Point 9 at an angle of approximately 70° from true north.[51]

Ethiopian note, 1927

5.66 On 13 August 1927, Tafari Mekonnen, in a note to the Italian Minister in Addis Ababa, recalled that he had agreed with Mussolini in 1924/1925 that it would be appropriate promptly to demarcate the border, and he asked to be notified immediately of Italian concurrence "in order promptly to accomplish this effort." This request was repeated on 6 March 1929.

Pizzolato report, 1929

5.67 A report dated 25 January 1929 by Commissioner Pizzolato and entitled "Recognition of a line of small posts at the border with the Adi Abo" starts by saying that he gathered soldiers at Biaghela, at Sittona and at Acqua Morchiti – all of which lie southeast of the Ethiopian claim line. He wrote of being able "to show the soldiers that all our march was taking place in Italian territory." He mentioned arriving at Acqua Odas where there still existed a small fort that had been garrisoned until 1917. He told of his meeting with a local tribal chief whose "country lies deep within Italian territory" and asked him to explain to other chiefs that Italy had "in the past had small posts at Acqua Odas, Acqua Bar and Acqua Morchiti. Subsequently, given the good relations with the Ethiopian Government, the small posts had been closed." Pizzolato indicated to the same chief that because of the cattle raids in the area, "the old small posts would be put back again." He concluded by saying:

---

[51] The Italian understanding of what was believed to be the Ethiopian claim line in 1931 is illustrated on a map accompanying Governor Zoli's report of 25 January 1929; see para. 5.68, below.

> If we only want to be content with a certain surveillance over the very vast zone the small posts would have to be put back where they were in the past and staffed with some fifty men each.

The map dated the same day and described in paragraph 5.71, below, illustrates and bears out Pizzolato's remarks.

Zoli report, 1929

5.68 By a letter dated the same day as Pizzolato's report, 25 January 1929, Zoli, the Governor of Eritrea, reported to the Minister of Colonies on the current border situation between Ethiopia and Eritrea. He referred to doubts as to whether "Maiteb," 30 km east of Ombrega, or the "Meeteb," a further 100 km east, should be regarded as the river mentioned in the 1902 Treaty, which he called "the Additional Note." Zoli said:

> But the condition – clearly expressed in the Additional Note – that the border between the Setit and the Gasc must be traced on the site "so that the Cunama tribe will remain with the Eritrean Colony" does not leave any doubts regarding the negotiators' intention and regarding the fact that the "Maiteb" of the Additional Note must be identified with the second stream "Meeteb" indicated on our maps; because the Cunama tribe extended – and still extends – territorially east of the Ambessa-Mareb-Meeteb confluence line, and considerably south of the Ambessa-Mareb-Mai Teb confluence line.

> It appears that the lack of precision and the unfortunate wording of the Additional Note are derived from the fact that (to prepare it) the negotiators naturally used the border region maps existing at that time and [illegible].

> In those maps the course of the Setit and the oro-hydrographic system of the surrounding region are represented in a completely erroneous manner.

5.69 Zoli then went on to identify the elements of the 1902 Treaty that might be useful in identifying the borders of the area. He observed

> ... that it certainly was Menelik's intention to cede the entire Cunama territory to Italy, which at that time also included the village of Aifori (later raided and destroyed), which was located precisely in the small hollow directly west of the above mentioned q. 636 (approximately 7 kilometres northwest of the confluence of the second "Meeteb" with the Setit), as well as the entire Afrà region (approximately thirty kilometres in a straight northeast line from said confluence) used by the Cunama for the rubber harvest.

5.70 Zoli also said

> [F]inally, the memory of former officials of this Government shows that the Emperor Menelik – in addition to the text of the Rider of May 15, 1902 – also set his seal on one map which showed the border between the Gasc and the Setit more or less in the position in which it is marked in the IGM 400,000 scale map – 1910 edition.

5.71 Zoli's report was accompanied by a map of the region between the Setit and the Mareb which is of interest in a number of details:

(i) It marks the name "Cunama" across the whole of the region, extending as far east as the river "Gongoma," a tributary of the Mareb joining that river upstream of the Mai Ambessa (Point 10). The "Adi Abo" region, by contrast, lying to the east of the Cunama, is clearly marked as lying east of the Gongoma in the north and of the Tomsa (Point 6) in the south.

(ii) The map shows a river "Mai Teb" corresponding to the western Maiteb, joining the Setit at approximately Point 3. It also shows a river called "Meeteb" flowing into the Setit further east (at about Point 5) between the Sittona (Point 4) and the Tomsa (Point 6).

(iii) Three lines are drawn on this map:

- One runs from a point some distance up the western Maiteb to the Mareb/Mai Ambessa confluence (Point 9) at an angle of approximately 62°-64° from true north. This is labelled "Confine secondo l'interpretazione abissinia." (This appears to be only the second document in evidence that indicates the Ethiopian claim line, the other being the 1923 "Haile Selassie" map; see above, para. 5.65). This line cuts right across the middle of the name "Cunama."

- A second line runs southwestwards from the Mai Ambessa/Mareb confluence (Point 9) straight towards the confluence of the Tomsa and the Setit (Point 6). Shortly after crossing the Sittona (Point 4), it reaches the "Meeteb" which it follows to Point 5. If at the point where the straight line joins the Meeteb it had been extended in a straight line, it would have reached the Setit exactly at the confluence of the Tomsa (Point 6). This line is described as "Confine secondo la nostra interpretazione." Its angle from true north is about 25°.

- The third line runs in a very shallow "S," sloping from near Point 9 initially towards the west and then southwest, crossing the Abyssinian claim line to reach the Setit a short distance southeast of the confluence of the Sittona (Point 4). This line is marked "Limite attuale della nostra occupazione effettiva." The whole of the area between the Abyssinian and Italian claim line is shaded as "territorio contestato."

(iv) The map also indicates the location of a number of military posts that lie to the southeast of the Abyssinian claim line. Three of these, lying between the Abyssinian claim line (to the west) and the line of present Italian occupation (to the east) are marked as being presently occupied by Italy. Another three, lying between the line of Italian occupation (to the west) and the boundary according to the Italian interpretation (to the east), are marked as having been recently unoccupied.

(v) A place marked "Reg. Aifori" lies just south of the Setit to the west, a short distance downstream from the Meeteb confluence (Point 5).

Ethiopian note, 1929

5.72 Some weeks later, on 6 March 1929, twenty-seven years after the Treaty, the Ethiopian Government informed the Italian Government that it had selected engineers and experts "who are delegated on our part to demarcate the boundary" and calling on the Italian Government to do the same. There is no evidence of any Italian response.

Zoli's second report and map, 1929

5.73 A further report of Governor Zoli of 25 April 1929 was accompanied by an "Assetto del Confine tra Gasc e Setit" which carries the following features:

(a) It draws the boundary as a straight line from the Mareb/Mai Ambessa confluence at Point 9, southwestwards at an angle of approximately 23° from true north until, after crossing the Sittona, it reaches the "Meeteb," and then follows its course to its confluence with the Setit at Point 5 (if the straight line had been continued beyond the Meeteb, it would have reached the Setit at or near the mouth of the Tomsa (Point 6).

(b) It marks a number of Italian military posts in the area between the Ethiopian claim line and the boundary as represented by Zoli: just south of the Mareb, opposite Boscioca (15 men); at M. Gongoma (10 men); at Acqua Odas (20 men); at Acqua Morchiti (25 men); at Foce Sittona (10 men); and at Biaghela (10 men).

Ethiopian protest, 1931

5.74 On 2 May 1931, the Ethiopian Minister of Foreign Affairs complained that Eritrean soldiers had crossed "through Adiabo and killed Ethiopian citizens at Mai Tani" and asked that Eritrean soldiers "be forbidden in the future from crossing the frontier and repeating similar acts."

Denti di Pirjano report, 1932

5.75 In May 1932, the Regional Commissioner of the Western Lowland, Denti di Pirjano, reported to the Governor of Eritrea on an excursion that he had made into Adiabo. This report is accompanied by a sketch map which shows the Sittona, the Tomsa and the boundary running from the northeast to join the Setit at Point 6. The Mai Ten is described in the text in some detail and a corresponding watercourse appears on the sketch but is not named. It is clear, however, that this watercourse is some 15 km southeast of Point 6 and is in Ethiopian territory. Though the text of the report does not contain any description of Cunama territory as such, it does refer to the Cunama near the Meeteb, and reports finding the ruins of a destroyed Cunama village at a point which would appear to lie east of the Eritrean claim line. While clearly evidencing the absence there of Cunama at that time, it does suggest that Cunama had lived there earlier.

Incidents, 1932

5.76 In 1931-1932, there appear to have been various incidents in the area of Mochiti and Gongoma that generated oral exchanges in which Ethiopia sought Eritrean withdrawal from Mochiti. Eritrea declined to do this and requested Ethiopia to order its men to abstain from further movements.

5.77 On 11 January 1932, the Eritrean Governor, Queirolo, restated in relation to an incursion by Ethiopian tribesmen in the region of "Acque Etana," which was near the Mai Ten, that the line of the Eritrean border in the region

> starts from the junction of the Tomsa with the Tacazzé and passing at about three kilometres from Acque Etanà, proceeds until it passes between Acque Odas and Mount Garantta, at about three kilometres from the latter, and through altitude 1137 of Mount Erenni reaches the junction of the Gasc with Mount Bosioca (Point 9).

5.78 The same report concluded by noting that the Ethiopian "chiefs of council" had requested a meeting with the Italian Agent at Adme to propose mutual withdrawal of troops from the locality of Acqua Morchiti, to leave it unoccupied pending the decision of a possible boundary commission delimitation. The Italian Agent answered that "the Italian Government cannot abandon locality that according to Treaty is left in Eritrean territory." Again, this report indicates that this dispute was about the most eastern area of the Eritrean claim and that the Ethiopian claim was being made further to the west in the direction of the Ethiopian claim line.

5.79 The next day, 12 January 1932, the Ethiopian Ministry of Foreign Affairs complained of the entry of Italian soldiers into the Adi Hagerai and proposed that both sides retreat to their former positions. The Ethiopian note, as translated in the annexes to the Ethiopian Counter-Memorial, notified Italy that the relevant "section of the boundary starts on the southwestern side, from where the river Maiteb flows into the Setit, up to the place where Mai Ambessi flows into the Mareb." However, this note was stated by Moreno on 18 March 1932 actually to be referring to the Maiten, not the Maiteb. The Ethiopian Foreign Ministry rejected the reference by Italy to a treaty of 1917/1918, saying that it had no knowledge of such a treaty.

5.80 Again, three days later, on 15 January 1932, the Ethiopian Ministry of Foreign Affairs referred to unexpected clashes in the area of "Moketti" (Mochiti) and reasserted the need for the boundary to be marked on the ground. The note concluded:

> With regard to this section of the border, what has already been done until today, until the land is marked, we cannot accept as final.

As indicated in a telegram of 23 January 1932, from the Italian Ministry of Foreign Affairs to the Italian Ministry of Colonies, the reservation by Ethiopia of its position was clearly understood.

Italian protests, 1935

5.81 In May 1935, Italy protested to Ethiopia about the killing of one of its soldiers who was taking water from the Sittona, near Gogula. Ethiopia replied that it would make enquiries, but did not question that the location was in Eritrea.

3) <u>Assessment of the situation as at 1935</u>

5.82 Having regard to the history of the relations between Italy (Eritrea) and Ethiopia in and after 1935 and to the nature of the evidence available both before and after that date, the Commission considers that an assessment of the legal position should properly be made as it stood on the eve of the Italian invasion of Ethiopia in 1935.

5.83 On the basis of its consideration of the evidence recalled above, the Commission has reached the following findings:

(i) Although Article I of the 1902 Treaty refers to a river called the Maiteb, the explicit object and purpose of the Treaty, namely, the assignment to Eritrea of the Cunama tribe, clearly indicates the intention and "common will" of the Parties that the boundary river should not be the western Maiteb.

(ii) The evidence, though inexact, indicates that the territory of the Cunama extended far to the east and southeast of the Ethiopian claim line, which runs from Point 3 to Point 9.

(iii) The negotiators had sufficient knowledge to identify the general limits on the sole map that the evidence indicates was before them during their discussions, the so-called "Mai Daro" map. This map, showing the area between approximately 37° 17' in the west and 37° 59' in the east, identified by name certain features, the names of which were then used in the Treaty. In the south they were the Tacazzé-Setit; one of its tributaries, named "Meeteb"; and a mountain named "Ala Tacura" lying to the north west of that river. In the north, the relevant features were the Mareb, joined by its tributary, the Mai Ambessa. In addition, giving its name to the map, was marked a locality called "Mai Daro" inside, and just to the south of, a distinctive broad inverted U-shape bend in the Mareb, northwest of the Mareb/Mai Ambessa confluence.

(iv) Thus, the river named "Meeteb" on the "Mai Daro" map is not the western Maiteb, used by Ethiopia as the southern end of its claim line. The misnaming of the river on the map is demonstrated by the following features:

(a) The stretch of Setit shown on the map lies between approximately 37° 17' and 37° 41'. The map shows the eastern sector of a major bend in the river that lies a significant distance east of the junction of the Setit and the western Maiteb at Point 3.

(b) The river named as the Meeteb has a different and longer east-west course than the western Maiteb.

(c) The relative location of the place named Mai Daro, its bend in the Mareb, and the confluence to the southwest of the named "Meeteb" with the Setit do not correspond with the relative location of Mai Daro and the western Maiteb as drawn on other maps available in 1902.

(d) The angle of the pecked line joining the "Meeteb" and the Mareb is approximately 45° from true north, whereas the angle of the Ethiopian claim line is 68°.

(e) There was in existence in 1902 a map, the de Chaurand map of 1894, which was used as the basis for the map annexed to the 1900 Treaty. That shows a river similarly located and shaped like the "Meeteb" but does not show any other Maiteb to the west.

5.84 The Commission is satisfied that the negotiators did not have in mind as the boundary the Ethiopian claim line running from Point 3 to Point 9.

5.85 The Commission considers that the river named "Meeteb" in the Mai Daro map is really the Sittona, which flows into the Setit from the northeast at Point 4 along a primarily east-west course and that the name "Meeteb" was wrongly attached to it. The Commission therefore interprets the name "Maiteb" in the 1902 Treaty as being the present-day "Sittona."

5.86 The line running from the river "Meeteb" on the Mai Daro map northeast to the Mareb/Mai Ambessa confluence is a pecked line that reflects the indication in the Treaty that the line from the Setit to the Mareb was yet to be delimited, thus evidencing the uncertainty of the negotiators regarding the limits to be attributed to the Cunama.

5.87 That delimitation was not effected. Reading together the provisions of the 1902 Treaty and Article 4, paragraph 2, of the December Agreement, the Commission considers that it must produce a final delimitation of the whole border between Ethiopia and Eritrea. In carrying out this task, the Commission has had regard to the colonial treaties and factors that are relevant according to applicable international law.

5.88 The Commission has taken into account the many maps presented to it in evidence, but has only given weight in relation to this sector to maps produced by the Parties themselves in the period prior to 1935. It has noted that three early Italian maps show the Ethiopian claim line, as does one Ethiopian map of 1923. However, all the other relevant maps show the Eritrean claim line in accordance with what has, in the present proceedings, come to be called the "classical" or "traditional" signature characterized by a straight line from the confluence of the Tomsa with the Setit (Point 6) to Point 9 at an angle of about 28° from true north. There is no record of any timely Ethiopian objection to these maps and there is, moreover, a consistent record of Ethiopian maps showing the same boundary. These maps amount to subsequent conduct or practice of the Parties evidencing their mutual acceptance of a boundary corresponding to the Eritrean claim line.

5.89 Another way of viewing the line so consistently shown on these maps is that it also serves to evidence the acceptance by the Parties of that line as the eastern limit of Cunama territory transferred to Eritrea by the 1902 Treaty. Though some of the evidence suggests that the classical line accords more territory to Eritrea than the Cunama actually occupied, some of it also indicates that the classical line leaves part of the Cunama territory in Ethiopia. This being so, the Commission determines that the eastern border of Cunama territory between the Setit and the Mareb coincides with the classical signature of the border as marked on the maps. There is no evidence sufficiently clear or cogent to lead the Commission to a different conclusion.

5.90 In short, the Commission concludes that as at 1935 the boundary between the Setit and the Mareb had crystallized and was binding on the Parties along the line from Point 6 to Point 9. The question that remains for consideration is whether any developments since that date affect the above conclusion.

4) The Position after 1935

5.91 The Commission has examined the major elements in the course of events since 1935: the Italian invasion of Ethiopia; the outbreak of the Second World War; the British military occupation of Eritrea; the post-war developments including the treatment of the political future of Eritrea; the creation of the federation between Ethiopia and Eritrea; and the eventual termination of that federation. However, the Commission can perceive nothing in that chain of developments that has had the effect of altering the boundary between the Parties. The boundary of 1935 remains the boundary of today.

5.92 However, there is one specific body of material to which the Commission has given careful consideration, namely, the Ethiopian evidence of its activities in the area west of Eritrea's claim line. The Commission notes that no evidence of such activities was introduced in the Ethiopian Memorial. The evidence to be examined appeared only in the Ethiopian Counter-Memorial. It was not added to or developed in the Ethiopian Reply.

5.93 The places in which Ethiopia claimed to have exercised authority west of the Eritrean claim line are all, with two exceptions, clustered in the northeast corner of the disputed triangle of territory. The most westerly location is Shelalo. The Commission observes that the area of claimed Ethiopian administrative activity comprises, at the most, one-fifth of the disputed area. The area of claimed administration does not extend in any significant way towards the Ethiopian claim line.

5.94 The Commission observes, secondly, that the dates of Ethiopian conduct relate to only a small part of the period that has elapsed since the 1902 Treaty. There are some references to sporadic friction in 1929-1932 at Acqua Morchiti. Apart from those, the material introduced by Ethiopia dates no further back than, at the earliest, 1951 – a grant of a local chieftaincy to an Ethiopian general. Even this grant, in specifying the places sought by the general, namely, Afra, Sheshebit, Shelalo, from Jerba up to Tokomlia, Dembe Dina and Dembe Guangul, described them as "uninhabited places" which the general wanted to develop. The evidence of collection of taxes is limited to 1958 and 1968. In 1969 there is a reference to a table of statistics about the Adiabo area, but of the places mentioned in the table only two appear to be marked on the Ethiopian illustrative figure of the claimed region. One item dating from 1970 refers to the destruction of incense trees. There is some evidence of policing activities in the Badme Wereda in 1972-1973 and of the evaluation of an elementary school at Badme town. There are, in addition, a few items dating from 1991 and 1994.

5.95 These references represent the bulk of the items adduced by Ethiopia in support of its claim to have exercised administrative authority west of the Eritrean claim line. The Commission does not find in them evidence of administration of the area sufficiently clear in location, substantial in scope or extensive in time to displace the title of Eritrea that had crystallized as of 1935.

5.96 The Commission's conclusions regarding the 1902 Treaty line as a whole will be found in Chapter VIII, paragraph 8.1, sub-paragraph A.

CHAPTER VI-. THE SECTOR COVERED BY THE 1908 TREATY (EASTERN SECTOR)

6.1 The third of the "pertinent colonial treaties" specified in Article 4, paragraph 2, of the December Agreement is the 1908 Treaty. According to the penultimate paragraph of Article VII of this Treaty, it was "done in duplicate and in identic terms" in Italian and Amharic.[52] Each Party was satisfied that the English translation accurately stated the content of that Treaty. Accordingly, the Commission has used the English translation.

A. THE TEXT OF THE 1908 TREATY

6.2 The six substantive provisions of the 1908 Treaty divide into two distinct though related subjects. With respect to the boundary delimitation, Article I of the 1908 Treaty states:

> From the most easterly point of the frontier established between the Colony of Eritrea and the Tigre by the Treaty of the 10th July, 1900, the boundary continues south-east, parallel to and at a distance of 60 kilometers from the coast, until it joins the frontier of the French possessions of Somalia.

The effect of Article I is thus to establish a geometric method of delimitation.

---

[52] Both Parties produced copies of the Treaty in the original languages as well as in the English translation that had been published in successive editions of Hertslet's *Map of Africa by Treaty* (E. Hertslet, *The Map of Africa by Treaty*, Vol. 3 (3d ed., 1967)). However, all of the Parties' respective written and oral submissions were made only with reference to the English translation. In marked contrast to the considerable discussion of the meaning and legal significance of the differences between the Amharic and English and Italian texts of the 1902 Treaty, neither Party alleged discrepancies between the Amharic and Italian versions of the 1908 Treaty.

6.3 Article II of the 1908 Treaty states:

> The two Governments undertake to fix the above-mentioned frontier-line on the ground by common accord and as soon as possible, adapting it to the nature and variation of the terrain.

6.4 With respect to the management regime for the resulting boundary, Article III of the 1908 Treaty states:

> The two Governments undertake to establish by common accord and as soon as possible the respective dependence of the tribes bordering the frontier on the basis of their traditional and usual residence.

6.5 Article IV of the 1908 Treaty states:

> The two Governments undertake to recognise reciprocally the ancient rights and prerogatives of the tribes bordering the frontier without regard to their political dependence, especially as regards the working of the salt plain, which shall, however, be subject to the existing taxes and pasturage dues.

The primacy of the geometric method of delimitation is reinforced in this provision. Prior *effectivités*, which might have been adduced to determine the location of the boundary, are recognised prospectively only as the basis for transboundary rights, but are not to play a role in the calculation as to where the boundary is located. This intention of the Parties in 1908 was based on the assumption that there would be an expeditious demarcation in accordance with Article II "as soon as possible." No demarcation ever took place.

6.6 Article V of the 1908 Treaty states:

> The two Governments formally undertake to exercise no interference beyond the frontier-line, and not to allow their dependent tribes to cross the frontier in order to commit acts of violence to the detriment of the tribes on the other side; but should questions or incidents arise between or on account of the tribes bordering the frontier the two Governments shall settle them by common accord.

6.7 Article VI of the 1908 Treaty states:

> The two Governments mutually undertake not to take any action, nor to allow their dependent tribes to take any action, which may give rise to questions or incidents or disturb the tranquillity of the frontier tribes.

B. THE PHYSICAL GEOGRAPHY

6.8 The area covered by this part of the decision was described by Ethiopia as the "most sparsely populated portion of the present-day Ethio-Eritrean boundary" whose "inhospitable terrain is largely inhabited by itinerant peoples, the geographical center of whose social relations are not villages, as in the other portions of the boundary, but instead watering holes, the use of which is shared."

C. HISTORICAL BACKGROUND OF THE 1908 TREATY

6.9 The Parties agree that the origin of the "sixty kilometers from the coast" formula was a recommendation by Emperor Menelik in 1897 to Major Nerazzini, the Italian negotiator. Eritrea adduced material to sustain its contention that from 1897 until the conclusion of the 1908 Treaty, the "60 kilometres-from-the-coast" formula served as a *modus vivendi*.

Some map evidence, which is examined below, supports this contention. Ethiopia did not contest the existence of the *modus vivendi* prior to 1908.

D. THE COMMISSION'S DECISION

6.10 The 1908 Treaty presents the Commission with four issues for decision:

→ first, the nature of the exercise under the 1908 Treaty;

→ second, the point from which the boundary is to commence;

→ third, the point where the boundary is to terminate; and

→ fourth, the method by which the boundary is to be drawn.

6.11 Once the Treaty boundary has been determined by application of Article I, two additional issues must be addressed:

→ the consequences, if any, of *effectivités* that occurred after 1908 upon the boundary determined by application of Article I; and

→ the materiality and weight to be attributed to map evidence insofar as it indicates a departure from the boundary as determined by application of Article I.

6.12 The Commission will take up each of these issues *seriatim*.

1) The nature of the exercise under the 1908 Treaty

6.13 Eritrea has contended that the 1908 Treaty "effected a delimitation" and that "all that remains to be done is to apply the Article I delimitation formula to a map of the area." Ethiopia contested this assertion.

6.14 The Commission considers that Eritrea's contention is not well-founded. Article 4, paragraph 2, of the December Agreement prescribes a general mandate "to delimit and demarcate the colonial treaty border based on pertinent colonial treaties (1900, 1902 and 1908) and applicable international law." This applies to all three treaties and does not introduce any qualification with respect to any one of them. Moreover, the boundary which was purportedly "delimited" in 1908 was not a natural boundary, such as an identifiable river or watershed, but was only a formula, the application of which required a series of subsidiary decisions on other critical matters, e.g., the meaning to be attributed to the word "coast" in Article I, and the point at which the boundary was to commence. The answers to those questions, which would necessarily affect the location of the boundary, make the implementation of Article I of the 1908 Treaty one of both delimitation and demarcation.

2) The commencement of the boundary

6.15 With respect to the question of where the boundary is to commence, Article I of the 1908 Treaty prescribes "the most easterly point of the frontier established between the Colony of Eritrea and the Tigre by the Treaty of the 10th July, 1900." The Commission has determined "the most easterly point" to be Point 31, where the Muna reaches its terminus in the Salt Lake. Accordingly, the boundary of the 1908 Treaty commences at that point.

3) The termination of the boundary

6.16 Article I of the 1908 Treaty provides that the boundary, running southeast and at a distance of 60 km from the coast, continues until it joins "the frontier of the French possessions of Somalia." The reference to "the French possessions of Somalia" is understood by the Parties to refer to the State of

Djibouti, which has succeeded to "the French possessions of Somalia." The 1908 Treaty does not establish a particular place on the frontier with Djibouti which would become a tripoint by virtue of the Treaty of 1908, but relies upon the 60 km formula to establish the location of the tripoint. The termination of the boundary of the 1908 Treaty at its easternmost extremity is the point, 60 km from the coast, where the boundary line meets the frontier of Djibouti. The exact location of this point (Point 41) will be specified in the demarcation phase, taking account of the nature and variation of the terrain as well as the precision made possible by large-scale survey maps.

4) The method by which the boundary is to be drawn

(a) *The geometric character of the delimitation*

6.17 With respect to the question of the method by which the boundary is to be delimited and demarcated, Article I, as explained above, prescribes a geometric method, with no reference to possible adjustment of the geometrically produced boundary because of prior *effectivités* that might be demonstrated by one party or the other. While Article II contemplates departures from the geometric method of Article I in the course of demarcation, those departures are only permissible to take account of "the nature and variation of the terrain." This directive is reinforced by Articles III and IV, respectively. Article III establishes that, rather than establishing the boundary by reference to "the dependence of the tribes bordering the frontier on the basis of their traditional and usual residence," the respective dependence of the tribes will be established *after* the boundary has been established. Similarly, Article IV establishes that "the ancient rights and prerogatives of the tribes bordering the frontier," rather than influencing the location of the boundary, will continue to be recognized reciprocally by the parties to the 1908 Treaty. Nor will the location of the boundary, as determined by the prescribed treaty procedure, affect existing taxes and pasturage dues with reference to the working of the salt plain. In sum, the Commission concludes that the mode of delimitation prescribed by Article I of the 1908 Treaty is geometric, excluding *effectivités* prior to 1908, with adjustments to the geometric line to be made only to take account of the nature and variation of the terrain.

(b) *The delimitative character of the Commission's task*

6.18 Eritrea has contended that the boundary has already been delimited by the arcs of circles method, as evidenced by many maps produced since 1908, while Ethiopia contended that the boundary has not been delimited and that the mandate of the Commission was to delimit *de novo* based upon the 1908 Treaty. In fact, the differences between the Parties on this point proved illusory, as Eritrea also proposed a *de novo* delimitation, and the method it proposed – the arcs of circles – does not produce a result that is wholly congruent with many of the maps that it entered into evidence. In view of the mandate in Article 4, paragraph 2, of the December Agreement, the Commission views its task at this stage as being one of delimitation.

(c) *The meaning of the "coast"*

6.19 The first question that arises in the application of Article I of the Treaty is the definition of the coast. Ethiopia abandoned its conception of the coast as including islands and submitted in its concluding argument that "the coastline" should be understood as "adhering continuously to the continent itself, and not any coastlines of islands as such." This was also the position presented by Eritrea. As the Parties are in agreement on this point, the Commission will take as the coastline the line adhering to the continent itself, and not any coastlines of islands.

(d) *The Commission's delimitation method*

6.20 The respective methods which Eritrea and Ethiopia proposed for implementation of Article I of the 1908 Treaty are striking in that in many sectors of the proposed boundary they produce congruent or nearly congruent results. As will be recalled, Article I provides, in relevant part, that "the boundary proceeds... parallel to and at a distance of 60 km from the coast." Ethiopia's method is to create a construct of the coast, at the coastline, and then move this construct inland 60 km, where it still has to be readjusted to take account of certain problems inherent in the method itself, even before it has to be adjusted, once again, in the demarcation phase under Article II in order to adapt it "to the nature and variation of the ground." Eritrea's method also produces a simplified representation of the coast, in this instance by application of the arcs of circles method. Eritrea then moves the result inland for the prescribed 60 km. Even the software programs that Eritrea proposes, which allow a large number of arcs of circles to be drawn, produce nonetheless a construct rather than a facsimile of the coast. Both methods, which purport to be objective, actually import a measure of subjective choice.

6.21 In the opinion of the Commission, the optimum means for implementation of Article I of the 1908 Treaty is to take a satellite image of the coastline of Eritrea in the area covered by the 1908 boundary and to move it inland for a distance of 60 km -"coast" being understood here as set out in paragraph 6.19, above. To move the line inland in a rational manner, a straight line, running from the Eritrean-Djibouti boundary at the point at which it intersects with the coast in the southeast to the appropriate point in the northwest on the coast opposite the eastern terminus of the 1900 Treaty, will produce a line describing the general direction of the coast in this sector. In order to determine the appropriate point on the coast at the eastern terminus of the 1900 Treaty, an arc with a radius of 60 km is drawn from the terminus point where the

Muna meets the Salt Lake (Point 31). The point where this radius intersects with the coast provides the northernmost point for determining the general direction of the coast. Two lines, each 60 km in length, projected perpendicularly from each end of this line provide the points inland upon which the satellite image of the coast may be set. The result will be a line every point of which is exactly 60 km inland from the nearest point on the coast. Each sinuosity of the coast will be reproduced exactly on this inland line and each will be precisely 60 km inland from the corresponding sinuosity on the coast.

6.22 While the result of the first step of the delimitation exercise produces a line that is faithful to the language of Article I of the 1908 Treaty, the replication of the sinuosities of the coast on the inland line does not produce a manageable boundary. The Parties before the Commission indicated that each expected the Commission to make such adjustments in the boundary as would be necessary to render it manageable and rational.[53] To this end, the Commission has designated nine points, Points 32-39 and Point 41, of which the coordinates are set out in Chapter VIII, paragraph 8.3, and are illustrated on Map 12 (see below, p. 100). As explained in paragraphs 6.30-6.32, below, an adjustment of the Treaty line is required to meet the situation at Bure. Accordingly an additional point will need to be added there, which will be Point 40.

5) Effect of subsequent conduct

6.23 Having determined the boundary by the geometric method prescribed by the Treaty, the Commission now turns to consider whether any subsequent conduct adduced by the Parties requires the Commission to vary the boundary.

---

[53] In this regard, it may be noted that all the maps adduced to show the boundary in this sector from the time of the 1897 *modus vivendi* simplified the line in a variety of ways to achieve a manageable and rational boundary.

6.24 The Commission will not address the *effectivités* adduced by the Parties with respect to activities prior to the conclusion of the 1908 Treaty, as the terms of the Treaty make it clear that the Parties intended that the effect of such activities should not be taken into account.

6.25 As to the *effectivités* adduced for the period since 1908, these essentially reinforced the geometric line, in the sense that they established that activities conducted by Ethiopia and Italy (or Eritrea, after the latter's independence), *à titre de souverain*, did not take place anywhere that would have required an adjustment of the boundary determined by the geometric method. Thus, Eritrea contended in its Memorial that Ethiopian customs posts at Maglalla, Fiscio, Barale and Dildi were located to the west of the Treaty boundary and, moreover, collected import taxes on the salt from the Dankalia salt mines. Eritrea also contended that Ethiopia never objected to the placement of Italian guardposts "on the border line at Km. 60." Eritrea also contended, and provided extensive tax lists in support of its contention that residents of the Bada and northern Dankalia region paid taxes to it. But Eritrea also stated that these residents were found "in Bada, an area in northern Dankalia approximately 50 km from the coast."

6.26 Eritrea adduced evidence to show that it built roads and railroads as well as telegraph and telephone lines as far as the border. But an examination of the maps adduced in support of this shows that the railroads and telegraph lines were on the coastal side of the geometric boundary. Similarly, the evidence of guard posts established by Italy to protect the people of southern Dankalia within Italian jurisdiction shows that all of those posts were also on the coastal side of the 1908 Treaty boundary as determined geometrically.

6.27 With respect to the Bada region, both Parties adduced as *effectivités* evidence of administration of elections in the Bada region. The Commission encountered difficulties in assessing the weight to be assigned to such claims. As Ethiopia observed, the Bada region is large and its extent is not clearly defined. Some parts of Bada are plainly Eritrean and some plainly Ethiopian. Insofar as any particular evidence of activities in this region does not specify precisely where the activities took place, it is of no probative value.

6.28 Eritrea contended that the administrative divisions of Ethiopia set the boundary between Tigray and Afar at the eastern edge of the escarpment, again to the west of the boundary as determined by application of Article I. Eritrea also maintained that a British Military Administration memorandum of 2 January 1943 recorded that rumors of an Ethiopian presence in Bada were investigated but found to be untrue. Without regard to the weight to be assigned to these *effectivités*, the Commission considers that they confirm the geometric boundary rather than require an adjustment to it.

6.29 Ethiopia submitted evidence of a potash concession to an Italian mining engineer named Pastori in 1912 in the Dalul area. But the British documents which Ethiopia adduced locate the deposits 70 km from the Red Sea, which places it on the Ethiopian side of the 1908 Treaty boundary as geometrically determined. Moreover, Ethiopia observed that when the concessionaire was obliged to construct a railway from the Red Sea port, Marsa Fatima, to within 16 km of the mine, the railway stopped on the Italian side of the geometric boundary. Similarly, Ethiopia's claims to salt mines do not appear to relate to the seaward side of the geometrically determined 60 km line. Other activities in Dalul that Ethiopia claimed to have occurred would appear to lie well to the west of the Treaty line.

6.30 A special situation appears to have arisen with regard to Bure, the historic checkpoint for road traffic between the port of Assab and points in Ethiopia. Bure is located on the Ethiopian side of the 60 kilometre line. Eritrea adduced evidence of an express agreement between the Parties, with corresponding performance, by which after Eritrea's independence they appear to have placed their common boundary at Bure. This agreement took the form of a "report of the study team on opening passenger transport services along the Addis-Assab Corridor" of 7 November 1994 (incorporating a report of 12 July 1994), which was signed by representatives of Eritrea and Ethiopia. Agenda item No. 2 was expressed thus:

> Observe and report working procedures at check point stations and along the route.

The report then continued:

> The main check points along the route are mainly: –
> 1. ...
> 2. ...
> 3. ...
> 4. Bure   Ethiopian border.
> 5. Bure   Eritrean border.
>
> The study team observed the practices and conducted interviews with several officials of both countries on respective procedures towards checking interstate [illegible]. Explained the cooperation need from them for smooth [inter-?] state operation.

An internal Eritrean memorandum of 30 April 1994 (copied to the Ethiopian Embassy in Asmara) referred to "Ethiopian trucks entering Eritrea through the checkpoints both in Zalambessa and Burre." An undated "Directive issued to control automobiles using the roads between Eritrea and Ethiopia" also confirms the existence of the Eritrean checkpoint at Bure.

6.31 It is not unknown for States to agree to locate a checkpoint or customs facility of one State within the territory of a neighbouring State. Such agreements, which reflect a common interest in efficiency and economy, do not necessarily involve a change of the boundary. That, however, was not the situation at Bure after Eritrean independence. The evidence indicates that both Parties assumed the boundary between them occurred at Bure and that their respective checkpoints were manifestations of the limits of their respective territorial sovereignty. The 1994 bilateral Report, quoted above (para. 6.30), expressly designates Bure as the border point. Accordingly, the boundary at Bure passes equidistantly the checkpoints of the two Parties.

6.32 In the view of the Commission, with the exception of the boundary checkpoints at Bure reflecting a common agreement that the boundary passes between them at that town, none of the other *effectivités* adduced by the Parties was of such weight as to cause the Commission to vary the geometric boundary determined by the Commission in application of Article I of the 1908 Treaty. In relation to Bure, the adjustment is relatively small, requiring only a slight variation of the border reflected in the insertion of Point 40 between Points 39 and 41.

6) The map evidence

6.33 The Commission has carefully reviewed the maps of the eastern sector presented by the Parties. They vary as regards the northwestern starting point of the Treaty line. Many commence at Rendacoma, and some cross through the Salt Lake. Some of the maps designate the boundary by a straight line while others attempt a figurative but highly stylized and impressionistic approximation of the coastline, 60 km inland, leaving it impossible to infer the method, if any, which the map makers were using. While the Commission accepts that maps of boundaries are admissible as evidence (although of varying evidential weight), the diverse boundary delineation in the maps adduced by the Parties, the small scale of many of the maps, and the evident failure on the part of their makers to follow the language of the 1908 Treaty, leads the Commission to the conclusion that they indicate no more than a general awareness and acceptance of the 1908 Treaty and the approximate location of its line. In a negative sense (the evidence of acceptance of an approximate Treaty line notwithstanding), all the maps confirm the absence of a delimitation and demarcation as contemplated by the Treaty. As a result, none of them would lead the Commission to change its conclusion regarding Article I of the 1908 Convention as varied in relation to Bure.

6.34 Hence, other than as stated above with respect to Bure, the line of delimitation which the Commission has determined by application of Article I of the 1908 Treaty will serve as the basis for the demarcation, leaving open the possibility at that stage of "adapting it to the nature and variation of the terrain," as contemplated in Article II of that Treaty.

CHAPTER VII-. THE BOUNDARY LINE WITHIN RIVERS

7.1 The 1900 and 1902 Treaties designated rivers as key components of the boundaries they established: from west to east, as named in the Treaties, the Setit, the Mareb, the Belesa and the Muna. The Treaties do not, however, specify where in each river the boundary should be placed.

7.2 The question is one which, during the hearings, the Commission specifically asked the Parties to address. The views expressed by both Parties were similar. Both favoured the adoption in principle of the main channel as the line of division. Neither referred to the line of the deepest channel. Neither favoured the fixing of a permanent line in rivers determined by reference to coordinates. Both favoured the deferment to the demarcation stage of the decision regarding the line within rivers and considered that the Parties should be consulted further on the matter at that stage, bearing in mind, amongst other factors, that different considerations might apply to different parts of the rivers.

7.3 In these circumstances, the Commission holds that the determination of the boundary within rivers must be deferred until the demarcation stage. In the meantime, there will be no change in the *status quo*. The boundary in rivers should be determined by reference to the location of the main channel; and this should be identified during the dry season. Regard should be paid to the customary rights of the local people to have access to the river.

CHAPTER VIII-. *DISPOSITIF*

DECISION

8.1 For the reasons set out above, the Commission unanimously decides that the line of the boundary between Eritrea and Ethiopia is as follows:

A. In the Western Sector

(i) The boundary begins at the tripoint between Eritrea, Ethiopia and the Sudan and then runs into the centre of the Setit opposite that point (Point 1).

(ii) The boundary then follows the Setit eastwards to its confluence with the Tomsa (Point 6).

(iii) At that point, the boundary turns to the northeast and runs in a straight line to the confluence of the Mareb and the Mai Ambessa (Point 9).

B. In the Central Sector

(i) The boundary begins at the confluence of the Mareb and the Mai Ambessa (Point 9).

(ii) It follows the Mareb eastwards to its confluence with the Belesa (Point 11).

(iii) Thence it runs upstream the Belesa to the point where the Belesa is joined by the Belesa A and the Belesa B (Point 12).

(iv) To the east and southeast of Point 12, the boundary ascends the Belesa B, diverging from that river so as to leave Tserona and its environs to Eritrea. The boundary runs round Tserona at a distance of approximately one kilometre from its current outer edge, in a manner to be determined more precisely during the demarcation.

(v) Thereafter, upon rejoining the Belesa B, the boundary continues southwards up that river to Point 14, where it turns to the southwest to pass up the unnamed tributary flowing from that direction, to the source of that tributary at Point 15. From that point it crosses the watershed by a straight line to the source of a tributary of the Belesa A at Point 16 and passes down that tributary to its confluence with the Belesa A at Point 17. It then continues up the Belesa A to follow the Eritrean claim line to Point 18 so as to leave Fort Cadorna and its environs within Eritrea. The Eritrean claim line is more precisely depicted on the 1:100,000 Soviet map referred to by Eritrea in its final submission on 20 December 2001. Point 18 lies 100 metres west of the centre of the road running from Adigrat to Zalambessa.

(vi) From Point 18, the boundary runs parallel to the road at a distance of 100 metres from its centre along its western side and in the direction of Zalambessa until about one kilometre south of the current outer edge of the town. In order to leave that town and its environs to Ethiopia, the boundary turns to the northwest to pass round Zalambessa at a distance of approximately one kilometre from its current outer edge until the boundary rejoins the Treaty line at approximately Point 20, but leaving the location of the former Eritrean customs post within Eritrea. The current outer edge of Zalambessa will be determined more precisely during the demarcation.

(vii) From Point 20 the boundary passes down the Muna until it meets the Enda Dashim at Point 21.

(viii) At Point 21 the boundary turns to the northwest to follow the Enda Dashim upstream to Point 22. There the boundary leaves that river to pass northwards along one of its tributaries to Point 23. There the boundary turns northeastwards to follow a higher tributary to its source at Point 24.

(ix) At Point 24 the boundary passes in a straight line overland to Point 25, the source of one of the headwaters of a tributary of the Endeli, whence it continues along that tributary to Point 26, where it joins the Endeli.

(x) From Point 26, the boundary descends the Endeli to its confluence with the Muna at Point 27.

(xi) From Point 27, the boundary follows the Muna/Endeli downstream. Near Rendacoma, at approximately Point 28, the river begins also to be called the Ragali.

(xii) From Point 28, the line continues down the Muna/Endeli/Ragali to Point 29, northwest of the Salt Lake, and thence by straight lines to Points 30 and 31, at which last point this sector of the boundary terminates.

C. In the Eastern Sector

The boundary begins at Point 31 and then continues by a series of straight lines connecting ten points, Points 32 to 41. Point 41 will be at the boundary with Djibouti. Point 40, lies equidistantly between the two checkpoints at Bure.

MAPS ILLUSTRATING THE DELIMITATION LINE

8.2 The boundary as described above is illustrated on the following maps:

(i) Map 10 – The Western Sector on a scale of 1:1,000,000.

(ii) Map 11 – The Central Sector on a scale of 1:360,000. In addition, the line in this Sector is illustrated on a map in a scale of 1:50,000, provided in two sheets (Map 14 showing the Belesa Projection and Map 15 showing the Endeli Projection) inside the back cover of this Decision.

(iii) Map 12 – The Eastern Sector on a scale of 1:1,000,000.

(iv) Map 13 – A single map illustrating the whole boundary on a scale of 1:2,000,000.

A *definitive* map of the whole boundary on a scale of 1:25,000 will be produced on a sector-by-sector basis as each sector is finally demarcated and the exact coordinates of the locations of the boundary markers have been determined.

REFERENCE POINTS

8.3 The coordinates of all reference points mentioned in this Decision, including even those not used in paragraph 8.1, above, are specified in the following table. Apart from Point 7A, of which the coordinates were submitted by Eritrea, coordinates of all the points have been measured from the SPOT satellite imagery of 10-metre resolution based on the WGS-84 datum. Except as otherwise indicated, all coordinates have been computed to the nearest one tenth of a minute, which corresponds to approximately 0.18 kilometre on the ground. The principal reason for using this specification is because of the limited availability at the present stage of information on the maps available to the Commission. All coordinates will be recalculated and made more precise during the demarcation as the Commission acquires the additional necessary information.

Point	Latitude (N)	Longitude (E)	Description
1	14° 15.4'	36° 33.6'	Western terminus – centre of Setit opposite the tripoint between Eritrea, Ethiopia and Sudan.
2	14° 18.7'	36° 38.3'	Confluence of Setit and one of its tributaries by passing Om Hajer, approximate location of Khor Um Hagar.
3	14° 19.1'	36° 49.7'	Confluence of Setit and Maiteb as claimed by Ethiopia.
4	14° 24.8'	37° 21.1'	Confluence of Setit and Sittona, which is called "Maetebbe/Maeeteb" on the 1894 de Chaurand map and on some later maps.
5	*14° 15'	37° 28'	Confluence of Setit and another Meeteb as depicted on some maps after 1902.
6	14° 11.0'	37° 31.7'	Confluence of Setit and Tomsa.
7A	14° 05' 45.6"	37° 34' 26.4"	Turning point from Setit to Mareb as claimed (in coordinates) by Eritrea. See paragraph 5.15, above.
7B	14° 05.8'	37° 34.7'	Turning point from Setit to Mareb as drawn by Eritrea. See paragraph 5.15, above.
8	14° 04.0'	37° 35.8'	Confluence of Setit and Maiten.
9	14° 53.6'	37° 54.8'	Confluence of Mareb and Mai Ambessa.
10	*14° 48'	37° 58'	Confluence of Mareb and Gongoma stream as depicted on the 1904 Afra map.
11	14° 38.0'	39° 01.3'	Confluence of Mareb and Belesa.
12	14° 38.3'	39° 06.2'	Confluence of Belesa A (Belesa/Ruba Dairo) and Belesa B (Tserona/Mestai Mes).
12A	14° 24.6'	39° 15.2'	Confluence of Belesa A and an unnamed tributary at which the Eritrean claim line turns to the northeast and leaves Belesa A.
13	14° 35.0'	39° 14.2'	Confluence of Belesa B and Belesa C (Sur).
14	14° 29.1'	39° 16.0'	Confluence of Belesa B and an unnamed tributary.
15	14° 28.3'	39° 14.9'	Source of the above-mentioned tributary.
16	14° 28.0'	39° 14.8'	Source of an unnamed tributary of Belesa A.

* Coordinates have been computed to the nearest minutes because the point location is only an approximate location based on historical maps submitted by the Parties.

17	14° 27.1'	39° 13.7'	Confluence of the above-mentioned tributary and Belesa A.
18	14° 27.8'	39° 21.6'	Point lying 100 metres west of the centre of the road running from Adigrat to Zalambessa.
19	14° 31.1'	39° 22.2'	Source of one of the headwaters of Belesa C.
20	14° 31.1'	39° 23.0'	Source of one of the headwaters of Muna (Berbero Gado).
21	14° 30.1'	39° 32.3'	Confluence of Muna and Enda Dashim.
22	14° 31.3'	39° 30.4'	Confluence of Enda Dashim and one of its tributaries flowing from the north.
23	14° 32.9'	39° 30.5'	Confluence of the above tributary and a higher tributary flowing from the northeast.
24	14° 34.3'	39° 31.7'	Source of one of the headwaters of the higher tributary.
25	14° 34.8'	39° 31.9'	Source of one of the headwaters of a tributary flowing towards Endeli from the west.
26	14° 36.2'	39° 38.3'	Confluence of the above tributary and Endeli.
27	14° 30.7'	39° 47.4'	Confluence of Muna and Endeli near Massolae.
28	**14° 27'	39° 59'	Approximate point near Rendacoma where Muna/Endeli continues as Ragali.
29	14° 32.9'	40° 05.6'	Point where Ragali Delta starts.
30	14° 33.1'	40° 08.5'	Turning point in Ragali Delta.
31	14° 23.2'	40° 12.8'	Point at which the boundary under the 1900 Treaty reaches the Salt Lake and where the boundary under the 1908 Treaty starts.
32	14° 24.1'	40° 14.9'	Turning point designated in Eastern Sector.
33	14° 08.5'	40° 52.7'	Turning point designated in Eastern Sector.
34	13° 32.9'	41° 19.4'	Turning point designated in Eastern Sector.
35	13° 24.8'	41° 34.9'	Turning point designated in Eastern Sector.
36	13° 20.3'	41° 39.7'	Turning point designated in Eastern Sector.
37	13° 05.5'	41° 53.8'	Turning point designated in Eastern Sector.
38	12° 48.2'	42° 02.3'	Turning point designated in Eastern Sector.
39	12° 45.9'	42° 13.1'	Turning point designated in Eastern Sector.
40	To be determined during demarcation.		Between the two checkpoints of Eritrea and Ethiopia at Bure.
41	12° 28.3'	42° 24.1'	Eastern terminus at the border of Djibouti.

** Coordinates have been computed to the nearest minutes because the location where Muna/Endeli continues as Ragali is not well-defined.

APPENDICES

APPENDIX A
The Subsequent Conduct of the Parties in the Sector Covered by the 1900 Treaty

This Appendix examines some items which, though presented at length by the Parties, have been found by the Commission not to affect the delimitation established by the interpretation of the 1900 Treaty.

THE 1904 BOUNDARY COMMISSION

A1. In 1904 Italy appointed a Commission of four officers to examine part of the Belesa-Muna boundary. Its operation had been discussed with Ethiopia. Ethiopia, while not formally a member of the Commission, despatched a delegate to it, Degiasmac Garasellassie, chief of the Northern Tigray. The Commission thus appears not to have been formally a joint body, although much of its work was conducted by the Italian Commissioners and the Ethiopian delegate working together. They did not, however, agree on all matters, and in particular did not reach agreement on the product of the Commission's work. The report of the Commission was a unilateral, internal Italian document, signed only by the Italian Commissioners. It was addressed to the Italian Government alone rather than to both Governments jointly.

A2. The Commission did not have agreed terms of reference, each Party apparently having given its personnel their separate – and seemingly differing – instructions. The task of the Italian members was to "determine in the field the actual and legal border of the colony between Belesa and Muna, as resulting from the treaty between Italy and Ethiopia of 10 July 1900, Art. 1 and, more specifically, from the sketch appended to the above treaty." The Ethiopian delegate's mandate was somewhat different, namely, "to identify noncontroversial points concerning the border ... and to find out points in which his opinion may be difficult to reconcile with that of the Italians." Any "points of contention" were to be left for the Emperor to negotiate with the Italian Government – a power in effect to deal with matters *ad referendum*. Unspecific though these references may be, it is clear that the Emperor instructed Garasellassie at least to accompany the Italian Commission and to participate to some extent in its work. Indeed, delegates of both sides were involved in the reconnaissance:

> ... the delegates of the two parties carried out reconnaissance along all the course of the frontier, thus giving the Italian delegates the opportunity of indicating in situ to the representatives of HM the Emperor of Ethiopia, the entireties of the territories that the Treaty above mentioned placed in our possession.

A3. The Commissioners started their journey at Mai Anqual on the Belesa identified in the present Decision as the Belesa A. They walked upstream to the headwaters and across to the headwaters of the river they identified as the Muna, and then down towards the confluence of that river and the Endeli at Massolae. The Commission's report was accompanied by a detailed map of the region prepared by one of its members, Checchi. The report's recommendations were in part as to positions which Italy might adopt in future regarding the boundary alignment. The report and map appear to be undated (other than by "April 1904" on the title page of the report); they were not published until 1912.

A4. The Commission followed the route which took the boundary around the perimeter of what the present Commission calls the Belesa projection. The map annexed to the Commission's report depicts a simplified course of the Belesa A as flowing directly into the Mareb and without showing the junction with the Belesa A of either the Belesa B (although upper reaches of the Mestai Mes, which is what the Commission refers to as Belesa B, are shown) or the other tributary flowing into the Belesa from the northeast near its junction with the Mareb and known as the Tserona. The Italian Commission's terminal point at Massolae was apparently chosen because it was the end of the Muna, where it joins and becomes part of the Endeli.

A5. The Commission's report stated that in reaching Massolae it had completed its task, "i.e. it followed the geographical border that the Treaty of 1900 intended to establish for the Eritrean colony..." The present Commission observes that this view of the Italian 1904 Commission does not necessarily imply that the Treaty boundary ended at Massolae. The Treaty boundary was delimited in terms not just of the "Muna" but also of the depiction of the river so named on the Treaty map. The Italian Commission's remit was to consider the Treaty boundary "between Belesa and Muna," which, particularly since the boundary eastwards of Massolae followed clearly identified rivers, was consistent with an internal requirement to go to the end of the geographical Muna, rather than the end of the Treaty "Muna" which was, by the Treaty and its map, given a more extended meaning.

A6. The report contains a number of features that must be noted.

A7. First, note must be taken of the absence of any agreed terms of reference for the Commission's work (para. A2, above). Despite the task of the Italian Commission being described in terms relating to the border resulting from the 1900 Treaty, its report carried as its principal title "The Border between the Scimezana, which forms the southern part of Acchele Guzai, and the Agame." As appears from a map produced by Ethiopia, published in or around 1902 by the Italian Directorate of Colonial Affairs (the same department which published the 1904 Commission report) and prepared by Checchi, Giardi and Mori ("the 1902 Checchi map") the

"Residenza dello Scimezana" is a substantial district in the southern part of Eritrea extending from the Residenza del Mareb in the west to the Missione Dancali in the east. Its southern limits as marked on this map follow, from the west, the Belesa and, via its southern channel (Belesa A), wind round, across land, eventually to join a river that clearly bears the name "Mai Muna." This in turn flows into the "F. Endeli," flowing from the northwest, and thence onto Rendacoma. Though not marked on this map, the area to the south is Agame.

A8. Secondly, the report repeatedly refers[1] to the Muna and at no point expresses any doubt as to its existence or identity and location. Indeed, at more than one point the report is so worded as to indicate that specific reference was made to the Muna in the instructions given to Garasallesie as well as the Italian Commissioners.

A9. Third, various places that would, on the Ethiopian approach to the matter fall, within Agame (Ethiopia) are clearly recognised as falling within Acchele Guzai (Eritrea), e.g., Alitena, which lies a short distance north of the Muna.

A10. Fourth, the report records that certain places in the Belesa projection which, on the Eritrean approach, would be in Eritrea were in fact under the control of Ethiopia.

A11. Fifth, in referring to the territories of Sebao and Kelloberda as being "located on the right hand side of that section of the River Belesa which according to the Treaty of 1900 was part of the border line between Ethiopia and Eritrea," the 1904 Commission was referring to places located on the map just to the east of the Belesa A and to the west of the Belesa B. It is clear from the passage just quoted that the 1904 Commission

---

[1] In its paras. 7, 8, 11, 12.

took the view that the Belesa A was the river that bore the name "Belesa" on the maps.

A12. Sixth, while the 1904 Commission considered that the "question of the Belesa territories is much less complex and susceptible to discussion," it clearly found the question of identifying the "Muna" referred to in the 1900 Treaty more uncertain and open to argument.

A13. Seventh, the map annexed to the Commission's report and illustrating the route taken by the Commission depicts three different border lines, designated as "limite dell'attuale occupazione nei tratti da modificare" ("outer limit of current occupation to be modified"), "limite di confine che non subisce modificazioni" ("limit of the border that is not to be modified") and "confine secondo il trattato del 1900" ("border according to the Treaty of 1900"). It is noteworthy that, even in 1904 (and as reprinted in 1912), this map delineates as the limits of actual occupation a line very close to that which is claimed by Ethiopia to the north of the Endeli projection. As a further observation, the Commission notes that on two maps published in January and February 1904, two members of the Italian Commission, Checchi and Garelli, show very similar "limits of actual occupation," while the second of these maps (dated after the conclusion of the 1904 Commission's work) shows the line encompassing the Belesa projection as only a claim line ("confine da revendicare").

A14. Eighth, the Commission clearly followed the course of the Belesa A, apparently without any suggestion from the Ethiopian delegate that that was the wrong river or that it lay wholly within Ethiopia, as would have been the case if the Belesa B were the boundary.

A15. Ninth, it must be observed that the 1904 Commission's view, like that of Eritrea, as to both the initial sector along Belesa A and across to the Muna, is inconsistent with the depiction of the boundary line on the Treaty map. Moreover, the Commission's report noted that at least some locations within the Belesa projection were under the control of Ethiopia, particularly Kelloberda and Sebao.

A16. Taking all these elements into account, the present Commission is not satisfied that it may treat the activities and report of the 1904 Commission as an agreed interpretation or variation of the 1900 Treaty, or as evidencing Ethiopian acquiescence in any interpretation or variation such as to attribute the Belesa projection to Eritrea. Nonetheless, the present Commission accepts that in tracing the Muna upstream from its confluence with the Endeli towards its headwaters south of Barachit, the 1904 Commission's report fairly represented that part of the boundary established by the 1900 Treaty. It is the line followed and described in its report by the 1904 Commission, that extends westwards beyond the longitude of Barachit so as to encompass the Belesa projection, as well as the alleged termination of the boundary at Massolae in the east, which the present Commission finds unsupported by the 1900 Treaty and its annexed map.

THE LEAGUE OF NATIONS

Ethiopia's admission to the League of Nations, 1922

A17. Eritrea asserts that "Ethiopia's first affirmation of respect for the established boundary occurred in 1922, when it applied for admission to the League," that admission being conditional upon a determination by the League that Ethiopia had well established borders. Ethiopia notes that its request for admission contained no reference to the question of boundaries, that the League's documentation was essentially of a "standard form" variety with no singular conditionality being insisted upon, and that some measure of uncertainty

A18. The Commission observes that Ethiopia's admission to the League of Nations in 1922 was conditional upon a determination by the League that Ethiopia had well established boundaries. Such a requirement was, following precedent established by the first three League Assemblies, covered in a questionnaire used for the admission of new Members. That questionnaire included, as the third question: "Does the country possess a stable government and well-defined frontiers?" The Sub-Committee appointed to consider Ethiopia's admission simply stated that "[t]he reply to the third question is in the affirmative." The Commission cannot draw from that terse statement any particular conclusion as to the agreed line of the Eritrea-Ethiopia frontier.

Events in 1935

– The WalWal incident

A19. In connection with the WalWal incident in the Ethiopia-Italian Somaliland region, there were proceedings before the Council of the League of Nations in 1935. Both Ethiopia and Italy presented maps which, according to Eritrea, depicted the colonial boundary in its "classical" contour. Ethiopia notes that the League's concern with the WalWal incident was irrelevant to Ethiopia's northern boundary, with Eritrea.

A20. So far as concerns the boundary in the Belesa-Muna sector, the Commission observes that this Italian map is drawn on a scale of 1:4,000,000. At this scale, and with a virtually complete lack of detail of the surrounding areas and, despite a broad southward sweep in the line which might (or might not) be intended to represent the Belesa projection, no useful or detailed conclusions can be drawn about the course which

Italy (or Ethiopia) understood was followed by the Belesa-Muna line.

A21. Eritrea refers also to four maps supplied by Ethiopia, but admits that two of them "are vague" and that the third did not deal with the Eritrea-Ethiopia frontier. The fourth map was that published in 1909, in Carlo Rosetti's "Storia Diplomatica dell'Etiopia", 3rd edition. Although Eritrea asserts that this map shows the "classic signature of the colonial treaty boundary," the Commission notes that at least in the Belesa-Muna sector it too, at a scale of 1:5,000,000 and with virtually no surrounding detail, cannot support any useful or detailed conclusions about the route which Italy (or Ethiopia) understood was taken by the Belesa-Muna line.

– Tigrayan incursions, 1935

A22. As part of its response to Ethiopia's complaint about the WalWal incident, Italy in 1935 drew attention to incursions by Tigrayan elements across the Belesa-Muna line into Eritrean territory.

A23. The Commission notes that although Italy did indeed make such a complaint, and although Ethiopia's response did not expressly deny Italy's assertions as to the location of the frontier, Ethiopia's principal concern with this incident was to deny responsibility for the actions of what it portrayed as local Tigrayan warlords and bandits. Moreover, these exchanges in 1935 took place immediately before Italy's invasion of Ethiopia on 3 October 1935. It is in the Commission's view also significant that the Italian complaint in effect admitted as a fact that 35 years after the 1900 Treaty Ethiopia was still in occupation of certain territories "including" (and therefore not limited to) those specifically mentioned, which on the Italian view had become part of Eritrea.

– Italy's complaint to the League of Nations, 1935

A24. Relations between Italy and Ethiopia became increasingly strained. In a memorandum dated 11 September 1935, less than a month before its invasion of Ethiopia, Italy stated that, given the 1900 Treaty, even by 1935 Ethiopia "had taken no steps to evacuate certain territories, including two posts on the right bank of the Belesa[2] (Kolo Burdo and Addi Gulti), one on the north bank of the Muna (Alitiena), which are quite indisputably in Italian territory." While Italy presented this as demonstrating Ethiopian intransigence, it is also evidence of Ethiopia's continued presence in those areas 35 years after the conclusion of the 1900 Treaty. Apart from that clear admission that Ethiopia had a continuing presence in the places mentioned (which was in line with other Italian statements to a similar effect), the Commission is unable to draw from Italy's statement in 1935 any conclusion as to the disputed question of title.

A25. In its 1935 Memorandum to the League of Nations Italy also cited Ethiopian attacks at Rendacoma, Cabuia and Colulli. These three alleged attacks do not seem to be directly in point in relation to the course of the disputed boundary, other than by constituting evidence that Italy considered the boundary to lie somewhere to the south of those three locations.

THE UNITED NATIONS

Consideration of Eritrea, 1950

A26. The Parties also devoted considerable attention to developments in the United Nations during the period in 1950 in which the United Nations was considering the future of the former Italian colony of Eritrea. Eritrea noted that United

---

[2] What the Commission is calling Belesa A.

Nations reports all treated the Muna as the boundary, and placed it in its historic location (i.e., as the Muna/Berbero Gado). Thus Eritrea drew attention to the work of the United Nations Commission for Eritrea (UNCE), and in particular to maps produced by UNCE to illustrate its work. Eritrea also attached particular weight to the United Nations Secretariat memorandum prepared in 1950 in the context of consideration at the United Nations of Eritrea's colonial boundaries. The memorandum, with its accompanying illustrative map, identified the Belesa and Muna as the boundary deriving from the 1900 Treaty. Eritrea notes that during the various United Nations debates on the question of Eritrea's future, Ethiopia knew of all these United Nations materials, but raised no objection.

A27. Ethiopia points out that United Nations organs in the period 1948-1952 were never specifically addressing the interpretation of the boundary treaties or their application, while the Secretariat memorandum was purely advisory, and identified no boundary dispute and proposed no settlement. Ethiopia adds that the United Nations discussions were concerned essentially with the future status of Eritrea rather than its boundaries, and that the United Nations memorandum implicitly acknowledged that questions or claims had arisen with regard to the Eritrea-Ethiopia boundary, including the Belesa-Muna sector. Ethiopia also notes that since the ultimate result, which was the outcome Ethiopia sought, was a form of union of Eritrea with Ethiopia, the question of boundaries was irrelevant and there was no need for Ethiopia to pay close regard to boundary depictions, particularly those of a very general nature. Eritrea responded that at the time such an outcome was not assured, and that in any event the territorial division was still important within the federation.

A28. The Commission observes that the UNCE maps referred to all appear to have used the same base-graphic, and were produced at a small (but unstated) scale and contained only limited detail of the boundary area. No relevant location to the south of Senafe is identified, nor are any rivers named. The depiction of the boundary, nevertheless, appears to show the Belesa projection as appertaining to Eritrea (and may even indicate a small northward variation in the boundary intended to represent the Endeli projection), but is otherwise too unclear to allow for the drawing of specific conclusions as to the course of the boundary. In particular, even if (which is unclear) the course of the Belesa A is suggested as the boundary, the UNCE maps are wholly indistinct as to the way in which this comes about or as to the route by which a Belesa boundary joins up with the Muna and Endeli (neither of which is depicted). Moreover, the maps differ slightly from each other in the outline of the boundary they depict in this sector. It is also clear from the UNCE map depicting the places visited by UNCE, that that body did not visit any part of the now-disputed area in the Belesa-Muna region.

A29. As for the Secretariat memorandum, it simply made the incontrovertible statement that this part of the boundary was fixed by the 1900 Treaty, without going into details beyond stating that it provided for the boundary to run "eastward along the Mareb River to the Belesa River, eastward along the Belesa to the Muna River, and again eastward along the Muna." The map annexed to the Secretariat memorandum, although indicating by name the Mareb, Belesa and Muna, was at too small a scale (unstated) to support for that area any specific conclusions as to the details which are missing from the memorandum itself. While the various United Nations reports treated the border as fixed by the earlier treaties, none of them appears to have involved any serious investigation into what specifically had been agreed and what the Parties' attitudes were. In comparison with other boundaries where there had been no earlier treaty fixing them, it was understandable for the United Nations to have regarded them as 'settled' without enquiring into possible differences which might exist regarding their interpretation or application. In relation to the Belesa-Muna sector of the boundary the Commission has not been made aware of any specific aspect of the various United Nations materials which clearly and reasonably called for some objection by Ethiopia.

General Assembly Resolution 390(V)A, 1950 and the Federal Constitution, 1952

A30. The outcome of this United Nations activity in 1950 was the adoption by the General Assembly of Res. 390(V)A(1950), which led to a federation between Ethiopia and Eritrea. Article 2 of the 1952 Eritrean Constitution provided that "The territory of Eritrea, including the islands, is that of the former Italian colony of Eritrea." Ethiopia ratified this Constitution in August 1952, and in September the Emperor issued an Order providing for the federation of Ethiopia and Eritrea. As a federation, the territorial division of authority between the constituent units continued to be important. Eritrea contends that these constitutional arrangements, which were based on various UN decisions which in turn followed numerous UN reports accompanied by UN maps depicting, *inter alia*, the boundaries of Eritrea with Ethiopia, showed that "Ethiopia... accepted the boundaries of Eritrea as they were defined in the Eritrean Constitution and depicted by the United Nations."

A31. Ethiopia considers that, in accordance with the applicable principles of general international law, the change in Eritrea's status to that of federation with Ethiopia could have no effect on the original colonial boundaries of Eritrea: the entity known as Eritrea remained within the same boundaries after the change as it had had before the change.

A32. The Commission observes that the definition of Eritrea in Article 2 of the Eritrean Constitution is neutral as to what were the boundaries of the former Italian colony of Eritrea. As for the United Nations maps to which Eritrea refers, they were not made part of the constitutional arrangements. In any event, in so far as they depict the Belesa-Muna sector of the boundary they were, as already noted, drawn at such small scales and were so devoid of accompanying detail that they cannot safely be used as a basis for drawing clear conclusions as to what Ethiopia must be taken to have acknowledged the boundary in that sector to be. The Commission thus finds it impossible to find in Ethiopia's omission to comment on these maps any acquiescence in any specific United Nationsdepicted boundary in the Belesa-Muna sector.

MAPS

General

A33. The map evidence has been invoked in two different contexts. The first concerns the extent to which maps established a boundary outline that can be regarded as so clear and distinctive that its reproduction on later maps can be taken to represent a particular boundary line, even if the details of that line are not apparent on the later maps. The second concerns the impact of the map evidence, by reference to the individual merits of the maps as maps. The Commission will consider at this point the question of the boundary outlines. The more specific impact of the map evidence on the various boundary sections has already been considered in Chapters IV and V of the Decision.

A34. Eritrea maintains, generally, that with the conclusion of the 1908 Treaty, the colonial boundary was completed, and that it gave rise to a distinctive cartographic outline (which it refers to *inter alia* as "the classical signature of the boundary"). Eritrea maintains that that "classical" outline was consistently recognised by all concerned from 1908 onwards.

A35. So far as that "classical" outline relates to the 1902 and 1908 Treaties, the Commission has addressed the matter in the context of those Treaties. Here the Commission will only concern itself with the outline of the boundary in the stretch covered by the reference to the Mareb-Belesa-Muna line. In practice, since there is no dispute about the Mareb-Belesa section, the relevant section in the present context is the Belesa-Muna section. In that context Ethiopia denies the existence of any such generally recognised "classical outline."

A36. There are four elements to a possibly distinctive general outline for this section of the boundary:

(i) The Treaty outline is that created by the map annexed to the 1900 Treaty. The Commission has already examined the Treaty map in detail.

(ii) The Belesa projection outline is the outline created, in the western part of the Belesa-Muna line, by its extension southwards so as to encompass the Belesa projection, i.e., principally the land between Belesa A and Belesa B together with an area of land running eastwards along the northern bank of the Muna/Berbero Gado. This is the outline established by the boundary claimed by Eritrea. The Commission notes that the distinctive silhouette of the Belesa projection has two elements: first, a broad curve in the north as the river flows up from the south and swings round to flow in a westerly direction towards the Mareb; and, second, a southward prolongation of the boundary as it follows the Belesa A into its southernmost reaches before swinging back up to the northeast to join the Muna/Berbero Gado. The claim lines of both Parties share a curve in the north, and a southward line which at some point turns to the east. At the level of general silhouette the difference between them is essentially one of degree, particularly as to the extent of the southward projection. This broad similarity of silhouettes makes it difficult on small scale maps to be sure which, if either, claim line is being depicted.

(iii) The Endeli projection outline is the outline created, in the central sector of the Treaty line, by extending the area of the Ethiopian claim northwards so as to encompass the Endeli projection, i.e., principally the land bounded on the northeast by the Endeli, on the south by the Muna/Berbero Gado, and on the west by a line dropping down southwards from the neighbourhood of Senafe and then curving round to the west until it joins the Belesa C headwaters near Zalambessa. This is the outline established by the boundary claimed by Ethiopia.

(iv) The "eastern terminus" outline is the outline created by the choice of the eastern terminus for the boundary established by the 1900 Treaty, in particular whether that terminus is at the Salt Lake (as indicated on the Treaty map), at Ragali (as claimed by Ethiopia), or at Massolae (as claimed by Eritrea, which has also suggested Rendacoma as in practice an alternative).

A37. In reviewing the voluminous map evidence presented to it relating to the Belesa- Muna sector of the boundary, the Commission notes that a number of the maps submitted are on such a small scale, or at a such a minimal level of detail, as to make it impossible to attribute to them a clear depiction of one outline or the other. These maps do little more than show a more or less wavy line joining the northern curve of what is clearly intended to be the Belesa system to a point somewhere in the vicinity of the Salt Lake. It is difficult to attribute to these maps any clear and consistent depiction of a distinctive boundary outline in the Belesa- Muna sector.

A38. Those maps which are at a scale and level of detail allowing conclusions to be drawn from their depictions of the boundary enable the Commission to make the following observations:

(i) The outlines created by the Belesa projection and by the Endeli projection are recognisable departures from the Treaty line.

(ii) Those outlines as shown on many maps are often precise enough to allow specific conclusions to be drawn as regards the placement of the boundary along the Belesa A or Belesa B, or the upper reaches of the Endeli, or the Muna/Berbero Gado.

(iii) Those outlines, however, are often not precise enough to enable specific conclusions to be drawn as to the course being followed by the link between whichever of the Belesas is in question and the Muna/Berbero Gado, or of linking the Belesa B with the upper reaches of the Endeli.

(iv) A number of maps depict a boundary which may be classified as depicting the 1900 Treaty line, in particular the Italian "Carta Dimostrativa" of 1902, prepared by the Ministry of Foreign Affairs (the "Prinetti map"). This map was submitted to the Italian Parliament, apparently as part of the procedures for the ratification of the 1902 Treaty. That Treaty amended the boundary prescribed by the 1900 Treaty. The map accordingly indicated the original course of the boundary as in the 1900 Treaty, and the course of the new boundary being prescribed by the 1902 Treaty. The 1900 Treaty boundary which it depicts is in essence the boundary which the Commission has determined was the boundary laid down by that Treaty. It follows a generally sloping line from the northern shoulder or curve of the Belesa in the west, along the Muna/Berbero Gado, and down to the Salt

Lake. It gives no indication of either the Belesa projection or the Endeli projection. Given the map's provenance, its apparent purpose (specifically to illustrate boundaries, as part of the State's ratification procedure), and its contemporaneity, the Commission considers this map to have considerable weight.

(v) While many of the maps produced in evidence show quite clearly a boundary outline which is equivalent to that of the Belesa projection, it cannot be said that that outline has been adopted with clearly preponderant consistency. There are a significant number of maps, of a provenance which requires that they be given weight, which do not depict a Belesa projection.

(vi) Few of the maps produced in evidence depict the outline of the Endeli projection as a boundary, and none emanating from Ethiopian sources (apart from the recent 1998 Atlas of Tigray) do so. Particularly noteworthy is the absence of any Endeli projection from Ethiopia's map of 1923 (the 'Haile Selassie map'). This map, produced for the Emperor Haile Selassie in 1923, appears to have been prepared as a single presentation map and not to have been intended for publication. It is now in the Library of Congress. It shows the boundary in the Belesa-Muna sector as a line closely following that of the 1900 Treaty map: it identifies the boundary by (in Amharic) "Mai Muna" and depicts the boundary as following a course to the south of Barachit. In particular the map appears to show no trace of either a Belesa projection or an Endeli projection. The map is not a model of clarity and is on a fairly small scale (1:1,000,000). Moreover, it appears to depict the boundary beyond each end of the Belesa-Muna sector in a manner which differs from its depiction in that sector, namely by a dash-dotted line in the former case but without that marking in the Belesa-Muna sector. The map is of some significance because it is invoked by Ethiopia in other contexts, particularly in relation to the 1902 Treaty, as being an "official map" of "official Ethiopian government provenance." This map's apparent original purpose was more in the nature of a private production destined for presentation to the Head of State of Ethiopia.

(vii) There are however, maps, especially from Italian sources, which depict something very close to the Endeli projection as an express or implicit limit of actual Italian possession both in the early years after the conclusion of the 1900 Treaty and some decades later and which appear to indicate (by an absence of boundary marking) a degree of doubt as to any boundary cutting Irob off from Ethiopia.

(viii) As regards the eastern terminus of the 1900 Treaty boundary, the Commission has been unable to determine a consistency of practice in the depiction of the boundary on maps sufficient to constitute a generally accepted outline or silhouette for the boundary in that area.

A39. The Commission thus concludes that it has not been established in the Mareb- Belesa-Muna sector that there is a generally accepted outline or silhouette for the boundary which can serve as evidence of the Parties' agreement as to the course of the boundary. This is not, of course, to deny to maps which depict the boundary following one or other of the distinctive shapes, or any other boundary line, a significance on their own particular merits. This is a matter which the Commission has considered in Chapter IV, above.

APPENDIX B
The Location of the Cunama

CONTEMPORARY KNOWLEDGE

B1. At the time of the negotiation of the 1902 Treaty, there was little publicly available information regarding the location of the Cunama and few pertinent maps. Although there is no evidence of whether Menelik and Ciccodicola were aware of this material, the Commission refers to it here to indicate its limited value:

B2. One of the earliest investigations resulted in a "Report of the German Expedition to East Africa, 1861 and 1862" (published in 1864) which contains statements by Munzinger identifying the eastern extension of the Cunama, e.g., that "the Bazen around the Takeze are rather exposed to attacks coming from the Wolkait" (the names "Baze" and "Basé" were also used for the Cunama at that time). As shown on the map illustrating the expedition's travels, the Wolkait is an area lying to the south of the Setit and east of the confluence with it of the western Maiteb. Therefore, if the Bazen were being attacked by the Wolkait, they must have been present at least in the area just north of the Setit. In that location, they would have been living in Ethiopian territory, southeast of the line that Ethiopia has subsequently come to claim as the boundary – a position which is not in accord with the principle that the Cunama are to be enfolded in Eritrean territory. Their extension further to the north and east is evidenced by the statement in the German report that their easternmost locality along the Mareb is the Mai Mai-Daro.

B3. The British explorer, Sir Samuel Baker, writing in 1867 of "The Nile Tributaries of Abyssinia", mentioned "the hostile Basé, through which country the River Gash or Mareb descends... I was anxious to procure all the information possible concerning the Basé, as it would be necessary to traverse the greater portion in exploring the Settite river." This is of little help beyond indicating that the Cunama inhabited the area between the Mareb and the Setit and that for purposes of exploring the Setit it would be necessary "to traverse the greater portion" of their country.

B4. A few years later Munzinger[1] again described the eastern border of the Cunama by reference to the hills around the Godgodo Torrent (east of the Ethiopian claim line) but within the area embraced as Eritrea within the Eritrean line. His description even extends south of the Setit, in an area which is not disputed as being in Ethiopia, but is still east of the southern starting point of the Ethiopian claim line; and it seems improbable that the tribe would have been east of that point south of the river, but not east of it north of the river. At that time, Munzinger estimated the Cunama population as being approximately between one and two hundred thousand inhabitants.[2] (By 1913, however, an Italian scholar, Alberto Pollera, reported a 1905 census estimating a population of 19,000 and stated that many Cunama villages had been destroyed.[3]) Renisch, who wrote "Die Kunama-Sprache in Nordost-Afrika" in 1881 indicated that the "Kunama" people lived between 36° and 38° E and between 14° and 15° 30' N – an eastwards extension that would have taken them well east of the Ethiopian claim line.

B5. As to the available maps, though not identical they generally so place the name "Cunama" that the region thus indicated stretches over the whole or most of the area that falls within Eritrea as delimited by the Eritrean line. In other words, the Cunama area would be cut in two by the recognition of the Ethiopian line, thus contradicting the principal object of the 1902 Treaty.

---

[1] *Studies on Eastern Africa* (circa 1875).
[2] *Ibid.*, at pp. 341 and 373.
[3] *I Baria e I Cunama*, p. 76 (1913).

B6. In the map that illustrates the "German Expedition in East Africa", Munzinger placed the name "Bazen" across that area so that it appears clearly related to a stretch of country that extends eastward as far as the hills that mark the western limits of Adiabo. Having mentioned the extension of the Cunama to the hills around the Godgodo Torrent and, it seems, Tsada Mudri, he marked those places on his map as being at 38° E and 38° 10' E respectively. De Chaurand's map extends the name "Cunama" as far east as 37° 50' and marks the general area of their occupation by a line of dashes which, according to the legend on the map, indicates a tribal division.

B7. A map of the Catholic Missions of North-East Africa published in 1899 shows the Baza as occupying a wide swathe of territory between the Setit and the Mareb extending, on the Mareb, considerably to the east of Mai Daro and, on the Setit, as far as a river called "Manatape" which appears to approximate to the Sittona.

B8. A map of the region given by the Italian Ambassador in London to the British Foreign Secretary in July 1900 carries the names "Baza o Cunana" extending in large print over the area between the Mareb and the Setit. Assuming that the names were placed central to the area to which they were meant to apply, it would appear that the area thus indicated by them extended in the east as far as 38° of longitude E, thus covering the whole of the area subsequently claimed by Eritrea as falling within its line.

POLLERA REPORT

B9. On 17 May 1904, the Resident of the Government Seat of Gasc, Pollera, reported on the eastern border of the Cunama region as follows:

Under the 1902 Italian-Abyssinian Convention for the cessation of the territory between the Gasc and the Setit, it was established that the border between these two rivers would be the Mai Teb, from its source, then continuing a little to the east of Hai Derg.

Your Excellency's visit to the region made it clear that the contracting parties had been misled by the erroneous graphic representation of the maps, and that everything that referred to the Mai Teb Hovevasi actually must be attributed to the Sittona stream. In any case, since the course of said river was not recognised by anyone, the border could not be considered established in a final and binding manner, at least under the treaty in question, leaving it, at the time, up to the special delegates to make this delimitation, with the purpose, established in the treaty, of leaving the entire region of the Kunama in Italian territory.

Consequently, we decided to consider for now that the border line between the Gasc and the Setit is the Ducambia Mittona [sic] road, which was quickly built in order to affirm the possession of that region.

But, from what I learned later, the Kunama country is much more to the east, and therefore I believe it is appropriate to visit this vast area, never before explored by any European, in order to find out its structure and obtain the data necessary for the subsequent delimitation of the border, if considered necessary.

In the enclosed sketch, I marked the line which, according to Kunama tradition, would constitute the border with the Adiabo. It includes the entire territory still roamed by the Kunama, and which was originally inhabited by them, used to harvest honey and rubber from the banks of the Setit and of the Gasc.

However, since there was never any pact between Kunama and Adiabo, the border is not acknowledged by the latter, who have always considered the region of Afrà as their own hunting territory. Moreover, it is marked by the particularity of the land distant from it, and is often not clearly marked, and therefore there is the need for a line which will be difficult to make well known. The official acknowledgment of that line, in any manner, is of little advantage. The regions established at the time on the bank of Setit from the Sittone mountain to the Ab Onú mountain have been destroyed, and for the few remaining inhabitants, now living on the Gasc, there is no advantage to returning to their original places, because this would require distant supervision, difficult and of little interest.

The left bank of the Gasc, however, will be gradually repopulated, and the Kunama groups currently living east of the Gongomà stream, in Abyssinian territory, will be attracted again to their old place, namely in the region ranging between the concave part of the arc formed by the Gasc and Hai itself.

Although there is, therefore, an interest in acknowledging their the right to the entire left bank of the Gasc up to the Gongomà stream, this interest wanes as they go towards the south, where perhaps it would be sufficient if the tribes under our supervision would recognise their right to seek honey and rubber.

Consequently, in my opinion, I do not think that it is possible to make a true and suitable delimitation of the border. However, by an additional convention besides that of 1902, it would be possible to establish:

1. That, in accordance with the preceding agreement, I will ask that all Kunama tribes be left in Eritrean territory, under the administration and command of the Italian Government, including all those groups which are still in Abyssinian territory; except in the case of evacuation of this territory and return within Eritrean borders within a period of two years;

2. That the entire valley of the Gasc, and its tributaries downstream from the juncture of the Gongomà stream, is considered Italian territory.

3. That the zone west of the Mesegà, which covers the western slopes of the Adiabo mountains, delimited by the juncture of the Gongomà stream to the north and the source of the Tonsa stream to the south, down to the Sittona Ducambia road, is considered neutral zone, with prohibition of hunting for each of the contracting parties, and under the supervision of the Italian government, except for the rights to seek honey and rubber, granted to the Baza tribes.

Since the convention can be discussed and signed between the two Governments, it would avoid the biased influence of Tigrai chiefs and especially Adiabo, who would certainly obstruct as much as they could the tracing of a border that takes away their freedom to hunt in a territory they consider their own by occupancy rights, and the last Kunama villages which they consider slaves, and therefore, almost private property.

If, later, there is an absolute intention to establish a de facto border, the only one that offers better advantages is that which I have indicated in the sketch, and which, starting from the source of the Tonsa stream in Setit, goes up its course and, through its tributaries Nebi Ualà and Gual Sohei reaches Roccia Cassona: then, passing through M. Aiculità, the hill of Guzulà and the baobab known by the Kunama by the name of Bedumà Asà and by the Abyssinians by the name of Ababà [illegible], crosses the great Mezzegà and reaches the Gongomà stream, whose source is in fact the Mezzegà.

However, the region of Ulcutta will remain beyond the border, for which it will be desirable to obtain what I proposed above, since it does not seem appropriate to me to include it within the new border because it is located in territory that is actually and incontestably Abyssinian...

APPENDIX C
Technical Note Relating to Maps

C1. Because it was agreed with the Parties at an early stage in the Commission's work that the fieldwork necessary to prepare a large scale map for demarcation, on a scale of 1:25,000, should not commence until after the delimitation Decision, the Commission has for the time being been obliged to use other sources of maps and images. These sources include:

(i) 1:100,000 Soviet Union Topographic Mapping Series.

(ii) 1:1,000,000 Vector Map Level 0.

(iii) SPOT 10-metre resolution, panchromatic, ortho-rectified imagery.

(iv) ASTER/TERRA 15-metre resolution, multi-spectral, ortho-rectified imagery.

(i) The 1:100,000 Topographic Mapping series was produced by the Soviet Union in the 1970s, has been the largest scale set of maps available to the Commission. Both Parties used these maps in their pleadings and submissions.

(ii) The 1:1,000,000 Vector Map Level 0 (VMAP0), produced by the United States National and Imagery and Mapping Agency in the early 1990s, has been used to generate the small-scale illustrative maps attached to the Decision. River tributaries that may be relevant to the Decision, but are omitted from the VMAP0 data, have been copied to the small-scale maps in the Decision from the Soviet 1:100,000 series or from the satellite imagery. Both Parties used VMAP0 to generate their small-scale maps in their pleadings and submissions.

(iii) Satellite imagery acquired from the French SPOT satellite, which has a resolution of 10 metres per pixel and is panchromatic, has been orthorectified using ground control points collected by the Field Offices of the Secretary of the Commission to produce a series of satellite maps on the scale of 1:50,000. These maps have been used to verify so far as possible the existence of towns and natural features on the ground, including rivers and their tributaries. These maps also serve as the base for illustrating the Decision in the Central Sector. Measurements in the Decision have been based on this series.

(iv) Satellite imagery acquired from the Japanese ASTER/TERRA satellite, which has a resolution of 15 metres per pixel and multi-spectral bands, has been orthorectified to provide images for the interpretation of terrain features.

C2. Towns shown in this Decision have been compiled from the 1:100,000 series and verified against the satellite imagery of SPOT and ASTER/TERRA. If a town is not shown on the Soviet maps, its approximate location has been determined on the basis of the submissions of the Parties.

C3. The reference system of the measurements and maps used in this Decision is the World Geodetic System 1984 (WGS-84). For all practical purposes related to this Decision, the WGS-84 datum is the same as the Eritrea Ethiopia Boundary Datum 2002 (EEBD-2002) that is being developed for the demarcation of the boundary. In the *Dispositif*, Chapter VIII, all coordinates have been computed in latitude (N) and longitude (E) to the nearest one-tenth of a minute in terms of the WGS-84 datum except as otherwise indicated. This produces a resolution of approximately 0.18 km on the ground. The coordinates will be made more precise by the new mapping to be made during the demarcation phase.

Eritrea – Ethiopia Boundary Commission (Decision, 13 April 2002) 665

Map 1

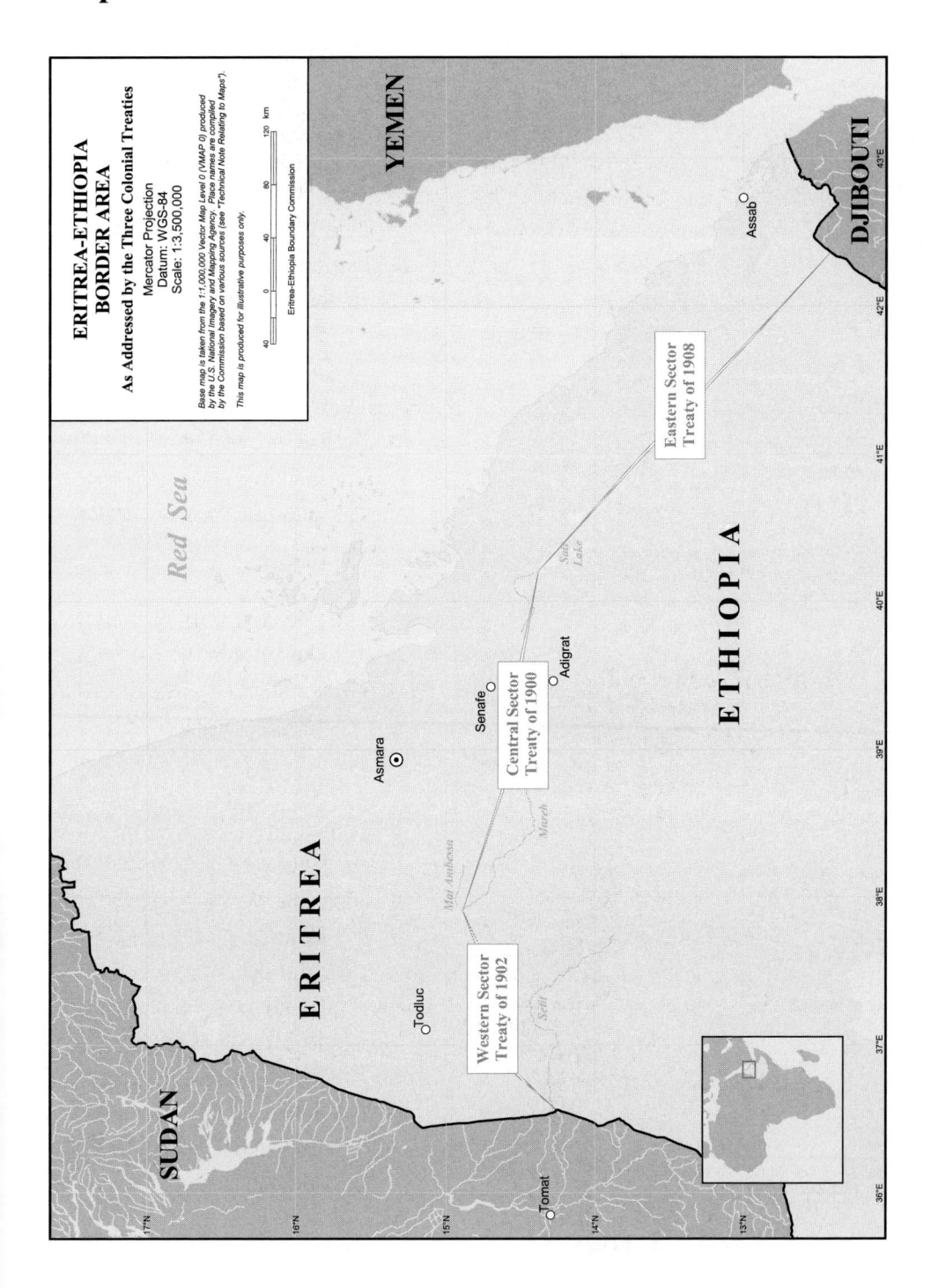

Map 2

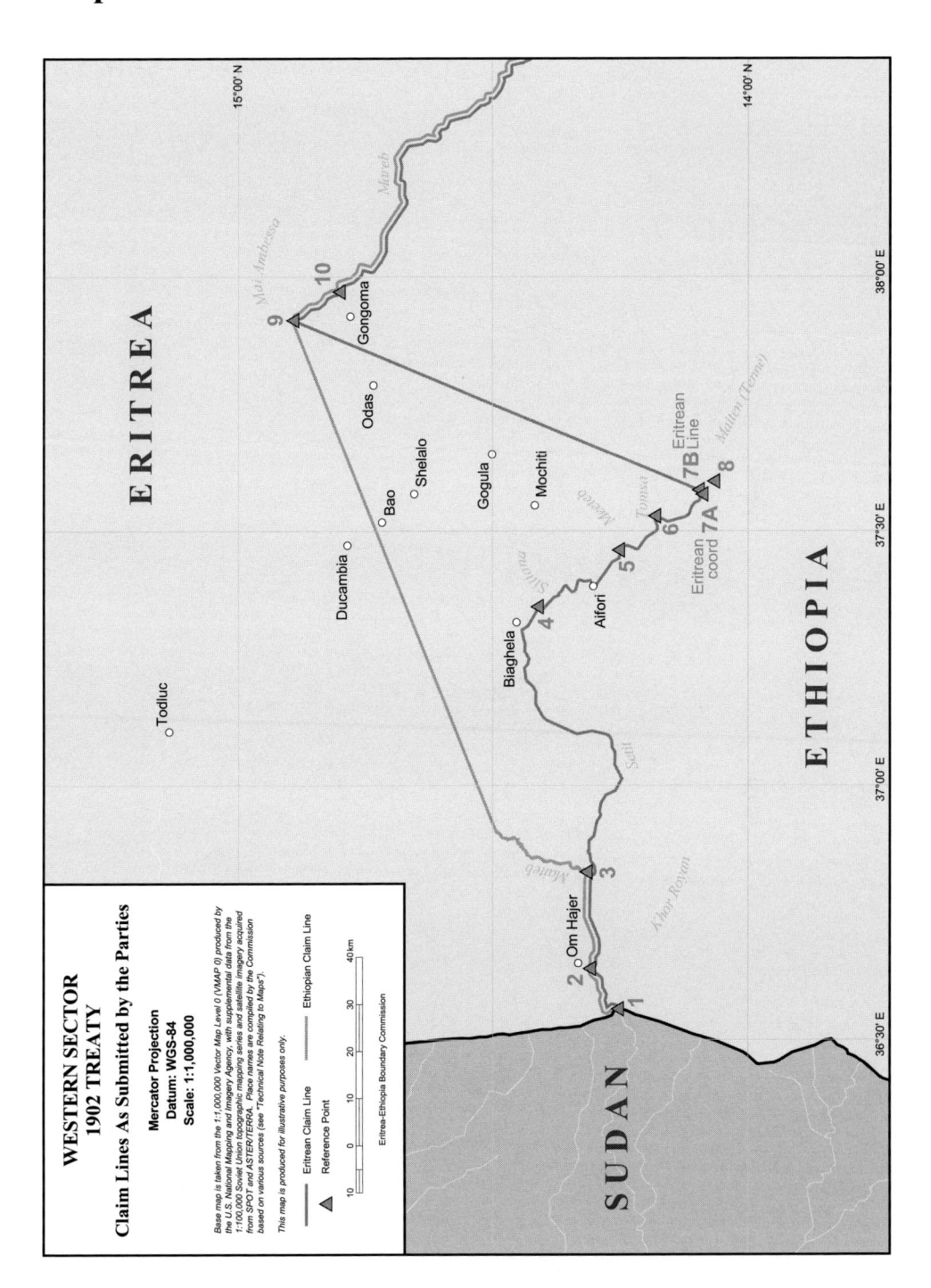

Eritrea – Ethiopia Boundary Commission (Decision, 13 April 2002) 669

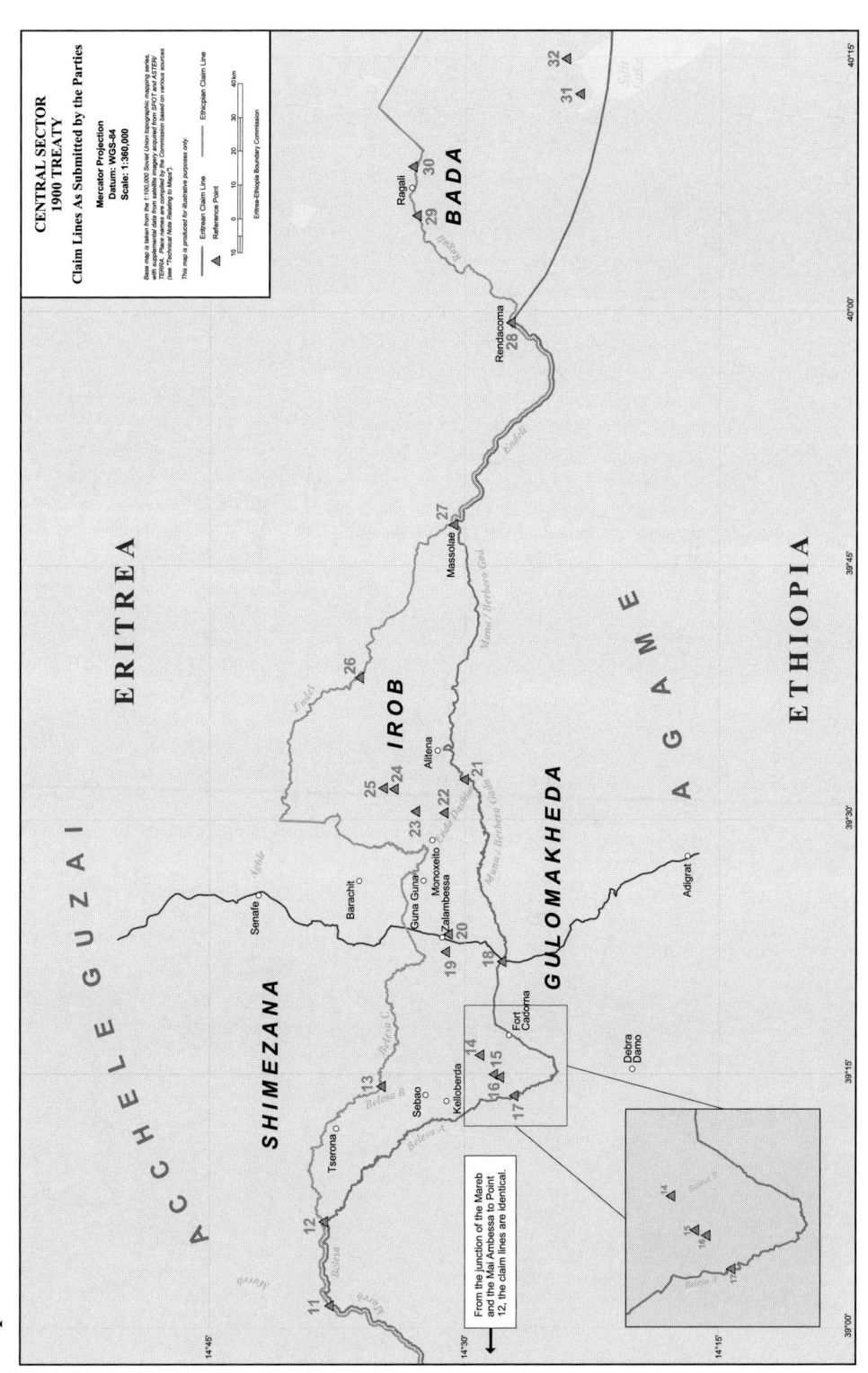

Map 3

Eritrea – Ethiopia Boundary Commission (Decision, 13 April 2002) 671

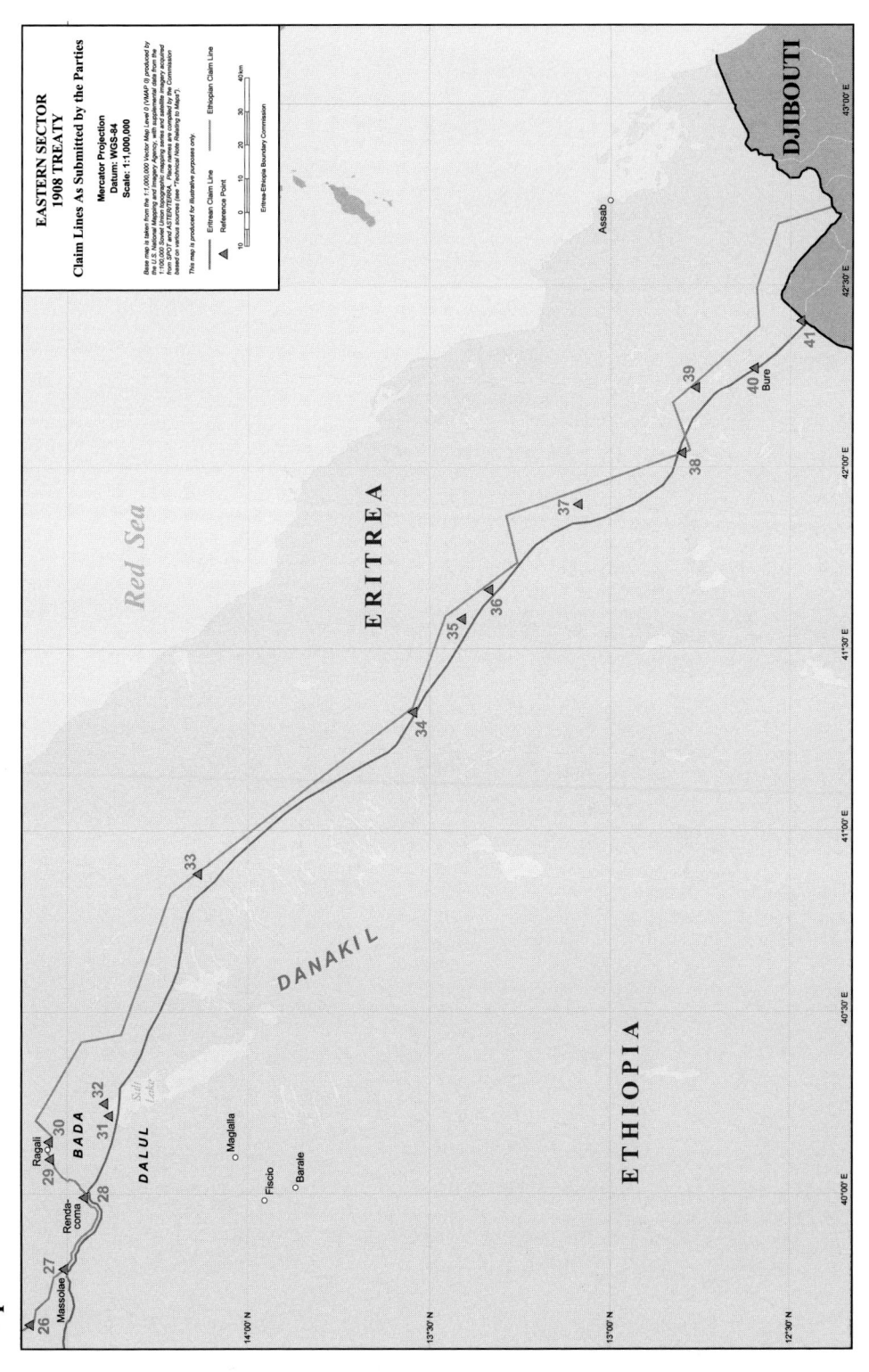

Map 4

Eritrea – Ethiopia Boundary Commission (Decision, 13 April 2002)

Map 5

1900 TREATY MAP

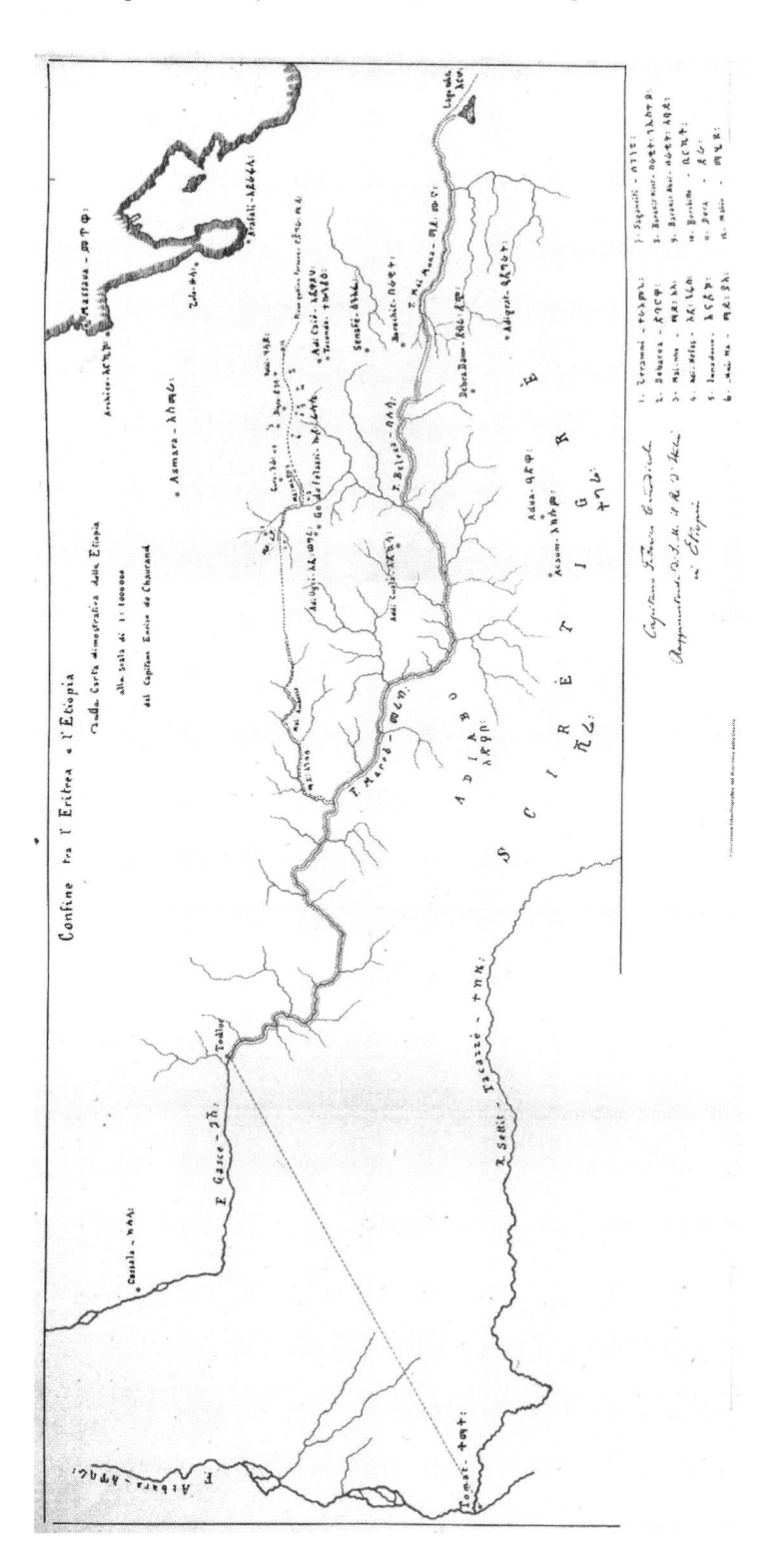

Map 6

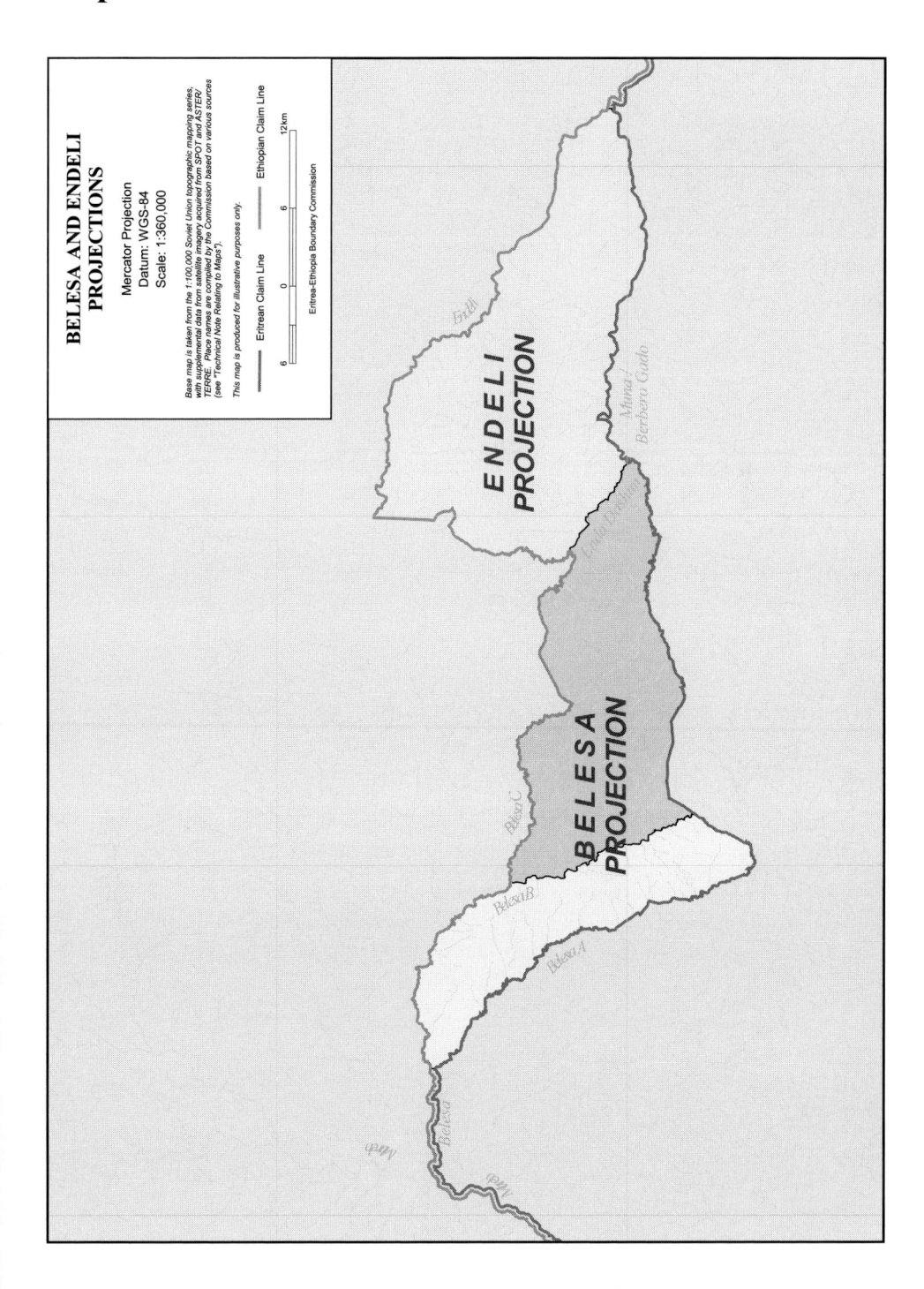

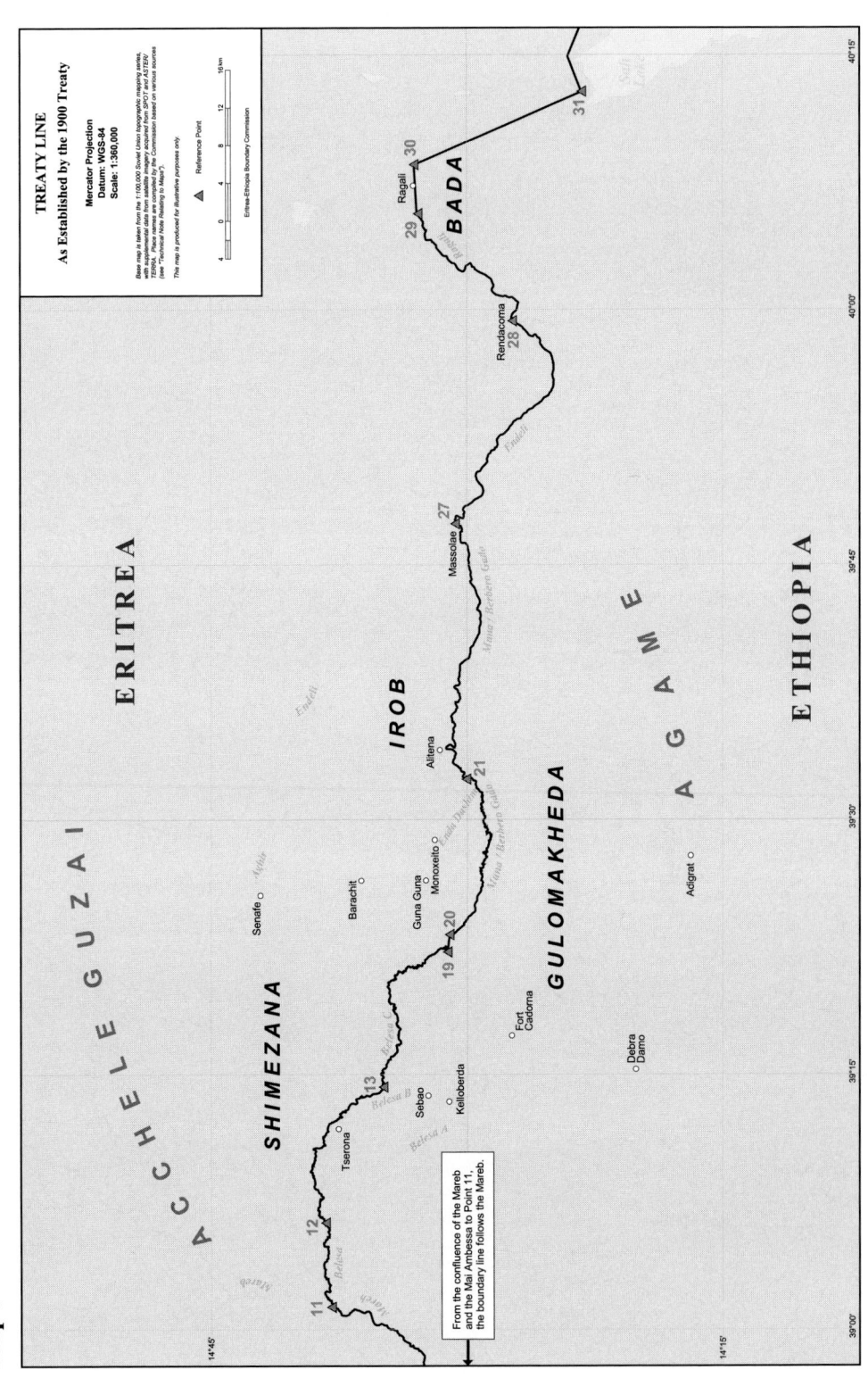

Eritrea – Ethiopia Boundary Commission (Decision, 13 April 2002) 677

Map 8

MAI DARO MAP

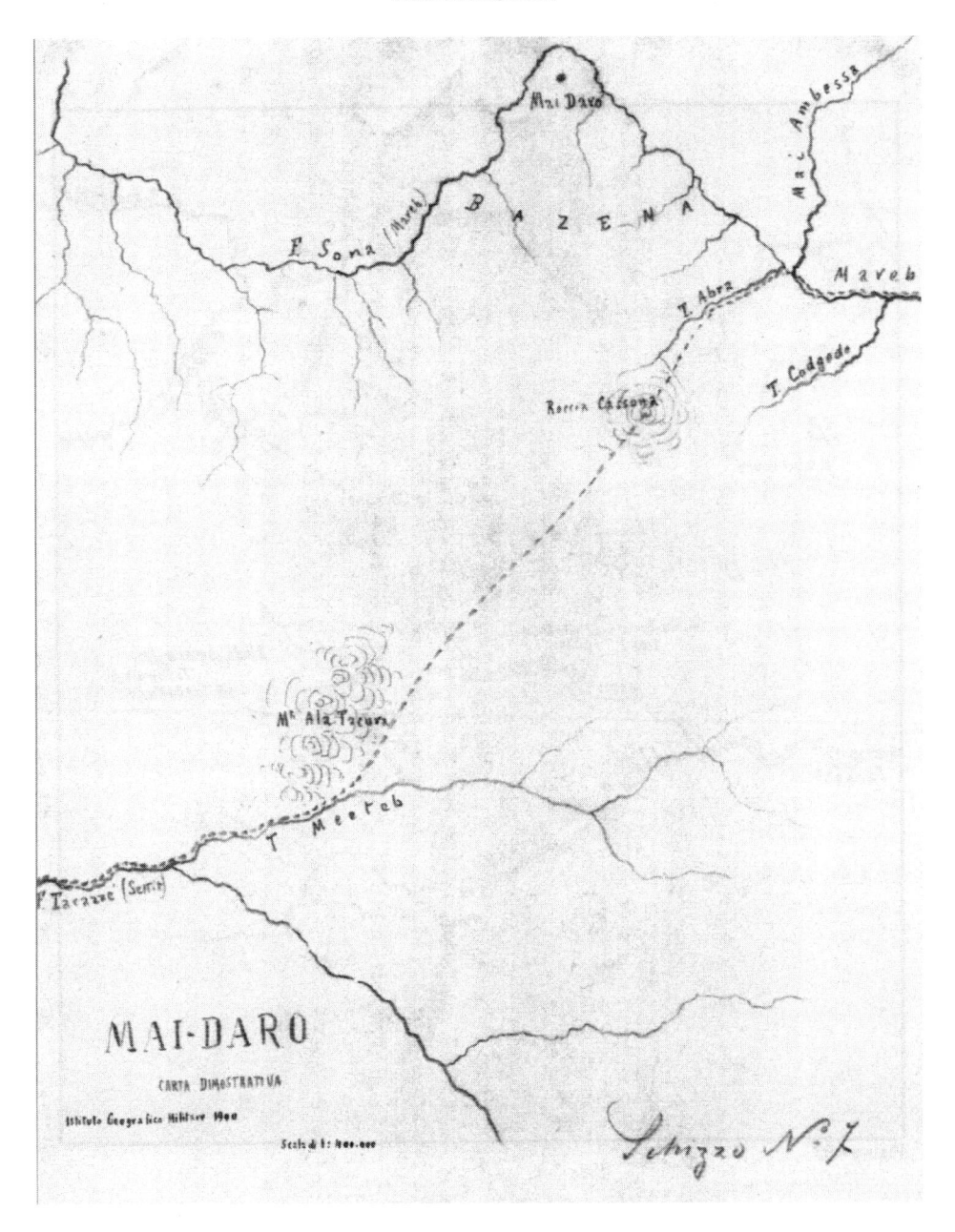

Map 9

DE CHAURAND MAP
Excerpt Corresponding to the Mai Daro Map

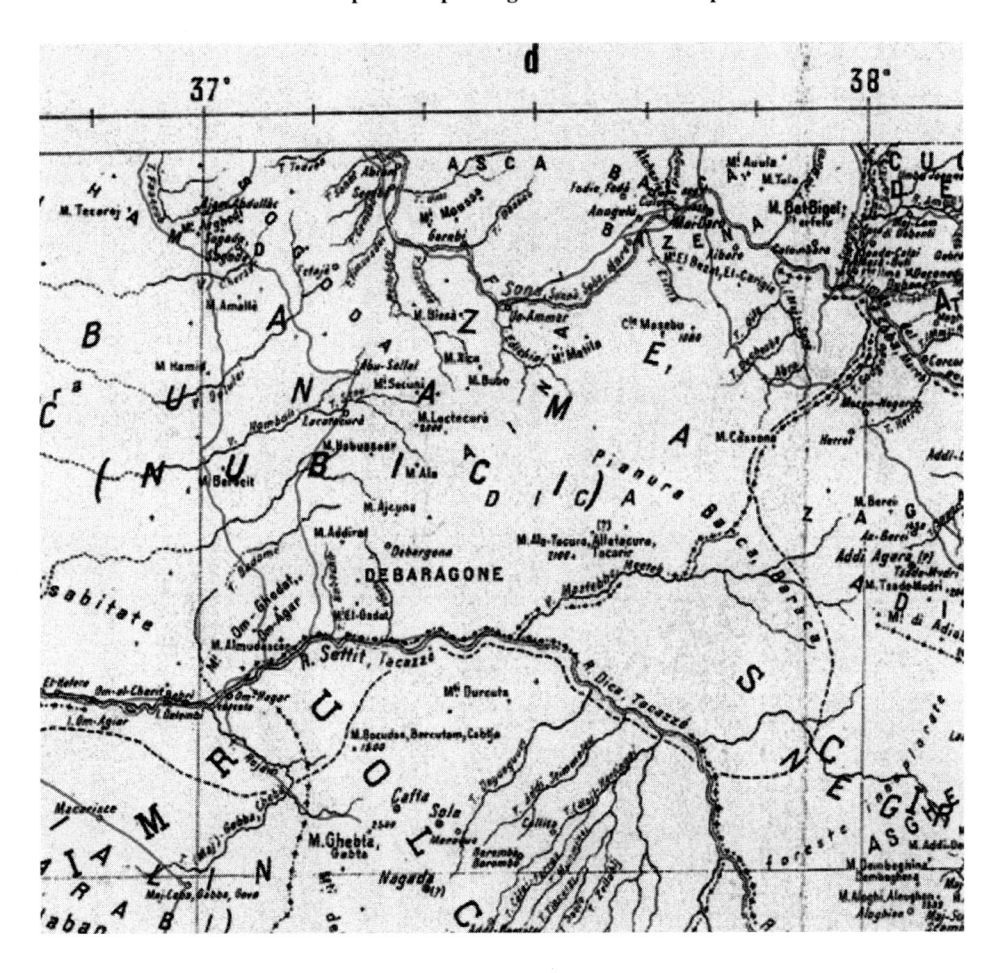

Eritrea – Ethiopia Boundary Commission (Decision, 13 April 2002) 683

Map 10

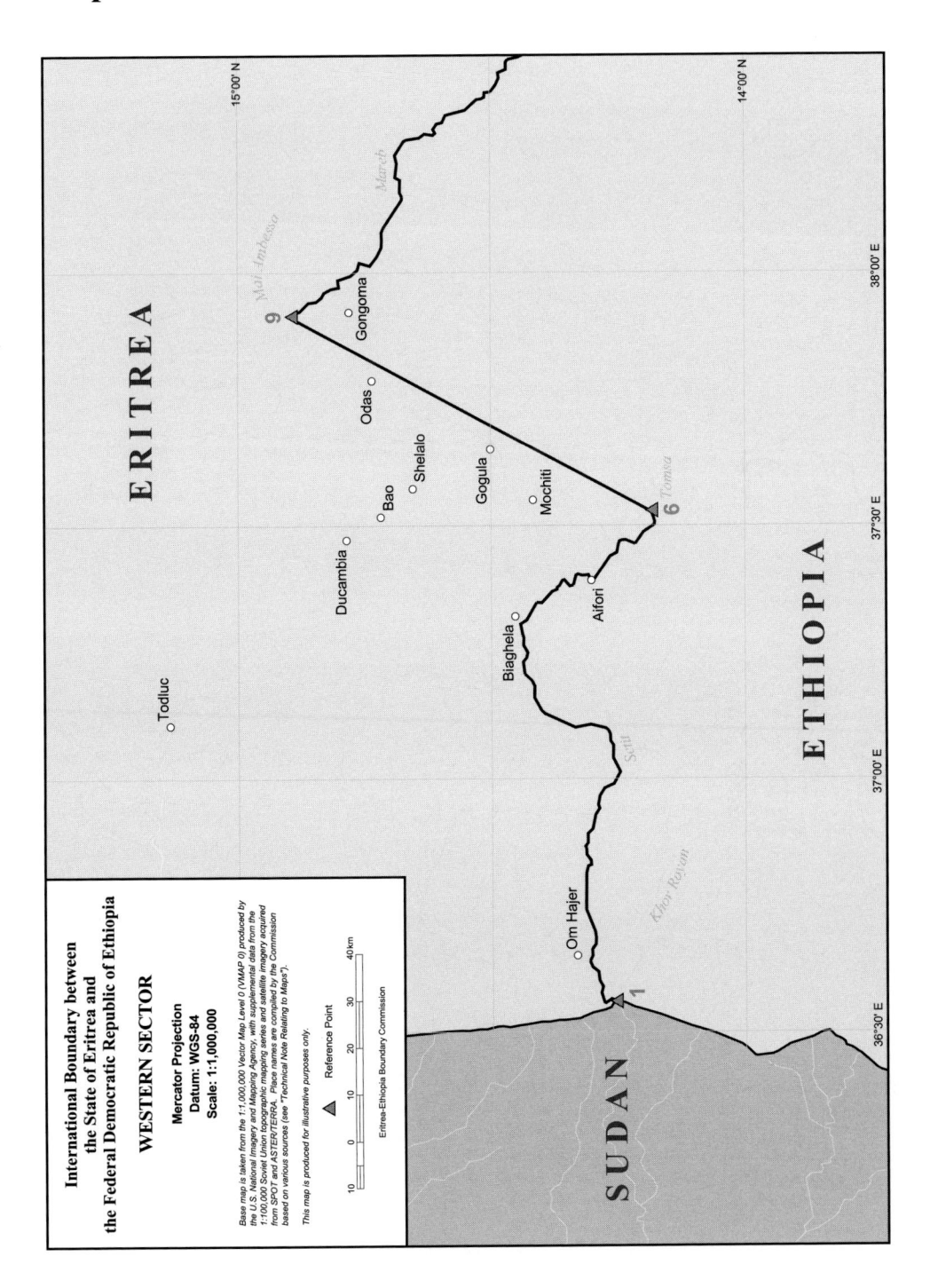

Eritrea – Ethiopia Boundary Commission (Decision, 13 April 2002) 685

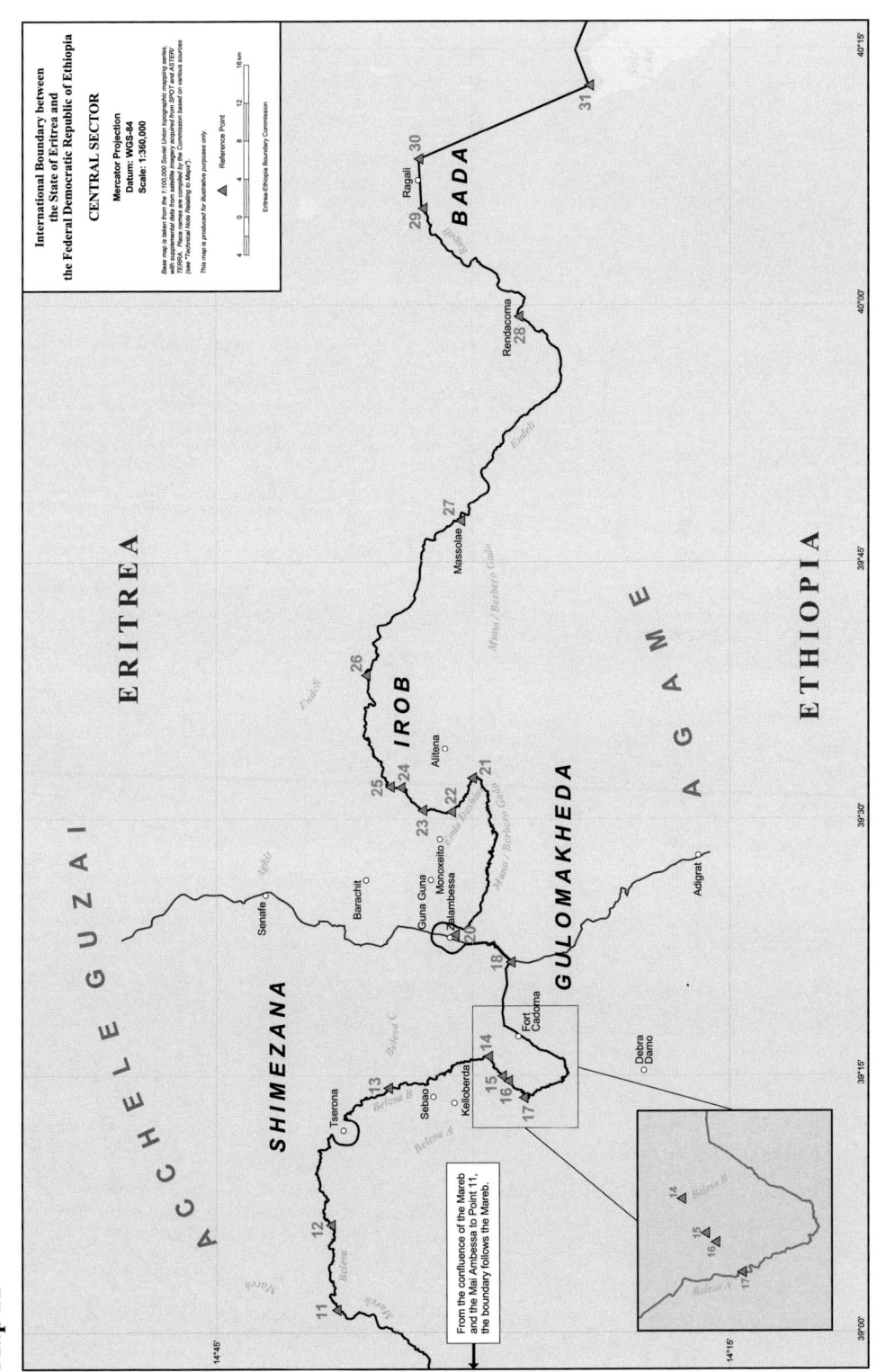

Map 11

Eritrea – Ethiopia Boundary Commission (Decision, 13 April 2002) 687

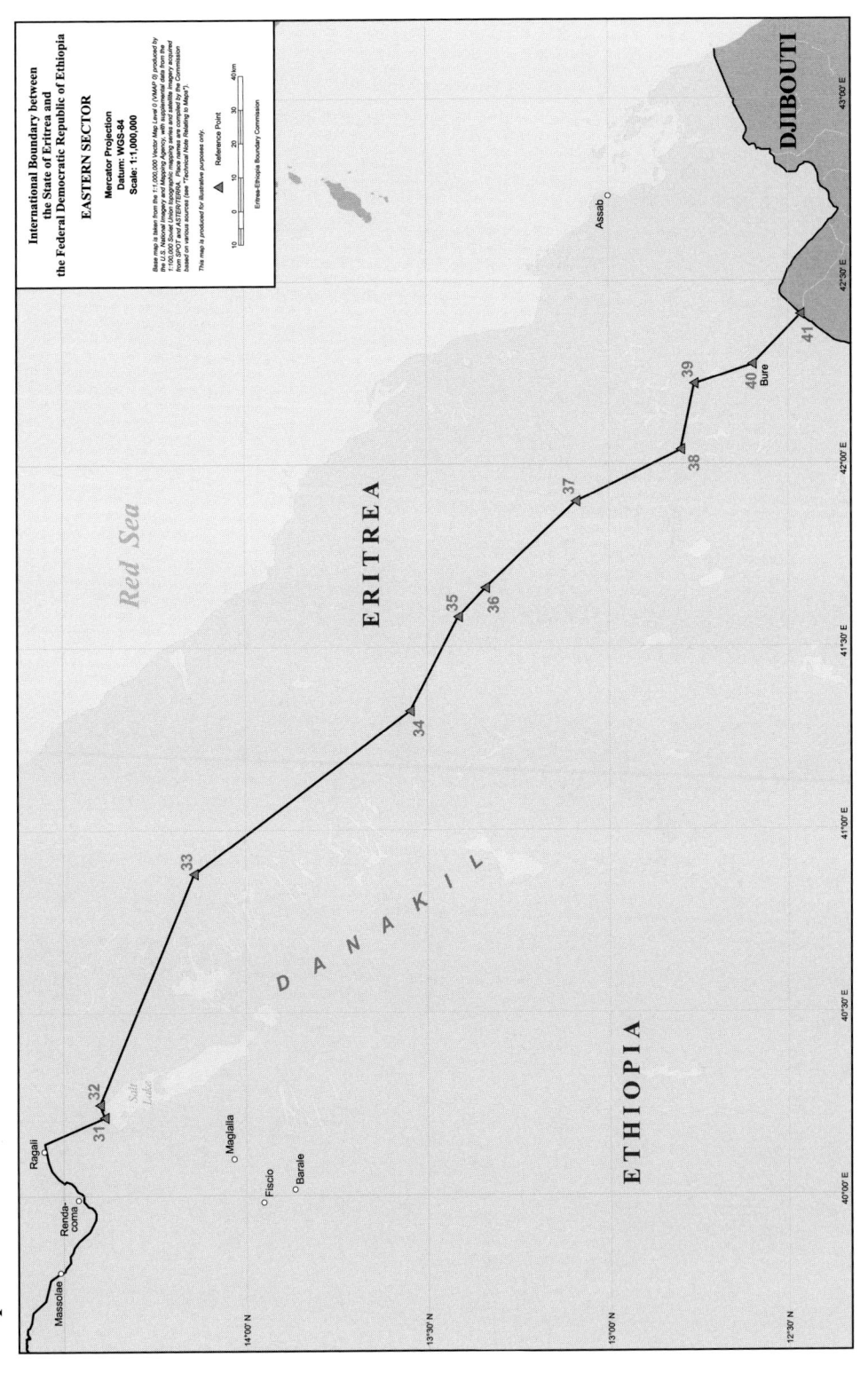

Map 12

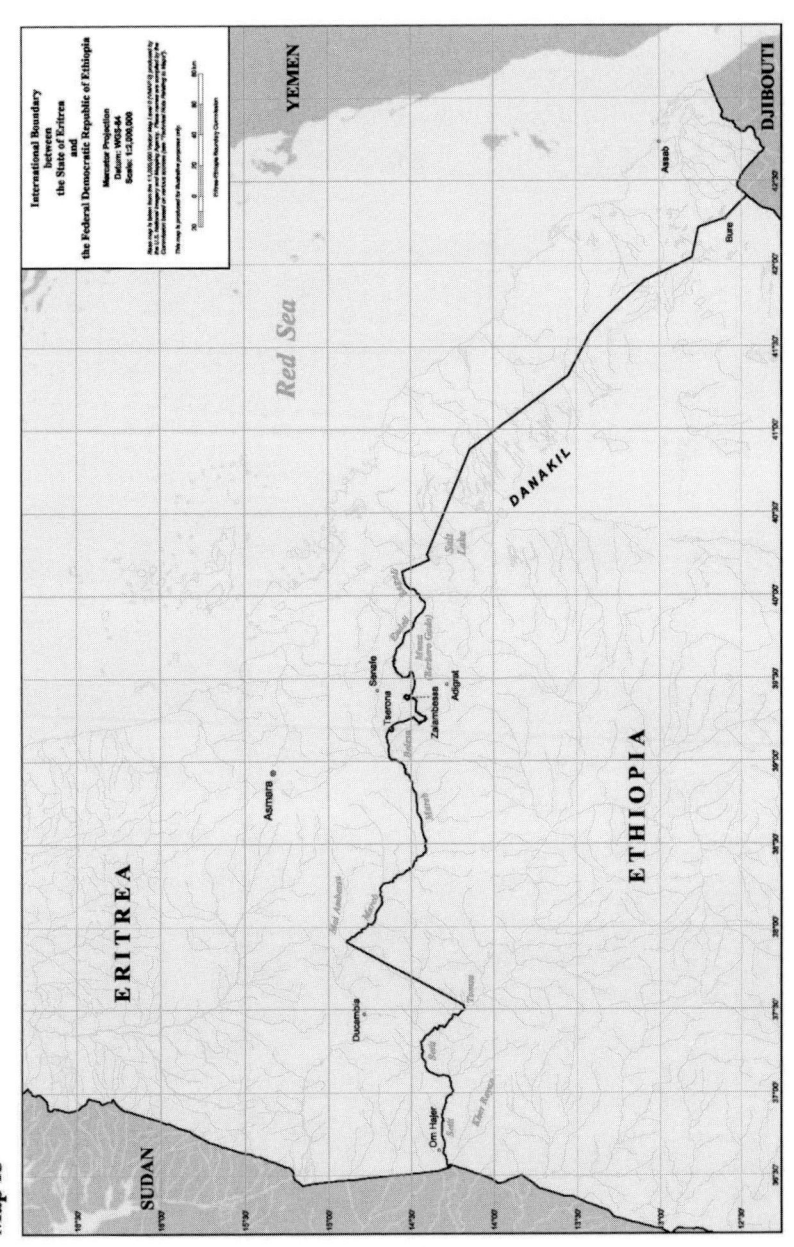

Map 13

ANALYTICAL INDEX

A

Abuse of rights, 278, 279
Accessorium sequitur principale, 334
Acquiescement (tacite), 317
  Legally Qualified Silence, 126, 142
Afghanistan, 98
Afrah (Mohamed Qanyare), 429
Africa
  History, Empire of Ghana, 45
  History, Empire of Mali, 45
  History, King Makoko, 62
African, Caribbean and Pacific Group of States (ACP), 50
African Charter on Human and Peoples' Rights (ACHPR) Banjul, 1981, 25, 52, 54, 60, 64, 68, 69
  Protocol on the establishment of the african court of human and peoples' rights (Ouagadougou, 1998), 69
African Development Bank (ADB), 181, 466
African Energy Commission (AFREC) / African Energy Programme, 451, 466, 467
African Economic Community (AEC) / Abuja Treaty, 8, 14-20, 29-36, 39, 42, 52, 55, 57, 58, 68, 69, 70, 74, 148, 151, 152, 154, 157, 158, 162, 164, 181, 182, 453, 454, 456, 471
  Compensation and Development Trust Fund, 182
  Draft Protocol to the Treaty Establishing the African Economic Community, 20
  Economic and Social Commission, 15
  First Session of AEC Economic and Social Commission, AEC/ECOSOC 3(I) Rev. 1, 15
  Lagos Plan of Action, 471
  Regional Economic Communities (RECs), 8, 14, 15, 16, 18, 25, 31, 55, 56, 73, 148, 153, 167, 175, 453, 454, 455, 459
African Model Law for the Protection of the rights of Local Communities, Farmers and Breeders and for the Regulation of Access to Biological Resources (1998), 191, 462, 484
African Traditional Medicine, 451, 461
African Union (AU) / Constitutive Act / Lomé Treaty, 1-99, 148, 150, 164
  Constitutive Act (Drafts), 17, 20, 21
  Organs, 17, 80, 81
    African Central Bank (ACB), 18, 30, 57
    African Investment Bank (AIB), 30, 57, 58
    African Monetary Fund (AMF), 30, 57
    African Court of Justice (ACJ), 18, 30, 67, 68, 80
    Commission, 80
    Economic, Social and Cultural Council (ECOSOCC), 80, 453
    Executive Council, 34, 70, 80, 452, 453
    Financial Institutions (ACB, AIB, AMF), 80
    Pan-African Parliament, 10, 18, 20, 30, 80, 81, 456
    Pan-African Parliament (Protocol to the Treaty Establishing the African Economic Community Relating to the Pan-African Parliament), 456
    Permanent Representatives Committee, 80
    Specialized Technical Committees (STCs), 34, 70, 80, 453, 455
    Specialized Technical Committee in charge of Industry, Science and Technology, Energy,

Natural Resources and Environment, 164
Right to intervene, 81
Union Day Commemoration (2 March), 457
Common defence policy, 28
Protocol on Relations between the African Economic Community and Regional Economic Communities, 454
Transitional period, 456-457
Ago (Roberto), 218
Aggression, 78, 283, 310, 311
Aidid (Hussein Mohamed Fara), 429
Algeria, 3, 7, 29, 40, 71, 430, 470
Al-Khasawneh (Awn Shawkat), 268
Dissenting Opinion, 279
Al-Megrahi (Abdel Basset), 467
Ammoun (Fouad), 44-46, 61
Amnesty, 392- 393
Angola, 21, 391-395
Lusaka Protocol, 391, 392, 393, 394
National Union for the Total Independence of Angola (UNITA), 83, 90, 91, 92, 392, 393, 394
Annan (Kofi), 89, 93, 97
Anzilotti (Dionisio), 138
Arbitral Awards
See: *Case Law*
Argentina (constitutional system), 437
Armed Attack
See: *Agression*
Armed conflict, 396, 412, 413, 463
Armed rebellion, 396, 417
Asian-African Legal Consultative Organization, 217
Asylum, 464
Aves Island (1864), 334
Austria, 135
Azikiwe (Nnamdi), 12

B
Balkanization, 49
Bayona-ba-Meya, 60, 61

Bedjaoui (Mohammed), 49, 268
Common Dissenting Opinion (Bedjaoui, Ranjeva, Koroma), 311, 318, 319, 321, 322, 329, 348, 360, 376
Belgium, 268, 269, 270, 290, 291, 292, 293, 294, 295, 296, 297, 298, 299
Act on the repression of serious breaches of international humanitarian law (1993), 297
Ben Bella, 40, 71, 72
Benin, 3, 180
Bernárdez (Torrez), Dissenting Opinion, 312, 319, 320, 321, 322, 323, 325, 348, 360, 361
Bockarie (Sam), 421
Bongo (Omar), 95
BONUCA
See: *Peacekeeping Operations*
Bosnia-Herzegovina, 125
Botswana, 21, 408
Boundary, 10, 11, 26
African Boundaries, 1885 General Act of Berlin, 11, 444
Bourguiba (Habib), 40
Bouteflika (Abdelaziz), 470
Boutros-Ghali (Boutros), 49, 84, 95, 96
Brazil (constitutional system), 437
Bretton Woods
See: *International Monetary Fund and World Bank*
Structural Reform, 56
Buergenthal (Thomas), 268
Bula-Bula (Sayeman), Dissenting Opinion, 291 298
Bulama Island (1870), 334
Burghardt Du Bois (Edward William), 41, 48, 72
Burkina Faso, 3, 9, 11, 91, 92, 180, 465

Burundi, 3, 269, 270, 283, 295, 395-398, 407, 410
  Arusha Agreement, 395-398
  Forces for National Liberation, 395
  Forces for the Defence of Democracy, 395
  Interim multinational security presence, 397
  Pretoria agreement (11 October 2001), 397
  Regional Peace Initiative and its Implementation Committee, 396, 398
  Transitional Government, 398

C
Cabral (Amilcar), 40
Cameroon, 21, 97
Canada, 201, 437, 441
Canary Islands / Frente Popular por la Independencia de Canarias, 27
Cape Verde, 3
Case Law
  Arbitral Awards
    1872 *Alabama case* (The), 226
    1843, *Portendick Port*, 140
    1870 *Bulama Island*, 334
    1872 *Alabama*, 226
    1891 *Boundaries between Colombia and Venezuela*, 324
    1898 *Romano*, 330
    1900 *Boundaries between Colombie and Costa Rica*, 324
    1909 *Boundaries Dispute between Bolivia and Peru*, 324
    1909 *Grisbadarna*, 304, 315, 336
    1910 *Fisheries of North Atlantic* (United Kingdom v. United States of America), 344
    1922 *Boundaries between Colombia and Venezuela*, 324
    1928 *Palmas Island* (United States of America / Netherlands), 315, 317, 333, 334
    1930 *Schufeldt*, 141
    1931 *Clipperton Island* (France / Mexico), 315, 333
    1932 *Kronprinz Gustav Adolf and Pacific Ships*, 344
    1933 *Central Rhodope Forest* (Greece / Bulgaria), 344
    1933 *Boundary between Honduras and Guatemala*, 330
    1963 *Sapphire International Petroleums Ltd. v. National Iranian Oil Cy.*, 325
    1963 *Interpretation of 27 March 1946 Aerial Treaty* (United States of America / France), 141
    1977 *Beagle Canal* (Argentina / Chili), 326, 334
    1977 *Continental Shelf of Iroise Sea* (France / United Kingdom), 336
    1981 *Delimitation between Dubaï and Sharjah*, 327, 337, 352
    1992 *Maritime Delimitation between Canada and France* (St. Pierre et Miquelon), 345, 356, 357, 358
    1999 *Maritime Delimitation between Erytrea and Yemen*, 303, 322, 334, 335, 337, 338, 344, 347, 351, 361
  National Tribunals
    Canada, Federal Court of Appeals (1988), *National Corn Growers Association v. Canada*, 133
    India, Supreme Court (1990), *Union of India v. Sukumar Sengupta*, 141
    Israel, Supreme Court (1968), *Kamiar*, 141
    Switzerland, (1973) *Schubert*, 133
    United Kingdom, House of Lords (1966), *Carl Zeiss Stiftung v. Rayner and Keeler, Ltd. (no. 2)*, 132
    United States of America, (1984) *Marc Rich*, 134

United States of America,
  Supreme Court (1993),
  *Hartford Fire Insurance Co.
  v. Californi*, 134
United States of America, US
  Court of Appeals (1993),
  *Mississippi Poultry
  Association v. Michigan*, 133
United States of America, US
  Court of Appeals, Columbia
  Circuit (1987), *South African
  Airways v. Dole*, 133
CEMAC
  See: *Economic and Monetary
  Community of Central Africa*
CEN-SAD
  See: *Community of Sahel-Saharan
  States*
Central African Republic, 3, 398-403
  BONUCA
  See: *Peacekeeping Operations*
Chad, 3
Chagos Archipelago and Diego
  Garcia, 26, 27
Child soldier, 420
China (People's Republic of), 90, 221
  accession to WTO, 195
China (Republic) or Chinese Taipei,
  accession to WTO, 195
Circumstances
  Exceptional, 127
  Special, 346-348, 354-359, 374,
    375, 376, 386-389
Cold War (Cold War era, East, West),
  27, 75, 85, 98
Collapse of the Soviet Union, 14
Colonialism / Colonization, 10, 24,
  26, 41, 42, 43, 44, 45, 47, 49, 50,
  52, 72
  Anticolonialism, 41
  Linguistic Colonization, 66
  Decolonization, 50, 52, 62, 64, 72,
    73
  Indirect rule, 314
  Neocolonialism, 42, 43, 47, 49, 50,
    52, 64, 65, 66, 72
  Colonial powers, 46, 50

Common Market for Eastern and
  Southern Africa / COMESA
  (1993), 14, 69, 82, 148, 150, 151,
  153, 155, 156, 157, 159, 160, 161,
  162, 164, 166, 167
Commonwealth, 41, 278, 279, 280
Community of Sahel-Saharan States,
  CEN-SAD / COMESSA
  (1998), 14
Compaoré (Blaise), 465
Competition, Anti-competitive
  practices, 192
Confederacy, 34, 70, 73
Conflict
  Prevention, 24
  Resolution, 24, 84, 394, 404, 410,
    428, 430
    Demobilization and
      Reintegration, 400, 406, 407,
      408, 410, 418, 421, 422, 424,
      426, 427, 428
    Disengagement, 404, 407, 408
    Resettlement of armed groups,
      406, 407, 408, 410
    Restoration of and consolidation
      of peace, 401
    Withdrawal, 404, 405, 406, 407,
      408, 409
Congo (Democratic Republic of), 4,
  21, 88, 89, 402, 404-410
  Harare sub-plans for disengagement
    and redeployment of troops, 404
  Inter-Congolese Dialogue, 405,
    407, 408, 410
  Joint committee on disarmament,
    426
  Joint Military Commission (JMC),
    88
  Kampala and Harare Agreements,
    405
  Kampala plan, 404
  Lusaka Cease-Fire Agreement
    (1999), 88, 404, 406-410
  Report of the Expert Panel on the
    illegal exploitation of Natural
    Resources and Other Forms of
    Wealth, 406

Withdrawal of the foreign forces, 408
Withdrawal of Ugandan forces, 407
Congo (Republic of), 21
Congress of Berlin
  See: *Boundary (African Boundaries)*
Constitutional State (Häberle' doctrine), 438-440
Constitutional Study, 437-441.
Conventions
  Perpetual Maritime Peace Treaty (1853), 309
  Paris Treaty (1856), 120
  Agreement between Ali bin Khalifah (Bahrein) and United Kingdom (1868), 310, 311
  Establishment Treaty between Switzerland and Austria (1875), 135
  General Act of Berlin (1885)
    See: *Boundary*
  The Hague Convention IV on Disputes Peaceful Settlement (1907), 325
  English-Ottoman Agreement (1913, revised in 1914), 310, 315
  Convention of St Germain-en-Laye regulating freedom of navigation on the Niger River (1919), 444
  Lausanne Treaty (1925), 326
  General Act for Peaceful Settlement of Disputes between States (1928), 273-277, 282
  Peace Treaty between Italy and Allied Powers (1947), 326
  Belgrade Convention on the Danube (1948), 120
  Convention on the Prevention and Punishment of the Crime of Genocide (1949), 84
  Geneva Conventions (1949), 297
  United Nations Convention relating to the Status of Refugees (1951), 463
  Geneva Convention on Territorial Sea and Contiguous Zone (1958), 339, 351, 352, 375
  Convention on the Continental Shelf (1958), 375
  International Union for the Protection of New Varieties of Plants / UPOV Convention (1961), 191, 199
  Paris Convention for the Protection of Industrial Property (1967), 187, 192, 208
  United Nations Convention relating to the Status of Refugees, Protocol (1967), 463, 464
  OAU Convention governing the Specific Aspects of Refugee Problems in Africa (1969), 463
  Vienna Convention on the Law of Treaties Between States (1969), 128, 221, 228-231, 237, 240, 327
  Simla Bilateral Agreement between India and Pakistan (1972), 280, 281
  Vienna Convention on Succession to Treaties (1978), 229, 274
  UN Convention on the Law of Sea / Montego Bay Convention (1982), 316, 338, 339, 341, 342, 344, 345, 347, 348, 363, 373, 375, 377, 378, 379, 380, 381, 382, 384, 389
  Vienna Convention on the Law of Treaties Between States and International Organizations, or Between International Organizations (1986), 229-231
  Basel Convention on the control of transboundary movements of hazardous wastes and their disposal (1989), 157, 158, 176
  Bamako Convention on the ban of the import into Africa and the control of transboundary movement and management of hazardous wastes within Africa (1991), 158, 176

Convention on Biological Diversity / CBD (1992), 186, 190, 197, 198
Sofia Treaty (1994), 121
Convention on the Law of Non-navigational Uses of International Watercourses (1997), 163, 226
OAU Convention on the Prevention and Combating of Terrorism (1999), 98
Convention of the African Energy Commission
  See: *African Energy Commission*
Corten (Olivier), 283, 287
Côte d'Ivoire, 40, 95, 96, 180
Council of Europe, Committee of Legal Advisers on Public International Law of the Council of Europe, 217
Counter-measures, 124, 129, 139, 218-221, 223, 248, 256-257
Crawford (James), 217
Crimes against humanity, 28, 81

D

Danube Commission, 120
Death penalty, 406, 409
Debts (external) of States, 56, 68, 403, 418
  Heavily Indebted Countries Initiative Programme (HICIP), 418
  Reduction, 418
Delimitation and Demarcation, 124, 301-390, 411-415, 497-689
  Baseline, 341, 344, 358, 377, 378, 379, 380, 382, 383
  Bay and Maritime Aeras out of the Bay, 302
  Continental Shelf, 375, 384, 389
  Equidistance / exceptional circumstances, 339-341, 348, 349, 350, 351, 352, 353, 355, 358, 359, 362, 363, 375, 377, 389
  Equidistance Line, 303, 304, 339, 340, 341, 342, 346, 347, 349, 350, 351, 352, 353, 354, 355, 359, 360, 361, 362, 375-378, 379, 383, 389
  Historical Mediane Line, 387
  Inequitable Result, 382
  Land Boundary, 302
  Land and Maritime Boundary, 303
  Maritime Boundary, 124, 373-388
  Mediane Line, 339, 349, 353, 358, 362, 372, 377, 378, 382, 384, 385, 387
Democracy, 25, 28, 36, 445, 438, 439, 444
Democratic institutions, 399
Democratic principles, 27, 392
Democratization, 16, 24, 28, 29
Election and Referendum (free, fair, transparent), 393, 404, 421, 422, 425, 431
Rule of law, 24, 27, 29, 426
  See also: *Rechsstaat*
Development Concern
  African Common Initiative, 471
  See also: *MAP and NEPAD*
Developed countries, 188, 192, 201, 203, 205, 206, 211
Developing countries / Least developed countries, 185-190, 192, 196-207, 211
Diplomatic Protection, 215, 216, 233-236, 241
Disarmament, 400, 406, 407, 408, 421, 422, 424, 425, 426, 427
  Arms collection programme, 403
  Programme for the collection of shotguns, 426
Discrimination, principle of non-discrimination, 196
  Non discrimination principle in the patentability, 188
Dispute settlement, 25, 219, 220, 221, 223, 256, 257, 443-445
  Peaceful Settlement of International Disputes in Post-Colonial Africa, 444
  Principle of Peaceful Settlement of Disputes, 25, 445
Djibouti, 3, 33, 378, 428-430

Dlamini-Zuma, 84
Doha Declaration (Ministerial Conference, 2001), 195, 197, 198, 203, 204, 205, 206
  Drafts Declaration, 201, 202, 203, 204, 205
  Preparation of Doha Ministerial Conference, 195
Due diligence (principle), 225
Dugard (John), 233

E

East African Community (EAC), 14, 15
Economic and Monetary Community of Central Africa (CEMAC), 14, 148, 159, 160, 161, 166, 180, 181, 182
  Development Fund, 182
Economic and Monetary Union of West Africa (UEMOA) / Ouagadougou Treaty (1994), 14, 148, 162, 175, 179, 180, 181, 182
  Additional Act n°01/98, 182
  Additional Protocol on sectorial policy, 162, 163
  Recommandation n°02/97/CM on environment management (1997), 175
  Regional Integration Assistance Fund, 182
  Structural Fund, 182
Economic Community of Great Lakes Countries (ECGLC), 15, 147
Economic Community of West African States (ECOWAS), 14, 82, 87, 96, 148, 151, 152, 153, 154, 157, 159, 161, 423
  ECOWAS Monitoring Group / ECOMOG, 88, 423
  Regional system of surveillance to prevent the import, the transit, the deposit or the burying of hazardous wastes, 159
Egypt, 11, 17, 34, 40, 470
Embargo, 428, 467
  Arms, 428
  Diamond (Sierra Leone), 427

Diamond (Sierra Leone and Liberia), Certificate of Origin, 427
Environment
  African Biosafety Model Law and an Africa-wide Biosafety System, 462, 484
  African Process for the Development and Protection on the Coastal and Marine Environment, 461, 483
  Development in Africa, 444
  Environmental impact assessment, 179, 226, 261
  Polluter-pays Principle, 156, 179, 226
  Precautionary Principle, 179, 226
  Rio Declaration on Environment and Development (1992), 225-227
  Stockholm Declaration on the Human Environment (1972), 225
Equatorial Guinea, 3, 33
Equitable sharing of benefit (principle of), 198
Eritrea, 21, 33
Erytrea – Ethiopia (conflict), 410-417
  Algiers Peace Agreement 12 December 2000, 410, 411, 416
  Boundary Commission (EEBC), 413-416, (Arbitral Awards) 497-689
  Claims Commission, 413, 415, 416
  Delimitation and demarcation commission, 411
  Trust Fund (facilitate the rapid delimitation and demarcation), 415
Erytrea – Yemen (land and maritime dispute), 365-390
  Agreement on principles (Paris, 1996) / Compromise, 366, 369, 370, 373, 387, 390
  Cooperation Agreement on Trade and Maritime Questions Resolution (Asmara, 2001), 390

Arbitral Award on Sovereignty (1998), 366
Essy (Amara), 95, 96
Ethiopia, 3, 4, 8, 20, 31, 40, 44
Ethnic cleansing, 29
European Union, 16, 20, 36, 37, 50, 57, 145, 156, 165, 167, 168, 171, 172, 173, 178, 183
   Environment Cohesion Fund, 183
   Agricultural Fund, 183
   Social Fund, 183
   Community Legal Instruments, 177
   European Coal and Steel Community (C.E.C.A.), 59
   European Economic Community, 41
Exclusive Economic Zone
   See: *Zones*
Exhaustion of local remedies, 216, 235, 236, 254
Extreme urgency, 192, 204

F

Fall (Ibrahim), 96
Food and Agricultural Organization (FAO), 466
France, 27, 92, 96, 120, 140
   Constitution, 437
   Franco-African Summits, 95
   Mediation, 366, 384
Free Zones
   See: *Zones*

G

Gabon, 3, 33, 54, 95
Gambia, 3
Garvey (Marcus), 12, 41, 48, 72
Gender equality, 28
Genocide, 28, 29, 81, 84
   See also: *Genocide Convention (1949)*
Germany, 92, 96, 437, 441
   Weimar Constitution, 437
Ghaddafi (Mouhamar Al), 7, 8, 10, 12, 19, 23, 71, 72, 80
Ghana, 3, 11, 39, 45, 97
Globalization, 6, 7, 8, 13, 15, 42, 50, 55, 57, 64, 68, 72, 73

Good faith, 117, 306, 311, 315, 321, 329, 330
Good governance, 24, 25, 27-29, 67, 97
Great Lakes Region, 45, 403, 405
Guinea, 21, 40, 96, 425
Guinea Bissau, 3, 417-420, 421
   Casamance refugees, 418
   Guinea Bissau Resistance (RGB), 417
Gurirab (Theo Ben), 95

H

Hassan (Abdikassim Salad), 429
HIV/AIDS, 192, 203, 204, 207, 208, 210, 211, 451, 458
   Abuja Declaration, 207, 208, 458
   Abuja Framework for Action and Framework Plan of Action for the implementation of the Abuja Declaration on the Control of HIV/AIDS, Tuberculosis and Other Related Infectious Diseases in Africa, 458, 480
   Anti-retroviral, 192, 208, 211
   Global Fund for the Control of HIV/AIDS, 458
Human Rights, 16, 27, 29, 123, 290, 392-396, 399, 401-405, 407, 409, 418-423, 426, 428, 429, 443-445, 447
   African Charter on the Rights and Welfare of the child, 469
   African Commission on Human and People's Rights, 459
      See also: *African Charter of Human and Peoples' Rights*
   African Perspectives : Human and Peoples' Rights, 24, 25
   Beating-up suspected-armed robbers and "witches", sometimes to death, 399
   Constitutional rights, 438-440
   Freedom of expression and opinion, 392, 407
   Generation of rights, 444
   Human health and other public policy concerns, 201

Human rights abuses / violations, 396, 399, 406, 420
Inhuman and degrading punishment, 399
International, 445
Procedural right (access to the courts), 439
Promoting Activities, 392
Right to development, 54, 446, 447
Right to environment, 152, 446
Right to peaceful assembly, 392
Right to State performance (education), 439
Summary and extra-judicial executions, 399
Universal Declaration of Human Rights
   See: *United Nations Organization*
Universalism of human rights and (African) cultural context, 444
Humanitarian intervention, 28
   See also: *African Union, Right to intervene*
Hussein (Saddam), 98

I
Illicit international trade of the toxic and dangerous wast, 157
Immunity,
   Diplomatic, 290
   Foreign Affairs Minister Immunity, 290
   Jurisdictional Immunity, 132, 291
Impunity, 25
Independence (principle of), 444
India, 268, 269, 272, 273, 274, 275, 276, 277, 278, 279, 280, 282
   British, 274, 275
   Constitutional system, 437
Indonesia (constitutional system), 437
Industrial Property, 187
   Copyright and related rights, 187
   Geographical indications – wines and spirit, 193
   Geographical indications, 186, 187, 188, 193, 194, 197, 198
   Layout-designs of integrated circuits, 187

Patents, 187
   See also: *Patent*
Trademarks, 187
Undisclosed information, 187
Integration, 8, 13, 14, 15, 16, 20, 24, 28, 32, 33, 34, 36, 37
   Community Acts, 177
   African / Regional, 4-6, 8, 10-12, 34, 37-38, 55, 65, 66, 69, 144-148, 151, 153, 156, 159, 160, 167-170, 174, 179-183
   Codification, 179
   Economic, 144, 145, 157
   Community policy and program on environmental concerns, 143-184
Intellectual property rights, 227
Inter-American Juridical Committee, 217
Intergovernmental Authority on Development (IGAD), 14, 430
Internally displaced people or persons (IDP), 392, 411, 421, 424, 426, 427
International Bank for Reconstruction and Development (IBRD), 57
   See also: *World Bank*
International Court of Justice, 9, 11, 61, 69, 124, 128, 137, 138, 215, 217, 219, 235, 267-300
   Celerity in taking an Order, 284
   Abundant arguments (procedure), 317
   Press Releases
      2000/13, 14 avril 2000, 267
      2000/36, 26 octobre 2000, 270
      2000/37, 1er novembre 2000, 272
      2000/4, 11 février 2000, 268
      99/45, 25 octobre 1999, 283
   ICJ Decisions
      1949 *Corfu Channel* (United Kingdom v. Albania), 307
      1951 *Fisheries* (United Kingdom v. Norway), 142, 302, 379
      1953 *Minquiers and Ecrehos* (France / United Kingdom), 301

1955 *Nottebohm* (Liechtenstein v. Guatemala), 234, 307
1959 *Interhandel* (Switzerland / United States of America), 235
1959 *Sovereignty over Certain Frontier Land* (Belgium / Netherlands), 301
1962 *Temple of Preah Vihear* (Cambodia v. Thailand), 142, 301, 313
1969 *North Sea Continental Shelf* (Federal Republic of Germany / Denmark ; Federal Republic of Germany / Netherlands), 302, 334, 336, 340, 349, 350, 357, 388
1970 *Barcelona Traction Light and Power Company* (new application : 1962) (Belgium v. Spain), 219
1973 *Trial of Pakistani Prisoners of War* (Pakistan v. India), 275
1974 *Nuclear Tests* (New Zealand v. France), 141, 275
1975 Western Sahara (Advisory Opinion), 44, 61, 301, 314, 334
1978 *Aegean Sea Continental Shelf* (Greece v. Turkey), 275, 276
1982 *Continental Shelf* (Tunisia / Libyan Arab Jamahiriya), 302, 304, 336, 345, 349, 350, 356, 357, 359
1984 *Delimitation of the Maritime Boundary in the Gulf of Maine Area* (Canada / United States of America), 302, 337, 345, 347, 349, 350, 356
1985 *Continental Shelf* (Libyan Arab Jamahiriya / Malta), 302, 334, 337, 345, 348, 349, 351, 355, 357, 358, 361
1986 *Military and Paramilitary Activities in and against Nicaragua* (Nicaragua v. United States of America), 119, 128, 272, 287, 307
1986 F*rontier Dispute* (Burkina Faso v. Republic of Mali), 11, 300, 287, 301, 311, 360
1989 *Elettronica Sicula S.p.A.* (United States of America v. Italy), 235
1991 *Arbitral Award of 31 July 1989* (Guinea-Bissau v. Senegal), 141
1992 *Land, Island and Maritime Frontier Dispute* (El Salvador / Honduras ; Nicaragua (Intervening)), 302, 334, 359
1992 *Questions of Interpretation and Application of the 1971 Montreal Convention arising from the Aerial Incident at Lockerbie* (Libyan Arab Jamahiriya v. United Kingdom), 269, 270, 287
1993 *Maritime Delimitation in the Area between Greenland and Jan Mayen* (Denmark v. Norway), 302, 337, 345, 349, 350, 351, 353, 354, 355, 357, 359, 361, 374, 376, 378, 389
1994 *Territorial Dispute* (Libyan Arab Jamahiriya / Chad), 302
1996 *Legality of the Threat of Use of Nuclear Weapons* (Advisory Opinion), 344
1997 *Gabcíkovo Nagymaros* (Hungary / Slovakia), 220, 223, 270, 307
1999 *Kasikili / Sedudu Island* (Botswana / Namibia), 302, 303, 314
2000 *Aerial Incident of 10 August 1999* (Pakistan v. India), 268, 269, 272-282
2000 (Order) *Arrest Warrant of 11 April 2000* (Democratic Republic of the Congo v. Belgium), 268, 269, 270, 290-299

2001 *Maritime Delimitation and Territorial Questions between Qatar and Bahrain* (Qatar v. Bahrain), 267, 269, 301-363, 376, 378, 389
2001 *LaGrand* (Germany v. United States of America), 267, 270
Ahmadou Sadio Diallo (Republic of Guinea v. Democratic Republic of the Congo), 269, 270
Application of the Convention on the Prevention and Punishment of the Crime of Genocide (Bosnia and Herzegovina v. Yugoslavia), 270
Application of the Convention on the Prevention and Punishment of the Crime of Genocide (Croatia v. Yugoslavia), 269, 270
Armed Activities on the territory of the Congo (Democratic Republic of the Congo v. Burundi), 269, 270, 296
Armed Activities on the territory of the Congo (Democratic Republic of the Congo v. Rwanda), 269, 270, 296
Armed Activities on the territory of the Congo (Democratic Republic of the Congo v. Uganda), 268, 269, 270, 283-290, 292, 296, 300
Land and Maritime Boundary between Cameroon and Nigeria (Cameroon v. Nigeria), 270, 303, 307
Legality of Use of Force (Yugoslavia v. Belgium), 269, 270, 283, 295, 296, 307
Legality of Use of Force (Yugoslavia v. Canada), 269, 270, 283, 307

Legality of Use of Force (Yugoslavia v. France), 269, 270, 283, 307
Legality of Use of Force (Yugoslavia v. Germany), 269, 270, 283, 307
Legality of Use of Force (Yugoslavia v. Italy), 269, 270, 283, 307
Legality of Use of Force (Yugoslavia v. Netherlands), 269, 270, 283, 307
Legality of Use of Force (Yugoslavia v. Portugal), 269, 270, 283, 307
Legality of Use of Force (Yugoslavia v. Spain), 283, 307
Legality of Use of Force (Yugoslavia v. United Kingdom), 269, 270, 283, 307
Legality of Use of Force (Yugoslavia v. United States of America), 283, 307
Maritime Delimitation between Nicaragua and Honduras in the Caribbean Sea (Nicaragua v. Honduras), 269, 270
Oil Platforms (Islamic Republic of Iran v. United States of America), 269, 270
Sovereignty over Pulau Litigan and Pulau Sipadan (Indonesia / Malaysia), 269, 270
Permanent Court of International Justice, 273, 274, 276, 294
1925 *Lotus*, 344
1928 *Chorzów Factory*, 294
1933 *Legal Status of Eastern Greenland* (Denmark v. Norway), 301
International humanitarian law, 85, 290, 396, 405, 428
  Civilian population, 394, 416
    Attack on --, 393, 428
  Atrocities of various kinds against, 406, 421
  Internees, 413

Humanitarian Personnel, 428
Forced recruitment of children, 423
Prisoners of war, 411, 412, 413, 416, 431
Repatriation, 406, 407, 408, 410, 411, 412, 413, 419, 421, 431
Violations of humanitarian law, 283, 396
See also: *Agression / Crimes against Humanity / Genocide / War crime*
International Labour Office (ILO), 465
International Law
"new" international law, 443
Non-interference in the internal affairs, 25
Pacta sunt servanda (principle), 109, 140, 228
Real or dispositive treaty / personal or political treaty (concept of), 444
Pre-independence treaty obligations in a post-colonial State, 443
State succession to treaties, 444
International Law Association, 218
International Law Commission (ILC), 53rd Session, 215-266
Diplomatic Protection
See: *Diplomatic Protection*
International liability for injurious consequences arising out of acts not prohibited by international law, 215, 216, 218, 224-227
Serious breaches of obligations to the international community as a whole, 218, 219, 223
Reservations to Treaties
See: *Reservations*
State Responsibility
See: *State Responsibility*
Unilateral Acts of States
See: *Unilateral Acts of States*
Prevention of transboundary damage from hazardous activities
See: *ILC, International Liability*

International Monetary Fund (IMF), 418
International Organization of Francophonie (OIF), 95
International transfer of and access to technology, 201, 202, 205
Internationally displaced persons, 413
Internationally wrongful act, 220, 243, 247-248, 250-252, 255-258
Interpretative declaration
See: *Reservations*
Intervention, 28
See also: *African Union, Right to intervene*
Iran – US Claims Tribunal, 1981
Textron (Iran / U.S), 141
Iraq, 98
Israel, 91, 99

J
Jamahiriya
See: *Libya*
Japan, 16, 84, 92, 96, 437, 440
Meiji Constitution, 437
Justice, "neighbourhood" justice, 399

K
Kabatsi (Peter), 215
Kabila (Joseph), 404
Kabila (Laurent Désiré), shooting, 404
Keita (Modibo), 40, 72
Kenya, 21
Kenyatta (Jomo), 40, 72
Kingsbury, 300
Kiss (Alexandre), 149
Kolingba (André), 401
Konaré (Alpha), 67, 70, 74
Kooijmans (Pieter H.), 268
Separate Opinion, 318, 319, 321, 322, 323, 331
Kopelmanas, 138
Koroma (Abdul G.), 268
Common Dissenting Opinion (Bedjaoui, Ranjeva, Koroma)
See: *Bedjaoui*
Ludwig Krämer, 171
Kouyate (Lansana), 96

L

Labour (forced), 420
Lawfulness (constitutionality), 438
League of Arab States (LEA), 10, 430
Legality (conformity with the law and the principles of justice), 438
Legality of enforcement actions, 78
Legitimacy, 10, 25
   Definition : as the acceptance by the citizenship, 438
   Constitutional, 62
   Democratic, 52, 63, 120
   Electoral, 64
Lesotho, 3
Liberia, 3, 4, 7, 40, 421, 425
Libya, 3, 5, 6, 8, 9, 10, 12, 16, 17, 19, 20, 23, 80, 81, 83, 90, 91, 97, 98
Licence (compulsory license regime), 188, 191, 192, 202, 203, 204, 208, 210, 211
Lincoln (Abraham), 52, 58
Lockerbie, 9, 12, 83, 90, 91, 97, 451, 467

M

Madagascar, 3, 33, 40
Malaria, 203, 204
Malawi, 3, 443
Mali, 3, 11, 17, 40, 45, 70, 74
Mandela (Nelson), 395, 396, 398
Mane (General Ansumane Mane), 418
Mano River Union, 425
MAP (Millennium Partnership for the African Recovery Programme), 93, 451, 470
Masire (Sir Ketumire) (facilitator), 405
Mauritania, 21, 33
   Halieutic ressources, 54
Mauritius, 26, 27
Mbali (Faustino), 419
Mbeki (Thabo), 12, 93
Movement of Democratic Forces of Casamance (MFDC), 417-418
Middle-East peace process, 91
Mines / Mine clearing, 411, 412, 417, 418
Morocco, 40, 430, 431, 432
   Prisoners of war, 431
Most-favoured-nation treatment, 188
Moubarak (Hosni), 95, 470
Mugabe (Robert), 80

N

N'Chama, 417
National emergency, 192, 204, 211
National liberation movements / organizations, 27, 40, 49
National treatment, 188
Nationality / Naturalization, 235
   Continuous nationality, 216, 233, 234, 241
   Good faith in the acquisition of a nationality, 234
   Nationality in relation to the succession of states, 223
North Atlantic Treaty Organization (NATO), 77
New Partnership for African Development (NEPAD), 94
   See also: *MAP* and *OMEGA*
   Follow-up Committee (African Common Initiative), 471
Niger, 3, 7
Nigeria, 4, 12, 14, 17, 93-96, 458, 460, 470, 472
   Petroleum, 54
Nkrumah (Kwame), 11, 12, 39, 48-50, 72
Non-alignment, 27
Nyerere (Julius), 12, 38, 40, 71

O

Organization of African Unity (OAU), 1-99, 191, 398, 429
OAU Decisions, Resolutions and Declarations
   AHG/Dec.111 (XVI), 4
   AHG/Dec.127 (XXXIV), 91
   AHG/Dec.140 (XXXV), 7
   AHG/Dec.141 (XXXV), 29
   AHG/Dec.142 (XXXV), 29
   AHG/Dec.148 (XXXVI), 92
   AHG/Dec.156 (XXXVI), 468
   AHG/Dec.159 (XXXVI), 27

AHG/Dec.160 (XXXVII), 32, 452
AHG/Dec.161 (XXXVII), 458
AHG/Dec.162 (XXXVII), 459
AHG/Dec.163 (XXXVII), 460
AHG/Dec.164 (XXXVII), 461
AHG/Dec.165 (XXXVII), 463
AHG/Dec.166 (XXXVII), 465
AHG/Dec.167 (XXXVII), 466
AHG/Dec.168 (XXXVII), 467
AHG/Dec.169 (XXXVII), 468
AHG/Dec.170 (XXXVII), 469
AHG/Decl.5 (XXXVI), 29
AHG/Decl.1 (XXXVII), 470
AHG/Decl.2 (XXXVII), 472
AHG/Res.16 (I), 11
AHG/ST/1 (XXXVI), 472
CM/Dec.479 (LXX), 460
CM/Dec.4 (LXXIV), 469
CM/2162 (LXXII), 39, 62, 73
CM/Rpt. (LXXIV), 74
EAHG/Dec.1 (V), 22
EAHG/Dec.3 (V), 467
Cairo Agenda for Action, 471
Cairo Declaration on the Establishment, within the OAU, of a Mechanism for Conflict Prevention, Management and Resolution, 34, 86, 454
Declaration on the Framework for an OAU Response to Unconstitutional Changes of Government, 29
Declaration on the Political and Socio-Economic Situation in Africa and the Fundamental Changes Taking Place in the World, 8
Nairobi Declaration, 462
Sirte Declarations (1999-2001), 5, 6, 12, 13, 16, 17, 18, 19, 20, 23, 42, 80
OAU Organs
Central Organ of the Mechanism for Conflict Prevention, Management and Resolution, 34, 35, 68, 87-89, 454
Charter Review Committee, 4, 7
Commission of Mediation, Conciliation and Arbitration, 35, 68, 445
Coordinating Committee for the Liberation of Africa, 27, 38
Specialized Agencies, 455
OAU Summits
1st Ordinary Session (Cairo), 11
26th Ordinary Session (Addis Ababa), 8, 85
28th Ordinary Session (Dakar), 86
29th Ordinary Session (Cairo), 34, 86
34th Ordinary Session (Ouagadougou, 1998), 9, 10
35th Ordinary Session (Algiers, 1999), 7, 10, 13, 29, 88
36th Ordinary Session (Lomé, 2000), 3, 12, 19, 26, 29, 42, 75, 92
37th Ordinary Session (Lusaka, 2001), 32, 95
38th Ordinary Session (Durban, 2002), 31
4th and 5th Extraordinary Summits (Sirte, 1999), 5, 6, 7, 13, 16, 18, 19, 21, 22, 23, 42, 73, 80, 467
Obasanjo (Olusegun), 12, 93, 458, 470, 472
OMEGA Plan for Africa, 93, 451, 470
Opting in / out, 137
Ordre public, 189

P

Padmore (George), 12
Pan-Africanism, 5, 7, 26, 37, 40, 41, 42, 44, 47, 48, 49, 50, 51, 72, 74
Chicago Congress on Africa (1893), 48
London African Conference (1900), 48
Paris Congress (1919), 48
Brussels Congress (1921), 48
Lisboa Congress (1923), 48
New York Congress (1927), 48
Manchester Congress (1945), 48
Pan-African Unity, 8
Pan-Arabism, 72

Patassé (Ange-Félix), 400
Patent
　See also: *Industrial Property*
　Agricultural products, 194
　Biotechnological inventions, 198
　Folklore, 185, 198, 199
　Industrial designs, 187
　Legal protection to plant varieties, 199
　Other beverages, 194
　Patentability (criteria), 188
　Patentability of inventions, 188
　Patentee rights, 191
　Protection of new varieties of plants under a *sui generis* system, 199
　Protection of plant varieties, 190, 198, 199
　Protection of tradition knowledge, 199
　Protection, 185, 188, 189, 190, 202, 203, 205
　Public health crises, 204
　Public non-commercial use, 192, 204
　Sui generis system, 190, 199
　Unpatentable inventions, 189
　Wines (and spirits), 194, 198
Peace and Security, 24, 27, 75-99
　See also: *Peacekeeping Operations*
　Prohibition of the use of force among UN Member States, 27
　Threat or Use of force, 411
　Threat to international peace and security, 404
Peace Building, 85, 87, 97
Peaceful Changement, 123
Peaceful co-existence, 27
Peaceful settlement of disputes
　See: *Dispute Settlement*
Peacekeeping, 7, 83, 855, 87, 88, 90, 97, 98
Peacekeeping Operations
　ECOWAS Monitoring Groupe (ECOMOG)
　　See: *ECOWAS*
　Interim multinational security presence in Burundi, 397
　International Security Assistance Force (ISAF), 98
　OAU Observer mission in the Central African nation of Rwanda, 84
　OAU Liaison Mission in Erithrea and Ethiopia (OLMEE), 87, 89
　OAU Observer Mission in Burundi (OMIB), 87
　OAU Observer Mission in the Comoros (OMIC), 87
　United Nations Assistance Mission in Rwanda (UNAMIR), 84
　United Nations Assistance Mission in Sierra Leone (UNAMSIL), 88, 421-424
　United Nations Mission in Ethiopia and Eritrea (UNMEE), 88-89, 413, 414, 416
　United Nations Mission for a Referendum in Western Sahara (MINURSO), 431
　United Nations Observer Mission in the Democratic Republic of Congo (MONUC), 88, 405, 406, 408, 409, 410
　United Nations Office in Angola (UNOA), 392, 394
　United Nations Office in Guinea-Bissau (UNOGBIS), 418
　United Nations Peace-Building Support Office in the Central African Republic (BONUCA), 398, 402, 403
Peacemaking, 75, 87
Pellet (Alain), 228
Polluter-Pays Principle
　See: *Environment*
Post-Cold War, 8
Precautionary principle
　See: *Environment*
Principle 21
　See: *Environment / Stockhlom Declaration on the Human Environment (1972)*
Prisoners of war
　See: *International Humanitarian Law* and *Morocco*

Property, defensive right (property), 439
Protectionism, 196
Provisions (safeguard), 106, 111, 127, 169
Putsch, attempted coup, 401, 402, 418, 419

R
Rao (P. S.), 224
Rechtsstaat, 438
  See also: *Rule of law*
Regional Economic Communities (RECs)
  See: *African Economic Community*
Redeployment, 404, 407
Refugees, 397, 403, 413, 418, 419, 421, 424, 426, 427
  Comprehensive Implementation Plan (Status of Refugees), 463, 464
  Returnees and displaced persons in Africa, 463
Regionalism / Regionalization / Regional organization, 6, 13, 14, 15, 16, 75, 77, 78, 79, 82, 84, 87
  See also: *Integration*
Regionalism in Africa, 50, 67, 69, 70
  See also: *Integration*
Reintegration, 400, 406, 407, 408, 410, 418, 421, 422, 424, 426, 427
Remedial or compensatory measures, 224
Reparation, 220, 224, 251, 252, 253, 254, 256, 257
  for damages, 283
  and compensation, 224
  pro toto, 125
Res inter alios acta (principe of), 444
Reservations and interpretative declarations, 119, 126, 216, 228-232, 278, 279, 280, 282, 285, 296
  Absence of objections, 229
  Belgian reservations, 231
  Competence to formulate, 231
  Formulation of, 216, 228
  Late formulation of an interpretative declaration, 229, 230
  Limited domain, 282
  Obligation of confirmation, 229
  Procedures for the communication and publicity, 231
  Publicity, 230
  Ratione personae Reservations, 278
  Simple and conditional interpretative declarations (definition), 230
Responsibility (international)
  See: *State Responsibility*
Responsibility for appearance, 110, 116
Retaliation, 200
Reunion Island, 27
Rodriguez-Cedeno (Victor), 236
Russia (constitutional system), 437
Rwanda, 269, 270, 283, 286, 296, 407

S
Sahrawi Arab Democratic Republic
  See: *Western Sahara*
Salim (Ahmed Salim), 95
Sanctions, 9, 29, 62, 76, 78, 83, 90, 91, 92, 97, 98, 393, 394
  Unjust, 467
  Embargo
    See: *Embargo*
Santos (José Eduardo Dos), 392
Saudi Arabia, 378, 379
Savimbi (Jonas), 392, 394
Secondary obligations, 218, 219
Security Council
  See: *United Nations*
Self-Defense, 78, 125
Self-determination, 48, 124, 431
Senegal, 3, 40, 86, 93, 96, 417, 418, 419, 470
  Casamance refugees
    See: *Guinea Bissau*
Halieutic ressources, 54

Sierra Leone, 3, 88, 89, 420
  Cease-Fire Agreement (Abuja,
    10 November 2000), 420, 423
  Civil Defence Force, 423
  Peace Agreement (1999), 88
  Revolutionary United Front (FRU),
    420, 421-427
  Special Court, 422, 423, 426, 427
  Special Court, draft Agreement and
    Statute, 427
  Truth and Reconciliation
    Commission, 422, 423, 426
Somalia, 4, 428-430
  Arta peace conference, 428-430
  Transitional National Assembly,
    428, 430
  Transitional National Government,
    428, 429
  Somaliland, 429
South Africa, 7, 12, 17, 31, 46, 53, 62,
    81, 84, 93, 94, 96, 437, 439
  Constitution, 439, 445
  Medicines Act No.101 (1965), 209
  Medicines and Related Substances
    Control Amendment Act No.90
    (1997), 209
  Patents Act No. 57 (1978), 209
  South African pharmaceutical case,
    207
Southern African Customs Union
    (SACU), 15
Southern African Development
    Community (SADC) / Windhoek
    Treaty, 14, 82, 87, 88, 94, 95, 148,
    150, 151, 153, 154, 161, 163, 164,
    167
  Protocol on shared watercourse
    systems in the SADC region
    (1995/2000), 163
Sovereignty, 11, 24, 25, 27, 40, 54,
    55, 60, 61, 68, 74, 79, 82, 120,
    126, 273, 286, 298, 443
  Condomnium, 329
  Equality, 25, 60, 278, 290
  Indirect exercise, 314
  Historical Titles, 304, 305, 316,
    317, 386
  Native Title, 317

  Over natural ressources and
    economic activities, 54, 68
  Territorial, 365
  Territorial (limitation), 371
  Violation, 298
Soviet Union, 14
Spain, 27
State implosion, 85
State Responsability, 215, 217-223,
    225, 258
  Article 19 of the ILC Project related
    to States Crimes, 123
  Injured state, 218, 220
  for internationally wrongful acts,
    217
Subversion, 25
Sudan, 3, 7, 94
Sudi (Musse), 429
Sustainable development, 54, 55, 67,
    73, 80, 97, 143, 144, 150, 153,
    156, 165, 173, 179, 181, 446
Sustainable human development
Sustainable development (African),
    460
Swaziland, 21, 33
Switzerland, 3, 134, 201, 203

T
Tanzania, 395, 407
Territorial Acquisition, 342, 343, 345
Territorial integrity, 24, 25
Terrorism, 25
Togo, 3, 14, 29, 76, 80, 92
Torture, 399, 409
TRIPs Agreement, 185-211
Tuberculosis, 203, 208
Tunisia, 40, 97

U
UEMOA
  See: *Economic and Monetary*
    Union of West Africa
Uganda, 21, 97, 268, 269, 270, 283,
    284, 285, 286, 287, 288, 289, 292,
    295, 300
Unconstitutional changes of
  government, 28, 29

708   *Analytical Index*

Unilateral acts / obligations, 126, 141, 215, 216, 236-238, 242
United Kingdom (UK), 9, 26, 76, 80, 91, 92, 97, 120, 132, 140, 301, 309, 310, 317, 318, 320, 327, 336, 337, 345, 350, 352, 355, 357, 437, 472
United Nations Organization (UN), 3, 9
   Charter, 24, 28, 76, 77, 83, 221
   Cooperation with Regional organizations, 28
   Millennium Summit of the UN, 93
   Peacekeeping Operations
     See: *Peacekeeping Operations*
   Regional Agreements / Organizations, 75, 77, 78
   System, 77, 84
   Universal Declaration of Human Rights, 24, 79, 83
UN Secretary General
   Special Representative, 398, 401, 415, 430
   Personal Envoy, 432
UN General Assembly, 215, 216, 218, 223, 224, 238, 239, 240, 259, 268, 270, 271, 276
   Sixth Committee, 218, 222, 239
   Documents
     A/RES/1514 (XV), 27
     A/RES/55/153, 223
     A/55/686, 410
     A/56/10, 215
     A/CN.4/498 Add 4, 221
     A/CN.4/506/Add 1, 233
     A/CN.4/508 Add 3 and Add 4, 228
     A/CN.4/514, 233
     A/CN.4/517, 217, 221, 222
     A/CN.4/518 and Add 1-3, 230
     UN/OAU/MTG/011/2000/Rev.2, 89
   UN Security Council, 9, 28, 35, 75-99, 125, 271, 272, 286, 287, 288, 300, 365
   Authorization of coercitive action, 78
   Committee on Sanctions against UNITA, 92
   Permanent Five (P5), 75, 92, 96
   Reform (african position), 76
   Sanctions, non cooperation of OAU Member States in the application of UN Sanctions, 76
   Veto prerogative, 92, 96
   Documents
     S/1998/219, 402
     S/1998/318, 89
     S/1999/815, 404
     S/2000/1091, 420, 423
     S/2000/1183, 410, 411
     S/2000/601, 411
     S/2000/915, 427
     S/2001/1194 (13 December 2001), 416
     S/2001/1195 (13 December 2001), 426
     S/2001/128 (12 February 2001), 404
     S/2001/148 (20 February 2001), 430
     S/2001/202 (7 March 2002), 412
     S/2001/228 (14 March 2001), 420
     S/2001/351 (11 April 2001), 391
     S/2001/357, 406
     S/2001/373 (17 April 2001), 405
     S/2001/398 (24 April 2001), 431
     S/2001/424 (30 April 2001), 422
     S/2001/45 (12 January 2001), 410
     S/2001/45, 410, 411
     S/2001/572 (8 June 2001), 406
     S/2001/608 (19 June 2001), 414
     S/2001/613 (20 June 2001), 432
     S/2001/622 (22 June 2001), 419
     S/2001/627 (25 June 2001), 423
     S/2001/660 (2 July 2001), 401
     S/2001/843 (5 September 2001), 415
     S/2001/857 (7 September 2001), 425
     S/2001/956 (10 October 2001), 394
     S/2001/963 (11 October 2001), 428

S/2001/970 (16 October 2001), 408
S/22001/237 (16 March 2001), 417
S/PRST/2001/1 (11 January 2001), 428
S/PRST/2001/13 (3 May 2001), 406
S/PRST/2001/18 (17 July 2001), 402
S/PRST/2001/19, 408
S/PRST/2001/2 (23 January 2001), 400
S/PRST/2001/22 (5 September 2001), 408
S/PRST/2001/24, 393
S/PRST/2001/25 (26 September 2001), 403
S/PRST/2001/26 (26 September 2001), 396
S/PRST/2001/29 (24 October 2001)., 409
S/PRST/2001/30 (31 October 2001), 429
ST/PRST/2001/33 (8 November 2001), 398
ST/PRST/2001/35 (15 November 2001), 398
S/PRST/2001/36 (15 November 2001), 394
S/PRST/2001/39 (29 March 2001), 427
S/PRST/2001/4 (9 February 2001), 411
S/PRST/2001/6 (2 March 2001), 395
S/RES/748 (1992), 9
S/RES/751 (1992), 428
S/RES/864 (1993), 92
S/RES/864 (1993), 91
S/RES/883 (1993), 9
S/1995/1039, 365
S/1995/1044, 365
S/RES/1127 (1997), 91
S/RES/1173 (1998), 91
S/RES/1237 (1999), 91
S/RES/1237 (1999), 92
S/RES/1304 (2000), 286, 287, 289
S/RES/1312 (2000), 88
S/RES/1323 (2000), 300
S/RES/1336 (2001), 391
S/RES/1341 (2001), 404
S/RES/1342 (2001), 431
S/RES/1344 (2001), 414, 415
S/RES/1346 (2001), 420, 423
S/RES/1355 (2001), 407
S/RES/1359 (2001), 433
S/RES/1370 (2001), 425
S/RES/1374 (2001), 394
S/RES/1375 (2001), 397
S/RES/1376 (2001), 409
UN Department of Social and Economic Affairs, 466
UN Commissioner for Human Rights (UNCHR), 3
UN Mine Action Service (UNMAS), 412
UN Joint Programme on HIV/AIDS (UNAIDS), 458, 459
UN Economic Commission for Africa (UNECA), 82, 87, 93
UN Environment Programme (UNEP), 460, 466
UN Educational, Scientific and Social Organization (UNESCO), 466
UN High Commissioner for Refugees (UNHCR), 426, 463, 464, 465
UN Children's Fund (UNICEF), 458, 459, 469
UN Industrial Development Organization (UNIDO), 466
United States of America, 9, 16, 27, 41, 48, 76, 80, 84, 91, 97, 119, 134, 201, 430
   Antitrust Act (or Sherman Act), 134
   Constitution, 437
   Foreign policy, 98
   Terrorist attacks (11.9.2001), 98
Uti possidetis, 11, 25, 305, 313, 316, 317, 322, 323, 330, 359
Uti possidetis (applied to the sea), 304
Universal Jurisdiction, 291, 297
Universal Negro Improvement Association (UNIA), 48

V

Verfassungsstaat, 438
Veto prerogative
  See: *UN Security Council*

W

Wade (Abdoulaye), 93, 470, 471
War crimes, 28, 81
Weapons of Mass Destruction, 98
West Africa Development Bank (BOAD), 181
Western Sahara, 3, 44, 61, 430-433
  Identification Commission, 430, 431, 432
  POLISARIO, 430, 431
World Bank, 400, 403, 418
World Energy Commission, 466
World Health Organization (WHO), 458, 459, 462
World Summit on Sustainable Development, 460
World Trade Organization (WTO), Marrakech Agreement, 221, 288, 462, 470
  Dispute Settlement Understanding / Mechanism, 195, 200, 206, 288
  Agreement on patent protection for pharmaceutical and agricultural chemical products, 189
  First Ministerial Conference (Singapore, 1996), 194
  Second Ministerial Conference (Geneva, 1998), 195
  Third Ministerial Conference (Seattle, 2000), 186, 195
  Fourth Ministerial Conference (Doha, 2001), 195
    See also: *Doha Conference*
  Fifth Ministerial Conference (Forthcoming), 198
  Agreement on Trade-Related Aspects of Intellectual Property Rights
    See: *TRIPs*
  Uruguay Round of Multilateral Trade Negotiations, 470
  WTO Documents
    WT/GC/W/450, 4 October 2001, 201
    WTO-IP/C/W/206 20 September 2000, 190
    WTO-IP/C/W/312, 201
    WTO-IP/C/22 (6 December 2000), Annual Report of the Council for TRIPS, 194

Y

Yala, 417
Yougoslavia, 269, 270, 272, 295, 296

Z

Zambia, 3, 32, 75, 80, 82
Zambia
Zemanek (Karl), 139
Zimbabwe, 80, 97, 451, 472
  Lancaster House Agreement, 472
  Land issue, 472
Zones
  Exclusive Economic Zone (EEZ), 334, 336, 337, 338, 340, 348, 349, 350, 376, 377
  Free Zones, 344

INDEX ANALYTIQUE

A

Abus de droit, 278, 279
Accessorium sequitur principale, 334
Acquiescement
   Silence qualifié, 126, 142
   Acquiescement ou silence, 317
Acquisition territoriale, 342, 343, 345
Actes unilatéraux (ou engagements), 126, 141, 215, 216, 236-238, 242
Afghanistan, 98
Afrah (Mohamed Qanyare), 429
Afrique
   Histoire, Empire du Ghana, 45
   Histoire, Empire du Mali, 45
   Histoire, roi Makoko, 62
Afrique – Caraïbes – Pacifique (ACP), 50
Afrique du Sud, 7, 12, 17, 31, 46, 53, 62, 81, 84, 93, 94, 96, 437, 439
   Constitution, 439, 445
   Loi n°101 relative aux médicaments (1965), 209
   Loi d'amendement n°90 relative aux médicaments et à des substances connexes 1997, 209
   Loi n°57 relative aux brevets (1978), 209
   Affaire relative aux médicaments, 207
Ago (Roberto), 218
Agression, 78, 283, 310, 311
Aïdid (Hussein Mohamed Fara), 429
Algérie, 3, 7, 29, 40, 71, 430, 470
Al-Khasawneh (Awn Shawkat), 268
   Opinion dissidente, 279
Allemagne, 92, 96, 437, 441
   Constitution de Weimar, 437
Al-Megrahi (Abdel Basset), 467
Ammoun (Fouad), 44-46, 61
Amnistie, 392- 393
Angola, 21, 391-395
   Protocole de Lusaka, 391, 392, 393, 394
   Union Nationale pour l'Indépendance Totale de l'Angola (UNITA), 83, 90, 91, 92, 392, 393, 394
Annan (Kofi), 89, 93, 97
Anzilotti (Dionisio), 138
Arabie Saoudite, 378, 379
Arbitrage
   Voir : *Jurisprudence*
Argentine (système constitutionnel), 437
Armes de destruction massive, 98
Asile, 464
Association de Droit International, 218
Association Universelle pour le Progrès des Noirs (UNIA), 48
Autorité intergouvernementale sur le développement (IGAD), 14, 430
Autriche, 135
Azikiwe (Nnamdi), 12

B

Balkanisation, 49
Banque Africaine de Développement (BAD), 181, 466
Banque Mondiale, 400, 403, 418
Voir aussi : *Bretton Woods*
Banque d'Investissement, de Reconstruction et de Développement (BIRD), 57
Banque Ouest Africaine de Développement (BOAD), 181
Bayona-ba-Meya, 60, 61
Bedjaoui (Mohammed), 49, 268
   Opinion dissidente commune (Bedjaoui, Ranjeva, Koroma), 311, 318, 319, 321, 322, 329, 348, 360, 376

Belgique, 268, 269, 270, 290, 291, 292, 293, 294, 295, 296, 297, 298, 299
  Loi belge du 16 juin 1993 modifiée par la loi du 10 février 1999 relative à la répression des violations graves de droit international humanitaire, 297
Ben Bella, 40, 71, 72
Bénin, 3, 180
Bernárdez (Torrez), Opinion dissidente de, 312, 319, 320, 321, 322, 323, 325, 348, 360, 361
Bockarie (Sam), 421
Bongo (Omar), 95
Bonne foi, 117, 306, 311, 315, 321, 329, 330
Bonne gouvernance, 24, 25, 27-29, 67, 97
BONUCA
  Voir : *Opérations de maintien de la paix*
Bosnie-Herzégovine, 125
Botswana, 21, 408
Bourguiba (Habib), 40
Bouteflika (Abdelaziz), 470
Boutros Boutros-Ghali, 49, 84, 95, 96
Brésil (système constitutionnel), 437
Bretton Woods, 57, 58
  Programme d'ajustement structurel, 56
Brevets
  Voir aussi : *Propriété industrielle*
  Crises de santé publique, 204
  Critères de la brevetabilité, 188
  Droits du titulaire d'un brevet, 191
  Folklore, 185, 198, 199
  Inventions biotechnologiques, 198
  Inventions non bretables, 189
  Modèles et dessins industriels, 187
  Produits agricoles, 194
  Protection, 185, 188, 189, 190, 202, 203, 205
  Protection juridique de variétés de plantes / régime *sui generis*, 190, 198, 199
  Protection des savoirs traditionnels, 199
  Régime *sui generis*, 190, 199
  Utilisation non commerciale, 192, 204
  Vins et alcools, 194, 198
Buergenthal (Thomas), 268
Bula-Bula (Sayeman), Opinion dissidente, 291, 298
Burghardt Du Bois (Edward William), 41, 48, 72
Burkina Faso, 3, 9, 11, 91, 92, 180, 465
Burundi, 3, 269, 270, 283, 295, 395-398, 407, 410
  Accord de Paix d'Arusha, 395-398
  Forces de Libération Nationale, 395
  Forces pour la Défense de la Démocratie, 395
  Force Multinationale Intérimaire de Sécurité, 397
  Accord de Pretoria (11 Octobre 2001), 397
  Initiation régionale de paix / Comité de mise en œuvre, 396, 398
  Gouvernement de Transition, 398

C

Cabral (Amilcar), 40
Cameroun, 21, 97
Canada, 201, 437, 441
Canaries (Îles) / Frente Popular por la Independencia de Canarias, 27
Cap Vert, 3
CEMAC
  Voir : *Communauté Économique et Monétaire de l'Afrique Centrale*
Centrafrique, 3, 398-403
  BONUCA
    Voir : *Opérations de maintien de la paix*
CEPA / Traité de la CEPA
  Voir : *Communauté Économique Africaine (CEA)* et *Traité d'Abuja*
Chagos (archipel des) et Diego Garcia, 26, 27
Changement fondamental de circonstances, 292

Changement(s) anticonstitutionnel(s) de gouvernement, 60, 64
Changement pacifique
   Voir : *Droit international*
Charte africaine des droits de l'homme et des peuples (CADHP) Banjul, 1981, 25, 52, 54, 60, 64, 68, 69
   Protocole additionnel portant création de la Cour africaine des droits de l'homme et des peuples (Ouagadougou, 1998), 69
Chine (République populaire de), 90, 221
   Admission à l'OMC, 195
Chine (République de) ou Taiwan, admission à l'OMC, 195
Circonstances exceptionnelles, 127
Circonstances spéciales, 346-348, 354-359, 374, 375, 376, 386-389
Clauses de sauvegarde, 106, 111, 127, 169
Coexistence pacifique, 27
Colonialisme / Colonisation, 10, 24, 26, 41, 42, 43, 44, 45, 47, 49, 50, 52, 72
   Anticolonialisme, 41
   Colonisation linguistique, 66
   Décolonisation, 50, 52, 62, 64, 72, 73
   Indirect rule, 314
   Néocolonialisme, 42, 43, 47, 49, 50, 52, 64, 65, 66, 72
   Puissances coloniales, 46, 50
COMESA
   Voir : *Marché Commun de l'Afrique de l'Est et de l'Afrique australe*
Comité juridique interaméricain, 217
Commerce international illicite des déchets toxiques et dangereux, 157
Commission africaine de l'énergie (AFREC) / Programme africain de l'énergie, 451, 466, 467
Commission africaine des droits de l'homme et des peuples (CADHP), 52, 60, 459
   Activités de promotion, 392
Commission du Danube, 120
Commission du droit international, 215-266, 352
   Voir aussi : *Actes unilatéraux / Protection diplomatique / Réserves aux traités / Responsabilité internationale des États*
   Responsabilité internationale pour les conséquences préjudiciables découlant d'activités qui ne sont pas interdites par le droit international / Responsabilité internationale des États pour des dommages transfrontières résultant d'activités dangereuses, 215, 216, 218, 224-227
   Violations graves d'obligations dues à la communauté internationale dans son ensemble, 218, 219, 223
Commission internationale de l'énergie, 466
Commonwealth, 41, 278, 279, 280
Communauté de l'Afrique de l'Est (CEA), 14, 15
Communauté de Développement de l'Afrique Australe (SADC), 14, 82, 87, 88, 94, 95, 148, 150, 151, 153, 154, 161, 163, 164, 167
   Protocole relatif aux cours d'eau commun en SADC (1995/2000), 163
Communauté des États Sahélo-Sahariens, CEN-SAD / COMESSA (1998), 14

Communauté Économique Africaine
(CEA) / Traité d'Abuja, 8, 14-20,
29-36, 39, 42, 52, 55, 57, 58, 68,
69, 70, 74, 148, 151, 152, 154,
157, 158, 162, 164, 181, 182, 453,
454, 456, 471
   1ère Session de la Commission
économique et sociale de la
CEA, AEC/ECOSOC
3 (I) Rev. 1, 15
   Communautés économiques
régionales (CER), 8, 14, 15, 16,
18, 25, 31, 55, 56, 73, 148, 153,
167, 175, 453, 454, 455, 459
   Fonds de solidarité de
développement et de
compensation, 182
   Plan d'Action de Lagos, 471
   Projet de Protocole établissant la
Communauté Économique
Africaine, 20
Communauté Économique de
l'Afrique de l'Ouest (CEAO), 147
Communauté Économique des États
de l'Afrique Centrale (CEEAC),
147
Communauté Économique des États
de l'Afrique de l'Ouest
(CEDEAO), 14, 82, 87, 96, 148,
151, 152, 153, 154, 157, 159, 161,
423
   Force de Maintien de la Paix de la
CEDEAO (ECOMOG), 88, 423
   Système régional de surveillance
pour empêcher l'importation, le
transit, le dépôt ou
l'enfouissement de déchets
toxiques, 159
Communauté Économique des Pays
des Grands Lacs africains
(CEPGL), 15, 147
Communauté Économique et
Monétaire de l'Afrique Centrale
(CEMAC), 14, 148, 159, 160, 161,
166, 180, 181, 182
   Fonds de développement de la
CEMAC, 182

Communautés Économiques
Européennes (CEE), 144, 167
Compaoré (Blaise), 465
Compétence de la compétence
(tribunal arbitral), 370
Compétence universelle, 291, 297
Concurrence, Pratiques anti-
concurrentielles, 192
Confédération, 70, 73
Conférence de Rio de Janeiro,
Déclaration / Programme d'Action
(1992), 143, 148, 149
Conférence de Stockholm de 1972 sur
l'environnement humain, 146, 147
Conférence des Nations Unies sur
l'Environnement et le
Développement (CNUED), 143,
144, 148
Conférence franco-africaine, 41
Conflit
   Armé, 396, 412, 413, 463
   Prévention, 24
   Résolution, 24, 84, 394, 404, 410,
428, 430
      Démobilisation et réintégration,
400, 406, 407, 408, 410, 418,
421, 422, 424, 426, 427, 428
      Désengagement, 404, 407, 408
      Réintégration des combattants,
406, 407, 408, 410
      Restauration et consolidation de
la paix, 401
      Retrait, 404, 405, 406, 407, 408,
409
Congo (République Démocratique), 4,
21, 39, 53, 88, 89, 268, 269, 270,
283-300, 402, 404-410
   Accord de cessez-le-feu de Lusaka
du 10 juillet 1999, 88, 286, 287,
404, 406-410
   Accords de Kampala et de Harare,
405
   Coltan, 53
   Congo Léopoldville, 40
   Dialogue inter-congolais, 405, 407,
408, 410
   Comité conjoint de désarmement,
426

Commission Militaire Conjointe
    (CMJ), 88
Plan de désengagement de Kampala
    du 8 avril 2000, 286, 404
Plan de Harare pour le
    désengagement et de
    redéploiement des troupes, 404
Rapport du Groupe d'Experts sur
    l'exploitation illégale des
    ressources naturelles et autres
    formes de richesses, 406
Retrait des troupes étrangères, 408
Retrait des troupes ougandaises,
    407
Congo Brazzaville, 62
Conseil de l'Europe, Comité des
    conseillers juridiques sur le droit
    international public, 217
Conseil fédéral suisse, 134
Consensualisme, 328
Consentement, vices du
    consentement, 328
Contiguïté (ou proximité), 334, 335
Contre-mesures, 124, 129, 139, 218-
    221, 223, 248, 256-257
Contrôle effectif (CIJ) / contrôle
    général (TPIY) (incohérence
    jurisprudentielle), 271, 272
Convention
    Accord collatéral, 315
    Dénonciation, 274, 277, 282
    Effet relatif des traités, 315
    Normes posées, 125
    Réserve
        Voir : *Réserve*
Conventions
    Traité de paix maritime perpétuelle
        (1853), 309
    Traité de Paris (1856), 120
    Accord entre Ali bin Khalifah
        (Bahreïn) et le Royaume-Uni
        (1868), 310, 311
    Traité d'établissement entre la
        Suisse et l'Autriche (1875), 135
    Acte général / Conférence de Berlin
        (1885)
        Voir : *Frontière*
    Convention IV de La Haye (1907)
        sur le règlement pacifique des
        différends, 325
    Accord anglo-ottoman (1913) /
        Convention de 1913 (traité
        révisé en 1914), 310, 315
    Convention de St Germain en Laye
        relative à la liberté de navigation
        sur le fleuve Niger (1919), 444
    Traité de Lausanne (1925), 326
    Acte général pour le règlement
        pacifique des différends
        internationaux (1928), 273-277,
        282
    Traité de paix entre l'Italie et les
        Puissances alliées (1947), 326
    Convention de Belgrade sur le
        Danube (1948), 120
    Convention pour la prévention et la
        répression du crime de génocide
        (1948), 84
    Conventions de Genève (1949), 297
    Convention des Nations Unies
        relative au statut des réfugiés
        (1951), 463
    Traité de Varsovie (1955), 78
    Convention de Genève sur la mer
        territoriale et la zone contiguë
        (1958), 339, 351, 352, 375
    Convention sur le plateau
        continental (1958), 375
    Convention internationale sur la
        protection de nouvelles variétés
        de plantes, UPOV (1961), 191,
        199
    Convention de Paris pour la
        protection de la propriété
        industrielle (1967), 187, 192,
        208
    Protocole à la Convention des
        Nations Unies relative au statut
        des réfugiés (1967), 463, 464
    Convention de l'OUA régissant les
        aspects propres aux problèmes
        de réfugiés en Afrique (1969),
        463
    Convention de Vienne relative au
        droit des traités entre États

(1969), 128, 221, 228-231, 237, 240, 327
Accord bilatéral de Simla entre l'Inde et le Pakistan (1972), 280, 281
Convention de Vienne sur la succession d'États en matière de traités (1978), 229, 274
Convention des Nations Unies sur le droit de la mer (1982) / Convention de Montego Bay, 316, 338, 339, 341, 342, 344, 345, 347, 348, 363, 373, 375, 377, 378, 379, 380, 381, 382, 384, 389
Convention de Vienne relative au droit des traités entre États et Organisations internationales ou entre Organisations internationales (1986), 229-331
Convention de Bâle sur le contrôle des mouvements transfrontières de déchets dangereux et de leur élimination (1989), 157, 158, 176
Charte africaine des droits et du bien-être de l'enfant (1990), 469
Convention de Bamako sur l'interdiction d'importer en Afrique des déchets dangereux et sur le contrôle des mouvements transfrontières et la gestion des déchets dangereux produits en Afrique (1991), 158, 176
Convention sur la Diversité Biologique / CDB (1992), 186, 190, 197, 198
Traité de Sofia de 1994, 121
Convention des Nations Unies sur le droit relatif aux utilisations des cours d'eau internationaux à des fins autres que la navigation (1997), 163, 226
Convention de l'OUA sur la prévention et la lutte contre le terrorisme (1999), 98
Convention portant création de la Commission africaine de l'énergie
  Voir : *Commission africaine de l'énergie*
Corten (Olivier), 283, 287
Côte d'Ivoire, 40, 95, 96, 180
  Cacao, 54
Coup d'état / tentative de --, 401, 402, 418, 419
Cour internationale de Justice, 9, 11, 61, 69, 124, 128, 137, 138, 215, 217, 219, 235, 267-300
  Célérité dans la prise d'une ordonnance, 284
  Arguments surabondants (dans la procédure devant la CIJ), 317
CIJ Communiqués de presse
  2000/13, 14 avril 2000, 267
  2000/36, 26 octobre 2000, 270
  2000/37, 1er novembre 2000, 272
  2000/4, 11 février 2000, 268
  99/45, 25 octobre 1999, 283
CIJ Jurisprudence
  1949 *Détroit de Corfou* (Royaume-Uni c. Albanie), 307
  1951 *Pêcheries norvégiennes* (Royaume-Uni c. Norvège), 142, 302, 379
  1953 *Minquiers et Ecréhous* (France / Royaume-Uni), 301
  1955 *Nottebohm* (Liechtenstein c. Guatemala), 234, 307
  1959 *Interhandel* (Suisse / États-Unis d'Amérique), 235
  1959 *Souveraineté sur certaines parcelles frontalières* (Belgique / Pays-Bas), 301
  1962 *Temple de Préah Vihéar* (Cambodge c. Thaïlande), 142, 301, 313
  1969 *Plateau continental de la Mer du Nord* (République fédérale d'Allemagne c. Danemark ; République fédérale d'Allemagne c. Pays-Bas), 302, 334, 336, 340, 349, 350, 357, 388

1970 *Barcelona Traction Light and Power Company* (nouvelle requête : 1962) (Belgique c. Espagne), 219

1973 *Procès de prisonniers de guerre pakistanais* (Pakistan c. Inde), 275

1974 *Essais nucléaires* (Nouvelle Zélande c. France), 141, 275

1975 *Sahara Occidental* (avis consultatif), 44, 61, 301, 314, 334

1978 *Plateau continental de la mer Égée* (Grèce c. Turquie), 275, 276

1982 *Plateau continental* (Tunisie / Jamahiriya arabe libyenne), 302, 304, 336, 345, 349, 350, 356, 357, 359

1984 *Délimitation de la frontière maritime dans la région du Golfe du Maine* (Canada / États-Unis d'Amérique), 302, 337, 345, 347, 349, 350, 356

1985 *Plateau continental* (Jamahiriya arabe libyenne / Malte), 302, 334, 337, 345, 348, 349, 351, 355, 357, 358, 361

1986 *Activités militaires et paramilitaires au Nicaragua et contre celui-ci* (Nicaragua c. États-Unis d'Amérique), 11, 119, 128, 272, 287, 307

1986 *Différend frontalier* (Burkina Faso c. République du Mali), 300, 287, 301, 311, 360

1989 *Elettronica Sicula S.p.A.* (États-Unis c. Italie), 235

1991 *Sentence arbitrale du 31 juillet 1989* (Guinée-Bissau c. Sénégal), 141

1992 *Différend frontalier terrestre, insulaire et maritime* (El Salvador / Honduras ; Nicaragua (Intervenant)), 302, 334, 359

1992 *Questions d'interprétation et d'application de la Convention de Montréal de 1971 résultant de l'incident aérien de Lockerbie* (Jamahiriya arabe libyenne c. Royaume-Uni), 269, 270, 287

1993 *Frontière maritime dans la région située entre le Groenland et Jan Mayen* (Danemark c. Norvège), 302, 337, 345, 349, 350, 351, 353, 354, 355, 357, 359, 361, 374, 376, 378, 389

1994 *Différend territorial* (Jamahiriya arabe libyenne / Tchad), 302

1996 *Licéité de la menace ou de l'emploi d'armes nucléaires* (avis consultatif), 344

1997 *Gabcíkovo Nagymaros* (Hongrie / Slovaquie), 220, 223, 270, 307

1999 *Île de Kasikili / Sedudu* (Botswana / Namibie), 302, 303, 314

2000 *Incident aérien du 10 août 1999* (Pakistan c. Inde), 268, 269, 272-282

2000 (Ordonnance) *Mandat d'arrêt du 11 avril 2000* (République démocratique du Congo c. Belgique), 268, 269, 270, 290-299

2001 *Délimitation maritime et questions territoriales entre Qatar et Bahreïn* (Qatar c. Bahreïn), 267, 269, 301-363, 376, 378, 389

2001 *LaGrand* (Allemagne c. États-Unis d'Amérique), 267, 270

Activités armées sur le territoire du Congo (République démocratique du Congo c. Burundi), 269, 270, 296

Activités armées sur le territoire du Congo (République démocratique du Congo c. Rwanda), 269, 270, 296

Activités armées sur le territoire du Congo (République Démocratique du Congo c.

Ouganda), 268, 269, 270, 283-290, 292, 296, 300
Ahmadou Sadio Diallo (République de Guinée c. République démocratique du Congo), 269, 270
Application de la convention pour la prévention et la répression du crime de génocide (Bosnie-Herzégovine c. Yougoslavie), 270
Application de la convention pour la prévention et la répression du crime de génocide (Croatie c. Yougoslavie), 269, 270
Délimitation maritime entre le Nicaragua et le Honduras dans la mer des Caraïbes (Nicaragua c. Honduras), 269, 270
Frontière terrestre et maritime entre le Cameroun et le Nigeria (Cameroun c. Nigeria), 270, 303, 307
Licéité de l'emploi de la force (Yougoslavie c. Allemagne), 269, 270, 283, 307
Licéité de l'emploi de la force (Yougoslavie c. Belgique), 269, 270, 283, 295, 296, 307
Licéité de l'emploi de la force (Yougoslavie c. Canada), 269, 270, 283, 307
Licéité de l'emploi de la force (Yougoslavie c. Espagne), 283, 307
Licéité de l'emploi de la force (Yougoslavie c. États-Unis d'Amérique), 283, 307
Licéité de l'emploi de la force (Yougoslavie c. France), 269, 270, 283, 307
Licéité de l'emploi de la force (Yougoslavie c. Italie), 269, 270, 283, 307
Licéité de l'emploi de la force (Yougoslavie c. Pays-Bas), 269, 270, 283, 307
Licéité de l'emploi de la force (Yougoslavie c. Portugal), 269, 270, 283, 307
Licéité de l'emploi de la force (Yougoslavie c. Royaume-Uni), 269, 270, 283, 307
Plates-formes pétrolières (République islamique d'Iran c. États-Unis d'Amérique), 269, 270
Souveraineté sur Pulau Ligitan et Pulau Sipadan (Indonésie / Malaisie), 269, 270
Cour permanente de Justice internationale, 273, 274, 276, 294
1925 *Lotus*, 344
1928 *Usine de Chorzów*, 294
1933 *Statut juridique du Groenland oriental* (Danemark c. Norvège), 301
Coutume
  Coutume résultant de normes conventionnelles, 128, 129, 137
  Coutume régionale / locale, 371
  Coutumes régionales africaines, 69
  Concepts juridiques islamiques (coutume locale), 371
  Normes spontanées, 125
  Opinio juris, 137
Couvreur (Philippe), 268
Crawford (James), 217
Crimes contre l'humanité, 28, 81
Crimes de guerre, 28, 81, 122

D

Déchets dangereux / toxiques / nocifs, 149, 156, 157, 158, 159, 176
Délimitation et démarcation, 124, 301-390, 411-415, 497-689
  Frontière maritime, 124, 373-388
  Frontière terrestre, 302
  Eaux d'un Golfe et Espaces maritimes en dehors du Golfe, 302
  Équidistance / circonstances spéciales, 339-341, 348, 349, 350, 351, 352, 353, 355, 358, 359, 362, 363, 375, 377, 389

Frontière terrestre et maritime, 303
Ligne de base, 341, 375-378, 379, 380, 382, 383
Ligne d'équidistance, 303, 304, 339, 340, 341, 342, 346, 347, 349, 350, 351, 352, 353, 354, 355, 359, 360, 361, 362, 375, 376, 378, 379, 383, 389
Ligne de base droite, 341, 344, 358, 379, 380, 383
Ligne médiane, 339, 349, 353, 358, 362, 372, 377, 378, 382, 384, 385, 387
Ligne médiane historique, 387
Résultat inéquitable, 382
Plateau continental, 375, 384, 389
Démocratie, 25, 28, 36, 52, 58, 60, 64, 438, 439, 444, 445
Démocratisation, 16, 24, 28, 29
Élection et référendum (libre et transparent), 393, 404, 421, 422, 425, 431
État de droit, 24, 27, 29, 426
Voir aussi : *Rechsstaadt*
Institutions démocratiques, 399
Principes démocratiques, 27, 392
Désarmement, 400, 406, 407, 408, 421, 422, 424, 425, 426, 427
Programme de collecte d'armes, 403
Programme de collecte des armes légères et de petit calibre, 426
Dette extérieure d'États, 56, 68, 403, 418
Initiative en faveur des pays les plus endettés, 418
Réduction, 418
Développement
Afrique, 55
Durable / générations futures, 54, 55, 67, 73, 80, 97, 143, 144, 150, 153, 156, 165, 173, 179, 181, 446
Durable en Afrique, 482
Sommet mondial sur le développement durable, 482

Nouvelle Initiative Africaine, 471
Voir aussi : *MAP*, *NEPAD* et *OMEGA*
Pays développés, 188, 192, 201, 203, 205, 206, 211
Pays en développement / Pays les moins avancés, 185-190, 192, 196-207, 211
Différend
Mixte (à la fois territorial et maritime), 302
Insulaires, 305
Maritimes, 305
Territoriaux, 301, 305, 306, 330, 335
Distinction entre différend d'attribution et différend de délimitation (définition et relativité), 305
Diop (Cheikh Anta), 45
Directives, 177
Discrimination, Principe de non discrimination, 196
Non-discrimination entre les nationaux et les pêcheurs de l'autre État, 370
Non-discrimination dans la brevetabilité, 188
Djibouti, 3, 33, 378, 428-430
Dlamini-Zuma, 84
Doha (Déclaration de la Conférence Ministérielle, 2001), 195, 197, 198, 203, 204, 205, 206
Projets de déclaration, 201, 202, 203, 204, 205
Préparation de la Conférence ministérielle de Doha, 195
Dol, 320
Droit constitutionnel comparé, 437-441
Droit de l'environnement, 122
Approche sectorielle, 164
Normes d'émission, 177
Normes de qualité, 177

Droits de l'Homme / droits fondamentaux, 16, 27, 29, 123, 290, 392-396, 399, 401-405, 407, 409, 418-423, 426, 428, 429, 443-445, 447
   Déclaration universelle des droits de l'homme
      Voir : *Organisation des Nations Unies*
   Droit à l'éducation, 439
   Droit à l'environnement, 152, 446
   Droit au développement, 54, 446, 447
   Droit d'accès au juge, 439
   Droits constitutionnels, 438-440
   Génération des droits de l'homme, 444
   Liberté d'expression et d'opinion, 392, 407
   Liberté d'assemblée, 392
   Perspectives africaines des droits de l'homme et des peuples, 24, 25
   Santé humaine, 201
   Traitement inhumain et dégradant, 399
   Universalité des droits de l'homme, 444
   Violations des droits de l'homme, 396, 399, 406, 420
      Exécutions sommaires et extrajudiciaires, 399
Droit de libre accès aux ports et aux marchés des zones côtières, 370
Droit de libre passage dans les eaux intérieures, 370
Droit des peuples à disposer d'eux-mêmes / droit des peuples à l'autodétermination, 48, 124, 431
Droit idéal, 124
Droit international
   Bonne foi, 113, 115
   Changement pacifique, 123
   Chevauchement des sources, 129
   Coutume
      Voir : *Coutume*
   Définition, 126
   Dualisme, 132
   Effet relatif des traités, 120
   Non-ingérence dans les affaires intérieures, 25
   Nouveau droit international, 443
   Pacta sunt servanda, 109, 140, 228
   Prééminence du droit coutumier sur le droit conventionnel, 128
   Principes généraux de droit, 137
   Régimes d'exception, 127
   Règles primaire / secondaire, 146, 313
   Sanction, 139
   Soft Law, 121, 123, 126
   Sources, 126
   Succession aux traités, 444
Droit international humanitaire / droit humanitaire, 85, 290, 396, 405, 428
   Personnel humanitaire, 428
   Populations civiles, 394, 416
      Attaques contre la --, 393, 428
      Crimes à l'égard de la --, 406, 421
      Internés, 413
   Prisonniers de guerre, 411, 412, 413, 416, 431
      Voir aussi : *Maroc*
   Rapatriement, 406, 407, 408, 410, 411, 412, 413, 419, 421, 431
   Recrutement forcé d'enfants, 423
   Violations des règles du droit international humanitaire, 283, 396
      Voir aussi : *Agression, Crime de guerre, Crimes contre l'Humanité* et *Génocide*
Droit intertemporel, 112
Droit positif, 124
Droit volontaire, 126
Droits historiques, 119, 126, 354
Dugard (John), 233

E

Eaux territoriales, 316, 322, 336, 337, 339, 340, 341
Économie judiciaire / procédurale, 278, 282, 294, 317
Effectivités, 118, 138, 304, 305, 311, 313, 317, 319, 320, 321, 322, 329, 330, 333

Égypte, 11, 17, 34, 40, 470
Embargo, 125, 428, 467
   Sur les armes, 428
   Sur le diamant (Sierra Leone), 427
   Sur le diamant (Sierra Leone et Liberia), Certificat d'Origine, 427
Enfant Soldat, 420
Environnement
   Catastrophes écologiques, 148
   Clause de protection de la santé, 169
   Clause de protection de l'environnement, 169
   Déclaration de Rio sur l'Environnement et le Développement (1992), 225-227
   Déclaration de Stockholm sur l'Environnement Humain (1972), 225
   Développement du droit de l'environnement en Afrique, 444
   Diligence due, 225
   Étude d'impact, 179, 226, 261
   Gestion, 143, 156, 157, 166, 175
   Mise en valeur et conservation de la faune et de la flore sauvages, 157
   Modèle de loi africaine sur la biosécurité et un système panafricain de biosécurité, 462, 484
   Politique environnementale des États, 170, 171
   Pollution, 147, 148, 156, 165, 172, 175, 177
      Voir aussi : *Principes (Pollueur-Payeur / Précaution)*
   Préservation des écosystèmes, 162
   Prévention du commerce international illicite des déchets toxiques et dangereux, 157
   Processus africain d'aménagement et de protection de l'environnement côtier et marin, 461, 483
   Programme communautaire, 175
      Voir aussi : *Principes*

Épuisement des recours internes, 216, 235, 236, 254
Équité, 111, 124, 130, 138
   Autonome, 350, 352
   Correctrice, 352
   Inéquité, 341, 355, 356
   Intra legem, 359
   Praeter legem, 359
Érosion côtière, 163, 175, 178, 180
Érythrée, 21, 33
Érythrée – Éthiopie (conflit), 410-417
   Accord de paix d'Alger du 12 décembre 2000, 410, 411, 416
   Commission de frontière (organe arbitral), 413-416, (Sentence) 497-689
   Commission des réclamations, 413, 415, 416
   Commission de délimitation et de démarcation, 411
   Fond de solidarité pour la délimitation et la démarcation, 415
Érythrée – Yémen (différend territorial et maritime), 365-390
   Accord sur les principes (Paris, 1996) / Compromis d'arbitrage, 366, 369, 370, 373, 387, 390
   Accord de coopération portant sur le commerce, le transport et le règlement des problèmes maritimes (Asmara, 2001), 390
   Sentence relative à la souveraineté (1998), 366
Espagne, 27
Essy (Amara), 95, 96
Estoppel, 110, 116, 119, 126, 142, 280, 530
État
   Adjacent, 336, 340
   Archipélagique, 338, 362
   Constitutionnel (doctrine de Häberle), 438-440
   Reconnaissance de nouveaux États, 131
   Tiers, 378

États-Unis d'Amérique, 9, 16, 27, 41, 48, 76, 80, 84, 91, 97, 119, 134, 201, 430
    Attentats terroristes (11.9.2001), 98
    Constitution, 437
    Loi Antitrust / Sherman Act, 134
    Politique étrangère, 98
Éthiopie, 3, 4, 8, 20, 31, 40, 44
Evensen (opinion dissidente), 359
Ex æquo et bono, 318, 324
Exception préliminaire, 273, 283
Exploitation durable des ressources naturelles, 156
Extraterritorialité, 134, 135
Extrême urgence, 192, 204

F
Falklands
    Voir : *Malouines*
Fall (Ibrahim), 96
Fédération, 70, 73
Fides / Foi, 108, 115, 140
Fleischhauer (Carl-August), 268
Fonds monétaire international (FMI)
    Voir : *Bretton Woods*
Foi publique, 116
Fonds monétaire africain (FMA)
    Voir : *Union Africaine*
Fonds monétaire international (FMI), 418
Fortier (Opinion individuelle), 312, 331, 332
Forum shopping, 271
Fragmentation du droit, 271
France, 27, 92, 96, 120, 140
    Constitution, 437
    Médiation, 366, 384
    Sommets Franco-Africains, 95
Frontières, 10, 11, 26
    Conférence de Berlin de 1885, 11, 61, 444
    Découpage de l'Afrique, 46
    Héritage de la colonisation, 66
    Inviolabilité des frontières, 273

G
Gabon, pétrole, 3, 33, 54, 95
Gambie, 3
Garvey (Marcus), 12, 41, 48, 72
Garveyisme, 48
Génocide, 28, 29, 81, 84
    Voir aussi : *Convention pour la prévention et la répression du crime de génocide*
Ghana, 3, 11, 39, 45, 97
Gibraltar (statut territorial), 131
Gotlieb (opinion dissidente), 357
Grande Bretagne
    Voir : *Royaume-Uni*
Grands Lacs, 45, 403, 405
Grotius (Hugo), 140
Gueï (Robert), 63
Guerre de libération, 64
Guerre froide (Est, Ouest), 27, 75, 85, 98
    Disparition de l'Union Soviétique, 14
Guillaume (Gilbert), 268, 270, 271
Guinée, 21, 40, 96, 425
Guinée Bissau, 3, 417-420, 421
    Réfugiés de Casamance, 418
    Résistance de la Guinée Bissau (RGB), 417
Guinée Équatoriale, 3, 33
Gurirab (Theo Ben), 95

H
Hassan (Abdikassim Salad), 429
Haut-fond découvrant, 335, 338, 341, 342, 343, 344, 346, 347, 360, 361, 363, 380, 382
Herczegh (Géza), 268
Higgins (Rosalyn) (déclaration), 268, 318, 331
Houphouët-Boigny (Félix), 40
Hussein (Saddam), 98

I

Île d'Aves (1864), 334
Île de Bulama (1870), 334
Île de la Réunion, 27
Illégalité constitutionnelle, 438
Immunité
  Diplomatique, 290
  Diplomatique du ministre des affaires étrangères, 290
  Juridictionnelle, 132
  Juridictionnelle des ministre en exercice, 291
Impérialisme, 50
Impunité, 25
Inchoate title, 334
Incitation à la haine raciale, 298
Inde, 268, 269, 272, 273, 274, 275, 276, 277, 278, 279, 280, 282
  Système constitutionnel, 437
  Britannique, 274, 275
Indépendance (principe), 444
Indonésie (système constitutionnel), 437
Institut de Financement du Développement (IFD), 181
Intégration, 8, 13, 14, 15, 16, 20, 24, 28, 32, 33, 34, 36, 37
  Actes communautaires (décision, directive, règlement, résolution), 177
  Africaine / Continentale / Régionale, 4-6, 8, 10-12, 34, 37-38, 55, 65, 66, 69, 144-148, 151, 153, 156, 159, 160, 167-170, 174, 179-183
  Codification communautaire, 179
  Économique en Afrique, 144, 145, 157
  Politique et Programme d'action communautaire en matière environnementale, 143-184
Intérêt d'une bonne administration de la justice, 293
Intervention, droit d'intervention, 60
Intervention humanitaire, 28
  Voir aussi : *Union Africaine, Droit d'intervention*

J

Jamahiriya
  Voir : *Libye*
Jamaïque, 48
Japon, 16, 84, 92, 96, 437, 440
  Constitution de Meiji, 437
Jiménez de Aréchaga (opnion individuelle), 356
Jiuyong (Shi), 268
Juridiction internationale (prolifération), 271
Jurisprudence
  Arbitrage
    1843, *Port de Portendick*, 140
    1870 *Île de Bulama*, 334
    1872 *Alabama*, 226
    1891 *Frontières entre la Colombie et le Venezuela*, 324
    1898 *Romano*, 330
    1900 *Frontières entre la Colombie et le Costa Rica*, 324
    1909 *Différend frontalier entre la Bolivie et le Pérou*, 324
    1909 *Grisbadarna*, 304, 315, 336
    1910 *Pêcheries de l'Atlantique Nord* (Royaume-Uni / États-Unis d'Amérique), 344
    1922 *Limites entre la Colombie et le Venezuela*, 324
    1928 *Île de Palmas* (États-Unis d'Amérique / Pays-Bas), 315, 317, 333, 334
    1930 *Schufeldt*, 141
    1931 *Île de Clipperton* (France / Mexique), 315, 333
    1932 *Navires Kronprinz Gustav Adolf et Pacific*, 344
    1933 *Forêts du Rhodope central* (Grèce / Bulgarie), 344
    1933 *Frontière entre le Honduras et le Guatemala*, 330
    1963 *Sapphire International Petroleums Ltd. c. National Iranian Oil Cy.*, 325
    1963 *Interprétation de l'accord aérien du 27 mars 1946*

(États-Unis d'Amérique / France), 141
1977 *Canal de Beagle* (Argentine / Chili), 326, 334
1977 *Plateau continental de la mer d'Iroise* (France / Royaume-Uni), 336
1981 *Délimitation entre Dubaï et Sharjah*, 327, 337, 352
1992 *Délimitation des espaces maritimes entre le Canada et la République française* (St. Pierre et Miquelon), 345, 356, 357, 358
1999 *Délimitation des frontières maritimes entre Érythrée et Yémen*, 303, 322, 334, 335, 337, 338, 344, 347, 351, 361
Tribunaux nationaux
Canada, Federal Court of Appeals (1988), *National Corn Growers Association c. Canada*, 133
États-Unis d'Amérique, (1984) *Marc Rich*, 134
États-Unis d'Amérique, Cour suprême (1993), *Hartford Fire Insurance Co. v. Californi*, 134
États-Unis d'Amérique, US Court of Appeals (1993), *Mississippi Poultry Association c. Michigan*, 133
États-Unis d'Amérique, US Court of Appeals, Columbia Circuit (1987), *South African Airways c. Dole*, 133
Inde, Cour suprême de l'Inde (1990), *Union of India c. Sukumar Sengupta*, 141
Israël, Cour suprême (1968), *Kamiar*, 141
Royaume-Uni, House of Lords (1966), *Carl Zeiss Stiftung c. Rayner and Keeler, Ltd. (no. 2)*, 132
Suisse, (1973) *Schubert*, 133
Jus cogens, 124, 327

Justice de proximité, Justice, 399

K
Kabatsi (Peter), 215
Kabila (Joseph), 404
Kabila (Laurent Désiré), assassinat, 404
Keita (Modibo), 40, 72
Kenya, 21
Kenyatta (Jomo), 40, 72
Khaddafi (Mouhamar Al), 7, 8, 10, 12, 19, 23, 71, 72, 80
Kingsbury, 300
Kiss (Alexandre), 149
Kolingba (André), 401
Konaré (Alpha), 67, 70, 74
Kooijmans (Pieter H.), 268
  Opinion individuelle, 318, 319, 321, 322, 323, 331
Kopelmanas, 138
Koroma (Abdul G.), 268
  Opinion dissidente commune (Bedjaoui, Ranjeva, Koroma) Voir : *Bedjaoui*
Ludwig Krämer, 171
Kouyaté (Lansana), 96

L
Langue africaine (Haoussa, Kikongo, Kinyarwanda, Kirundi, Lingala, Malagasy, Peul, Swahili, wolof), 59, 65, 66, 67
Légalité, 78, 438
Législation (modèle africaine) pour la protection des droits de communautés rurales, des agriculteurs et des éleveurs, et pour la réglementation de l'accès aux ressources biologiques (1998), 191, 462, 484
Légitime défense, 78, 125
Légitimité, 10, 25
  Constitutionnelle, 62
  Définition, 438
  Démocratique, 52, 63, 120
  Électorale, 64
Lesotho, 3
Lex ferenda, 122, 123

Lex Friedrich (Suisse), 135
Lex lata, 121, 123
Lex posterior, 120, 133, 138
Lex specialis, 120
Libéria, 3, 4, 7, 40, 421, 425
Libye, 3, 5, 6, 8, 9, 10, 12, 16, 17, 19, 20, 23, 80, 81, 83, 90, 91, 97, 98
Licence (régime de licence / brevet obligatoire), 188, 191, 192, 202, 203, 204, 208, 210, 211
Lignes
  Voir : *Délimitation*
Ligue des États Arabes (LEA), 10, 430
Lincoln (Abraham), 52, 58
Litispendance (entrée principale), 286
Lockerbie, 9, 12, 83, 90, 91, 97, 451, 467
Lumumba (Patrice), 40, 72

M
Madagascar, 3, 33, 40
Mainlevée, 291, 294
Makowski, 138
Malawi, 3, 443
Mali, 3, 11, 17, 40, 45, 70, 74
Malouines (statut territorial), 131
Mandat d'arrêt international, 290, 294
Mandela (Nelson), 395, 396, 398
Mane (Général Ansumane Mane), 418
MAP (Programme de Partenariat du Millénaire pour la Renaissance de l'Afrique), 93, 451, 470
Marché Commun de l'Afrique de l'Est et de l'Afrique australe / COMESA (Kampala, 5 novembre 1993), 14, 69, 82, 148, 150, 151, 153, 155, 156, 157, 159, 160, 161, 162, 164, 166, 167
Maroc, 40, 430, 431, 432
  Prisonniers de guerre, 431
Masire Ketumire (facilitateur), 405
Maurice (Île), 26, 27
Mauritanie, 21, 33
  Ressources halieutiques, 54
Mauvaise foi, 330
Mbali (Faustino), 419
Mbeki (Thabo), 12, 93

Mines / Déminage, 411, 412, 417, 418
Médecine traditionnelle africaine, 451, 461
Mohammed V, 40
Mondialisation, 6, 7, 8, 13, 15, 42, 50, 55, 57, 64, 68, 72, 73
Mondlane (Edwardo), 40
Morelli, 138
Morozov, 276
Moubarak (Hosni), 95, 470
Mouvement des Forces Démocratiques de (MFDC), 417-418
Mouvements (Organisations) de libération nationale, 27, 40, 49
Moyen-Orient (processus de paix), 91
Mugabe (Robert), 40, 80
Muzorewa, 40

N
N'Chama, 417
Nasser (Gamal Abdel), 40
Nation la plus favorisée (clause de la), 188
Nationalité / Naturalisation, 235
  Bonne foi dans l'acquisition d'une nationalité, 234
  En cas de succession d'États, 223
  Nationalité continue, 216, 233, 234, 241
Ndombasi (Yerodia Abdoulaye), 290, 292, 293, 297, 298
Négrocide, 47, 52
NEPAD / Nouveau Partenariat pour le Développement de l'Afrique, 94
  Comité de Suivi de la Nouvelle Initiative Africaine, 471
Neto (Augustino), 40
Nettoyage ethnique, 29
Niger, 3, 7
Nigeria, 4, 12, 14, 17, 93-96, 458, 460, 470, 472
  Pétrole, 54
Nkomo (Josua), 40
Nkrumah (Kwamé), 11, 12, 39, 48-50, 72
Non alignement, 27
Nyerere (Julius), 12, 38, 40, 71

O

O'Connell, 274
Obasanjo (Olusegun), 12, 93, 480, 494, 496
Objection persistante à une coutume en formation, 126
Obligations erga omnes, 124
Obligations préconventionnelles, 141
Occupation coloniale, 54
Oda (Shigeru) (déclaration / opinion dissidente / individuelle), 268, 276, 288, 299, 331, 336, 337
OMEGA Plan for Africa, 93, 451, 470
Opérations de maintien de la paix (OMP),
    Bureau des Nations Unies en Angola (BNUA), 392, 394
    Bureau des Nations Unies en Centrafrique (BONUCA), 398, 402, 403
    Bureau des Nations Unies en Guinée-Bissau (BNUGB), 418
    Force de maintien de la paix de la CEDEAO (ECOMOG) Voir : *CEDEAO*
    Force Internationale d'Assistance à la Sécurité en Afghanistan (ISAF), 98
    Force Multinationale Intérimaire de Sécurité au Burundi, 397
    Mission d'Assistance des Nations Unies au Rwanda (MINUAR), 84
    Mission d'Assistance des Nations Unies en Sierra Leone (MINUSIL), 88, 421-424
    Mission d'Observation de l'OUA au Burundi (OMIB), 87
    Mission d'observation de l'OUA au Rwanda, 84
    Mission d'Observation de l'OUA aux Comores (OMIC), 87
    Mission de Liaison de l'OUA en Érythrée et en Éthiopie (MLOEE), 87, 89
    Mission des Nations Unies en Érythrée et en Éthiopie (MINUEE), 88-89, 413, 414, 416
    Mission des Nations Unies en République Démocratique du Congo (MONUC), 88, 405, 406, 408, 409, 410
    Mission des Nations Unies pour le Référendum au Sahara Occidental (MINURSO), 431
Opting in / out, 137
Ordre juridique, 103, 109, 110, 111, 118, 119, 130, 131, 132, 136, 138, 140
Ordre public, 189
Ordre public international, 124
Organisation de Coopération et de Développement Économique (OCDE), 144
Organisation de l'Aviation Civile Internationale (OACI), 281
Organisation de l'Unité Africaine, 1-99, 191, 398, 429
    Organes de l'OUA
        Agences spécialisées, 455
        Comité de révision de la Charte, 4, 7
        Comité de coordination pour la libération de l'Afrique, 27, 38
        Commission de médiation, de conciliation et d'arbitrage, 35, 68, 445
        Organe central, mécanisme de prévention, de gestion et de règlement des conflits, 34, 35, 68, 87-89, 454
    Sommets de l'OUA
        Première Session ordinaire (Caire), 11
        26ème Session ordinaire (Addis-Abeba), 8, 85
        28ème Session ordinaire (Dakar), 86
        29ème Session ordinaire (Caire), 34, 86
        34ème Session ordinaire (Ouagadougou, 1998), 9, 10
        35ème Session ordinaire (Alger, 1999), 7, 10, 13, 29, 88

36ème Session ordinaire (Lomé, 2000), 3, 12, 19, 26, 29, 42, 75, 92
37ème Session ordinaire (Lusaka, 2001), 32, 42, 95
38ème Session ordinaire (Durban, 2002), 31
4ème et 5ème Sessions extraordinaires (Syrte, 1999 et 2000), 5, 6, 7, 13, 16, 18, 19, 21, 22, 23, 42, 73, 80, 467
OUA Décisions, Déclarations et Résolutions
AHG/Dec.111 (XVI), 4
AHG/Dec.127 (XXXIV), 91
AHG/Dec.140 (XXXV), 7
AHG/Dec.141 (XXXV), 29
AHG/Dec.142 (XXXV), 29
AHG/Dec.148 (XXXVI), 92
AHG/Dec.159 (XXXVI), 27
AHG/Dec.160 (XXXVII), 32, 474
AHG/Dec.161 (XXXVII), 480
AHG/Dec.162 (XXXVII), 481
AHG/Dec.163 (XXXVII), 482
AHG/Dec.164 (XXXVII), 484
AHG/Dec.165 (XXXVII), 486
AHG/Dec.166 (XXXVII), 488
AHG/Dec.167 (XXXVII), 489
AHG/Dec.168 (XXXVII), 491
AHG/Dec.169 (XXXVII), 492
AHG/Dec.170 (XXXVII), 492
AHG/Decl.5 (XXXVI), 29
AHG/Decl.1 (XXXVII), 493
AHG/Decl.2 (XXXVII), 496
AHG/Res.16 (I), 11
CM/2162 (LXXII), 39, 62, 73
CM/Rpt. (LXXIV), 74
AHG/ST/1 (XXXVI), 472
CM/Dec.479 (LXX), 460
CM/Dec.4 (LXXIV), 469
EAHG/Dec.1 (V), 22
EAHG/Dec.3 (V), 467
Déclaration de Syrte, 42
Plan d'action du Caire, 471
Déclaration du Caire sur la mise en place au sein de l'OUA d'un Mécanisme pour la prévention, la gestion et la résolution des conflits, 34, 86, 454
Déclaration sur un cadre d'action de l'OUA pour répondre aux changements anticonstitutionnels de gouvernement, 29
Déclaration sur la situation politique et socio-économique de l'Afrique et les Changement récents dans le Monde, 8
Déclaration de Nairobi, 462
Déclaration de Sirte (1999-2001), 5, 6, 12, 13, 16, 17, 18, 19, 20, 23, 80
Organisation des Nations Unies (ONU), 3, 9, 128
Charte des Nations Unies, 24, 28, 76, 77, 83, 221
Coopération avec les organisations régionales, 28
Sommet du Millénaire, 93
Opérations de maintien de la paix
Voir : *Opérations de maintien de la paix*
Accords / Organisations régionales, 75, 77, 78
Système des Nations Unies, 77, 84
Déclaration Universelle des Droits de l'Homme, 24, 79, 83
Secrétariat général des Nations Unies
Représentant Spécial, 398, 401, 415, 430
Envoyé Personnel, 432
Assemblée Générale des Nations Unies, 215, 216, 218, 223, 224, 238, 239, 240, 259, 268, 270, 271, 276
Cinquante-cinquième session, 270
Sixième Commission (Juridique), 218, 222, 239
Documents
A/RES/1514 (XV), 27
A/RES/55/153, 223
A/55/686, 410

A/56/10, 215
A/CN.4/498 Add 4, 221
A/CN.4/506/Add 1, 233
A/CN.4/508 Add 3 and Add 4, 228
A/CN.4/514, 233
A/CN.4/517, 217, 221, 222
A/CN.4/518 et Add 1-3, 230
UN/OAU/MTG/011/2000/Rev.2, 89
Conseil de sécurité des Nations Unies, 9, 28, 35, 75-99, 125, 271, 272, 286, 287, 288, 300, 365
  Autorisation d'actions coercitives, 78
  Comité des sanctions contre l'UNITA, 92
  Membres permanents (P5), 75, 92, 96
  Réforme (position africaine), 76
  Sanctions, l'absence de coopération des États membres de l'OUA à l'application des sanctions, 76
  Veto, 92, 96
  Documents
S/1998/219, 402
S/1998/318, 89
S/1999/815, 404
S/2000/1091, 420, 423
S/2000/1183, 410, 411
S/2000/601, 411
S/2000/915, 427
S/2001/1194 (13 décembre 2001), 416
S/2001/1195 (13 décembre 2001), 426
S/2001/128 (12 février 2001), 404
S/2001/148 (20 février 2001), 430
S/2001/202 (7 mars 2002), 412
S/2001/228 (14 mars 2001), 420
S/2001/351 (11 avril 2001), 391
S/2001/357, 406
S/2001/373 (17 avril 2001), 405
S/2001/398 (24 avril 2001), 431
S/2001/424 (30 avril 2001), 422
S/2001/45 (12 janvier 2001), 410
S/2001/45, 410, 411
S/2001/572 (8 juin 2001), 406
S/2001/608 (19 juin 2001), 414
S/2001/613 (20 juin 2001), 432
S/2001/622 (22 juin 2001), 419
S/2001/627 (25 juin 2001), 423
S/2001/660 (2 juillet 2001), 401
S/2001/843 (5 septembre 2001), 415
S/2001/857 (7 septembre 2001), 425
S/2001/956 (10 octobre 2001), 394
S/2001/963 (11 octobre 2001), 428
S/2001/970 (16 octobre 2001), 408
S/22001/237 (16 mars 2001), 417
S/PRST/2001/1 (11 janvier 2001), 428
S/PRST/2001/13 (3 mai 2001), 406
S/PRST/2001/18 (17 juillet 2001), 402
S/PRST/2001/19, 408
S/PRST/2001/2 (23 janvier 2001), 400
S/PRST/2001/22 (5 septembre 2001), 408
S/PRST/2001/24, 393
S/PRST/2001/25 (26 septembre 2001), 403
S/PRST/2001/26 (26 septembre 2001), 396
S/PRST/2001/29 (24 octobre 2001), 409
S/PRST/2001/30 (31 octobre 2001), 429
ST/PRST/2001/33 (8 octobre 2001), 398
ST/PRST/2001/35 (15 novembre 2001), 398
S/PRST/2001/36 (15 novembre 2001), 394
S/PRST/2001/39 (29 mars 2001), 427
S/PRST/2001/4 (9 février 2001), 411

S/PRST/2001/6 (2 mars 2001), 395
S/RES/748 (1992), 9
S/RES/751 (1992), 428
S/RES/864 (1993), 92
S/RES/864 (1993), 91
S/RES/883 (1993), 9
S/1995/1039, 365
S/1995/1044, 365
S/RES/1127 (1997), 91
S/RES/1173 (1998), 91
S/RES/1237 (1999), 91
S/RES/1237 (1999), 92
S/RES/1304 (2000), 286, 287, 289
S/RES/1312 (2000), 88
S/RES/1323 (2000), 300
S/RES/1336 (2001), 391
S/RES/1341 (2001), 404
S/RES/1342 (2001), 431
S/RES/1344 (2001), 414, 415
S/RES/1346 (2001), 420, 423
S/RES/1355 (2001), 407
S/RES/1359 (2001), 433
S/RES/1370 (2001), 425
S/RES/1374 (2001), 394
S/RES/1375 (2001), 397
S/RES/1376 (2001), 409

Autres
  Département des Affaires Sociales et Économiques (DESA), 466
  Haut Commissaire aux Droits de l'Homme (HCDH), 3
  Service Antimines des Nations Unies (UNMAS), 412
  Programme commun des Nations Unies sur le VIH/SIDA (ONUSIDA), 458, 459
  Commission Économique des Nations Unies pour l'Afrique (CEA), 82, 87, 93
  Programme des Nations Unies pour l'Environnement (PNUE), 460, 466
  Organisation des Nations Unies pour l'Éducation, la Science et la Culture (UNESCO), 466
  Haut Commissariat aux Réfugiés (HCR), 426, 463, 464, 465
  Fonds des Nations Unies pour l'Enfance (UNICEF), 458, 459, 469
  Organisation des Nations Unies pour l'Alimentation et l'Agriculture (FAO), 466
  Organisation des Nations Unies pour le Développement Industriel (UNIDO), 466
  Organisation du Traité de l'Atlantique Nord (OTAN), 77
  Organisation Internationale de la Francophonie (OIF), 95
  Organisation Juridique Consultative Africaine – Asiatique (AALCO), 217
  Organisation Mondiale de la Santé (OMS), 458, 459, 462
  Organisation Mondiale du Commerce (OMC) / Accord de Marrakech, 221, 288, 462, 470
  Mémorandum d'accord relatif aux règles et procédures régissant le règlement des différends, 195, 200, 206, 288
  Organe de Règlement des Différends (ORD), affaire *Communautés européennes – Régime applicable à l'importation, à la vente et à la distribution des bananes* (1997), 288-289
  Accord sur le brevet des produis pharmaceutique et des produits chimiques agricoles, 189
  1ère Conférence ministérielle (Singapour, 1996), 194
  2ème Conférence ministérielle (Genève, 1998), 195
  3ème Conférence ministérielle (Seattle, 2000), 186, 195
  4ème Conférence ministérielle (Doha, 2001), 195
    Voir aussi : *Conférence de Doha*
  5ème Conférence ministérielle (à venir), 198

Accord sur les aspects des droits de propriété intellectuelle touchant au commerce, 185-211
Négociations commerciales multilatérales (Cycle d'Uruguay), 470
Documents de l'OMC
  WT/GC/W/450 (4 octobre 2001), 201
  WTO-IP/C/W/206 (20 septembre 2000), 190
  WTO-IP/C/W/312, 201
  WTO-IP/C/22 (6 décembre 2000), Rapport annuel du Conseil pour l'Accord TRIPS, 194
Ouganda, 21, 97, 268, 269, 270, 283, 284, 285, 286, 287, 288, 289, 292, 295, 300

P

Pacta sunt servanda
Voir : *Droit international*
Pactum de contrahendo, 308
Padmore (George), 12
Paix et sécurité internationales, 7, 24, 27, 75-99
  Voir aussi : *Opérations de maintien de la paix*
  Illégalité de l'utilisation de la force, 312
  Menace à la, 404
  Menace ou Recours à la force, 411
  Construction de la paix, 85, 87, 97
  Prohibition / Interdiction du recours à la force, 27, 138, 273
Pakistan, 268, 269, 272-282
Paludisme, 203, 204
Panafricanisme, 5, 7, 26, 37, 40, 41, 42, 44, 47, 48, 49, 50, 51, 72, 74
  Congrès de Chicago sur l'Afrique en 1893, 48
  Conférence africaine de Londres de 1900, 48
  Congrès de Paris de 1919, 48
  Congrès de Bruxelles de 1921, 48
  Congrès de Lisbonne de 1923, 48
  Congrès de New York de 1927, 48

Congrès de Manchester de 1945, 48
- Unité panafricaine, 8
Panarabisme, 72
Parra-Aranguren (Gonzalo) (opinion individuelle / séparée), 268, 295, 296
Patassé (Ange Félix), 400
Patrimoine culturel commun de l'humanité, 51
Peine de mort, 406, 409
Pellet (Alain), 274, 276
Personnes déplacées (IDP), 392, 411, 421, 424, 426, 427
Pirzada (Syed Sharif Uddin) (opinion individuelle), 273, 275
Plateaux continentaux, 337, 376, 377
Plurimae leges, pessima civitas, 111
Possession territoriale, 330
Prescription, 110, 116, 126, 127
  Acquisitive, 116, 311, 313
  Libératoire, 127
Principes
21
  Voir : *Environnement / Déclaration de Stockholm sur l'environnement humain (1972)*
  Correction à la source, 156
  Équitable et Circonstances pertinentes, 375, 377, 382, 389
  Partage équitable du bénéfice, 198
  Pollueur-payeur, 156, 179, 226
  Précaution, 179, 226
  Prévention, 156
  Proximité, 316, 317, 330, 333, 334, 344
  Réparation, 156
  Voir aussi : *Réparation*
  Res inter alios acta (principe of), 444
Programme d'action (définition), 174
Proportionnalité, 356, 357, 358, 388
Propriété (droit de défendre sa propriété), 439
Propriété industrielle (droits de la), 187
  Brevets, 187
  Voir aussi : *Brevets*

Droits d'auteur et droits connexes, 187
Indications géographiques, 186, 187, 188, 193, 194, 197, 198
Informations confidentielles, 187
Marques, 187
Schémas de configuration (topographies) de circuits intégrés, 187
Propriété intellectuelle (droits de la), 227
Prospective overruling, 113
Protection diplomatique, 215, 216, 233-236, 241
Protectionnisme, 196
Protestation, 311, 321, 322, 327, 329
Putsch
   Voir : *Coup d'état*

R
Ranjeva (Raymond) (déclaration), 268, 299
   Opinion dissidente commune (Bedjaoui, Ranjeva, Koroma)
   Voir : *Bedjaoui*
Rao (P. S.), 224
Rawlings (Jerry), 39
Rébellion armée, 396, 417
Rechsstaat, 438
Voir aussi : *Démocratie, État de droit*
Reddy B. P. Jeevan, 273
Réfugiés, 397, 403, 413, 418, 419, 421, 424, 426, 427
   Plan d'action global (Statut des Réfugiés), 463, 464, 487
   Rapatriés et Personnes déplacées en Afrique, 463, 486
Régime traditionnel de pêche (entrée principale), 367
Régionalisme africain, 50, 67, 69, 70
Voir aussi : *Intégration*
Régionalisme / Régionalisation / Organisation régionale, 6, 13, 14, 15, 16, 75, 77, 78, 79, 82, 84, 87
Voir aussi : *Intégration*
Règlement des différends, 25, 219, 220, 221, 223, 256, 257, 443-445

Règlement pacifique des différends dans l'Afrique post-coloniale, 444
Règlement pacifique des différends (principe), 24, 445
Regroupement d'États, 41, 46
   Voir aussi : *Intégration*
Renaissance de l'Afrique, 41
Renonciation, 125
Réparations, 220, 224, 251, 252, 253, 254, 256, 257
   pour les dommages subis, 283
   compensation, 224
   offertes pro toto, 125
République Arabe Sahraouie Démocratique (RASD)
   Voir : *Sahara occidental*
Représailles, 200
Réserves / Déclarations interprétatives, 119, 126, 216, 228-232, 278, 279, 280, 282, 285, 296
   Champ d'application illimité, 282
   Caducité, 279
   Compétence à formuler --, 231
   Déclarations interprétatives simple et conditionnelle (définition), 230
   Extra-statutaire, 278
   Formulation, 216, 228
   Formulation tardive d'une déclaration interprétative, 229, 230
   Objections (absence d'), 229
   Obligation de confirmation, 229
   Portée *ratione personae*, 278
   Procédures de communication et de publicité, 231
   Publicité, 230
   Réserve belge concernant les négociations parallèles, 296
Responsabilité pour apparence, 110, 116
Responsabilité internationale des États, 215, 217-223, 225, 258
   Article 19 du Projet de la Commission du droit

international relatif aux crimes de l'État, 123
Acte internationalement illicite, 311
États lésés, 218, 220
pour faits internationalement illicites, 217
Rezek (Francisco) (opinion dissidente), 268, 291, 298
Royaume-Uni / Grande-Bretagne, 9, 26, 76, 80, 91, 92, 97, 120, 132, 140, 301, 309, 310, 317, 318, 320, 327, 336, 337, 345, 350, 352, 355, 357, 437, 472
Rwanda, 269, 270, 283, 286, 296, 407
Russie (système constitutionnel), 437

S

SADC
    Voir : *Communauté de Développement de l'Afrique Australe*
Sahara occidental, 3, 44, 61, 430-433
    Commission d'Identification, 430, 431, 432
    Front POLISARIO, 430, 431
Sainte-Lucie, 288
Salim (Ahmed Salim), 95
Salisbury (Lord), 46
Sanctions, 9, 29, 62, 76, 78, 83, 90, 91, 92, 97, 98, 393, 394
    Injustes, 467
    Embargo
        Voir : *Embargo*
Santos (José Eduardo Dos), 392
Savimbi (Jonas), 392, 394
Schwebel (Stephen M.), 271
Sécurité juridique, 328
    Accessibilité du droit, 109
    Certitudo, 110
    Clarté du droit / Précision du droit, 109
    Confiance légitime, 109, 115, 140, 141
    Erga omnes, 117
    Exécutive, 113
    Insécurité juridique par l'inflation des normes, 111
    Insécurité normative, 118
    Inter partes, 110, 117, 140
    Objective, 109, 110, 118
    Prévisibilité, 105, 107, 108, 109, 119, 139
    Sécurité normative diachronique, 112
    Sécurité normative synchronique, 110
    Sécurité normative, 110
    Subjective, 109
Sélassié (Haïlé), 40, 72
Sénégal, 3, 40, 86, 93, 96, 417, 418, 419, 470
    Ressources halieutiques, 54
    Réfugiés en Casamance
        Voir : *Guinée Bissau*
Senghor (Léopold Sedar), 40
Sereni, 138
Servitude internationale, 372
Séville (St. Isidore de), 108
Shahabuddeen (opinion individuelle), 337
Sida
    Voir : *VIH/SIDA*
Sierra Leone, 3, 88, 89, 420
    Accord de cessez-le-feu (Abuja, 10 novembre 2000), 420, 423
    Accord de paix (1999), 88
    Commission Vérité et Réconciliation, 422, 423, 426
    Cour pénale spéciale, 422, 423, 426, 427
    Cour pénale spéciale, projet d'accord sur le Statut, 427
    Forces de Défense Civile (CDF), 423
    Front Révolutionnaire Uni (RUF), 420, 421-427
Silence qualifié (doctrine), 110, 116, 142
    Voir aussi : *Acquiescement*
Sitole, 40
Société des Nations (SDN), 275, 276
Sohier (Antoine), 61
Somalie, 4, 428-430
    Conférence de paix d'Arta, 428-430
    Assemblée Nationale Transitaire, 428, 430

Gouvernement National de Transition, 428, 429
Somaliland, 429
Sorel (Georges), 53
Soudan, 3, 7, 94
Souveraineté, 11, 24, 25, 27, 40, 54, 55, 60, 61, 68, 74, 79, 82, 120, 126, 273, 286, 298, 443
   Atteinte vexatoire à la souveraineté, 298
   Co-souveraineté / condominium, 329
   Égalité souveraine, 25, 60, 278, 290
   Exercice indirect, 314
   Souveraineté permanente sur les ressources naturelles et les activités économiques, 54, 68
   Territoriale, 365
   Territoriale (limitation), 371
   Titre originaire, 317
   Titres historiques, 304, 305, 316, 317, 386
Standards, 111, 121, 132
Subversion, 25
Succession d'États aux traités, 274
Sudi (Musse), 429
Suisse, 3, 134, 201, 203
   Constitution de 1874, 136
   Tribunal fédéral suisse, 113, 114, 117
Swaziland, 21, 33

T
Tanzanie, 40
Tarazi, Opinion individuelle (CIJ, 1978), 276
Tchad, 3
Terra incognita, 61
Terra nullius, 60, 61
Terrorisme, 25
Titre
   Voir : *Souveraineté*
Togo, 3, 14, 29, 76, 80, 92, 180
Torture, 399, 409
Touré (Sékou), 40, 72
Trafic illicite de déchets dangereux, 157
Traite négrière, 43, 47, 52

Traitement national (clause), 188
Traitement de la nation la plus favorisée
   Voir : *Nation la plus favorisée*
Traités inégaux, 62
Transfert international de technologies et accès, 201, 202, 205
Travail (forcé), 420
Tribunal Pénal International pour l'ex-Yougoslavie (TPIY), 271, 272
   Arrêt *Tadic*, 272
Trinité, 48
TRIPs / Accord sur les aspects des droits de propriété intellectuelle qui touchent au commerce, 185-211
Tsiranana (Fulbert), 40
Tuberculose, 203, 208
Tubman (William), 40
Tunisie, 40, 97
Tunkin, 138

U
Union Africaine (UA)
   Acte constitutif / Acte de Lomé / Acte Loméen / Texte de Lomé, 1-99, 148, 150, 164
   Organes de l'UA
      Comité technique spécialisé chargé de l'industrie, de la science et de la technologie, de l'énergie, des ressources naturelles et de l'environnement, 164
      Banque africaine d'investissement (BAI), 30, 57, 58
      Banque centrale africaine (BCA), 18, 30, 57
      Comités techniques, 34, 70, 80, 453, 455
      Commission, 80
      Conférence, 70
      Conseil économique, social et culturel, 80, 453

Conseil exécutif, 34, 70, 80, 452, 453
Cour Africaine de Justice, 18, 30, 67, 68, 80
Institutions financières (BCA, CAI, FMA), 67, 80
Fonds Monétaire Africain (FMA), 30, 57
Parlement panafricain, 10, 18, 20, 30, 52, 62, 68, 66, 67, 70, 80, 81, 456
   Voir aussi : *Protocole additionnel au Traité d'Abuja relatif au Parlement panafricain*
Droit d'intervention, 81
Journée Anniversaire de l'Union (2 Mars), 457
Politique de défense commune, 28
Protocole additionnel sur les relations entre la Communauté Économique Africaine et les Communautés Économiques Régionales, 454
Période transitoire, 456-457
Union du Fleuve Mano, 425
Union Douanière d'Afrique Australe (SACU), 15
Union Douanière et Économique de l'Afrique Centrale (UDEAC), 182
Union Européenne (UE) / Traités de Rome / Traité de Maastricht, 16, 20, 36, 37, 50, 57, 145, 156, 165, 167, 168, 171, 172, 173, 178, 183
   Fonds de cohésion pour l'environnement, 183
   Fonds agricole, 183
   Fonds social, 183
   Actes juridiques communautaires, 177
   Communauté Économique du Charbon et de l'Acier (C.E.C.A.), 59
   Communauté économique européenne, 41
Union Économique de l'Afrique Centrale (UEAC), 159, 161, 166, 182

Union Économique et Monétaire Ouest-Africaine (UEMOA) / Traité de Ouagadougou (1994), 14, 148, 162, 175, 179, 180, 181, 182
   Recommandation n°02/97/CM relative à la mise en œuvre d'un programme communautaire de première génération en matière de gestion de l'environnement au sein de l'UEMOA (1997), 175
   Fonds d'Aide à l'Intégration Régionale (FAIR), 182
   Acte additionnel n°01/98, 182
   Protocole additionnel n°II relatif aux politiques sectorielles de l'Union Économique et Monétaire Ouest Africaine (UEMOA), 162, 163
   Fonds structurels de l'UEMOA, 182
Union Monétaire Ouest Africaine (UMOA) / Traité de Dakar (1973), 147, 181
Union du Maghreb Arabe (UMA) / Accord de Marrakech (1989), 167
Union Soviétique, 14
Unicum (doctrine de), 350
Unilatéralisme, 57
Universalisme, 69
Urgence Nationale, 192, 204, 211
Usurpation, 317, 329
Uti possidetis, 11, 25, 305, 313, 316, 317, 322, 323, 330, 359
Uti possidetis (application à la mer), 304
Utilisation durable des ressources naturelles, 151

V

Valencia-Ospina (Eduardo), 268
Vandermeersch (D.), 290
Verdross, 138
Vereshchetin (Vladen S.), 268
Vergès (Jacques), 299
VIH/SIDA, 192, 203, 204, 207, 208, 210, 211, 451, 458
   Déclaration d'Abuja, 207, 208, 458

Cadre d'action d'Abuja et Plan cadre d'action pour la mise en œuvre de la Déclaration d'Abuja sur la lutte contre le VIH/SIDA, la tuberculose et d'autres maladies infectieuses connexes en Afrique, 458, 480
Anti-rétroviral, 192, 208, 211
Fond mondial pour la lutte contre le VIH/SIDA, 458, 480
Virally (Michel), 123
Volontarisme (doctrine), 328

W

Wade (Abdoulaye), 93, 470, 471
Weil (Prosper) (opinion dissidente), 128, 138, 357
Wyngaert (Christine Van Den), 291

Y

Yala, 417
Yougoslavie, 269, 270, 272, 295, 296

Z

Zemanek (Karl), 139
Zimbabwe, 40, 46, 61, 62
  Question foncière, 55, 60, 62
  Rhodésie du Sud, 40
Zone économique exclusive (ZEE), 334, 336, 337, 338, 340, 348, 349, 350, 376, 377
Zones franches, 344